八达岭特区办事处黄丽敬副主任在"学术前沿论坛"上发言

北京史研究会副秘书长高大伟做"北京古都历史文化"讲座

北京市城市规划设计研究院城市设计所所长冯斐菲
做"北京古都历史文化"讲座

北京市文物保护协会会长许金和在个人会员交流会上做总结发言

北京市委党史研究室宣传教育处处长刘岳做"北京古都历史文化"讲座

北京市文物保护协会讲座现场

北京市文物局局长舒小峰做学术报告

北京市文物保护协会学术报告会现场

北京市文物保护协会讲座现场

原北京市文物局局长孔繁峙做学术报告的现场

北京市研究会理事朱祖希做"北京古都历史文化"讲座

第二外国语学院旅游发展研究院讲师唐鸣镝做
"北京古都文化"讲座

BEIJING GUDU LISHI WENHUA JIANGZUO

北京古都
历史文化讲座

第二辑

北京市文物保护协会 编

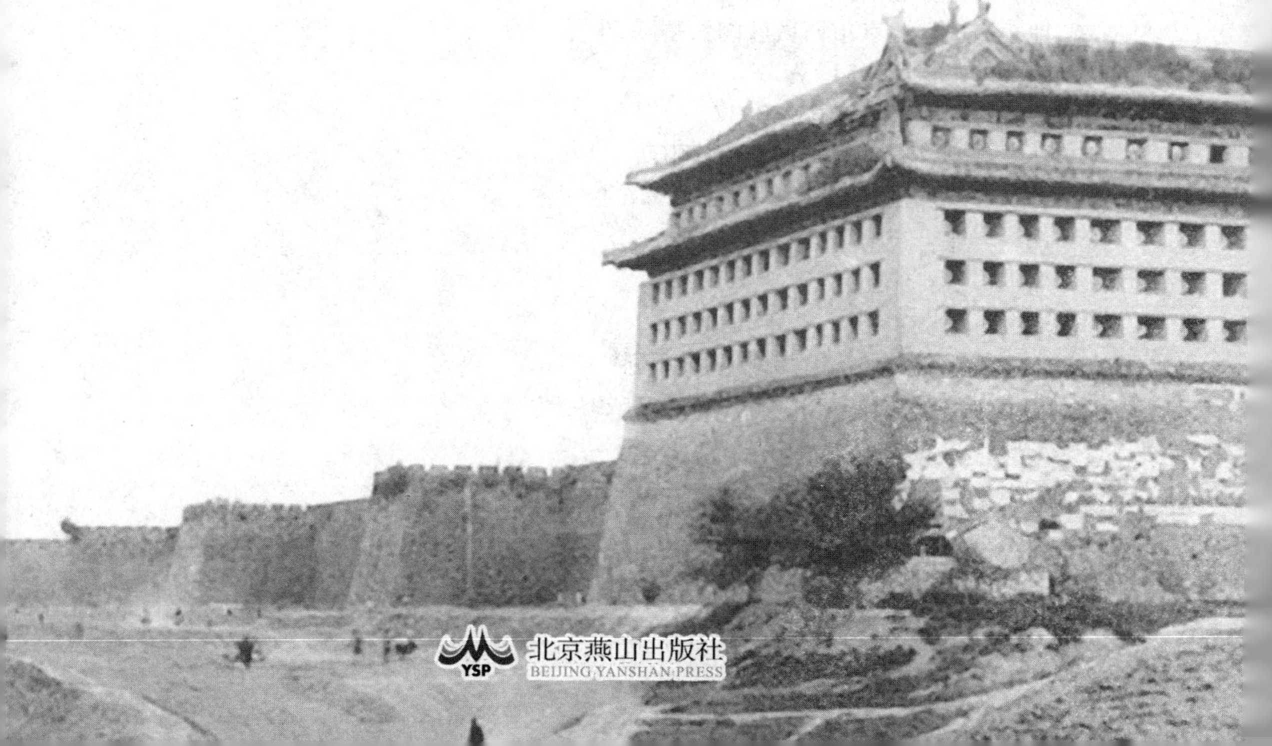

图书在版编目（CIP）数据

北京古都历史文化讲座·第2辑/北京市文物保护协会编.—北京：北京燕山出版社，2014.9

ISBN 978-7-5402-3629-8

Ⅰ.①北… Ⅱ.①北… Ⅲ.①文化史—北京市—文集 Ⅳ.①K291-53

中国版本图书馆CIP数据核字（2014）第166414号

编　　著：	北京市文物保护协会
责任编辑：	马明仁　陈赫男
责任校对：	杨富丽
出版发行：	北京燕山出版社
地　　址：	北京市西城区陶然亭路53号
邮政编码：	100054
发行电话：	（010）65243837
印　　刷：	三河市灵山红旗印刷厂
开　　本：	710mm×1010mm　1/16
印　　张：	37
字　　数：	563千字
版　　次：	2015年1月第1版
印　　次：	2015年1月第1次印刷
书　　号：	ISBN 978-7-5402-3629-8
定　　价：	60.00元

版权所有　违者必究
如有质量问题　请与出版社联系退换

前 言

北京市文物保护协会作为社会团体组织，自成立以来始终坚持立足文物保护事业，以服务社会为宗旨。多年来，协会配合政府业务主管部门，积极开展各种社会性、群众性的公益活动。为了宣传文物保护工作的方针、政策、法律法规，普及文物知识，北京市文物保护协会从2003年开始推出每月举办一次的《北京古都历史文化》系列讲座。

讲座得到北京市文物局、北京市社会科学界联合会及东城区文委的大力支持。北京市文物保护协会在各方面支持下，对开展讲座持之以恒，认真选题、精心组织，已成功举办百余场。主讲人有各级主管文物工作的领导，如：国家文物局局长、文化部副部长、北京市文物局局长、北京市文物局副局长、北京市文物局处长等；有大专院校、科研院所的资深教授、专家、学者。还有的是多年酷爱文物，在某些方面有深度钻研并取得一定成果的本协会会员。讲座的内容包括历史文化知识和文物保护工作状况的方方面面。特别是历史文化知识方面选题丰富、宽泛，燕都古迹、京城胡同、古桥、古塔、坛庙寺观、帝王陵寝、故宫皇城文化等无所不包。

讲座高水平地普及历史文化和文物保护知识，让听者从中领略北京古都悠久的历史和丰富的文化内涵，从而激发人们热爱文物，保护文物的积极性。时任国家文物局局长的单霁翔在讲座和文章中强调文化遗产保护既要坚持以政府为主导，又要广泛动员全社会参与。特别强调遗产保护的公众参与性："文化遗产保护并不仅仅是各级政府、专家学者和保护工作者的专利，更是广大民众的共同事业，……广大民众的支持是遗产保护事业赖以存在和发展的决定性力量。……只有当全体民众都积极投入到文化遗产保护的事业中，以维护和实现的文化权益，才能变'少数的抗争'为'共同的努力'，才能使文化遗产保护形成强大的社会意志，取得真正的成效。"

讲座深受听众的欢迎，很多市民通过听讲座，了解并加入市文保协会，一批常年风雨无阻、坚持听讲座的会员，已是热爱文物、宣传保护文物的积极分子和志愿者，是协会1000多名会员中的骨干力量。实践证明讲座不仅是传播知识的课堂，更是落实"公众参与"凝聚文物保护力量的平台。在大家非常肯定讲座效果的同时，协会开始考虑该怎样发挥优势，弥补受场地人数所限带来的影响，进一步扩大讲座内容的受益面，更好地发挥讲座的影响力和凝聚力。2009年，将之前讲座内容汇集成册，出版《北京古都历史文化讲座》第一辑。现在我们继续将2010—2013年收集到的讲座内容出版《北京古都历史文化讲座》第二辑。

通过各方面的支持和努力此书终于问世，希望能得到大家的喜爱，更希望此书对提高人们的文物保护意识发挥积极、有效的作用。

北京市文物保护协会会长　许金和

目 录

第一篇 北京文物保护

城市文化建设与文化遗产保护 ………………………… 单霁翔（2）
做好文物保护利用工作的若干思考 …………………… 舒小峰（35）
关于对复建北京历史名城地标性建筑的几点思考 …… 孔繁峙（45）
儒家思想折射出的厚德精神 …………………………… 吴志友（53）
保护文化遗产　守护精神家园
　　——我们身边的文物 ………………………………… 王　芯（73）
关于"市场考古学"之我见 …………………………… 刘卫东（81）
魅力北京中轴线 ………………………………………… 李建平（95）
北京古都风貌与城市现代化的有益尝试
　　——以北京近代的民族风格建筑为例 ……………… 宋卫忠（109）
北京——中国古代都城的无比杰作 …………………… 朱祖希（119）
象天设都　法天而治 …………………………………… 朱祖希（138）
北京中轴线"申遗"应强调和充分体现元大都的内涵 ……… 赵志欣（147）
探讨北京城中轴线 ……………………………………… 张富强（156）
考古工作在"繁荣古都历史文化、推动北京文化之都建设"
　　中的重要作用 ……………………………………… 郭京宁（163）
古建的新生　探索文物利用新途径
　　——以中华圣公会教堂为例 ………………………… 姚华容（171）
深入学习贯彻十八大精神，推动北京文化之都建设
　　——天坛文化保护及发展、传承浅谈 ……………… 段　超（182）
从古代图绘看颐和园历史文化传承 …………………… 翟小菊（191）

第二篇　北京历史文化

《曹操墓》……刘庆柱（198）
古代北京城规划中的礼制文化……高崇文（209）
中国古代大型墓葬墓主人判定的理论与实践
　　——以曹操墓等汉代王侯陵墓为例……白云翔（223）
紫禁城中的佛教世界
　　——清代宫廷藏传佛教文化观察……王家鹏（249）
北京琉璃厂的历史文化内涵……马建农（264）
从角科斗拱演变看北京明清官式建筑变迁……徐怡涛（272）
刘秉忠与元大都……王　岗（276）
影响世界的北京皇家园林……冯广平（289）
纵览北京皇家园林……范贻光（297）
论中华民族……高凯军（311）
北京寺庙文化……王同祯（326）
明代北京营建中的烧造……王毓蔺（365）
宣南值得纪念的地方……王克昌（368）
燕国疆域的地理构成及其对幽燕地区政治地理的影响……马保春（374）
十二生肖文物漫谈
　　——从北京出土文物说起……后晓荣、卜艳明（437）
北京地名的文化内涵……孙冬虎（447）
平津战役前后毛泽东对北平文化的倾力保护及其现实意义……李自华（476）
北京皇家坛庙建筑概述……李卫伟（488）
北京的四处醇亲王府……李卫伟（498）
清代王府的保护与利用
　　——以恭王府研究为例……胡一红（507）
明十三陵历史文化……胡汉生（530）
古刹智化寺与智化寺京音乐……薛　俭（562）

第一篇　北京文物保护

城市文化建设与文化遗产保护①

故宫博物院院长　单霁翔

今天，我汇报的题目是《城市文化建设与文化遗产保护》。

大家知道，当前我国城市化快速发展带来了城市建设以空前的规模和速度展开，这个时期我认为是文化遗产保护和城市文化特色保护最紧迫、最危险，也是最关键的历史时期。为什么这么说呢？当然是有大量事实可以证明，从很多国家、很多历史性城市走过的发展道路都证明了这一点。但是中国城市化进程来得更加迅猛，时间过程短，投入力度大。我们从过去城市化率30%到今天城市化率50%，再到2020年城市化率将达到60%，这样一个发展阶段在英国大约用了180年，在美国大约用了90年，在日本即使经历了战后奇迹般的经济崛起，也用了60余年，而我们国家这个过程可能仅仅需要30年就可以达到，因此我们处于一个特殊的经济社会发展阶段。

城市化率是农业人口进入城市速度的一个反映。在我国，城市化率每增长一个百分点，就意味着1200万左右的农业人口进入城市。人们来到城市，要就业、要居住、要出行，必然引发城市规模的持续扩大。但是我认为这仅仅是问题的一个方面，另一个方面来自于我们每一个家庭生活变化对于城市发展的影响。城市化率的发展伴随着一个指标，就是人均国内生产总值的变化。当人均国内生产总值在1000美元以下的时候，大家可以回忆一下，就像20世纪80年代初，我们家庭的收入只是100元或者几百元钱，那时候家庭支

---

① 在北京市文物保护协会的报告．2012年5月23日。

出主要用于衣、食，无非希望吃得有营养一些，穿得体面一些。当人均国内生产总值达到3000美元以下的时候，也就20世纪90年代初，我们家庭的收入在1000元或者上千元钱的时候，家庭支出结构主要用在生活的现代化，特别是购买家用电器，先是老"三大件"，然后又是新"三大件"，后来发展到空调、电脑等高档电器商品，也仅此而已。但是当人均国内生产总值继续增加，达到8000美元以下的时候，我们家庭的收入达到1万元或者上万元钱的时候，家庭主要支出改变为住、行，这一阶段家庭支出结构对城市发展规模的影响最大，出现实质性的变化。也就是当千万个家庭都同时希望购买一套拥有产权的单元住宅，当千万个家庭都同时希望购买一辆可以驾驶出行的私家车的时候，必然引发大规模的城乡建设和基础设施建设。目前，我国东部的城市和西部的一些大城市基本上都进入了这样一个时期，而北京去年人均国内生产总值已经在1.2万美元左右。

那么，城市化率的快速提升和家庭支出结构的迅速变化，就使地上地下的文化遗产的保护与大规模的城乡建设之间的矛盾异常突出。这个历史阶段并不会很长，可能还会持续15年到20年的时间。当人均国内生产总值达到8000美元以上的时候，就像欧洲国家的一些历史性城市，已经进入了持续的、稳定的发展状态，文化遗产保护与城乡建设之间的矛盾也就不再尖锐。而前几年北京每年的建筑量，比欧洲几十个国家每年建筑量的总和还要多一倍，今天的城市文化建设和文化遗产保护就处于这样一个极为特殊的历史阶段。面临种种问题和挑战，每一座城市都必须以文化战略的眼光进行审视，都必须从全局和发展的角度进行思考和分析，才能得出正确的创新理念。

我们所在的这座城市，1975年北京的城市建设基本在三环路以内，那么1988年跨过四环路，1992年跨过五环路，1998年跨过六环路，2002年以后一块"大饼"就这样迅速摊开。那一年，我调离了北京市规划委员会的工作岗位，后来的数据没有掌握，但是今天的城市建设用地一定比那时摊得更大。记得20世纪80年代初，中央书记处对北京城市建设作出四项重要指示，要求北京在任何情况下人口规模都不得超过1000万人。但是去年年底从报纸上得知，2011年北京的人口规模已经达到了2000万人。

近30年来，我国的城乡建设在众多领域取得了举世瞩目的辉煌成就，但是我认为一些城市在物质建设不断取得新的进展的同时，在城市文化建设方面则重视不够。归纳起来，涉及八个方面的问题，或者说应该避免出现的情况，由此可以看出加强城市文化建设、避免城市文化危机加剧的紧迫性。

一是避免城市记忆的消失。城市记忆是在历史的长河中一点一滴地积累起来的，从文化景观到历史街区，从文物古迹到地方民居，从传统技能到社会习俗，众多的物质的与非物质的文化遗产，都是形成一座城市记忆的有利物证，也是形成一座城市文化价值的重要体现。我们看这些历史街区、文物建筑、地下遗存、非物质文化遗产，他们共同构成一座城市的文化记忆。但是在一些城市，进行所谓的"旧城改造""危旧城改造"，采取大拆大建的开发方式，致使一片片历史街区被无情地夷为平地，一座座传统民居被无情地拆毁，由于忽视文化遗产的保护，造成这些城市文化空间的破坏，历史文脉的割裂、社区邻里的解体，最终将导致城市记忆的消失。

我非常反对"旧城改造"和"危旧房改造"这两个词，我认为这两个词不科学，没有文化，尽管他们至今仍然在广泛地使用。"旧城改造"的问题在于把有着千百年文化积淀的历史城区仅仅定位于改造的对象，而没有强调它还有需要保护的一面。"危旧房改造"的问题在于"危""旧"不分，如果房屋危险需要改造的话，那么房屋仅仅因为年代悠久就要改造掉吗？在推土机下，大片历史街区被推得荡然无存，很多传统街道的墙上被写上大大的"拆"字，还画一个圈。为什么要画一个圈呢？有的报纸归纳了多种说法，其中一种说法是说怕有人在前面写上一个"不"字，变成"不拆"。我认为比较可信的一种解释是，在"拆"字的外面再画上一个圈，更像中国的印，以便强调它的刚性、它的强制性。于是，很多很好的传统民居建筑被成片拆除。例如这张图片上看到的这些四合院民居，建筑质量很好，本来还可以继续使用很多年，应该作为历史建筑加以保护，但是被无情地拆毁了，非常可惜。15年前，搬迁这片历史街区的居民，一户大约需要20万元。而自从这片历史街区被定为历史文化保护区以后，人们认识到四合院建筑的独特价值，现在要搬迁这片历史街区内的一户居民，可能就需要一两千万元。那么当时成片历史街区被拆除之后，盖出什么建筑呢，就是这样一些冷冰冰的、缺乏人性的建筑。为什么说缺乏人性？这是一栋六层住宅，没有电梯，对于老人、孩子来说已经十分不方便,但是下面还要增加一层仅有微弱采光的地下室住房,顶上还要举起一个所谓的复式层建筑,也就是说一座八层住宅却没有电梯,难以想象他们如何面对未来。

二是避免城市面貌的趋同。城市面貌是城市历史的积淀和文化的凝结,是城市外在形象与精神内质的有机统一,是一个城市的物质生活、传统文化、地理环境等因素综合作用的产物。我认为一个城市的文化发育越成熟、历史积淀越深厚,城市的个性就越强,品位就越高,特色就越鲜明。很多城市都拥有自己的特色,例如平缓开阔的北京历史城区、白墙灰瓦的苏州古城、平遥和丽江两座古城在1997年双双进入了《世界遗产名录》。欧洲也有一些城市给人们以很深刻的印象,例如罗马、维也纳、布达佩斯。我想提醒大家看这些照片时注意一点,就是在这些历史性城市中,耸立于众多房屋之上,构成城市天际线的那些建筑,一定是文化建筑或是公共建筑,而绝不会因为某个企业有实力,某个家族有钱,就能建出占领城市天际线的高大建筑,强迫全体市民被动地看他的建筑。同样有地域特色的城市还有非洲的卡萨布兰卡、南美洲的库斯科古城等,都有属于自己的文化面貌和文化景观。以色列的特拉维夫是一座年轻的城市,106年前,27户犹太人在这里定居,他们采集可以获取到的地方建材,按照统一建筑形式进行房屋建设,当4000多栋建筑建成以后,独具的城市特色展现了出来,如今人们把这座城市称为"白城",将其列入《世界遗产名录》。

但是也有一些城市,在规划建设中抄袭、模仿、复制现象十分普遍,城市面貌正在急速走向趋同,导致"南方北方一个样、大城小城一个样、城里城外一个样"的特色危机。各地具有民族传统和地域特色的城市面貌正在消失,代之而来的是几乎千篇一律的高楼大厦,"千城一面"的现象日趋严重。清华大学建筑学院师生在外地调研时,拍回来一些城市照片,但是在整理资料的时候,若不是拍摄者本人,难以认出来它们可能是哪座城市。有一组建在北京历史街区中的高层住宅建筑,当这组住宅建筑建成6-7年以后,我曾经去访问过这个社区的居民,人们已经开始有一些抱怨。老人说我们这栋楼房,50%的窗户享受不到法定的冬至日满窗日照1小时的健康卫生标准,因为附近高层建筑遮挡了住宅的阳光。年轻人说我每天早上上班时,都要把压在我的自行车前面的6-7辆自行车移开,才能把我的自行车取出来,再把别人的自行车放回去,才能骑车上班,因此,根本没有想象将来有可能购买汽车,即使有钱,也没有地方停放。人们说每天早晚乘坐电梯都十分拥挤。而且正是因为有了电梯,物业费就比附近那栋6层的住宅要高出3-4倍。也就是说仅仅才6-7年的时间,人们已经对自己的未来生活开始有所顾虑。这种现代塔林的景象已经成为越来越多城市的共同景观。人们对自己的城市越来越陌生,看到别的城市的照片,却感觉越来越熟悉。金陵饭店是一栋建设于六大古都之一南京市中心区的宾馆,30年以后,人们再找这座饭店在什么地方已经不太容易,周围建设了大量的超高层建筑。

　　三是避免城市建设的失调。城市建设是为了创造良好的人居环境,既包括物质环境,也包括文化环境。城市规划则是合理配置公共资源,保护人文与自然环境、维护社会公平、弥补市场失灵的重要手段。我认为城市规划建设的根本目的不仅是要建设一个环境优美的"功能城市",而更在于建设一个社会和谐的"文化城市"。南京市就把环城的明城墙遗址进行了很好的修缮和合理利用,于是今天南京市民就有条件在明城墙遗址公园里面早晨锻炼、下午散步、晚上休闲娱乐。北京市在进行城市规划建设时,也发现了最后一段明城墙遗址,精心设计了一座带状遗址公园,保护了文物、改善了环境。澳门特区政府非常智慧地将历史城区中20多组近代建筑群和十几个广场进行很好的组合,形成了充满历史文化气息的一个步行街系统。美国纽约曼哈顿正是因为有一个4平方公里的中央公园,在高楼大厦里工作的人们才获得了一片难得的绿荫。

　　但是一些城市在规划建设中缺少科学态度和人文意识,往往采取单一依赖土地经营来拉动经济增长的方式,导致出现"圈地运动"和"造城运动"。一些城市盲目追求变大、变新、变洋,热衷于建设大广场、大草坪、大水面、景观大道、豪华办公楼,而这些项目往往突出功能主题而忘掉文化责任。这是一座城市新建的广场,虽然是用"傻瓜"相机拍摄的照片,但是也足以看出广场的规模之大。但是看来看去,总觉得广场上缺少什么,就是缺少人的活动,我就问市领导为什么人们不到这里来?他说实际上这是和市政府大楼一起建设的广场,离居民区很远。这是一片大草坪,同样规模很大,但是看来看去大草坪上只有五棵小树，能为城市提供多少绿荫，多少绿量？这是一个大水面，建设在中部一座缺水的城市里，当时市领导怕我看不清水面的规模，就领我到市政府大楼上向下看，确实规模很大，是一个长方形的水池，短边就有350米。市领导还特别告诉我，这是"亚洲第一喷"呀！我跟这位市领导开玩笑说，可以组织一场市民游泳大赛，几百个泳道一齐往市政府办公楼游。他好像没有听出来是开玩笑，想了想说不好组织，因为水下有喷头。我问什么时候喷啊？他说周末喷。我在网上下载了很多城市的政府办公楼照片，但是要想从这些照片上分辨出某座办公楼可能在南方，或可能在北方，可能在东部，或可能在西部，则很难判断，那么如果要想确定某座办公楼属于哪座城市就更加困难，因为这些政府办公楼呈现同一个面孔，缺少个性，"千楼一面"。

　　四是避免城市形象的低俗。城市形象是城市物质水平和市民文化素质的综合体现，既表现出每一座城市过去的丰富历程，也体现了城市未来的追求和发展方向。美好的城市形象不仅可以实现人们对城市特色的追求和丰富形象的体验，而且可以唤起市民的归属感、责任感和荣誉感。很多城市都有市民引以为骄傲的纪念性建筑，例如值得罗马市民们骄傲的建筑是万神庙，它是古代建筑技术的杰出代表。维也纳的市民喜欢他们的金色大厅，他代表城市的文化形象。锡耶纳的市民喜欢城市中这座下沉式广场，几百年来，围合这座广场一圈的建筑，由不同文化素质、不同经济条件、不同职业背景的房屋主人，聘请不同的设计师，建造不同功能的房子，但是人们始终遵循着一定的规则，使广场呈现出和谐统一的景观，成为城市的客厅和市民喜爱的文化场所。因斯布鲁克的不同家庭都有自己的文化追求，也有自己对于色彩的理解，但是他们对于前面的水，对于后面的山，始终保持着一种尊重的态度。

　　但是一些城市已经很难找到这样层次清晰、结构完整、布局生动、充满人性的城市文化形象。不少中小城市至今还在模仿大城市，把高层、超高层建筑当成现代化的标志，寄希望于在短时间内能拥有更多新、奇、怪、特的建筑，以期改变城市的形象，结果使得城市景观变得更加生硬、浅薄和单调。奇怪吗？为什么越追求新、奇、怪、特，城市景观反而变得越生硬、浅薄和单调。殊不知，当我们几百座城市的决策者，几乎在同一时间，热衷于通过国际招投标的方式征集建设方案,而热衷于投标的往往总是那几十家在中国"抢滩"的外国设计公司,而这些设计公司的年轻人,拿着已经在其他城市建造,或正在建造的建筑方案图纸和模型,奔波穿梭于各大城市,在对于所到城市的历史地理、自然环境、文化特色和市民追求几乎毫不知情的情况下,就用那些有利于吸引眼球的设计方案,来打动急于使城市景观有所变化的城市领导,结果屡屡中标。于是几年以后,相似造型的建筑在很多城市里拔地而起,就使"千城一面"的现象更加加剧。

  大家如果去过重庆应该记得,在长江和嘉陵江汇流之处,有一个令人印象非常深刻的朝天门码头,高高的台阶、两侧的吊脚楼,形成独特的城市文化景观。当年很多人来到重庆,都是从朝天门码头进入城市。但是就在十多年前,为了建设朝天门广场,而把朝天门码头夷为平地,我觉得对于历史文化名城重庆而言,无疑是一场文化灾难。这样的情况在不少城市都曾发生过。不久前我在山东大学讲座时,曾经呼吁不要让类似济南火车站被拆除的事件再度发生。建筑学专业的师生都知道济南火车站,它是一座独具特色的近代建筑,由德国建筑师设计。这位德国建筑师在临逝世前嘱咐他的儿子,每年都要到济南来维护火车站站房建筑上面的时钟,以保证时钟准时为市民报时。于是他的儿子每年都带着工程技师到济南给火车站的时钟维护保养。那一年,他们来到济南,发现火车站建筑被拆除了,他们非常悲痛,表示永远也不会原谅做出拆除火车站建筑决定的城市领导。一次,著名艺术家于洋先生到济南出差,当火车进站的时候,同事告诉他济南到了,他看看窗外说还没有到,济南有一个漂亮的火车站还没看到。当他得知火车站建筑已经被拆除的时候,老艺术家坐在座位上很长时间没有起来。为什么要拆除老火车站呢?理由是与新建的火车站建筑景观不协调,奇怪的是究竟谁在先,谁在后,谁应该与谁相协调,都没有搞清楚。"开放的陕西欢迎您",看了西安机场的这则广告,百思不得其解。陕西是什么地方呢,周秦汉唐的都城,历朝历代积淀了多么深厚的文化内涵,有多少文化遗产给人们以文化震撼。而为什么偏偏要用这种曼哈顿式的高楼来欢迎来宾。同样在西安机场还有另外一则广告,"西安—曼谷,泰国欢迎您",泰国的旅游公司倒知道用文化遗产大王宫的形象,欢迎陕西民众到泰国去看古迹,我觉得很滑稽。

五是避免城市环境的恶化。城市环境是城市社会、经济、自然的复合系统，城市环境与城市的生态发展密切相关，具有高度的敏感性。好的城市环境不仅可以保证人们的身体健康，而且可以激发人们的积极性和创造性。今天，研究城市环境的基点应该是如何使城市既宜人居住，又宜人发展。不少城市不惜花很多钱、下很大功夫，将河道变成水槽，两边还要配上汉白玉或者青白石的栏杆，结果人为地把人与自然隔得很远。但是历史文化名城扬州，一直坚守着自己的文化理想，几十年来没有让一栋不和谐的建筑侵入古典园林瘦西湖的文化景观之中，今天人们对扬州的城市文化景观投以羡慕的目光。当我们出差到格拉茨，住在这个广场附近，我观察到当我们早饭以后出去开会，中午回来吃饭，下午再出去参观，晚上回来，广场上总是有人在活动，包括老人、孩子、青年人，不同时段有不同市民群体在这里休闲娱乐，我们感到城市广场就应该是城市中的一片绿洲。

但是一些城市以对自然的无限制掠夺满足发展的欲望，致使环境面临突出问题，空气污染、土质污染、水体污染、视觉污染、听觉污染，热岛效应加剧、交通堵塞加剧、资源短缺加剧，绿色空间减少、安全空间减少，人的活动空间减少。不少文化遗产地也出现了人工化、商业化、城市化的趋势。

这座城市沿着黄河布局，每次到这里都感觉楼房又长高了，楼房后面的山显得又矮了。如今光亮派的现代高层建筑，已经侵入到世界文化遗产颐和园的古典园林文化景观之中。遵义会议会址过去耸立于周围传统民居建筑之上，保持着当年的文化记忆，而今遵义会议会址成为这一地段最低矮的一栋建筑，被四周的高层住宅建筑所包围。

六是避免城市精神的衰落。城市精神是城市文化的重要内核，是对城市文化积淀进行提升的结果。城市精神的形成是一个长期的过程，并在历史上和现实中发挥着异常重要的作用。通过对城市精神的概括和提炼，可以使更多的民众理解和接受城市的追求，进而转化成为城市民众的文化自觉。澳门历史城区被联合国教科文组织世界遗产大会通过进入《世界遗产名录》的当天，从澳门民众的手中寄出了20万封明信片，上面骄傲地写道："澳门，一座文化城市！"这是人们扬眉吐气的文化表达。因为长期以来人们把这座城市称为"赌城"，是一座博彩业发达的城市。而经过澳门特区和全体市民的文化坚守和积极保护，使这座城市凸显出文化特色。

这个高地是以色列的马萨达遗址，两千年前，当耶路撒冷已经被罗马兵团陷落以后，这里是犹太人固守的最后一个阵地，因为是皇家的夏宫，储存有大量的武器、粮食和水，970名士兵和他们的家属在这里坚守了三年，最后弹尽粮绝，全军覆没。从此，犹太人开始了上千年浪迹天涯的生活。以色列复国以后，把马萨达高地作为爱国主义教育基地，每个年轻人都要当兵，当兵都要到马萨达高地宣誓，誓词就是"不让马萨达再次陷落"。美国费城市精心地保护着这栋老建筑，把它开辟为纪念馆，因为在这座建筑里诞生了一部伟大的宣言，就是《独立宣言》。嘉兴的湖中有一座意义非凡的船，在这座船上诞生了中国共产党，今天成为爱国主义教育基地。在厦门，人们永远怀念为教育事业作出重要贡献的陈嘉庚先生，陈嘉庚墓、陈嘉庚祠，还有陈嘉庚先生捐资建造的"集美学村"，都得到了妥善的保护。

但是一些城市追求物质利益而忽视文化生态，在城市建设中存在盲目攀比、不切实际的倾向，实际上是重经济建设轻人文精神、重建设规模轻整体协调、重攀高比新轻传统特色、重表面文章轻实际效果，表现出对传统文化认知的肤浅，对城市精神理解的错位和对城市发展定位的迷茫。我在各地机场候机的时候，常看看机场广告，观察一座城市的文化氛围。在哈尔滨机场，看到一则广告词上写道"1907－2007年，哈尔滨迎来第二座伟大建筑"，不难看出，1907年哈尔滨的第一座伟大建筑是指这栋全国重点文物保护单位索菲亚教堂，那么2007年第二座伟大建筑是什么呢？难道就是这栋像"巧克力冰棍"一样的现代建筑？我就问市领导知道不知道城市中正在建造的第二座伟大建筑？他说不知道。再问规划局局长，也说没有这个规划，应该让机场把这则广告摘下来。

有幅漫画很生动，漫画中的领导站在文物古迹中，指着远处的高楼大厦说"我们这里也要建成这样"。漫画中的老师站在高楼群中说"同学们，我们看日出的最佳时间是中午11点到12点"。这张漫画中前任领导说："我盖过很多标志性建筑。"后任领导说："我把你盖的标志性建筑都炸了。"这绝不是危言耸听，近年来每年冬季各地炮声隆隆，使用20多年的建筑被炸掉，使用十多年的建筑被炸掉，使用才几年，甚至还未使用的建筑有的也被炸掉。住宅被炸掉、办公楼被炸掉、宾馆也被炸掉，建筑爆破技术越来越好，很多能够继续使用的建筑，甚至是历史性建筑，顷刻之间被变成了建筑垃圾。对于应该格外重视生态、环境、能源、资源，倡导"低碳生活"的今天，是一道道多么不和谐的景观。

七是避免城市管理的错位。城市管理是一项复杂的系统工程，应肩负起对未来城市的责任。我认为通过城市管理，不但要为人们提供工作方便、生活舒适、环境优美、安全稳定的物质环境，而且还要为人们提供安静和谐、活泼快乐、礼让互助、精神高尚的文化环境，这就需要以文化精神指导城市管理的意识。

美国旧金山市20世纪60年代在城市中心地区建设了一座高架桥，但是，由于这座桥的建设就把悠久的历史城区和美丽的海滩分隔开来，当地居民，特别是老人们不再愿意跨过冰冷的高架桥，去海边晒太阳。后来地震了，这座桥被震坏了，是修复这座桥，还是拆除这座桥？市民们展开了讨论，绝大多数市民建议政府应该把这座高架桥拆掉，于是政府采纳了市民的意见，采取公交优先交通系统和步行道路系统，既更好地解决了城市交通问题，又使美丽的海岸、渔人码头回到了市民的生活之中。欧洲很多城市至今还在使用着这样的低耗能、大运量、环保、准时、方便、价廉的公共轨道交通，而没有盲目地采取拆除历史街道两侧的传统建筑扩建城市道路的做法，实际上在今天看来，这样的做法更有利于市民生活便利、历史街区延续、文化遗产保护和城市景观保护。

我曾在美国规划协会做过一次演讲，我谈到美国的城市规划建设曾经对其他国家，特别是发展中国家产生过很大影响，有好的影响，也有不好的影响。总体来说，美国的城市规划形态，可以分为大尺度的城市和小尺度的城市，大尺度的城市代表在东海岸，是华盛顿。作为首都，追求壮阔的城市轴线和放射线景观，宽阔的道路系统。大尺度的城市代表在西海岸，是洛杉矶。分布全城的高架桥系统。在这两座城市里没有汽车则寸步难行，没办法上班，没办法购物，没办法生活。尤其是洛杉矶的市民，到了周末往往要驾车到郊区的大型超市，购物、餐饮、娱乐，回家之前一定会购买大量的食品，塞进汽车的后备箱，回到家里把冰箱装满，开始新的一周冷冻食品生活，因为在很多住宅附近没有方便的商业店铺。在美国，小尺度的城市代表在东部，是曼哈顿，在西部就是旧金山。这两处城市街道在规划建设时，机械地把城市空间划分为很小的网格状系统，例如第十一街、第五十八街、第八十七街、第一百一十街等，横平竖直，街道围合的街坊往往只有100米乘以100米左右，没有宽阔的交通干道和景观大道，但是人们日常生活却感觉很方便，街坊四周都有就业岗位，不同业态形成各具特色的商业街。后来城市机动车不断增加，人们发现原来那些以高架桥为道路主体的城市往往堵车，而这些有着小尺度网格状道路系统的城市反而不堵车，因为可以组织很多种选择性强的单行路系统。北京经常堵车的一个重要原因就是路网太稀，仅仅靠拓宽道路解决不了交通问题。

但是很多城市在管理内容上重表象轻内涵，在管理途径上重人治轻法治，在管理手段上重经验轻科学，在管理效应上重近期轻长远，不能从更高的水平上寻求管理城市的治本之策，往往是问题已然成堆，才采取应急与补救的措施。我认为城市问题的病根在于城市管理缺乏长远的战略眼光，缺乏应有的文化视野。

八是避免城市文化的沉沦。城市文化是城市市民生存状况、精神面貌以及城市景观的综合形态，并与市民的社会心态、行为方式和价值观念密切相关。城市文化不断积淀形成城市的文脉。城市的文化资源、文化氛围和文化发展水平在一定程度上体现出城市的竞争力，决定着城市的未来。很多城市都有人们过目不忘的优秀雕塑，例如兰州的黄河母亲、珠海的"渔女"、厦门的郑成功像。在外国也有一些城市拥有优秀的公共雕塑，例如维也纳的斯特劳斯雕像、芬兰的西贝柳斯雕像等，都体现出这座城市的文化特色。

但是一些城市面对席卷而来的强势文化，不是深化自己的人文历史，而是浅薄自己的文化内涵，使那些思想平庸、文化稀薄、格调低下的行为方式弥漫在城市文化生活之中，消解着人们对优秀传统文化的理解和继承。究其深层次原因是文化认同感和文化立场的危机。

1933年国际社会诞生了一个非常著名的宣言，即被称为"功能城市"的《雅典宪章》，这部宪章产生的背景，是当时面对大工业时代的来临，很多欧洲城市出现了严重的"城市病"。例如环境污染、交通拥堵、犯罪率高，城市中心的居民纷纷逃离城市，向往乡村的自然环境，而来自农村的人口大量地涌入城市，在历史城区周边形成越来越大规模的贫民窟。面对这样的情况，一些规划学者、建筑学家、社会学家、历史学家聚集在一起，研究城市应该如何健康有序发展，当时得出的结论就是城市应该很好地解决居住、工作、游憩、交通等不同功能，方法就是在城市中划定不同的功能分区。

这样的城市规划理念迅速风靡全球，很多国家的历史性城市采取这样的方法编制城市总体规划。包括首都北京在内的众多中国城市，当时在苏联专家的指导下，也采取《雅典宪章》的功能分区理论开展城市规划编制。而且，这样的城市规划方法延续了几十年。但是人们在实践中，逐渐认识到仅仅靠功能分区，是无法解决城市发展中诸多的复杂问题，而且带来更多深层次的矛盾和问题。

北京的历次城市规划方案，都有比较明确的功能分区，例如通惠河南规划为焦化、化工工业区，通惠河北规划为纺织、机械制造工业区，酒仙桥地区规划为电子工业区，西部石景山地区规划为钢铁、重金属、能源工业区，科学研究机构集中规划布局在北郊，大规模的仓库群和交通运输设施规划在南郊丰台一带，高等院校集中在西北郊进行建设，从八大学院到后来几十座高等院校集中布局，游憩设施主要在西郊地区。这样的规划建设带来什么结果呢？当时我住在西二环路的月坛附近，在北京东三环外郎家园的北京仪器厂实习，当装配钳工，每天早晨要骑一个多小时的自行车，迎着朝阳沿着长安街去东郊上班，但是并不寂寞，成百上千的人骑车同行，黑压压的一大片由西向东骑去，因为很多工作岗位就在东郊地区。下午干了一天的活儿以后，还要拖着疲惫的身体顶着夕阳骑车回家。学生们也很辛苦，乘 32 路公共汽车去上学，每辆车都挤得很满，往往都要在后面拼命推才能把门关上。

这些现象意味着什么呢？也就是作为一座大城市，机械地采取功能分区的规划原则，大跨度地布局生活、就业区域，致使人为造成城市中数以百万计的普通市民，每天早晚要花两个小时甚至更多的时间在往返工作岗位的路上。人为地造成交通拥堵、环境污染、人们的休闲时间减少、生活质量下降。由于过于功能化地看待城市生活，而不是以人为本，以人的需求和生活规律来规划和建设城市，造成诸多"城市病"的发生，后果一直持续到今天。为什么交通拥堵难以治理呀？其中一个原因就是没有及时采纳"跳出旧城、建设新城"的建议，不断地在北京旧城的空间上面叠加过多的城市功能，使历史城区不堪重负。历史空间得不到整体保护，新的建设也难以整体布局，使北京这座历史文化名城始终承受着巨大的建设压力。

那么在新的历史时期，应该采取什么样的理念规划建设城市呢？

第一，城市文化构建和谐城市。城市文化是社会文明在城市的缩影，是社会和谐在城市的集中表现。以人为本和科学发展观，既是治国的谋略，更是城市文化的精髓，是实现社会和谐、诚信、责任、尊重、公正和关怀的保证。将这一文化精髓贯彻到各项建设之中，才能实现城市文化和经济发展的良性循环。

今天，很多城市在坚守着自己的文化理想，例如威尼斯这座城市的市民，几百年来没有让一辆机动车驶入自己的城市，保持着自己城市的独特风貌，如今每天迎来来自世界各地游客羡慕的目光。维也纳经常将城市的中心广场在一段时间里交给市民举办各类文化活动，甚至在纪念二战胜利的日子里，允许市民们在广场上开辟一小块田地来回忆战时那段最艰难的时光。罗马的城市广场永远是艺术家和喜爱艺术的市民们学习的课堂。拉瓦格市的一些老人，将社区内一栋对于他们生活记忆有着特殊意义的老房子抢救下来，把家中保留下来的家具、文具、工具、农具等搬到这里面，在大房子里面还盖了一座过去居住过的竹楼，老人们在竹楼里面弹着吉他，唱着儿时的歌曲，其乐融融。当这些老人们在这里享受快乐时光的时候，人们惊喜地发现小学生、中学生放学以后，最喜欢去的地方就是这栋老房子，在这里面看过去各个家庭曾经使用过的东西，听老人们讲故事，看老人们欢乐地唱着儿时的歌曲、跳着儿时的舞蹈，无形中实现了一种文化传承。

适宜居住是和谐城市的重要特征，将和谐城市的目标定位于宜居城市，体现了城市建设发展从"以物为中心"向"以人为中心"的转变。功能城市的最大问题就是"以物为中心"，而没有"以人为中心"。强调"以人为中心"就是不再片面地追求形象，而是更关心文化的发展、关心人的发展成长，重视和发挥人的作用。这就对城市管理者和决策者提出了更高的要求。一座城市应该有年轻人热情奔放、焕发活力的地方，但是也应该有老年人安度晚

年的场所。今天城市中的老年人们,不愁吃、不愁穿,但是他们也有苦恼,就是在孩子离家上学、上班以后,那八九个小时的寂寞时光,如今住在高楼大厦里,认识邻居变成一件很困难的事情,邻里之间不易交流。因此,应该在社区中建设更多能使老人们享受快乐聚会的空间。

城市应该保留丰富的文化记忆。不同时代文化遗址在城市空间中的叠加,使城市文化空间更加充满魅力。广州在城市建设中发现了一条宋元时期的古道,人们没有将它填埋,而是进行了保护性展示,使人们今天可以同时在古代的街道上和现代的街道上漫步。维也纳在修建城市中心广场时发现了一片古代遗址,于是就在广场中央原地进行保护展示,每一位来到广场的旅游者,都通过考古遗址的展示说明来了解这座城市的历史。索非亚在城市中心区的道路建设时,在道路中央发现了一座小教堂遗址,他们没有将其铲平,也没有给它移走,而是智慧地在道路中央建立了一座小博物馆,同时道路经过渠化设计处理,也没有影响城市交通的通畅,使这座道路中央的博物馆,成为世界上独具特色的博物馆建筑之一。

第二,文化竞争力决定城市竞争力。"城市竞争力"是一个综合概念,既包括经济竞争力,也包括文化竞争力。当前文化竞争力的影响与作用越来越突出,成为推动城市可持续发展的重要力量。我认为在物质增长方式趋同、资源与能源压力增大的今天,城市文化将成为城市发展的驱动力,体现出更强的经济社会价值。

刚才谈到当人均国内生产总值在 8000 美元以下的时候,家庭支出结构主要用于住、行,即买房子、买汽车。但是当人均国内生产总值在 8000 美元以上的时候,家庭支出结构又会出现新的变化。从一些国家、一些城市的发展趋势看,可能会出现五种变化趋势。第一个方面的变化是,人们用于文化消费的投入将持续增加,例如业余时间经常去看话剧、芭蕾舞,听歌剧、交响乐,去博物馆、去美术馆、去图书馆,时间和资金等方面的投入都会增加。第二个方面的变化是,人们用于健身消费的投入将持续增加,更加关注自己的身体健康,会经常到体育场馆锻炼,参加各类运动会、健身运动,踢足球、打网球,甚至打高尔夫球。第三个方面的变化是,人们用于旅游消费的投入将持续增加,越来越多的家庭加入旅游大军,到别的城市去看一看,甚至到别的国家去看一看。第四个方面的变化是,人们用于收藏消费的投入将持续增加,开始购买一些不是家庭生活必需,但是自己喜欢的东西,甚至文物艺术品的收藏。第五个方面的变化可能更高一个层次,就是慈善事业,帮助别人,帮助困难的人们,从事志愿服务,捐资助学等。目前,我国东部很多城市的人均国内生产总值已经超过8000美元,北京、上海等城市已经超过10000美元,上述家庭支出结构的变化非常明显,也正是在这种趋势下,包括故宫在内的很多世界文化遗产地,都出现人满为患、车满为患的情况。面对经济社会发展的大趋势,需要因势利导,增加城市的文化竞争力,避免城市文化危机发生。

目前,一些城市在努力挖掘自己的文化内涵,例如当我们来到波恩的时候,就发现虽然离贝多芬故居还有好几个街区,但是在地面上、在墙面上就可以看到很多故居的标志,引导你不知不觉地就会走向音乐大师的故居。肯尼亚是一个自然风光和野生动物资源非常丰富的国家,但是近年来他们也在注意挖掘自己的文化资源,例如卡伦故居就被介绍给每一位参观者,使人们更深入地了解非洲文化的魅力。云南腾冲对艾思奇故居进行了妥善保护,并且开辟成纪念馆,成为每一位初到腾冲的参观者都要光顾的文化场所。这种文化软实力能够使人们潜移默化地接受文化价值观。当今经济活动依靠的是文化内核,科研创新依靠的是文化造诣,生产管理依靠的是文化修养,技术掌握依靠的是文化素质,更重要的是依靠民族的文化精神,文化对经济社会的发展起着越来越重要的作用。

近年来,很多城市将文化设施建设纳入城市文化景观综合设计,例如去年我参观了芝加哥艺术博物馆,在这座新建成的博物馆一些展厅中,背光一面设计了落地窗户,将室外风景大胆地引入博物馆室内空间,形成一种文化互动,这个展厅面向著名的"千禧年广场",人们在观赏展厅内毕加索的名画时,窗外背景就是市民们引以为骄傲的城市文化景观。吴良镛教授针对我国历史性城市进行长期研究,总结国际城市发展的经验教训,结合旧城保护的实际而提出"有机更新"理论。

第三,城市文化创新引领城市文化方向。我认为当前城市不仅面临城市文化遗产保护不力的问题,同时也面临着文化创造乏力的问题。如果丧失保

留至今的文化遗产,将失去城市文化记忆,但是没有新的文化创造,城市将迷失方向。城市文化必须承载历史,反映城市文化积淀,城市文化也要反映城市现实,展现城市文化内核,城市文化还要昭示未来,才能反映城市文化创造。

正因为如此,欧洲的很多城市才精心地保护着古罗马时期的剧场,并将保护成果融入人们的现代生活,使这些古罗马剧场至今仍然是最高雅的艺术殿堂。北京天安门广场附近有一座老火车站,是城市记忆的重要载体。但是,这座历史建筑一度用于销售家用电器、服装、食品,旅游工艺品也充斥其中,如今定位为中国铁道博物馆,使这座历史建筑发挥出应有的功能。维也纳将一组已经废弃的天然气罐进行保护性再利用,使其成为一座社区文化中心,工业遗产的创新利用,吸引着来自世界各地的参观者。宁波也将一座面粉厂改造性再利用为图书中心,包括昔日面粉厂的仓储罐、烟囱等设施也都派上了新的用途。

城市文化不是化石,化石可以凭借其古老而价值不衰,城市文化是活的生命,只有发展才有生命力,只有传播才有影响力,只有具备影响力,城市发展才有持续的力量。所以城市文化不仅需要积淀,还需要创新。只有文化内涵丰富、发展潜力强大的城市才是魅力无穷、活力无限的城市。

在众多历史性城市中都有很多历史积淀深厚的古代遗址,但是长期以来,这些重要的考古遗址,在城市生活中被逐渐淡忘,甚至沦为对城市生活造成负面影响的地区。北京在举办2008年奥运会之前,北京市社会科学院曾组织过一次"城区角落"调查,出版了《北京城区角落调查》一书。看了这本书心情很不好,因为报告中将造成北京城区存在一些脏、乱、差地区的情况归结为七种原因。其中第一种原因叫"文物保护型",意指因为保护文物建筑和考古遗址的原因,这些地方就仿佛被冻结,不能有尊严地融入城市生活,逐渐沦落为城市中脏乱差的地方,不断遭到自然与人为的破坏。实际上,在很多历史性城市都出现和发生过同样的情况。

为了改变这种状况,我们开始调整保护思路,努力使这些文化遗产成为城市中有尊严的地方、最有文化气息的地方,使这些考古遗址所揭示的文化信息能够融入人们现实的文化生活。于是在进入21世纪之初,北京市陆续实施了皇城根遗址公园、明城墙遗址公园、菖蒲河遗址公园、元大都城墙遗址公园、莲花池遗址公园等。一路走来，开始实施保护和整治任务更为艰巨的圆明园遗址公园。圆明园遗址内曾经居住着1000户左右的居民，当年福海地区整治，安置了400多户居民，此次又安置了居住在西部区域的600户居民，特别是搬迁了13个单位，逐步恢复圆明园的历史风貌。

2003年，开始启动了位于东北地区的高句丽遗址公园的建设。那年春节期间，我们来到辽宁桓仁和吉林集安的高句丽遗址时，这些考古遗址掩埋在杂乱无章的乡镇企业房屋、库房和民居建筑中，整治的难度确实很大，但是经过将近一年多时间的保护整治，两座大型的高句丽考古遗址公园得以建成，并且得到了联合国教科文组织的赞许，成功列入《世界遗产名录》。今天人们来到桓仁和集安的高句丽遗址，就会感受到一种非同凡响的文化气魄。2004年，又开始了殷墟考古遗址公园的建设。这座考古遗址公园建设的难度在于，3000年前殷商文化遗存早已掩埋在村庄和农田之下，而不像高句丽遗址那样地面还有城址、居住址和墓葬址等文化遗存。如何才能够揭示出这些考古遗址的历史文化信息，使人们能够流连忘返地在考古遗址公园里感受历史，享受文化？为此做了大量细致的保护研究工作，采取了30多种保护展示方法，实现在不伤害考古遗址的情况下，揭示出甲骨文、青铜器出土地点的大量文化信息，给予人们在现场可以感受到的文化震撼。同时，在遗址边缘的河岸地下建设了殷墟博物馆，将80年来考古出土的文物集中进行展示。这些努力也成功了！殷墟也于2005年成功列入《世界遗产名录》。在上述实践的基础上，开始在更多的历史性城市进行大遗址保护和考古遗址公园建设。例如在鸿山考古遗址、金沙考古遗址、隋唐洛阳城遗址等地开展了进一步的实践，使考古遗址不仅是考古研究独享的地方，而且同时将它们融入到现代生活之中，给人们带来知识和文化享受。

大明宫是盛唐时期中国的政治中心和文化中心，但是在唐朝末年大明宫被烧毁以后，逐渐成为一片荒凉的土地。20世纪30年代末、40年代初，河南黄泛区的老百姓生活不下去，大量逃荒的人群来到西安城下，没有本钱进城，人们看到了城墙以北这片荒凉的土地，于是就在上面搭棚建屋，打井造田，开始生活下来。实际上，这里就是大明宫遗址。1961年，大明宫遗址成

为第一批全国重点文物保护单位,但是由于缺少整体保护考古遗址的措施,只能严防死守,然而遗址上面的居民越聚越多。由于遗址保护的要求,居住在遗址上的人们生活十分困难,十几户居民共用一个洗手间,几户居民共用一个水龙头。大明宫遗址位于陇海线以北,因此被称为"道北"地区,西安三分之一的"城中村"曾经集中于此,成为西安亟待整治地区的代表,环境污染、交通拥堵、犯罪率高等问题长期困扰着居民,人们的生活没有尊严,他们脚下的遗址更没有尊严,破坏遗址的现象时有发生。近年来,西安的其他地区相继发展了起来,西安的南部本来就有大雁塔、小雁塔等名胜古迹,有高等院校,后来又建设了一些旅游设施。西安的西部、东部因为住宅区、高新科技园区等的建设都出现了新的气象。而唯有北部地区因为有大明宫遗址、汉长城遗址等考古遗址的存在,一直是城市环境中最脏、乱、差的地方。在这种情况下,2005年大明宫遗址的第一座大殿含元殿遗址保护展示工程竣工,我们去验收时,西安市领导被含元殿遗址所展示出来的宏阔气势所感动,希望每一位来到西安的游客,都能够看到什么是盛唐时期的伟大建筑。但是当时含元殿遗址周围挤满杂乱无章的房屋,不具备开放的基本条件。于是,西安市希望国家文物局同意并支持对含元殿遗址前广场进行保护整治,揭示大明宫的正门丹凤门遗址和御道遗址,形成含元殿遗址广场。在含元殿遗址广场的建设过程中,得到了当地民众的热情支持。特别是在拆迁的过程中,当地民众送来茶水、水果、点心,令人十分感动。这是因为几十年来当地民众深受考古遗址保护之苦,由于保护需要对于生产生活的限制,使当地民众的人均收入与遗址区外民众的人均收入差距越来越大,生活越来越不方便。现在因为遗址保护的需要,他们搬离了大明宫遗址,就在遗址公园附近得到安置,当然十分高兴和感动。实际上,如果将考古遗址视为城市发展的包袱、负担、绊脚石,它就会蓬头垢面地趴在那里,影响人们的生活和城市的环境。但是如果将考古遗址视为城市发展的财富、资源、原动力,它就会光彩照人地站立起来,为城市带来文化骄傲,为地区带来文化震撼,为民众带来文化享受。

2008年,西安市下决心将整个大明宫遗址建成考古遗址公园。大明宫遗址规模很大,占地规模是北京故宫的数倍,达3.2平方公里,上面居住着10

万人,遗址上面占压着350万平方米的各类建筑,考古遗址公园建设的难度可想而知。首先编制了大明宫遗址公园规划,在规划中将大明宫遗址公园和周边19.6平方公里的土地整体规划,并进行了重点宣传。一是西安北部地区将出现一个最有文化气息的大型遗址公园。二是遗址公园附近的城市用地将是升值潜力最大的用地。在遗址公园中考古遗址永远是主角,在考古遗址公园内不应复建,也不能进行新的建设。但是考古遗址公园对于城市环境的带动作用十分明显。不足一年时间,大明宫遗址公园周围城市建设用地全面升值。一年间就从每亩50万元,提升至每亩250万元,后来又升值到每亩400多万元。城市获得大量收益,也获得了银行的贷款。于是一次性投入80亿元,使10万民众在一年间迁出大明宫遗址,拆除了350万平方米的不合理占压考古遗址建筑,其中150万平方米的城中村、100万平方米的棚户、60万平方米西北地区最大的建材市场,还有87个企事业单位的40万平方米建筑。这是一次大规模的文化遗产抢救行动,这是人类文化遗产保护史上的奇迹。特别令人感动的是,现场的五个拆迁办公室都被锦旗铺满,表达出人们发自内心的感谢之情。由于当地民众搬迁安置地点距大明宫考古遗址公园仅一步之遥,深受当地民众的拥护。

2010年9月底,一个气势磅礴的大明宫遗址公园正式开园。我认为大明宫遗址公园的建设获得了五个方面的成果。一是考古遗址公园的建设使大明宫遗址得到长治久安的保护;二是考古遗址公园的建设带来当地民众生活的改善;三是考古遗址公园的建设为城市增加了一处大型文化设施;四是考古遗址公园的建设促进了当地经济社会的发展;五是考古遗址公园的建设使西安古都风貌进一步得以彰显。

为了更多拥有大型考古遗址的城市,能够了解考古遗址公园建设的意义和方法,于是国家文物局在西安召开了"大遗址保护高峰论坛"。12个城市决策者参加了会议,听过情况介绍,看过考古遗址公园现场,他们在下午的论坛上纷纷表态,也要让自己城市中的考古遗址变成拥有尊严而且美丽的地方。此后一批大遗址保护项目在全国各地展开,国家文物局公布了12座国家考古遗址公园,同时数以百计的大遗址保护和考古遗址公园建设项目同时在全国各地实施,伴随考古遗址公园的实施,建设了越来越多的遗址博物馆,例如汉阳陵遗址博物馆、良渚遗址博物馆等。

通过大遗址保护和考古遗址公园建设实践，我们得出三点体会：一是新时期文化遗产应该拥有尊严，今天这些书画、铜器、玉器、瓷器等可移动文物，已经被人们认识到其对于现实生活的文化意义，精心加以保护。这些古代建筑、考古遗址、历史街区、历史村镇等不可移动文物，也应该使广大民众认识到其对于现实生活的文化意义，使它们成为城市中最美丽、最令人向往的地方，给人们带来精神愉悦和文化灵感的地方。只有这样，文化遗产才能拥有尊严。二是文化遗产事业应该融入经济社会的发展，不能仅仅把文化遗产保护看作是专业部门、行业系统的工作，而应该为更多部门和社会民众所理解，通过一件件保护实践的成果，使文化遗产保护成为促进经济社会发展的积极力量。三是文化遗产保护成果应该惠及广大民众，只有当地民众从文化遗产保护的实践中获得实实在在的切身利益，他们才会倾心地拥护、支持、监督、参与文化遗产保护，文化遗产保护成果才能更大限度地惠及民众。也就是说，通过保护行动使文化遗产拥有尊严，有尊严的文化遗产才能融入经济社会发展，融入经济社会发展文化遗产保护成果才能更好地惠及民众。这是文化遗产保护的良性循环。否则一些文化遗产的突出价值长期得不到社会所知，缺乏应有的文化尊严，沦为城市中脏、乱、差的地方，当地政府也把这些文化遗产看作经济社会发展的绊脚石，当地民众也因为保护不力而深受其扰，如此就不是良性循环，而是恶性循环。因此，文化遗产保护必须积极争取良性循环，避免出现恶性循环。

正是因为文化遗产保护实践的深入，特别是保护理念的变化，在国家文化遗产保护投入方面也出现了积极变化。2008年，国务院发展研究中心在给各个行业系统编制蓝皮书的同时，第一次编制了《文化遗产蓝皮书》。蓝皮书从经济社会角度对文化遗产的发展状况进行了分析。以往我们仅从文化建设、社会效益等角度评价文化遗产事业发展，而很少从经济角度进行分析和评价，更避免谈经济效益。此次《文化遗产蓝皮书》也从经济角度对文化遗产事业发展给予分析，读了这本蓝皮书以后感到出乎意料之外。《文化遗产蓝皮书》显示："经计算，'十五'期间全国文物系统财政拨款仅占同期GDP的0.018%，而同期全国文物系统对国民经济贡献占GDP的0.143%，文物系统对国民经济贡献是同期财政投入的 8.1 倍,即文物系统财政投入 1 元给国民经济所带来的产出为 8.1 元。"《文化遗产蓝皮书》特别说明,上述对国民经济的贡献不包括餐饮、宾馆、交通等方面的效益,仅文化遗产保护自身对国民经济的贡献就是每投入 1 元,产出 8.1 元。如此看来,今天还有什么既环保,又低碳的事业,能够产生出像文化遗产保护这样的经济社会效益?这个结论得出以后,国家对于文化遗产保护的投入情况也发生了很大变化。2002 年我担任国家文物局局长当年,国家对于全国文物保护投入的专项经费是 2.5 亿元。那时北京每修建 1 公里地铁,需要投资 6 亿元,也就是说,当时用于全国文物保护的专项经费还不够修建半公里地铁。随后,2006 年专项经费为 7.65 亿元,2007 年为 11.44 亿元,2008 年为 25.2 亿元。此后,2008 年《文化遗产蓝皮书》面世,于是 2009 年全国文物保护的专项经费达到 48.6 亿元,2010 年达到 97.7 亿元。接着是编制文化遗产保护"十二五"规划,在申报财政预算时,我们还有一些计划经济时期的惯性思维,就是考虑多申报一些,即使被压缩一些,还可以多保留一些。于是向财政部申报了 600 亿元的项目,向发展改革委申报了 400 亿元的项目,加上向其他部门申报的项目,总申报经费数额达到 1000 多亿元。但是万万没有想到,申报财政部的 600 亿元项目经费,一分钱都没有被压缩,执行预算成为很困难的事情。于是我们奔波于各省、自治区、直辖市和各个城市,拜访主要领导和主管领导,述说该地区文化遗产资源的丰富性和独特性,以及在该地区经济社会发展中不可替代的作用,希望能够提升文物保护部门层级,健全文物保护部门机构,增加文物保护部门编制,同时表示国家文物部门将全力支持该地区、该城市文化遗产事业的发展与进步。使各地领导既看到文物保护的重要意义,也感受到文物系统不断增长的工作实力,在这种情况下,不少地方为文物部门解决了工作级别、机构和编制,使各地文物部门保护经费和工作队伍都得到基本保障。

2005 年,《国务院关于加强文化遗产保护的通知》发布,这是我国第一次以"文化遗产"为主题词的政府文件。我们知道,从 20 世纪 50 年代到 90 年代,国务院曾经多次发布关于加强文物保护的通知,例如 1956 年的《国务院关于在农业生产建设中保护文物的通知》、1974 年的《国务院关于加强文物保护工作的通知》、1980 年的《国务院关于加强历史文物保护工作的通

知》、1987年的《国务院关于进一步加强文物工作的通知》、1997年的《国务院关于加强和改善文物工作的通知》等,也就是说每当全国文物保护事业发展的关键阶段,国务院都通过发布通知的形式,推动全国文物事业的健康发展。但是,此次国务院的通知中,通篇使用的是"文化遗产"一词,我们意识到开始了从"文物保护"走向"文化遗产保护"的历史性转型。也许有人说,文化遗产并不是新的词汇,过去也曾使用过,因此"文物保护"与"文化遗产保护"并没有什么不同。真是如此吗?通过实践我们认识到,"文物保护"与"文化遗产保护",无论在内涵方面,还是外延方面,都有很大不同。在文化遗产保护的内涵方面,更加注重世代传承性和公众参与性,在文化遗产保护的外延方面,保护范围不断扩大,呈现出若干新的发展趋势。

世代传承性,就是强调文化遗产的创造、发展和传承是一个历史过程。我们祖先的文化创造,经过历代传承,到达我们手中,我们还要将其完整地传给后人,每一代人都既有分享文化遗产的权利,又有承担保护文化遗产的责任。因为我们每一个人在历史的长河中都是瞬间存在,作为当代人,并不能因为现时的优势而有权独享文化财富,更不能利用我们手中掌握的工作机会,而随意处置祖先留下的文化遗产。后人同样有权利与历史和祖先进行情感和理智的交流,从文化遗产中汲取智慧和力量。正因为如此,我们应该利用一切机会,不遗余力地将文化遗产知识努力传播给下一代青少年,使他们从小就热爱文化遗产,与之产生影响终生的情感联系,并争取更多的年轻人加入到文化遗产保护的行列。

公众参与性,就是强调文化遗产保护不是各级政府、文物部门和文物工作者的专利,而是每一个人都有的权利和责任,是广大民众的共同事业。必须尊重和维护民众与文化遗产之间的关联和情感,保障广大民众的知情权、监督权、参与权和受益权。只有当地居民倾心地持久地自觉守护,才能实现文化遗产应有的尊严,有尊严的文化遗产才具有强盛的生命力。

这张照片是在文物考古工作中司空见惯的场景,当在某地发现地下文化遗存,考古工作者及时进入考古遗址现场;当发现出土文物,就及时用彩条布将考古工地围合起来;当有珍贵文物出土,开始申请武警站岗。在考古工地里考古工作者默默无闻地辛勤工作,风餐露宿,披星戴月,一丝不苟地用小刷子、小铲子进行科学严谨的考古作业,对揭示出来的文化信息进行提取、绘图、摄影,当珍贵文物出土时,小心翼翼地进行现场保护,悉心加以包装,送到考古研究单位或博物馆。三年五载的漫长岁月之后,考古工作结束,又负责任地恢复地平,拆除围栏,撤掉岗哨,一切归于平静。但是在这么长的考古工作时间里,有谁想到过这个地点揭示出来的灿烂文化现象,这个地点出土的珍贵文物,与附近的村庄,与当地的民众,有什么地缘、血缘、亲缘、法缘、情缘方面的联系?有谁想到过应该将考古工作的成果向当地民众进行说明?有谁想到过此次考古工作将给当地民众带来怎样的文化骄傲,给他们的子孙后代带来怎样的对家乡故土的眷念情感?很少有人想到。人们往往将这些考古研究工作视为部门的、行业的、系统的、专业的工作,与现实生活无关,与当地民众无关。事实上,当地民众对家乡这块土地的历史和文化非常重视。例如我们在山西的一处考古现场看到,考古工地周围聚集着很多当地民众,人们关心家乡的土地上发生的一切,于是考古研究部门制作了展板,将考古发掘成果的价值、考古研究的工作计划,以及此次考古工作对当地村庄的意义告诉民众。面对祖先的文化创造村民们非常骄傲,奔走相告,表示要自觉保护考古现场,配合考古工作,因为这里不仅是国家的骄傲,也是村庄的骄傲、自己的骄傲。

　　实际上,广大民众对自己家乡的悠久历史和祖先的文化创造有着深厚的感情。我讲两个当地民众保护家乡文化遗产的故事。

　　第一个是宝鸡农民保护出土文物的故事。2003年1月19日,一个阳光灿烂的冬日,下午4点半,在陕西宝鸡眉县杨家村,五个农民在村北的坡地上生产劳动取土,一位农民一镢头下去挖出一个洞口,往里面观望,发现是几件大铜鼎。他激动地说:"是宝物!""是大货!"原来他们发现的是一个装满青铜器的窖藏。他们商议"这事不能传出去,如果让看到的人多了,会发生哄抢。""文物是国家的,这次在咱5个人手上不能丢!""听候上面来人处理最好。"于是他们用土块把洞口封堵严实,保护了窖藏的原状。4个人在现场守候,1个人回家打电话报告市里文物部门。一个多小时后,文物工作者赶到现场。经过考古工作者清理现场,从里面取出27件西周时代的青铜重器,件件都有铭文,其中一件青铜器盘上共有铭文372字,记录了12代周王的相关

历史，经过考古学家、历史学家、古文字学家等对其所作全方位的研究，成为对于当时的夏、商、周断代工程非常重要的学术支撑，被誉为"21世纪重大考古发现之一"。

一个多月以后，我们将5位农民和他们保护下来的27件青铜器请到北京，在中华世纪坛举办了"中国宝鸡——21世纪重大考古发现首展"。消息传来，两会代表争先恐后前来参观。开幕式上来了很多领导和两会代表，谁来为展览剪彩呢？我们首先想到最有资格的是发现珍贵文物并上缴国家的农民们，于是就请5位农民为展览剪彩。为了表示感谢，晚上我们请5位农民吃饭，大哥王宁贤说要代表几位兄弟感谢国家文物局，我说正是因为感谢你们发现文物主动上缴国家，才请你们吃饭。王宁贤说，我们兄弟几个过去去过的最大城市就是眉县，连宝鸡都没有去过，这次我们来到北京，还让我们为展览剪彩，感到非常光荣。全村人都知道了，说我们做下了光荣的事情。我说你们还可以到罗马、到巴黎去看看，那里也保护展示着大量出土文物。后来5位农民去了欧洲，报纸也进行了报道。在欧洲，人们把他们当作保护文化遗产的英雄，就连坐出租车都不收钱，他们自己也感到非常骄傲。

这5位农民保护文物的事迹得到广泛宣传，奇迹就发生了。同样在宝鸡地区，在5位农民保护文物的事情发生之后的4年间，又涌现出11批农民在生产劳动中发现珍贵文物，主动上缴国家的事迹。共捐献出以青铜器为主的出土文物400多件，琳琅满目，可以充满一座博物馆。于是我们又在首都博物馆举办了《陕西宝鸡农民保护文化遗产成果展》，请12批保护出土文物的农民代表戴着绶带为展览剪彩。农民代表们非常兴奋，1位农民代表说，展柜里一字排开的5件青铜器鼎，都是在他家的院子里发现的，那天在院子里取土时发现了1件青铜器，取出来以后下面还有1件，再下面还有，于是一共发现了5件青铜器鼎，结果房子的墙角就被挖坏了，政府部门来了，感谢保护文物上缴国家，并说给修缮房屋，现在已经等了一年多了，也没有人来修房子。我听以后赶快告诉市领导应该言而有信，及时帮助农民兄弟修房。他们多可爱呀！出土青铜器那么值钱，那是国家的，应该上缴，而房子是自己的，政府说来修，我就耐心等着。后来，市里很快派人修缮了房屋。在人民大会堂举办的表彰大会上，文物专家和各地文物工作者代表向农民兄弟报以热烈的掌声。的确，一次次令人兴奋不已的不仅是那些出土面世的稀世珍宝，更是这些朴实无华的护宝农民群体，是他们的高尚行为铸就了震撼人心的"宝鸡农民护宝精神"。

去年我再次到宝鸡眉县杨家村，参加"十一五期间陕西省群众保护文物先进个人表彰大会暨杨家村群众保护文物碑揭碑仪式"，省文物部门告诉我2007年以来，陕西全省出现了更多当地民众发现文物主动上缴文物部门的事迹，上缴文物数量已经达到上千件。陕西是中国传统文化的发源地。在这块神奇的土地上，从古至今出土的大量精美至极的珍贵文物，所体现的是厚德载物、自强不息的民族精神。今天，这些可敬可赞的农民护宝行动，反映的正是当民众感受到家乡悠久灿烂的文化传统，了解到国家保护文化遗产的法律之后，所形成的自觉自愿的保护意识和无私奉献的高尚情操。

第二个是黎平农民保护地坪风雨桥的故事。黎平县地坪乡是一个非常贫穷的侗族的山乡，2004年的农民人均纯收入只有700元。但是村庄里有一座非常美丽的风雨桥，被列为全国重点文物保护单位。2004年7月20日那天下午天降暴雨，一场百年未遇的洪水从上游咆哮席卷而来，地坪风雨桥在风雨中摇摇欲坠，村民们就从家里取来绳子、铁丝，试图捆绑风雨桥，不让它被洪水冲垮，但是根本无济于事，一个巨浪打来地坪风雨桥轰然倒塌了。就在风雨桥倒塌的瞬间，在场的124名侗族的小伙子们齐刷刷地跃入洪水，顶着暴雨、冒着巨浪，拼死地打捞家乡风雨桥的构件。三天三夜，从贵州一直打捞到广西，沿途告诉两岸村庄的村民，上面漂下来的木材是我们家乡的风雨桥，我们不能没有风雨桥，我们要把这些材料运回去，要把地坪风雨桥重新修复起来。之后在政府的帮助下，用了十多天时间，把他们抢救下来的这些风雨桥构件运回了地坪乡。经过清点，28根地坪风雨桥上的大木构件1根都没有少，73%的地坪风雨桥构件回到了原地，国家文物部门给予200余万元的补助，使地坪风雨桥得以重建。

2006年2月，我去黎平县地坪乡参加地坪风雨桥修复工程开工仪式时，看到全乡民众载歌载舞，场景十分感人。我问村里的老人们，村民和风雨桥为什么有如此深厚的感情，当风雨桥被洪水冲垮的瞬间，没有人组织，也没有人呼唤，村里的这些年轻人就能够奋不顾身地跃入洪水，抢救风雨桥的构件，很多人为此而受伤，上演了一幕我国文物保护史上的壮举。老人们告诉我，地坪风雨桥连接着上寨村和下寨村，这里一共生活着1500余位侗族民众。风雨桥既是交通要道，也是他们休闲、节庆的场所。当地人以此为自豪，把它当作村寨的精神财富，祖祖辈辈都将守护风雨桥当成自己的义务。老人们还说，这些孩子们从小就在风雨桥上长大，听老人们讲故事，行歌作月，唱侗族大歌，侗族大歌里就有一句歌词唱道"地坪花桥传万代"，爱护花桥、保护花桥的意识已经融入进他们的血液，成为他们生命中的一部分，因此他们为花桥做任何事情都如同呼吸般自然，无论花桥遇到任何危险，他们都会挺身而出的。我想，文物保护的民众意识在地坪风雨桥的抢救行动中得到了最强烈的表达，只有当地民众与文化遗产建立起这样的情感联系，文化遗产才是最安全的。

上述两件农民群体保护文物的动人心弦的故事充分表明，我国广大民众是有觉悟和讲感情的。文化遗产保护作为一项利在当代、功在千秋的社会公益事业，需要动员广大民众的积极参与。许多珍贵文物的第一发现者和第一时间保护者就是普通民众。如果民众缺乏文物保护意识，没有采取基本的保护措施，这些珍贵文物就有可能无声无息地被破坏甚至毁灭。在当前受经济利益的驱使，盗掘古墓葬、非法走私文物十分猖獗的情况下，陕西农民兄弟重义轻利，使珍贵文物得到保护；在一些地方对历史文化街区、村镇大拆大建，使大量传统建筑惨遭损毁的情况下，贵州的农民兄弟拼死保护他们的"生命之桥"，使风雨桥得到重建。这些农民兄弟的行为应该受到全社会的尊重，国家应该对他们的行为给予表彰和奖励。于是决定在杨家村村口和地坪风雨桥桥畔，分别为两地保护文物的农民群体立一块朴素的碑，把他们的事迹记录下来。立碑之前我想需要看一下碑文，结果一看大吃一惊，大部分篇幅都是表扬各级领导，从省领导到市领导，从国家文物局领导到省文物局领导，最后一段才是表扬农民群体。我要求把表扬领导的部分全都去掉，只表彰农民的事迹，因为这些事迹本来就是农民们自发的壮举，就是农民们创造的奇迹，在碑的正面刻上农民群体的真实事迹，在碑的背面刻上每一位农民兄弟的名字，就是要告诉村庄的未来子孙，他们的前辈做出了值得骄傲，应该世代传诵的事迹。

在文化遗产保护的外延方面，我归纳了六个趋势。

第一个趋势是在保护要素方面。以往文物保护重视的是单一文化要素的保护，但是今天文化遗产保护，还要同时重视由文化要素与自然要素相互作用而形成的"混合遗产""文化景观"保护的方向发展。文化遗产的产生和发展与所处自然环境密不可分。我国自古以来就崇尚人与自然和谐共处，崇尚天人合一，尊重人与自然的共同创造，因此我国的文化景观资源特别丰富，形成文化与自然遗产相互交融的重要特色。例如近年来相继申报世界文化遗产成功的五台山、西湖，还有即将申报成功的元上都，都是文化景观。

文化景观保护和影响的范围一般比较大，因此保护和申报世界文化遗产的过程也必然十分艰苦。例如五台山申报世界文化遗产时，对五台山寺庙建筑群周边地区进行整治，清理了历年积累下来的脏、乱、差环境，拆迁安置了1000多个小门脸儿，包括小商店、小旅馆、小饭馆、小网吧、小歌舞厅，经过艰苦卓绝地努力，恢复了深山藏古刹的意境，使五台山申报世界文化遗产得以成功。

西湖申报世界文化遗产的过程更加动人。十年"申遗"路，保护了美丽的西湖。杭州市中心的地价、房价一度超过北京、上海、深圳，很多开发企业都希望在西湖附近获得一个开发项目，一定是天价销售，一本万利。但是，由于申报世界文化遗产成为全体市民的共同意志，所以在过去的10年间，西湖附近和"三面云山"的视线范围内均得到了严格控制。今天，无论是荡舟西湖之内，还是漫步苏堤、白堤，举目一望，都看不见任何一栋影响西湖文化景观和"三面云山"的新的建筑。简直就是奇迹！那么由于西湖申报世界文化遗产，城市发展受到影响了吗？没有！而是使城市发展更加坚决地从"西湖时代"走向"钱塘江时代"，"跳出老城、建设新城"，在钱塘江两岸规划建设了新的城市，有效缓解了城市建设对于西湖和历史城区的压力。

如果按照以往文物保护的观点，哈尼梯田不会被列入保护对象，而按照文化遗产的保护理念，哈尼梯田是人类与自然共同创造的文化景观。上千年以来，哈尼族为了满足自身对粮食等生产的需要，充分利用亚热带山地优越的自然条件，辟梯田种稻谷，掘坡地植茶林，对具有一定坡度的山地综合利用，形成壮美的农业文化景观。这一生态环境体系包括由山顶的森林、山坡

上的梯田和村落、山下的江河水系所构成的完整而独特的生态链，即由山顶的森林涵养水源，这一水源条件使山坡上形成规模巨大的人工湿地，造就遍布山坡的梯田，高达数百级，从河谷到山巅，宛如天梯，宏伟壮观。

第二个趋势是在保护类型方面。以往文物保护重视"静态遗产"的保护，而文化遗产保护还要同时重视"动态遗产"和"活态遗产"的保护。文化遗产并不意味着死气沉沉或者静止不变，她完全可能是动态的、发展变化的和充满生活气息的。许多文化遗产仍然在人们的生产生活中发挥着重要作用，充满着生机与活力。例如一些历史街区、江南水乡、传统村寨，民族村落，今天都变成了文化遗产的组成部分，但是与"静态遗产"保护不同的是，在这些历史街区和历史村镇中，人们仍然生活其中，人们和文化遗产在一起。除此之外，还有浙江杭州的龙井茶园，海南洋浦的千年盐田，河北聚馆的古贡枣园等，都已经作为"活态遗产"，而列入全国重点文物保护单位。袁隆平院士听说植物也能成为文物保护单位，就写信给国务院领导，希望将他们团队做了37年试验的杂交水稻田也申报为全国重点文物保护单位。我们去了位于湖南洪江的安江农校杂交水稻试验现场进行调研，建于当年的办公楼、教学楼、杂交水稻温室、鱼塘、早期杂交水稻试验田、捞禾深井、高温抗病鉴定圃等历历在目，见证了袁隆平及其科研团队的奋斗足迹，我们向国务院写了报告，安江农校杂交水稻纪念园成为目前最后一项全国重点文物保护单位。

第三个趋势是在保护空间尺度方面。以往文物保护重视"点""面"的保护，从保护一个桥、一座塔，扩大到古建筑群，再扩大到历史街区、历史村镇，扩大到历史文化名城，保护规模已经很大。但是文化遗产保护的视野更加宏阔，向同时重视"大型文化遗产"和"线性文化遗产"保护的方向发展。文化遗产保护的视野已经从单个文物点，或古建筑群、历史文化街区、村镇，扩大到空间范围更加广阔的"大遗址群""文化线路""系列遗产"等。

我国有几条重要的文化线路，一个是大运河，国务院将一条正在流淌的、正在行洪的、正在航运的京杭大运河，列为全国重点文物保护单位，使文化遗产保护的视野开阔起来。此后隋唐大运河也加入了申报世界文化遗产行列，共涉及8个省、直辖市的35座城市。比大运河规模更大的是"丝绸之路"，包括佛教"丝绸之路"、沙漠绿洲"丝绸之路"、草原"丝绸之路"，还有海上"丝绸之路"，是连接着全世界97个国家，大半个地球的系列文化线路，目前正在联合中亚国家共同申报世界文化遗产。前年我们启动了茶马古道文化线路的保护，包括云南、四川、西藏、青海、甘肃等广大地区。去年又启动了蜀道文化线路的保护，就是从陕西到四川的秦蜀古道。

2009年夏天，我收到北京大学宿白教授的来信，信中写到："近闻云南古水电站将上马修建，并将全部淹没西藏芒康盐井盐田，为此我深感痛心！"带着宿白先生所提出的问题，我们考察了西藏芒康盐井盐田的保护状况，芒康盐井海拔2300米左右，盐田沿澜沧江岸边顺山势走向而建，制盐设施根据功能分为盐井、公共卤水池及晒盐作业区，其中晒盐田数以百计，均为土木结构，竖立联排并列木柱。站在澜沧江岸陡崖之上，遥望芒康盐田盐井，壮美的文化景观令人感到无比震撼，对千百年来各族民众在"世界屋脊"的辉煌文化创造充满敬意。芒康盐井盐田具有上千年的悠久历史，至今仍为当地藏族、纳西族民众传承沿用，是典型的活态文化遗产，而拟建中的古水水电站水库，将使芒康盐井盐田处于水库淹没区内。因此，我们建议水库建设方案应另行考虑，不能因水库建设使珍贵的文化景观遗产遭到彻底破坏，同时将芒康盐井盐田申报全国重点文物保护单位。

近年来，开始重视系列遗产的保护，例如在山西晋城、运城、长治、临汾一带，至今保存有相当数量的中国早期木结构建筑群，占全国保留至今的早期木结构建筑的75%左右，但是过去未能够引起足够的重视，2006年以来，国家文物部门开始实施"山西南部早期古建筑群保护工程"，对105组宋、金、元时期的木结构建筑群进行保护修缮。涉台文物是我国"系列遗产"保护中的重要项目，是指能够直接反映台湾与祖国大陆地理、经济、民族、文化等关系，印证台湾自古以来就是我国领土不可分割的一部分的文化遗产。不同于通常按照年代、地域、类型、形制等的文化遗产分类，而是以文化遗产与台湾地域文化之间固有内在联系的认定为标尺，建立的一种新的文化遗产类型。据初步统计，全国共有涉台文物1354处，主要分布在东南地区的福建、广东、浙江、江苏等省，同时在北京、南京、重庆等历史文化名城中也有不少遗存。2008年12月，福建省涉台文物保护工程正式启动。

第四个趋势是在保护时间尺度方面。以往文物保护重视保护"古代文物",后来开始重视保护"近代史迹",但是文化遗产保护还要同时重视保护"20世纪遗产""当代遗产"。过去100年来,直至当前,我国社会生活的各个方面都在发生急剧变化,如不及时对现代文化创造加以发掘和保护,我们很可能将在极短的时间内忘却昨天的这段历史。

对我们这一代人来说,当年为了新中国的经济建设,石油工人来到戈壁荒原建设大油田,使我国甩掉了贫油国的帽子,曾经有多少诗歌、多少歌曲,歌颂过高高井架耸入云天的文化景观。但是近年来这些井架很快就被"磕头机"所取代,因为人们并不把刚刚过去的历史见证物视为文物,于是井架几乎一夜之间就消失了,大都被切割以后回收钢铁,所幸在博物馆中保留了一座。例如现在我国各地博物馆中,收藏的20世纪20年代农民协会的牌子大约有70块,而"文化大革命"时期的牌子一直以来没有作为保护的对象,后来认识到从1958年第一个人民公社建立,当年就遍布全国各地,存在了20余年,因此人民公社的牌子也应该作为历史记忆的组成部分加以保留,于是全国上下寻找,只找到了2块。近年来开始重视"20世纪遗产"的保护,例如兰州市为列入全国重点文物保护单位的铁桥庆祝了100岁的生日。今天,大庆第一口油井、大寨的梯田和村庄、核武器研制基地、酒泉卫星发射中心等也都进入了保护之列。

2007年3月,我陪同国务院领导到福建漳州女排训练基地,看望正在训练的中国女排队员,希望他们在2008年奥运会上取得好成绩。座谈时人们抱怨训练馆规模太小,已经使用了很多年,应该翻建一个更大规模的训练馆,处于专业本能,我里里外外仔细考察了这座"中国女排腾飞馆",向工作人员了解情况,原来这是一座非常了不起的体育建筑,在这里培养出几代女排健将,铸就了光荣的"女排精神"。中国女排就是从这里出发,奔赴各地,夺得了震惊世界的"五连冠",我们应该保留住这段光荣的历史,可以在另一地点建设新的训练馆,这一建议得到采纳。

第五个趋势是在保护性质方面。以往文物保护重视宫殿、寺庙、纪念性建筑等重要史迹及代表性建筑的保护,但是文化遗产保护还要同时重视反映普通民众生产生活方式的"民间文化遗产"保护。例如对"乡土建筑""工业遗产""老字号遗产"的保护。这些过去被认为是普通的、大众的而不被重视,但是它们是文化多样性的重要表现形式。

这组照片是江南造船厂,江南造船厂始建于1865年,其前身是江南机器制造总局,是我国民族工业的发祥地和摇篮。为了造船工业的发展,江南造船厂将整体乔迁至新厂址。同时上海成功获得了2010年世界博览会的举办权,由于江南造船厂的工业、仓库设施位于世界博览会的核心区域,因此江南造船厂工业遗产的去留引人注目。为此我于2008年全国政协会议上提出《关于江南造船厂作为重要工业遗产加强整体保护的提案》。上海市重视政协提案,组织专家进行论证,但是论证结果认为只有13栋江南造船厂的早期建筑应该保护,而其他建筑不值得保护。显然论证是以"文物保护"的理念,而没有以"文化遗产保护"的理念看待工业遗产的保护。对此我表示了不同意见,我认为应该整体保护江南造船厂的生命历程,例如这栋29米高、投资数亿元建造的大型厂房,虽然刚刚建成几年,但是它是江南造船厂140年历史的最后辉煌,不应该让它们变成建筑垃圾。同时,保护工业遗产建筑并不会影响世界博览会的成功举办,这些高大厂房都会在世界博览会期间派上用场。后来,上海市重新研究了政协提案的答复意见,决定保护江南造船厂75%的建筑。在世界博览会举办期间,江南造船厂旧址成为一个博物馆群,其中那栋29米高的大型厂房成为船舶馆,还有世界博览会博物馆、城市足迹馆等都利用了江南造船厂的厂房。前年年底,国际博物馆协会大会在上海召开,俞正声书记和韩正市长说江南造船厂工业遗产将成为一个博物馆群。

始建于1919年的首钢,距今已有90年的历史。首钢90年的发展历程,实际上就是我国近现代工业发展的缩影。自国务院批准首钢实施搬迁方案,为首钢工业遗产保护提供了难得机遇,但同时也带来了重大挑战。在这一搬迁、调整、整治过程中,首钢工业遗产将面临重要抉择,成为既紧迫又不可回避的现实问题。2009年,全国政协会议上我又提交了《关于将首钢老工业区作为工业遗产整体保护的提案》,呼吁整体保护首钢工业遗产,保留住北京20世纪"工业记忆",实现工业遗产保护与经济社会发展的和谐互动与共存。全国政协主席贾庆林对提案做出重要批示,得到北京市政府的积极落实。

第六个趋势是在保护形态方面。以往文物保护主要重视"物质要素"的保护,而今天还要同时重视由"物质要素"与"非物质要素"结合而形成的文化遗产保护的方向发展。物质遗产与非物质文化遗产的区分只是其文化的载体不同,二者所反映的文化元素是统一和不可分割的。因此,必然是相互融合,互为表里。例如羌笛、黎锦、哈尼族稻田耕作技术、傣族泼水节以及汉族的过年习俗等,都作为文化遗产加以保护。

今天,文化遗产保护的视野不断扩展,从可移动遗产到不可移动遗产,从文化遗产到自然遗产,从静态遗产到活态遗产,从大型遗产到线形遗产,从历史遗产到当代遗产,从物质遗产到非物质遗产,使博物馆工作视野也更加开阔,使更多的文化遗产纳入了博物馆的抢救保护之列。

近年来,博物馆建设与发展出现了新的面貌,各地省级博物馆几乎全部进行了新建、扩建,藏品保管、科学研究和陈列展示水平不断提升,各地市也纷纷建设现代化的博物馆,出现了一批优秀的博物馆建筑。从2009年起,我国进入了三天建成一座博物馆的时代,甚至有的资料统计,去年建成开放了395座博物馆,也就是平均一天就建成一座博物馆。

面对全国博物馆快速发展的形势,应该进行冷静地分析,寻求博物馆事业可持续发展之策。今天博物馆不仅是知识的殿堂、城市的客厅,而且还应该是精神的家园、文化的绿洲。因此博物馆文化应该更多地融入社会生活,应该鼓励博物馆的多样化发展。在博物馆的类型方面,应该积极推进以下十类博物馆的建设。一是专业类博物馆,就是鼓励各行各业建设自己系统的博物馆,例如交通博物馆、化工博物馆、水利博物馆等,保存不同专业领域的文化信息。二是民俗类博物馆,就是结合非物质文化遗产保护,保护和展示地域文化资源和特色,例如戏曲博物馆、会馆博物馆、皮影博物馆等,活态保护民间文化遗产。三是民族类博物馆,我曾在全国政协提案中呼吁每一个少数民族都应该至少有一座博物馆,以保存本民族的文化记忆。四是高等院校博物馆,为保护藏品资料和教学需要,越来越多的高等院校建设了博物馆,至今已有160多座,这些博物馆应争取向社会开放。五是民办博物馆,就是由政府部门以外的社会力量利用民间收藏的文物、标本、资料等依法设立的博物馆，弥补了国有博物馆所忽视的藏品结构空白，丰富了博物馆的门类和体系。但是由于起步晚，我国民办博物馆无论数量还是品质均存在较大差距，因此应加大扶植和推动的力度。六是旧址博物馆，即利用历史建筑、工业厂房、名人故居建设的博物馆，不但使文物建筑得到保护和合理利用，而且形成自身的博物馆文化特色。七是遗址博物馆，事实上从半坡遗址博物馆，到秦始皇兵马俑博物馆，再到汉阳陵遗址博物馆，我国在考古遗址博物馆建设方面始终走在世界前列，近年来大遗址保护和考古遗址公园建设的开展，为遗址博物馆的发展提供了机遇，涌现出了一批优秀的遗址博物馆，这一趋势还将继续。八是生态博物馆，过去主要在我国西部少数民族地区进行实践，近年来面对东部农村地区生态环境的迅速变化，也开始在东部农村地区开展生态博物馆的建设，例如在浙江安吉就取得了一些实践经验。九是社区博物馆，经过一系列疾风暴雨式地"旧城改造"之后，面对已经解体的社区邻里结构，通过社区民众的共同努力，重新整合社区文化资源，其中福州三坊七巷的社区博物馆成为先行实践的成功范例。十是数字博物馆，今天青少年习惯于数字生活，为了使博物馆文化得到更广泛的传播，数字博物馆的建设方兴未艾。以上所列举的博物馆类型中，后五种类型实际上都是离开传统意义的博物馆馆舍，在"大千世界"中建设的博物馆类型。当然，还有一些特殊的博物馆类型，例如整体打捞"南海一号"沉船建设的博物馆，为保护白鹤梁遗址建设的世界上第一座深水博物馆，都显示出我国保护文化遗产的决心和智慧。

今天我国博物馆事业快速发展，功能在延伸，价值在提升，能量在汇集，实力在壮大，博物馆事业应该踏上新的台阶，加速科学化发展的进程。因此，我认为当前应该及时调整发展思路，实现发展模式从"数量增长"走向"质量提升"，实现社会职能从"馆舍天地"走向"大千世界"。

做好文物保护利用工作的若干思考

北京市文物局局长　舒小峰

【报告提纲】
- 前言
- 文物保护利用服务于城市功能定位
- 保护利用工作的难点及对策分析
- 北京市在利用工作中的基本体会
- 今后的重点工作
- 结语

前　言

习近平总书记今年考察北京时指出，经过新中国60多年的建设，北京成为一个保有古都风貌的现代化大城市。这是中华文明的一张金名片，传承保护好这份宝贵的历史文化遗产是首都的职责。要本着对历史负责、对人民负责的精神，传承城市历史文脉，下定决心，舍得投入，处理好历史文化和现实生活、保护和利用的关系。

明清北京城"凸"字形城郭

悠久的历史变迁造就了北京城独具特色的"凸"字形城郭。
旧城的整体性充分体现了北京城的规划艺术价值。
明清北京城的城墙及大部分城楼已经拆除，代之以二环路和道路立交，但"凸"字形城郭仍是旧城的一个重要形态特征。

截止到目前，北京地区共依法登记不可移动文物3840处，其中全国重点文物保护单位126处（含世界文化遗产6处），市级文物保护单位215处。此外，已公布历史文化保护区43片、地下文物埋藏区56片，并有71处、188栋建筑被列入《北京地区优秀近现代建筑保护名录》。

1. 世界文化遗产6项：长城、十三陵、周口店、颐和园、故宫、天坛。

2. 北京先后公布了三批历史文化保护区43片。

其中旧城内33片，总占地1940公顷，占旧城总用地的31%，保护区和文物保护范围及建控地带的总面积为2736公顷，约占旧城总面积的44%。

其余10片分布在近、远郊区县。

2007年，北京市公布了第一批《北京优秀近现代建筑保护名录》，71处、188栋建筑列为北京优秀近现代建筑予以保护。

根据北京城市总体规划，北京的城市定位是国家首都、世界城市、文化名城、宜居城市，是我国的政治中心、文化中心和国际交往中心。我市以建设中国特色世界城市为目标，全面实施人文北京发展战略，通过历史文化名城保护和文物保护利用工作，不断加大民生保障力度，大力发展文化事业和文化产业，塑造城市定位，建设文化中心，取得了一定的成果。现简要汇报如下。

一、文物保护利用服务于城市功能定位

（一）服务国家首都功能

推动首都旅游业发展，助力经济社会全面发展。目前，北京地区126处全国重点文物保护单位中，超过半数实现对社会开放。其中，第一批18处全国重点文物保护单位全部对社会开放。每年入境旅游人数近600万人次，年均增长5.9%，位居全国第五位，旅游外汇收入每年近60亿美元。国内旅游人数每年超过2亿人次。以故宫、八达岭长城为例，故宫每年接待参观者超过1000万人，八达岭每年接待参观者近800万人。

促进文化产业发展，助力文化创意产业壮大。北京市艺术品拍卖企业达到121家，约占全国的1/3，每年举办拍卖会200多场，拍卖额达到数百亿元，是全国最大的文物拍卖交易中心和全国最大的传统工艺品交易中心。

（二）建设特色世界城市

防止"千城一面"，建设有中国特色的世界城市。做好历史名城和历史街区保护和城市设计工作成为保持城市特色的有效途径之一。古都北京众多优秀的文化资源，是这座城市乃至一个国家、一个民族区别于其他国家和民族的标签和金名片。就好像我们见到埃菲尔铁塔就会联想到巴黎，见到金字塔就会联想到埃及一样，见到壮丽恢宏的故宫、天坛就会联想到北京。

推动国际交往，提升北京软实力和国际影响力。充分利用文物资源，通过积极开展对外文化交流，配合国家和北京市的重要外宣活动，展示优秀传统文化、弘扬民族精神，增强中华文化的国际影响力，在与世界文化交流中凸显中华民族文化的国际地位。截至目前，参观过八达岭长城的国家元首将近500位。

在财富论坛、奥运会、园博会等大型国际盛会中，文物均发挥了重要的展示作用。在奥运场馆建设中原址保留了龙王庙、北顶娘娘庙，其中龙王庙就作为奥运村村长办公室。再如，奥运会之前奥组委发布了著名的歌曲《北京欢迎你》，其发布工作就选在首都博物馆，其MV的拍摄地大多为北京的文物古迹、胡同四合院等，让世界认识了一个拥有悠久传统文化的城市。今年，我们还将承办APEC会议，举办地就设在怀柔区长城脚下，会议期间还将组织与会人员参观长城。

（三）保护传承文化名城

发挥宣传教育功能，提供公共文化服务。文物的合理利用有利于传播优秀传统文化、形成正确的价值观，愉悦人的身心，为公众提供更多、更好的公共文化服务。目前，全市注册博物馆总数达到169座，其中对外开放155座，免费开放50座。每年推出各类展览300多项，接待观众3500万人次。此外，近年来各博物馆陆续进行了改扩建工程，展览服务水平有了新的提高，如首都博物馆、周口店遗址博物馆等。

弘扬优秀传统文化，推动文化中心建设。随着历史文化资源得到有效保护、挖掘、传承和利用，北京作为全国文化中心的地位更加凸显，作为全国文化中心的示范作用将进一步得到充分发挥。重点历史街区逐步形成了"一街一品"的发展格局，什刹海、南锣鼓巷、前门大街、琉璃厂等已经成为新兴文化创意产业园区。

（四）建设生态宜居城市

保护平缓开阔的城市格局，促进宜居城市建设。《北京城市总体规划（2004-2020年）》规定北京市人口规模在2020年之前控制在1800万人，目前已经提前突破了2000万人口，但东城区、西城区人口规模一直比较平稳，这得益于旧城整体保护策略的实施、历史文化保护区的划定和遗产缓冲区、文物保护单位保护范围及建设控制地带的严格执行，客观上合理控制了旧城人口、城市建设的总规模，没有这样的有效控制，后果是难以想象的。比如故宫缓冲区覆盖了整个旧城北部地区，天坛缓冲区覆盖了原崇文区大部分地区，有效降低了城市的"容积率"。

故宫保护缓冲区范围方案（二）

以1984年市政府批准（1987年修正）的旧皇城及北城区（含故宫）保护范围建设控制地带为基础，结合北京历史文化名城保护规划、北京皇城保护规划提出故宫缓冲区的范围。缓冲区占地面积1377公顷。

- 东起安定门内大街、东黄（皇）城根、规划历史博物馆东侧路
- 南至正阳门
- 西至规划人民大会堂西侧路、西黄（皇）城根、新街口南、北大街
- 北至北二环路

提供大量的园林水系、促进生态城市建设。很多园林、绿地、水系都是文物保护单位，其保护利用工作为城市提供了大量的生态绿地。目前，城市绿化覆盖率已超过45.6%，人均公园绿地超过15.3平方米，文物保护单位功不可没。例如颐和园、圆明园、香山公园等为代表的"三山五园"历史文化景观，天坛、先农坛、太庙、社稷坛、日坛、月坛等为代表的皇家祭坛，北海、景山公园等为代表的皇家园林，明城墙遗址、元大都遗址、皇城墙遗址

等多处遗址公园，仅圆明园一处就提供了 350 公顷遗址公园。今后，随着天坛内外坛墙之间的天坛医院、简易居民楼等搬迁腾退工作，将会实现更多的园林绿地。

二、保护利用工作的难点及对策分析

目前，在文物的利用上功能较为单一，主要分为对外开放、经营办公、居住为主三种类型，在保护上还存在一些难点，在利用上难免还存在一些弊端，需要我们进一步加强引导管理、提高应对能力。

（一）对外开放类型

是目前主要提倡的利用方式，开放为博物馆或者景区，保护利用状况最好，文物建筑能够得到及时的修缮，目前主要是价值高、规模大的重要文物保护单位。但我们的展示手段还比较单一，今后工作重点应该是引导管理使用单位如何深入挖掘历史文化内涵，如何上水平、上质量。比如，5月初刘延东副总理考察圆明园遗址时就表示存在展示阐释不足的问题，特别是对西洋楼的展示提出了细致的要求，我们正在贯彻落实。

【推动"数字圆明园"项目】

在历史研究的基础上，利用科技手段，再现圆明园胜景。在此基础上，探索进行数字圆明园文化创意的研究开发、应用产品开发及市场推广等工作。

当然，开放也会带来负面作用，要防止过度利用；如故宫单日游客量曾经超过 10 万人；天坛公园使用年月票入园晨练的游人日高峰达 6 万之众。大量游人集中时间参观、锻炼，公园绿地和局部景区超负荷承载情况严重，造成了对文物与环境"利用性"的损坏。对于一些遗产项目，应进一步合理引导、进行风险评估和监测预警，防止游客过多对文物本体构成的影响。

（二）经营办公类型

作为经营办公类型的文物保护单位其文物建筑一般也能够及时维修，目前主要是中小规模的文物保护单位。在利用上应该因地制宜，不是所有文物保护单位都要求开放，如南新仓、阳平会馆、湖广会馆、前鼓楼苑7号四合院、9号四合院、东交民巷使馆建筑群等文物在修缮后成为文化演出、特色旅游住宿或者创意产品展示销售场所，文物保护单位与文化创意产业有机结合。

当然，我们还存在大包大揽的现象，在鼓励社会资金介入文物保护利用工作方面还缺乏政策和实操经验，今后工作重点应该是多推试点项目、多出好政策，督促管理使用单位如何按照文物保护法的要求落实管理责任的同时，引入社会资本；对于个别保护管理状况不好的，通过加强执法、媒体监督等方式，督促其改善管理利用状况，依法依规使用。

（三）居住为主类型

房屋分为私有产权和直管公房类型。私有产权房屋一般保护状况比较好，管理使用人保护文物的积极性比较高，如一些四合院或者故居，仍由后代居住使用。直管公房类型一般保护状况比较差，私搭乱建严重，文物年久失修，租住者由于没有产权，保护文物的积极性不高，单纯靠房管部门的资金又不足以形成良性维修机制。

今后工作重点应该是帮助居民进行房屋维修，以及探索文物征收、腾退制度，以使文物得到更好保护和利用。北京市在2007年以来进行了很多尝试，比如由政府出资帮助居民进行房屋修缮、帮助居民进行煤改电等工作，我们正在研究相关保护机制，并争取以政府为主导、社会参与的方式进行保护利用工作。比如，与东城区、西城区政府合作，采用资本金注入的方式启动直管公房中居民使用文物建筑临时周转维修的机制。

三、北京市在利用工作中的基本体会

（一）与中央要求绑在一起

按照中央的要求认真履行"四个服务"职责，即"为中央党、政、军领导机关的工作服务，为国家的国际交往服务，为科技和教育发展服务，为改善人民群众生活服务"。结合首都服务功能，我市认真落实国家对文化遗产保护的要求，不断完善公共文化服务体系、培育文化市场发展体系、建设优秀文化传承体系。此外，不断扩大文化遗产的内涵和范围，如促进工业遗产（798、首钢）、乡土建筑（爨底下村）的保护利用等等，逐步形成系统的文化遗产保护体系。

（二）与法规要求绑在一起

落实文物法规对保护利用的要求，坚持"保护为主、抢救第一、加强管理、合理利用"的文物工作方针。特别是将保护工作放在第一位，没有保护就没有利用。始终坚持"五纳入"，将文物保护利用工作纳入经济和社会发展计划、纳入城乡建设规划、纳入财政预算、纳入体制改革、纳入各级领导责任制，陆续出台《北京历史文化名城保护条例》《北京市地下文物保护管理办法》等名城保护、文物保护各类专项地方法规。

（三）与城市定位绑在一起

根据首都城市功能定位，将名城与文物保护工作纳入北京城市总体规划；成立书记和市长担纲的历史文化名城保护委员会，组建顶级专家构成的专家顾问组，旧城内所有重要建设项目都要经过专家顾问组审议后方可实施。此外，坚持文物、规划两局办公会制度，联合规划部门共同划定文物保护单位保护范围及建设控制地带、地下文物埋藏区、地下文物监测区等，将文物保护要求纳入城市规划审批系统。

（四）与经济发展绑在一起

文物部门积极编制中长期的文物保护计划，与财政部门联合议定专项经费政策，随着经济发展和财政收入增长，不断加大文化事业投入力度。2000－2002年，每年文物保护专项经费1.1亿元；2003－2007年，每年文物保护专项经费1.2亿元；2008－2011年，每年文物保护专项经费1.5亿元；2012年开始，每年文物保护专项经费迅速增加到10亿元，文物保护单位的保护状况迅速改善。

(五) 与改善民生绑在一起

在城区，截至2013年年底，文物保护专项资金34.3亿元，带动各区县配套资金近60亿元，文物建筑搬迁腾退成果突出，搬迁单位880余个，居民14200余户。形成了皇城根遗址公园、元大都土城遗址公园等一大批遗址公园，改善了城市环境，为市民提供了休闲、体验空间。

在郊区，结合社会主义新农村建设，推动郊区文物和传统村落的保护利用。2000年以来，投入长城保护修缮经费2.3亿元，对八达岭、司马台、居庸关、将军关、黄花城、河防口、西水峪等重要长城文物建筑进行了修缮，完善部分保护和安全设施，建成并逐步开放一批新的旅游景区，通过长城等文物的合理利用，促进民生改善、增加居民收入。

(六) 与地方需求绑在一起

有效推动文物的合理利用，与地方政府的支持、管理使用单位的得力是分不开的。我们坚持与区县政府共同推动文物保护利用工作，建立局领导对口联系机制，每年都到区县了解需求、共同商议文物保护重点工作。比如圆明园，市级财政投资1亿元，海淀区投资14亿元，用10年时间完成了13个单位和785户居民腾退工作；如此难度的工作没有地方政府的支持是难以实现的。因此，必须把文物的保护利用与地方经济、社会、文化发展的需求结合起来，调动地方政府和管理使用单位的积极性。

四、今后的重点工作计划

长城保护工程

根据长城资源调查成果，北京地区，明代以前长城约70公里，明代长城526.7公里，分布在6个区县。其中八达岭长城、司马台长城、慕田峪长城等已对社会开放。

今后，计划完成北京段长城文物保护总体规划，对存在重大安全隐患的

长城进行抢险加固。重点实施平谷红石门段（三省交界处）、怀柔区青龙峡长城（配合 APEC 会议）、河防口水长城等保护工程。

中轴线保护工程

北京传统中轴线南起永定门，向北直抵钟楼，全长 7.8 公里。这条中轴线串连着四重城，即外城、内城、皇城和紫禁城。北京城以这条中轴线为中心，形成了东西对称的城市格局。

今后，将继续对中轴线沿线重要文物建筑开展保护修缮工作，如北海静心斋与围墙、天坛北宰牲亭、北神厨及长廊、景山观德殿等文物修缮工程，继续推进寿皇殿腾退、修缮工作；继续推进钟鼓楼、天桥、永定门等中轴线和历史文化名城重要的景观节点展示修复工作，注重文化内涵的展示和古都风貌的恢复。

三山五园保护工程

三山五园，是北京西郊沿西山万泉河一带皇家园林的总称，这一带皇家园林包括香山景宜园、玉泉山静明园、万寿山清漪园（今颐和园）、畅春园和圆明园。

今后，将从历史文化景观的科学保护和合理利用角度出发，通过对该区域历史文化资源深入的挖掘、整治、改造和创新，充分利用原有土地及历史文化资源，把三山五园景区建成具有世界影响力的文化中心城市的重要功能区和世界高端旅游目的地。

大西山历史文化资源保护工程

吴良镛院士曾在《北京城市空间发展战略研究（2003 年）》中首次提出"建设四大国家公园"的设想，其中包括西北郊国家公园。

今后，计划对大西山地区历史文化资源进行规划、整合，使西山森林风景资源与文物古迹资源相结合，让人们游览森林公园的同时感受西山文化内涵的厚重，实现自然与文化景观的有机结合，更好地服务于人民，服务于社会。与园林部门和西山地区驻京部队联合开展文物保护工程，重点实施八大处、西山林场等文物修复工程,力争使更多的文物古迹对社会开放。

巩华城文物景观恢复工程

巩华城位于德胜门北22公里,京藏高速路东侧,现在属北京市昌平区沙河镇。巩华城是明代朝廷去往皇陵的必经之路,也是处于途中位置,具有拱北扶南的独特作用。巩华城的存在,对于研究明代长城和明陵的防务,都有极其重要的文物价值。

今后将做好巩华城的考古研究与保护和利用工作,完成巩华城的景观修复,将城址保护与区域建设发展有机结合。

圆明园保护工程

圆明园由圆明园、长春园、绮春园组成,统称圆明三园。总面积约350公顷,园林建筑面积20余万平方米,有100余组风景建筑群。

今后,将进一步加快推进圆明园国家考古遗址公园的建设步伐,加强考古等基础研究工作,对西洋楼景区进行保护和监测工作,提升圆明园的保护与展示、阐释水平。

加强圆明园遗址周边环境整治

搬迁腾退圆明园周边居民和单位,实现大宫门地区的修复与开放。

结　语

丰富的历史文化遗产和深厚的历史文化底蕴,是首都北京得天独厚的优势。在城市发展进程中,我们将继续创新体制和机制,该保则保、该修则修、该用则用、该建则建,着力推动文物保护利用工作与城市功能定位的融合。保护和弘扬优秀传统文化,延续文脉,承载乡愁,努力建设一个传统文化与现代文明交相辉映的历史文化名城。

关于对复建北京历史名城地标性建筑的几点思考

原北京市文物局局长　孔繁峙

多年来，北京古城的保护，始终得到社会各界的高度关注，特别是随着全市文物保护工作的不断开展，市文物局提出了推进历史名城保护发展的新设想——复建古都城墙角楼等标志性建筑的草案。方案公布后，立即引起全社会的热议，多家报刊都从不同的角度给予了报道和评论。今天围绕着复建北京名城地标性建筑的主题，着重谈四个问题：一是为什么要复建北京名城地标性建筑？二是恢复北京名城地标性建筑的意义。三是社会各界对恢复北京名城地标性建筑的不同意见。四是北京名城地标性建筑复建方案实施的思考。

首先谈第一个问题，为什么要复建北京名城地标性建筑？概括地说，恢复北京名城地标性建筑是古都历史文化延续的需要和保护工作发展的需要。我们先说古都历史文化延续的需要。

大家知道，北京作为古都城市，早在元代就已经成为世界著名的国际化大都市。当年，意大利人马可·波罗以"游记"的形式向世界介绍了元代北京城的宏伟壮丽和城市的繁华景象。现在，我们从中国几千年都城发展史看，流传至今的北京名城，其重要价值在于承载着中国几千年都市发展的历史文化。无论是在古都城市的独特规划布局，还是丰富的历史建筑、人文内涵，在世界古都城市中都是无与伦比的。所以早在新中国成立初期，梁思成先生就提出在首都城市建设发展中保护古都城市的方案，提出了很多新中国首都建设发展和古都历史城市的设想，今天看来，梁先生提出的保护方案中最重要的两项保护措施是:在京西建设新的北京城和完整保护古都城市并将环绕古都的城墙辟为"城墙遗址公园",供市民参观游览。由于历史条件所限,特别是受到国家困难和国际形势的影响,梁先生的方案没有实施,这不但使我们失去了一次古都整体保护的历史机遇,而且一个新时代的国家首都城市就开始在古老的都城内发展壮大,随着几十年大规模城市建设以及不断出现的极"左"思想的干扰,使古都北京延续数百年的城墙最终消失了,成为我国民族历史文化遗产保护的巨大遗憾。进入20世纪80年代,历史名城保护工作提到了国家议程,北京有幸成为国务院公布的全国第一批保护的历史文化名城之首,北京名城的保护有了特殊的价值和意义。在20世纪80年代对北京名城的保护工作明确提出了十个方面的保护内容,其中最突出的是保护好古都原有的城墙标明的城市轮廓、护城河、古都中轴线建筑、重要的历史文物建筑、成片的胡同四合院、河道水系、古树名木及古都空间传统风貌等等。这些措施在以后的首都城市的建筑发展中发挥了重要作用。根据保护工作发展的需要,在报经国务院批准的"北京城市总体规划的修编",正式提出北京名城整体保护的发展原则,同时提出要限制旧城内的开发建设项目,疏解过多的城市经济及建设功能,突出首都城市的文化中心功能,展示古都城市的历史文化影响力。

自从"北京城市总体规划的修编"提出名城整体保护的原则后,很多专家不断论证北京名城如何实施整体保护的问题,究竟要保护的名城是何时的整体?是现在的整体还是以前的整体?古都历史上的整体已不存在了,若只是保持目前的状况,如何能体现出古都的整体呢?如果我们保护和延续的不是历史上的、完整的古都,那古都的历史文化又如何延续呢?因此,恢复部分古都城市的标志性建筑,就是延续北京历史名城传统文化的需要。

我们还应看到,这些年全市历史文化保护工作的发展及取得的成果,为复建古都标志性建筑创造了条件。现在我想从三个方面对全市历史文化保护工作做个简要的概括。

首先,我们要看到全市文物保护工作和名城保护工作取得了历史性进展,为古都标志性建筑的恢复提供了基础。

1. 文物建筑的保护工作取得了历史性成果,在这里我只简单列举几个数

字来加以说明：市政府自2000年以来，投入文物修缮的资金超过20亿元；全市开展并完成了"三大保护工程"，即2000年至2002年的"文物抢险修缮工程"，市政府每年投入1.1亿元，完成了中央文物抢险修缮工程98项；接着是实施2003年至2007年的"人文奥运文物保护工程"，市政府每年投入1.2亿元，5年投入6亿元，先后开展了"两线""五区""六景"的文物修复与历史环境整治，为北京奥运会的举办提供了良好古都历史环境；2008年市政府继续加大了全市文物保护力度，决定开展"北京市文物保护中长期计划2008－2015年"，市政府每年投入1.5亿元，深化开展古都名城内各级文物建筑的修缮保护工作，全面开展全市区县级文物建筑的修缮保护。

2. 北京名城保护工作发展到新的阶段。几十年来的北京名城保护工作可以概括为采取了四大措施：第一个措施是坚持抓好古都十个方面的保护内容，如古都城市的平面轮廓、保护中轴建筑、保护好皇城、保持古都的胡同四合院、保护河湖水系和古都传统城市色调等等，使古都的核心内容在首都建设中加以保护并延续；第二个措施是在2004年的城市总体规划修编，实现了北京名城的整体保护；第三个措施是城区合并，突出了北京名城及传统文化的保护工作；第四个措施是开展了北京中轴线"申遗"，从而带动了全市的名城保护工作，突出了皇城保护工作和历史街区的保护工作。

3. 社会舆论高度重视名城保护工作。几十年来，全市的媒体、记者、专家、学者、民众等，在名城保护问题上形成了高度一致的群体，是北京名城保护的社会力量。各类学会、协会、研究会等社会团体也都以各种形式宣传古都历史文化，研究古都文化的传统内涵，探讨全市文物保护和名城保护的问题，已成为一支推动北京名城保护的强大的社会力量。

以上是名城保护工作的成绩方面。在名城保护存在的问题方面也是同样不能忽视，近年来名城保护中的一些问题已经成为社会关注的热点问题，其中最突出的是以下三个方面：第一个问题是，在名城内新的建设工程并没全部停止，一些馆所、酒楼，特别是一些房地产开发项目仍在不断地蚕食着传统的胡同四合院，首都核心区的功能过多的问题仍未得到缓解。第二个问题是，总体规划确定的"名城整体保护"的原则没能得到落实，名城整体保护还缺少实施的具体措施，整体保护工作进展缓慢。第三个问题是，古都历史城市的轮廓正变得模糊不清，不断出现的各类高层建筑极大地破坏了传统的古都城市空间，特别是在古城南部区域内的现代楼房小区已连成一片，使得这一历史区域已完全成为一个现代城市，古都名城的历史风貌特征正快速消失。

古都名城保护存在的上述问题和目前整体保护工作状况，同北京在全国名城中的地位不相适应；同北京在世界的国际形象不相适应，还远远不能做到在国际上代表中华民族几千年历史的民族形象；目前北京名城保护中的各类问题，同国家的文化强国战略和文化的大发展大繁荣，特别是同习近平总书记提出的历史文化要成为国家软实力，推动"中国梦"的实现不相适应。

面对全市保护工作和当前首都发展的形势我们不难看出，北京的名城整体保护工作既存在不容忽视的问题，又面临着历史性的发展机遇，需要我们在保护与发展的新形势下拿出新的发展思路，以新的举措推动北京名城整体保护工作的发展。

现在谈第二个问题，修复北京名城标志性建筑具有什么意义和作用？

这次文物部门提出的复建方案并不是北京原有城门的全部复建，而是根据首都城市的实际情况，有选择地复建几处城墙地标性建筑，而且重点是放在城南部的角楼建筑，这次地标性建筑复建方案的意义和作用可以概括为七个方面。

第一个方面，是可以完善古都城市的轮廓和外城的城墙标志。目前北京名城的整体保护有一个很大的遗憾，就是在城墙消失后，由于高层的现代建筑不断出现，致使一些区域原有的古城位置已无法分辨，古都历史建筑的影响力在下降。这个复建方案，通过恢复西南城角楼，就使得内城南城墙，通过东南角楼、正阳门城楼箭楼及西南角楼连成一线，可以使人们通过这些建筑，感受内城南城的历史风貌；通过复建外城的东、西角楼和永定门箭楼及瓮城，人们可以从左安门角楼、左安门城楼（遗址），永定门城楼及箭楼、右安门城楼（遗址）和右安门角楼及护城河等遗迹，感受到明清时期北京南城的城墙走向及风貌特色。

第二个方面，可以起到延续外城这一区域的古都历史。历史上，北京外城区域有着丰富的历史文化内涵，但是在保护上，长期以来没能受到应有的

重视。很多人都认为,这一区域除了天坛、先农坛外,其余的胡同四合院的级别和质量都无法同内城比,所以,整个外城大部分区域都建起了现代化的楼房小区,逐步成为一个现代化城市。尽管已建成很多现代建筑,只要恢复古都城墙的地标性建筑,南城这一区域的性质将会发生变化,在人们的视线里,由于有了古都城墙标志建筑,南城将重新回归为古都的历史区域,而不是现代城区。如果我们不复建地标建筑,外界就看不到这样的效果。

第三个方面,是在首都未来的南城建设中,可以展示北京名城的传统特色,突出古都历史文化的影响力。北京作为国家首都,新中国成立60年来,各类现代化建设使古都城市发生了极大的变化,很多区域所展示的都是现代化城市。现在人们登上天坛、景山的高点,四面一望,高楼大厦扑面而来,到处都是楼群,古都城市的历史轮廓,传统的古都风貌已越来越弱。

当然,我们必须肯定,社会的发展,古都的变化是历史潮流,城市的现代化发展是绝对的,历史传统的保留是相对的。但同时,我们也都深刻地感到在北京名城内,越是发展、越是现代化,古都历史传统保护压力就越大。现在我们都可以预测到,随着市政府"南城计划"的实施,南城的建设发展会更快,而给名城保护造成的压力会更大,整个南城历史传统的保护形势也会更严峻。如果南城内现代建筑无限制增长,最终将会导致名城性质的改变,所以我们说,复建名城地标性建筑,是保护名城的一项重要举措。如果通过名城地标性建筑的复建而使古都整体保护的格局确定下来,特别是保护的地域和内容明确了,这样,南城的历史传统就不会成为今后现代化发展的代价。

第四个方面,是古都历史建筑的影响力协调保护与建设的关系。当前,全市的名城保护工作面临的问题,已不单纯是对历史建筑的破坏问题,而是如何处理好保护与首都城市的建设与发展的关系问题,使古都历史建筑在时代发展的长河中得以保持和延续。所以,从现实出发,我们所要追求的应该是名城保护怎样兼顾发展和首都发展如何包容保护,协调好双方共同存在的关系,争取实现保护与建设双赢而名城地标性建筑的恢复,正是在首都城市的发展中突出了名城的存在,使得历史名城在今后首都的建设发展中不会淹没。

第五个方面,是当前名城保护对城市建设的一种竞争措施,在城市建设中强化古都名城的传统建筑气氛,从首都城市建设趋势看,在到处都在进行建设环境中,只有不断地增加古都传统建筑,才能更好地体现出历史名城的影响力。

第六个方面,是复建古都地标性建筑,有利于推进名城的整体保护工作。北京城墙的拆除,是很多人十分惋惜的事情,因为城墙的拆除,使古都城市的一个十分重要的标志和组成部分消失了。更重要的是,被拆除历史建筑特别是城墙、城门等标志性建筑,又是北京名城千百年的发展史及文化的载体。从历史发展来看,如果缺少载体,北京名城的历史文化的延续就会减弱甚至逐步消失。这次复建的几处标志性建筑,就能在一定程度上构成古都城墙格局的整体,使北京名城的"整体性"向前推进了一步,也使古都名城的历史文化有了载体。

第七个方面,是通过几处城墙标志性建筑的恢复,将进一步唤起各界民众对北京名城保护的关注。自从复建方案公布后,在社会上引起了很大反响,几乎所有的新闻媒体都给予了报道和关注。很多民众及学者再次对北京城墙及名城保护表示出了高度热情。民众的讨论、民众的参与、民众的支持,使名城保护达成社会的共识。

现在谈第三个问题,关于社会上对修复名城标志性建筑的各种意见。

去年上半年复建方案公布后,各媒体给予了报道,社会各界都给予高度关注。一家专项调查公司就复建方案问题,在网站上开展了一次社会抽样调查,其最终汇总成四种不同意见:反对的、两可的、不关心的(不表态的)和赞成的;每种意见的人数大致为:反对的人占1.86%;两可的人占30%;不表态的占30%;赞成的占38%。四种不同意见所表达的看法大致如下。

反对方,主要持四方面意见:(1)文物法有规定,不能搞文物复建,这次开展的复建工作是违法的。(2)城墙早在新中国成立初就拆了,已消失的东西是无法复原的,重新复建的也是新的,没有一点文物价值。(3)这边复建新的建筑,那里却在拆旧的建筑,多好的四合院,现在还在拆呢,能不能不拆旧的,也不复建新的,不要恶性循环性地折腾了。(4)所谓复建无非是打造没有价值的仿古一条街,最终是追求商业意图等等。

两可的意见:对名城地标性建筑的复建,不支持,也不反对。认为复建或不复建都可以，并不倾向于哪一方意见。

弃权的意见：即不参与名城地标性建筑的复建讨论，对复建方案，不参与、不发表意见。

赞成的意见：（1）北京的城墙、城门是新中国成立后拆的，因为城墙的消失，使得历史上的北京"城"没了。现在我们有了条件，应该恢复一些城墙建筑，使人们能看到老北京的"城"。（2）现在恢复一些历史建筑，比再盖大楼好。北京城现在缺的是历史建筑，而不是高楼大厦。（3）北京城墙尽管是以前拆了，但从时代的发展看，复建一些消失的城墙建筑，有助于北京城历史的延续，而且再经过多少年后，复建的也会成为文物。

以上四种意见，基本代表了社会对标志性建筑复建的看法。对复建方案有不同的看法是正常的。各种意见都值得我们认真研究，特别是反对的意见更值得我们尊重和借鉴。尽管北京名城标志性建筑的复建方案得到大多数民众的支持和认可，但我认为仍有几个认识问题需要向社会明确。

一是，北京名城标志性建筑的复建，只是历史传统建筑的复建，而不是文物复建。复建工程不依照文物工程上报审批，但严格按照历史的形制原样复建。由于复建后的几处城墙角楼将成为名城的标志，所以复建后，尽管不具备文物价值，但仍具有名城价值。

二是，复建几处名城的角楼建筑，不会出现仿古一条街的效果。复建后的几处角楼，它只起到古城地域标志的作用。因角楼的特殊结构，它也不可能去追求什么商业价值。

三是，几处角楼复建的位置具有较好的市政条件，其中最重要的是与城市交通、百姓出行不会构成矛盾。这与地安门曾因城市道路通行的矛盾而不能复建而完全不同。它不会给城市增加新的矛盾，只是为城市恢复了几处古都建筑景观。

四是，这次复建名城地标性建筑的目的，就是在首都的建设中，完善北京名城的整体性，就是推进名城整体保护工作的发展。

最后谈一谈关于对下一步恢复名城地标性建筑方案实施的思考。

这次名城地标性建筑的恢复，主要涉及内城西南角楼、外城的左安门角楼、永定门瓮城和箭楼及右安门角楼，其工程量不算很大，但复建工程都涉及了城市的水利、园林、自来水、通信、热力管线等诸多部门，其实施却是一项十分复杂的工作，需要各个部门给予支持。但在东、西城区政府的参与及具体领导下，在有关部门的支持下，名城标志性建筑的恢复方案会逐步实现的。

目前，右安门角楼的恢复工作有可能率先展开。我们看到，在东城区政府的领导下，东城区文委、区建委名城办已筹备完成了大量的前期工作，如已委托北京古代建筑研究所王世仁老所长主持完成了左安门角楼的复原设计及工程建筑设计；完成了角楼遗址的确认和先期地质勘探；已与水利局研究确定了角楼复建与护城河的关系及具体位置；同电信、部队等部门研究解决了角楼复建与通讯线路、管网之间的矛盾等等。随着各项前期工作的推进和各项矛盾的化解，左安门角楼复建工程将会率先开始。永定门瓮城的复建也会随后跟进。随着北京名城地标性建筑的逐项恢复，我们相信，北京名城的保护工作将会引起更多民众的关注和支持。

儒家思想折射出的厚德精神

孔庙和国子监博物馆馆长　吴志友

2011年11月3日，在北京市会议中心举行的"践行北京精神发布会"上，公布了"北京精神"表述语是"爱国、创新、包容、厚德"。

"爱国"是"北京精神"的核心。展现北京人时刻与国家和民族命运相连，勇担历史的使命，实现民族振兴。"创新"是"北京精神"的精髓，是突破常规、推陈出新，是民族进步之魂，是城市活力之源，体现了北京积极进取、追求进步的精神状态。"包容"是"北京精神"的特征。"包容"，即宽容、容纳。北京应以宽广的胸怀和开放的心态吸引、融合不同国度、不同民族、不同区域的人，并在北京得到发展。"厚德"是"北京精神"的品质。"厚德"即标准、厚重、高尚的德行。"厚德"这个理念，最早见于我国传统经典著作《周易》。《易·坤·象》说："地势坤，君子以厚德载物。"与之对应的是"天行健，君子以自强不息"。

一、关于"道""德"的由来与解析

老子作的《道德经》对"道""德"有高深详细的阐述。老子（约公元前571-公元前471），字伯阳，谥号聃，又称李耳，是我国最伟大的哲学家和思想家之一，被道教尊为教祖）。《道德经》分"道篇"和"德篇"。"道篇"以"道"解释宇宙万物的演变，"道"指客观自然规律、法则、智慧，同时具有永恒的意义。如"道篇"开篇："道，可道也；非，恒道也。名，可名也；非，恒名也。无，名天地之始也；有，名万物之母也……"是说，道就是规律,是可以遵循的,一切事物都在变化,这是永恒的规律。名字是可以称呼的,一切事物的名称都在变化,这是永恒的称呼方式。无,称呼为天地的开始。有,称呼为万物之母。《道德经》包括大量朴素辩证法观点,认为宇宙万物均是"有"与"无"的统一,"有无相生",而"无"为基础,"天下万物生于有,有生于无"。"无"(代表〇,天地代表二)和"有"(代表一,一生二,二代表天地,天地生万物)都是"道"之本体。即"道生一,一生二,二生三,三生万物"。

"德篇"开篇讲的是与"道"对应的"德"。老子认为"上德不德,是以有德"。(上即无,"无"化育宇宙万物不是为了获得利益,所以宇宙万物都是其收获;德即化育,获得,收获),"下德不失德,是以无德"。(德是运行、运行之道和收获,是说宇宙万物的运行不违背运行之道,所以先天无极世界都是其收获)。

在"德篇"第一章,老子生动阐述的道德观点很值得我们今天借鉴:1."则攘臂而乃(rèng)之,故失道矣而后德。"(世人效法拱手而攘状而以为这就是礼,这就违背了道的标准和降低了德的标准) 2."失德而后仁,失仁而后义,失义而后礼。"(世人违背了德的标准,这也是降低了仁的标准。世人违背了仁的标准,这也是降低了万物生存状态的标准。世人违背了万物生存状态的标准,这也是降低了尊敬万物的标准) 3."夫礼者,忠信之泊也,而乱之首也。"(这个降低了标准的礼,使得忠信缺少了,也是世界混乱无序的开始) 4."前识者,道之华也,而愚之首也。"(对剪裁之后道的认知,只是道的表明,而且是愚昧的开始) 5."是以大丈夫居其厚而不居其泊,居其实而不居其华。故去皮取此。"(是以大丈夫的行为要处于标准上,而不能处于降低的标准上。处于道的核心而不要停留在道的表面。所以,要摒弃肤浅的认知,选择标准的理论)

关于"道"与"德",老子还说:"道生之,德畜之,物形之,器成之。是以万物莫不尊道而贵德。道之尊,德之贵,夫莫之命而常自然。"可见,老子认为的"道"是宇宙万事万物包括人事在内的一切存在的最高最普遍的规律,是人所必须遵循的必然法则,是至尊至贵的。其中"道"指自然运行与人世共通的真理;而"德"是指人世的德性、品行、王道。而"道"的本质是无为，人对道应自觉遵循，人的德性应崇尚无欲、无为。在当时"道"与"德"是两个概念，并无道德一词。"道德"二字连用始于荀子《劝学》篇："故学至乎礼而止矣，夫是之谓道德之极。"在西方古代文化中，"道德"意为风俗和习惯。《论语·学而》："君子务本，本立而道生。"钱穆先生的注解："本者，仁也。道者，即人道，其本在心。"

今天我们可以说，"道"是人关于对世界的看法，属于世界观的范畴。"道"也指法则、规律、道理、道义。"德"也指品行、品质、品德、公德、德行、德性。"道德"是指以善恶评价为标准，依靠社会舆论、传统习俗和人的内心信念的力量来调整人们之间相互关系的行为规范的总和。贯穿于社会生活的各个方面，如社会公德、婚姻家庭道德、职业道德等。它通过确立一定的善恶标准和行为准则，来约束人们的相互关系和个人行为，调节社会关系，并与法一起对社会生活的正常秩序起保障作用。有时"道德"则专指道德品质或道德行为。

北京建城3000多年、建都近千年的历史，培育了北京人崇德、尚德、重德、厚德的品格。"厚德"就是要用像大地一样宽厚的德性德行来容载万众、万象、万事、万物。做人德为上，做事德为先。这正是过去、当代和未来北京精神的品质。"厚德"既有历史传统，又有时代特点。今天我们就北京精神的表述语来理解"厚德"，主要有两层含义：一是日常道德修养，二是高远博大胸怀。纵观中国历史，古代那些思想家们关于伦理道德的思想观点，所折射出来的厚德精神，很值得我们深思和汲取。

二、中国古代著名儒学思想家的主要观点

传统儒学是一个很大的历史概念和价值文化系统。它包含了孔子、孟子、荀子为代表的先秦儒学、董仲舒为代表的汉代儒学和以韩愈为代表的隋唐儒学、朱熹为代表的宋明儒学，还包括以黄宗羲、顾炎武、戴震等为代表的清代儒学。

儒学在两千多年来的中国政治与社会发挥了不可替代的作用与价值。而在传统儒学漫长的发展过程中，她之所以能区别于道家、墨家、法家、阴阳

家等诸子百家以及后来印度传来的佛教、西方的基督教、伊斯兰教等，最为根本的就是中国的传统儒学特别重视人的道德修养。

在中国古代，道德作为人对天道、人道的一种自觉遵循，伦理道德作为人类自觉的一种理性规范，至少在西周时期已经出现并得到重视。当时的西周统治者以殷商的灭亡为前车之鉴，明确提出"以德配天""敬德保民"的思想，这也可以说是中国传统文化"德治"传统的历史先河。从这个时候起，中国古代伦理道德思想犹如一条川流不息的历史长河延绵至今。

春秋战国时期诸子蜂起、百家争鸣，中国传统伦理道德思想全面产生，学术思想界出现了空前繁荣的局面。百家争鸣中都提出了各自的伦理道德学说。这一时期代表着中国古代伦理道德思想产生的主要有以"仁"为最高道德准则的儒家，以"礼"为最高道德准则的法家，以"义"为最高道德准则的墨家和以"道"为最高道德准则的道家。下面我择其著名的儒学思想家和他们的主要观点介绍如下。

（一）儒家学说的创始人孔子及其道德思想

孔子通过对商周时期文化典籍的学习与整理，创立了儒家以仁为核心的伦理道德思想体系。孔子提出仁的内涵是"仁者，爱人"，仁的基本原则的"己欲立而立人，己欲达而达人"。孔子"仁"学思想是中国古代伦理道德思想由自发走向自觉的标志。

1.《论语》是儒家学派的经典著作之一，由孔子的弟子及其再传弟子编撰而成。它以语录体和对话文体为主，记录了孔子及其弟子言行，集中体现了孔子的政治主张、伦理思想、道德观念及教育原则等。与《大学》《中庸》《孟子》《诗经》《尚书》《礼记》《易经》《春秋》并称"四书五经"。通行本《论语》共20篇，它从教育与学习、人格与修养、行为与礼节、个人道德与社会伦理、日常行为与人生哲理，直至谈古与论今、为政与治国，有关人类社会的方方面面孔子都有极为精妙的论述，都有光耀古今的思想。每一个热爱国学的人，反复研读、精细体味，会从中学到许多孔子的智慧和儒学的真谛。

2. 关于"仁"，《论语》里提到"仁"字有109次之多，但并没有给

"仁"下完整定义。因为"仁"的内涵太丰富了,孔子对于"仁"的认识与阐述,也是一个逐步发展与完善的过程。

关于"仁",《说文解字》是这样解释的:"仁,亲也,从二人。"意思是:仁,就是亲密的关系,指两个人的关系。

《辞源》是这样解释的:"仁,古代一种含有广泛的道德观念,其核心指人与人相亲,爱人。不同的阶级、政治派别,有不同的解释。《论语·雍也》:'夫仁者,己欲立而立人,己欲达而达人。'《墨子经说·下》:'仁,仁爱也。'"

《辞海》的解释是:"爱人利物之谓仁""仁,儒家的一种道德规范,包括恭、宽、信、敏、惠、智、勇、忠、恕、孝、悌等内容,并以'己所不欲,勿施于人'和'己欲立而立人,己欲达而达人'作为实行'仁'的方法。"《现代汉语辞典》的解释:"仁,仁爱"。

3. 孔子讲的"仁"之内涵

孔子"仁"的内涵包含三个方面。一是把"仁"定位在人与人的关系上。二是认定"仁"就是"爱人",首先是要有爱,内向修为自己,以产生爱心;向外实践仁德,把这种爱心奉献给别人。三是在"仁"的概念中,视别人为人,而不是奴隶,是平等的人,值得爱的人。

《论语》里"仁"的内涵:其一,夫仁者,己欲立而立人,己欲达而达人。能近取譬,可谓仁之方也已。"(《雍也》)即:"说到所谓的仁,就是自己要立身也要使别人立身,自己想通达也要让别人通达。能就近拿自身为例子作比方,可以说是实行仁的方法了。"这里孔子告诉我们"仁"的内涵是"推己及人"的美德。

其二,子曰:"知者乐水,仁者乐山;知者动,仁者静;知者乐,仁者寿。"(《雍也》)意思是,孔子说:"聪明的人喜爱水,仁德的人喜爱山;聪明的人好动,仁德的人好静;聪明的人快乐,仁德的人长寿。"这里孔子用仁者与知者对比的方式告诉我们"仁"的内涵是:"仁者乐山""仁者静""寿"的美德。

其三,仲弓问仁。子曰:"出门如见大宾,使民如承大祭。己所不欲,勿施于人;在邦无怨,在家无怨。"(《颜渊》)。意思是,孔子的学生仲弓问什么是仁。孔子说:"走出家门要像见贵宾那样讲礼仪,役使老百姓要像参加重大祭祀一样心怀敬畏。自己不想干的事,不要强加给别人去干。在诸侯之邦任职没有人怨恨他,在大夫以上的官员之家任职,也没有人怨恨他。"这里孔子对将来可能从政的学生仲弓讲述"仁"的内涵是:讲礼仪、心怀敬畏、"己所不欲,勿施于人",无论在哪儿任职都不使人怨恨。其中,"己所不欲,勿施于人"已悬挂于联合国总部,成为全世界认知的具有普世价值的美德。

其四,子曰:"刚、毅、木、讷,近仁。"(《子路》)意思是,孔子说:"刚直无欲、果敢坚忍、敦厚质朴、言语谨慎,做到这四条,就接近仁德的人了。"这里孔子告诉我们"仁"的内涵是:刚、毅、木、讷,四种美德。

其五,子曰:"志士仁人,无杀生以害仁,有杀身以成仁。"(《卫灵公》)意思是,孔子说:"有高尚志向、节操与道德的人,没有为苟且偷生而抛弃操守损害仁德的,反而有牺牲生命而成全正义与仁德的。"这里孔子告诉我们"仁"的内涵是志士仁人视仁德重于生命的美德。

其六,子张问仁。孔子曰:"能行五者于天下,为仁矣。"请问之。曰:"恭、宽、信、敏、惠。恭则不悔,宽则得众,信则人任焉,敏则有功,惠则足以使人。"(《阳货》)意思是,孔子说:"能在天下实行五种美德的,就可以叫作仁了。"子张请问是哪五种美德。孔子说:"恭敬、宽容、诚信、勤敏、慈惠。能以恭敬之心修己待人,就不会招致侮慢;能宽厚而包容地对待别人,就会获得众人爱戴拥护;能诚实守信地处世为人,就能得到人们的信赖与依仗;能勤快敏捷地办事,工作就会很有效率;能有了利益广施泽惠、分润大家,就可以在任使别人的时候,别人出力相助。"这里孔子告诉我们"仁"的内涵有五种美德:恭、宽、信、敏、惠。

4. 孔子认为实现"仁"的主要途径

(1) 子曰:"里仁为美。择不处仁,焉得知?"(《里仁》)

孔子说:"乡间街里具有仁德习俗,才是美好的居住地方。选择住所,却不居住在具有仁德习俗的乡里,那称得上明智吗?"可见,要实现"仁",选择居住生活环境是十分重要的。所以后来就有了"孟母择邻""近朱者赤,近墨者黑"之说。

(2) 子曰："苟志于仁矣，无恶也。"（《里仁》）

孔子说："倘若立志向仁，就不会做出恶事了。"这里孔子告诉我们：要实现"仁"，立志向仁才能成为有仁德的人。

(3) 樊迟问仁。曰："仁者，先难而后获，可谓仁矣。"（《雍也》）

孔子的学生樊迟问什么是仁。孔子说："仁德的人，要先付出努力，经受困难的磨炼，而后才能有收获成果。这样可以说是仁人了。"这里孔子告诉我们：要实现"仁"，要成为有仁德的人，就必须先经受一番吃苦的磨炼，才能不断进步，有所收获。

(4) 子曰："人远乎哉？我欲仁，斯仁至矣！"（《述而》）

孔子说："仁德离我们很远吗？只要我尽力向内心去求仁德，那么仁德就会到来了。"这里孔子告诉我们，"仁"并不是遥不可及的人格品德，要实现"仁"，必须是发自内心地追求。

(5) 颜渊问仁。子曰："克己复礼为仁""为仁由己"，这里孔子告诉我们：要实现"仁"，就要做到三条：一是"克己"，克服自己的私欲。二是"复礼"，让自己的言行都要回复到"礼"的节制中，可见"礼"是实现"仁"的重要标准和手段。三是实现仁德只能靠自己的努力与自觉。

(6) 子贡问仁。子曰："工欲善其事，必先利其器。居是邦也，事其大夫之贤者，友其士之仁者。"（《卫灵公》）

子贡问如何实现仁德。孔子说："工匠要想做好他的事情，必须先磨砺好自己的工具。居处在一个诸侯国里，要事奉贤良有才能的大夫，要择友必须结交仁德之士。"这里孔子告诉我们，要实现"仁"，在外做事的人选择上司和交朋友极为重要。

5. 孔子批评的"不仁"是什么？

(1) 子曰："巧言令色，鲜矣仁！"（《学而》）

虚伪浮华的言词，谄媚做作的面孔，这种人缺少仁德。孔子批评"巧言令色"的人，会耍嘴皮子，能献媚于人，就是不仁，缺少仁德。

(2) 子曰："人而不仁，如礼何？人而不仁，如乐何？"（《八佾》）意思是，一个没有爱人的心，还谈什么讲究礼仪呢？一个人没有爱人的心，还谈什么讲究音乐呢？这里孔子针对他生活的礼崩乐坏的春秋社会，严厉批评不仁的人还奢谈什么礼仪和音乐,告诉我们懂得礼和乐都是仁德的重要内容。

(3) 子曰:"不仁者不可以久处约,不可以长处乐。仁者安仁,知者利仁。"(《里仁》)意思是,没有仁德的人不能长久地处于贫贱贫困的环境中,也不能长久地处于富贵安乐的环境中。仁德的人安心行人道,聪明的人会利用仁道谋取私利。这里孔子批评"不仁"的人,在贫贱和在富贵中不会安分守己:贫则会不择手段地谋富;富则沉溺享受而胡作非为。这里孔子还告诉我们没有仁德而头脑聪明的"知者",会把"仁"当成图谋利益的工具,即所谓的"利仁"。他们会打着"仁德"的幌子,干着谋取私利的勾当。

(4) 子曰:"好勇疾贫,乱也,人而不仁,疾之已甚,乱也。"(《泰伯》)意思是,恃力逞勇的人厌恶贫困,就是祸乱的根源。不讲仁德的人,厌恶贫困到了极点,也会产生祸乱。"

(二) 孟子著名的道德思想观点

1. 仁义论

孟子从性善论出发直接论证了仁、义、礼、智、信这些道德对于人的必要性。他提出了"尽心知性""寡欲""养浩然之气"等观点,使孔子的仁学思想完善,从而在思想史上形成了自汉以后被奉为正统的孔孟之道。孟子主要发扬了孔子思想中"仁"的思想,主张统治者要行仁政,在见梁惠王时,他开口便说"王何必曰利,亦有仁义而已矣"。孟子讲究"仁义"并称,跟孔子有所不同。在价值选择上,他同孔子一样,皆主杀身成仁,舍生取义。孟子说:"鱼,我所欲也,熊掌,亦我所欲也,二者不可得兼,舍鱼而取熊掌者也。生,亦我所欲也,义,亦我所欲也,二者不可得兼,舍生而取义者也。"(《孟子·告子上》)"富贵不能淫,贫贱不能移,威武不能屈,此之谓大丈夫。"(《孟子·滕文公下》)

杀身成仁、舍生取义的思想对后世产生了深远的影响,中华民族历史上无数可歌可泣的历史人物如岳飞、文天祥等,即是其显赫代表。文天祥"人生自古谁无死,留取丹心照汗青"的铮铮诗句,曾激励了后代多少志士仁人为了正义事业抛头颅,洒热血,慷慨赴义。冯友兰先生评价道,"这是一种精神境界,在这个精神境界里,主观和客观的矛盾就没有了,一般和特殊的矛

盾也没有了，都解决了。这就是中国哲学讲的最高精神境界。"（冯友兰《中国哲学史新编》）

2. 性善论

孟子主张性善论，认为人性本善，只是由于种种外在环境的熏染，所以人之善性被恶欲蒙蔽。孟子言人生来即具仁、义、礼、智四德，具良知、良能，此"非由外铄我也，我固有之"。孟子认为，人本身是具备一切知识的，所谓"万物皆备于我"，只是由于外在欲望的诱惑和蒙蔽才丢失了，谓"失其本心"。故学问之道就是将人本原来丧失掉的本心重新找回来，从而做到使自己被蒙蔽和诱惑的本心重新复归清澈状态，从而具备其先前的良知、良能。

3. 仁政学说

以民本思想和性善论为基础，孟子提出了他著明的仁政学说。孟子说"民为贵，社稷次之，君为轻"。（《孟子·尽心上》）他用历史和现实的经验证明了这个真理："桀纣之于天下也，失其民也；失其民者，失其心也。得天下有道，得其民，斯得天下矣；得其民有道，得其心，斯得民矣。"（《孟子·尽心上》）作为一个统治者，应该施行仁政，"亲亲而仁民，仁民而爱物"，爱护自己的亲人而后爱护天下的人民，爱护天下的仁民进而爱护天地万物。在政治上，他主张"尊贤使能，俊杰在位"，十分重视人才的选拔和任用。经济上主张延续西周以来井田制，并且他非常关注老年人的生活，主张"五十衣帛，七十食肉"，因为"五十非帛不暖，七十非肉不饱"。

（三）荀子著名的道德思想观点

1. 性恶论

荀子在人性论上与孟子相反，主张性恶论，他说人性本恶，其善者伪也，认为人之所以能变善，是由于后天的教化和学习。在《劝学》篇中，他提出"学不可以已。青、取之于蓝，而青于蓝；冰、水为之，而寒于水。……君子博学而日参省乎己，则知明而行无过矣。"荀子非常注重知识的积累，他说："积土成山，风雨兴焉；积水成渊，蛟龙生焉；积善成德，而神明自得，圣心备焉。故不积跬步，无以致千里；不积小流，无以成江海。骐骥一跃，不能十步；驽马十驾，功在不舍。锲而舍之，朽木不折；锲而不舍，金石可镂。"

对于先学什么，后学什么，他主张为学先要诵经，然后读礼，始则为士，终为圣人，提倡力久则可深入，要终身学习。荀子这些为学思想对后世影响深远。

2. 隆礼重法

荀子提出隆礼重法思想，主张用礼和法来整顿社会秩序，约束人们行为，实现社会大治。

《荀子·礼论》探讨礼的起源说："礼起于何也？曰：人生而有欲，欲而不得，则不能无求；求而无度量分界，则不能不争；争则乱，乱则穷。先王恶其乱也，故制礼义以分之，以养人之欲，给人之求，使欲必不穷乎物，物不必屈于欲，两者相持而长，是礼之所起也。"是说人生而有欲望，欲望而不可得，则不能无求取；求取无度无分界，则不能不争斗；争斗则会混乱，混乱则会贫穷。先王厌恶混乱，所以制作礼义，以便供养人的欲望，满足人的需求，使得欲望必然不会穷尽所有物质，而物质不一定要屈从于人的欲望，使得两者相互夹持而增长，这是礼的起源。用现代语言来说，就是使得人的欲望需求和有限的物质之间保持一种平衡关系，决不能使欲望过分膨胀，追求物质享受的最大化，同时也不能使得物质屈从于欲望，从而成为满足欲望的一种工具。

(四) 西汉董仲舒著名的道德思想观点

因倡导"罢黜百家、独尊儒术"而被汉武帝首肯的董仲舒，在伦理道德观上继承了孔孟重视道德教化的传统。董仲舒的道德思想主要是三纲五常和性三品说。他从人与物的本质区别出发把"仁义"视为人的本性；又把仁、义、礼、智、信列为"五常之道"，把它与"君为臣纲、父为子纲、夫为妻纲"的"三纲"一起，作为封建道德的核心内容。由此三纲五常成为古代社会处理人与人之间关系的最基本道德原则和规范。

"五常"成为中国古代价值体系中核心的因素。"仁"不仅是最基本的、最高的德性，而且是最普遍的德性标准，他也可以转化为现代人文精神。即义，与仁并用为道德的代表。"仁至义尽"。义，成为一种人生观、价值观，如"义不容辞""见义勇为""大义凛然""大义灭亲"等。义是人生的责任和奉献，如义诊、义演、义卖、义务等，至今仍是中国人崇高道德的表现。礼，与仁互为表里，仁是礼的内在精神，重礼是"礼仪之邦"的重要传统美德。"明礼"从广义说，就是讲文明。从狭义说，作为待人接物的表现，谓"礼节""礼仪"。作为个体修养，谓"礼貌"，用于处理与他人的关系，谓"礼让"。继承发扬礼，是构建和谐社会的需要。智，从道德智慧可延伸到科学智慧，把科学精神与人文精神结合和统一起来，这是我们今天仍要发扬的。信，是说人要对自己说过的话负责任，这是做人的根本，是兴业之道、治世之道。守信用、讲信义是中华民族共认的价值标准和基本美德。

董仲舒在批判的继承孟子"性善论"的基础上，将"性"分为圣人之性、中人之性与斗筲之性三类。他说："性有善质，而未能为善也，岂敢美辞，其实然也。……圣人之性，不可以名性，斗筲之性，不可以名性，名性者，中民之性。"(《春秋繁露·实性第三十六》)意思是说，人性有善的特质，但不能自觉行善，这并非溢美之词，事实的确如此。圣人之性，是纯粹的善，不能称为性，斗筲之性（恶人之性），不可以称为性，因为是纯粹的恶。只有中民之性，具备善的特质，但不能自觉行善，这才称为性。中民之性有待于圣人之教化，才能行善；善是教化的结果，不是自身所能达到的。从汉武帝开始，主张以仁义之术来教化天下的儒家思想开始被定为一尊，儒家思想成为封建正统之学而延绵几千年，中国古代伦理道德思想的发展进入了一个新的历史阶段。

（五）唐代韩愈著名的道德思想观点

韩愈认为，当时社会存在的诸多时弊是因为人们不重视"先王之道"而导致的，而佛、道之说流行又加剧了这种社会弊端，因此，他著文大肆宣扬恢复儒家的"道统"。

1. 道统说

东汉时期佛教的输入日益受到内地士人和百姓的欢迎，佛教在与儒家和道教的斗争中处于优势地位，这种优势地位在隋唐之时获得巩固。唐朝的天子姓李，他们自然把道教的祖师老子奉为自己的祖先，以获取统治的合法性。而武则天则崇奉佛教，因此在唐朝很长的一段时期内，道教和佛教的地位要超过儒家。这让当时的儒家知识分子备感窘迫和压力,正是在此种形势下,以韩愈为代表的儒家知识分子挺身而出,担当起了重振儒学的历史使命。他从儒家典籍中选取《孟子》《大学》等加以发挥,建立起自己的思想体系。他说,博爱之谓仁,行而宜之谓义,由是而之焉之谓道,足乎己无待于外之谓德。仁与义为定名,道与德为虚位。故道有君子小人,而德有凶有吉……凡吾所谓道德云者,仁与义言之也,天下之公言也。(《韩昌黎先生集》卷十一,《原道》)意思是说,博爱万物称之为仁,行仁而能因时因地制宜称之为义,按照仁义而行以至于修身齐家治国平天下,这就是所谓道,仁义能够自我充实无待于外来这才叫德。仁与义是定名,而道与德是虚位,因为它们要借助仁与义的实践来充实。所以道有君子小人之分,而德有吉凶之别。凡是我所言的道德,都是仁与义来说的,这是天下的公理。

在北京孔庙大成殿里,至圣先师孔子神位两侧立柱上书有两副楹联,赞颂孔子的道德文章、丰功伟绩。其中一副写道"教垂万世继尧舜禹汤文武作之师"。这副楹联主要讲了一个道统的问题。道统其实在孔孟那里有了落实,因为孔孟都是主张法先王如尧、舜、禹、汤、文武、周公的,但当时还未如此称谓。所以可以说,孔孟那里有道统之实,但无道统之名,这一情形直到唐代大学者韩愈才提出了完整的儒家道统谱系。后来,宋明诸儒特别是"程朱"更是将韩愈道统之说加以继承和重申,认为自己真正接续和担负起了弘扬道统的历史使命。

2. 性情三品说

韩愈提出了性情三品说:认为性是与生俱来的,情则是人与外物交接时而产生的。性之品有三,情之品也有三,之所以为情是因为人的喜、怒、哀、惧、爱、恶、欲七个方面决定的。韩愈认为,性情的三品,是不可改变的。具上品之性情,越学就越发光明;具下品之性情,因为惧怕威势,所以可以以威势克制,减少其作恶;具中品性情,可上可下,所以要对之加以教化,引导他们向善。其实韩愈的性情三品与董仲舒的性三品还是很接近的。

(六)南宋大儒朱熹著名的道德思想观点

朱熹(1130.9.15-1200.4.23),字元晦,号晦庵。19岁进士及第,南宋

著名的理学家、思想家、哲学家、教育家、诗人、闽学派的代表人物,世称朱子,是孔子、孟子以来最杰出的弘扬儒学的大师,他的著名道德思想观点主要有以下两点。

1. 理一分殊

理一分殊是中国宋明理学讲一理与万物关系的重要命题。朱熹从本体论角度指出,总和天地万物的理,只是一个理,分开来,每个事物都各自有一个理。从伦理角度而言,人物以天地为父母,天地以人物为子女,因此以乾为父,以坤为母,有生之类,无物不然,这是理一;人人各亲其亲,各子其子,这便是分殊。理一分殊落实到社会伦常层面,这里的理在人身上便表现为仁义礼智信五常之德,每个人身上都具备此五常之德,但是由于先天所禀受之气(五行之气,金木水火土)不同,还有外在的习染等原因,所以,仁义礼智信五常之德在每个人身上的体现也是不一样的。有的人会偏于仁(木气多),有的人则偏于义(金气多),有的人偏于礼(火气多),有的人偏于智(水气多),有的人偏于信(土气多)。

2. 存天理、灭人欲

"存天理、灭人欲",是朱熹提出的一个重要的哲学范畴。朱熹说:"圣人千言万语只是教人存天理、灭人欲","学者须是革尽人欲,复尽天理,方始为学"。(《朱子语类》卷四)是说圣贤千言万语,就是教人们存天理、灭人欲。显然,这对一个人的心性修养要求是非常高的,甚至近乎苛刻。在当今世界,由于物质主义、享乐主义的盛行,我们是否也应该从朱熹的这一思想中受到有价值的启迪呢?然而,它同汉代董仲舒的"三纲五常"一样,被近代维新人士作为封建思想糟粕和遗毒,遭受到了无情地批判和抨击。

明末清初的启蒙思想家黄宗羲、顾炎武、戴震等人,则是开始对作为整个封建伦理核心的"三纲五常"理论进行猛烈抨击的。黄宗羲明确提出反对封建的君主专制。顾炎武则明确区分传统伦理道德"忠"的不同含义,并倡导"天下兴亡,匹夫有责"的爱国主义道德观。戴震作为清代杰出的唯物主义思想家,进一步从唯物论角度批判了宋明理学空谈义理的虚伪性,提出了"归于自然,适完其自然"的新道德观。

综上所述,中国古代伦理道德思想产生于春秋战国时期,秦汉以来至宋明理学的创立则意味着古代伦理道德思想体系进入了成熟和完善时期。以孔孟之道为"道统"的伦理思想在经历汉代"独尊儒术"的肯定阶段,魏晋玄学和佛家传入的否定之后,在宋明理学这里重新获得肯定。这否定之后的肯定显然已不再是先秦孔孟和汉代董仲舒之思想的简单回归,而是包括了对佛、道等其他学派思想于其之中的对孔孟之道的继承与发展。宋明理学拘泥于性命义理,忽视经世致用,带有禁欲主义色彩,但在糅合了儒、佛、道诸家思想的基础上,为中国古代伦理道德思想的发展拓展了新的领域,在心性等问题上的研究上也达到了新的深度和广度。中国古代伦理道德思想发展至明末清初,一方面表现盛极而衰,走向终极没落。另一方面又由于市民的产生和资本主义因素的萌生,催生了启蒙思想家对这一封建伦理纲常的批判。

三、厚德的途径与方法

1. 立志于学　终身求道

人要做到厚德,必须加强道德修养。最根本的方法就是学习。要树立立志于学、终身求道的理想和信念。荀子在《劝学》篇中说道"吾尝终日而思矣,不如须臾之所学也;吾尝跂而望矣,不如登高之博见也。登高而招,臂非加长也,而见者远;顺风而呼,声非加疾也,而闻者彰。假舆马者,非利足也,而致千里;假舟楫者,非能水也,而绝江河。君子生非异也,善假于物也。"荀子的劝学思想对于我们今天立志求学仍然有很好的指导作用。

2. 探寻方法　掌握要领

儒家经典《大学》中为我们揭示了修道明德的三个境界和八个要领:

第一个境界:"明明德",意思是,修明自己内在的清明德行。第一个"明"字是动词,是修明、明白的意思。第二个"明"字是形容词,在形容后面的"德",有清明、灵明的意思。按照朱熹的意思,人生下来,上天就赋予一种灵明的德性,这种灵明的德性就是"明德"。但是由于后天社会的功名利禄的诱惑,就会使人失去灵明的德性,而变得追名逐利、腐败无德。因此,《大学》里要人达到的第一个境界就是要修明这种清明的德性,抵制物质诱惑。这是也是修身的第一功夫。当然,朱熹的解释中,有唯心主义的成分,比如"天赋人德"。但是如果我们把儒家讲的"天"理解为"宇宙自然界",把儒家讲的"天道"理解为"宇宙自然的道路或规律",那么儒家强调人的道德要与宇宙自然规律相符合的"天人合一"意思,是包含了朴素的唯物主义。

第二个境界是:"亲民"。"亲"亦当"新",就是去除旧的意思,也含有学习修为要有新收获,不断进步的意思;"民",可以解释为民众,同时作为人,还应推己及人,不仅自己进步,还要让更多的人进步。所以"亲民",就是使民众日新又新,革除旧习,进步不已的意思,做到既独善其身,又兼济天下。

第三个境界是:"止于至善",就是达到善的最高境界的意思,也是道德修养达到最完美的境地。

构成大学之道的"三个境界"既是三个独立的目标,又有紧密内在联系,并且三者关系又层层递进。其内在联系在于:三者讲的都是道德目标,都是修养做人的准则,都是讲人的精神追求。层层递进在于:修明人性中最清明的德性,可以达到自我完善;进而就要"亲民",不仅独善其身,还要兼济天下,就是把最清明的德性推及到广大民众中,使民众不断进步,这就是"亲民";最后,全天下人都达到"至善",就是天下人的道德修养都达到尽善尽美的境地,才算作圆满,才能叫作"止于至善"。为达到这三个境界,《大学》还提出了学习和修养提高道德水准的八个要领。

一是格物。格,有推至、探究的意思;物,是宇宙万物。格物就可以理解为:探究宇宙万物根源的道理。也就是说,学习研究一切自然界和社会中物质状态的知识及其原理。

二是致知。致,有推动到极致的意思;知,是知识、认识,是指人心灵的觉悟和融会贯通。简单解释为:将自己的知识和认知达到极致。致知与格物是紧紧相扣的。"物格而后知至""致知在格物"。也就是学习了自然界一切知识和原理,在心灵中融会贯通,形成对世界的认识并达到极致;而这种达到极致的认识,来源于对自然与社会的深入学习和研究。

三是诚意。诚,有真实、不虚假的意思,也诚实、不自欺欺人的意思;意,是意念、观念,也包含志向、意志在里面。简单地说,诚意就是使意念真实，不自欺欺人，不受外界名利诱惑，合乎儒家讲的德性的要求。

四是正心。正，有端正、周正的意思，也有正直、中正不偏的意思；心，古人认为"心之官则思"，认为心是思维的器官。正心可以解释为：心智端正，不受自身情绪干扰与蒙蔽。诚意与正心都是讲修养自己，克服内在的偏执情绪达到心正。

五是修身。修，是修明、修正、修养的意思；身，是指自身，指自己内心世界，当然也有身体力行之意。修身就是修明自身，达到明德的要求。

六是齐家。齐，是整齐、有序的意思，也有和谐、不斗争之意，当然"齐"还有动词的属性，使之达到整齐、有序、和谐、不争；家，是指家庭、家族。齐家就是使家庭长幼有序、和谐相处。这是修明自身后，在家庭、家族里的实践标准。

七是治国。治，作为动词，有治理、管理、整治的意思，作为形容词，也有稳定、安宁的意思；国，是指春秋战国时各据一方的诸侯国。治国就是治理好诸侯小国，达到稳定的意思。这是修明自身在一个地区内的实践和需要达到的标准。

八是平天下。平，有动词和形容词的双重属性。平，作为动词，有平治、掌控的意思；作为形容词，有和平、太平的意思。天下，是指周朝的全部统治范围。公元前11世纪周朝建立后，采取划地分封制，诸侯林立，相互纷争。史家称西周为春秋，东周为战国。周朝最高统治者称"周天子"，他统治的范围便称"天下"。"平天下"就是平治天下，达到天下太平的意思。

上面讲的"八个要领"与"三个境界"一样，是相互联系、层层递进、缺一不可的关系。孔子在《大学》中做了极为明确的表述："欲明明德于天下者，先治其国。欲治其国者，先齐其家。欲齐其家者，先修其身。欲修其身者，先正其心。欲正其心者，先诚其意。欲诚其意者，先致其知。致知在格物。"意思是，想要用高尚的道德彰明于天下的人，首先要治理好自己家的国家；想要治理好自己国家的人，首先要管理好自己的家庭；想要管理好自己家庭的人，首先要提高自身修养；想要提高自身修养的人，首先要端正自己的心志；想要端正自己心志的人，首先要使自己的意念诚实；想要意念诚实的人，首先要使自己获得丰富的知识；获得丰富知识的方法在于探究事物的原理。接着，圣人将八个要领的顺序又正过来论述一遍："物格而后知至，知至而后意诚，意诚而后心正，心正而后身修，身修而后家齐，家齐而后国治，国治而后天下平。"意思是，探究了事物的原理之后，才能得到真知灼见；得到真知灼见之后，才能意念诚实；意念诚实之后，才能心志端正；心志端正之后，才能提高自身修养；自身修养提高之后，才能管理好家庭；家庭管理好之后，国家才能治理好；国家治理好之后，天下才能天下平。

3. 儒家经典——《大学》的精彩语录摘译

（1）"为人君，止于仁；为人臣，止于敬；为人子，止于孝；为人父，止于慈；与国人交，止于信。"（《大学章句·三》）译文：做君主的，要实行仁政；做臣子的，要做到尊敬君王；做儿子的，要做到孝顺父母；做父亲的，要做到慈爱子女；与国人交往，要做到诚实守信。

（2）"君子必慎其独也。"（《大学章句·六》）译文：有知识有道德修养的人，必须在自己独处时言语和行为谨慎而不随意。（说明：这句话也包括有修养的人，在别人看不到的自己独立思考中，也必须慎重地分辨善于恶。）

（3）"好而知其恶（è），恶（wù）而知其美。"（《大学章句·八》）译文：喜欢一个人，也要知道他的缺点和不足；厌恶一个人，也要了解他的优点与长处（说明：这里充满着朴素的辩证法。）

（4）"仁者以财发身，不仁者以身发财。"（《大学章句·十》）译文：仁德的人以散施财富而使自己有美名，没有仁德的人不惜损毁自己的名誉去聚敛财富。

（5）"国不以利为利，以义为利也。"（《大学章句·十》）译文：治理国家不应以一己之私为最高利益，而应该以道义为最高利益。

4. 牢固树立"八荣八耻"的荣辱观

2006年3月4日，中共中央总书记胡锦涛在看望政协委员时强调，要引导广大干部群众特别是青少年树立社会主义荣辱观，坚持以热爱祖国为荣、以危害祖国为耻，以服务人民为荣、以背离人民为耻，以崇尚科学为荣、以愚昧无知为耻，以辛勤劳动为荣、以好逸恶劳为耻，以团结互助为荣、以损人利己为耻，以诚实守信为荣、以见利忘义为耻，以遵纪守法为荣、以违法乱纪为耻，以艰苦奋斗为荣、以骄奢淫逸为耻。

"八荣八耻"的重要论述,涵盖爱国主义、集体主义、社会主义思想,体现了中华民族传统美德和时代要求,反映社会主义世界观、人生观、价值观,明确了当代中国最基本的价值取向和行为准则,是马克思主义道德观的精辟概括,是新时期社会主义道德的系统总结,是以人为本、全面协调可持续发展的科学发展观的重要组成部分,是新形势下社会主义思想道德建设的重要指导方针。

5. 完整理解社会主义核心价值体系

社会主义核心价值体系是党的十七届六中全会明确指出:社会主义核心价值体系在中国整体社会价值体系中居于核心地位,发挥着主导作用,决定着整个价值体系的基本特征和基本方向。社会主义核心价值体系包括四个方面的基本内容,即马克思主义指导思想、中国特色社会主义共同理想、以爱国主义为核心的民族精神和以改革创新为核心的时代精神、以"八荣八耻"为主要内容的社会主义荣辱观。这四个方面的基本内容相互联系、相互贯通,共同构成辩证统一的有机整体。建立社会主义核心价值体系,必须坚持马克思主义在意识形态领域的指导地位,牢牢把握社会主义先进文化的前进方向,大力弘扬民族优秀文化传统,积极借鉴人类有益文明成果,充分调动积极因素,凝聚力量、激发活力,进一步打牢全党全国各族人民团结奋斗的思想道德基础,形成全民族奋发向上的精神力量和团结和睦的精神纽带,为构建社会主义和谐社会提供精神动力支持。

四、中国传统道德的现代意义

1. 有利于公共道德的建设

公共道德作为人们在社会公共生活领域里自觉遵循的行为规范原则,对社会风气的好坏起着最直接的影响与制约作用。在中国古代伦理道德思想的发展过程中,尽管有重私德而忽视公德的倾向,但由于中国传统文化向来强调"家国同构",强调群己合一,因而其私德规范也内在地包容了基本的公德要求在其之中。儒家提出的仁、义、礼、智、信也都体现了社会公德的规范内容。这些规范只要去其封建糟粕,经过改造,对我们今天的社会公德建设无疑有着重要的现实启迪作用。

2. 有利于职业道德的建设

职业是每一个人安身立命的基础。职业除了技能与专业的要求外也还有道德方面的要求，这就是职业道德。中国古代伦理道德思想中关于职业道德的遗产也是非常丰富的。早在春秋时代的《尚书》中，就记载了官吏的道德规范："宽而栗，柔而立，愿而恭，乱而敬，扰而毅，直而温，简而廉，刚而塞，强而义。"而在《孙子兵法》中对军人的职业道德规范则有如下规定："将者，智、信、仁、勇、严。"对医德，唐代孙思邈在其《太医精诚》中记载："不得问其贵贱富贫、长幼妍媸、怨亲善友、华夷愚智。"以上表明了我国古代职业道德思想源远流长。

3. 有利于家庭道德的建设

由于家庭生活是社会的最基本的生活，中国古代的伦理道德传统中向来特别注重家庭道德的建设。最原始的道德关系就产生于夫妇父子的家庭之中，所以在儒家推崇的"五经"之一《易》中就有如下一段经典论述："有天地然后有万物，有万物然后有男女，有男女然后有夫妇，有夫妇然后有父子，有父子然后有君臣，有君臣然后有上下，有上下然后礼义有所错（措）。"儒家特别重视家庭道德的教化功能，在修身、齐家、治国平天下的"成人"之道中，"齐家"既被视为"修身"的结果又被认为是"治国平天下"的起点。正是在这样的文化背景下，中国古代形成了以慈、孝、贞、敬、悌等为核心范畴的极为丰富的家庭道德规范。

4. 有利于正确理解和践行科学发展观

北京精神的表述语："爱国、创新、包容、厚德"是中国优秀传统文化，特别是儒家学说精华内容的折射与再现；科学发展观的表述语"发展是第一要务，核心是以人为本，基本要求是全面、协调、可持续，途径是统筹兼顾"则是对马克思主义唯物史观、儒家思想精华、中国传统文化核心"天人合一"理念的全面反映和具体体现，是我们建设全面小康社会，实现中华民族伟大复兴的指导方针。

5. 对中国古代传统道德思想的态度

中国传统文化博大精深，中国传统伦理道德是传统文化的不可分割的重要组成部分,而作为中国传统伦理道德核心的儒家伦理道德思想更是维系中国传统文化传承与发展的命脉。汲取儒家伦理道德思想的精华部分,剔除其消极腐朽的内容,在物欲横流的现代,将儒家伦理道德思想发扬光大,能为我国国民思想素质的提高提供有力的支持。儒家伦理道德思想以"仁"为首,无论是对统治者,还是对人民来说,都有其积极意义,从"仁",到"仁爱",再到"博爱",自成一套伦理道德规范,这对于社会主义精神文明建设有着非常重要的意义,值得我们继承和发杨。

结语:"北京精神"是一个有机整体,"厚德"是其品质内容,人人都要厚其德,都要不断地修身并落实到行动上。"取其精华去其糟粕"是对中国古代传统道德思想必须坚持的正确态度。厚德方能载物。今天,我们要全面贯彻落实党的十七届六中全会精神,必须以培育弘扬"北京精神"为有力抓手,积极践行社会主义核心价值体系,不断提高文化自觉,增强文化自信,开拓进取,奋发有为,为发挥首都国家文化中心的示范作用,为增强国家文化软实力、建设社会主义文化强国作出我们更大的贡献。

保护文化遗产　守护精神家园
——我们身边的文物

东城区文物管理所所长　王　芯

文化遗产是社会发展、文明进步的物化载体。保护利用好文化遗产，弘扬中华民族优秀传统文化，是我们文物工作者义不容辞的职责。保护利用好文化遗产，是社会主义文化强国建设的重要支撑，是经济建设和生态文明建设的重要组成。

要使文化遗产促进文化繁荣，首先就要了解我们身边的文化遗产。古都北京，是举世瞩目的历史文化名城，东城区作为首都的一部分，有着丰富的历史文化遗存。

东城区文物资源的特点一是数量多、品级高。区内共有各级不可移动文物357项，其中全国重点文物保护单位35项，市级文物保护单位71项，还有区级文物保护单位58项和未核定等级的193项。拥有被列入《世界文化遗产名录》的故宫、天坛和大运河（玉河遗址、南新仓）；二是文物种类全、风格异。区内既有代表中国古典建筑最高水平的皇宫王府、坛庙祠观，也有京味十足的胡同宅院、会馆民居，还有西方建筑风格的教堂使馆、近代楼宇等；三是文物分布"点""面""线"相容。357个文物点、18.5片历史风貌保护区、永定门至钟鼓楼7.8公里的中轴线，三者相容，使全区的文物呈现分布广泛又相对集中的局面。

在这里，简要介绍一部分具有代表性的文物保护单位。

一、全国重点文物保护单位

1. 雍和宫

1961年，雍和宫被国务院列为"全国第一批重点文物保护单位"。这里原为明代内官监官房。清康熙三十二年（1693），成为皇四子胤禛的府邸，是北京市内最大的藏传佛教寺院。

该寺院有殿宇千余间，清康熙三十三年（1694），康熙帝在此建造府邸，赐予四子雍亲王，称雍亲王府。雍正三年（1725），改王府为行宫，称雍和宫。因乾隆皇帝诞生于此，雍和宫出了两位皇帝，成了"龙潜福地"，所以殿宇为黄瓦红墙，与紫禁城皇宫一样规格。乾隆九年（1744），雍和宫改为喇嘛庙，特派总理事务王大臣管理本宫事务，是全国规格最高的一座佛教寺院。

2. 柏林寺

柏林寺是京师八大寺庙之一，始建于元至正七年（1347），康熙五十二年（1713），胤禛为其父康熙皇帝庆贺六十寿辰，对该寺大加修葺，康熙帝特赐"万古柏林"匾额，悬于正殿内。

大悲坛院为一封闭式院落，又名维摩阁，亦称藏经楼。正楼有雍正题额"万佛宝阁"，楼内原供七尊木制漆金佛像，并珍藏着18世纪初雕刻的全部《龙藏》经版。是清代唯一也是中国最后一次官刻汉文大藏经。

3. 孔庙、国子监

孔庙始建于元大德六年（1302）。新中国成立后，曾对孔庙修缮多次。50年代末，此处成为首都博物馆。

孔庙大门外东西约十几米处，各立下马石碑一座，碑阳、碑阴分别用满、汉、蒙、回、托忒、藏六种文字刻写"官员人等至此下马"。

今孔庙存放永乐十四年（1416）丙申科起到光绪三十年（1904）进士题名碑198通。

国子监与孔庙毗连，为元、明、清三代国学所在，是当时国家设立的最高学府。国子监始建于元大德十年（1306），明初名为北平府学，永乐二年（1404），改为国子监。

4. 段府（清海军、陆军部旧址）

整组建筑分为东西两部分。东部原为康熙第九子、贝子允禟的府邸。雍正四年允禟幽禁致死。雍正二十一年（1743），其宅邸赐雍正第五子弘昼，为和亲王府。

西部原为顺治第五子恭亲王常颖的府邸，此后一直由其后人居住，到清末为其后裔镇国公承熙居此，称承公府。

1912年，袁世凯曾把总统府设于西院，国务院设于东院。

民国十三年（1924），这里成为北洋军阀段祺瑞的中华民国临时执政府。

民国十五年（1926）3月，在执政府门前发生震惊中外的"三一八惨案"。同年，冯玉祥发动兵变，执政府倒台。

5. 顾维钧宅（孙中山逝世地）

该宅建于清代后期，后为民国时期外交总长顾维均宅邸。1924年12月31日，孙中山先生扶病抵京，临时寓居此宅西院第二进院的北房内。次年1月26日，孙中山先生病发，住进北京协和医院，经诊断为肝癌后期，后又移回此宅。2月4日，孙中山先生在此口述遗嘱及致苏联书。3月12日上午9时25分于此逝世，终年59岁。其治丧委员会决定在此宅孙中山先生居室门口悬挂"孙中山先生逝世纪念室"匾。现在外间西墙上镶有一块长方形汉白玉刻石"中华民国十四年三月十二日上午九时二十五分孙中山先生在此终"。

6. 崇礼住宅

此院是清光绪年间文渊阁大学士崇礼的住宅。此宅东半部及花园（今63号）为崇礼居住，西部院（今65号）为其兄弟所居。此宅占地颇广，屋宇华丽，在民国时号称"东城之冠"。由街北的两大宅院和一座花园组成，全院面积近万平方米；街南面还有所属的花洞和马号。

二、市级文物保护单位

1. 阳平会馆戏楼

阳平会馆戏楼始建于明末,新中国成立后,阳平会馆及戏楼一直作为北京同仁堂集团的药材库房。戏楼内还有明末清初著名书法家王铎书写的匾额。是北京现存规模较大且保存完好的清代戏楼之一。现为"刘老根大舞台",每晚上演东北二人转。

2. 和敬公主府

和敬公主府是乾隆帝三女和敬公主及其驸马的赐第。《顺天府志》载:"那公第在铁狮子胡同。科尔沁亲王色布腾巴尔珠尔,尚高宗三女和敬公主,赐第在此,那公其后人也。"现为单位招待所。

3. 顺天府学

顺天府学为明、清两代的顺天府属学校和文庙。府学原址为元代太和观,元末因供孔子牌位而免被明军焚毁。明洪武初改元代国学为府学,太和观为大兴县学。现状古式建筑分为东、西两路,是右庙左学之制。现为府学胡同小学。

4. 清末自来水厂

原名京师自来水公司,筹办于清光绪三十四年(1908)。当时鉴于北京城内浅井水质不好及救火无水,经朝廷批准,以国有股270万元筹建京师自来水公司。

至今,仍承担着万国城住宅小区的用水。

5. 府学胡同四合院

府学胡同四合院系清末兵部尚书志和府第,院有游廊相连,房屋高大,院落敞亮,装修精细,游廊、敞厅、小山、轩室、叠石等俱全。东宅曾为清皇室敬懿、荣惠二太妃所居，西宅在民国期间为海军总长刘冠雄的官邸，后为燕京神学院所用，1931年妇科产专家杨崇瑞在此开办了北平助产士学校。现为北京市文物局和东城区妇幼保健院。

三、区级文物保护单位

1. 宏恩观

位于钟楼正北，始建于明代。宏恩观前身为千佛寺，建于元元贞年间。后更名为"清净寺"。清光绪十三年（1887），又更名"宏恩观"。今寺庙山门的券门石额题刻为："重修清净宏恩观，光绪十三年（1887）九月初三立。"

宏恩观位于京城中轴线最北端，是中轴线上护佑皇城的重要建筑，被称为"龙尾之要"。该庙宇供奉的关帝和地藏菩萨等反映了中国特有的道教文化。

2. 贝满女中遗存

原名贝满中学，1864年由美国基督教公理会创建，是北京近代最早引进西方教育的学校，现为北京二十五中学，仅存邵氏楼、贝氏楼、中斋三座建筑。

3. 同福夹道4号近代建筑

建于20世纪初，砖木结构，有地下室，廊柱为砖砌仿爱奥尼式双柱。屋顶有阁楼，覆以双折形铁皮屋面，开四个阁楼窗。为民国时总长曹汝霖与其宠妾的居所。

4. 东安门遗址

东皇城墙始建于明永乐十八年（1420），原在玉河以西，河在墙外，宣德七年（1432）东移，将玉河包入墙内。正对紫禁城东华门设东安门，门内为跨玉河石拱桥，官员们上朝陛见，皆由东安门进宫。东安门在1912年被北洋军烧毁，玉河也陆续填平成为道路。

四、未核定等级的可移动文物

1. 京奉铁路正阳门东车站信号所

信号所距明城墙遗址十余米，与京奉铁路正阳门东车站旧址同为1903年建造，距今有百余年的历史。

京奉铁路与我国第一条铁路唐胥铁路相连通，由英国工程师金达设计并建造。正阳门东车站是中国第一条实用铁路的终点站，其信号所作为京奉铁路的附属性建筑具有特殊的历史意义。

2. 清炮局建筑遗存

此处原为清代收存炮位军器及废炮的场所，清末改为监狱。抗战时期，成为日本侵略者关押中国"要犯"之地。1934年，抗日爱国将领吉鸿昌曾被监禁于此。国民党统治时期，安子文、薄一波等著名革命人士均被反动派关押于此。

3. 车郡王府建筑遗存

此院建于清代晚期。郡王车林巴布是喀尔喀蒙古土谢图汗部札萨克多罗郡王。宣统二年印行的《京奉铁路旅行指南》载："车王府在东四牌楼三巷中间路北。车郡王府是京城清代王府遗存的组成部分，建筑等级较高，是研究清代王公府邸建筑规制、建筑特色的重要实物。

4. 宝泉局东作厂旧址

此处是明、清户部所属铸造钱币处。不是生火铸钱的场所，是清户部所属铸造钱币的工厂。清代宝泉局下属东、西、南、北四作厂，全部位于东城界内，现仅存该东作厂遗址，是研究清官营铸钱工厂、存放原料和钱范之仓库的重要实物遗存。

5. 东药王庙遗存

此庙始建于明万历四十五年（1617），主祀历代明医扁鹊、孙思邈等。药王庙属道教庙宇，历年四月二十八日传说为药王诞辰，要举行"药王会"。现存山门一座，额书"敕建福世普济东药王庙"。石碑于2001年重新出土，碑身已断裂。额篆"敕建东药王庙碑铭"，碑文记载了明万历年间修建东药王庙的史实，落款"大明万历岁在丁巳孟秋吉日立"。

五、名人足迹

东城区地处古都核心地带，名人故居、旧居集中。经过普查尚有遗存的99处，如伍连德、小泽征尔、曹汝霖居所等。已被公布为等级文物的26处。由于历史原因，目前绝大部分名人居所为居民占用，翻改建情况严重，保护状况不理想。

1. 欧阳予倩故居

平安大街上的欧阳予倩故居曾是一个文化名人荟萃的场所，著名作家曹禺、作曲家光未然等都曾寓居此院。
2. 细管胡同的田汉故居。
3. 东堂子胡同中国防疫学先驱伍连德先生故宅。
4. 大方家胡同马叙伦先生故宅。
5. 北竹竿胡同红学家俞平伯先生故宅。

六、东城区近年文物保护工作

近年来，东城区在"首都文化中心区"战略目标指导下，城市规划更加科学合理，古都风貌与现代气息相得益彰，传统保护与现代发展有机协调，有效地保护了历史文化风貌。随着各项环境整治和历史风貌保护工程的完成，东城区在实践中积极探索，不断总结经验。对历史文化保护区内的建筑进行分类保护和整治，有针对性地选择旧城内最具历史、艺术价值的街区、胡同、景观和院落实施梯次保护，改善居民生活条件，改善历史文化资源的保存现状和生存环境，最大程度地恢复并强化了北京传统历史风貌。

"十一五"时期，适逢北京奥运会及新中国成立60周年庆祝活动，按照《北京市文物建筑修缮保护利用中长期规划（2008－2015年）》，结合实施"人文奥运文物保护计划"，文物建筑修缮无论投资规模、修缮数量和种类都达到了一个新的高度。钟鼓楼、蔡元培故居、阳平会馆戏楼、隆安寺、通教寺、欧美同学会、新革路20号四合院等一大批文物建筑得到修缮保护。

2000年以来，市、区两级政府直接用于东城区文物修缮的资金已接近5亿元，仅2012年一年我区便向市级财政争取文物保护资金9800余万元。

自2011年开始，我区再次加大对文物保护的资金投入力度，设立了每年1亿元的风貌保护专项资金，由区财政全额投入，并在资金投入规模、运作方式等环节借鉴市级财政资金的操作模式，制定了一套规范、有序、公平、合理的资金管理办。

2007年至2011年，根据国务院的统一部署，在北京市文物局的指导下，我区开展了第三次全国不可移动文物普查工作。这次普查共踏查了全区600多条街巷、5000多个院落，采访居民近千人次，拍摄照片9000余张，已有文物复核率达到100%，新发现文物68处。

通过普查，摸清了全区不可移动文物的家底，为将来不可移动文物的保护与利用奠定了坚实的基础；掌握了全区不可移动文物保护现状以及变化状况，为制定科学合理的文物保护与利用的规划提供了重要依据；通过前期的宣传和实施过程中社会各界的参与，这次文物普查还在全社会范围内普及了文物知识和文物保护理念。

今后，随着国家文物保护举措的相继出台与落实，我区的不可移动文物将会得到更好的保护与发展，为实现"首都文化中心区，世界城市窗口区"的战略目标和"十二五"规划的各项要求作出贡献。

关于"市场考古学"之我见

石刻博物馆研究员　刘卫东

其实这篇文章的内容早就发表在《文物天地》上了,一个是编辑有修改缩减文章的权力,另一个是文章简短,尚需解释。协会领导说这得两个小时,结果我一加内容,又太多了!耽误大家时间,对不起了!

时下的年轻人大多赶时髦,像我这样经常与文物打交道的"未老先衰"之人,也想借此较为时尚的机会侈谈一下"新生事物"。可能有些不合时宜,但确实是一个值得文物界人士关注的话题。主题词就是"市场考古学"。那么此"市场"指哪里,"考古"又何谓呢?我想以本人20多年来文物工作的实践试图说明一下,虽或不确,但敢为天下先。说到这里,我想先介绍一下我自己的工作经历。1985年进入文物行列,最先是文物研究所,其次是古建研究所,最后落脚于石刻博物馆。从1995年开始,石刻馆安排新一轮的面向全市的石刻文物的普查,经过十多年,总算大致走了一过程。现在正在做深化工作——《新日下访碑录》专著的撰写,拟于全市旧有的18个区县,分三册出齐,目前第一册已经完稿付梓有待问世了,100万字以上。特别是近十年以来,在博物馆里同时兼做石刻文物的征集、展览、咨询、鉴定等工作,自称是"业务勤杂",人送外号"老刘忙"。自从干本行(石刻)以来,完成了几部石刻类的书籍,如《石刻卷》《新中国出土墓志》北京卷、《新日下访碑录》等。在日常工作过程中,结识了不少各界人士,有拆迁施工、建设工地、房地产公司老板、工头、工程师等,有愿将自家宝物捐献国家的,有想将自家宝贝卖给国家的,还有帮博物馆提供线索的市民,还有很多热心敬业的年轻记者们等,同时我还走访了全国各地的古董工艺品市场,以及许多古玩店和收藏家。非常理解所谓"民间故宫"的说法是很有道理的。那么,博物馆等国家研究收藏机构以外的那些有文物的地方就是我所说的"市场"。所谓的"市场考古"就是面对这些文物的考察、考证、调查、研究。在完成正常的研究工作的前提下,致力于三大理论的研究和实践,也即"市场考古学""收藏心理学"和"文物鉴定的科学观"。鉴于目前全民收藏、专家满天飞、鉴宝、寻宝、拍宝热的大好形势下,这大概也是我对现实不满的一种发泄吧!此篇"市场考古学"仅为"初谈",尚有"二谈"和"三谈"呢。因此我也是围绕着我的工作实际,谈一些个人的看法而已。

大家知道,改革开放以来,市场搞活,人们的头脑也被激活。过去从"马海毛"到"章光101",到"盘条",再到"摩托车""汽车",10亿人民9亿商,几乎没有什么不能"倒"的。其实搞来搞去,无非都是钱上加钱、价上翻价而已。除去他的权力、路子的因素之外,充其量也不过是个社会主义商业的原始状态。近一二十年来,那些先富起来的人们手头有些活钱了,以及那些想富起来的人们,开始琢磨着走商业雅化之路了。中央电视台天天在"鉴宝",地方台纷纷在"淘宝""寻宝",收藏和买卖古玩瓷器也不再是王公贵族们的专利了,文物商店也不再是国家的专卖了。文物不可能被国家的博物馆包办,百姓们的心却在躁动。原本数百元淘来之物,一送到央视"鉴宝",经专家们的"法眼",兴许就能值它个万儿八千甚至上百万元的。其实,略有些文物常识或商业经验之人还不至于盲从。关于央视的《鉴宝》节目,我只参加了前三期的录制,作为嘉宾,之后转入幕后,再之后把记者骂走,再之后总编又找我两次,我向其宣布了"必将灭亡"的预告,再后来果然就销声匿迹了。央视《寻宝》的方案和名称是我做的策划,其中我特别提出要突出"科学性"和"互动性",以及对主持人、专家们的遴选要求。可惜没有按照这个标准去做,果然命不长久。如果当初我能腾出时间,跟随拍出六部"样片"来的话,可能还不是这个结果呢。除了走"雅化"之路想拿收藏赚钱的人之外,还有以下那么几类人:

第一,最可惜的是那些民工,天天吃窝头就咸菜,使锹抡镐不舍昼夜。终于有一天,锹镐之下刨出了个古坟墓棺"神马"的,无数双眼睛都瞪直了。甚至有人夜晚蠢蠢欲动,哪怕是一堆碎骨头,都有可能被一抢而光。即使是讨到了几枚铜钱、瓷片，那又能卖几个钱呢？其实我们在文物出土的施工现场就经常遇到此类情况的。等我们赶到时，那些"值钱"的东西早被哄抢了，而且有的民工自以为获了"大宝"，扔下工作就走了，找"下家"去了。我曾有一位朋友，闲来无事就爱到工地去转，捡到一些散碎瓷片，结果功夫不负有心人，说来也巧，某一天，他像往常一样出没在工地上，随着脚下一踢，眼前一亮，一枚翡翠长勺形的发簪冒出地面。但我相信，他迄今为止往往会得意于此，但也不可能因此而发了大财。

第二，最可气的是那些有地下文物埋藏的"敏感"之地，总有一帮"盗墓世家"。此时正好出山，他们成帮结伙，月黑风高夜，恰是动手时。分工合作，有条不紊。分赃到手，各寻买家。有更集团化的组织，则供、产、销一条龙。我认识一位小区保安——好人老陈，但他也惹了官司，他的小舅子因为偷盗古墓被判七年。经了解，他仅是个随从而已。但是现在一说抓了个盗墓贼，往往就是这样，其"老板"总是逍遥法外，"替罪羊"永远去替罪。被抓的总是链条的"终端"，好像很少能抓住那条无形的"黑手"。我们每年都要配合公检法断案鉴定，总有一些倒霉鬼被抓，比如上次的十三陵被盗案等。几乎没有什么能够值得炫耀的"顺藤摸瓜"抓住的要犯。我到河南洛阳附近的郊区北邙山，沿途有很多汉代封冢，据说大多被盗挖过，有的还能看出痕迹。到西安附近郊区，你会看到很多深宅大院，也许你会以为那是现代地主的庄园，也就猜对一半儿，据说那是有些人憋好了宝之后，圈地建房，夜晚施工的地方。因为那里是汉唐故都，宝贝太多了，当然还是管理跟不上。但这只是"据说"而已，没有做过"探底"工作。当然，好东西被有钱人买走了，也有不错的结果，那就是江苏丹阳的"石刻天地园"项目了。如果你现在能去齐梁文化胜地扬州附近的丹阳的话，在周围大约60公里的范围内，还有大约11处南朝陵墓遗迹，最吸引你眼球的当属各具形态、体量不同的天禄、辟邪石雕了。就是在这样的文化背景下丹阳市政府批准建设了一个乃至全国范围内最大型的石刻艺术博物馆。有多大呢？40万平方米展示面积，其中含2万平方米的室内陈列。文物量有多少呢？8000件。全国大约有近20家的石刻、石雕类的博物馆，还没有如此规模呢！这些文物是如何征集来的呢？有一位丹阳籍贯、香港身份、加拿大国籍的吴先生，早年间惊叹于祖国文化的博大精深，自幼见证了齐梁文化文物遗迹，发财之后决心要为家乡做些事情，于是就搞起了以石刻、石雕为主的收藏。消息一出，于是来自全国各地的古玩商、古董贩子、中间人之类的就纷至沓来，也就是刚才说的那类人们，于是不好的看看，好的留下，结算费用，周而复始，循环往复，总部就设在开放城市上海。可想而知，这里头什么渠道来的可都有啊！中国的政策是不允许买卖，而人家是老外啊！规模一大，国家的文物部门撑不住劲儿了，但你又无法法办人家，最后迫于压力，当然也可能就是人家的初衷，吴先生把所有的8000件石刻捐献给丹阳市政府，这才有了今天如此规模的博物馆。其中有一件清代绵愉亲王的墓碑，就是若干年前房山区失盗的文物啊！幸亏我们的国家不允许这些文物出关，才最后被"围追堵截"地建了馆。那么其中有来自河北、河南、陕西以及北京的这些文物，怎样和原归属地交涉呢？也成了问题了！

第三，最可怜的是，社会上有那么一些游手好闲之徒，夜夜做发财美梦。尝终日而思，惜世上并无一夜暴富之术。正赶上了"开放"之良机，遂选倒腾古玩为业。因有报纸、电视的吹嘘，并不明古董之相同与相似之辨，古玩之真与假之分，疯狂聚敛，汗牛充栋。一日专家莅临，鉴其均为伪品，分文不值，最终落得个花钱买教训。我就见识过许多曾经或当任的"领导"，他们自以为在工作之余还有"闲钱"，增加了"雅好"，也搞起了收藏。看过之后，其所谓"藏品"确实不敢恭维，其实并非其中没有"真货"，也确实人家没有不花大钱。关键的是其所收藏没有系统，你说是当今值钱的？还是文玩的，还是真金白银的，或是自成一个系列的？往往是杂乱无章的！当然了，这些人也不会就此善罢甘休的，他们还会继续努力的，但只要他们仍然不注意文化修养，仍然是贵族没文化，只图钱，结果还会是一样的。我就有那么一个以前经常走通的亲戚，改革开放之初就搞起了瓷器收藏，以后又开了一爿古玩小店，在古玩城，可能是生意不错吧，于是多年来就不再走通了。

有此数种人的存在，市场就有可能被搞乱，文物就有可能被破坏，社会上就会多了很多"不平常心"。在此笔者极力呼吁国家亟应重视这样的"文物情结"，重视这样的文物现象，重视如此的文物交流市场，以及如彼"藏宝于民"的宣传。

其实地球人都知道，文物是不可再生的。越是文明发达的国家，就越重视它的古代文明。如果国家暂时没有能力，适当地鼓励"藏宝于民"还是可以的，但坚决不可"藏宝于商"或"藏宝于俗"。文物本是高雅之物，也是非常专门的事业。如果不具备相关专业常识与技能的人从事文物之事，将会出现两个可怕的结果：一个是文物被毁了，一个是文物被卖了。那么如何杜绝此类事件的发生并更加完善我们的文物保护工作呢？我建议应加速培养和提高我们文物工作者的业务水平，以使可以胜任"市场考古"，力争将以往"定点考古"与"社会征集"两个松散的环节整合在一起。因为"考古"可能重在"定点"，而"征集"则重在"市面儿"。考古工作者可能更相信"坑"里的东西，从而怀疑社会上流通的东西；而"鉴定界"的人士往往过于对器物本身说长道短，而忽视其产地、出处等情。前者以为自己是最科学的，后者认为自己是最有眼力的。其实一点儿也不矛盾，如果有人两个本事都具备了，那岂不就是"大家"了吗？国家级的鉴定大师、资深学者、考古大家，哪位又何尝不是如此呢？关键是在文物这个行当里被称作"大家"的太多了，而真正的"大家"又实在是太少了！当然，有个别的学者一两次的失误，并非其"真才实学"的体现，他们的学问在那儿摆着呢。因此，搞文物鉴定，一个是在文物界发表言论，或者你收人家的鉴定费，都马虎不得，一点儿不能小看，一点儿也不能落后于形势，任何摆老资格、想当然的做法，都会使你"露怯"的。比如这次拍卖的"汉凳"恐怕"老专家"又出问题了！所以，我早就建议，我们的博物馆的工作人员，不能仅满足于对馆藏文物的了解、研究上，在此一点上，我们更应该向古玩店、拍卖行学习，学习他们的观念，不然我们很多搞研究、搞展览的博物馆行里的人早就被人家笑话了。应该自己节假日里去转转市场，比如像潘家园一类的古玩工艺品市场，花点儿钱，交点儿学费，至少应该去长长见识吧！其实，同样是对流向市场文物发表看法，同样是对文物的鉴定，关于"坑里（代表考古者）""坑外（代表鉴定者）"，我是这样认为的：坑里人以其眼力看坑外之物，发表意见，其模式可以谓之"演绎推理"；坑外人看文物，作出判断，可以谓之"归纳推理"。如果二"理"并用，岂不更科学、更全面吗？

有些文博、考古专家总是在说，文物流通市场上是假货充斥，很难淘到真玩意儿。可事实上,"改革开放"以来挖坟掘墓就从来没有停止过;鉴定专家也在说,古玩市场上净是出土文物,有不少值钱的东西。可事实上文物制假、造假也总在进行时啊!显然,两种说法都是值得推敲的,而且也不利于文物保护与研究。成因分析如下。

一、关于"科学考古"

改革开放,使国家发生了翻天覆地的变化,尤其是基本建设的开展,房地产开发,危改拆迁,大西北、三峡、南水北调等等,像河南开封,垂直地下11米的文化层,地下越深时代越久。港台人爱说"举头三尺有神灵",要我说在北京这儿"挖地三尺有文物"。各工地层出不穷的出土文物或墓葬,是否全部按规定上报给国家文物部门?文物部门是否又都进行了处理?处理过的现场有无遗留问题?我想这里肯定是值得怀疑的!从我个人的工作经历来看,征集时有许多被市民或老板们留下而到不了博物馆里,如东城区市民所藏刘墉《清爱堂帖》数十件,西城区被人扣住不放的拆迁四合院上下马石一对、牛八宝胡同惹来官司的"石敢当"(不敢当),浙江人收藏的米芾刻石十三件,福建人收藏的500种历朝历代、各个地区的墓志,近日报道的海淀区石人、石虎等,其实本来都有可能征集来的。国家并不提倡主动发掘,有限的由国家文物部门来主持的被动发掘即所谓"考古",当然,此"考古"是科学的。国家动用人力、物力、财力,事先稠密规划,专家顾问,仪器设备,人员安排,较比那些挖坟掘墓者当然要"科学"得多了。然而,由于外面世界"物质文明"的刺激,人心浮躁,还有多少正当年的知识分子肯专下心来做学问呢?此"学问"指的是某个专业或项目其间接或外围相关的知识和技能。这"学问"才称得上是真"科学"呢。今天出版市场琳琅满目的书架上,所见都是些五色令人目盲的包装。翻开同时、同类的书后,很难找到不同的素材。对比前后期的专业书籍,无非是后人抄袭前人,换汤不换药、换皮不换瓢而已。自己发言成章、著书立说的人多了,以亲身经历拿出第一手资料而发表己见的人少了。某大学、某研究院所教授、学者侃侃而谈,动辄辅之以"PPT",如果讲一堂课都让人看片子了,还要你的嘴干吗用呢?所以

越现代化,就越没文化。难怪有人说"知识分子没有知识"!有"见地"的书籍又得不到支持和推介,因为那些并不好卖,仅只在专业群体中流行,或"秘而未宣",而真正需要指点迷津的人还是得不到指点。那么,近数十年来文物界发生了多少事,出土了多少文物,在这些大陆货的书中能有多少体现呢?故此形成了在文物界相对陈旧的思想,在观念上能否较前辈们更"科学"也是值得怀疑的。什么叫"科学"?并非是利用一些仪器设备鼓捣鼓捣就算是科学了,而应该首先是"观念"的科学。如果观念就不科学,再利用科学去证实,可能就会越歪了!所以,有些人总是把"一般规律"的事物说成是"普遍规律"的现象,却忽略了"特殊规律"。我最反对有的人在鉴定独体佛造像时,大谈时代特点,某某风格,不符合的时候就一票否决。当然了,在共性之后,我们还应考虑其特性,而不能一概以"皇家"论"民间"的。又如,地质学家讲"大陆板块漂移",大谈台湾也好、日本也好,原本和大陆连为一体,经过若干亿年的时间,曾经地壳运动等,逐渐分离,形成今天的样子。一个四川映秀地震的事例,就可对其产生极大的怀疑。几秒钟前还是一马平川,几秒钟后形成了堰塞湖。难道尚需几亿年吗?自然规律往往不是按照科学家们总结出来的规律进行的!人们常常把用今天科学家们解释不了的现象称之为"迷信",所以我要劝那些信"迷信"的人,最好研究一下那些被称之为"迷信"的现象,以此来破除迷信!到四川广汉三星堆博物馆参观,有一个单元陈列了四件大型的玉石璞料,展示牌上说明是古人的切割痕迹,讲解员解释说是古人线切割的痕迹。其实你如果仔细观察的话,你会发现有两种状态值得研究。第一种状态:这4件约3-5吨重的龙溪玉璞料,均出水于同为三星堆文化的发祥处旁的鸭子河中。大石上有若干凹形工具切割痕,此痕的切割点下入石中深达20厘米,缝隙的宽处不足1厘米,将其弧形的曲线延长后发现它只是圆周上的一段,而且直径可达100厘米。有鉴于此,我有几点看法如下:1. 这是片状轮式切割锯的痕迹;2. 此工具一定是特别坚硬的物质;3. 此工具一定具有很高的转速;4. 此工具一定是特别精密的工具;5. 如果是线切割一定是上凸的曲线;6. 此物未必是普遍学者们认为三星堆的年代,或者更早。第二种状态:其有一件璞石表面,有巴掌大的镜面若干处,仔细观察可以看出,每个小平面上呈现若干弧状平行线。也就是说,它是一种抛光工具留下的痕迹。还有在别的单元中同展的大玉璧，此璧带领，外径将近 100 厘米，其领沿儿高出璧面很多，系整玉雕成。玉璧的外立面及领内立面，可以明显地看出有螺旋线痕迹，如此大的玉器，如果说像讲解员们所说是用砣机、线切割等方法制造出来的，我想是不科学的。就切割痕一事，我曾经就教过该馆馆长，他说，我们几十年来没有人注意到这些。讲解员则说，我们老师怎么讲，我们就怎么说。到湖南道县石人出土现场去转转，记者往往问我："你看到这几千乃至上万件古代石人的第一感受是什么？"我说，首先在古代雕塑艺术史上找不到它的位置，进而再想，中国古代历史上也找不到它的位置，而且应该给它以应有的位置。其实，这批东西早就面世了，20 世纪 80 年代，当地文化文物部门抱着两个"石人"到省里文物部门去鉴定，被人家给"扔"出来了，说这什么都不是！首先态度就不正确，就甭提结论了。直至近些年，国家文物局单局长带领国家级专家们亲临现场，对文物、遗址给予肯定，决定提升为国家级文物保护单位。这才得到了各方的重视，但是迄今为止，研究还远远不到家，没有得到应有的重视。我个人的看法，其中绝少部分最晚到宋元，大部分石人应是先秦之物。其雕工刻法，坐姿纹饰，对于今存的同类石雕、石刻来讲，根本就无任何的参照作用。其风化、其破损、其石皮的褶皱特点，根本就不是几千年能形成的！当然也有一些由于不懂科学造成博物馆遗憾的事例，契丹小字墓志一盒已经征集来了，老专家们说是假的，由于"语法不通"，故而转向别馆。"语法"是近百年来才从国外借鉴来的语言研究方法，只是为了如何读古文而已，有很多匡外的情况，更何况古代的契丹民族了！唐武周造像一铺，老专家说是假的，感觉不对。什么道理？没有表达出来。我认为这两件同理可证，我们不去观察它的刀工刻法，不去分析它的风化状况，不去品味它的章法布局、时代特色，光凭感觉是不行的，或者说是落后的，不科学的。难怪人家的《是谁忽悠了中国？》认为中国还有个"民间故宫"，而且藏量颇丰啊！几年前天价拍卖了一个"鬼谷子下山"的元青花，掀起了一股元青花热，民间又出了不少元青花，博物馆的专家们总是说仅有 300 件，迄今就我可以看到的已不止此数了，都哪儿来的，都是仿制的？那个作坊在哪里？其实元代虽然覆亡了，但不可能其日常生活用品就全烟消云散了的。东北红山文化玉器也是一样，专家们

说只有300件，现在古董旧货市场处处可见"红山"假货、仿制品，这里肯定还会有哪怕是万分之一的"真品"在其中，就远远不止300了！否则，就300件真品，都在国家手里，你就是仿得再像，别人心里明镜儿似的，能当真的卖吗？所以必定是还有一些出土真品流散在民间老百姓手里，只是你专家没看到、不知道、不承认而已。鞍山大石棚，俗称"姑嫂石"的一石，在高高的盘山路上的半腰，老远看就像一朵小蘑菇，普通车辆很难开过去。等你跋涉到近前才发现，它原来就是一座三块板的石屋。有多大呢？屋面大约30平米，室内才不到四分之一，仅屋面大约重达60吨。在今日吊机、钩机等都不能到的崎岖山路上，如何将此房盖好绝对是个谜！但当你看到其旁矗立的当地文物部门撰写的说明牌时，会顿时无语的。它说那是三四千年前青铜时代的产物！我的理解就是，青铜时代有老吊车、有百吨王。有时候老的翡翠件，尤其是糯种的，如果你拿到地质或宝石机构鉴定的话，十有八九他说你的是B货，原因是因为有异质地侵入。殊不知，出土的老翠能无异质吗？

二、关于"文物鉴定"

有许多上了年纪的鉴定专家，凭借着他数十年的专业经验，人家送来一件文物，他只要将其握在手中，放大镜一照，再翻来复去地相上一相，老花镜下的嘴巴就会得出一结论："靠谱"或"不大对劲儿"。如果你继续请教，他还会告你"包浆"如何，"成色"如何，"年份"如何，"窑口"如何？"到不到代"？市值几何？等等。如今年轻的鉴定师们可比老先生们的"谱儿"更大，如在拍卖行，说这个"不真"，那个"不对"，这是"仿品"，那是"假货"。他可能会比你更了解工艺品市场，但听他对文物价值的看法，却很难"入巷"。由此推想而知，在当今市场经济杠杆的操纵下，文物的"真假"恐怕要由值钱与否来决定了。拍卖行里的这些虚高的行市，哪里是为收藏，简直就是在"倒腾""斗富"。有些人说他们在"洗钱"，有些过了！我想，至少人家是"高层次地玩""高层次地赚钱"，就像银行家、房地产商一样，是一种高投资高回报的大买卖。我们不知内情，也无权干涉。凡在博物馆工作的业内人士有哪位不产生质疑呢？央视"鉴宝"里的那些"专家们"

不也是天天在那里虚张声势吗？我曾经不止一次地向税务部门建议，应该设立一个新的税种，即"吹牛税"，这样就可以有效地遏制如此的"高价"风了。假设你敢把文物的价值定为100万元而且负责任的话，作为鉴定者或委托鉴定者就应该负担这个税金，如果是5%的话，也得5万元。可惜的是，"博物馆""民间收藏""拍卖行""鉴定"这四家很难统一思想，甚至不利于文物行业内部的安定团结。故所谓"鉴定"，仅凭经验，依赖市场，脱离科学，其最终是"鉴而不能定"的。根据我的经验，提出一个两全之策：在媒体或其他公众的场合下，说话一定要负责任，建议成立一个像央视"天气会商室"的组合，来决定文物的鉴真率。比如十个人的看法，各占百分之几；即便是一个人，他对一件文物的十个方面的看法，对的一面，有瑕疵的一面。

三、关于文物的"真"与"假"

有那么两类人，面对社会上各种渠道里的"文物"，会有截然不同的看法。一类是"考古学"专家，一类是文物"鉴定"专家（当然要包括那些"速成专家"了）。前者认为，除了"坑"里的东西，或者是和"坑"里东西有可比性的东西才是"真"的东西。后者则纯凭自己的经验或眼力，所鉴真者大大多于前者，有些甚至是被前者否定的东西。愚以为此二类人的做法均有失偏颇，殊不知社会上有以下几种现实的存在。

1. 国家大规模的基本建设，引得许多文物纷纷出世，如各大中小城市的危房改造、拆迁工程、房地产项目、三峡开发、大西北开发、南水北调等。按概率讲，天天都该有文物的出土，是否均为国家的文物部门征集和处理，是否尚"野有遗贤"，应该画个大大的问号。也就是说真品行世，大有可能！我认识许多大藏家，不论是出于什么目的，人家陆陆续续收了不少东西，有很多文物可以补充博物馆里的不足，有些干脆就是博物馆里没有的东西。比如，上文说到的吴先生，至少他所收藏的量是任何一家同类博物馆所不能比的；天津张总，收藏家具、织品、老枪、瓷器、石刻等，特别是后两项；陕西的冀先生，收藏了1000多幅古画；北京的某民营博物馆黄馆长，收藏了可观的红山玉器，评估6亿元人民币；收藏家任楠先生，收藏了历朝历代的玉器等。恐怕他们都得念改革开放的好，未必都是原有家藏。重庆有个女企业家，偏好收藏，投入了大量的资金，建起了一个博物馆，专门收藏三星堆文化玉器，开馆的时候，邀请海内外同仁，并召开了一个高峰论坛，我有幸参加。面对着她数百件大大小小的古代玉雕作品，她介绍，当地文物部门专家曾说，那大概是15年前有人仿制的。简直是拍着脑门说没用的话。15年前，开放搞活才十多年，有谁有那么先知先觉，能预见到15年后会有老板收购卖大钱，而且其风格造型与国家正式展出的文物如此接近，难道他就不怕砸在手里吗？谁给他的资金支持？与我们商业文化的急功近利的特点一点儿都不相符，未免也太高尚了吧？我们在博物馆，想找一个好的厂家复制文物，非常的不易，为什么他们总是躲在后面呢？我说如果再发现了这样的人才，一定要告诉我，最好推荐他到北京的文物博物馆来名正言顺地做复制工作吧！当然了，民间的这些收藏肯定不会百分百地全对，但总也有个概率的。有位收藏者拿来三幅赵孟頫的残帖墨迹，应系赵书《汉唐旧帖》之一的末三页，材质——绢，挖芯裱，四方印章有自用"赵氏子昂"，收藏"阳明山人"（明正德、嘉靖时王守仁）"天籁阁"（明隆庆时项子京、项元汴）"徐氏子仁"（明弘治、正德、嘉靖时徐霖），写得文采飞扬、颇富韵致，绝对是件"珍品""绝品"，当然也有很多人认为它是"后仿"，谁仿？何时仿？能否给个明确答复？其实我参考了一下美术、书法之类书籍著录及博物馆的"真迹"，发现每一个号称是赵氏真迹的"真迹"，都很难找到它们的共同点，当然我们更不能轻易否定此"赵氏真迹"的真实性了！换句话说，如为仿品，仿的是谁？北京的一位朋友向我出示了一套玉器，本人以为非常有价值，那就是仿竹节形"玉版三十六计"。经我个人的研究，此物系和田玉质地，原本包金，一版一计，加上它上千多年来的自然皮壳儿，完全可以达到"竹板"乱真的地步，如果不亲自上手，连我也一定被"骗过"。经与五个流行版本对照发现，此套《三十六计》反而是最简洁、最少误入注文的本子了，如此硬玉的表面，刻上如此有力度、流畅的小篆体《三十六计》原文，那他又是用什么"刀笔"刻写的呢？是何等有"内功"之人才能一气呵成的呢？所以它的出现给了我两个提示：1. 它是否是迄今发现的最早的《三十六计》载体？有多早？2. 其刻法是否即失传已久的"昆吾刀法"？用什么工具？当然也有人不负责任地说过:"这类东西在古玩市场上要多少有多少!"

2. 央视的"鉴宝"节目,以及如雨后春笋般成立的各大小拍卖行。百姓的兜鼓起来了,还有那些尚不富裕者"穷则思变"的意识,他们都想去淘宝、"捡漏",甚至有些人急功近利地去做挖坟掘墓的勾当。其实,"捡漏"不是没有可能,但分人的职业!只有捡拾废品的人才可能捡到漏。不管你相信与否,但这是事实。每逢秋季冬初之日,正是他们猖狂盗挖之时。有"市场"需求才有"基地"供给嘛!

3. "打假"与"打真"的商机。"3·15"的存在,"质量万里行"的行动,足以使那些造假、卖假者闻风丧胆,"打假"行动深得广大人民群众的支持和拥护。可是在文物旧货市场里,制假、售假则成了正差,"打真"成了进行时。凡文物法限制的"文物",销售者则冠之以复、仿制品之名,此时的"真"倒成了"假"了。似乎买卖文物者也看破了这个商机,"真"与"假"在这里达到了高度的混淆,全凭自辨自知了。这就是《文物法》与《工商法》产生矛盾了!有不少考古专家认为像潘家园之类的古玩市场(甚至他自己都没去过),90%以上的东西都是假古董,甚至还好心相劝年轻人们不要再去那里"打眼"了。这真理真是一算就明:像潘家园那样的全国著名且规模宏大的工艺品旧货市场,在周六周日的上货量大致得有百万之多。方便计算,如果90%是假的,10%是真的,则其"真货量"为10万件,可能有些耸人听闻;但如果退而求其次地讲99%是假,1%是真的话,至少还有10000件是真的呢,难道还不够一天就建一座博物馆吗?我们经常在媒体上得知,哪哪儿捣毁了一处商品造假窝点,我们很少听说哪里发现了一处文物造假窝点,文物复制工厂肯定是有的,但那就是一眼活儿,我相信不会有任何一位"老外"把那些复仿制品当作真品买的。这种情况,你可以到各大博物馆的开发品部去看看就知道了,可以说是"一目了然"的。

4. 然而国外人又如何看呢?周六周日去潘家园,你会发现老外们特别多,其中有旅游者、商人、外交使节、文化参赞、三等秘书、文化间谍等等。如果你以为他们仅仅是购买几件工艺品、旅游纪念品的话,那可就大错特错了!人家的思想意识完全不受我们左右,我们不认可的东西,他们未必不喜欢。这些人收藏和研究哪个专项的都有,如鼻烟壶、红山玉、古地图、瓜棱瓶、铜手炉等。洋眼看中国，谁晓得会得出哪种结论呢？前任瑞士大使夫妇收藏鼻烟壶数百件，某位香港的银行家收藏含中国的地图22万张，一位美国的商人专门收藏各式瓜棱瓶瓷器等等。有外交豁免权的老外们，把文物名正言顺地带出国外，太有可能了！一旦人家收藏某类文物的数量超过了国内人士，他们就有可能在国外宣称某某文化现象起源于该国，如红山玉、印刷术等，其后果将不堪设想！

5. 有时候是我们的鉴定或研究人员知识面儿的问题。几十年前，有一位当今在收藏界火的不得了的名人，辗转送来了77件墓志及造像，经我们判断，仅有1件造像系明代真品（但非"珍品"），其他均为民国仿造。其实这种现象比较常见，南方的一个博物馆内所藏数十件造像作品同期，北京某著名大学新近发现的40件造像类文物中也有。此位仁兄，原先说要捐赠给我们的东西，想要20万元的补偿费，后来也改了口，号称原来是花两万元收来的，就保个本儿吧！我们肯定不能办傻事儿的！记得有一位先生拿来1件乾隆"御墨"，正面图案是"竹林七贤"，背面堂号题"琅玕轩"，时间一侧弧形立面阳刻"乾隆九年"（1744），材质为上好的大理石，石质细腻、温润。加上它200多年的皮壳儿、包浆，如果不给点破的话，你很难看出它的真容。那么，为什么"御墨"不是"墨"而是石头呢？这就需要我们了解其设计、制作过程了。关键就在于"做子儿"与"刻模"上，今天的"墨"书仅讲"刻模"而未言"做子儿"，可以说是"只知其一不知其二"了。前两年在陕西法门寺参加了一个学术研讨会，有几位学者专家激烈讨论着一个关键问题——"佛指骨舍利"。有人说是佛的指骨舍利，有人说是佛的"指骨形舍利"，争论未休之际，我插了一句话："关于佛舍利的问题，那是一个哲学的概念，不能物理求证的！"有一位收藏家收藏了一件戴翅盔的黄玉将军头，比人真头略小。我马上想到了民间所说"某阁老坟中埋着金头阁老的问题"，（"入阁"——拜相）朝廷为嘉奖阁老，而送他一个"金头"。但为何送？却没有说法。此类墓多设"疑冢"，担心别人挖走"金头"。实际上，金头阁老、谁的金头，也只是听故事，但是玉头将军我们已经真正领略了。我们可以这样推断：某将军战死沙场，身首异处，朝廷特赐玉头完尸而葬。

那么，还是应了那句老话"假做真来真亦假"，"真"与"假"是可以转换的,"真"与"假"在某些人的眼里可能就是满拧的。这些尚且不怕,怕就怕我们"朝中无人","朝中无能人"!在文物界需要知识、技能复合型的人才,比如他既有考古发掘的经历,摸索过市场流通,又懂得相关的文物法规政策,还谙熟国际文物动态。既能瓮中捉鳖,又可大海里捞针,一身兼数职,多专而多能。考古学家将考古推广到市场上,鉴定学家到考古战线上去充电,彼此相互融合,互相靠近。我一直在说,我们的文物工作者,与科技工作者应该互相靠近。否则的话,我们提不出任务,他们完不成任务,何谈联手呢?当然,我们的"专家"们也太多了!有那才干了几年文博的就敢"上市了",被人称作"专家"还沾沾自喜;还有"速成班"里迅速栽培出来的"文物鉴定专家",也在积极用世。而我呢,每当遭到媒体采访时,记者客气地称我为"专家"时,我总是戏称自己仅仅是个"家专(夹砖)"而已,只是没有夹到"金砖"呢!相信此类的专家,功底更深厚,学问更扎实,市场路更宽,必将成大器。因此在这里笔者极力呼吁国家的相关部门,一定要重视古玩旧货市场,一定要重视民间收藏,一定要重视纷繁复杂的文物现实,博物馆收藏展示品的来源绝不仅仅限于考古发掘,市场与民间将是更大的来源。考古不能仅限于"蹲坑",市场更需要"考古"。文物工作者的经验有待于提高,学问有待于做深,眼光有待于放宽,断言不可轻下,"考古"应该更主动一些。

魅力北京中轴线

北京市社会哲学规划办公室副主任、研究员　李建平

李建平现任北京市哲学社会科学规划办公室副主任，研究员。北京史研究会会长，北京师范大学历史学院特聘教授、北京联合大学北京学研究所研究员。常年致力于北京历史文化研究，曾经在中央电视台百家讲坛讲述《魅力北京城、韵律中轴线》《铃记中华——长城》等，在北京电视台讲述《精彩中国——北京》《北京的城墙城门》等专题节目，在北京人民广播电台文艺台、交通台做特约嘉宾，讲述北京的故宫、园林、胡同、四合院等节目。其撰写的《北京旧城中轴线的魅力与城市发展创新》荣获2003年第一届北京市优秀科普作品奖；专著《皇都京韵——走近北京城》《魅力北京中轴线》等为畅销书。

一、北京城中轴线

什么是"北京城中轴线"？北京城传统的中轴线是从永定门到钟楼，全长7.8公里，15华里，在轴线上主要古代、近现代建筑有永定门，天桥，正阳门，毛主席纪念堂，人民英雄纪念碑，国旗杆，天安门，端门，故宫午门、太和门、太和殿、中和殿、保和殿、"人"字形树、天一门、钦安殿、神武门、景山万岁门、绮望楼、万春亭、寿皇殿，地安门，万宁桥，鼓楼、钟楼；两侧对称的建筑群有天坛、先农坛，鲜鱼口、大栅栏，东交民巷、西交民巷，国家博物馆、人民大会堂，太庙（劳动人民文化宫）、社稷坛（中山公园），故宫文华殿、武英殿，御花园内万春亭、千秋亭，景山万春亭居中峰，周赏

亭与富览亭，观妙亭与辑芳亭对称等。可以说，清代景山五亭修建使北京城中轴线对称建筑达到经典与极致。有研究北京城市的专家还认为，北京城市中轴线在中国古代社会里还体现了古人的宇宙观。例如，北京的天坛在南，地坛在北，日坛在东，月坛在西，围绕着中轴线；在中轴线东西两侧还有八庙，俗称内八庙，有太庙、历代帝王庙、孔庙、关岳庙、宣仁庙、时应宫、凝和庙、昭显庙。这些庙宇也布局在中轴线两侧，寓意天地日月、风雨雷神都有变化也都受到北京城中轴线的影响。由此可见，北京城中轴线不仅是北京城市的脊梁，还奠定了北京城市组成的骨架和肌理，城市发展的脉络，是北京城市发展的生命线、人文线。由此，有人说北京城中轴线是世界上独一无二的，是全人类经典的文化遗产，人类必须尊重她，珍惜她，保护她。

梁思成先生是这样赞美北京城中轴线的。他说"一根长达八公里，全世界最长，也最伟大的南北中轴线穿过全城。北京独有的壮美秩序就由这条中轴的建立而产生；前后起伏，左右对称的体形或空间的分配都是以这中轴为依据的；气魄之雄伟就在这个南北延伸、一贯到底的规模"①。

二、北京城中轴线的文化特点

北京城中轴线文化有两个显著特点。第一个是"中心明显、左右对称"，突出中华民族"中正"的文化；第二个是讲究和谐、包容，追求高尚、中正、圆满的和谐，突出不同民族和地域文化的包容。

先说"中心明显，左右对称"。中心强调核心，是中国古代中原先进的农耕文化展现，然后上升到统治阶级的思想观念。认为只有位居"中心、中正"统治才能稳定，统治力才能均衡。由此，中国古代非常看重"中"，在古代帝王的统治文化中特别强调"天地之中"。例如，古文献《吕氏春秋·慎势》提出"择天下之中立国，择国之中立宫"。北京的故宫，明清时称"紫禁城"，是一座方城，就像方块形的汉字"口"；从地安门到中华门，红色墙身和黄色琉璃瓦的高大建筑就像是一竖，从"口"字形中间穿过，形成中国的

---

① 见《新观察》1951年4月梁思成文章"北京——都市计划的无比杰作"。

"中"字。

北京城内还有一些代表国家、社稷的建筑，也体现中心、中正文化。例如，北京中山公园也就是古代的社稷坛，坛内五色土为核心，代表中国的东、西、南、北、中五个方位。其中，黄色居中，就是中国的黄土地，是中国最早的农耕文化的象征，进而成为中原先进文化的象征，正统的统治阶级文化象征。作为北京城市的中心在中轴线上。具体位置在今景山万春亭后边，也就是北面。顺着万春亭下一层台阶就能找到北京城中轴线的标志，它有箭头指示，这就是正中，天下之正中，北京城之正中，这是新做的标记。第二个标记是中国公路零公里标志，在正阳门门洞的南侧正中间。这个标记非常重要，是新中国北京继续作为全国的政治中心、文化中心的标志。中国公路零公里标志由清华大学美术学院设计，继承了北京城市文化传统，特别是故宫建筑布局和方位的文化传统，东西南北方位用青龙、白虎、朱雀、玄武表示。

说了中心明显，还要说左右对称。左右对称是指南北中心形成，例如北京城中轴线，左右，也就是东西对称的建筑或空间。"对称"给人类审美是一种稳定的感觉。查阅中国古典建筑和器物，尤其是早期的青铜器，绝大部分是讲究对称的造型，或者是左右呼应的图案。这在世界其他地区、民族的文化遗产中也可以看到。由此，我们说"对称"是人类共同的审美标准。蝴蝶对称的翅膀，北京四合院对称的廊房建筑等都浸透着稳定和美感。

北京城中轴线最早规划继承了中华民族早期建筑的对称审美。城市规划蓝图是根据《周礼考工记》，强调城市要有"左祖右社"的布局，"左文右武"的布局等。"左祖"就是祭祀祖宗先人的庙宇，也就是国家的太庙应该在城市左面，也就是东面。元大都城在规划时就把太庙放在齐化门内，也就是今天的朝阳门内。"右社"就是国家的社稷坛，要放在城市右面，也就是西面。元大都城在规划时就把社稷坛放在平则门内，也就是今天的阜成门内。到明朝朱棣修建北京皇宫的时候，进一步加强了城市的对称美观，在承天门，也就是今天的天安门东西两侧，修建了太庙、社稷坛。"左文右武"是将代表"文"的建筑，例如文庙、崇文门、故宫文华殿等放在中轴线东面；将代表"武"的建筑，例如武庙、宣武门、故宫武英殿等放在中轴线西面。

再说和谐。北京城中轴线讲天地和谐，阴阳和谐。天地和谐是突出天子奉天承运，是真龙天子所在地。如果说北京城有龙脉，那就是中轴线。龙头在永定门，龙的核心是故宫，龙的肚穴在故宫的交泰殿，龙尾在钟鼓楼。而北京旧城内保留的水系，也就是中南海、北海、什刹海这条水系和中轴线也有着密切关系，它是与中轴线相互对应的水龙。水龙的形体是西城区的六海水域（南海、中海、北海、什刹前海、后海、西海），其中南海是龙头，瀛台是龙的脑核，新华门是龙的嘴，中海、北海是龙的身子，龙的心脏在琼华岛、团城，然后是什刹前海、什刹后海、什刹西海。北京城一条金龙、一条水龙并卧旧城正当中，金龙属于阳，水龙属于阴，既是帝都文化的展现，又是中华和谐文化中，阴阳结合的完美展现。

中国古代人认为，最大的和谐就是天地的和谐，最核心的和谐是阴阳的和谐。然后追求人自身的和谐，再进一步说就是追求人与自然的和谐，表现形式是天地人是一个整体，最高形式是天人合一。"和"是北京城中轴线文化当中一个非常重要的特点。

三、北京城中轴线上的传统建筑

北京城中轴线南端是从永定门开始，然后分左右，范围包括天坛和先农坛，北面是天桥。如果再往两侧延伸，左面还有龙潭湖、左安门；右面还有陶然亭、右安门。在北京古代社会里，永定门位于北京外城南城墙正中，东、西有左安门、右安门与其呼应，名称和位置都体现了之间的内在联系。由于永定门位置重要，名称吉祥，受到清乾隆皇帝的重视。在清朝乾隆年间不仅加高了城楼建制，还修建了箭楼。加上原有瓮城、护城河、石桥、牌楼，永定门成为北京旧城的重要标志，同时也成为北京城中轴线南端的起点。

过了永定门，中轴线上又一重要建筑是天桥。天桥，俗称"天子走过的桥"，是明清两朝皇帝从皇宫里出来，去天坛祭天，去先农坛祭神的必由之路，由此有天桥之说。据原宣武区政协副主席黄宗汉先生主编的《天桥往事录》（北京出版社1995年10月）记载，天桥是一座单孔汉白玉石拱桥，三梁四栏，桥身很高，由桥南向北看，看不见正阳门；由桥北向南看，看不见永定门。在北京古代社会里，高拱型的天桥坐落在中轴线南部，象征天南。天

是高的，由此天桥呈现为高拱的桥身。而地安门外的万宁桥，俗称"后门桥"，则象征地北，地矮，则桥身相比较天桥平缓。天桥下流水潺潺，荷花茂盛，不时有游船经过，在古代社会里，这条水系被称为"龙须沟"，向东流称"东龙须沟"；向西流称"西龙须沟"。桥上是皇帝去天坛祭天的必经之路，皇帝的仪仗经过时，旌旗招展，黄盖耀眼，十分壮观。平日，平民百姓、包括富商豪绅只能从天桥两侧的木桥上通过。木桥南北有集市，来来往往的人群与熙熙攘攘的集市交织在一起，非常热闹。清光绪三十二年（1906）修正阳门至永定门之间的马路，将原来路面上的大石条起掉，铺成碎石子马路，天桥桥身也为适应马车、汽车通行，将桥身降低，变成矮桥。1929年，正阳门外大街开始修建有轨电车，又一次将天桥变成平桥，桥栏板仍存。1934年，展宽正阳门至永定门道路将天桥彻底拆除。由此，天桥在人们的视野中消失了，但名称一直保留下来，成为北京城市的品牌和记忆文化遗产。

过了天桥迎面可以望见正阳门。老百姓俗称正阳门为"前门""大前门"，这是因为正阳门在皇城大门前面，又是北京内城南面正中的城门。正阳门包括正阳门城楼、箭楼、瓮城、闸楼，正阳桥及牌楼等，是一组经典的古代建筑。古代北京城的正阳门、天安门、午门都有"国门"的称誉，这是因为在中轴线上它们的位置与城市的关系、特别是与都城的关系非常重要，而且是皇帝出行的必经之路。在外地城市的城门也会为正中，但是因为它不是都城，由此它不能代表为"国门"。

正阳门是北京城内城九门中的正门，建筑规制是古代城门建筑最高等级。正阳门的城楼和城墙连着，箭楼和瓮城连着，箭楼的目的是为了加强城门的防御功能。

瓮城为半圆体，既是为了加强城防，同时也照顾到通行。正门是皇帝出行的通道，箭楼一般没有门洞，正阳门箭楼门洞开辟是专为皇帝开的，百姓出行只能走正阳门瓮城内的两个闸楼。另外，从老照片中我们能看到前门箭楼和今天在装饰上不一样，原来箭楼上的箭窗是方方正正不做任何装饰的，与德胜门箭楼是一样的，保持着明代城楼的风貌。在民国初期，德国工程师格尔根据近代北京城市建设的需要，增加了箭窗上的水泥檐和汉白玉石栏板，使箭楼成为今天的样式。观看正阳门城楼老照片，有人说城楼和左右庙宇形成一个等腰三角形，还有人说像个天平，中间城楼是天平那个杆儿，一边一个小庙是对称的，东边的是观音庙，西边的是关帝庙。原来在北京每个老城门里头都有庙，庙和城门建筑是融为一体的。在北京的街巷胡同里，每个胡同里也有庙，庙也是古代北京城市文化的一种特征。正阳门城楼前的两个庙应该说是具有典型特点的。东边的是佛教的庙，西边的是属于道教关老爷的庙。这两个庙虽然信仰不同，但是在做法、建筑形式上一模一样，都是一个大殿带一个院。这些庙现在看着很平常，但在北京历史上这里是老百姓朝拜最热闹的地方。正阳门作为"国门"，也曾发生了很多重大的历史事件。比如明朝崇祯年间李建泰出征，皇帝在城楼饯行，又敬酒，又赐剑，又给挂红袍。还有洪承畴抗清，出城时也是在这儿饯行。

过了正阳门原来在中轴线是皇宫大门。皇宫大门是在明朝初年修建皇城时修建的，时称"大明门"。清朝改称"大清门"，表示改朝换代了。原来在大门前这个位置上，有一个非常好的十字街，这个街被称为"天街"。原来有人认为天街在前门大街。其实，真正的"天街"是在天子的皇宫大门前，就是在皇宫正门前。这个门民国以后改为"中华门"，现在是毛主席纪念堂。

进了皇宫大门，原来有一条御路，两边有朝房，御路直通天安门。明朝修建皇宫的时候，是仿照朱元璋在南京修建皇宫的建制，金皇宫后是"承天之门"，表示当政的皇帝是奉天承运、名正言顺的天子。改称"天安门"是清朝初年，表示天下已经安定。天安门也是国家的象征，皇帝举行重大活动，例如"金凤颁召"等都在天安门举行。

过了天安门，就是端门。在古代社会，天安门在建筑形式上和端门是一模一样的。端门是皇帝存放出巡仪仗的地方，皇帝出巡仪式从这里开始。在端门内有一口大钟，皇帝出巡时大钟鸣奏，表示一个良好的开端。端门内皇帝出巡的仪仗已经没有了，是1900年八国联军进北京时劫掠后丢失。

过了端门迎面看到的是午门。午门呈现"凹"字形，两旁伸出的建筑为"燕翅楼"，各十三间，誉为"十三太保"。午门在紫禁城南，根据"前朱雀、后玄武、左青龙、右白虎"的布局，午门是朱雀造型，是属火的，是太阳中的神鸟。午门还是皇帝举行盛大活动的地方。当凯旋的将军班师献俘时，皇帝在午门上升坐，午门两侧的燕翅楼钟鼓齐鸣，声乐奏响，大臣们进行朝贺，皇帝进行奖赏。有喜也有悲。古代说推出午门斩首在北京没有记载，但是明朝在这里杖刑大臣却有实录。

进了午门，可以看到宽阔的太和门前的广场和内金水河、金水桥。太和门也是明代皇帝和清朝初年皇帝御门听政的地方。到了太和门实际上才真正进入到皇帝办公的前朝。

如果说古代北京城的心脏是紫禁城，紫禁城的核心就是太和殿，太和殿就是老百姓俗称的"金銮殿"。北京城中轴线"申遗"当中一个重要的话题就是"天下之中"，天下之中就是中轴线，中轴线之中就是太和殿。太和殿的周边的环境有特点，就是空，不种树，有充足的空间来衬托太和殿建筑，使其更加宏伟庄重。太和殿是皇帝举行登基、大婚等重大活动的场所，也是前朝最大的宫殿。宫殿为重檐庑殿顶，彰显古代帝王九五之尊。中和殿在太和殿北面，四角攒尖，顶中间有一个金色宝顶，这也是中国古代建筑的一种形式，这种建筑形式庄严、稳重。中和殿居三大殿之中，体现中正，不偏不倚，是皇帝在太和殿举行大型活动之前接见亲王、使节、大臣的地方。中和殿之北是保和殿，保和殿为歇山重檐大殿，是皇帝节日举办宴会和宴请藩王、使臣、宗教领袖的地方。三座大殿建筑在三层高台阶平台上，平台坐北朝南呈现"土"字，表示东南西北中对应的金木水火土，土居正中央；同时还表示天下的土地都是皇家的。

三大殿建筑名称当中突出了一个"和"字，"和"就是强调"和谐"。太和强调天地之和，阴阳之和，是天地宇宙之大和。中和是强调"致中和"，中心、中正、中庸。保和是强调和谐要达到一种圆满境界。故此，在《易经》中有"太和保和利于贞"，就是达到吉祥如意。三大殿的名称与皇城四周的城门（天安门、东安门、西安门、北安门）还形成"内和外安"的文化愿景。

离开三大殿，下了高台阶，我们会发现出现一个东西长的空间，在北京，南北狭长的城市空间容易使人紧张，而东西长的空间容易使人放松。由此，北京的胡同多东西走向。这种东西长的空间在皇宫里出现，是让在三大殿上朝的皇帝有放松和回家的感觉。

皇帝的家也是大院，有院门，名"乾清门"。乾为天，清是最高境界。乾清门为歇山单檐的建筑，两边有八字墙。八字墙就是向外敞开的墙，形状像

"八"字。北京老百姓家宅门两侧也有八字墙,一般是灰墙灰瓦,而皇宫的八字墙是红墙黄琉璃瓦;老百姓家八字墙上的图案有荷花,表示和和美美,有牡丹,表示富贵吉祥;而皇家的八字墙图案是蟠龙雕刻,彰显皇家的尊贵。乾清门可以说是北京城最高等级的大门。进了乾清门,迎面就是乾清宫,一条笔直的御路可以使皇帝直接步入乾清宫。乾清宫也是重檐庑殿顶,是皇帝的寝宫,也是皇帝日常生活的地方。乾清宫虽然比太和殿小了点儿,但从样式上看仍然是庄重,体现着皇帝九五之尊。

过了乾清宫,你会发现又出现一座四角攒尖顶的建筑,顶上带宝顶,但和中和殿相比较又有变化,中和殿是带环廊的,这个不带环廊,这个建筑称"交泰殿",古人认为天地阴阳之和为交泰,"交泰"是天地之和的象征。故宫研究风水的专家认为,交泰殿紫禁城穴位,相当于人的肚脐眼,是阴阳之和新的生命孕育的地方。交泰殿之后就是皇后的宫殿,名"坤宁宫"。坤宁宫仍然采取重檐歇山顶,它的位置在后三宫最北面,是阴中之阴的建筑,需要多结合阳,才能达到阴阳和谐。由此,坤宁宫建筑采取"减柱法",就是将廊柱和大殿之间的距离减少,目的是让更多的阳光照进大殿里头。坤宁宫是皇后居住和抚育小皇子生活的空间,不能阴气太重,要阴阳平衡,平衡才能达到和谐。由此,这个宫殿体现了北京文化的包容性。例如,明朝时候这里是皇后的宫殿,清朝的皇后带来了东北满族的很多生活习惯,包括里设有萨满教堂,还有屋里的起居家具也有了变化,出现了地壁炉、高丽纸糊窗等。

过了坤宁宫,再向北行就是御花园。御花园内中心建筑是钦安殿,殿前有"天一门"。这个门的名称原于道教老子的道德经名言"天一生水",门内钦安殿供奉的就是管理水的北方之神——玄武。钦安殿是明修建紫禁城后中轴线唯一的宗教的建筑。明代,紫禁城主体是以汉文化为主,这个建筑是道教建筑,供奉的是玄武大帝,这是因为朱棣皇帝的缘故。朱棣夺取政权是在南京,但他认为北京的位置特别重要,是他分封的地方,他能健康成长和夺取皇位是受到北方之神保佑,北方之神就是玄武,所以在他取得皇位后,北(北京)修紫禁城,南(武当山)修紫霄宫。

有关皇宫之北为玄武也是一种文化传统。中国古人认为天地四方均有神灵,前(南)朱雀、后(北)玄武、左(东)青龙、右(西)白虎。在紫禁

城布局当中，专家认为玄武在北是按照古代天象而设定的。同时，古年间皇宫最怕着火，不怕水。据说北京的故宫不管下多大雨，雨过天晴，故宫都不存水，说明古代故宫的排水系统非常好。为什么怕火？因为北京古年间房子都是四合院，是低矮的建筑，只有中轴线的建筑体量高大，有夏天被雷击的可能，但是那时人们不懂科学，以为是老天发怒了，要惩罚人们。新中国成立后，彭真当市长的时候，中轴线上建筑还一度遭受雷击，为此彭真要求北京所有高大的建筑，都要安上避雷针。古年间皇宫着火怎么办？主要靠水，水来灭火，所以就把水神供在故宫的最后，放在中轴线上。故宫的后门原来就叫玄武门，也是暗和这种一脉相承的文化。后来康熙做了皇帝，为了避讳玄烨名字，改叫"神武门"。"神武"是皇帝御林军中的后卫军，被称为神武之师，也是保护紫禁城的意思。

　　过了神武门，我们就可以看到中轴线上的制高点——景山万春亭。万春亭是景山顶峰上五座亭式建筑中最大的建筑。景山上一共有五座亭式建筑，供奉的是五方佛，藏传佛教称"五方赞"。根据《北海景山公园志》的介绍，五座亭式建筑从东向西排列的名称为"观妙""周赏""万春""富览""辑芳"。其中，万春亭居中峰，方形，三重檐，四角攒尖顶，黄色琉璃瓦，宏伟壮观；周赏、富览两亭八角形，重檐，绿琉璃瓦顶；观妙、辑芳两亭圆形，重檐，蓝琉璃瓦顶。

　　五方佛像是清朝乾隆年间做的，属藏传佛教。万春亭居中间，供奉大日如来，也就是毗卢遮那佛。原来中轴线上只有道教的钦安殿，供的是玄武，清朝又增加了藏传佛教的内容，而且把北京城中心明显、左右对称的建筑文化推向及至。

　　从景山顶上往北看，首先就是寿皇殿，寿皇殿是皇上驾崩了停放灵柩的地方，同时也有清代已经去世的皇帝遗像。清朝也把它安置到中轴线上，其位置在景山北面。景山以东西向山脊为界，山南为阳，山北为阴。山前有倚望楼，曾经是皇家子弟学校，表示阳间人在生活、成长，尤其儿童代表未来和希望；山北有寿皇殿，是已经逝去的先人，在阴间安息，留给后人需要继承的是功绩、思想、事业。寿皇殿原来被景山少年宫所使用，从文化理念上不合适。最近，景山少年宫已经全部搬出，到北京旧城东南的龙潭湖附近，地址选得好。同时,寿皇殿也得到完整修复,中轴线上的景观也得到恢复。

原来从景山顶上就能看见地安门。后来,地安门拆了,从北京人视野中消失了。地安门很重要,因为北京是都城,讲究天地人的和谐关系。在北京旧城有明显的天南地北,天高地矮,天圆地方的现象。例如,天桥在南,代表天;地安门外的万宁桥在北,俗称"地桥"。在建筑形式上,天桥要高拱,地桥桥要矮,有坡度就行,因为代表地。还有象征天南地北、天圆地方的天坛、地坛。天坛在南,圜丘坛和祈年殿要建成圆形的;而地坛在城北,方泽坛要建成方的,一方一圆,代表着北京建筑文化既对立又统一的辩证哲学思想。同样,天安门、地安门也是一样,是北京城天地文化的组合。现在,有天安门,缺地安门,天地文化不完整。目前,地安门的修复已经受到专家学者重视,设计方案已经有了,会随着地安门地区环境的改造、治理得到妥善解决。

过了地安门,继续想北行,会经过后门桥。说"后门桥"还不准确,后门桥是俗称,它真正的名字是"万宁桥"。为什么要强调名称?因为名称带有历史文化信息。万宁桥名称一说它来源于元代的大天寿万宁寺。这个寺院是元代皇家寺院,不仅规模大,而且建筑雄伟,元代城市中轴线北端的中心台和中心阁也连接在寺院主体建筑群当中。另一说桥在金代皇帝行宫——万宁宫北面。由此,有专家撰文,提出应从万宁桥去寻找元代万宁寺的遗迹和历史文化信息。现在钟楼北面还有寺庙遗迹,是清末的宏恩观,据说是当年大天寿万宁寺的一部分。后门桥还存在,与天桥一样的也是汉白玉石桥,只是一些桥栏已经损毁,从新补修了一些挡板。但是,古老的桥身、石兽、桥下潺潺流水仍有历史沧桑感。万宁桥还有一个重要历史价值,那就是在元代规划元大都城的时候,它是全城几何的中心,城市分阴阳的界碑。

再往北看,鼓楼雄伟宽大,钟楼苗条高耸,这是北京城市中轴线北端的两个高大建筑。这两个建筑有特色,是一阴一阳的两个建筑。

鼓楼在前,为阳,钟楼在后,为阴。民间有传说,说前边这个鼓楼像个棒小伙子,后边的钟楼像个窈窕淑女;还有人形容说前边是个小伙子带着后边的新媳妇回娘家。在古代社会,有一整套封建理论、规矩,青年人从农村出来回家的时候,尤其是娶新媳妇回家,男女是不能挎着走的,而是男的在前边走，女的要拉开点儿距离跟在后边。由此，老百姓就给鼓楼和钟楼建筑增加了遐想。鼓楼和钟楼实际上是给老百姓报时的，被称为"岁时建筑"。"岁"就是年，在鼓楼内不仅有报时的大鼓，还有代表一年二十四节气的鼓。"时"就是时间，报时是钟鼓楼主要功能。据这里的管理员介绍，鼓楼、钟楼的墙壁均有回音效果，尤其钟楼盖得像一个扩音器，有回声聚音的效果，能够将钟深声传递很远。一般是鼓楼先敲定更鼓，然后钟楼再击钟。钟楼的钟声是敲108下，因为在佛教文化里108下能祛除烦恼，让人的心灵得到净化。古代社会早上开城门、晚上关城门都以钟鼓声为依据。钟楼建筑特点一是高，高达47米，是中轴线上最高的建筑，二是砖石结构。据说古代钟楼因为建筑高大，容易被雷击，历史上曾经就被烧过。到清乾隆年间，钟楼修成砖石结构，包括屋顶、斗拱、门窗全是石头的，石头建筑有效地防止了火灾。

综上所述，中轴线上的建筑我们可以分为三段：第一段从永定门到正阳门，这一段我们称为序幕。先是从永定门到正阳门，中间经过一个起伏——天桥，然后就直接能看到正阳门。从颜色上看，这一段基本上是灰墙灰瓦的城墙、城门和房屋建筑，只有天桥是汉白玉的。过了天桥之后，珠市口两边的街市比较繁华，但古代没有霓虹灯，加上正阳门的城楼、箭楼仍然是灰墙灰瓦，这是传统的城市风貌。第二段，从皇宫大门一直到地安门，是中轴线最核心的部分，这一段的基本色调和前一段不一样了，是以红墙黄琉璃瓦为重点。有人说就像音乐进入到高潮，红色的宫殿，起伏的黄琉璃瓦建筑像波浪，使建筑高潮迭起。中国建筑和中国画、中国音乐是一样的，开始是非常平缓的，逐渐提升，到正阳门城楼时，高大雄伟的建筑出现，高潮部分到来。在皇宫这一段，建筑密集，一座接一座的皇宫建筑形成高潮，我们称为神韵，它的韵律在哪儿？就在皇宫大门、天安门、端门、午门，到太和殿，这是韵律最激昂的音符，然后是中和殿、保和殿、乾清宫、交泰殿、坤宁宫，高潮不退，一直到景山。景山又一次冲击高潮，到万春亭，从万春亭下来是寿皇殿、地安门，逐渐地让你感到有喘息的机会，韵律才降了下来。出了地安门是第三段，色调又变了，地安门是一个分水岭，是皇家禁地和老百姓生活居住区的分水岭。说是分水岭还真与水有关系。北京旧城内六海水域是北京旧城的主要水域，前三海，即中海、南海、北海是皇家的。而后三海，即什刹前海、后海、西海是老百姓的，地安门西大街成了分水岭。中轴线也是以地安门大街为界，南为皇城建筑，北面又恢复了灰墙灰瓦的民间建筑，不仅灰墙灰瓦全在绿树丛中，湖水加上四合院以及商铺又出现了，环境在变，中轴线还在延续，过了地安门，你能看到万宁桥和高大的鼓楼、钟楼。虽然鼓楼带点儿红颜色，但是钟楼又是青砖灰瓦的颜色，让你感觉还是在民间的建筑，只是建筑有高大，有起伏。最精彩的是钟楼恰到好处地在此结束了，周围是一片低矮的院落。

这就是北京城中轴线，长达8公里长的建筑安排让你感觉有起伏、有变化，这种变化我们就称之为韵律。也就是说，中轴线除了刚才我们讲的那些功能以外，还有韵律，中轴线的韵律，这也是我要揭示的一种中国式的文化现象。

现在中轴线上又有了毛主席纪念堂，这个地方原来是皇宫的大门。人民英雄纪念碑、国旗杆、天安门这一组是天安门广场改造后新中国的象征。左右的空间、建筑也发生了变化，把原来明清的六部改造成了国家博物馆和人民大会堂，一左一右，这些建筑也属于中轴线的组成部分，而且是体现人民当家作主的新中国的城市面目。

四、中轴线是北京城市发展的文脉

根据上述报告，我们可以清楚地看到，中轴线是北京旧城城市的脊梁，城市规划布局的主干，会聚了北京城市建筑的精华，浓缩了中华文化的核心理念。由此，我们完全可以说，中轴线是北京城市的文脉。从永定门向北延伸，经过天桥、正阳门、天安门、端门、故宫、景山，最后到万宁桥、鼓楼、钟楼，这些是传统的古代城市建筑，个个都是精品。到新中国成立，北京再次成为国家的首都，又增添了新的文化内容，这就是人民当家做主的新城市风貌。在中轴线上又有新的变化，这就是人民英雄纪念碑的矗立，国旗、国徽在中轴线上出现，国家博物馆和人民大会堂的对称布局等，这些变化是中轴线上新的文化内涵和历年，是中轴线作为北京城市文脉的发展与创新。

跨入21世纪，新北京的发展建设又出现高潮，中轴线作为北京城市文脉

彰显了作用。这就是北中轴路的拓展与延伸。在20世纪90年代北京举办亚运会的时候,中轴线对应的北四环热闹起来,一对大熊猫出现在北中轴路与北辰路交接的环岛中间,在环岛东侧修建了奥体中心;西侧修建了中华民族园。当时北京城最现代化的地方在哪儿?在亚运村,有立体的交通,高耸的大厦,国际会议中心和五洲大酒店。体育设施有英东游泳馆、体育场、体育博物馆等。然而,这只是序幕,更大的高潮在2001年7月13日,北京申办2008年奥运会成功,北京城现代化建设又快速、大规模地在北四环、北五环展开。作为新的现代化建设,贯穿其核心、灵魂的又是北京城中轴线。当国际奥林匹克规划大师们云集北京的时候,他们发现了难题。北京国家奥林匹克园区的修建,是北京旧城中轴线的延伸,不仅是空间、距离的延伸,还有文化的延伸。要想做好延伸,首先要了解北京旧城中轴线,要深刻了解其荟萃中华文化博大精深的内涵。然后是创新,再然后是和谐。困难重重,一个接一个被克服。荣获国家奥林匹克公园设计一等奖的方案,从北京旧城中轴线中找到了文化灵感。新的设计方案突出了中轴线向北延伸的特点,在北部终点吸收了旧城中轴线中"挖湖堆山"的手法,即旧城的景山在明朝时称万岁山,是用挖紫禁城护城河、南海的泥土堆积成对称的山峰,形成紫禁城的靠山。国家奥林匹克公园北端采取挖湖堆山的手法,堆积奥林匹克山,现称"仰山";挖取泥土的湖为龙湖,现称"奥海"。同时将龙湖形成龙形水系,向南连接国家体育场,也就是鸟巢。这条龙形水系与北京旧城内六海水域形成呼应,形成一条历史与现代穿越的城市中轴线,左右各有一条水龙,呈现龙舞京华的景观。最主要的两个标志性建筑——鸟巢、水立方,不仅采用了最新的建筑材料——Q460钢材、聚四氟乙烯(ETFE)膜结构,而且有十余项创新科技成果应用。然而,从文化视角观察,突出了传统文化,也就是方和圆的对比建筑造型,阴和阳的和谐对称关系。通过国际招标,首先确定了鸟巢建筑,然后才有水立方的设计。也就是说,先有鸟巢,后有水立方;鸟巢的确定,影响或者说是规定了水立方的建筑设计。用设计者的话来讲,我们是逆向思维,鸟巢是圆的,与它对应的建筑我们想应该是方的;鸟巢是复杂的钢结构,与它对应的建筑可以选择简洁的膜结构,鸟巢是东方木,对应的建筑应该是西方水,这样才符合传统的阴阳对称与互补,才是中国的、地道的中华和谐文化。

北京旧城中轴线还要向南延伸,也就是从永定门向南,经过大红门,跨越南三环、南四环、南五环、南六环,与南中轴路、磁大路衔接,与新机场、野生动物园相连。从历史走向现实,从北京旧城走向新城,北京城中轴线不仅是城市的脊梁,还是城市的文脉,城市发展的生命线,人文北京建设的灵魂。

北京古都风貌与城市现代化的有益尝试
——以北京近代的民族风格建筑为例

首都师范大学历史学院教师、副教授　宋卫忠

当前，北京市正致力于建设世界城市。作为世界城市，不仅要对全球的政治、经济要有重要的影响力，而且在文化方面也必须拥有联合国教科文组织的历史及文化遗产和高素质的文化设施。在城市文化建设方面，《北京城市总体规划（2004－2020）》指出，"弘扬历史文化，保护历史文化名城风貌，形成传统文化与现代文明交相辉映、具有高度包容性、多元化的世界文化名城，提高国际影响力"；"贯彻尊重城市历史和城市文化的原则。把握社会主义先进文化的前进方向，保护古都的历史文化价值，弘扬和培育民族精神，全面展示北京的文化内涵，形成融历史文化和现代文明为一体的城市风格和城市魅力"。[①] 为此，北京市特别将重点保护北京市域范围内各个历史时期珍贵的文物古迹、优秀近现代建筑、历史文化保护区、旧城整体和传统风貌特色、风景名胜及其环境，作为继承和发扬北京优秀的历史文化传统的重要工作。

在展现城市风格与城市魅力方面，城市建筑具有无可取代的重要地位。建筑是城市政治、经济、文化的重要载体，也是城市文化的重要组成部分。它可以透视一个城市的文明发展程度，也在城市的文明、文化建设中发挥着潜移默化的作用。要成为世界城市，北京在不遗余力推进历史文化名城的保

---

① http://www.cityup.org/news/urbanplan/20070903/31211.shtml

护工作的同时，还要不断建设在国际上影响重大的建筑，使之成为北京现代文明的标志。在学习世界先进建筑技术与观念的同时，从中国传统文化中汲取营养，弘扬民族精神，让二者有机结合，是城市发展规划的要求，也是北京当代建筑跻身世界建筑先进行列的必要条件。历史上，北京也曾在建筑的现代性和民族性方面开展了不少有益尝试，借鉴前人的经验教训，对我们仍然具有积极意义。本文拟对近代时期北京城市建设过程中民族风格与新式建筑相融合的历史进行简要的论述，以供读者参考。

近代以来，随着西方势力的不断扩张，以及洋务运动的影响，西洋建筑在北京逐渐发展成为建筑的主流。特别是庚子事变后，在新政的影响下，西方近代建筑在北京得以迅速发展。不仅外国人的使馆、教堂、银行，连清朝政府和民间绅商也大量建造洋式楼房。当时，"人民放佛受一种刺激，官民一心，力事改良。官工如各处部院，皆拆旧建新，私工如商铺之房，有将大金门面拆去，改建洋式者，诸如此类"①。一如梁思成所评价的那样，"'洋式楼房''洋式门面'，如雨后春笋，酝酿出光宣以来建筑界的大混乱"。② 民国时期，北京城内各式各样的新式——洋式建筑更不断增加。西洋建筑形式与北京的整体建筑环境并不相协调，使城市风貌出现了中西杂陈的混乱状况。即使是西方学者也对这种混乱提出了强烈批评。瑞典学者喜仁龙把他在北京所看到的东交民巷使馆区的建筑称之为"倨傲的新客"，而且评论说："唯有洋式或半洋式的新式建筑……像一个个傲慢的不速之客，破坏了整幅图面的和谐，蔑视着城墙的庇护……而且这些建筑的数量正在迅速增加着。"③

然而，正是在这洋风劲吹的当口，一种试图将西方近代建筑与中国传统建筑风格相结合的尝试，也悄然进行，并在 20 世纪 20、30 年代发展成为"古典复兴式"而流行一时。在北京早期建筑中，一些中国自主的建筑如西直门外的"农事试验场"大门和清陆军部南楼，在一定程度也体现出中西融合的特点。陆军部南楼是中国技师沈琪设计，建筑为二层砖木结构，正中凸起

---

① 王荫槐：《北平木业谭》，北平市木业同业公会，1935 年版。
② 梁思成：《建筑设计参考图集序》，见《梁思成文集》（二），中国建筑工业出版社 1991 年版，第 227 页。
③ 【瑞典】喜仁龙著：《北京的城墙和城门》，北京燕山出版社 1985 年版，第 87 页。

一城堡形钟楼，周围外郭，入口处铁罩棚。整体风格受英国折中主义影响，清水灰砖墙面，券柱上布满砖雕，又多是中国传统的花纹。但这并不是一种自觉的设计，而是中国工匠习惯传统工艺，对西洋的装饰图案比较陌生而导致的结果。

真正有意识的尝试，则是从外国教会的教堂、学校和医院等建筑开始的。1907年在佟麟阁路的中华圣公会救主堂是英国圣公会传教士建立的，其建筑风格特异，教堂的建筑平面是常见的双十字形，屋顶为中国传统的硬山顶，教堂大门开设在南侧山墙上，双十字平面的两个交叉处各自建有一个八角形的亭子作为教堂的钟楼，门前竖有石碑。

此后，一些教学医院和学校也采用了这种设计方式，比较有代表性的有协和医学堂的教学楼和医院，辅仁大学新楼等。其中，耗费巨资的协和医学堂的建设方指出，"新校和医院的建筑质量要求达到最高标准，例如砖、琉璃瓦、木料都是特制和高标准的；结构是独特的，外表采取中式，以与故宫媲美，内部则采取西式，使工作方便"。但其建筑总的看来，中国古式宫殿特征相当显著。但总体布局过于局促，庭院狭小，比例失当；单体建筑中现代与古代手法结合得也颇生硬，古式做法权衡错误之处很多，设计水平还处于探索的初级阶段。此后，西方建筑设计师还设计了燕京大学、北平图书馆等建筑，基本上都是以中国传统的宫殿式外形出现的钢筋混凝土建筑，但在设计水平和平面布局方面有了很大的提高。特别是燕京大学校园，1920年由美国建筑师墨菲作规划及建筑设计，中国建筑师吕彦直1921年后参加过设计工作。主要建筑有校门、办公楼、图书馆、科学实验楼、体育馆、南阁、北阁、水塔和男生宿舍、女生宿舍等，全部为清官式建筑风格。建筑物大分散、小集中，各组群布置在旧日园林水面（未名湖）山丘周围。主轴线为东西向，前（西）面是校门及教学办公区，后部是体育场馆，东、西为学生宿舍，临湖为校长住所。各组群大都为三合院式，总体疏朗，局部尺度适宜，与自然地形地貌结合紧凑。建筑物多为二层和三层，尺度选择得当，造型庄重又不失亲切感。主要建筑物用灰瓦红柱，石造台基，浅黄墙面，檐下有斗拱梁枋，施以彩画；次要建筑则取民居园林形式，一座高耸的水塔处理为八角密檐式塔。总的看来，中国古典型制掌握得比较熟练，权衡基本正确,细部符合规矩,是这一时期中国古典风格运用得最好的作品之一。

在外国建筑师不断尝试的同时,中国建筑师也开始作为一支独立的力量,对民族风格的新式建筑展开了探索,并取得了重大的成就。他们对西方建筑师简单模拟中国宫殿式风格进行了超越,创造出另外类型与风格的中国传统特色浓郁的新式建筑。其中尤以杨廷宝设计的交通银行和梁思成设计的仁立地毯公司为代表。交通银行是1930年杨廷宝设计的,1931年建成。

临街(西河沿)立面四层,其余三层。砖混结构,水刷石饰面,花岗石贴面基座。正立面构图隐含传统石牌坊形式,顶部施斗拱琉璃檐及灰塑大片云团。门窗上加琉璃门罩、雀替。营业大厅作天花藻井、隔扇栏杆,绘有彩画。正面以外为红砖墙面,女儿墙水刷石装饰,点缀中国式花纹。仁立地毯公司王府井铺面是1931年梁思成设计的,工程是由技师关颂坚主持的。它是在一个不足20米的临街面上改建造三层楼的店面。开间划分为五间三段,正中三间为橱窗,用八角柱、一斗三升及"人"字拱,仿自天龙山隋代石窟;二层、三层用青砖砌出唐宋勾片栏杆式样;女儿墙顶部安装清式琉璃脊和大吻。室内有磨砖台度,柱间出挑插拱,额枋上绘宋式彩画。两个人口墙面又以水刷石装饰。手法、式样很多,但毫不牵强紊乱,表现出作者纯熟的构图技巧和深厚的古建筑修养。①

北京近代中国民族风格的建筑的尝试,不是偶然的,它与近代中国的政治、文化发展具有密切的关系,也是中国建筑和北京地区建筑发展的必然结果。

这种建筑风格的诞生,是近代中国政治是密切相关的,近代中国政治对其产生发挥了很大的影响。它在20世纪初年,之所以能够出现,是与中国人民不断加强的反侵略斗争直接相关的。西方教会率先尝试,就是在中国强大的反洋教的浪潮冲击下,为了减少中国人民对西方宗教、文化侵略的抵制情绪,贯彻罗马教廷的"本土化"的要求。一些教会人士主张,建筑"被采用

---

① 张复合:《北京近代建筑史》,清华大学出版社2004年版,第290-293页。

的样式应模仿中国样式，融和地域特征而又不失使用上的方便，应努力建设少一些'外国味'的建筑群"①，避免过度的西洋风格引发中国人的不满。而燕京大学校长司徒雷登则更明确指出，采用这种中国式的风格的校园，"校舍本身就象征着我们的办学目的，也就是要保存中国最优秀的文化遗产……肯定有助于加深学生对这个学校及其国际主义理想的感情"。② 从中我们可以比较清楚地看出之所以建造此类建筑，在冠冕堂皇的一些借口之后，其根本目的还是要培养学生在认同校园的同时，认同西方列强的"国际主义理想"。虽然外国人在兴建中国固有形式建筑的时候，并没有发扬光大中国民族文化的意图，但是对中国兴办民族形式建筑却产生了一定的影响。张君劢指出："近来吾国校舍已渐不模仿欧式而复归于吾国之宫殿式矣。凡此西人之好恶，原不足以定吾族文化之高下，然吾国美术，彼既视为神品，吾等为子孙者，奈何反不知爱重乎？"③

当然，中国民族风格近代建筑风格在20世纪二、三十年代的流行，与国民党政府的提倡是分不开的。1928年，国民党政府完成了形式上的统一后。1929年，国民党政府制订的南京《首都计划》和上海《市中心区域规划》当中，明确提出政府建筑必须采用民族风格的形式。《首都计划》中对于"建筑形式之选择"作了明确规定："要以采用中国固有之形式为最宜，而公署及公共建筑尤当尽量采用。"又如"政治区之建筑，宜尽量采用中国固有之形式，凡古代宫殿之优点，务当一一施用"。这份计划还对采用中国固有形式的建筑风格作出了解释，认为采用此种建筑风格的理由有四个，"所以发扬光大本国固有之文化也""颜色之配用最为悦目也""光线空气最为充足也""具有伸缩之作用利于分期建造也"。④ 南京政府的提倡与推行，自然对北京的公共建筑方面具有直接影响，故而多采用了这种传统复兴式样。

这种建筑风格的流行，也是中国近代社会文化思潮的推动结果。甲午战争以后，北京近代建筑的发展，在一定区域和一定程度上改变了历史古

---

① 转见赖德霖：《"科学性"与"民族性"》，《建筑师》第62期第54页，1995年12月。
② 司徒雷登：《在华五十年——司徒雷登回忆录》，北京出版社1982年4月版，第51-52页。
③ 张君劢：《明日之中国文化》，见《张君劢集》，群言出版社1993年12月版，第191页。
④ 国都设计技术专员办事处编：《首都计划》，1929年。

城的建筑风貌,也对人们头脑中的传统建筑观念产生了相当大的冲击。尽管其中既有对旧建筑理念破灭的追思,又有对欧风劲吹之下,北京的半殖民地半封建建筑形态的不满;有陈腐保守的思想的膨胀,又有洋风盛行下的清醒反思,最终目的截然不同,但在强调建筑的民族性方面,保守与开明人士却形成了难得的统一。进入20世纪,人们在关注建筑的坚固、卫生、适用的同时,对建筑所代表的民族文化的认识更加深刻。1907年,严复指出中国美术"自建筑、雕塑、绘画、音乐之伦,虽与雅典发源不同,而先代教化之崇深,精神寄托之优美,析而观之,皆有以裨补西人所不及者……然则先进礼乐固不宜付诸悠悠,而转取异邦人所唾弃者,(意指近世建筑)宝贵而崇大之,亦已明矣。言次于建筑、绘画,所历指者尤多,复不足以尽喻也"。① 反映出严复对于中国日益洋化的建筑状况,传统建筑不断衰败的不满。蔡元培也是一向反对对本国文化妄自菲薄的文化态度,这在建筑思想上也有明显表示,他认为:"我国建筑,既不如埃及式之阔大,亦不类峨特式之高骞,而秩序谨严,配置精巧,为吾族数千年来守礼法尚实际之精神所表示焉。"② 他还一一列举了中国建筑各种类型的优点,以具体的内容证明中国建筑并非一无是处,应该珍惜其具有的文化和艺术价值。鲁迅认为:"美术云者,即以思理美化天物之谓。苟合于此,则无问外状若何,咸得谓之美术;如雕塑、绘画、文章、建筑、音乐皆是也。"③ 梁启超也指出:"爱美是人类的天性,美术是人类文化的结晶。所以凡看一国文化的高低,可以由他的美术表现出来。美术世界所公认的为图画、雕刻、建筑三种。"④ 到了30年代,关于建筑的艺术性和文化性论述就变得更加清楚和明了。当时有人撰文说:"建筑是科学和艺术的结合,也是文化的代表作。"⑤ 还有人更加细致地说明,"建筑是时代、环境和民族性的结晶,……我们看到历史上各种民族所遗留下来的住宅、王宫、庙堂,以及城垒等等,无处不表现其固有的精

---

① 王栻编:《严复集》第二册,中华书局1981年版,第85页。
② 蔡元培:《华工学校讲义》,见《蔡元培文集》第二卷,第454页。
③ 鲁迅:《拟播布美术意见书》,见《鲁迅全集》第8册,人民文学出版社。
④ 梁启超:《书法指导》,见《饮冰室专集》卷102。
⑤ 黄钟琳:《建筑原理与品质述要》,见《建筑月刊》第一卷第8、9期合订本,1933年8月。

神,这种遗留下来的建筑,永远为各种民族的盛衰、思想之变迁以及文化的改进等等,作一个有力的铁证。"① "尝考各国建筑之作风,恒受气候、地理、历史、政治、宗教之影响,故由建筑作风之趋向,每每可知其国势之兴替、文化之昌落,他如民气、风俗、物产等,亦可随之查得无遗。是以建筑事业,极为重要,不但直接关系个人幸福,亦且间接关系民族盛衰。"②既然建筑代表了一个国家和民族的文化精神,那么在中国,创造带有中国民族色彩的建筑也就毫无疑问了。

这种建筑风格的流行,也是中国传统建筑的缺陷与人们的社会心理共同作用的产物。近代建筑形式的不断传播和发展,新旧建筑形式的对比,使人们对传统建筑在功能、结构以及卫生条件方面的不足认识越来越深刻,迫切要求实行改革。有人批评旧式建筑在功用上不科学,"旧式住宅,则地铺土砖,阴湿极点,高顶椽屋,光线不足。夏暑无通风之法,冬寒无使暖之器具,均为病疫之原,而床椅桌凳,均不顾安适。至若厨厕水火之卫生设备,更置之度外矣。"③很显然,旧式的建筑由于其存在的功能上的严重缺陷,已经不能满足人们的普遍要求,建筑近代化对于整个社会来说是一个普遍的要求和不可避免的趋势了。完全保守中国传统的建筑是不可能了,但是全盘采用西方建筑的风格与形式也是一样不能被社会所接受。尽管中国国内兴建了较多的近代建筑,近代建筑已经发展成为中国建筑的主流,但是由于中国的近代建筑形式是随着西方殖民主义的侵略而传入的,这种建筑体系的先进性、科学性与它们的野蛮的传播方式之间存在着极大的矛盾,人们对其先进、科学的一面很赞赏,但是对其同时俱来的侵略的另一面却是不能接受,因为在它们身上直接映射出了外族侵略和民族耻辱。这种情况在近代初期就明显地存在,它并没有因为近代西式建筑形式的广泛传播乃至成为中国建筑的主流而有所削弱,"五四"以后依然相当程度地存在于中国社会各个阶层的思想中。即使是一些出洋留学,对西式建筑比较熟悉的人,

---

① 孙宗文:《从建筑艺术说到希腊神庙》,见《申报》1935年7月9日。
② 张至刚:《吾人对于建筑业应有之认识》,见《中国建筑》第一卷第4期,1933年10月。
③ 过元熙:《新中国建筑之商榷》,见《建筑月刊》1934年6月。

回国后这种心理仍然没能冲淡。比如，梁实秋在青岛的时候，对青岛的各种感觉都不错，但对原德国提督的官邸印象却不是太好，"这座建筑物，尽管相当雄伟，却不给人以愉快的印象，因为它带给我们耻辱的回忆"。同样，他对北京西洋色彩最浓重的东交民巷也持相同的态度，认为只有"二流子"才会往里面钻，真正的北京人宁可绕着破旧的城墙根遛弯儿，也不稀罕东交民巷的外国风情。① 因此，要避免传统中国建筑在坚固、适用、卫生等方面的不足，又要回避让人不快的纯西洋风格，这样的传统风格加新式功用的建筑，必然成为人们的选择。

这种建筑风格的流行，中国建筑师队伍的成长壮大也是必要条件之一。长期以来，外国建筑师垄断了中国的近代建筑市场，将各式各样的西洋建筑引进到包括北京在内的中国各地。由于外国设计师对于中国文化的陌生，即使有设计具有中国民族风格的近代新式建筑的想法，也只能十分生硬地将两者捆绑在一起，难以实现二者的有机结合。20世纪初年开始，中国第一代建筑师陆续从海外留学归来。他们在西方国家所受的建筑教育基本上属于学院派教育体系，这种教育体系忽视建筑的功能性、技术性、经济性，致力于历史样式的延续和模仿，使中国建筑师能够比较容易地走上在建筑设计过程中采用传统艺术形式的道路。

自回国以后，他们中的一些人对完全模仿西洋式建筑就持不赞成态度。中国第一部近代建筑学著作《建筑新法》的作者在批评国内建筑只是抄袭西洋建筑的皮毛，对近代建筑的内在科学性一无所知的同时，也指出"凡取法外人，贵得其神似，然后斟酌我国之习惯，而会其通，斯为尽善。若夫枝枝节节，徒摹其形似，而不审其用意所在，非效法之善者也。"② 自觉地将中国的具体情况与近代建筑相结合，可以说是很有见地的。此后，随着中国建筑师参与的建筑活动不断增多，他们的建筑设计思想也不断走向成熟，努力探索将中国民族风格与西方现代建筑科技相结合，成为他们的重要活动之一。参与燕京大学设计与施工的著名建筑师吕彦直指出："中国之建筑式，亦世界

---

① 梁实秋：《忆青岛》，见《梁实秋散文》第四册，中国广播电视出版社1989年版，第250页。
② 张锳绪：《建筑新法》序。

中建筑式之一也……故中国之建筑式为重要之国粹，有保存发展之必要。"①既然建筑代表一国的文化，那么在学习西方建筑的同时，必须要体现自己的特色，所以反对模仿抄袭外国建筑形式，也就成为一种自然的逻辑。不少人主张创造本民族的建筑形式，对全盘引进西式建筑持反对态度。"从各种建筑物上，可觇某地域内的文化程度，经济能力，以及宗教、气候、地质等的状况。也因此各地有各地的个性，决不是全凭模仿所能合宜。"②基于这种认识，发扬中国固有艺术形式，结合近代科学技术，创造新的民族建筑形式，成为当时中国建筑师的共识。中国建筑师学会以"融合东西建筑学之特长，以发扬吾国建筑物固有之色彩"为使命③，上海市建筑协会以"赓续东方建筑之余荫，以新的学理，参融于旧有建筑方法，以西洋物质文明，发扬我国固有文艺之真精神，以创造适应时代要求之建筑形式"为己任。④而在北平的中国营造学会，更是以研究中国传统建筑文化为己任。20世纪30年代以后，随着中国社会的变化，中国建筑师在处理中国建筑风格方面实践经验的增多，加之一时期现代主义建筑思潮的影响，中国固有形式建筑的主导方向开始有所转变，逐步摆脱宫殿式建筑在实用和经济上的困境，一种被称为"简朴实用式略带中国色彩"建筑样式，取代宫殿式，发展成为"中国固有形式"建筑的主要做法。上述的交通银行和仁立地毯公司，就是其中的佼佼者。特别是仁立地毯公司，建筑一成，立刻受到社会的赞许。《中国建筑》杂志专门发表介绍文章，并称赞道："就全部看来，在这小小的铺面上，处处都显出建筑师曾费过一番思索。……在这仿清宫殿式建筑风气全盛时期，这种适当的采用古代建筑部分，使合于近代建筑材料和方法，实为别开生面的一种试验，也是中国式建筑新辟的途径了。"⑤

这一期间，北京近代中国民族风格的建筑的尝试是中国社会和中国建筑

---

① 吕彦直：《规划首都都市区图案大纲草案》，见《首都计划》，国都设计技术专员办事处编，1929年。

② 黄钟琳：《建筑物新的趋向》，见《建筑月刊》第一卷第1、2期合刊，1933年。

③ 赵深：《〈中国建筑〉发刊词》，见《中国建筑》创刊号，1933年11月。

④ 《上海市建筑协会成立大会宣言》，见《建筑月刊》创刊号，1932年11月。

⑤ 石麟炳：《北平仁立公司增建铺面》，见《中国建筑》第二卷第一期，1934年1月。

发展的必然产物,翻开了中国建筑史的宝贵一页。尽管在中国固有建筑形式的尝试过程中出现了许多缺点和不足,但是这毕竟是中国人探索中国自己的建筑发展道路的起步,其积极性的一面还是不能而且是不应该否定的。其流行与后来的淡出,均可以给我们很多的经验与教训,将为我们在保持古都风貌的同时,为当代北京创建在全世界有重大影响的中国风格建筑提供有益的帮助。

北京——中国古代都城的无比杰作

北京地理学会副理事长、北京联合大学北京学研究基地特邀研究员　朱祖希

一、北京城规划建设的特色

北京城作为中国封建社会制度都城的总结,集中体现了我国古代都城规划建设上的理论、方法、技术、艺术。它是我国古代劳动人民和规划匠师们智慧的结晶。而作为古都北京城核心的紫禁城,则是中国至今保留下来的,规模最大、保存也最完整的古建筑群。

北京城在规划设计上的成就,就在于它依据我国古代都城规划理论的方法,以非凡的建筑艺术手法,来集中体现封建帝王"普天之下,唯我独尊"的主题,并通过层层拱卫的城墙,形成从宫城、皇城、都城相互呼应,又相互辉映的城市格局。北京是一座保留中国古代都城规制,具有都城规划传统的完整艺术实物。现代中国其他古都都已经消失了。在地面遗存中,唯有北京城是最集中、最完整的范例。

已故的建筑大师梁思成先生说:北京是在全盘的处理上,完整地表现出伟大的中华民族建筑的传统手法和在都市计划方面的智慧与气魄。这整个的体形环境,增强了我们对于伟大祖先的景仰,对于中华民族文化的骄傲,对于祖国的热爱。

英国科技史家李约瑟则说:北京城,这种建筑,这种伟大的总体布局,早已达到它的最高水平。它将深沉的对大自然的谦恭情怀与崇高的诗意组合起来,形成任何文化都未能超越的有机图案。

1. 高耸壮美的城墙城门

城墙，是人类文明发展到一定阶段的产物和象征，也是冷兵器时代规模最大、最有效的防御体系。而在中国，城市的出现是以城墙的建造为标志的，它经历了数千年的演进。高耸而壮美的明清北京城墙、城门，既是古都北京历史上最高大雄伟、最坚固完美的军事防御体系，也是其最鲜明生动而又独具特色的形象标志。

在中国古代建筑城池的观念中，城墙既是统治者护卫自己政权主要的军事防御设施，也是统治者中心形象的扩大。在城市设计中，建城又等于计划一座庞大的建筑物。因此，作为国都的城墙，始终是都邑规划和建筑形制不可或缺的组成部分。换言之，北京城从它的产生、演变，乃至其平面构成出现"品"字形的格局，都具有历史意义。北京城墙以及宏丽嶙峋的城门楼、箭楼、角楼等，也构成了整个北京城整体环境中不可分割的艺术构成部分。而人们对北京城的认识也往往是从城墙、城门伊始的。

让我们再来看看美术史家，瑞典人喜仁龙是怎样来认识北京城的。他在1924年所写的《北京的城墙和城门》一书中说道："纵观北京城内规模巨大的建筑，无一比得上内城城墙那样雄伟壮观。初看起来，它们也许不像宫殿、寺庙和店铺、牌楼那样赏心悦目，但当你渐渐熟悉这座大城以后就会觉得这些城墙是动人心魄的古迹——幅员广阔，沉稳雄劲，有一种高屋建瓴、睥睨四邻的气派，它那分外古朴和绵延不绝的外观，粗看可能使游人感到单调、乏味，但仔细观察后就会发现，这些城墙无论是在建筑用材，还是营造工艺方面都富于变化，具有历史文献般的价值。城墙单调的灰色表面，由于年深日久而受到剥蚀，故历经修葺。不过，整个城墙仍然保持着统一的风格。城墙每隔一定距离，便筑有大小不尽相等的坚固墩台，从而使城墙外表的变化节奏变得鲜明……这种缓慢的节奏在接近城门时突然加快，并在城门处达到顶峰。但见双重城楼昂然耸立于绵延的垛墙之上。其中较大的城楼像一座筑于高大城台上的殿阁。城堡般的巨大角楼，成为全部城墙建筑系列巍峨壮观的终点。"①

如今耸立在北京内城东南角、平面呈曲尺形的东南角楼,不仅是内外城仅存的一座角楼,而且已经成了北京城的重要标志。每当列车由东而西徐徐地进入北京站时,首先映入眼帘的便是那高大而雄伟的角楼。人们也自然而然地会联想到:"北京到了!"紫禁城四隅的角楼,更由于其结构精巧、造型奇特秀丽,而被人称之为"九梁十八柱"。它似楼非楼,似阁非阁,丽若琼瑶,是一座多面、多角、多窗,又组合得十分和谐、统一的超级艺术建筑。

每当夜幕降临的时候,北京城墙、城门所形成的建筑轮廓线,在如水的月光,满天星空的映衬下,便形成了一幅壮美异常的剪影。这就是建筑学上所谓的"天际线"。诚然,今天我们已无法看到古都北京城完整的"天际线"了,但是,我们却可以从前门保留的箭楼、正阳门城楼、内城东南角楼及其往西延伸的一段残城墙以及北城的德胜门城楼等,约略领悟到北京城墙、城门所构成的"天际线"的风姿。

2. 井然有序的平面布局

城市,不论哪一个时代,都主要是为当时的社会制度服务的,并体现出那一个时代的社会精神。而所有的城市规划理论,乃至城市规划的方法、技术和艺术,亦无一不是在这个大前提下产生的。作为封建社会政治中心的都城,尤其如此。

平面布局就是城市的总体结构的不同分区,即各个不同职能区之间的比例大小、占地多少,也就是一个城市的平面形态。所以说,城市的平面布局是城市的整体形象。

李泽厚在《美的历程》中说:"中国建筑最大限度地利用了木结构的可能和特点,一开始就不是以单一的独立个别建筑物为目标,而是以空间规模巨大、平而铺开、相互连接和配合的群体建筑为特征的。它重视的是各个建筑物之间的平面整体的有机安排。"②

---

① 【瑞典】奥斯伍尔德·喜仁龙:《北京的城墙城门》,北京燕山出版社,1985年版,第28页。
② 李泽厚:《美的历程》,中国社会科学出版社,1984年版,第75-76页。

作为都城,其平面的布局程序和安排,是中国古典建筑设计艺术的灵魂。由于它们控制了人在建筑群中运动时所得到的感受,所以其景象的大小、强弱、次序的安排,也就成了表达完美意念的重要手段。

从明清北京城的平面来看,它是由外城包着内城的南面(原为"四周之制",因当时财力拮据,只修了城南一面),内城包着皇城,皇城又包着紫禁城即宫城,形成多重同心的方城。从外城到宫城,其周围又绕以既宽且深的护城河。这样皇帝居住的宫城便成了全城的中心,处在层层的拱卫之中。在城的四周又筑以天坛、地坛、日坛、月坛,宫城便俨然是"宇庙的中心"了。而从整个画面来看,宏伟高大又金碧辉煌的宫殿建筑,在数以千万计、布置有序,又掩映于绿荫底下呈灰色的四合院,还有散落在全城不同部位的王府、寺、观、坛、庙的烘托下,就更显得恢宏壮丽了。

以皇宫为中心来展示都城的各种建筑物,并以超人的技艺来集中表现出皇宫的显著位置,这不仅是中国古典建筑的最大特色,也是北京城的最大特色。而它所能达到的宽广和深远的程度,组织的复杂和严谨,是世界上至今为止没有哪一类建筑物可以与之相媲美的。至于相同时代的同类建筑,论气魄和规模,相较之下都大为逊色。这正如《中国科学技术史》的作者李约瑟所说:"中国的观念是十分深远和极为复杂的。因为在一个构图中有数以万计的建筑物,而宫殿本身只不过是整个城市,连同它的城墙、街道等更大的有机体的一个部分而已。……这种建筑,这种伟大的总体布局,早已达到了它的最高水平。"①

3. 气势如虹的南北中轴线

"主坐朝南,左右对称",是中国古代传统的住宅建筑平面构图的准则。这是因为我国处在北半球的地理位置,背风向阳、坐北朝南的房屋是最理想的。考古发掘证明,早在3000多年前,夏代的宫殿建筑就已是"坐北面南"的了。《周礼·天官》规定:惟王建国,辨方正位,面南为尊。建筑物的对称布设和中轴线,实际是同一设计思想所产生的两种表现形式。因为

---

① 李允鉌:《华夏意义》,中国建筑工业出版社,1985年版,第91页。

中轴线虽然是建筑物对称布局的依据，而对称的布局反过来又自然会产生强烈的中轴。

我们从前面的叙述中可以看到，整个北京城的布局，是围绕着皇宫这个中心而展开的，而贯通这个布局的便是一条南起自永定门、前门、午门、故宫，出神武门、地安门，北至钟楼的长达7.8公里的中轴线。北京城左右对称、前后起伏的体形和空间的分配，都是以这条中轴线为依据的，其所特有的壮美的秩序，也是由这条中轴线的存在而产生的。可以说，这是当今世界上一条最长、最伟大，也最壮丽的城市中轴线。

明清北京城的中轴线与元大都的中轴线是同一条，或者说现存的北京城中轴线始自元代。元代在金中都的东北郊外以琼华岛为中心的广阔平原上建设大都城，给规划匠师提供了一个大展宏图的天地。据《析津志》载，大都城的总规划师刘秉忠在规划大都城时，首先依据北京的地理形势，草拟了都城、皇城、宫殿的位置，然后以什刹海东端（元时的海子桥或万宁桥即今地安门桥）为基点，再确定南面丽正门外的一棵大树（后封为"独树将军"）为基准线，划出大内（相当于明清紫禁城）中轴线，即京城中央子午线，然后依次确立皇城正门棂星门，大内正门崇天门、大明门；正寝延春阁，大内北门厚载门、万宁寺等，又以"中央子午线"为准，划出与之相平行或垂直的经纬网状的街巷、胡同，从而确立了全城的平面布局。

傅熹年先生认为，如果将元大都城之四角画对角线以求其几何中心，则可发现它正处于鼓楼处。在鼓楼的正北，光熙门至崇仁门之间的中分点位置则建以钟楼。在钟楼、鼓楼间连以南北大街（即今旧鼓楼大街）并向北延伸至北墙，形成全城的几何中分线。而宫城的中轴线自其正南门崇天门向北延伸，穿过主殿大明殿、延春阁，直抵北门后载门。这条宫城的中轴线向南延伸穿过皇城的棂星门和南墙正门丽正门，向北延伸至北面的万宁寺中心阁，在大都城的南半部形成了全城的规划中轴线。这条城市规划中轴线较几何中分线偏东129米，这是由地形造成的。大都城的西城墙要包纳整个海子于城内，而大都城的东墙以东，当时又有许多大小不同的水泡子（池沼），东墙也难以再向东移，但这条几何中分线西距太液池（今北海、中海）太近，仅230米左右，若即以为宫城中轴线，则宫城过于狭窄，遂迫不得已向东移了

129米。与此同时，为了在都城规划中同时标明几何中分线和规划中轴线，遂在几何中分线处建钟鼓楼，而在规划中轴线的北端遥对宫城各主要门殿建中心阁。

4. 犹如棋盘的街巷布局

道路网是构成城市的"骨架"。它们的配置形式和图案决定了整个城市的整体布局。如前所述，我国古代王城采用的是经纬涂制道路网，即以"九经九纬"组成的三条大道为主干，配以与之平行的南北和东西的次干道，结合顺城的环涂而构成。因此，"棋盘式"的城市道路网是都城传统的制式，也是北京城道路网的一大特色。

明北京城内城是在元大都的基础上发展起来的，今东西长安街以北的街道仍然沿用了元大都街道之旧，除局部地区因受自然条件的制约，或因历史原因而成斜街之外，仍然保持了"棋盘式"的街道格局。据史书记载和考古发掘证明，元大都城两个相对城门之间都有宽阔平直的大道互相连通。据《马可·波罗行记》记载，元大都当时是"全城地面规划犹如棋盘，其美善之极，未可言宣"。这些干道连同顺城街在内，全城共有南北、东西干道各九条。干道阔24步，小街阔12步、胡同阔6步。按一步为1.55米计，分别为37米、18米、9米。今东四以北，从东四头条至十二条；西四以北的头条至八条，其街道、胡同的排列、宽窄与此是完全一致的。这也正说明了明北京城的建设不仅继承了中国古代都城规划的传统规制，而且还沿用了元大都的道路"制式"。

当然，由于外城是明嘉靖年间加筑的，其街道在事先并未作相应的规划，因而往往受河流或历史地理条件的影响。如外城中轴线东侧的长巷头条至四条的线形便受到三里河河道（亦系古高梁河故道）的制约，而形成西北—东南的走向；中轴线西侧大栅栏西街至虎坊桥的斜街，即铁树斜街、杨梅竹斜街、樱桃斜街等，就是历史上元大都城（当时亦称"北城"）和金中都旧城（当时亦称"南城"）之间交通往来的遗迹。而明清北京城的内城，特别是长安街以北的街巷，却仍然保留着"方城十字街"的规制。

5. 形制规整的里坊和四合院

明北京城将全城分成36坊（内城28坊，外城8坊），分属东、西、南（外城）、北、中五城管辖。它完全继承了中国传统的城市组织精神，是"中国式城市真正性格所在"的坊里形制。

"坊"是城市居住区的基本单位。所谓"坊"和"里"，是被道路网分割出来的"街区"。明北京城的道路是"棋盘式"的，而且主干道大都等距，其所切割出来的"街区"大小面积也就基本相同。于是，在城市的土地使用上，就以"里"或"坊"等作为基本单位，然后再根据实际的需要作适当的调配（合并或分割）。

汉长安城有闾里160个，唐时改称为"坊"，每"坊"东南西北各广300步，开十字街，四出趋门。"坊"还有坊墙、坊门。到了宋代，城坊之制被解体，"坊墙"被冲破，城市的建筑形式部分改为面向街道的沿街建筑，主要街道被改为商店街道。到了元朝规划大都时，遂将上述两种形制进行了综合。其胡同与胡同之间的距离为"五十步"，约合77米。相当于"四合院"的三进院子，背风向阳，出入方便，且与主干道的联系非常密切，既畅通无阻，又合乎实用。它也就成了元大都城市规划中最基本的单位。

人们基本摆脱洞穴生活，而以木构架屋宇建筑作为民居，大概在西周初期。在殷商时期虽然没有出现四合院形式的建筑，但其建筑结构中心的某些特征却已经开始出现了。考古学界在对河南殷墟进行发掘中，发现了几十座宫室墓址。这些墓址在整体布局上已显示出了南北方向中轴线的作用。此后，因宗法与礼制的需要，以闭合对称形式，将主要建筑安排在中轴线上的布局，在民居建筑中日见普遍。魏晋南北朝时期具有四合院特点的民居越来越多，而典型的四合院出现在隋唐时期。宋以后，四合院的地位越来越重要，特别是明清以来，已成为民居的主流。

四合院既是中国古代建筑中最具代表性的一种建筑形式，更是古都北京的主要建筑形式。这类建筑大都采用均衡对称的方式，沿着纵轴线（南北向）和横轴线（东西向）进行设计。首先在纵轴线上安置主要建筑，并在院子左右两侧对称修建两座形体较小的建筑，然后再在主要建筑的对面建一座次要的建筑，构成正方形或长方形的庭院，这就是四合院。对称式的平面布局和封闭式的外观，是四合院的两个主要特征。由于这种格局很适合中国古代社会的宗法、礼教制度，也便于安排家庭成员的居所，形成舒适安宁的生活环境。此外，只要将庭院数量、形状、大小与木构架建筑的形体、样式、材料、装饰、色彩等略加改变，即可满足不同气候条件与功能的要求。因此被广泛地用于民居、宫殿、官署、寺庙等。

"四合院"是构成"坊"的"细胞"，是北京城最基本，也是分布最多的居住形式。其基本格式是由一座坐北朝南的正房和坐南朝北的南房及东、西厢房围合而成。它是一个南北稍长，呈矩形的封闭庭院。住宅的门一般都开在院子的东南角上。这种封闭性的院落既有背风向阳的特点，又具有很强的防卫性，而且以"北屋为尊，两厢为次，倒座为宾，杂室为附"，较能体现出"礼制"长幼有序、主客分明的精神。"四合院"中比较高大而舒适的北房，总是由家长居住；厢房分住晚一辈的儿孙们；倒座，即南房，常用作书房或客厅，按"正房与倒座视线不能相通"的习俗，往往在庭院中靠近倒坐的一侧，装设屏门或木影壁。

规模较大的"四合院"常附有花园，而且多建于四合院的后面或侧面，其间以墙门与住宅相通。北京地处华北平原的北端，地形起伏很小，宅第又不准私自引水修筑水池。所以，往往采用建筑物的错落有致，回廊的旋迴曲折，亭阁山石的巧妙布设，来营造花木扶疏、亭台掩映、曲径通幽的宁静气氛。在四合院住宅的四周，都有各座房屋的后墙及范围封闭，墙壁和屋顶都比较厚重，全不对外开设窗户。

"四合院"中的庭院是整个房屋布局的中心，这里不仅是采光、通风、家人交通的枢纽，也是休息和做家务，如夏日乘凉或晒衣晒物等的场所。有的还种植一些花木或陈设鱼缸、盆景，构成一个安静舒适的环境。在室内则设有暖炕，以供取暖。对于气候比较寒冷的北方，"四合院"确实是一种既富有民族特色又宁静实用的住宅建筑。北京城这许许多多连片，有呈灰色调而低矮的四合院，更烘托出了宫殿的气势恢宏、雄伟高大、壮丽辉煌。

6. 景色绮丽的宫苑

每当人们在景山之巅的万春亭上，俯视那格局严谨、金光闪烁的"宫殿之海"时，都不免会被那波光潋艳，柳丝拂岸，掩映着绚丽多姿的亭台楼阁所吸引。这便是紧靠紫禁城西侧的宫苑。

远在数千万年以前的第三纪，自发生喜马拉雅抬升运动以来，太行山和燕山山地都加剧了上升的速度，而山前平原地区则相对下沉，并堆积下了巨厚的第三纪沉积层。随后，由山地河流冲下来的大量洪积冲积物又在第三纪沉积层之上，堆积成属于第四纪的大小不等的山前冲积扇和广阔的华北大平原，永定河冲积扇及其冲积平原便是其中的一部分。

永定河冲积扇以西山山口的石景山附近为顶点，向东北、东、东南三个方向呈辐射倾斜低落。根据钻探结果，冲积扇的厚度达 200－300 米。其底部组成物质为疏松的厚层卵石、砾石，越近地面，物质越细。冲积扇顶端物质较粗大，越向平原越细。

而自晚更新世以来，永定河在其自身的发育过程中，由于受新构造的影响，曾经在冲积扇和冲积平原上摆动，其方向大体是由东北的清河故道，逐步转而流向东南。到了北魏时期，永定河已经以㶟水为名，流经今北京城南部流向东南，即今凉水河故道。到了明代中叶，又移到了河北新城、雄县一带，夺取了白沟河道。此后，又由西南退向正南，逐步退到了现在的位置。

史书所记载的古高粱河，其上源即今北京西直门外紫竹院湖泊的前身，水沿天然地势经今白石桥、高粱桥至德胜门水关，转向东南，再经积水潭、北海、中南海、龙潭湖，流向十里河村东南，与㶟水故道相合。据钻孔资料分析，其在前门至北京供电局附近的河道宽度曾达到 620 米。也因于此，今日所见的什刹海、北海，乃至中南海，这串珠般的天然湖泊，原是古高粱河改道之后遗留下的。早在 12 世纪金帝定鼎中都时，便发士卒凿池掘土，开挑海子，积土成山，并栽植花木，营建宫苑，为游幸之所。700 多年前元朝统治者在金中都城东北郊外初建大都城时，就把这一带天然湖泊和城市的平面设计结合起来，并且在紧傍湖泊的东岸确定了全城的南北中轴线。也由于这个地理上的原因，才使元大都的平面布局，在实现《周礼·考工记》所规定的理想设计时有所变通,形成了特有的格局。明建北京城,又把紧傍紫禁城西侧的北海、中南海辟为西苑,形成了以团城为枢纽的皇家园林。这一片南北相连的宫苑,犹如一块硕大无比的"翡翠"。它不仅滋润着北京城的环境,调节着北京城的小气候,而且与巍峨高大、富丽堂皇的宫殿互相映照,构成了一幅绝妙的风景画。

二、紫禁城规划建设的艺术成就

紫禁城位于北京内城的中央。它既是封建帝都的象征,也是整个北京城规划建设的核心。清因袭明宫,虽亦曾进行过一些重建或改建,但仍大体保存着明初时的布局、规制。

紫禁城东西宽 750 米,南北长 960 米,周长 3420 米,墙高 10 米。城墙外层用澄浆砖包砌,里面则以黄土夯实。四周共开四门:正南的是午门,向东的名东华门,向西的名西华门,北面的明时叫玄武门,清康熙年间因避讳康熙帝玄烨的名字,遂改称神武门,且一直沿用至今。在紫禁城的周围环有宽 52 米的护城河(俗称"筒子河"),城四角建结构精巧、造型秀美的角楼。故宫占地约 72 万平方米,有宫殿 8000 多间,其间有宫、殿、楼、阁、亭、榭、厅、堂、廊、厦、门、庑等,起伏错落,疏密有致,且多为土木结构,黄琉璃瓦盖顶,青白石作基座,再饰以金碧辉煌的彩画。这些宫殿建筑是沿着一条南北向的中轴线排列,并向两侧展开的——南北取直,左右对称。整座建筑气魄宏伟,规划严整,蔚为壮观,集中体现了我国古代规划建设艺术的优秀传统和独特风格。

香港建筑师李允鉌在其所著的《华夏意匠》一书中这样评价故宫:"在设计上,几乎看不到有任何人对它作过恶劣的批评。北京故宫,在设计上的成功并不仅限于它是一个 15 世纪时(1416-1420)的杰作(按时间上限还要早),它可以说是中国人历代宫殿建筑成果的一个总结。它的组织方法,构图意念,绝对不只是一个时代的产物。不管在技术上、艺术上,它都是继承了伟大的传统而来的,同时在这一个基础上,它有了更进一步的提高。在中国的宫殿建筑上,它已经是一个完全成熟的典型。"

在中国传统文化里认为"天"与"人"是相通的。"上圆法天,下方法地"《周易》:"夫大人者,与天地合其德,与日月合其明,与四时合其序。"宇宙万物不断地在运动、变化着,同时又共处于一个和谐的统一体中。万物的生灭、阴阳的交错,都遵循一定的规律,由此构成世界的和谐秩序。"天地之美恶,在两和之中""德莫大于和",和谐既是中国传统文化的显著特点,也是故宫在规划建设中所追求的最高目标,从而形成了以"太和""中和""保和"三大殿为中心的整体和谐之美。

1. 建筑整体的均衡之美

紫禁城在明永乐年间初建时是参照南京明宫殿的规制,按《周礼·考工记》所载"左祖右社,前朝后市"的布局原则建造的。现紫禁城前部左侧的"劳动人民文化宫",原是皇帝祭祀祖宗的"太庙";右侧的中山公园,原是祭祀土神、谷神的社稷坛;前面有朝臣办事的处所,后面有进行交易的市场。景山矗立在紫禁城北,犹如一道天然的屏障。紫禁城西部为皇家园林,东部是诸多为宫廷服务的衙署(辛亥革命后,故宫管辖的范围逐渐被分割,且只剩下了紫禁城城垣以内的地方)。

紫禁城从永乐四年(1406)决定筹建至十八年(1420)基本建成,前后调集二三十万农民和一部分卫军,集中全国著名工匠。从文献中能查出修建这座皇宫的建筑匠师就有杨青、蒯祥、蔡信、蒯义、蒯纲、陆祥、徐杲、郭文英、赵德秀、冯巧、梁九等;修建的木料都是从四川、贵州、云南、湖南、广西等省的大山里采伐的;石料是从北京附近的房山、盘山等地开采来的。为运输这些材料,严冬一时节,将通往北京的道路沿线相隔一里左右凿一口水井,泼水铺成冰道;盛夏时节,则用滚木铺成轮道,可以想见,当时为建造这座举世无双的宫殿所付出的巨大代价。

紫禁城的建筑由体形基本相同的房屋和大小不同的层层院落空间组成。由于建筑内部的功能不同,房屋有高有低,有大有小;院落有长有宽,有封有敞;组成的空间也就有疏有密,有围有透。通过这些有规律、有目的安排,整个空间组织表现着一种交错起伏、参差跳动的韵律美。站在景山顶上远远望去,整个故宫的建筑既有有规律的重复和有组织的变化,又有统一中求变化、变化中求统一的整体均衡之美。

我们知道，建筑是由物质材料砌构的空间组成，并占有一定空间的有体有形的实体。建筑艺术是由线条、形体、色彩、质感、光彩以及装饰等基本因素按照人的审美意识和审美理想构成的，而线又是造型艺术，也是建筑艺术中最基本的审美要素。因为建筑审美中大都是以方形、长方形、圆形等几种基本几何形状为审美特征的，而他们又是以更基本的线组成面，再由面构成的。自古以来，以木构架为主要结构方式的中国古代建筑，创造了一个与之相应的平面布局和外观。这就是以"间"为单位，构成单座建筑，再以单座建筑组成庭院，进而以庭院为单元组成各种形式的组群，并沿着轴线（多数为呈南北走向的纵轴线）以均衡对称的方式进行规划组合。有人说："中国建筑最大限度地利用了木结构的可能和特点。一开始就不是以单一的独立个别建筑物为目标，而是以空间规模巨大、平面铺开、相互连接和配合的群体建筑为特征的。它重视的是各个建筑物之间的平面整体的有机安排。"

故宫的建筑从台座基础以上全部是用木头拼搭而成的。柱、檩、枋、梁、斗拱、屋架以及门窗、隔扇、顶棚、藻井、檐椽等等，都是线的组合，由线组成构件，由构件组成个体、局部，直到整体，并以整体的完整形象给人以深刻的印象，形成中国古代《诗经》中所描写的"如翚斯飞""作庙翼翼"的艺术效果。

我们从天安门往北推进，端门、午门、内金水桥、太和门，直到太和殿，无一不是横线的延展和叠加，再加上两厢长排平房的檐线透视聚引，视点集中到太和殿下部汉白玉砌就的三层高台崇阶，舒展的横线重叠向上，连续着横线的殿基、重檐，连续并列的檐下斗拱，以至横平的正脊、重檐下两层厚厚的檐阴暗影，更加强了水平横线的效果。即使是屋顶庑殿四阿的腾升垂脊的曲线，也还是线。这层层叠叠的舒展横线加上屋顶的飞腾曲线组合，把太和殿这座巍峨的殿堂烘托得立地顶天、庄严壮丽，给人以一种宽阔、稳重的整体美感。

故宫让人充分理解到，中国建筑较之西方高耸直刺天穹的建筑，似乎显得较为低矮、平淡，但也正好说明了中国建筑并"不是着意去表现出单体建筑的体态形貌，而是在建筑群体中体现均衡的结构布局，制约配合；不是去追求高耸入云，指向上苍的出世神秘，而是平面展开、引向现实的人世理想；不是去追求一种强烈的刺激和崇拜，而是重在生活情调的熏陶和感染，从而表现出一种结构严整，又连续交错的雄浑气势"。这是一种以简单重复的基本单元组成复杂的建筑群落，在严整中又富于变化，变化中又求统一，体现出一种整体之美、均衡之美、理性之美。

明陈敬宗在《北京赋》中这样写道：

惟圣皇之建北京也，岿壮丽于崇朝，睹崔嵬于瞬息。前朝后市之规，既肃肃而严严；左庙右社之制，复亭亭而翼翼。布列有序，不爽寸尺。妙合化工，莫究窥测。其正殿则奉天、华盖、谨身之尊严，翊以文楼武楼、左阙右阙之嶒崚。开千门兮万户，带岩廊以迥萦。台百尺以巍嵲，重三阶以跻登。屹中天以层构，抗浮云而上征。激日景以纳光，耀丹碧于紫清。观其琼堵瑶砌，赤墀彤庭。青锁金铺，绮窗珠棂。镂槛文棍，玉碥绣楹。跨丹凤于阿阁，榱金爵于舳棱。悬. 彩虹于修梁，跃苍龙于飞甍。含灵曜以欲翔，望北辰而高兴。饰华榱以壁珰，缀琱簷兮列星。形霞映棻楣之菔萼，薰香郁椒壁之芳馨。日华丽文棋之玲珑，空彩镂罘罳之晶莹。三光临耀，五色璀灿。壮丽穹窿，英磬名赞。……

他在对故宫的建筑作了一番描述之后赞曰："此诚所谓旷千古之希逢，而超万代之奇观者也。"

事实也是如此，把八千多间房子遵照"皇权至高无上"的主旨和其功能的不同，布列在一个面积约72万平方米的紫禁城里，其间殿阁楼台，墙院桥亭，此起彼伏，曲奥幽深，疏密有致，其难度之大也是显而易见的，但它成功了。

2. 建筑序列韵律之美

"规则的序列，产生一种庄重、爽直、明朗的印象，而且强调高潮。它必然引起一种感官上的感受。……不规则的序列则充满了流动和各种运动的感觉。这种不规则的序列，能造成令人料想不到的感染力，造成外观上使人感到惊异的一些部位。"这是托伯特·哈姆林在《20世纪建筑的功能与形式》中的一段话。

我们知道,任何具有一定空间组成的建筑物都包含有一定的空间序列,规则的或不规则的,明的或暗的;或者有的强一些,有的弱些,稍经细心体会就会感到"序列"的存在。这是因为空间序列就是按照一定的轴线关系将一系列不同的空间有序地组合在一起,形成对建筑的整体概念,而人们也正是通过这些空间序列的安排去认识建筑的匠意的。"人类生活在地理环境中,对周围环境有个观赏、感受、认识的过程,并由此作出种种反应。"或者说,人们在一个空间序列中行进时,总要按照一定的轴线方向和一定的空间布局顺序,从一个空间进入到另一个空间,直到走完了这一空间序列的全过程,才能获得这一空间序列的总印象。这个"总印象"也就是这一建筑的"匠意",即建筑匠师们希冀通过建筑物的形制、体量、色彩以及它们在空间的序列安排所要表达出来的创作意图。

故宫由大清门往北经过两厢的"千步之廊"(已于20年代初拆除),跨越长安街、金水桥,进天安门、端门、午门,穿过太和门,跂过门内五虹、玉阶三叠托起的太和殿、中和殿、保和殿三大殿,再过乾清宫门,经后朝的乾清、交泰、坤宁三宫,步御花园,出神武门,登景山万春亭,放眼北阙,鼓楼、钟楼在望……这一条长达4100多米的中轴线贯穿着十余个大小不同的空间,组织着三殿、三宫、东西六院。如果我们从中轴线的剖面由南向北去观察那一序列门楼、殿阁和广场空间所构成的轮廓剪影,它那高低起伏、紧缓疾徐的节奏变化,就如同一首乐曲在黄瓦朱墙的主旋律下流淌着,其抑扬顿挫、跌宕起伏,让步入其间的人也随之激荡跳跃。太和殿的金銮宝殿,面阔11间,进深5间,高38米,重檐庑殿顶,坐落在高达7米的汉白玉三层栏台上,更显得高耸齐天,巍峨壮丽。乐曲也达到了最高潮,而这错落有致、变化万千的宫殿组群中轴,再加上东西两侧的文华、武英、宁寿、慈宁、寿康、弘孝、神霄、养心等殿阁的烘托呼应,更把这座宏伟的紫禁城组织得庄严而神秘,却又令人产生敬畏。

"高潮"是艺术结构中不可缺少的组成部分和核心部分。缺了它,艺术作品就会显得不完整,犹如文学、戏剧、音乐等不但有起始(序曲)和结束(尾声),必须还伴随着矛盾的冲突和情节的跌宕,才能引起人们情绪的共鸣而赋予作品生动的审美感受。它是整个作品艺术构思表现的焦点。而故宫建筑空间序列和高潮的安排，不仅独具一格，而且在"高潮"出现之后还有一系列次要的空间序列延续下去，直到钟楼之后才分列给东西两侧的安定门、德胜门作为结尾。这正是中国哲理"余味犹存"或"意犹未尽"的体现，将高潮涌起的激情逐渐在笔断意不断的次要序列下逐渐平静下来，让人尽情回味。

已故的我国著名建筑学家、清华大学教授梁思成先生对于北京城的中轴线曾作过这样的叙述：

我们可以从外城最南面的永定门说起，从这南端的正门北行，在中轴线的左右是天坛和先农坛两个约略对称的建筑群；经过长长一条市楼对列的大街，到达珠市口的十字街口之后，才面向着内城第一个重点——雄伟的正阳门楼。在门前百余米的地方，拦路一座大牌楼，一座大石桥，为这一个重点做了前卫。但这是一个序幕。过了此点，从正阳门楼到中华门（即大清门或大明门），由中华门到天安门，一起一伏，一伏而又起，这中间千步廊（民国初年已拆除）御路的长度和天安门面前的宽度，是最大胆的空间处理，衬托着建筑重点的安排。这个当时曾经为封建帝王据为己有的禁地，今天是多么恰当回到人民手里，成为人民自己的广场！由天安门起，是一系列轻重不一的宫门和广庭，金色照耀的瓦顶，一层又一层的起伏峋峻，一直引到太和殿顶，便到达中轴线前半的极点。然后向北，重点逐渐退削，以神武门为尾声。再往北，又"奇峰突起"的立着景山，做了宫城背后的衬托。景山中峰上的亭子在南北的中心点上。由此向北又是一波又一波的远距离重点的呼应。由地安门，到鼓楼、钟楼，高大的建筑物都继续在中轴线上。但到了钟楼，中轴线便有计划地、也恰到好处地结束了。中线不再向北到达墙根，而将重点平稳地分配给左右分立的两个北面城楼——安定门和德胜门。有这样气魄的建筑总布局，以这样规模来处理空间，世界上就没有第二个！

有人则干脆把紫禁城中轴线上建筑序列的安排称之为"乐章"："当人们沿中轴线漫步观赏时，从低沉旋律的大明门（清改大清门）到外金水桥豁然开朗时，犹如宫殿建筑的序曲；从承天门（清改天安门）到午门则成为高昂旋律的第一乐章；从金水桥到三大殿是乐曲旋律的第二乐章；从乾清门到御花园是乐曲的第三乐章；从玄武门（清改神武门）到万岁山（即景山）则为乐曲的尾声"，并说，在570年前中国古代建筑艺术已然具有音乐般的优美韵律。紫禁城建筑群就是一曲凝固的音乐。设计者把外朝、内朝，以及序幕、后屏组成一体。在这一组空间组合艺术中，在步移景迁的欣赏过程中，体现出抑扬顿挫、富于变化的韵律美。故宫中轴线的设计技巧，体现出中国古代建筑师的，深厚的美学造诣。紫禁城宫殿是中国古代美学在建筑中深刻而完美的体现。

这是因为，空间的形状、大小，乃至方向、开敞或封闭，照亮或黑暗，都会感应于人，使之产生心理、情绪上的变化，从而获得意想中的效果。例如，高大而明亮的大厅，会使人觉得开朗、舒畅；而一个广阔，但低矮且昏暗的大厅，则会使人感到压抑、沉闷，甚至恐怖；高耸而金碧辉煌的殿堂或者神坛，会使人联想到天帝和神的无比崇高、伟大；而一个狭长但低矮的长廊不仅会起到一种引导的作用，而且会让人产生一种期待感。同样，宏大、开阔的广场，总是会令人心胸为之一振；而四周以高墙围合而呈封闭状态，面积又不大的广场，则往往会使人感到压抑……我们古代的规划建筑匠师们便是这样，用建筑的语言，将室内和室外许多不同性格的空间，按照事先确定的"匠意"——艺术构思，再根据"形式美"的法则，即主从、比例、尺度、对称、均衡、对比、节奏、韵律、虚实、明暗、质感、色彩、光影等等，形成开头、引导、文明、延续、收束、尾声。人们行进其间，自然会产生一系列的心理情感的变化。这就是故宫建筑整体的艺术魅力所在。

3. 建筑空间的尺度和比例之美

建筑之美不仅仅在于其形象、轮廓、色彩和装饰艺术，更重要的还有蕴于其间的比例。一座建筑的三度空间尺度与部分的比例，决定了该建筑自身的美，而几幢建筑组合为庭院，或是几组建筑组合成一个建筑群体，就更要求建筑互相组合的空间尺度和比例。故宫中轴线上的建筑组合就是采用空间体量的大小对比、形状对比或由小到大的有规律变化，来突出高潮，或预示着高潮的到来。由于在采用了对比手法后，所产生的视觉和情绪突然变化带来的新奇感，使建筑匠师们想要追求的效果更为明显。

天安门与端午门之间的空间较小，是视觉中的竖长方形空间；端门与午门之间的空间是强烈的，竖直而狭窄的长方形空间；午门与太和门之间，则是一个宽阔的横长方形空间。由于金水河岸线与五桥的横隔，更形成了两个较扁平而又略带弧形的横向空间，与刚越过的狭长、竖长空间相比，就觉得狭长得更深远，而扁平得更广阔，从而加强了横向的视感。过了太和门，从门台往北望去，太和门与太和殿之间的宽广而辽阔的接近正方形的广场空间，对比太和门南面的扁平横向空间，衬托着高耸的三层汉白玉雕砌的台栏和雄伟的宫殿，更加显得这一高潮空间序列之宏伟而端庄的气魄。它是由越过的小竖长方、狭长纵竖长方至扁平横向长方，直到宽广的、接近正方序列空间对比烘托的变化，而取得的视觉空间效果，再往后又转换成横长扁平长方、小正方，而逐渐收紧结束。这一为烘托高潮而精心布局的序列空间，做前导准备的手法，也正是紫禁城太和殿成为这一空间序列高潮的主要因素。

不仅如此，建筑匠师还利用升高主体部位地坪来突出高潮。凡是地坪较高的空间，都较地坪较低的空间觉得重要，即使在同一空间之中，局部抬高的部分或位置都会认为是特殊的。在建筑中楼梯或台阶，就是联系这高低坪的，它的指向就在预示着高潮的出现，也是烘托高潮的一种有效的手段。

在《史记》上曾记载了这样一段故事：公元前199年高祖刘邦带兵出征，丞相萧何为刘邦在长安建起了未央宫。刘邦回来，见到豪华的宫室之后大怒，说："天下匈匈苦战数岁，成败未可知，是何治宫室过度也？"萧何回答说："天下方未定，故可因遂就宫室。且夫天子以四海为家，非壮丽无以重威，且无令后世有以加也。"意思是，就因为天下未定，所以才要修建大规模的宫室。要控制天下，没有壮丽的宫殿，怎么能有助于提高您的威严？也就是说，皇帝的宫殿要有超群的壮丽，才会有"重威"。

北京紫禁城的三大殿高踞于三层汉白玉台栏之上，三上三停，太和殿的巍峨体态，是在逐步登高之中，先见到殿顶，后及殿身的，所以更显得雄伟高大，即"重威"。而太和殿本身，如果以传统的空间概念，即四柱加顶构成的立方空间为一间，就可以看作是体积、面积不等的36间（不包括东西夹室和前廊）。据于倬云先生的精确测算，中央最大的一间宽8.44米，深11.17米，高14-40米。而天花板与地面的距离又是人的8倍多，如果人站在一间的中间仰视，都会感到这个空间是高耸的。特别是中央最大的一间，顶上还有一个凹入天花板深入达 1.89 米的藻井,更有目力达不到的高远之感。当皇帝升座时,坐在离地面约 2 米的宝座上,就显得格外崇高。

从上面的阐述中我们还看到,建筑之美不仅在于其形象、轮廓、色彩和装饰艺术,更蕴于建筑空间的组合和比例之中。一座建筑的三度空间尺摩与部分的比例,决定了该建筑的自身之美,如端门与午门之间的平面尺度为纵深350米,街宽110米,形成了 1∶3 的狭长形御街;太和门庭院的深摩仅130米,但宽度为200米,形成宽阔的平面;其长宽之比为 130∶200＝0.65,也是面积中最美的比值,与近代所用的黄金分割率十分接近。不仅如此,从大明门(后改大清门)到万岁山(景山)的总长度是 5 里,而从大明门到太和殿和庭院中心的长度是 3.09 里,两者的比值是 3.09∶5＝0.618。这正是近代所称的"黄金分割率"。任何一件艺术品,当把最重要的部分放在整个作品的 0.618 部位上效果是最好的。这也足以说明我国古代建筑师运用数学比例的娴熟和巧妙。

4. 建巩色彩设计的整体之美

色彩的运用在城市规划中是具有非常重要的地位的。在建筑艺术之中,"形"是最基本的,也是最常见而又最实用的建筑实体形象。而"色"在建筑艺术形象中对建筑实体形象的渲染、烘托,乃至满足人们的审美心态,则起着相当重要作用。正是建筑物的色彩、质感、光彩等,共同组成传达建筑形色美的表现形式,并通过它们对建筑体态形貌的共同作用,形成人们对建筑整体形象的视觉审美感受。而不同的色彩又会给人以不同的心理感受,并由此而产生不同的感觉和联想。在我国古代建筑中,就常常利用色彩的补色效果、问色效果来处理建筑物室内外的表面形式而获得形式审美的不同效果。北京故宫就是运用色彩在建筑中的这种作用,来取得视觉审美上的理想效果的。

在我国古代的历史中,最早使用的是黑、白、土红和赭石。红色是最早的流行色,给人以喜庆、向上、热烈、奋进的效果。到奴隶社会则把青、赤、白、黑、黄看作是东、南、西、北、中和木、火、金、水、土的五方正色的代表。到了封建社会,黄色标志着神圣、权威、庄严,也是智慧和文明的象征，成为皇帝御用的专有色彩。

　　明清故宫就采用大面积黄色的琉璃瓦做顶，宫殿区的宫墙、檐墙一律是红墙身、红柱子、青下肩，远望似黄色琉璃之海，再以规格化的彩画等给建筑披上了金碧辉煌的色彩，获得了丰富而和谐统一的艺术效果。而在故宫的周围又以胡同为骨干，形成了形色统一，以灰色为基调的大面积低矮的四合院。每当盛夏来临，这些四合院中的绿荫又组合成了面积广阔的翠绿色海洋，把金光闪烁的"宫殿之海"映衬得更加高大雄伟，气势磅礴。一个城市的规划，在色彩的运用上作出如此大胆的设计，并形成了理想的艺术效果，这在世界的城市规划史上可以说是独一无二的。

象天设都　法天而治
——试论北京中轴线的文化渊源

北京地理学会副理事长、北京联合大学北京学研究基地特邀研究员　朱祖希

城市，作为人类文明的象征，既是某一地域各文化圈文化能量的集结地，同时也是该地域文化能量的辐射中心。而作为城市最高形式的都城，更是一个国家文化网络的中心。

北京，作为社会主义中国的首都、作为中国封建社会最后几个朝代的首都所在地，无论就其在文化的博大，抑或是精深，都展现着中华文化的魂魄，缠绵着时代特有的神韵。而北京的中轴线就是其集大成者。

当我们在阳光明媚、碧空如洗的日子里，登上景山之巅，站在万春亭中极目四顾的时候，都会看见一幅波澜壮阔，至为壮丽的图景：金光闪烁的紫禁城，在难以胜数的又略呈灰暗、低矮的四合院和苍翠树荫的衬托下，构成了一个华美雄浑的有机图案。

平面外形呈"凸"字形的北京城，是由半部的内域和南半部的外域组合而成的。故宫是内域的中心。整个北京城就是围绕着这个中心来部署的——紫禁城、皇城、内域、外城，形成层层拱卫的"回"字形格局。而由南向北，贯通全程的便是一根长达7.8公里的轴线。北京独有的壮美秩序，前后起伏、左右对称的体形环境和建筑物的空间分配，都是以这条中轴线为依据展开的。

一、北京中轴线的形成

"轴"原是指车轴，或是指其他转动着的机件围绕某一根立轴转动。也有

人把平面或主面，分成互相对称的两部分的直线，称之为"中轴"。后来，又有人把此引申为"中轴线"。所以，"中轴线"是城市规划师、建筑师在城市规划、建筑设计中常用的一个术语，意为建筑物、建筑群，乃至整个城市以之为基准的中心线。这根中心线就是我们平常说的"中轴线"。

北京城从南端的永定门到北面的钟鼓楼，这条贯穿全城的中轴线，就像是一个"合页"中间的"轴"。"中轴突出，两翼对称"是北京城城市格局的最大特色。

我们今天所见到北京中轴线，肇始于元，而形成于明。

元至元元年（1264），成吉思汗的孙子忽必烈称"汗"，即元世祖。元初，都城在开平（今内蒙古自治区多伦附近）。但是，随着政治重心的南移，原燕京的地位也日趋上升。特别是他胸怀灭亡南宋、统一中国的雄才大略，将其都城南移的愿望也日益强烈。元至元三年（1266）忽必烈派刘秉忠来燕京相地。后决定放弃燕京旧城，而在其东北郊以原金代的离宫——大宁宫（琼华岛）为中心兴建新都，即元大都。

当时，为了把琼华岛周围的天然湖泊全都揽入城内，便确定了湖泊东延的最远点，即今万宁桥（后门桥）为基准点，形成南北延伸的规划建设中轴线，即后来从南端的丽正门到北面的中心阁的南半城的中轴线。并把大内（宫城）建于其上，与湖泊西岸的另两组建筑——南面的隆福宫、北面的兴圣宫形成"三宫鼎峙"的态势。在这条规划建设中轴线的北端，即从中心阁往西129米处，又有一条控制北半城的中分线。其南端建有钟楼、鼓楼二楼（这也就是后来的旧鼓楼大街）。

明成祖朱棣夺取王位之后，决定迁都北平，其间虽有拆除元故宫的行动，却仍继承了元大都城的规划建设中轴线，并把钟楼、鼓楼二楼迁建到中轴线的北端，在拆毁元朝延春阁的遗址上堆砌万岁山（清改称景山）。嘉靖年间增建外城，不仅使北京城的平面格局形成了历史上独一无二的"凸"字形，从而也就形成了南起永安门，北至钟楼、鼓楼，这样一条长达7.8公里的北京城中轴线，并为清代所继承。

新中国成立之后，定都北京，原先业已存在的中轴线，不仅被全盘继承下来，而且还有了创造性的发展。其中对天安门广场的改造便是其最好的见证。

天安门广场在历史上曾是封建统治者的宫廷广场。据史书记载,对于宫廷广场很早就已出现在封建帝都的规划建设之中。但是新中国成立之后,天安门广场已经成了人民群众集会的政治性广场,即成了"人民当家做主",表达人民意愿的标志性广场。旧日封闭性的宫廷广场自然难以满足。因之,新中国成立之后不久,在天安门城楼两侧增建观礼台的同时,原先呈封闭的宫墙,还有分列于东西两侧的长安左门、长安右门就被相继拆除。1958年5月在广场的中央矗起了高耸的人民英雄纪念碑;同年8月党中央、中央人民政府又决扩建天安门广场,并形成以拓宽后的东西长安街为两翼,面积达40多公顷的"T"形广场。广场的东西两侧建起了庄严雄伟具有民族风格的现代建筑——人民大会堂、中国革命历史博物馆。从而使广场呈现出了空前未有的磅礴气势。相比之下,紫禁城这座旧日突出于全城中轴线上的古建筑群,虽然仍是那样的金碧辉煌,但已退居到了类似于广场"后院"的次要地位。

1990年,北京迎来了第11届亚运会。当时的亚运村和国际奥林匹克体育中心就修在北京中轴线的直北延长线上。中国科学院院士、历史地理学家、北京大学教授侯仁之先生认为,这是一个具有划时代意义的举动。因为它一反中国历史上宫殿建筑都要"面南而王",中轴线也总是向南发展的传统。它标志着中国不仅要改革开放,而且要面向世界。

2007年奥林匹克公园的修筑,又与亚运村融为一体。它既是北京中轴线历史文脉的延续与发展,也是中华民族传统文化的延续与发展。奥林匹克公园的选址与古都文脉的有机结合,充分体现了"人文奥运"的理念。

二、都城中轴线演进的轨迹

考古发掘业已证明,在我国古代的"城"与"国"往往是合为一体的,一城即一国。公元前21世纪(即距今4000多年前)中国历史上第一个朝代——夏朝的建立,标志着奴隶制国家的诞生。商初都亳城,建于今河南偃师。其城周长5330米,内有宫城;宫城正门与郭城南门遥相呼应,成为统领全城的南北中轴线。这便是迄今所见中国古代都城规划建设,采用中轴线对称布局的最早实例。

商朝的都城曾经历数次迁徙，而最后的273年间建都于殷，即今河南省安阳小屯村一带。其宫室是陆续兴建的，并且是以单体建筑沿着与子午线大体一致的纵轴线，有主有从地组合成较大的建筑群。或者说，在我国封建社会时期，宫室建筑常用前殿、后寝，并沿着轴线纵深对称布局的方法，在奴隶制的商朝后期的宫室建设中就已经略具雏形了。

成书于春秋时期的《周礼·考工记》记载了周王城制度："匠人营国，方九里，旁三门，国中九经九纬，经涂九轨，左祖右礼，面朝后市。"现存的春秋战国时期的古城遗址，如晋侯马、燕下都、赵邯郸王城等，都已有了在中轴线上筑以宫室为主体的建筑群，两侧再布设整齐规则的街道，与《周礼·考工记》所载的王城制度大体相符。

汉初所体的《周礼》中，还记述了周宫室的外部还有为防御和揭示政令的阙，且设有五门（皋门、应门、路门、库门、雉门）和处理政务的三朝（大朝、外朝、燕朝），即所谓的"五门三朝制"。阙，在汉唐时依然使用，后来变逐渐演变成明、清两朝的午门。所以有人认为"五门三朝制"也被后代附会沿用。

长安城是西汉的首都，是当时中国政治、文化和商业的中心，也是商周以来规模最大的城市。城的东、南、西、北各有三座城门。每门有三个门洞，各宽9米，与《周礼·考工记》所载的，以车轨为标准修筑的道路宽度，基本相符。其中贯通全城南北的安门内大街宽约50米，长达5500米。其中央有宽20米的驰道，是专供皇帝出巡的。两侧有排水沟；沟外又有各宽13米的街道。

东汉洛阳城和曹魏的邺城（在今河南安阳东北，漳水南岸）都继承了战国时的传统。

建康（今南京）住于长江的东南岸，北接玄武湖，东北依偎在钟山之南。公元317年东晋奠都于此，实际上是就三国时吴国建业的旧址。自此历经宋、齐、梁、陈。589年陈亡，建康一直是中国南部各朝的都城。

建康城周长约8900米。南北长，东西略狭窄。南面设三座门，东、西、北各二门。宫城的北部略偏东，正中的太极殿即是朝会正殿，并有大道向南延伸至朱雀门,再跨过秦淮汉直抵南部。从而形成了以宫城为中心的南北轴线。

隋唐长安城的规划建设总结了汉末邺城,北魏洛阳城的经验,将太极宫(皇帝听政、居住的所在)和皇城置于全城的北端,并以承天门、朱雀门与全城的正南门——明德门所形成的宽150米的中央大道(朱雀门大街),即是统领全城的中轴线。然后再以纵横交错的棋盘式道路,将全城划为108个里坊。而其中心部分的布局,则依据左右对称的原则,并附会《周礼》的三朝制度——以宫城的正南门承天门为大朝,太极殿、两仪殿为日朝和常朝,沿轴线建门、殿数十座。整座城恢宏、壮丽,气势磅礴。巍峨的宫殿建于龙首原高地。地形上的居高临下,使皇宫更加显出"皇权至上"的威严气势,也使整座长安城的建筑高低错落,增加了城的立体感,充分地表现出了政治主题。

979年,北宋结束了"五代十国"的分裂局面,建立了统一的中央集权的国家。其都城开封,即东京,为我国重要的古都之一。其平面布局、城市面貌等既有对前代的继承,也有其独特的地方,且对后世影响也颇大。

开封城的平面呈不规划的矩形,南北较长,东西略短,由内到外有三套城墙拱卫:中心为皇城,第二重为里城,最外一重为外城,且均有宽阔的城壕互相环绕。尽管这三套城墙、三套护城河,是逐渐扩建相继修筑的,但其宫城居中,层层拱卫的格局,亦为后世所效仿,如金中都城、元大都城都采用了这种布局形式。

整个东京城的平面布局东西两翼虽不是对称的形式,但其自大内正南门——宣德门,过州桥,直奔内城正南门——朱雀门、外城正南门——南熏门,这条宽达300米的御道,显然成了统领全城的中轴线。

12世纪初,金在占领了辽的陪都——南京城之后,又在天德五年(1153)正式迁都至南京,并护其东、南、西三面,改称中都城。北京城为一代王朝的首都由是开始。整个中都城的规划建设完全是以北宋汴梁(开封)的制度,将南京城改、扩建而成的。城中有一条南起外郭城的正南门丰宜门,北上过龙津桥,进皇城南门宣阳门,千步廊,进宫城南门应天门、大安门、大安殿、仁政殿,出拱宸门,直达北端的建玄门。从全中都城的复原图可以看出其整体布局在中轴线的东西两侧并不对称,但仍遵循"中轴突出,两翼对称"的原则,并为后世所继承。

元大都城和明、清北京城规划建设中轴线的形成,已见于前文所述,此处不赘。

由上可以清楚地看到,北京中轴线承接了中国都城规划建设近4000年的历史演进。或者说我们今天所见到的政治主题鲜明,建筑序列跌宕起伏,错落有致的北京中轴线是中国数千年都城规划建设中轴线的最后总结,是其集大成者。

三、北京中轴线的文化渊源

中国,作为世界闻名的文明古国,地域辽阔,自然地理条件复杂而多样。各种文化区在中华大地上争妍竞秀,而且常常是互相影响、相互渗透,积聚成一幅瑰丽的图景,为后来独特灿烂的中华文明打下了坚实的基础。

中国新石器时代的文化是多元的。但考古研究又证明,中原华夏文化区在中华文明即将诞生之前,便已居于中华大地史前各文化区的核心地位,且奠定了它在未来作为中华文明发祥地的坚实基础。

地处北半球的黄河流域强烈地受亚热带季风气候的影响,寒冷而强劲的偏北风,袭击着黄河流域,气候寒冷的冬季长达数月之久;在夏季又受来自东南部温暖而潮湿气候的影响,气候温和,甚至暑热蒸人。因之,房屋建筑面向正南自然是最适宜于人类居住的:北侧封闭,以抵御冬日凛冽的寒风;南侧开设门窗,既便于在冬季接受和煦的阳光,也有利于夏日的空气流通。

如前所述,黄河流域最早的宫殿建筑便是背北而面南的。《周礼·天官》:"惟王建国,辩方正位,面南为尊。"《考工记》则更明确地提出了王城建设的规划原则:"匠人营国,方九里,旁三门;国中九经九纬,经涂九轨,左祖右社,面朝后市。"

在中国的远古时代,"天"似乎一直是一个摸不着、说不清、道不明,而又充满着神秘色彩的东西。由于天的变幻莫测,人世间的祸福、命运完全慑服于自然界的威力,进而敬畏自然,并把大自然降于人间的祸福归结为某种神的力量。而在宇宙的"众神"之中又有一个至高无上的主宰者——天帝。

这个驾驭宇宙、领袖群伦的超自然的"天帝",也自然成了中国文化寄寓的精神象征。正因于此,无论是从人的主观角度,抑或是从大自然的客观角度而论,作为以农耕文明为显著特点的华夏大地,从它的原始形态文明开始,便与天结下了不解之缘。而对巍巍苍穹神秘力量的体悟、敬畏,乃至崇拜,又产生了华夏民族文化上某些亘古不变的原型。古人总是把天象的变化与人间的祸福联系起来,认为天象的变化预示着人事的变化、吉凶,乃至国家的兴亡。不仅如此,我们的祖先还从对天穹的观测中形成了这样的一种观念:天界是一个帝星——北极星为中心,以四象、五宫、二十八宿为主干构成的庞大体系。天帝所居的紫微垣,位居五宫的中央,即"中宫"。满天的星斗都环绕着帝星,犹如臣下奉君,形成拱卫之势。《中庸》载:"天道恒象,人事或遵。北极足以比圣,众星足以喻臣。紫宸(即紫微宫)岂惟大邦是控,临朝御众而已。"

所以,自古以来,中国历代帝王都自诩为天帝的"元子",其所做的一切都是"奉天承运",而中国的政体又是以北天区为原型的文化物——中央集权于皇帝一身,郡县形成拱极之势。"象天设都,法天而治",即寻求"象征物"(建筑物,乃至建筑群)与"存在物"(想象中的天体世界)的物物相对。诚如《三辅黄图》所说:"苍龙、白虎、朱雀、玄武,天之四灵,以正四方,王者制宫阙殿阁取法焉。"皇帝所居的宫城必定要效法于天帝,居于"天中"的紫微宫,即中宫。在"地中"("土中")修筑紫禁城。而在其正南一面则要辟出一条通向皇帝宝座的御道,即"通天之路"(亦称"天街")。

这个自周秦以来,尤其是自隋唐以来长期延续的基本定式,即以皇宫为中心,并将主要建筑物部署在中轴线上,左右取得均衡对称,再加上高低起伏变化,构建出一个在空间布局上最大限度地突出"普天之下,唯我独尊"的大一统思想。

明清北京城的建设,不仅传承了元大都城的规划建设中轴线,而且效法明南京城,在表现手法上显得更为灵活。譬如,在紫禁城的北面,用拆毁元代故宫的房渣土和挖掘筒子河的渣土,在元代后宫的延春阁上堆起了一座高40余米的土山。这座在中国风水理论上所谓的"镇山",与奉天门(即今太和门)前的内金水河形成了"背山面水"的格局,且命名为"万岁山"。这座人工堆砌的小山，异峰突起于北京小平原上，成为北京城中"君临天下，皇权至上"极为鲜明的标志。与此同时，又将原位于旧鼓楼大街上的钟楼、鼓楼二楼，移到"万岁山"的北面，作为整个中轴线的终结。钟楼、鼓楼二楼原是京城的报时中心，自然也是全国的"标准时间"，从而也就更加突出了"大明江山，一统天下"的政治内涵。

明北京城为清朝所承袭。清康熙四十八年（1709），清政府曾将贯通北京城的南北中轴线确定为天文、地理意义上的"本初子午线"即零度线。这实际上是在天文和地理意义上重申古代中国以本土作为世界中心的理念。它比1884年国际会议确定通过的，以通过英国格林尼治天文台的经线作为本初子午线要早175年。

至于有关北京城中轴线存在有偏离子午线的现象，实际是指南针本身就存在的磁偏角。对此，我国古代的天文学家也早已有所察觉。宋初，供职于司天监的天文学家杨惟德就曾在进献皇帝的《茔原总录》一书中说道："取丙午、壬子之间是天地中，得南北之正也。"

总之，我们中华先祖的天文崇拜、象天设都，即在宇宙，"天"为至尊；在人世，"君"为至尊，乃是形成"天子居中、层层拱卫"理念的本源。作为中国文化观念的原型，它制约并影响着政治和哲学的观念，塑造着"天人合一，君权神授"的文化特色，并仿照北极独尊的格局，模拟以北极为中心的天国秩序。"王者如居天下之中"——"地中"，建成一个大一统的国家体制。而"君临天下，面南为尊"，则是我们位居北半球这一地理位置的先祖崇拜北极的产物，原本是宫殿前面圣的御道，经过数千年的演绎，最终成为贯通都城南北、统领全城的中轴线。

主要参考书目

1. 梁思成：《梁思成文集》，中国建筑工业出版社，1991年版。
2. 侯仁之：《历史地理学的理论与实践》，上海人民出版社，1979年版。
3. 侯仁之、金涛：《北京史话》，上海人民出版社，1980年版。
4. 侯仁之主编：《北京历史地图集》，北京出版社，1988年版。

5. 刘敦桢主编：《中国古代建筑史》，中国建筑工业出版社，1980年版。

6. 杨宽：《中国古代都城制度史研究》，上海古籍出版社，1993年版。

7. 陈江风：《天文崇拜与文化交融》，郑州：河南人民出版社，1994年版。

8. 王子林：《紫禁城风水》，北京紫禁城出版社，2005年版。

9. 朱祖希：《营国匠意——古都北京的规划建设及其文化渊源》，中华书局，2007年版（获荣四届国家国书馆文津图书奖）。

10. 朱祖希：《古都北京》，北京工业大学出版社，2007年版（获荣四届北京市优秀科普图书最佳读物奖）。

北京中轴线"申遗"
应强调和充分体现元大都的内涵

赵志欣

内容提要：为什么"应强调和充分体现"的回答有个三方面：一、从包容性和观念上看元朝是我国多民族历史传承的关键一环；二、从历史性和知识性上看元大都是以后建京的基础与被传承；三、从整体性和方法上看元大都的重要遗存应随中轴线一同"申遗"。

一、从包容性和观念上看元朝是我国多民族历史传承的关键一环

1. 历代帝王庙入祭忽必烈的反复与其"绪线传承"的精神

（1）朱元璋的做法。他在南京创建了历代帝王庙，入祭的各朝开国帝王共16位，为首的是伏羲，其末正是忽必烈。忽必烈可是朱元璋刚推翻的元朝皇帝，而且还是异族，都被入祭了，并在当时的北平还专建了忽必烈祠，这就表明朱元璋大度而有包容精神。朱元璋还说过：忽必烈"丰功德茂"，他和我都是"天"派来治理国家的。

（2）嘉靖的功过。为了祭拜方便，明嘉靖又建了代替南京的北京历代帝王庙，但15年后他没处理好汉蒙关系，就又去掉了忽必烈的牌位。

（3）清朝的包容。清朝不仅马上恢复了忽必烈的牌位，更增加了成吉思汗、耶律阿保机、完颜阿骨打等少数民族的开国皇帝。而且除昏庸暴君外，几乎所有皇帝都入祭了，乾隆时代就增加到188位。乾隆更有一套理论，他

说要"大公至正",不论什么民族,不管东西南北的"偏安之国"都要同等对待,达到"上自羲轩,下至胜国"的包容系列,体现着他"中华统绪,不绝一线"的传承。这是伟大而深刻的思想,综合起来可谓"多民族中华包容,大一统绪线传承",这也就成了历代帝王庙的传统精神。

2. 社会上对元朝还有认识不足的现象

(1)"元青花"故事:民国时有人去琉璃厂卖一"元青花"瓶,瓶上落款是"至正十一年"(1351)。但问了几家都没人要,说这是外族统治的"元朝货"。最后被一英国人只花两块大洋买走了,回国后赠给大英博物馆。一专家看后发表了文章,震动了全世文化界。文章还特别指出这是中国头一批带有"年号"的瓷器,但没有震动中国。又,1952年,一位美国专家专程到土耳其博物馆考察"元青花"。随后就出版了两套巨著,更引起各国专家蜂拥而至土耳其。直到国外以合2.3亿人民币拍卖了一件画有"鬼谷子下山"的元青花罐时,我国才重视与大力弘扬起"元青花"来。

(2)最近的不和谐之例:2011年,我曾先后听了社科院王岗老师两次讲座,知道了元大都是700年前的世界城市,了解到刘秉忠有几大贡献:一是依《周易》起名国号大元、年号至元;二是依《考工记》建成元上都、元大都;三是依儒家思想制定国家体制与礼仪。总之,他是儒道佛三家的文化大师,留下了许多著作,对中华多民族的融合起到了巨大作用。当我了解后就怀着敬佩的心情,去参观了卢沟桥附近他的墓址碑。但使我没想到的是,在碑座上有用粉笔写着骂人的22个字:"原来你是个孝忠蒙古X的老汉奸,狗日的老汉奸,汉奸!"我思虑了,这要在当时被蒙古兄弟看见了,将会发生什么?当天我就通过组织反映给丰台区了。无独有偶,在相近时间又听到一位蒙古朋友说:"忽必烈是民族的叛徒,他不该跟其弟阿里不哥争汗位,那就会保住了大蒙古的文化传统。"这些虽是个别且是普通人的认识,但,却不适合"多民族中华包容、大一统绪线传承"精神,也容易引起民族矛盾,并误会在辽、金、元、清朝做官的异族人,有专家也说那得有多少"汉奸"哪!

(3)刘秉忠故里原也有民族顾虑。本人先后两次访问过刘秉忠故里邢台,我对文史专家说:"我原来知道些郭守敬的事迹,却对刘秉忠知道很少。我来

邢台后也问过一些人,他们也不大了解刘秉忠?"专家说:"这是我们宣讲得不够,我们早就上报要大力宣传刘秉忠与郭守敬,但只建了郭守敬博物馆。"我问:"这是否因为郭守敬是搞科技的,不像刘秉忠是搞政治的,'民族性'强,有风险?"专家说:"其实刘秉忠比郭守敬总的贡献要大得多!当初我采访郭守敬故里郭村时,人家只说,这村姓郭的都是明朝由山西大槐树迁来的,回避说这村没有元朝的郭姓,也怕受牵连。"我说:"我有一位姓赵的老朋友,他原本是满族,清朝亡后,他家就改为汉族姓赵了。"此时专家忽然兴奋地说:"现在好了,到2016年,是刘秉忠诞辰800周年,从现在起就大力宣传他,到2016年达到高潮!"我表示我们也努力宣传,当然这首先要讲包容精神。

3. 对不包容思想的评说与抵制

(1) 讲少数民族王朝史时也讲汉族王朝的忠臣是对的。如讲辽史时讲杨家将,讲金史时讲岳飞,讲元史时讲文天祥,都是对的。但人们怎么对辽金元的忠臣知之甚少呢?甚至多知道其反面,至于对辽金元朝的汉人官员就更甭说了。

(2)《三皇五帝时代》一书评说:"历史上中原王朝与少数民族政权的斗争,不过是中华民族内部的事情,有如一家兄弟争理家权那样。""唐兰明确指出了孔子与司马迁的错误是:自黄帝至夏商周'万世一系',皆源于黄帝一人,以黄帝为'人文始祖'。由此引出大汉族主义和中原王朝正统论,视其他民族为异族。"

(3) 陈独秀抵制行为。孙中山的同盟会曾动员陈独秀加入,陈独秀问:你们的口号还是"驱除鞑虏"吗?答:是。陈独秀拒绝了,然后就建立了共产党。以后的辛亥革命党人也实行了汉、满、蒙、回、藏等全中华民族的平等原则。

总之,从包容性和观念上看,应重视元朝是我国多民族历史传承的关键一环,且重视北方少数民族的作用。

二、从历史性和知识性上看元大都是以后建京的基础与被传承

1. 元大都开创性的四大特征与明朱棣迁都

（1）元大都开创性的四大特征

第一，元大都是我国统一疆域最大时的首都。元朝北部两省的北界到北冰洋。

第二，元大都是我国少数民族第一次统一全国且包融民族较多时的首都。北京之所以能成为首都，是北方少数民族强大的结果，他们有大功。

第三，元大都是我国第一个统一王朝建在了"天下之中"与"风水宝地"。除国土之"中"外，这里还是地形气候的过渡、陆地海洋的交错、各种经贸的沟通、多元文化的包容、不同民族的碰撞、政治军事的焦点等多方面之"中"。燕山显得比秦岭更突出"中"字，正是"天下之中在燕山"。而且元大都还有左青龙（盘山）、右白虎（西山）、前朱雀（泰山）、后玄武（燕山），更有两河（永定潮白）相抱与大片的湿地与湖泊，四季分明，温度湿度适于人居。正是"天下之中在燕山，风水宝地北京湾"。

第四，元大都是700年前的世界城市。它发达的国内外商贸为以后的北京开了先河。马可·波罗写道："外国巨价异物及百物，输入此城者，世界诸城无与伦比。"钱文忠教授讲道："我们如果生活在元朝会发现，这是完全国际化的一个朝代。"元朝是世界上第一个在全国范围统一使用纸币的国家，其完备的纸币流通制度，比欧洲早了400年。元代的天文、数学、医学都世界领先，且内外交流。

综合起来说两千年来看西安，一千年后看北京。正是我国不同的两大首都。

（2）明朱棣迁都北京也有元大都的魅力因素

中原王朝之都本是由西向东向南迁的，怎么朱棣突然向北迁呢？原因之一应有元大都的魅力。这里的生产经济虽比不上南方，但这是最突出"中"字的"天下之中"与"风水宝地"。他要继承、恢复和发展这伟大的京都城

市，朱棣在这里已住过20多年，有专家说他很习惯于吃这里的饭菜。

史载朱棣的迁都想法是蒙军犯边疆引起的，不征服或统一燕北，国家难以安定。他的魄力是把首都迁至到更近前线，目标是要恢复和统一元时的国土和众多的民族，使北京如元大都一样成为国土之中。于是他五次向北出征，固然半途而崩，但他统一中华的壮举令人敬佩，不像他的子孙那样软弱无能，或想迁回南京、或一战被俘、或把长城修在了京门八达岭。

有雄心、有抱负的朱棣很羡慕元大都的国际交往，市场繁荣，声誉之高。于是他任命郑和也下西洋，振国威。只是他的接班人不积极了，开始了闭关自守，故步自封，包括康乾盛世。直到清朝之末，马可·波罗们不来了，来的是洋枪洋炮敲开了中国封闭的大门。其实清朝迁都北京，有明朝北京的因素，而更是效仿元朝与元大都。

（3）朱棣迁都有他没想到的另一意义

北京建都史经历了十月"怀胎"（十次建"小都"）、一朝"分娩"（金建"中"都）、茁壮成长（元建"大"都）。但，假设明朝不迁都，那燕京或大都在大汉族主义的眼里也只会落个"胡都"而已。因为鲜卑前燕、安史燕京、辽、金、元、清等都是少数民族所为，燕京可能就被排除在"六大古都"之外了，幸亏历史不是这样。有人说朱棣是"决定北京命运的皇帝"，就该是以上这个意思。历史不容假设，从辽金元开始的千年北京，正是"全"中华民族之都了。

2. 北京中轴线与宫殿设置是对元大都的直接传承

"天下之中在燕山，风水宝地北京湾，琼华灵水太液池，中轴皇宫大城垣。"

（1）元大都的中轴线与宫殿宫城皇城。元大都的中轴线自钟楼北丁字口起（豆腐池胡同），向南至丽正门（今天安门前近旗杆处），全长4.3千米。郭超专家说元大都的钟鼓楼就在今钟鼓楼的位置（非旧鼓楼大街），而中轴线的中点在今景山（元称青山），中轴线的黄金分割点（1∶0.6处）正建了延春殿，前为大明殿。宫殿被宫城所围，宫城南门称崇天门，北门是厚载门，两门都在中轴线上。宫城外是皇城，它包括了琼华岛与太液池及其西岸的兴圣宫与隆福宫，南门称棂星门，北门厚载红门，中轴线正穿过两门。其外围建了大都城。正是"琼华灵水太液池，中轴皇宫大城垣"。

理论上讲，中轴线是中国天人合一观的展现，坐北朝南，向南可无限延长，直通至天。但大都的中轴线与地理经线却有向东的夹角（两度多），俗称"抢阳"，粗略看能指向泰山，这就附会上由"祭天、通天，达到天人合一"了。中轴线是元大都的主脉，使元大都的建设成为中华优美的图画和乐章。《纵横北京》一书写道："纵观中国元代以前营建的都城，尽管可以列举出许多卓有成就的规划布局，但最接近于《周礼·考工记》'王城规制'的只有元大都……北京城市中轴线是中国古代都城中轴线营造的巅峰之作。而且成为北京城'文脉'中的主脉。"

（2）明朝的中轴线与宫殿是对元朝的传承、沿用、延长。中轴线的起点仍是今钟楼北的丁字街口，更与元的共轴，只是延长到了正阳门，全长 4.8 千米，其中心点与黄金分割点处，正建了如今宫城的三宫与三大殿。中轴线同样贯穿宫殿与南北门。皇城的大小与形状也近似于元大都的。总之"传承"大于"改造"。所以北京中轴线"申遗"就应强调与体现元大都的内涵。

（3）关于北京中轴线的另一观点。说元大都的中轴线应在今北京中轴线以西 100 多米处，近旧鼓楼大街（也有一种观点认为旧鼓楼大街就是元大都的中轴线），明朝时向东平移了。本稿不做论证，只强调中轴线思想自古是中国的传统文化。即使明朝对元大都的平行而东移，这同向南延伸一样，都是以元大都中轴线为基础的，仍有元大都的内涵。

3. 明初京城与街巷对元大都的传承较多

（1）元大都城是长方形，周长近 60 里，有 11 座门。刘秉忠违《考工记》12 门原因：文王八卦北是坎有陷、险意，而未设正北门，但有北门两座，以便通八达岭到大西北的漠北省，通古北口到大东北的辽阳省。（关于城门数，本文不支持哪吒三头六臂两腿说，也不支持阴阳中数 5＋6＝11 说）元大都大街按《考工记》有九横九纵，街巷胡同棋盘分布，如南锣鼓巷仅长 786 米却分布着 8 对 16 条胡同，是元代典型的棋盘式街巷，正如马可·波罗所写："有如棋盘，其美善之极，未可宣言。"

（2）明初南城南移近 2 里，北城南移 5 里许。南城的三门与大都南城三门相对应，名相似：正阳门—丽正门（正阳门还叫了 20 年的丽正门呢），崇文门—文明门（都俗称哈德门），玄武门—顺城门。北城门也对应：安定—安贞，德胜—健德。明东西城墙除因南移而被甩的就与元大都的完全重叠了，其门重四座：东直—崇仁，朝阳—齐化，阜成—平则，西直—合义（拆西直门时发现包有合义门）。被明甩掉的只有两座门，可见传承之多。

（3）明初京城对元大都改造及其问题。①有人说"明城南移是为压元朝灵气"或说"景山就是明朝堆土为压上元延春殿基的"等。但若辩证地看元大都城还算是明城的"基础与后盾"呢。其实明朝的规划者们并没有这要"压"的意思。②明初京城缩短变方、城门更少、门名多有直白、减少九九纵横大街等，的确是比元朝更低于《周易》与《考工记》要求的水平。就此而言，改还不如不改。③新建定都阁的宣传牌上已指出明朝的京城、宫殿都是在元的基础上建的，那么何必还大力宣传传说的朱棣与姚广孝上山定都呢？或者怎么不宣传先定都的元朝呢？其实东单至西单的长安街向西延长的直线，会穿过今建定都阁很南的鲁家滩附近，即老长安街跟今定都阁似乎没什么关系？④冯村定都峰麓的新石刻写着："燕王喜登定都峰 刘伯温一夜建北京"的传说。刘伯温是朱元璋军师，死前已失宠而回家，逝后40多年朱棣才建北京，哪里还有刘伯温，托梦说也牵强。若"传说"没有民族偏见的话，那就是与刘秉忠混"刘"了。

总之，从历史性和知识上看，应理解元大都是以后建京的基础与被传承，在中轴线"申遗"上，要尽力强调元大都的文化内涵。

三、从整体性和方法上看元大都重要遗存应随中轴线一同"申遗"

1. 对整体性的认识

北京，如果依了专家梁思成，不拆城墙，少毁古建，而在城外发展新北京，那老北京全城早就成为世界文化遗产了。梁思成也强调过北京的整体性思想："北京是在全盘的处理上，完整地表现出伟大的中华民族建筑的传统手法和都市计划方面智慧与气魄……这样一个城市是一个举世无匹的杰作。"朱祖希先生更指出了北京的整体保护，是基于中华传统文化的"天人合一"与

"普遍联系,整体把握"的思想精髓。

现在以中轴线的形式申遗也算是一大弥补和创举,这个弥补当然要以中轴线上的遗存为主,但建议应把全城重点遗存随中轴线一同"申遗",做到整体保护。但就整体而言,有的早已单独成为世界文化遗产,如故宫、颐和园等,而这些又都是明与清朝所建,没有元朝的,即使中轴线上的建筑与古迹也多是明清的。所以要特别关照那些元大都少有的重要而有代表性的遗存,方法是随北京中轴线一同"申遗",有人叫"棍棒"式,目的要达到尽力强调与充分体现元大都的内涵。

2. 元大都应随中轴线一同"申遗"的重要遗存

(1) 积水潭及御河。这里曾是元代繁盛的水陆码头与商贸市场,遗存也多。

(2) 南锣鼓巷。它仅长786米却分布着8对16条胡同,是元代典型的棋盘式街巷,几百年来沿用与保护至今,是旅游的大亮点。其街巷胡同正如马可波罗所写:"有如棋盘,其美善之极,未可宣言。"这是我国唯一保存最好、规模最大、品级最高、资源最丰富的元代居民区。今美国有一歌星就在"星光大道"上歌唱:"中国—北京—南锣鼓巷!"美国已把南锣鼓巷列为国际旅游重点之一。

(3) 北海和"渎山大玉海"。这里是辽金元的皇家御苑,忽必烈就曾在琼华岛的广寒殿勤政。他宴请群臣而盛酒的"渎山大玉海"现存于团城,是北海的镇园之宝,它是我国最大而重的玉器,堪称国宝。

(4) 国子监与孔庙。国子监始建于至元二十四年(1287),其左孔庙大门的斗拱有元代风格。元代科举九次,现庙内还存有进士题名碑三通,还有元代加封孔子及其家属与弟子的两通大碑。当然这也是明清保护、扩建、沿用的遗存。

(5) 白塔及其白塔寺。这是与元大都同时开建的工程。忽必烈的葬礼也是在这里举行的,参加人员达7万之多。白塔是尼泊尔的"民族英雄"阿尼哥主持建造的,是中外艺术的结晶。其寺在元朝灭亡的前两个月被雷击烧毁,只白塔幸存。白塔正是元大都与今北京的"标志性建筑"之一。

(6) 元大都土城及其有关遗存。元大都遗址已是世界文化遗产了,元大都土城及其遗存（包括东南角楼天象台）也应成为世界文化遗产。

3. 北京历代帝王庙特别应随同中轴线"申遗"

历代帝王庙全球独有，是中国传统千万年的记忆。而元朝与忽必烈是这传承的关键一环。历代帝王庙更有"多民族中华包容、大一统绪线传承"的精神。

总之，从整体性和方法上看，元大都重要遗存应随中轴线一同"申遗"。这样在北京中轴线"申遗"上，才能充分体现元大都的内涵，才能算是有包容性、历史性与整体性。

探讨北京城中轴线

景山公园文化研究室主任、副研究馆员　张富强

"北京城中轴线"是北京作为千年古都的标志，是中国古人为子孙后代保留的一份珍贵遗产。人们可以通过北京城中轴线去认识北京、了解北京文化。说明我们研究北京城中轴线的意义不仅在于文物本体的保护，还有更深远的含义。

我们还将探讨北京城中轴线的起点与长度，改变过去对北京城中轴线的错误认识，以大量的史实说明景山在北京城中轴线上的历史作用以及对未来北京城市建设与发展的影响。我们还要换个角度看北京城中轴线，从科学的角度去确定北京城中轴线的范围，这样对于中轴线的保护将会更有力。

我们将从北京城中轴线所承载的文化内涵，去了解北京城中轴线在中华民族文化传承中的作用，让人们看到对于北京中轴文化的保护与对文物本体保护同等重要，今天的中轴文化所代表的并不再是封建的皇权，而是中华民族五千年传统文化的象征。今天提出北京城中轴线"申遗"，是北京城中轴线保护的最佳选择。

一、千年古都的"历史名片"

只要登上景山之巅，人们就可以清晰地看到北京城南北有一条由建筑组成的轴线，气势恢弘，辉煌壮丽，这就是北京作为千年古都最鲜明的标志，在世界上也是独有的。中国有不少千年的古城，如陕西的西安、河南的洛阳和开封、江苏的南京、浙江的杭州……历史上都曾是几朝古都，有着悠久的历史和灿烂的文化。但遗憾的是，随着时间的流逝，那些昔日的辉煌都已经

成为了历史,只留下一些传说和少许的遗迹。在中国,没有一个城市像北京这样完整地保留着一条可以证明自身历史价值的城市建筑轴线。这不仅是一条建筑轴线,而且还充满了历史的谜团、艺术的魅力和文化的内涵。因为她所承载的一切都是极致的代表,无论从建筑的等级和规制上,还是从所使用的材料和建造质量上,或是在美化国都的艺术效果上,以及她所蕴含的文化特色上,都反映出各历史时期社会发展的最高水平。在世界历史上,北京城中轴线也具有独特性、唯一性和前瞻性,北京城中轴线是中华民族五千年传统文化的象征,代表着中华民族一种独特的审美观念和艺术成就,是中国古代在皇城建设方面一种创造性的天才杰作。北京城中轴线通过其壮丽而独特的建筑景观代表着北京的城市形象,也代表着中华民族的文化形象。

二、五千年传统文化的标志

北京城市南北建筑轴线的产生源于中国古老的"天轴"观念,而将这种观念最早体现到城市规划中的历史可以追索到四千年前的夏商时期。到了周代,根据《周礼·考工记》"匠人营国,方九里,旁三门。国中九经九纬,经涂九轨。左祖右社,面朝后市。市朝一夫"的记载,说明了周代王城的建设规划和空间布局等理论已经纳入了国家法制的轨道。

北京的城市布局和北京城中轴线是中国延续了几千年的"天轴"观念和商周时期城市规划建设理论最完美的体现。

景山是北京城南北中轴线的基准点和中心点,北京城中轴线就是以景山为基准向南北延展的,成为了北京城市规划建设的基准线。古人按照"中轴突出,两翼对称"的原则规划建设皇都,北京城的街市道路和居住区都是按照中轴线对称铺开,形成经纬交叉式的网络系统,古都的城门则相互对应,直对城市的主干道,并由此衔接城外的道路。从早年的北京城市街巷布局和建筑排列上看,北京的城市规划与建设都是依据北京城市中轴线平行排列的,北京城中轴线在历史上对北京的城市建设产生过深远的影响。在2008年北京奥运会前后,北京城的中轴线又分别向南北延伸了近一倍,这反映了中国传统文化理念在现代城市建设与发展上的继承和延续。今后北京的城市建设无论怎样变化，北京城中轴线对于未来北京的城市建设依然会产生深远的影响，起到无可替代的作用。

三、直观中轴线建筑

从景山上观赏古都风貌无与伦比，恰如三国时曹植诗句中所描述："崇景山之高基，迎清风而立观。"（《昭明文选·卷三十四·七启八首》）从万春亭南面鸟瞰紫禁城，眼前是一排排宏伟的宫殿，红色的宫墙、金色的屋顶在夕阳余晖的照耀下闪闪发光。看得最清楚的是故宫北面的神武门，再向远处眺望，还可以看到重叠的殿宇屋脊和鸱吻，自然形成一条贯穿皇城南北的建筑轴线，气势磅礴、巍峨壮观。站在万春亭的北侧，可以看到景山北面的寿皇殿建筑群以及鼓楼等古建筑。在同一轴线上，景山南北建筑遥遥呼应，成为中国古代唯一留存的最为经典的城市规划成果。站在景山之巅，看到古老的城池和辉煌的建筑在不断地向天边延展，给人以无限的遐想。

万春亭是北京城中轴线的中心建筑。在万春亭以南，历史上北京城中轴线上的建筑依次有景山绮望楼、景山万岁门、北上门、故宫神武门、顺贞门、承光门、钦安殿、天一门、坤宁门、坤宁宫、交泰殿、乾清宫、乾清门、保和殿、中和殿、太和殿、太和门、内金水桥、午门、端门、天安门、外金水桥、中华门、正阳门、正阳门箭楼、正阳门桥、五牌楼、天桥、永定门、永定门箭楼、永定门桥等。在万春亭以北，历史上北京城中轴线上的建筑依次有：景山寿皇殿牌楼、景山寿皇殿砖城门、景山寿皇殿戟门、景山寿皇殿、景山北中门、地安门、万宁桥、鼓楼和钟楼等。这里谈到的建筑，历史上无疑都是建在了北京城中轴线上，这些建筑由一段又一段的道路串联且完整地构成了北京城中轴线。难道我们所说的北京城中轴线仅限于这几十座建筑吗？难道我们所要申请为世界遗产的北京城中轴线也仅限于这几十座建筑吗？答案绝对是否定的。

四、中轴线的重要组成部分

在古代建筑中,北海和中南海自古就是皇家御苑和皇宫的重要组成部分,却没有一座建筑在北京城中轴线上;天坛和先农坛是明清时期皇家祭天祈谷和祭祀先农的场所,虽然在北京城中轴线的南端各占左右,但是也没有一座建筑在北京城中轴线上;与天坛和先农坛相反方位的皇家地坛和黄寺各占北京城中轴线北端的东西两侧,同样没有一座建筑在北京城中轴线上;跨越中轴线的古迹还有千步廊、雁翅楼等这样的例子不胜枚举。由此可见,北京城中轴线的建筑不仅涵盖贯穿在中轴线上的建筑,也包括轴线两侧的典型建筑。在现代建筑中,人民英雄纪念碑和毛主席纪念堂是中轴线上的建筑,而两侧的人民大会堂和国家博物馆同样都被属于北京城中轴线的重要组成部分。

北京城中轴线是记述北京城文明历史的重要证据,是古人进行城市规划和建设的科学创举。北京城中轴线所涵盖的历史建筑、皇家园林、宗教场所、文化街市和人文景观等是构成北京古都文化的脊梁。北京城中轴线的建筑景观设计对于北京城市发展产生了重大的影响,这种影响不仅限于建筑本身的辉煌和文化内涵,而且通过各种建筑形式构成了一条完整的北京历史文脉,呈现出中华民族优秀传统文化的博大精深和丰富多彩。北京城中轴线是中华民族先进文化的载体之一;是中华民族历史上先进文化的最佳表现形式;是最能够体现一千年来中华民族文化成果的经典作品,所以说北京城中轴线是中华民族五千年传统文化的结晶。

五、中轴文化内涵的挖掘与保护

北京城中轴线包括有形和无形两大部分,有形的是外表、无形的是内涵,这些都应该属于北京城中轴线的保护范围。

我们之所以把北京城中轴线申报为世界遗产,就是因为她具有世界遗产的特性。我们所定义的"文物",既包括"物",也包含"文"。我们所进行的文物保护工作既要重视对文物本体的保护,也要包含对其文化内涵的挖掘和保护,而且对其文化内涵的研究和保护似乎更为迫切和重要。北京城中轴线建筑本身只是表象,只是具体的"物",我们应该研究、了解和弘扬的是北京城中轴线所蕴含的文化真谛。既包括蕴含于每一座文物本体的文化,也包括由北京城中轴线所构成的北京特有的庞大文化体系。比如,以紫禁城为核心的中国皇家文化、以三海为代表的中国皇家园林文化、以"九坛八庙"为代表的皇家祭祀文化、以北海和黄寺为代表的民族大一统文化、以景山为标志的皇城风水文化、以皇史宬和中国第一历史档案馆为核心的皇家档案文化、以京师图书馆为代表的知识传播文化、以老天桥为代表的北京南城民俗文化、以琉璃厂和国子监为代表的明清科举文化、以前门和大栅栏为代表的老北京商业文化、以大高玄殿和白云观为代表的皇城道教文化、以钟鼓楼为核心的皇城后市文化、以原燕京大学为标志的北京新文化运动、以天安门广场为代表的新中国创立文化和以奥运会场馆为标志的新中国复兴文化等,这些都是构成北京城中轴文化的重要因素;也是中国其他城市都不具备的,而且经过数千年的传承,至今仍然影响着北京的建设与城市的发展,影响着城市的形象和人们的生活。因此说北京城中轴线又是一种文化的体现,这些文化内涵构成了北京城中轴线的"魂",而承载这些文化之"魂"的载体自然属于北京城中轴线的保护范畴。所以说北京城中轴线是以轴线上的建筑群落和街市为表象、以依附于北京城中轴线所构成的各种文化体系为核心、以北京作为千年古都的特殊历史为背景,所构成的一种作为北京标志的特殊文化形象。

北京城中轴线正是因为有这些传承了数千年却依然鲜活的文化因素,才构成了现代北京城特有的中轴文化体系以及古都形象,支撑起北京作为千年古都的文化体系和脊梁。如果这些文化因素不是附着在北京城中轴线上,其文化价值就会大打折扣,甚至早已不复存在。如果抛弃了这些文化内容和区域去谈北京学研究、北京城中轴线的保护和建设世界城市,申报北京城中轴线为世界遗产,则完全是片面的,其结果将会使北京城中轴线的"申遗"范围和未来北京城中轴线的保护工作被限制在极为狭窄的范围内。重视对建筑在轴线上的建筑的保护,而忽略了对与之相关联的文物建筑和文化区域的保护;重视对"物"的保护,而忽略对其文化的保护,那样的结果是北京城中轴线作为世界文化遗产将黯然失色。将北京城中轴线所涵盖区域的文物建筑、历史文化、人文景观等一切内涵统一升格为世界遗产是对北京文物和历史文化保护的最佳方案，这将对北京作为首都的文化发展和建设世界城市产生着巨大的影响。

六、北京城中轴线的最佳观赏点——景山

梁思成先生对中轴线有这样的描述："北京在部署上最出色的是它的南北中轴线，由南至北长达七公里余。在它的中心立着一座座纪念性的大建筑物。由外城正南的永定门直穿进城，一线引直，通过整个紫禁城到它北面的钟楼鼓楼，在景山巅上看得最为清楚。世界上没有第二个城市有这样大的气魄，能够这样从容地掌握这样的一种空间概念。更没有第二个国家有这样以巍峨尊贵的纯色黄琉璃瓦顶、朱漆描金的木构建筑物、毫不含糊地连属组合起来的宫殿与宫廷。环绕它的北京街型区域的分配也是有条不紊的城市的奇异孤例。"我们通过研究北京城中轴线景观、梳理北京城中轴线的文化脉络、挖掘北京城中轴线的文化内涵、探索北京城中轴线的文化渊源来真正了解北京城中轴线，并认识到北京城中轴线"申遗"的深远意义。不应该因为认识上的浅薄和思想的狭隘而影响北京城中轴线"申遗"的结果、影响未来北京作为历史名城文物保护的总体思路。

自从北京市政府开展北京城中轴线"申遗"工作以来，北京市政协、北京市人大、北京市政府、国家文物局的领导以及国际古迹遗址理事会世界遗产顾问米希尔·考特等官员为了考察北京城中轴线都曾经来到景山，登上山顶视察北京城中轴线，可见景山对于观赏和了解北京城中轴线的重要性。之所以到景山看北京城中轴线，根本原因在于景山特殊的地理位置和相对高的视角。今天的北京高楼大厦无数，在中轴线上古建筑也不少，但是无论怎样选择，也没有任何一个地方能够抵得上景山的位置得天独厚，从这里俯瞰北京城中轴线，其位置优势无可替代。只有在景山上才能真正感受北京城中轴线的辉煌，感受到古人的英明伟大，感受到中国人的聪明才智，感受到什么叫国都、什么叫北京城中轴线，否则就不能说你了解北京。即便是北京人，

熟悉北京的大街小巷,也游览过故宫,但是在你没有登上景山之前,根本不可能想象在景山之巅俯瞰北京的感触。这种俯瞰全城的感觉,不可能在虚拟的情况下产生,必须亲历,且必须在景山之上亲身体验。在北京城中再也没有第二个位置,再也没有这样完美的视角去俯瞰北京。可以说申报北京城中轴线为世界遗产的过程,实际上就是让全世界了解北京、传播中华民族优秀文化、展现中国传统文化精华最好的机遇。

七、中华民族的精神财富

北京城中轴线还将中华民族优秀的传统文化,通过建筑载体产生的雄伟气势、辉煌外观、坚固体态以及特殊的历史功能不断地传承,展现出祖先对国家昌盛的信念,并逐渐演变成一种激励着华夏民族坚不可摧的精神,并使之深入人心,成为千百年来中华民族的精神财富和支柱。北京城中轴线的伟大与壮美,不但使她的子孙在尽力保护她,历史上甚至连外来的入侵者也害怕因为触碰她而牵动中华民族最敏感的神经,导致更为强烈的反抗。北京城中轴线的影响力不仅限于在古代都城的规划与建设中,即使在未来,北京城中轴线仍然有势不可挡的魅力去激励中华民族、感召她的子孙后代去敬仰和热爱民族文化。

北京城中轴线原本就是中国古人为子孙后代、为全世界保留的一份珍贵遗产。人们可以通过北京城中轴线去认识北京、去了解什么是中华民族最优秀的传统文化。古人利用景山去欣赏北京的壮丽,也为后人欣赏祖先创造的奇迹提供了便利,让来自世界各地的游客都能共享中华文明成果。北京城中轴线既代表着北京的形象,更代表着中华民族的文化形象。在世界上,再没有任何一个城市有这样壮观的景致,保留着这样完整而珍贵的文化遗产,这就是北京城中轴线的魅力,也是我们研究她的意义所在。

考古工作在"繁荣古都历史文化、推动北京文化之都建设"中的重要作用

北京市文物研究所　郭京宁

一、回顾

新中国成立前的北京，没有独立的考古机构。1918年，瑞典人安特生对周口店第六地点的试掘，拉开了北京考古工作的大幕。北京也由此成为中国最早开展现代考古活动的地区之一。

风雨如晦的年代，协和医学院（美方）、中国地质调查所（中方）以合作的形式在周口店开展了数十年的发掘。期间北京猿人、山顶洞人头骨化石的出土轰动世界。周口店一跃成为世界旧石器考古和古人类研究的圣地。但由于旧中国的战乱频仍和积贫积弱，伴随着重大发现的喜悦的是猿人化石遗失而留给国人的无尽缺憾。

1949年北平和平解放，中国共产党高度重视北京的文物保护。为了保护城内的文物古迹，中共北平军事委员会特设了文物部，从国民党手中接管故宫博物院、清代的皇家园林以及其他的一些古代建筑。

新中国百废待兴，北京考古事业的发展与共和国同步。1951年7月1日，北京市文物调查组成立（隶属于北京市文化教育委员会），负责全市的考古和地上古建保护工作。由我国著名的历史、方志、档案、文物考古和博物学家傅振伦兼任主任，办公地址在西城区西长安街原市府院内东大厅。至此，北京考古有了真正意义上负责的机构，进入到独立自主的发展时期。次年6月，

迁至北海东岸的画舫斋内办公。

1954年北京市文化局成立后，文物调查组成为该局的下属单位，改名为北京市文物调查研究组，同年动工和改建新的办公地点——北海北岸的"西天梵境"，将其中的华严清界殿及琉璃阁周围已经颓废的四座角亭和围廊拆除，改建成24间具有民族样式的灰筒瓦卷棚顶带前廊的连檐平房。这一地点后沿用至今。

北京市文物调查研究组于1955年5月迁进办公，1960年11月改称北京市文物工作队。

年份	市属考古机构的变迁
1949	中共北平军事委员会文物部
1951	北京市文物调查组
1954	北京市文物调查研究组
1960	北京市文物工作队
1985	北京市文物研究所

文物调查组成立后不久，就在全市范围内开展了第一次文物普查。这次普查组织人员对北京所属的11个区县（当时平谷、顺义、密云等区县尚不属北京行政辖区管理）的地上文物及古代墓葬、古遗迹进行登记，登记的总数量达到7445余项。

"文革"期间，政治运动使得考古工作受到极大干扰。文物工作队的名称几度更改，还有部分同志被抽调去了"古书文物清理小组"，清点红卫兵查抄的文物。考古工作在风雨飘摇中举步维艰。

1979年11月28日，北京市文物事业管理局成立，文物工作队先于9月间恢复建制，成为市文物局的下属单位。北京的考古工作走上正规，迎来了生机、焕发了新生。

1985年6月，文物工作队成为北京市文物研究所，专职负责北京市的考古调查、发掘、研究工作。地上文物保护工作改由市文物局所属的古代建筑

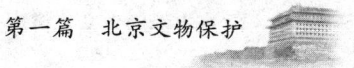

研究所负责。良好的机遇下,北京的考古工作取得了新的成就。

欣慰交织悲怆,激情创造梦想,回顾反思激发点津启罔,拼搏执着造就荡气回肠。1918年安特生在周口店不经意地一铲,掘出了北京考古的广泛天地。从此,几代考古人在田野这个没有鲜花和掌声的舞台上,挥洒汗水、奉献青春、披沙沥金——从新中国成立前连资金都依靠国外基金会提供到新世纪以来考古人员素质提升、发掘成果累累,文化遗产保护深入人心。从无到有,自小而大,由点及面,始挖至研,跋涉了一条不平凡的道路。

二、成果

近百年特别是近60年,北京考古历程中重要的发现不胜枚举,层出不穷,取得了一面面金牌。

周口店系列地点古人类化石和旧石器的发现世所罕见,至今仍是世界上最重要的宝库之一。作为一张北京历史文化的名片,让世人铭记。

王府井东方广场旧石器晚期地点,是首次在世界首都的中心区域发现的旧石器文化。为北京猿人走出洞穴、走向平原,找到了坚实的脚印。

门头沟区东胡林新石器早期遗址,是华北地区最丰富的同类遗址之一。是研究北京从旧石器向新石器时代过渡的关键枢纽。

平谷上宅新石器文化的火花,点燃了文明起源的燎原之火,也是原始农业萌芽的文化。

昌平张营夏、商遗址融合了北方、中原、东方等地区的古文化因素,形成龙虎际会的大熔炉,表明古代的北京就是一个兼容并包的舞台。

军都山玉皇庙春秋时期墓地的葬俗及大量瑰奇文物,使北方草原民族的风采扑面而来,证实了文献中北京自古就是多民族聚集的地区。

密云大唐庄出土的大量唐墓,仿木砖雕精美,让人感受到北方幽州的烽烟之下,几许温暖的生活气息。

丰台大葆台西汉刘建墓,首次证实了文献中的黄肠题凑,让人叹为观止。

门头沟龙泉务,是第一个经过科学发掘的辽代窑址,证明中国天然硼砂代替铅作助熔剂,要比国外早500多年。

昌平明定陵，是新中国成立后第一次有计划发掘的帝王陵，成为北京考古的丰碑，旅游的标志。

三、作用

一系列前所未有的考古发现深刻地诠释了人文北京的内涵，是考古工作者在建设首善之区、有中国特色世界城市过程中奉献自己汗与泪、力与智、思与情的最好体现。

第一，贯彻落实了"保护为主、抢救第一、合理利用、加强管理"的文物工作方针，保护了北京市大量珍贵的地下遗迹、遗物。

北京处于北方、中原、海岱三大古文化区的交汇地带；有着50万年以上人类居住史、3000多年建城史、800多年建都史。时空庞博，使得物质文化不但丰富且有鲜明的自身特色。在配合性、抢救性的各类考古发掘中，出土了不少于数以百万计的各类文物，避免了它们因为自然、人为的破坏而受损，留下了北京各个成长阶段的活化石。

第二，配合基本建设进行的考古工作，为各类施工建设的顺利实施创造了条件。

改革开放以来，北京城市化进程加速，特别是近十年来，正处在乡镇建设发展最快的时期。考古工作者为配合各区、县卫星城建设，各种城市的道路及配套设施建设，轨道交通建设，经济开发区建设，各级土地开发、商住房建设进行的大量调查、勘探、发掘工作，参与到城市建设之中，有力地支援了城市建设，为城市发展作出了贡献。

第三，众多的考古发现及伴生的精美文物，以实物形式串联起北京地区历史的脉络，填补了北京人、北京城、北京地区发展的空白，使古老的文化立体而真实。形象而具体。

房山琉璃河西周城址和墓地，指明了《史记·燕召公世家》记载的"周武王之灭纣，封召公奭于北燕"中的北燕封地的具体位置。对北京建城之地、之始提供了重要的依据。

西晋蓟城的位置确定，赖于华芳墓的发现。墓中的文物同时告诉人们，当时的北京已同西亚有着深度的联系。

唐幽州城的大致方位和范围以往只见于文献。1951年以来，在东交民巷御河桥、陶然亭公园以西的姚家井、永定门外安乐林、西四羊肉胡同、广安门外甘石桥北的北京钢厂院内等地发现的任紫宸、唐信州刺史薛氏、姚子昂、任希、侯氏等墓志的发现，大致确定了幽州城的实际分布，许多村乡名称也由此得知了。

金中都大安殿和水关遗址的横空出世，开启了北京正式成为中国首都的时代。

元大都街道和居址的发现，犹如骨骼与血肉，将这座"中国古代都城中的经典之作"丰满化了。

第四，为配合各种坛庙寺观、宫苑园署、院殿王府、河湖水系的古建复原修缮进行了大量的考古发掘，对这些古建的复原与研究提供了重要的依据。

如延庆火焰山营盘、应梦寺，东城普渡寺、国子监、玉河，西城恭王府，北海大佛殿，永定门城楼，左安门角楼，大兴团河行宫，海淀圆明园、香山静宜园、昭庙，颐和园须弥灵境，宣武天宁寺，故宫西河沿，朝阳北顶娘娘庙，十三陵神道等。

第五，一些较重要的遗址考古之后以建博物馆或开放的形式服务社会，使文化遗产保护的成果惠及于民，丰富了首都文化建设的内容。

上宅文化陈列馆是国内首支以考古学文化命名的博物馆，还有周口店古人类遗址博物馆、西周燕都遗址博物馆、山戎文化陈列馆、大葆台西汉博物馆、辽金城垣博物馆等众多遗址类博物馆，几乎各个时代都有代表——这在全国也很少见。人们可以亲身感受北京各时期考古发现所带来的魅力，参观之余，还增强了百姓的文物保护意识。

随玉河发掘配套进行综合整治极大地改善了周边居民的生活环境。东皇城根发掘后，作为遗址公园向大众开放，既保护了古遗址，又为百姓提供了一处集娱乐、休息、学习的新场所。随圆明园等考古发掘而规划开放的几处大遗址公园成为区域发展的新模式。

第六，考古对传统文化内涵的发掘与继承，成为精神文明建设的重要组成部分。

奥运场馆的地下文物保护让世人看到了中国对文化的尊重。南水北调抢救了流淌千年的古代文明。众多的考古发掘成为介绍北京历史的新名片。物质的形象是共通的，精彩的文物与辉煌的遗址，让外地（籍）游客在游览北京过程中，不需要借助更多的语言，就可以了解北京悠久灿烂的文化。考古学研究是建设"人文北京"的重要组成部分，是推动首都文化大发展、大繁荣的物质基础。从考古发现的角度证实了北京之"人"的悠久历史，北京之"文"的博大精深。

第七，考古发掘印证了北京历史的真实性，增强了人们的民族自信心和凝聚力。

在真实的文物面前，人们感叹历史是如此近距而触手可及，文物是如此灿烂而多彩；不再流于纸间文字的飞舞，不再怀疑层累造成古史。考古发现的资料充分证明，北京文化本地起源的可能性是很大的。北京文化在汲取外界优质文化的基础上形成了具有自身特点的奇葩。实实在在的文物在呼唤人们古老记忆的同时，更成为人们团结、凝聚、向心、自豪的有力武器。

第八，考古发掘的各类文物，是其他学科研究的基础。以科学的方法获取实物资料是考古学的本质特征。物质决定意识，出土的各类文物，成为其他学科研究的根本。

自然科学史的研究——军都山春秋墓葬铜罍中的原料，为研究3000年前的酿酒提供了依据。丁家洼春秋居址、老山汉墓出土植物的鉴定后，植物学家得知，战国至西汉时期的燕国，种植和食用的主要旱生农作物为黍、粟、大豆和大麻，而小麦和水稻未成先民们经济生活中的重要组成。刘家河商代墓葬中铁刃铜钺、昌平张营青铜器的发现、延庆水泉沟辽代冶铁炉的发掘，为冶金史领域增添了新的资料。

社会科学的研究——西晋华芳墓志为文学史上不可多得的佳作。对历史学的作用不必多言，大量辽、金、元、明、清墓志有"证"有"补"，是历史研究的坚强基石和有利工具。

宗教学的研究——各塔基地宫特别是大兴康庄辽金塔林出土的各类文物，是佛教考古中近年罕见的珍贵资料。丫髻山碧霞元君祠、北顶娘娘庙的发掘为研究道教建筑形制提供了重要资料。

建筑史的研究——唐、辽、金时期砖室墓葬的仿木砖雕，为研究古代建筑提供了直观的资料。金中都水关的发掘，为研究古代大型水利设施提供了实物资料。

历史地理的研究——玉河的发掘，为探讨古代玉河演变、漕运、北京城市供排水系统、北京水环境的变化提供了一批重要资料。在建设北京四中的教学楼时发现了元末、明初瓷片，其中不乏元清花、釉里红瓷片等精品，推测其与燕王府旧址有关。在宣武区大吉片发现了辽金时期的瓷片，结合文献断定这里应为金代的铁牛坊。

专项器物的研究——房山南正遗址出土的大量陶器，完善了燕式陶器的谱系。毛家湾发掘的数百万瓷片是国内规模最大、窑口最多的考古发现，为明代考古、陶瓷考古提供了丰富的标本。奥运场馆发掘的各类铜、玉、金器首饰为对研究北京的民俗、服饰史提供了实物资料。

艺术史的研究——上宅新石器装饰品同期罕见，是研究原始艺术的极佳素材。辽金墓葬的壁画为美术史学者所青睐。大量太监墓中的玉带纹饰多样，工艺极佳。

典章制度的研究——房山唐代归义王墓志、鲁谷金代吕氏家族墓志、明施聚家族墓志等为研究各朝代官制、对外关系、军队、门阀制度提供了依据。

第九，考古发现、考古研究对完善、构建北京的历史贡献甚伟。历史已逝，考古学使它复活。考古学的本质目地就是复原历史，考古工作始终朝着这个目地奋勇前行。

"五四"之后，中国史学界兴起了"古史辨"思潮，胡适、李玄伯等都主张用挖出来的东西证明古史。大学者王国维也提出过"二重证据法"，指出地下文物和文献资料相印证的重要性。北京的考古资料就像一座还没有爆发的火山。显然能量还没有完全释放，但已显示出惊人的张力。

考古学是20世纪北京史学领域贡献最大，学术成绩最突出的学科之一。对北京史前时期文化面貌的认知完全得益于考古学。历史时期的认知也从考古学中受益匪浅。例如丰台云岗辽代高官刘六符墓、金代驸马乌古论家族墓、石景山鲁谷金代吕氏家族墓地、元代耶律铸墓志、朝阳十八里店明代公主墓、海淀区厢红旗董四墓村明天启帝和万历帝嫔妃墓葬、成化帝妃子墓的发掘等都填补了文献上的诸多空白。

第十,出土的各类精美文物及考古工作本身,成为文化创意产业的重要源泉。考古学不是闭门造车的研究,而是大众喜闻乐见的精神财富。

琉璃河西周青铜伯矩鬲、大葆台汉代玉佩、景德镇官窑瓷器的仿制,成为代表北京形象的有品位工艺品、礼品。考古类电视节目的专题收视率很高;从考古角度拍摄的《国家宝藏》《夺宝奇兵》《神话》剧情新颖,票房颇高;《石器时代》《开心博物馆》等游戏受到青少年的喜爱。

四、展望

精彩的考古发现记录了被遗忘的时光,回听了祖先的足音,阐述了历史的原委,延伸了文化的内涵,成为人们茶余饭后津津乐道的谈资和街头巷尾议论的话题。

考古并不是象牙塔中的阳春白雪,它就在你的身边。

人们喜欢抚今追昔,追寻记忆中曾经的热血与感动。那是生命的源泉与力量,那是继续前行的基石与方向。当今社会日新月异,探求古老文化的考古学依然有着独特的魅力和不可替代之作用。随着新技术、新理论、新资料、新课题的出现,考古学将会拓宽前行之道路,更加注重理论化、实际化、系统化、多元化,成为人们了解自身过去的重要工具。

跨越90余年风雨的北京考古有着辉煌的过去,但它还很年轻,必将迎来更灿烂的明天!

原载《当代北京研究》2012年第4期

古建的新生 探索文物利用新途径
——以中华圣公会教堂为例

北京市西城区文物保护研究所 所长 姚华容

前 言

当今社会，文化已经越来越成为民族凝聚力和创造力的重要源泉，越来越成为综合国力竞争的重要因素，越来越成为经济社会发展的重要支撑，越来越成为我国人民丰富精神文化生活的热切愿望。为此，十八大报告把文化建设摆在了前所未有的重要位置，明确提出"扎实推进社会主义文化强国建设""丰富人民精神文化生活""发挥文化引领风尚、教育人民、服务社会、推动发展的作用"……

北京作为历史文化名城，深厚的文化内涵已静静地流淌于几千年的历史长河之中。文物建筑作为文化的载体，我们不仅要保护好她，更要利用好她，使古建在当今社会焕发新的活力，使之成为实现中华民族伟大复兴、文化强国重要力量之一。

作为文物工作者，传承历史、传承文明、传承文化成为我们义不容辞的责任。笔者试图以多年文物工作的经验，以中华圣公会教堂为例，积极探索文物利用新途径。

一、文物利用的意义

文物是中华民族的宝贵精神财富，是支撑推动民族信念和民族进步的基石和动力,是宝贵的文化资源。2012年的全国文物工作会议精神座谈会明确指出,全面推进文物保护利用和传承发展,建设文化遗产强国,是历史赋予我们的使命,是保护人类共有文化遗产、维护世界文化多样性的必然要求。

中华民族生生不息、血脉相连、一脉相承,悠久的历史、灿烂的文化积淀了丰厚的人类文化遗产。中国是闻名世界的文明古国、文化遗产大国。北京是世界历史文化名城和古都之一。早在70万年前,北京周口店地区就出现了原始人群部落"北京人"。而因最初见于记载名为"蓟"的历史也让北京拥有3000多年的建城史。公元前1045年,北京成为蓟、燕等诸侯国的都城。自秦始皇统一中国以来,北京一直是中国北方重镇和地方中心。938年以来,北京又先后成为辽陪都、金上都、元大都、明清国都。1949年10月1日,正式定为中华人民共和国首都。

西城区自古以来就与北京城的发展紧密相连。3000多年的建城史从这里开始,800多年的建都史从这里溯源。悠久的历史造就了丰富的历史底蕴,荟萃了中国灿烂的文化艺术,留下了许多名胜古迹和人文景观,成为北京市文物古迹最多的区。西城区现有三级以上文物保护单位184处,其中国家级32处,市级74处,区级78处。为了保护好、传承好、利用好这些珍贵的文化遗产,让源远流长的文化遗产焕发出新的生机与活力,让博大精深的中华文明迸发出强大的精神力量,让千百年来中华民族的智慧结晶成为人类知识的宝库、思想的源泉、发展的动力,西城区政府在《关于大力推动首都功能核心区文化发展的意见》中明确指出:"……保护古都风貌的历史任务更加紧迫,人民群众的文化期待更加迫切,传承弘扬历史文化的责任更加重大……充分保护挖掘利用核心区的历史文化资源具有十分重要的历史和现实意义。"

二、文物利用的现状

经济的发展和社会的进步,极大地提升了全社会对文物保护工作的关注,可以说保护、利用文物现已成为全社会的共识,文物资源合理利用的呼声也越来越高。许多有识之士不断呼吁腾退修缮文物,还文物的本来面貌。但我们也不得不面对这样的事实,这就是西城区相当一部分文物的真正价值并没有显现出来。

按照西城区文物保护单位184处进行分析,他们分别由158个单位管理使用。其中,开放景点和用作博物馆使用的29处,延续使用功能的公共设施17处,而作为学校、幼儿园使用的有23处(其中有5处是延续其使用功能),作为国家机关、单位办公使用的有31处,医院、宾馆、商业、餐饮等使用的有23处,作为仓库、工厂等使用的有7处,作为民居使用的有50处。另外,还有8处无法开放的,12处于闲置状态。

从上述统计可以看出,目前西城区内的文物合理使用的文物建筑仅为25%。所谓合理利用,按照目前普遍认可的标准,首先是作为景点或博物馆等对外开放的公共场所,第二是部分是继续延续其使用功能的古建筑。

而不合理使用的文物占到文物总量的43%。所谓不合理使用,主要是指那些仍然被用作工厂、仓库、经营场所、民居等文物建筑。在西城区的文物保护单位中,仅作为"房子"使用的既有区级文物保护单位,也有市级和国家级文物保护单位,既有价值、知名度相对较低的文物,也有价值大、知名度较高的文物。

还有一类文物建筑被用作机关、单位办公使用,如何使用好、利用好这批文物建筑成为我们思考的对象。通过近几年的沟通、交流,中华圣公会教堂成为其中利用较为有特色的文物保护单位之一。在此,将中华圣公会教堂近年来利用文物开展活动,探索文物利用新途径方面的内容与大家分享。

三、古建新生的中华圣公会教堂

(一)历史沿革

佟麟阁路西有一座精美的教堂建筑,这就是中华圣公会教堂原址,它是中华圣公会在北京地区建立的第一座教堂,也是北京现存最完整的一座。

"中华圣公会"是基督新教六大宗派之一的英国国教圣公会在中国的分支教会。1900年,八国联军进入北京后,各国便在北京划地占区。1907年,庚子事变期间圣公会华北教区主教史嘉乐购置了原清政府刑部官员殷柯庭的府邸用以建筑教堂。1907年11月28日，教堂落成举行开堂祝圣典礼。1911年，经过在北洋政府登记，教堂建筑及土地正式成为中华圣公会教产。

1949年后圣公会退出中国大陆，中华圣公会救主堂成为北京电视技术研究所库房，一些凌乱的东西堆放其间。

1997年，教堂建筑由香港塞翁信息有限公司承租，经过整修后成为该公司的办公场所，几十人聚集在此办公。

2001年，中华圣公会被列为北京市文物保护单位。

2011年，北京墨臣建筑设计事务所成为这座百年教堂新的使用人。

（二）探索文物保护利用新途径

北京墨臣建筑设计事务所虽然是一个建筑设计综合甲级资质的私营事务所，但非常注重文化传承。在准备承租中华圣公会教堂前，得知这里是一处文物，对如何保护很渺茫。于是，他们及时与文委联系。文委从《文物法》的要求等各个方面进行全面、细致的讲解，使其在装修使用中避免了不必要的破坏，保持了教堂原貌。

当北京墨臣建筑设计事务所进入古建后，他们被这座古老的建筑所折服，但在深深赞叹先人在建筑艺术和科学技术方面的完美呈现的同时，又开始认真思考着"如何利用"这个最重要问题：历史建筑有着她特有的文化印记和历史价值，一方面，既要做好保护，杜绝人为破坏减少自然破坏，更好地留存这些带有文化信息的载体使文化得以传承，让公众能够充分认知老建筑的人文价值，从而满足城市保护需要；另一方面，又要赋予历史建筑可持续的新用途，通过自身的有机更新实现"古迹活化"，使新旧文化在"旧貌"换"新颜"的历史建筑里互相补足，创造出更具创意的鲜活形态，给现代城市发展带来新的活力。通过与文委共同沟通后，他们确立了以该教堂建筑为基地，创立佟麟阁路85号创意文化中心，通过举办了涵盖设计、建筑、文化、艺术等领域的交流活动，为这座百年教堂注入了新的活力，赋予了她新的历史意义。

在过去两年中，佟麟阁路85号创意文化中心开始了一系列的探索与实践，举行了多领域的交流分享活动以及多门类的文化艺术活动，通过展览、主题沙龙、论坛、讲座、丰富的文艺活动等形式，架设起创意人、文化生产者之间在知识、美学、专业、文化艺术领域间的桥梁，为设计师、建筑师、艺术家以及来自其他领域的文化生产者提供了一个分享、交流的互动平台，得到了众多参与者的认可与肯定，激发了众多参与者的创意灵感和热情，在社会上引起一定的反响。在佟麟阁路85号创意文化中心举办的展览及活动主要分为两类。

1. 新旧建筑文化的融合

（1）"中国·建筑·十年"系列——建筑与记忆

论坛的主题是"建筑与记忆"，主要探讨2000－2010年的10年间中国建筑最为突出的几个特点及其对中国建筑发展的影响，并精选出来240多项作品参加了同期巡展，按照项目的使用功能分为不同类型：教育文化类、体育展览类、办公工业类和商业酒店居住类四大类型。论坛和展览吸引了众多建筑师及建筑学师生的参与交流热情。

（2）半个世纪的坚守——程泰宁建筑作品展

主要展出程泰宁院士的代表作品及近年来的最新作品，这些作品全面地反映出程院士的建筑创作之路，通过对程院士作品及建筑理念的解读，从建筑设计的传承与发展等角度，探讨中国本土建筑师的创作之道。

程泰宁院士多年致力于中国建筑创作的第一线，坚持不懈地探索着中国建筑的发展之道，在设计中努力把现代建筑理念和东方文化结合起来，创作出了一批有特色的建筑作品。与此同时，程院士也见证了中国当代建筑的发展历程，对中国当代建筑的发展作出了积极贡献。

（3）【建筑师沙龙】"建筑与光的对话"——博物馆建筑设计沙龙

本次沙龙邀请了北京地区的博物馆设计方面的知名建筑师、展陈专家、照明设计师等，以实例为出发点，结合中国博物建筑的创作环境，针对当下博物馆设计中建筑与展陈的脱离、建筑形体与当地文化的冲突、博物馆设计的甲方意志等问题，进行深入的学术交流。

（4）对话约翰·霍金斯"设计公园2020"——创意生态设计产业协作论坛

被国际誉为"世界创意产业之父"的约翰·霍金斯先生在此次论坛上与

来自全国各地关心创意经济的各界人士进行了对话交流，并举行了"海南亚洲艺术研究院揭牌暨约翰·霍金斯创意生态实验室"战略合作握手仪式，作为对"设计公园2020"计划的响应。

约翰·霍金斯先生致力于通过知识产权推动创意经济，是国际创意经济和创意产业领域最富声望的专家，联合国开发计划署创意经济顾问委员会成员、英国著名的BOP创意顾问集团的主席、英国视像顾问委员会副主席。

（5）"市场转向下的城市综合体设计"论坛

随着交通方式、社会经济、人口结构和生活方式的发展，城市、建筑、交通一体化成为当代中心城市设计和建设的新趋势。本次论坛邀请来自清华大学、中国建筑设计研究院、中国中元国际工程公司、KPF等国内外知名建筑师、学者以及知名商业设计公司、地产开发商及策划师等，共同针对"城市综合体设计"这一当前备受关注的热门话题展开学术讨论。

（6）养老产业与建筑设计研讨会

养老产业在中国处于初级探索阶段，应该如何走上养老产业的正确方向，又如何在巨型的养老产业链上，各尽其职？本次研讨会邀请了政府部门、国内知名的建筑设计师、投资方、运营方、策划方等各领域专家们，以实例个案为出发点，针对此次主题进行深入的探讨交流。

（7）甘孜州巴塘希望工程教育园区的规划与设计

此次论坛在墨臣建筑设计事务所和光华设计基金会"设计名人堂专项基金"的大力支持下，由area中文版《域》杂志与四川省甘孜州巴塘县政府共同发起，不仅旨在讨论教育园区的规划与设计，同时，也是四川省甘孜州巴塘县教育园区义捐设计的公开汇报会。

2. 建筑文化与多种文化的碰撞

（1）创意城市——传统文化沙龙

每个城市都有自己的文化印记、生活方式，而城市化进程，社会的发展，城市差异在消解……北京，中国的政治文化中心，一座有着悠久的历史文化的城市，为了寻找专属于她的文化印记，沙龙邀请了在北京生活的设计师、艺术家、媒体人等一起追溯那些即将逝去的传统文化，谈谈传统文化对他们的创作和生活有哪些影响，我们又如何能够努力让他们能得以传承与再生。

（2）立方·中国十年中德巡回展之北京站

恰逢深圳市立方建筑设计顾问有限公司成立十周年，本着共同追求建筑本质的愿景，立方来到北京与建筑界同行共同探讨建筑重要的是什么、建筑的当代性等问题。

胡安·马丁是世界著名 Flamenco 吉他艺术家、作曲家、教育家，被美国的杂志 Guitar Player 评选为世界顶级三大吉他大师之一。他的单曲《荆棘鸟的爱情主题》一直在英国单曲排行榜排名前 10 位。曾分别与著名的摇滚乐队皇后乐队及众多国际著名的音乐人和乐队合作。他的原创书籍 El Arte Flamenco de la Guitarra 被认为是弗拉门戈吉他界"圣经"，已被印刷出版十次。

（3）一个时代的记忆与思考

《一个时代的记忆与思考》集结了五位作者的时代记忆与思考：陈嘉映探讨《价值的理由》，追寻生命中真正意义的良好生活；刀尔登衔出《旧山河》，重述历史中的各色人物与逸事；徐晓坦陈《半生为人》，以个人史的表达呈现生命的乐响；野夫发问《乡关何处》，感知故乡、故人、故事中的深沉情感；周辅成燃灯《问道者》，传播中外贤哲的可贵智慧。

（4）知青岁月的三方漫谈

荣获亚洲出版业协会（SOPA）2012 年度卓越新闻奖评论类荣誉奖的《随记光阴》一书是作者乔海燕根据在《华尔街日报》中文版上的专栏结集整理而得，语言平实生动，举重若轻，哀而不伤。

活动现场，作者乔海燕与到场嘉宾法国社会科学高等研究院教授、《失落的一代》作者潘鸣啸先生，一位亲历者与一位外国学者，从不同角度和文化背景探讨了对"知青岁月"的看法，并围绕"知青往事"这一主题展开了探讨，场面温馨感人，充满怀旧色彩。

（5）书的王国——王强与刘苏里的藏书逸事

王强，《读书毁了我》作者，新东方联合创始人，也是每年花费数百万元买书、被北京三联书店前总经理沈昌文"追求"的藏书狂；刘苏里，北京"文化地标"之一万圣书园创始人，声名远播的学者型书人、中国当代图书市场的民间观察者，两位文化名家携手分享他们的寻书、读书、藏书逸事，带领大家进入一段书世界的瑰丽奇航。

(6) 屠岸对话王家新：最美的诗章，最动人的力量

年逾 90 高龄的中国翻译家协会终身成就奖得主屠岸与中国人民大学文学院教授王家新作为特邀嘉宾，与冒着严寒到场的百余位读者一起围绕学习、欣赏和翻译英诗的经历进行漫谈。

(7) "天才雷普利"读书观影会

《雷普利全集》是黑色犯罪小说巅峰之作，根据同名小说改编的电影《天才雷普利》获得过奥斯卡七项提名，女作家海史密斯因 1955 年出版《天才普利》一举获得美国侦探作家协会的爱伦坡奖。本次活动邀请了著名编剧/策划人史航、新锐作家小白以及本书责编黄昱宁通过赏析四个雷普利系列的电影片段，结合小说作品畅谈雷普利这个著名的文学形象。

(8) 第三种黑猩猩

美国艺术与科学院、国家科学院院士贾雷德·戴蒙德的作品《第三种黑猩猩》先后被评为英国科普图书奖和《洛杉矶时报》图书奖最佳科普图书。本次活动特邀台湾著名科学作家、译者、专栏作家王道还先生畅谈生动有趣的人类历史。王道还先生师出台大人类学系，美国哈佛大学人类学博士候选人，现为台湾"中央研究所"助理研究员。

(9) 魔法师

作为近年来少见的城市魔幻力作《魔法师》曾横扫美国《纽约时报》和亚马逊网畅销排行榜，魔幻小说《魔法师》如何超越、突破了传统魔幻文学？"城市魔幻"与"传统魔幻"之间的特点和界限又是什么？城市魔幻文学将怎样拓展这个古老的文学流派？

本次活动特邀著名编剧、策划人史航，中央人民广播电台著名主持人贺超与读者一同畅谈小说的观感，共同遨游费勒里的魔法王国。

(10) 【特别放映】——《衰鸟向前冲》

这是由中国博客第一人、《三联生活周刊》资深主笔王小峰执导的网络电影《衰鸟向前冲》的特别放映活动，是一部由网络强人胡淑芬主演的"屌丝逆袭成功"的人生励志影片，也是王小峰继《小强历险记》《十面埋妇》之后，创作的第四部网络电影，承袭了他调侃人生、讽刺社会怪现象的一贯风格。

以上是佟麟阁路85号创意文化中心近两年举办的部分展览、论坛、研讨、沙龙、文化活动。85#创意文化中心不仅仅是一个实现活动展览的场所，同时也是一个有助于激发创意灵感和创作热情的交流平台与思想库，是一个具备创意创作可能性的、促进文化创意交流的基地。

（三）探索多种利用途径

2013年，佟麟阁路85号创意文化中心将延续这种探讨、开放的精神，鼓励多领域多形式的分享交流与创新思考，努力成为一个充满活力的生产平台，使之吸引更多的人参与。同时，探索文物利用新途径：

1. 围绕设计、建筑、公共艺术、文化生产及公共教育等领域开展系列活动，使每个活动项目主题鲜明主线更加清晰，保持一定的延续性、连贯性和计划性。

2. 鼓励并有意识地尝试不同领域的互动交流和学术探讨，激发不同领域的实践者和爱好者，提出问题和进行思考。

3. 进行社区服务项目的新尝试——启动悦读计划，开启新型阅读空间。

为了充分利用物理空间和文化资源，进一步丰富生活艺术化的形式与内涵，2013年85#正式启动"悦读计划"。"悦读计划"是85#读书沙龙的重要组成部分，是指在佟麟阁路85#设立一个对社会公众完全开放的阅读空间，通过提供舒适的阅读环境和高品质书籍期刊，实现"品质阅读"。

空间构想：在85#空间北部区域即弧形墙面，沿墙设立落地大书架，架上作品涵括文学、人文社科、艺术等类别，以及设计、建筑类等专业书籍与期刊；中心台向北与大书架之间的区域放置数张书台，也用于搁置图书；东西两侧的立柱间设有沙发和书桌及阅读照明设备。在书架一侧设置电子化信息设备，通过85#信息系统，读者可以查询到购买途径，进行价格比对；了解互联网平台上关于该书的评论及读书心得；观看读书沙龙的活动视频及活动预告……

85#创意文化中心将定期围绕读书举行系列活动，邀请创作者、各领域知名人士、学者传播知识，与读者交流感悟分享人生故事，鼓励大家拓展视野、知识交流。2013年还将与凤凰网读书频道进行深度合作，举办"理想藏书"

等系列活动。"品质阅读"将会作为佟麟阁路 85 号创意文化中心的一个重要的社区服务项目。

总之,佟麟阁路国际创意文化中心将坚持智性辩论、对话、交流、分享和集体探索的主旨,全力推动和促进文化创意产业的良性互动与共同发展,在做好文物保护前提下真正实现"古迹活化"。

四、对文物保护单位合理利用的思考

(一)做好全区文物利用的规划

西城区深厚的历史文化资源形成了区域内特有的王府文化、宣南文化、会馆文化、宗教文化、名人文化等,如何利用好西城区如此多的历史文化遗产资源迫在眉睫。首先,应对全区历史文化遗产进行规划,在保护的前提下,发展文化产业、旅游业,促进经济发展。这需要加大规划、设计、开发工作的力度,需要各部门的协调和配合。因此西城区可在区政府的领导下,由相关部门负责、协调、管理全区所有的文物保护、利用工作,对全区历史文化遗产进行逐一调查,结合现阶段文物使用的特点,制定出项目合理利用、开发的保护、利用规划。

如中华圣公会教堂的管理使用单位北京墨臣建筑设计事务所首先就成立了佟麟阁路 85 号创意文化中心,将目标定位致力于展示、推介与传播领先的设计、建筑、文化、艺术理念,将展览项目、主题沙龙、创作分享、文化艺术、社会服务有机结合,鼓励多领域多形式的分享交流与创新思考,推动创意创作人、文化生产者之间更好地交流、分享与共同发展;另一方面,通过持续传播的积累,激励不同的参与形式,为公众提供了解历史文化、充分体验现代设计创意价值的多样化途径,使文物的利用达到了一个较为合理的方式。这是因为有规划、有目标,佟麟阁路 85 号创意文化中心的活动才能红红火火地开展着。

因此,我们应根据现阶段文物使用的现状,与使用单位一起做好文化遗产利用的规划,使之朝合理使用的方向迈进。

(二) 文化遗产人人保护　保护成果人人共享

文化遗产是人类灿烂文明、辉煌历史和非凡创造力的集中体现与智慧结晶，是历史发展和人类社会进步的永恒记忆，是后人传承历史、继往开来的文化渊源，是全人类共同的宝贵精神财富。保护文化遗产是与整个人类社会的未来发展密切相连、功在当代、利在千秋的伟业。任何单位、个人都有保护文物的责任和义务。文物管理部门应该利用文化遗产日等时机加大文物保护宣传力度，在全社会形成"文化遗产人人保护、文化成果人人共享"的氛围。

随着中国文化遗产保护由"雅文化""精英文化"向"俗文化""民间文化"拓展、延伸，中国文化遗产保护、利用不断走向民间，走向大众，开始迈进一个全社会广泛参与的"共享时代"。

文化遗产是全社会的共同财产，文化建设的目的就是要使人们有机会享受文化带来的益处，享受文化遗产的权利，增强对城市的认同感和归属感。现在，有的人或单位将文化遗产做成"会所"等，高高在上，独享其成，我们应走出文化遗产成为个别人的专利的怪圈，使文化遗产成为人人共享的文化产品。

(三) 找准新旧文化的契合点

从现阶段来说，西城区内的文物合理使用的文物建筑仅为25%，也就是说，有75%的文物需要逐步达到合理使用。而目前的管理使用单位，特别是作为办公场所的文物使用单位，他们也知道文物的价值，但如何合理使用也让他们困惑，作为政府部门有责任，也有义务和这些单位一起根据各个单位的特点，找准新旧文化的契合点，采取一种较为合理的方式，来探索文物利用新途径，使古建获得新生。

我相信，如果文物保护单位的使用单位有合理使用的意愿，文物管理部门加强宣传与沟通，文物合理使用的道路一定会越走越宽。

同时，我也认为，作为文物工作者，只有加快文物事业发展进程，建设与我国丰厚文化遗产资源相匹配，与社会主义文化大发展大繁荣相适应，与建设社会主义现代化国家目标相承接的文化遗产强国，才能肩负起一个文明古国、世界大国的历史责任。

深入学习贯彻十八大精神，
推动北京文化之都建设
——天坛文化保护及发展、传承浅谈

北京市天坛公园管理处 段 超

　　天坛始建于明永乐十八年（1420），是明、清两朝帝王举办祭祀大典的圣地，是中国现存规模最大、形制最完备的祭天建筑群。辛亥革命的爆发，结束了中国两千余年的封建帝制，天坛的历史功能也由此发生了巨大转变，1918年，民国政府正式将天坛辟为公园，向市民售票开放。新中国成立后，国家和政府的高度重视和大力支持，使天坛的古建、文物、园林等受到了良好的保护。

　　1961年，天坛被公布为第一批全国重点文物保护单位。1998年，被联合国教科文组织世界遗产委员会列入《世界文化遗产名录》。2007年5月，天坛公园经国家旅游局正式批准为国家5A级旅游景区。天坛独特、不可复制的历史、文化、科学、艺术及美学、生态和社会等价值，是体现北京古都历史风貌的宝贵历史文化资源和重要生态战略要素，是北京的名片和中国重要的文化地标之一。

一、天坛文化价值及文化优势分析

　　从皇家禁地到市民公园，天坛已有近百年的开放史，成为首都市民重要的文化休闲、娱乐健身场所之一；作为历史名园，从天地坛肇建初始，承载了古人对于天人和谐、社会和谐的理想自然环境、社会环境的崇尚与追求，是中国古代朴素宇宙观、哲学观的物质载体，是东方文明的有力象征，是明清到当代许多重要政治文化活动的舞台，具有很高的文物价值、生态价值和社会价值。

（一）文物价值

（1）天坛是中国礼乐文化的圣地，其从选位、规划、建筑设计以及祭祀仪式、乐舞等，无不依据中国古代礼乐典制及阴阳、五行等学说，成功地把古人对天的认识，"天人关系"及对上苍的愿望表现得淋漓尽致，是中国"天人协和"哲学思想最杰出的物化例证，朴素而鲜明地体现出对世界伟大文明之一的发展产生过影响的一种极其重要的宇宙观。

（2）天坛是建筑景观设计之杰作，其"象天法地"的思想理念、巧妙的数理设计、精湛的建筑艺术，是礼制建筑与时空建筑、古代建筑技术与艺术的完美结合，是中国古代礼制建筑中最考究的建筑遗物，是中国众多祭祀建筑中最具代表性的作品。天坛凝练的建筑和园林艺术形式体现的"崇高、祥和、清朗"的意境，具有极高的艺术和美学价值。

（3）祭天文化是中华民族五千年传统文化的重要组成部分，天坛遗产本体及其馆藏的文物遗存等是中国古代皇家礼乐文化如祭祀仪仗、乐舞，中和韶乐等非物质文化遗产重要的文化空间和物质载体。

（4）以祈年殿为代表的复杂木构建筑，圜丘、皇穹宇神秘声学现象，以及中国古代最高礼乐学府——神乐署等，对研究中国古代建筑设计学、建筑结构学、建筑声学、中国古代音乐、礼乐制度等极具科学价值。

（二）生态价值

（1）作为北京老城区面积最大的公共绿地，天坛绿地总面积达到183公顷，各种树木6万余株，种植人工草坪71公顷，林下自然草地112公顷，绿化覆盖率达到了91%，在维护北京市生态系统平衡，提供生物栖息地、保护生物多样性方面发挥重要作用。

（2）天坛内古柏参天，现有一、二级古树3560余株，占全市城近郊区一级古树近四分之一，具有重要的文化和生态价值。野生地被植物二月兰等，烘托了祭坛庄严肃穆的气氛，使古坛神韵更加彰显，百花园、月季园、丁香林、双环万寿亭等园林景区，也产生了良好的生态效益和景观效果。

（4）天坛是北京老城区天然"氧吧"，在降温、增湿、防尘、减噪，缓解城市热岛效应，提高空气质量等方面具有重要的生态价值。

（三）社会价值

（1）天坛作为世界文化遗产，有着丰富文化旅游资源，为公众提供了在轻松的游览中了解中国悠久历史、灿烂文明，亲身体验礼乐文化的生动平台，是古代建筑艺术、园林艺术、古代音乐博物馆。

（2）天坛见证了众多重大历史文化事件的发生和重要政治变革，是民众重要的科普教育和爱国主义教育基地。

（3）作为北京市重点公园之一，天坛兼具城市绿地和市民公园等综合功能，是首都市民重要的休闲游憩、娱乐健身和公共交往等的公共服务空间。

（4）天坛是北京市重要的景观资源和文化地标，是历史文化古都和华夏辉煌文明标志性景观之一，承担了包括奥运会、残奥会等众多重要文化体育活动赛事的承办、外事服务接待和文化传播等功能。

基于上述分析，我们认为天坛的文化优势主要体现在以下方面。

（1）品牌优势

天坛是世界文化遗产和全国第一批重点文物保护单位，国家旅游局5A级景区，全国文明风景旅游区，北京传统五大黄金旅游胜地，在海内外享有较高的知名度和美誉度。祈年殿、圜丘等建筑优美独特的建筑造型、承载的辉煌文明和深邃文脉、处处体现的"天人协和"思想理念，赋予其文化价值的恒久性、独特性和不可替代性，成为北京乃至中国的"符号地标""文化名片"。品牌优势是天坛文化发展重要的无形资产。

（2）区位优势和市场潜力

天坛位于首都功能核心旅游区，古都龙脉中轴，"天坛演艺区"战略核心区，区域历史文脉与时代特征在这里完美融合，既有道路通达、临近地铁的交通便利，又有政府规划建设战略支撑。作为北京传统旅游圣地，天坛年平均接待中外游客2000余万人次,对周边经济文化产业链的发展有着巨大的推动作用。

（3）传承性、包容性和开放性

天坛作为世界文化遗产和历史名园,其本身就是中华民族优秀历史文化传承和发展的结晶,随着社会的发展变迁,又不断与时代精神、市民文化融合发展,不断构建形成具有天坛特色、时代特色、新时期民俗特色的新型文化价值。

二、天坛文化的发展与传承

天行无常,天道有常,近600年的风雨沧桑,盛世辉煌和战火离乱在这里轮番上演。新中国成立后,经过了大规模的整修恢复,天坛——这座古老的祭坛得以崭新的面貌服务广大民众。1998年,联合国教科文组织将天坛列入《世界文化遗产名录》,促使天坛的管理者重新认识天坛的突出普遍价值、审视肩头重任,加强管理,创新工作思路,以保护遗产的"原真性"为原则,深入研究、科学规划、重视传承,逐步实现天坛文化价值的全面可持续协调发展。

（一）接续文脉,深入挖掘历史文化资源

（1）挖掘研究,文脉相承

早在20世纪70、80年代公园"绿化结合生产"时期,天坛就开始了以祭祀文化研究为基础的资料搜集整理、展陈恢复、书籍编纂、整理恢复录制祭祀古乐等工作。90年代后期,"文化建园"方针的正确指引,特别是1998年成功"申遗",天坛文化基础研究工作不断深入,1993年、1995年和2001年举办了三次"天坛文化研讨会",编辑整理了《天坛文化论丛》,会聚众多专家学者为天坛文化建设出谋划策。近年来,先后编辑出版了《中华遗产（天坛专刊）》《带你走进博物馆——天坛》《清代皇帝天坛祭祀御制诗文集》《德音雅乐——天坛神乐署中和韶乐》等书籍,和《数字祈年殿DVD》《坛乐清音音乐汇》等音像制品;研究完成并提交了《明清天坛祭天文化中的孝文化思想》《天坛祭器》《天坛建筑寓意浅谈》等多项学术课题、学术论文；与北京第一历史档案馆合作，对清代天坛档案及明代北京坛庙史料等进行了搜集整理汇编；天坛神乐署中和韶乐、天坛传说分别被列入北京市、国家级非物质遗产名录；并专门成立了研究室、策划部、神乐署雅乐中心等部门，为天坛文化的基础研究、保护、传承工作提供人才支撑和制度保障。

2012年8月，"天坛祭天文化活动主题研讨会"召开，专家学者对如何在"文化大发展大繁荣"新的历史条件下全面认识传统敬天文化及其时代精神，保护和弘扬中华民族优秀文化元素，接续历史文脉等作了有益的探讨，也为天坛的文化保护发展传承破解了困惑、理清了思路，指明了方向。

（2）展览展示，文踪导览

天坛作为历史文化内涵深邃的实体博物馆，兼具遗产保护、科学研究、解说教育、市民游憩等多重功能。利用部分馆藏文物，天坛先后完成了祈年殿清代祈谷大典陈设展、祈谷坛祭祀神位供奉陈设展和圜丘祭祀神位供奉陈设展、斋宫寝宫历史原状陈设展等系列原状陈设；祈年殿历史文化展、祭天礼仪展、斋宫"大祀斋戒"展和中国古代皇家音乐展等专题陈展，结合时代发展和市民文化需求，推出了北京皇家坛庙文化展、公园中的廉政文化展、科普绿化花卉展览等临时性展览，并在园内主要景点及门区等处提供多语种导游员及便携式导游机导览服务，形成了比较完整的天坛文化导览序列，2009年8月，天坛系列文化展览列入北京公园十大品牌展览。

全方位的展览展示，使历史可观可感，生动立体的诠释了天坛蕴含的丰厚文化魅力，为广大中外游客导览出一条接续历史和现代的时空隧道。

（3）多方交流，文运通达

深入挖掘自身潜力，广泛借助社会智力和内外资源，天坛与北京博物馆学、北京文保学会、紫禁城学会等学术研究机构和清华大学、天津大学、中国文化遗产研究院等高校、研究所建立了密切合作交流机制，将内部研究机构与外部研究力量相结合，全面提升文化研究的广度深度，提高遗产的保护层次和科学利用水平。由天坛牵头，参与组织筹备的北京坛庙文化研究会、公园绿地协会北京历史名园分会、东城区旅游协会景区景点分会等文化合作交流机构，为推动北京坛庙文化的研究，皇家祭祀礼仪、中和韶乐等非物质遗产保护传承，探索北京历史名园科学保护和可持续发展发展模式，梳理、整合东城区旅游资源，促进文化产业创意创新搭建起良好的沟通、互动平台。

（4）全面拓展，文意传播

以"文化强园"为发展战略，天坛牢牢把握文化发展主动权，拓展文化传播，塑造文化品牌，不断提升天坛优秀文化的核心吸引力、竞争力。2008年，温家宝总理在天坛点燃残奥会圣火，奥运火炬接力、马拉松比赛等重大赛事活动在天坛举行。2010年，国家主席胡锦涛在祈年殿前宣布第16届亚洲运动会火炬传递开始。2011年，王岐山副总理揭晓了"中国旅游日"标志……重大活动赛事的举办，使天坛作为文化品牌在海内外知名度和美誉度显著提升。在充分利用新闻、报纸、广播、电视等传统媒介的基础上，天坛也逐步在网站、微博等新媒体上扩大宣传阵地。天坛神乐署"中和韶乐"请进来、走出去的文化交流方式，中和韶乐的"金玉之声"振响于圣坛之外。拓展了文化传播的新途径。生物多样性科普讲座、遗产日宣传、社区太极拳比赛等丰富多彩的群众文化活动，使科学、健康、文明、和谐的游园文化惠及广大市民。

同时，天坛公园也对"天坛""神乐署""天坛中和韶乐"等商标进行了申报注册，以法律手段维护自身品牌形象和价值。

（二）激发文创活力，构建立体活态展示空间

（1）礼仪华夏，天人协和

中国祭天文化源远流长，体现了华夏礼乐文化和中华民族追求天人和谐，社会和谐美好心愿。从2002年起，天坛即开始举办以"祭天仪仗表演""祭祀乐舞表演""中和韶乐"为主要内容的春节文化周系列活动，累计接待游客数以百万计，新闻媒体对天坛文化周及祭天文化展示都进行了密集的报道，社会各界也给予了充分的关注，先后荣获首届北京春节文化庙会的评比最具人气奖、最佳创意奖，文化魅力奖，"非遗"展演奖，特色奖等诸多奖项，取得了良好的社会效益和经济效益。

①旅游体验升级

文化周系列活动，延伸了景区历史文化内涵，贴近历史原真性的表演，

使游客从单纯的观光游升级为文化体验游。亲身体验真实的清代大驾卤簿的恢宏，感受祭天乐舞的古朴，聆听被誉为华夏正声的中和韶乐，领略博大精神的中国古代祭天文化。

②历史文化元素活化

天坛祭天仪仗、乐舞表演以清乾隆十三年所绘制的大驾卤簿图和《律吕正义》《清会典图》等为参考，复制仪仗器物300多件，比较真实地再现了古代祭天乐舞、撞肩礼等传统礼仪，以严谨的考据、考究的细节，将典籍中凝固的历史元素活化为真实动态的情境，对中国古代礼仪、祭祀文化、音乐和舞蹈等的研究也有所促进。

③古都"京味儿"烘托

天坛文化周不仅再现了中国古代以礼乐治国的文化特色，也将中国传统文化中期盼国泰民安、五谷丰登的美好愿望与现代人新年游春祈福活动有机结合，为北京营造了举世欢腾、歌颂盛世的喜庆气氛，烘托出古都皇城文化、坛庙文化、历史名园文化庄重浓烈的节日氛围。

（2）礼乐殿堂，玉振金声

天坛神乐署是明清时期管理祭祀礼乐的专门机构和培养中和韶乐乐舞生的礼乐学府。中和韶乐源于中国古代雅乐，是一种将礼、乐、歌、舞融为一体的典礼音乐，五声音阶一字一音，八音具备，体现"金声玉振"的特色，被尊为"华夏正声"。清末衰败，神乐署长期被机关及民居占用，一度破败不堪，经过北京市社会各界专家学者的呼吁及北京市政府的大力支持，20世纪80年代末开始腾退工作；2002年，神乐署重建工程启动；2004年，古老的礼乐殿堂正式向游客开放。

①立体活态音乐博物馆

重建后的神乐署，成为立体式、活态式的中国古代皇家音乐博物馆。游客可以在此了解神乐署的历史沿革、古代音乐知识，中国古代著名音乐家、祭祀礼乐服饰，也可以参观和亲手演奏编钟、编磬、笛箫、琴、瑟、枕、埙等古代乐器。在凝禧殿演厅，游客还能现场观看聆听中国古代皇家音乐的舞姿乐律。2006年"天坛神乐署中和韶乐"被北京市将列为市级非物质文化遗产，神乐署还成为景泰小学、顺义国际小学、汇文中学等学校中国古代音乐知识教育培训基地,为少年儿童打开了通往神秘深奥古代音乐世界的大门。2007年,国民党主席连战先生欣赏了中和韶乐演出,盛赞中和韶乐"王者仁心,福天眷佑",著名美学教授杨辛先生也称赞中和韶乐"感心动耳,荡气回肠"。

②时空交织,音画融合

为突出天坛文化特色,在演出中营造氛围,在服务中传达品位,神乐署对展演舞台进行了改造升级,创新舞台表现形式,将书音画相结合,身着古装、演奏雅乐、水墨丹青映背景,玉振金声萦耳边的情境式表演,创造出时空模拟、身临其境的观览感受;2012年举办的"菊雅乐和"音乐会,更是突破了舞台展示的局限,创造性地将菊艺展览园林之美与玉振金声乐律之美完美融合,广受游客好评。

③人才培养,模式创新

高水平的文化展演,需要高素质的人才队伍,为此,神乐署雅乐中心成立了包括研究小组、实践小组、乐器制造小组等的创新工作室,提出:台上是演员,台下是公园管理员,展厅里是讲解员,门区是售票员的综合性人才培养目标;职工们自己研读史料、动手制作失传古乐器;请教专家、翻阅古谱,对传统祭祀乐、民乐、宫廷乐、汉唐郊祀乐、诗经古乐等中华传统音乐进行了保护性研究展示。2012年北京市总工会创新工作成果展,时任北京市市委书记刘淇、市长郭金龙考察了神乐署雅乐中心创新工作室,并给予了高度评价。

(三)科学管理,保护遗产的真实性完整性

1. 科技支撑,保护与监测并举,管理与服务并重

天坛是世界文化遗产,其所拥有的资源具有世界范围的"突出普遍价值",保护和传承其世界遗产价值是天坛的核心功能,真实性和完整性是遗产保护的首要原则。近年来,以尊重历史真实、有根据的恢复古建筑历史真实原状和天坛整体格局,最大限度地保留历史信息为原则,天坛先后进行了祈年殿院建筑群、圜丘和皇穹宇院建筑群等多项古建维修工程;并对丹陛石雕、铜鼎炉、朝灯等进行了保护和修复;遵循生态效应,为遗产地3500余株古树

全部建立了电子和纸质档案，设立专门养护部门，实现科学化、常态化管理，采用科学手段、生态防治，也为保护生物多样性创造了条件。

天坛逐步构建文化管理服务体系，导入环境、质量管理体系和职业健康安全管理体系认证，制定旅游服务标准化管理，并启动"智·惠天坛"项目：整合 OA 系统、GIS 系统、景区监测系统、绩效管理系统、安全管理系统等，整合预警、报警、消防、巡更、分析、广播、可视对讲、人数统计、GPS 定位、GIS 管理、通讯等在用或在研系统应用于一体，有效提升遗产地管理水平，也为游客提供更加优质便捷的服务。

2. 战略规划，可持续发展

规划是文化遗产保护管理工作的理论基础和决策依据，近年来，天坛先后制定了《天坛总体规划》《天坛文物保护规划》《天坛文化发展规划》《天坛外坛环境整治建设性详细规划及可行性研究》《天坛非物质文化遗产保护研究专项规划》等一系列规划，为公园明确了自身合理的定位和今后工作的重点目标，制定好保护管理工作的中长期战略和短期目标，做到科学发展、与时俱进。

结　语

十八大提出了建设"美丽中国"的宏伟目标，天坛作为北京历史名园、美丽中国的重要窗口，将以遗产的真实性、完整性为基础，人民群众的精神文化生活极大丰富为出发点和落脚点，生态和谐、景观优美为支点，科学的规划保护管理为保障，文化发展传承为魂魄，契合自身特点把握时代机遇，在满足人民群众日益增长的物质文化需求的同时，充分发挥文化引领作用。传承历史名园优秀传统文化，创新文化发展理念，倡导积极向上的精神追求和健康文明的生活方式，使这座人类文化的遗产传承后代，永续利用。

从古代图绘看颐和园历史文化传承

北京市颐和园文化协会秘书长　翟小菊

颐和园位于北京西北郊，占地302公顷，是中国清代著名的皇家园林。中国封建王朝宫室的建造，往往开始于取得政权的初始阶段；而园囿的兴建则产生在朝代发展的兴盛期，从而，皇家园林的兴建高峰标志着政治清平、经济繁荣、文化昌盛的封建盛世。颐和园的前身万寿山清漪园，是清代三山五园中最后建造的一座，时值清代康、乾盛世的鼎盛期。在完整地存在了一百年之后，包括畅春园、圆明园、香山静宜园、玉泉山静明园、万寿山清漪园的三山五园，于1860年全部毁于英法联军的侵略战火，而唯独于1888年开始，在清王朝的所谓同治中兴之后，万寿山清漪园得到了较为全面的恢复，并改名为颐和园，成为保存至今的中国最后一座完整的皇家园林。颐和园不仅反映了清代极盛时期的皇家园林形态，而且积淀了中国两千多年皇家园林兴造的历史文化，至今仍是研究这一类文化遗产最具代表性的实物标本。1998年，列入《世界遗产名录》时得到崇高评价："以颐和园为代表的中国皇家园林，是世界几大文明之一的有力象征。"

颐和园的历史文化是以中国园林为核心的皇家文化，包含着山水、建筑、造景、历史、绘画、书法、收藏、诗文、碑刻等诸多方面，可谓博大精深。本讲座根据园林现状，以其组成的硬件要素和当代的研究成果，选取了几张古代图绘，用直观和比较的方法，解析其中的颐和园历史及文化传承，主要内容如下。

一、《京畿水利图》与清漪园

《京畿水利图》绘于清乾隆朝（1736－1795），全卷长1018.3厘米、宽32.9厘米，作者为清康熙帝玄烨的第二十四子允秘之二子，乾隆皇帝的堂弟弘旿。该图卷曾为清内府所藏，清末从故宫流散，现藏中国国家博物馆。画面从京西北郊的玉泉山开始，绘其水流源自西山，聚于昆明湖，流经长河，贯绕京城，于城东南入通惠河、潞河；反映了乾隆年间北京地区的水系分布与水利设施、风景地貌、苑囿城郭等的有关状况。卷末有作者自题款识23行："臣谨按京畿水利，所以涵濡圣泽，环卫皇居，济槽运而惠农田，至切且要也。顾其源流脉络，罕得而详，即《日下旧闻》《春明梦余录》诸书所记亦多伪舛。臣秦侍禁廷时，恭读御制诗文，因知玉泉之水，汇于昆明湖，导为长河，入皇城经太液，萦贯紫禁，趋东南隅而出，由城渠入通惠河，以达于潞；又知万泉庄之水，皆北流，会清河，入白河，以会于潞；且知南苑一亩泉，穿苑墙而去，汇凉水河，由马驹桥而东，至张家湾入于北运河；而团河为凤河之源，经流入大清河，由直沽归海。其间原委分合，了如指掌，乃得释旧疑而增新识，荣幸莫甚焉。臣不揣庸陋，谨就所知，绘为一图，非敢拟……从中可见昆明湖与京城的水利有重大关联。

中央电视台所拍纪录片《颐和园》第一集《清漪出锦绣》的导视词这样说："修水利，建寺庙，意犹未尽；下江南，访名胜，再兴土木；一片清漪，十五寒暑，终现锦绣园林，指点江山，移天缩地，只在一人胸怀。"颐和园前身清漪园的建造正是从修水利，建寺庙开始的。

乾隆十六年（1751），适逢皇太后钮祜禄氏60整寿，一向标榜"以孝治天下"的弘历为庆祝母后寿辰，选择瓮山圆静寺的废址兴建大型佛寺"大报恩延寿寺"。当时的瓮山（万寿山前身）及瓮山南面的西湖（昆明湖前身）的位置条件达不到修建大型园林的要求，同时大量园林用水使西北郊的水量消耗与日俱增。时年，园林供水的来源除流量较小的万泉庄水系外，大部分仰仗玉泉山汇经西湖之水，此也为北京城大内宫廷的主要水源。于是，弘历派人详细考查了西山一带的水源，并根据考查资料写成《麦庄桥记》，文中谈

到西湖之水源除来自玉泉山泉眼之外，尚有西山等地的伏流可资利用，不能白白地浪费掉。欲增加下游的水量，势必广开上源，为此，将寿安山、香山一带的大小泉流集中起来，利用石渡槽导引而东，汇合玉泉山之水再经过一条输水干渠"玉河"而注入西湖。水源增加了，作为蓄水库的西湖就必须先开拓、疏浚以便承纳更大的水量。乾隆十四年（1749）冬，开始进行西北郊历来规模最大的一次水系整理工程。主要内容：一、整治玉泉山、香山一带的泉眼和水道；二、疏浚、开拓西湖作为蓄水库并建置相应的闸涵设施。工程任命内务府大臣三和负责监修，雇用上万的民工在不到两个月的时间内就完成了。修水利不仅疏浚、开拓了西湖，而且按照造园的要求重新规划了湖山。乾隆十五年（1750）三月十三日，弘历在将瓮山命名为万寿山，改西湖为"昆明湖"。

在疏浚西湖之前，山和水的关系很不协调。疏浚西湖后，将湖面往东拓展，至畅春园西墙外为保卫畅春园而设的西堤，（这条旧堤原是康熙时为防卫地势较低的畅春园免受西湖泛滥而修筑的，以其在该园的西面故名为"西堤"）昆明湖往东拓展之后就利用这条旧堤加固、改造而成为湖东岸的大堤，同时，在湖中另筑一道西堤，于是，原来的西堤就成为东堤了。（乾隆《西堤诗》："西堤此日是东堤"句自注"西堤在畅春园西墙外，向以卫园而设。今昆明湖乃在堤外，其西更筑堤，则此为东矣"。《日下旧闻考》卷八十四）湖中挖出的泥土则堆在瓮山的东麓。经过疏浚，瓮山的南麓就全部面对开阔的湖面，联属成一个整体，又将西湖的西北角沿瓮山西麓往北伸延兜转开凿后湖，使瓮山构成山嵌水抱的形势，将这里的湖山都按建园的要求重新安排了。

乾隆十六年（1751），"清漪园"的名字便正式公诸于世。按照乾隆的习惯，每当皇家园囿建成，必撰写一篇《园记》，详述建园情况；唯独清漪园例外，乾隆十六年所写的《万寿山昆明湖记》只谈治水和建寺祝寿，回避园林建设的事。直到十年之后，又写了一篇《万寿山清漪园记》，在这篇记中，乾隆皇帝承认了他有目的、有计划、有步骤地修建清漪园的事实。在文章最后聊自解嘲"虽云治水，谁其信之"。但从客观效果看来，清漪园的确是造园与水利工程相结合的一个比较成功的例子，乾隆在《万寿山昆明湖记》中写道：

"及（昆明）湖成而水通，则汪洋潆沆，较旧倍盛……昔之城河水不盈尺，今则三尺矣。昔之海甸无水田，今则水田日辟矣。"西湖的疏浚，不仅为造园，对农田水利起到了很好的作用。

《京畿水利图》很真实地记录了昆明湖作为北京城市水库的历史，也使我们很直观地看到了已经消失了的清漪园的初始面貌，对挖掘、保护、利用颐和园的文化有重要的价值。

二、《京杭道里图》与昆明湖

《京杭道里图》绘于清代康熙朝（1662－1722），尺寸纵78.5厘米，横1783.6厘米，现收藏在浙江省博物馆。该图绘画了京杭州大运河沿线山水、村庄、城池、桥梁、道路、里程等，还很生动的标点出运河上的船只、岸边行人、拉纤的船夫，以及遍布各地的山林树木等。用绘画形式表现山水地理风光，同时，地形地物分布又有相应的地理方位，并加金粉注记，所以它不只是一张绘画，而且兼有地图的性质，具有实用和欣赏双重价值。

京杭大运河开掘始于春秋时期，完成于隋朝，繁荣于唐宋，取直于元代，疏通于明清（从公元前486年始凿，至公元1293年全线通航），前后共持续了1779年。自北而南流经北京、天津二市和河北、山东、江苏、浙江4省，贯通中国五大水系——海河、黄河、淮河、长江、钱塘江和一系列湖泊。她的核心价值功能是漕运，漕运的贯通显示了中国古代水利航运工程技术领先于世界的卓越成就，留下了丰富的历史文化遗存，孕育了一座座名城古镇，积淀了深厚悠久的文化底蕴，凝聚了我国政治、经济、文化、社会诸多领域的庞大信息，至今仍发挥着在水利、运输等方面的重要功能。从《京杭道里图》上我们惊喜地发现，这一承载着中华民族两千多年的悠久文化，可以与古代长城媲美的宏大建筑工程，其北京通惠河北部的水源聚集地是昆明湖的前身瓮山泊，作为大运河巨龙的龙头，昆明湖的历史地位举足轻重。

《元史》记载，元世祖忽必烈统一中国后，大都（北京）成为全国的政治中心。当时，每年要从南方调来数以百万石计的粮食。为了解决粮食的运输问题，杰出的科学家郭守敬（时任督水监）建议并亲自主持引白浮、瓮山诸泉作为通惠河的水源,这就是修白浮堰凿通惠河的水利工程。根据郭守敬的计划,从昌平引来白浮泉水,在上游修筑了一条白浮堰拦汇沿途渚水,流注瓮山泊(昆明湖前身)。再开挖通惠河下游渠道,将水导入高梁河上源,然后流进都城,往南汇入大运河,彻底解决了江南至北京的漕运交通。工程的开凿,不仅对元朝的政治、经济、军事、文化各方面起到了重要的作用,而且将瓮山泊纳入北京西北水系,充沛的水源扩大了瓮山泊的水面,河流上下衔接,湖水可蓄、可泄,不仅能行船通航,而且开始具备了一个水库的功能。从此,瓮山泊成为北京城市的水利枢纽和北京城市的重要水脉之一。难能可贵的是,直至今天,昆明湖依然传承着北京水利的功能。

三、《万寿庆典图》与颐和园建筑

《万寿庆典图》是乾隆皇帝为庆祝母亲60大寿在清漪园举行盛典庆寿活动时留下的图绘。由宫廷画师张廷彦所绘。展示了从紫禁城西华门往西到清漪园沿途盛况。图中清楚地描绘了颐和园前身——清漪园主要建筑的形制。我们可以看到已经消失了的大报恩延寿寺、望蟾阁、景明楼及石舫、听鹂馆、乐寿堂、文昌阁等建筑在乾隆时期清漪园初建的真实原貌。1860年,英法联军将京西北郊皇家三山五园付之一炬,清漪园也随之被毁。《万寿庆典图》记录了清漪园的建筑和细节,可对比慈禧时期重修颐和园建筑的变化,是研究颐和园重要的证物。

《万寿庆典图》是今日可以见到的第一张全面、清晰描绘清漪园景观的画作,除了上面展示的建筑外,在该图中,我们还看到了大报恩延寿寺西侧的罗汉堂、听鹂馆戏台的朝向、乐寿堂的两层楼、文昌阁的三层楼、大戏台建造之前的怡春堂、藻鉴堂、景明楼等等建筑的原始形象,极具史料价值。

四、《水操战图》与帝后练兵

《水操战图》的全名"威远健字炮队健锐营马队、威远利字枪炮队外火器营马队、水军炮船合操阵图"。一册十二开,该图绘制了乾隆时期昆明湖中进行水军操演的阵势及周围诸多清漪园景观,如万寿山、佛香阁、铜牛、十七孔桥、西堤六桥等,黄签标注了地名及马步队水军位置。

昆明湖水军操演,是乾隆帝初建清漪园时仿汉武帝为征服云南滇池的昆明国,特于长安开凿"昆明池"操练水军的故事设定的。自乾隆十七年(1752)起,以每月初三、十三、二十三;初五、十五、二十五;初八、十八、二十八;初十、二十、三十在昆明湖演习水战,其中初八、十八、二十八三日为大操期,每期用赶缯船8只,每船水军25人,八只分八旗共200人,小船不定数目,均由翼长率领操演,各船皆用本旗颜色的三角金龙旗,为使兵丁们长期驻扎,乾隆帝还在清漪园南侧修建船营,位置即现在昆明湖南船营村,当时操练水军皆选自于南方的福建、广东、长江提督等,由于旧时多称南方人为"南蛮",故船营一度被人们称为"蛮子营",与香山脚下的"番子营"相呼应。光绪十二年(1886),慈禧为建颐和园,打着兴海军的幌子,恢复水操旧制和筹建昆明湖水师学堂。翁同龢在日记中讽刺此举为:"盖以昆明湖易渤海,万寿山换滦阳也。""渤海"指北洋水师的主要防区;"滦阳"是承德的别称。

光绪十三年(1887)1月末,昆明湖水师学堂的开学典礼与专门为慈禧太后过生日受贺而建的排云殿上梁典礼同日举行。光绪十四年(1888),执政的慈禧以光绪的名义发布上谕,将清漪园改名为颐和园。光绪十五年(1889),慈禧仿效乾隆皇帝在颐和园阅操,昆明湖因湖水过浅导致水操战船搁浅,成为一场闹剧。

中日甲午战争爆发后,北洋海军全军覆没,昆明湖水操内外学堂也随着海军衙门的裁撤一并撤销。但颐和园完整地保存了下来,成为中国乃至世界的文化遗产。

五、晚清时期的颐和园图绘

一座颐和园,半部清代史,珍贵的颐和园图绘,是我们解读颐和园历史及文化的实物见证。

第二篇　北京历史文化

《曹操墓》

中国社会科学院考古研究所　刘庆柱

2008年12月，在安阳市西高穴村考古发现了一座古代墓葬，经过2009年将近一年的考古发掘，2009年12月27日在北京举行了关于曹操墓考古发现的新闻发布会，我作为考古专家参加了这个新闻发布会。关于曹操墓考古发现的消息公布以后，立即引起社会的极大关注，焦点是河南安阳考古发现的曹操墓真假问题。

曹操是中国古代历史上的名人，他集政治家、军事家、文学家于一身，这在中国古代历史上是极为罕见的。"秦皇汉武""唐宗宋祖"及其成吉思汗等，他们是大政治家或兼及军事家，但是他们都不是文学家。中国古代历史上有屈原、司马相如、李白、杜甫、白居易、韩愈、苏东坡、欧阳修、辛弃疾等大文学家，但是他们又都不是政治家、军事家。

曹操是"历史人物"，又是文学名著的主人公，因此关于曹操历史不只是保存在历史典籍中（《三国志》等史书），还保存在影响更为深远的是不同时代、不同文学艺术形式的作品中，如古代文学名著《三国演义》、各种各样以曹操为主角的戏剧与曲艺等，还有覆盖面大的关于曹操及其三国时代的电视剧、电影等。不同年龄、不同阶层、不同职业、不同文化背景（文化人与文盲等）的人，通过不同艺术形式，了解、认识曹操。

人们对历史人物曹操的关注，还在于曹操在不同时代、不同人们心目中的巨大反差。在宋代以前，曹操是被作为"正面"人物，唐太宗李世民在出征之路上，他还要专程去沿途附近的曹操墓进行凭吊、祭奠。宋代初年，宋太祖赵匡胤还曾下诏书，维修曹操陵墓。曹操作为历史人物的变化，应该在宋代程朱理学流行以后，当时"正统"思想的兴起，曹操被称为"正统"思想的叛逆与典型，时人眼中的曹操也就从过去的正面人物、"英雄"，变成了"反面人物""一代奸雄"。曹操的脸被涂得越来越"白"。但是历史学家、学术界的看法一直不一致。人们在曹操面前已经觉得不知说什么才好。

一个家喻户晓的曹操，一个"英雄"与"奸雄"并称的曹操，一个"说曹操曹操就到"的历史名人，当他的墓葬被考古发现了，设有七十二座"疑冢"的曹操墓使人们很难相信。因为"奸诈无比"的曹操，太不能让人们相信他了！

于是关于曹操墓的真假备受社会关注，备受人民大众关注，备受学术界关注，真可谓"全民"关注了！

这就是我们今天的讲座要说的曹操墓的真假。

谈到安阳西高穴考古发现的曹操墓，我们还要从十年前说起。1998年4月，在河南省安阳县西高穴附近，有一个农民叫徐玉超，他在当地砖瓦厂附近的取土现场发现了一块石头，长与宽各31.5厘米，高20.7陵墓，厚4.5厘米。这块石头上面刻着14行126个字，刻字的内容是死者姓名、生卒年月、籍贯与简单经历等基本情况。据此我们知道，这个墓葬距现代1650多年前，在那儿埋了一个人，这个人叫"鲁潜"。因为曹操比鲁潜死得早，曹操又是"名人"，所以鲁潜"墓志"的刻文就说他的墓在曹操墓旁边，而且有明确的方位与数字。两个月以后这个"墓志"发表在《中国文物报》上。2003年第二期《华夏考古》杂志上发表了关于"鲁潜墓志"的文章，作者叫龙振山，是当地的一位农民，他酷爱历史、考古，可以说是一位业余历史工作者与考古工作者，他就根据"鲁潜墓志"刻文推断说曹操墓就在西高穴村。西高穴村以东约8公里有西门豹祠遗址；西高穴村以东14公里为邺城遗址。

"鲁潜墓志"这个消息和相关文章发表以后，当时没有引起社会重视。但是说者无意，听者有心。报纸、刊物登了这个消息以后，盗墓者就根据"鲁潜墓志"所记载的古墓相对方位，去寻找墓志中所说的曹操墓。最后在西高穴村旁边钻探发现一座古代墓葬，他们从2005年开始盗掘，一直盗到了2007年、2008年。盗墓者的盗洞，使农民灌溉农田的水大量进入墓里面去了，他们就把这件事情报告给当地政府。乡政府调查以后发现大量灌溉农田的水使墓葬面临垮塌危险。为了保护古墓，他们报告上级有关部门，希望对古墓进行发掘、保护。根据国家的政策，原则上不主动发掘古代帝王陵墓、不挖历史名人的墓葬。当时并不知道安阳西高穴大墓是曹操墓，但是基本认定它是一座大型古墓，因为古墓被盗之后破坏严重，面临着能不能继续保护的问题，考古工作者对被盗、水淹的古墓进行了抢救性考古发掘。

根据考古学惯例，安阳西高穴村西南考古发掘的古墓编号为"西高穴二号墓"。"西高穴二号墓"坐西朝东。地面没有发现"封土"。墓葬平面为"甲字形"，坐西朝东，墓道位东，墓室在西。此墓由墓道、墓门、甬道、前后墓室与东西两侧4个侧室组成，二号墓东西总长60米。

墓道斜坡长39.5米，上口宽9.8米，底部宽2.7米。

墓门为砖砌双券拱形门，外券宽1.95米、高3.03米、拱高1.13米，内券宽1.68米、高2.58米、拱高0.8米。外有三道封门墙，门墙厚度达1.45米。

甬道是连接前后室的通道，其为券形顶，青石铺地，长2.45米、宽1.68米。

墓室为砖砌，有前室和后室，它们的两边还各有两个侧室。前室是"客厅"，后室是"寝室"。

前室平面近方形，东西长3.85米、南北宽3.87米。四角攒尖顶，青石铺地。前室的两个侧室是放随葬品的；南侧室南北长3.60米、东西宽2.40米，北侧室南北长1.83米、东西宽2.79米。二侧室均为青石铺地。在前室靠近甬道处发现一头骨，经鉴定为男性，年龄60岁左右。

后室东西3.82米、南北3.85米。两个侧室平面均为长方形，大小相同，南北3.6米、东西1.9米。后室两个侧室各有一个棺材，木头都朽了，每个侧室各出一个人头，都是女性的，年龄大约一个20多岁的，一个50多岁的。

墓门有三道，外面有两道用砖封的门，里还有一道石门。为什么要讲墓门？墓门也是反映古墓规格与等级的，比如说在曹操那个时代，诸侯王墓的墓门为石门。墓室地面铺石板也是当时王墓的一个特点。而且西高穴大墓墓底全部铺的是石板，铺地石板规格很大，长方形铺地石板长175厘米、宽115厘米，方形铺地石板边长约90厘米。墓的顶部结构是四角攒尖顶。墓葬距地表15米深。

考古发掘的古代墓葬需要判断时代，方法就是根据以前考古发现积累的墓葬形制与出土遗物（如五铢、陶俑、陶灶、陶壶、陶盘、陶仓、陶盆、陶罐、陶鼎、耳杯、石圭、石璧、铁镜、带钩、铁镞、画像石等遗物）等资料，与安阳西高穴大墓对比，发现它与东汉晚期的墓葬相近，考古发掘者因此认定墓葬时代为东汉晚期。然后，再与同时期前后的规格、形制相近的古墓（如：河南淮阳北关的东汉一号墓（陈顷王刘崇墓）、河北定县中山穆王墓、徐州土山墓、洛阳"曹休墓"（曹操的侄子墓）、马鞍山东吴大墓、南京江宁区上坊的东吴大墓等）进行比较，发现西高穴大墓与东汉时期的王陵或高等级墓葬接近，确认西高穴大墓可能属于东汉晚期王陵或曹魏时期高等级墓葬。

安阳西高穴二号墓确定为东汉晚期"王墓"，那么在东汉晚期到三国时期，哪个王能够埋到这儿？这个地方在东汉晚期是谁在这儿当过王？安阳西高穴一带东汉晚期为"邺城"所管辖。历史文献记载，汉献帝封曹操为魏王，其都城就在邺城，邺城就是曹操的王都。古代中国有一个传统，国王、皇帝死了，必须埋在自己的都城附近。而他的首都旁边，绝对不允许别的国王埋进来，关系再好也不行。另一个国王死了，埋到我这个国家的首都里来，这是绝对不允许的，这是中国的传统。而东汉晚期曹操去世以后，曹操的儿子曹丕当了十个月的魏王，然后就在洛阳当皇帝了，其去世后以皇帝礼仪安葬在洛阳。因此，在当时邺城附近的王墓只有曹操墓了。

进一步证明安阳西高穴二号墓是曹操墓的材料，就是西门豹祠。在西高穴大墓东边16里，有一个村子，叫西门豹祠村，西门豹祠位于邺城遗址西部、漳河南岸，现在属于河南省安阳市安丰乡丰乐镇。西门豹治邺，防止漳河泛滥，于是，后人就在这个地方建立了纪念西门豹的祠堂。这是什么时候建的呢？是后赵建武年间，当时立了一个石柱，石柱刻铭记载了此事，现在石柱存在临漳县文物保管所。北魏有一本很有名的书叫《水经注》，记载了漳河从西往东流，先流过曹操墓，再过西门豹祠，再往东到了邺城。唐代的《元和郡县志》记载了曹操墓以东15里是西门豹祠，西门豹祠以东15里是邺城。现在从西高穴大墓向东约16里，恰好是西门豹祠故址，从西门豹祠故址再向东约16里，正好是邺城遗址。这又证明了西高穴大墓应该是曹操墓。

《三国志》记载，曹操是66岁死的，墓里头出了三个人头，一个男的，两个女的，那个男的人头在前室发现，应该是从后室拉出来的。根据头骨判断，年龄死者60岁左右，这与上述《三国志》的记载基本相近，这又为判定西高穴大墓为曹操墓增加了一个证据。

2009年12月27日，在北京举办了关于曹操墓考古发现新闻发布会，公布了2008年12月至2009年12月，在河南省安阳市西高穴村考古发现了中国古代著名政治家、军事家、文学家曹操的墓葬。这个消息一公布，立即在社会上引起强烈反映，不少人提出质疑，这种质疑随着时间的发展，越来越升级，从质疑墓葬的时代，到质疑墓葬的等级，最后发展到认定墓葬及其出土遗物是造假的。上述"质疑"在社会上产生了广泛影响，这时已经不只是西高穴二号墓的墓主人是谁的问题了，而是西高穴古墓是不是造假的问题了。我在这里针对一些人提出对考古发现的曹操墓确认解释及所谓曹操墓造假问题，向大家讲一讲我的看法。

第一，曹操死后是不是有"七十二疑冢"问题。

有人提出，曹操墓有"七十二疑冢"，你怎么证明西高穴大墓就是曹操墓而不是曹操的"七十二疑冢"之一呢？其实曹操墓"七十二疑冢"之说是宋代以后的事情，宋代以前人们，知道曹操墓在那里，前面谈到的鲁潜墓志就明确记载了其墓在曹操墓的什么位置。又如李世民于645年征高丽时，路经曹操墓附近，他还专门撰写了《祭魏太祖文》，祭奠曹操。"疑冢"之说在中国古代历史上，从文献记载来看，最早是唐代开始的，唐代洛阳的张瑝、张琇的墓葬为了不被报复性挖掘，人们为他们二人修建了多座疑冢。曹操墓的疑冢之说以《三国演义》影响最大，明清两代坊间各种故事进一步发挥、扩展，如蒲松龄在《聊斋志异》卷十《曹操冢》。曹操墓的"七十二疑冢"之说，可能要早到宋代，宋代范成大有《七十二疑冢》诗。为什么叫"七十二疑冢"呢？后来我查了查，北宋时期有一个有名的政治家和诗人，叫王安石，他写过一首诗，叫《将次相州》：

青山如浪入漳州，铜雀台西八九丘。
蝼蚁往还空垅亩，麒麟埋没几春秋。
功名盖世知谁是，气力回天到此休。
何必地中余故物，魏公诸子分衣裘。

宋代相州是今天什么地方？就是现在的安阳。他诗上这个"邱"就是坟堆。"铜雀台"指什么呢？就指邺城。邺城西边"八九邱"，就是形容古坟之多，联系后面四句诗，这里的"八九邱"可能就是曹操墓。

到了南宋的时候，诗人范成大的一首诗中，把王安石的"八九邱"变成了"七十二冢"，范成大《七十二冢》诗：

一棺何用冢如林，谁复如公负此心。

闻说北人为封土，世间随事有知音。

他自己解释："入曹操讲武城，周遭十数里，城外有操疑冢七十二，散在数里间。"我想他做了一个数学题，"八九""七十二"。此后关于"七十二疑冢"之说越来越多、越来越离奇。20世纪70－90年代考古调查已经搞清楚，所谓"七十二疑冢"实际上是南北朝时期的东魏、北齐的墓葬，不是曹操的"疑冢"，跟曹操没有关系。1988年3月8日《人民日报》对此进行了详细报道：民间传说中被认为是曹操"七十二疑冢"的古墓群，现已查明实际上是北朝的大型古墓群，确切数字也不是72座，而是134座。

第二，石牌释疑。

这里我要特别介绍一种西高穴大墓出土的刻铭石牌，共出土了62件，它使我们的上述认识（即西高穴大墓为曹操墓）得到进一步确认。根据刻铭石牌的形状，可以分成两种，一种是"圭"形，另一种是六边形。"圭"形石牌出土7个，连从盗墓分子那里缴获的一个，一共是8个。"圭"形石牌长10.8厘米、宽3.2厘米、厚0.6厘米。尖部有穿孔，孔中有铜环，铜环连铜链。"圭"形石牌刻铭有"魏武王常所用格虎大戟""魏武王常所用格虎短矛"等。"六边形"石牌出土50多个，一般总长8.5厘米、厚0.5厘米。石牌刻铭内容为随葬品的名称和数量，如"镜台一""书案一""渠枕一""胡粉二斤""香囊卅双"等。铭刻绝大多数是汉隶，俗称"八分体"，字体规整，劲道有力。曹操墓出土的刻字石牌可能就是"楬"一类遗物。类似遗物在以往的汉代墓葬中也有发现，如长沙马王堆一号汉墓中出土的随葬物品上有的就系着木楬，其形制、书写内容可与曹操墓出土石牌相对应。

因为西高穴大墓出土了刻铭"魏武王常所用"的石牌，而曹操生前为魏王，曹操去世，汉献帝马上给他一个谥号，谥号是死后的美誉，叫"武王"。曹操去世不到一个月就下葬了。曹操下葬九个月以后，他儿子曹丕就称帝了，他就给他爸爸由"武王"改名为"武帝"。因此,这个墓里头出的有"魏武王"刻铭石牌,就应该是曹操下葬时放入墓内的。因此,可以说西高穴大墓就是曹操墓了。

我说石牌对于曹操墓的确认是非常重要的,有人就说这个石牌是假的。假的根据是什么呢?有人说有一个石牌是从盗墓分子那里来的,因此我们就怀疑这个东西的真实性。但是,他忘了,我们论证不是以这个为准的,我们在墓里发掘出了七个并不是盗墓分子那里缴获来的。但是,有人又说,你那七个是按照盗墓分子缴获来的做的假的搁进去的。我说这个搁的人脑子进水了,做假文物是拿到市场上去卖的,没有那个人做了假的去埋进去的,这是不可能的事。还有人说石牌的字不像汉隶,但是,古文字学家说这就是汉隶。怎么证明?用173年的汉代《熹平石经》一对比就知道了。

还有人说石牌刻铭的"常所用""挌虎"是什么话?我说这就是当时人说的话,《三国志·吴书·周泰传》裴松之注引《江表传》有"敕以己常所用御帻青缣盖赐之"之记载。又有人说什么叫"挌虎"?我说"挌虎"就是"格虎","挌"是"格斗"之意。"挌虎"是与虎格斗。汉代有《谏挌虎赋》。汉代还有"挌虎车"。四川有一个教授,他把"魏武王常所用挌虎大戟"断句成了"魏武,王常,所用,挌虎大戟",他说这是一个叫王常的人使用的。

有人说什么叫大刀、大戟呢?为什么不用剑呢?这是一种误解,大刀、大戟在曹操墓出现,恰恰证明它们与中国古代大刀、大戟的兵器发展历史是一致的。在中国兵器史上,大刀代替剑,是在东汉的三国时期,而且不但他们墓出了,东汉的王墓里头也出了大刀。大戟也是如此,大家知道吕布就是拿戟的。

还有人说这个"魏"字写错了,说不应该那样写。其实他不知道,这个"魏"字那个时候,恰恰是这样写,是一个"委"旁边一个"鬼"字,这个中间有一个"止"字,有人说是"山"字,在这俩字中间加这么一个字,这就是汉代到三国时期的写法。

那些六角形石牌的物品刻铭也能说明其与曹操墓的时代一致性。比如石牌刻铭的"行清",这就是从战国晚期到三国时期对厕所的称谓。这种"时代语言"也反映了墓葬的时代。

第三，关于墓志和哀册的释疑。

有人说这个墓没有墓志、没有哀册，因此就不能确认它是曹操墓。关于墓志的考古发现，目前所知考古发掘的北魏时期的辽宁朝阳刘贤墓的墓志和南朝刘宋的刘怀民墓的墓志，被认为"标志着墓志这一名称的正式形成"。

至于哀册，只是在皇帝陵墓中或有皇帝名分的陵墓中放的。史思明墓里发现了哀册，安史之乱以后，史思明自己宣布当了皇帝，因此他死的时候，他的儿子给他做了哀册。武则天孙子懿德太子墓有哀册，这是因为懿德太子陵墓"号墓为陵"，也就是按皇帝陵墓规制埋葬的。曹操墓为什么没有哀册？因为曹操生前没有当皇帝，如果曹操墓中有了哀册，恰恰就出了问题。

第四，关于曹操高陵是不是薄葬的释疑。

曹操墓的另一个特点是"薄葬"，就是文献记载的"因高为基，不封不树"。汉代流行厚葬风气，所谓"视死如生"。就是对待死像对待生一样。西汉时期，当了皇帝以后，第二年就开始修坟，汉武帝16岁当皇帝，第二年17岁开始修墓，到70岁去世，修了53年的陵墓。按照《晋书》记载，帝陵建设开支占国家赋税的三分之一。西汉时代初期，汉文帝就提出"薄葬"，《史记·孝文本纪》卷十，文帝要求"治霸陵皆以瓦器，不得以金银铜锡为饰，不治坟，欲为省，毋烦民。"东汉初年，光武帝刘秀的时候就提出要薄葬。曹操要求薄葬，提出"不封不树"。作为曹操墓的西高穴大墓没有发现封土。这一方面说明曹操履行了自己的"薄葬"诺言，另一方面"不封不树"的东汉晚期、相当于王陵规制的西高穴大墓，它与历史文献记载的曹操墓没有封土也是一致的，这是从考古发现与历史文献记载的相互佐证，使曹操墓的确认又增加了一个重要证据。

古代帝王陵墓的"薄葬"，历来将"不封不树"作为十分重要内容与标志。如汉文帝霸陵的"不治坟""山川因其故，毋有所改"。汉明帝"不起山陵"。《汉书·张临传》"薄葬不起坟"。《汉书·楚元王传》记载："黄帝葬于桥山，尧葬济阴，丘垄皆小，葬具甚微。舜葬苍梧，二妃不从。禹葬会稽，不改其列。殷汤无葬处。文、武、周公葬于毕，秦穆公葬于雍橐泉宫祈年馆下，樗里子葬于武库，皆无丘垄之处。"让活人能够看到死者的"薄葬"，

"不树不封"是最为直观的,实际上也是被古人视为最为重要的"薄葬"内容。西高穴二号墓就是一座东汉时代末期具有王陵形制与规格的"不封不树"的墓葬。当然,"薄葬"还有其他内容,如:"皆以瓦器,不得以金银铜锡为饰";"不藏金玉珠宝";曹操在其"遗令"中也有"敛以时服,无藏金玉珠宝"。曹植《武帝诔》载,曹操入葬时"躬御缀衣、玺不存身。唯绋是荷,明器无饰。陶素是嘉,既次西陵"。曹操墓已经被毁、被盗多次,但是从现在墓室考古发现的遗物来看,至少"明器无饰""陶素是嘉"是一致的,其明器以各种各样陶器发现数量最多,这些明器均"无饰",可谓"陶素"。至于发现的一些金、玉质地的遗物,应属于其"敛以时服"的遗存,它们与"无藏金玉珠宝"并不矛盾。

曹操高陵的陵寝建筑也可以体现出其"薄葬"特点。根据文献记载,曹操高陵的地面之上仍然有陵寝建筑,《晋书·礼志》记载:"高陵上殿屋皆毁坏,车马还厩,衣服藏府。"此"殿屋"即陵寝建筑。但是曹操高陵陵寝建筑规模应该是比较小的,因此文献记载其为"殿屋",而《三国志·于禁传》卷十七更称曹操高陵陵寝建筑为"陵屋"。从目前考古调查所了解的情况来看,曹操高陵与汉代帝王陵墓的陵寝建筑相比较,其规模要小得很多,在西高穴二号墓墓道南北两侧发现的一些较小的柱洞遗迹,也可反映出来其原来其"陵屋"规模不大。就是这些规模不大的"陵屋",在曹丕时代也已是"高陵上殿屋皆毁坏",我们目前能够考古发现的曹操高陵陵寝建筑遗存可以基本反映这一历史情况。至于在曹操高陵墓室之中发现的石质瓦当,此应为高陵墓室之中的石质葬具,它与曹操高陵地面之上的陵寝建筑无关。

第五,曹操墓位置的释疑。

中国古代的丧葬习俗,古人去世之后一般葬于其"家乡",帝王以"国"为家,都城是国家的缩影,帝王视"都城"为其"国"的代表,根据中国古代帝王陵墓埋葬规律,一般帝王陵墓安排在帝王都城附近,如商代晚期都城——殷墟的王陵区在殷墟西北部的西北岗一带,春秋时代秦国都城雍城的附近安葬着在此执政的秦公陵,战国时代秦咸阳城西北部有秦王陵,秦始皇陵在秦都咸阳附近,赵王陵在赵都邯郸附近,齐王陵在齐临淄城附近,西汉帝陵埋葬在汉长安城北部咸阳塬和东南部的,东汉帝陵和魏晋帝陵在都城洛阳

的邙山一带，汉代诸侯王墓一般在其王国都城附近（如北京大葆台汉墓、江苏徐州狮子山楚王陵、河南永城梁王陵、广州南越王墓等分别位于各自王国广阳国、楚国、梁国、南越国都城附近），唐十八陵分布在唐长安城以北的"北山"一带，北宋帝陵在京畿巩义；安徽凤阳的朱元璋以南京为都城，去世之后葬于南京；明十三陵安葬着以北京为都城的明代皇帝的帝陵；原籍东北地区的清代诸皇帝，其陵墓分别位于清代都城北京附近的东北部（清东陵）和西南部（清西陵）。曹操以邺城为王都，作为"魏王"的曹操陵墓理应埋葬于邺城附近。东汉晚期和曹魏时代邺城的"魏王"只有曹操，邺城作为东汉晚期曹操的王都，这里东汉晚期的王陵则非曹操莫属，其他王陵不可能在此。

第六，关于DNA问题的释疑。

曹操高陵出土的3个头骨中，其中1个头骨被鉴定为男性、死亡年龄60岁之后，这与高陵墓主人曹操的性别、去世年龄基本相同。这进一步佐证了西高穴二号墓墓主为曹操。但是有些人提出，应对其进行DNA鉴定才能最终确定曹操墓。这个意见是理想的。但是，人死以后，其DNA分子会迅速降解，遗传物质随着时间的推移将不断减少。时间越长，能够从骨骼中提取基因片断的信息就越小。因此依次提取的鉴定样品科学性就越低。其次，对于DNA鉴定而言，目前还存在着技术问题：遗传基因中的DNA有线粒体DNA与细胞核DNA，前者的分析可探究母系亲缘关系；细胞核DNA中的Y染色体只存在于男性，后者可探究父系亲缘关系。由于线粒体DNA具有数量多、变异快及易于提取和鉴定，因此在古代人群亲缘关系研究中应用较多。核DNA的Y染色体由于核基因的突变积累缓慢，不易鉴定。缺少人类Y–DNA变异信息，Y染色体是单拷贝基因，扩增困难较大，因此Y染色体DNA主要用于性别鉴定。

人骨DNA的实验，需要严防标本被人、水污染。西高穴二号墓曾经多次被盗毁，曹操的头骨也被人为从后室抛置于前室。这样环境提取的人骨，在实验过程中要清除上述污染几乎不可能。

能否从古代骨骼标本中成功提取DNA，很大程度上取决于骨骼的保存程度。曹操高陵中的人骨标本保存都不大好。成功提取的概率很低。

从社会学角度来看，即便提取 DNA 成功，又将面临没有可资科学比较研究的参照标本。而用于比较的 DNA 标本当然必须是曹氏后人的。然而 1800 年以来，曹氏后人早已经过无数次男男女女间的基因交换。基本已不可能找出真正有参考意义的标本了。

古代北京城规划中的礼制文化

原北京大学考古文博学院院长　高崇文

【内容提要】城市是人类社会发展到一定阶段的产物,是伴随着人类文明社会的形成、国家的出现而产生和发展的。因此,城市文明能够比较集中地体现社会进化的程度及特点。中国古代城市文明有其自身的发展特点,是以一种礼制性的城市文明不断发展和完善的。这种礼制性的城市文明即是物象的行政规划形式,又体现了政治的和意识的形式,通过这种形式承载复杂的国家机器,来处理人与人、人与神、国与国等诸关系,维护统一的社会秩序。这就构成了中国古代城市文明的显著特色,形成了典型的古代中国城市文明之模式。古代北京城始终是以"君权神授""象天立宫"的思想和传统礼制进行规划设计的。皇宫"建中立极",宗庙社稷左右以辅,"天、地、日、月"四坛四面相拱卫。这一都城布局,集中体现了政权、祖权、神权三为一体的意识形态,充分表现出了封建时代"普天之下,唯我独尊"的皇权统治之威严。可以说,古代北京城汇集了中国历代王朝都城规划之精华,成为一座最为典型的礼制文化之城市。

城市是人类社会发展到一定阶段的产物,是伴随着人类文明社会的形成、国家的出现而产生和发展的。因此,城市文明能够比较集中地体现社会进化的程度及特点。中国古代城市文明有其自身的发展特点,是以一种礼制性的城市文明不断发展和完善的。这种礼制性的城市文明即是物象的行政规划形式,又体现了政治的和意识的形式,通过这种形式承载复杂的国家机器,来处理人与人、人与神、国与国等诸关系,维护统一的社会秩序。这就构成了中国古代城市文明的显著特色，形成了典型的中国古代城市文明之模式，并在东亚各国古代社会发展中发挥了巨大作用。

一、中国古代都城礼制文化的形成

从目前的考古资料看，中国的古城早在龙山时代（公元前3000－公元前2000年左右）就比较普遍地出现了，经过夏、商、周三代的发展，中原已成为文明发展的中心。为了维系这一中心地位，保持其绝对权威，除了靠武力以外，更重要的是建立维系这一绝对统治的制度。而这些制度又是通过礼制来实现的，因为礼制对于权力的集中和巩固以及维护社会等级关系等，更增加了一种王权神授的神秘色彩，更会产生重大影响力。"礼，经国家，定社稷，序民人，利后嗣者也。"①这就是为什么夏、商、周三代以及以后历代帝王特别注重"礼治"之原因。作为帝王所居的都城，当然是首先神秘化、礼制化的对象，这就是《考工记》所记的都城规划体系之由来。

《考工记》载："匠人营国，方九里，旁三门。国中九经九纬，经涂九轨，左祖右社，面朝后市。"此是讲都城的营建，作正方形，每边长九里，各有三门，城中有纵横交错的大道各九条，城内宫城前部左侧建宗庙，右侧建社稷坛，宫城后边是市场。《考工记》是战国时期的著作，应是记述周代王城的规划礼制，王宫建中立极，表现了周天子至高无上的权力。

周天子的王城何以"旁三门"？郑玄解释为"天子十二门，通十二子。"②即十二门通子丑寅卯等十二辰。商周之时，以干支来记述天地时辰之运转。另外，"天圆地方"的宇宙观念在东周时应当形成。所以，《考工记》如此设计天子都城，大概也是为了表现周天子居九里之方城以法地，建十二之通门以法"十二子"，借此以通天地之间，更体现了周天子作为上天元子以御天下之地位。

---

① 《左传·隐公十一年》。
② 《周礼·冬官·考工记》郑玄注。

郑玄据礼书而立的周天子宫城为"五门三朝"之制①。周天子的宫城则有皋门、库门、雉门、应门、路门五层宫门。诸侯应有库门、雉门、路门三层宫门。

宫城内主体建筑为三朝：外朝、治朝、燕朝。"三朝"建筑物是集权制出现后的产物。《礼记·曲礼》孔颖达疏云："凡天子三朝，其一在路门内，谓之燕朝。……其二是路门外之朝，谓之治朝。……其三是皋门之内、库门之外谓之外朝。……天子诸侯皆三朝也。"关于三朝的用途，任启运《朝庙宫室考》云："内朝，路寝也，又谓燕朝，宗人嘉事行于此；治朝，日听政事所在；外朝，则有大政询万民之朝也。"但是，夏商西周时期的"朝"是指宗庙中的庭院。《说文》云："廷，朝中也。"《周礼·夏官·太仆》郑玄注："燕朝，朝于路寝之庭。"许慎、郑玄均将宫殿建筑前的"庭"解释为"朝"，当有所据。清戴震对此解释得更清楚："凡朝君，臣咸立于庭，朝有门而不屋，故雨沾衣失容，则辍朝。"②焦循《群经宫室图》亦云："凡朝皆廷也，其堂为路寝，其廷为燕朝。"陈梦家认为，"古文字'廟'从朝，朝廷之朝当源自大庙朝见群臣。"③甲骨文中没有"廟"字，"廟"字始出现于西周金文。从字形上分析，"朝"上盖屋为"廟"，说明既是在西周时期依然是"朝有门而不屋"，"朝"即是庭院，凡国之大事，均是在庭院中祭告屋中神主。这反映了早期国家是以"神权"为主的形态。

"三朝"作为政权所在的建筑物的出现是在东周时期。东周列国都城虽各式各样，但均是由宫城和郭城组成，并且明确宫城是为"君"而建。《吴越春秋》曰："筑城以卫君，造郭以守民。"这就非常清楚地说明，宫城的建造首要的是为了守卫国君，这与夏商周三代始建国营都首先置宗庙、立社稷不同，而是将筑宫城守卫国君作为第一要事。东周列国宫城内最突出的是高台式宫殿建筑，成为整个都城的制高点，是国君处理政务的"大朝"所在。从建筑形式上显示了国君政权至高威严之地位，反映了集权制的产生，体现了君权

---

① 《礼记·明堂位》郑玄注。
② 戴震：《考工记图》。
③ 陈梦家：《西周铜器断代》（四），《考古学报》1956年第2期。

成为主宰，神权则处于了辅助地位。

"左祖右社"即指"朝"的左边建有宗庙，右边建有社稷坛。此布局正体现了政权建筑处于建中立极位置，宗庙、社坛左右辅助，这是集权制出现后的都城布局。而在夏商周时期，都城则是以神权建筑为主的布局。《左传》庄公二十八年记："凡邑，有宗庙先君之主曰都，无曰邑。"《礼记·曲礼下》载："君子将营宫室，宗庙为先，厩库为次，居室为后。"这说明，作为国都，宗庙是不可或缺的主要祭祀场所。《墨子·明鬼下》也明确记载，夏、商、周三代建国营都必须先筑社坛和宗庙："昔者虞夏商周三代之圣王，其始建国营都，日必择国之正坛，置以为宗庙，必择木之修茂者，立以为丛社。"殷墟卜辞中大量是商王在社坛中祭祀天地神和在宗庙祭祀祖先神的内容，凡事必贞卜于天，可以说是唯天命是从。甲骨文中宗庙建筑称"宗""必"，也有学者认为，甲骨文中的"囗"或"匚"就是后世"庙"字的初形，因在这些方框内往往还有"甲""乙""丙""丁"等商王庙号词，此也是商王之庙①。甲骨文中的"土"即是"社"②。从考古发现看，夏商周时期的都城是以祭祀天地神的社坛建筑和祭祀祖神的宗庙建筑为主的布局。

由东周时期各国都城新格局可以看出，《考工记》所记以"朝"居中心，"祖庙""社坛"分置左右的都城设计理念，实际上是集权制政体下的理想设计规划，突出政权所在"大朝"建中立极的绝对权威，"大朝"之外的"左祖右社"则成了附属建筑。这种宫、庙分离之格局，朝、庙独立之变化，正反映了集权制政权权威的上升，神权则处于辅佐的地位。如果说，夏商西周时期，神权高于一切，国家政权完全笼罩在神权的护佑之下，处于初期的国家形态阶段；而至东周时期，各诸侯大国已步入成熟的国家形态，集权制的政治体制逐渐确立。

---

① 李立新：《甲骨文囗字考释与洹北商城1号宫殿基址的性质探讨》，《中国历史文物》2004年第1期。

② 《诗·大雅·绵》："乃立冢土。"毛传云："冢土，大社也。起大事，动大众，必先有事乎社而后出谓之宜。"郑笺："大社者，出大众将所告而行也。"载《十三经注疏·毛诗正义》；陈梦家："亳土即亳地之社。"载《殷墟卜辞综述》第十七章，中华书局，1988年版。

《周礼》还记载，周天子"兆五帝于四郊"，即在都城的四郊祭祀五方帝神。五方帝神是"五行"理论出现后产生的，用于祭祀始于春秋时期的秦。秦在雍设立四畤祭祀白帝、青帝、炎帝、黄帝，汉高祖刘邦"乃立黑帝祠，命曰北畤"①，王莽时始祭五帝于四郊，遂成以后历代之定制，直到明朱元璋进行礼制改革，才将五帝祭祀从国家大祀中去掉。

西汉武帝时期于都城长安南郊建泰一坛，祭祀天神太一，此即后来的祭天的圜丘南郊坛。"天神贵者泰一，泰一佐曰五帝。"② 天神泰一也是中央集权制的产物。南郊祭天坛的确立，祭地的场所也要建立，汉武帝讲："今上帝朕亲郊，而后土无祀，则礼不答也。"于是立后土祠于汾阴，"于泽中圜丘为五坛"祭后土③。至王莽时，南郊祭天，北郊祭地，成为以后历代之定制。

《礼记·祭义》载："祭日于坛，祭月于坎，以别幽明，以制上下。祭日于东，祭月于西，以别外内，以端其位。"殷墟甲骨文中多有"宾日""出日""入日"的祭祀日神记录。陈梦家也指出，卜辞中的"东母""西母"大约指日、月之神④。汉武帝时郊祀泰一，有"朝，朝日；夕，夕月"之礼⑤，这应是以后历代东郊朝日、西郊夕月之先河。

上述这些朝祖祭社、郊祀天地、五郊迎气、朝日夕月等逐渐成为国家大祀的基本内容，在都城范围内这些祭祀性的礼制建筑也遂之兴起，成为历朝都城礼制规划之定制。至南北朝隋唐时期，都城的礼制性规划更趋于制度化、规范化。金王朝是女真族建立的国家，元是由蒙古族建立的国家，这两个王朝定都北京后，都是以传统的礼制规划来营建都城的。明王朝定都北京，在元大都的基础上继续营建北京，可以说，明代北京城是集中国古代都城礼制规划之大成，成为一座最为典型的礼制文化之城市。

---

① 《史记·封禅书》。
② 《汉书·郊祀志上》。
③ 同上。
④ 陈梦家：《殷墟卜辞综述》，第573—574页，中华书局，1988年版。
⑤ 同上。

二、金中都礼制性规划

金的上京会宁府原在东北的松花江畔（今黑龙江省阿城县一带），土地贫瘠，又远离中原，交通不便，不利于对南部的统治，于是决定在长城内辽南京城（今北京）营建新都，并于1153年正式迁都于此。因地域适中，故称中都。

金中都是按北宋都城汴梁宫室制度修建的，可以说，金中都是北宋都城汴梁的翻版，模仿和继承了中国传统的都城设计规划之模式，体现了中国古代礼制文化之内容。

金中都城址位于今北京城区的西南部，即莲花池水系。由大城、皇城和宫城从外至内套合而成。大城每边长4.5公里左右，基本上呈正方形。

城四面各有三门，共12门：

南面三门：由东至西为景风门、丰宜门、端礼门；

东面三门：由南至北为施仁门、阳春门、宣曜门；

西面三门：由南至北为彰义门、丽泽门、灏华门；

北面三门：由西至东为会城门、通玄门、崇智门。（《金史·地理志》载北城墙有四门，最东面还有"光泰门"，此是后增之门）

皇城位于大城中部略偏西南，四面各有一门，南为宣阳门，北为拱辰门，西为玉华门，东为宣华门。

宫城位于皇城内，宫城内中部在三级月台上建有三座大殿，即大安殿、香阁、福安殿，此正是三朝所在。此"工"字形月台之上建有三大殿的格局，为元、明、清宫殿建制所遵循。

由南往里有宣阳门、丹凤门、应天门、大安门四层门，加之大城正南门丰宜门正为五重，正是传统礼制规划中的"天子五门"之制。

据《金史》记载，金王朝对祭祖祭社是非常重视的，祖庙和社稷的位置应在宫城南门外之东、西两侧。

另外，在大城正南门丰宜门之外建有南郊坛，是为圜丘，以祭天。在大城正北门通玄门之外建北郊坛，是为方丘，以祭地。在东面施仁门外之东南建朝日坛以祭日。在西面彰义门外之西北建夕月坛以祭月。在南面景风门外建高禖坛,以祭青帝、伏羲、女娲等。

从金中都的整个布局来看,体现了中国古代都城礼制文化之规划。外大城为郭城,为民而筑;内小城为皇城和宫城,为皇帝而建。大小城相套,基本为方形。这一形制与《考工记》所记都城的规划比较一致,体现了帝王之居建中立极的思想意识,通过这种形式,既划清了国君与国民的分野,又突出了帝王居中之地位。金中都左祖右社、五门三朝以及郊祭的设计规划,也都体现了古代传统的都城礼制文化。

三、元大都礼制性规划

据《元史·霸突鲁传》记载,元世祖忽必烈初至燕京时曾说:"今天下稍定,我欲劝主上(成吉思汗)驻跸回鹘,以仗兵息民。"蒙古贵族霸突鲁劝他说:"幽燕之地,龙蟠虎踞,形势雄伟,南控江淮,北连朔漠。且天子必居中以受四方朝觐。大王果欲经营天下,驻跸之所,非燕不可。"忽必烈听从了霸突鲁的建议,定都于燕,并改名大都。元世祖忽必烈采用汉法营建大都,"建都邑城郭,仪文制度,尊用汉法"①。因此,元大都的规划布局,也是遵循了中国古代的传统。

由于金中都在战争中被焚毁,元大都便建在了金中都的东北部,即由莲花池水系移至高粱河水系,即现在的积水潭、什刹海、北海一带。这里原来有金王朝的离宫大宁宫,建在高粱河形成的琼华岛上。金王朝时期,对这一带水系就进行了疏导。高粱河源于今紫竹院一带低洼地,水量不足,便开凿新河导引玉泉山水入瓮山泊(即今昆明湖),又东南导流入高粱河上源今紫竹院一带,贯通了高粱河,这条长河解决了元、明、清都城的用水问题。

元大都是元世祖忽必烈命刘秉忠、赵秉温等人主持规划的。首先在积水潭东北岸选定全城的中心点,建中心阁,即今古楼的位置。在南部太液池周围筑皇城,在太液池东岸筑宫城及大内宫殿。最后筑大都的四面城墙。

---

① 《元史·高智耀传》。

这样，元大都也是由大城、皇城、宫城三层套合而成。大城平面基本为正方形，四面共 11 门：

南面三门：由东至西为文明门、丽正门、顺承门；

东面三门：由南至北为齐化门、崇仁门、光熙门；

西面三门：由南至北为平则门、和义门、肃清门；

北面二门：有西至东为健德门、安贞门。

为何是 11 座城门，北城墙只有二门，这大概是受阴阳数术学说的影响。刘秉忠少时为僧，师从云海和尚，精通天文、地理、阴阳道术。中统元年（1260），忽必烈夺得汗位后，便拜刘秉忠为光禄大夫，位太保，参领中书省事。并赐名"秉忠"。国家典章制度，刘秉忠都参与设计草定。他根据《易经》中"大哉乾元"，将政权名为"大元"，这就是元王朝命名所由来。同时他亦向忽必烈进言"治乱之道，系乎天而由乎人""以马上取天下，不可以马上治"①，主张参照汉人法律，改善法度、革除弊政。此外，他还先后参与上都（今内蒙古多伦县附近）、大都两座城市的修建工程。根据北宋八卦方位学说："当阴阳之半为春秋昼夜之门也，……阳主赢，故乾全用也。阴主虚，故坤全不用也，……是以天之南全见，而北全不见，东西各半见也。"②有可能刘秉忠是据此，将元大都北城墙省去一门，以示北不全见，只是北面的东、西门各半见。以八卦方位，北为坎位，其方位"重险，陷也"，故不开正中之北门。元大都城门的命名也体现了阴阳学的观念，如北城墙的西门健德门，取《易经》乾卦，"乾者，健也，刚阳之德，吉"，故取名为"健德"门。又如大都正南门丽正门，取《易经》离卦，"离者，丽也，日月丽乎天"，宋经学家胡瑗解释，"日也，文明也，人君之像也，两日相并，圣明相继之义也。利贞亨者，言圣贤之君继世以有天下，必皆以正道而为治，然后天下获其利，而得亨通矣。"③所以取名丽正门，以示圣贤之君继世，得亨通天下之意。这大概是刘秉忠利用《易经》阴阳学的理念对大都进行的设计。

---

① 《元史·刘秉忠传》。

② 宋·邵雍著：《皇极经世书·观物外篇上》。

③ 宋·胡瑗著：《周易口义》卷五。

大城除北面外,其他三面均开三门,基本上是遵照《考工记》"旁三门"之制。每两座相对的城门之间都有贯通的大道,连同顺城的街在内,纵横各九条,每条大街宽约25米,足容九车并行。这些规划基本符合《考工记》"九经九纬,经涂九轨"之制。

皇城位于大城中偏南部,近方形。其门的设置文献记载不清,但正南门灵星门与大城正南门丽正门相对,是进入皇宫的主道,道两侧是千步廊,形成皇城前面的宫廷广场。这种布置,增加了皇宫的纵深感,使宫禁门阙更加森严。灵星门内数十步有一条河,河上并列建有三座白石桥,三桥向北通向宫城南面三门。以此推测,皇城南面也应有三门与三桥向通。

宫城在皇城内偏东部,呈南北长方形。南面三门,正中为崇天门,左有拱星门,右有云从门。东面为东华门,西面为西华门,北面为厚载门。崇天门内是大明门,左右为日精门、月华门。宫城内分为南北两部相对封闭的宫殿群,南部以大明殿为主体,北部以延春堂(上为延春阁)为主体。南北两部应有门相通。如是,则从大城正门丽正门开始往内有五重门,也符合"天子五门"之制。大明殿和延春堂后面都有寝殿,中间连以柱廊,成"工"字形建筑。这种"前堂后寝"的建筑布局,也是中国古代自先秦以来的传统格式。

大明殿是元代皇帝登基、朝仪之正殿,也建于三层月台之上,月台呈"工"字形,其上也应是三座大殿,即"三朝"所在。

在皇城的北部有繁华的市场,也符合《考工记》所记"面朝后市"之制。

《元史·祭祀志》云:"元之五礼,皆以国俗行之,惟祭祀稍稽诸古。"元大都的祭祀性建筑正是以传统礼制而建的。皇城的两侧靠近外城垣的地方,东为太庙,西为社稷坛,呈"左祖右社"之制。元成宗即位后,"始为坛于都城南七里""合祭昊天上帝、皇地祇、五方帝于南郊""为摄祀天地之始"①,此为南郊坛,也即圜丘,也称天坛。其后,又多次召集群臣朝议立北郊坛、朝日坛、夕月坛之事,但未果,遂废不立。天坛则成为祭祀天地及四方诸神

---

① 《元史·祭祀志》。

的综合性祭坛,坛上立有数百个神位。

元大都对衙署的设置与唐宋都城不同,是分散布局,大概是皇城前面至丽正门之间的面积不大,所以将大部分官府置之皇城的东部和北部。

元大都除了以传统的礼制进行规划外,其宗教寺院的设置有非常突出的特点。由于元朝统治者对各种宗教采取兼收并蓄的态度,使得儒教、佛教、道教、伊斯兰教、基督教、喇嘛教都能传播,所以大都内庙宇、道观、寺院等建筑遍布全城。元代皇帝又重视将先祖遗像供奉在寺庙中进行祭祀的礼俗,元朝历代皇帝的遗像分别供奉在一些重要的寺庙中,皇帝要定期到寺庙中进行祭祀,所以这些寺庙多设置在街道要冲、交通便利之处。这些庙宇也成了后来明、清北京城修建庙宇的基础。

从以上分析可以看出,元王朝虽是蒙古族建立的国家,其在都城的设计上基本上是按传统的礼制规划。中心阁是全城的中心,由此往南经厚载门、延春阁、大明殿、大明门、崇天门、灵星门、丽正门,形成全城的中轴线。元王朝的朝政大殿大明殿,就坐落在这条中轴线的中部,国君南面称孤,臣僚北面上朝,突出了皇权至上的地位。大都的其他重要建筑和街道,也均依这条中轴线来规划布置,使整个都城规划严谨,布局井然有序。

四、明北京城的礼制性规划

《明史·礼志一》记载"明太祖初定天下,他务未遑,首开礼、乐二局,广征耆儒",研究制定郊社宗庙等祭祀礼仪制度。并诏诸儒修礼书,很快著成《大明集礼》巨著。明太祖认为,礼"则格上下,感鬼神,教化之成即在是矣。"正因为朱元章把礼看得如此重要,其都城南京也是以传统礼制进行规划的。如天子五门三朝、左祖右社、前朝后寝等宫城规划以及圜丘、方泽、朝日、夕月、先农、先蚕等礼制性建筑,都是依传统礼制兴建的。明成祖于永乐十八年建北京,"凡宫殿、门阃规制,悉如南京,壮丽过之。"[1]并诏告天下:"眷兹北京,实为都会,惟天意之所属,实卜筮之攸同。乃仿古制,徇舆

---

① 《明史·舆服四》。

情,立两京,置郊社宗庙,创建宫室,上以绍皇考太祖高皇帝之先志,下以贻子孙万世之弘规。"①可见,明北京的营建,依然是"悉如南京""乃仿古制"。

明太祖朱元璋于洪武元年(1368)派大将军徐达攻占了元大都,元顺帝率后妃百官仅百余人仓皇出健德门逃往元上都开平(今内蒙古多伦县附近)。明朝为了彻底破坏元朝的"国运风水",捣毁了元朝的皇宫,并在元延春阁址上堆积成大土山,作为"镇山",把元朝的大朝宫殿牢牢压在山下,以表压胜元朝之意。并改名为北平府,燕王朱棣出镇北平府。当他夺取帝位后,于永乐元年(1403)改北平府为北京。

早在朱元章统治时期,为了便于防御,就将元大都北部比较空旷的地区划出城外,将北城垣向南移了五里左右。永乐十七年(1420),又将南城垣向南移了一里半左右,这就是新的北京城规模。城的南墙也辟有三门,正中为正阳门,东为崇文门,西为宣武门;北面有二门,东为安定门,西为德胜门。原来,元大都的东西两面城墙均为三门,由于明初将北城墙向南收缩,将东西两面城墙的北部城门缩去,便成了二门。东城墙北为东直门(元的崇仁门),南为朝阳门(元的齐化门);西城墙北为西直门(元的和义门),南为阜城门(元的平则门)。各门通什么车辆都有一些规律,如正阳门走皇宫车;崇文门多走酒车,因南郊有烧酒作坊;朝阳门多走粮车,因为南方的大米都是由运河运到通州,然后顺大道进朝阳门,朝阳门内仓库最多;东直门多走木材车,木材也是由运河运来,绕过朝阳门进东直门;出兵征战走德胜门,象征作战旗开得胜;班师回朝进安定门,象征国家太平安定;西直门多走水车,皇宫用的"御水"是由西部玉泉山的泉水运来;阜城门多走煤车;宣武门走囚车,凡是死罪的人都经过此门,再带到菜市口行刑。

皇城与宫城相套,位于大城的中部偏南。皇城基本上呈方形,只是西南部受中南海湖泊所限,向内斜曲,皇城四面各设一门,南面为承天门,北面为北安门,西面为西安门,东面为东安门。为了增加皇宫的进深以加强皇帝

---

① 《畿辅通志·艺文志》卷九十一:明成祖营建北京诏。

出入宫禁的安全，从承天门向南延伸至正阳门北侧设大明门，承天门之前东西两侧又辟面向东、西的长安左门、长安右门，由此形成了承天门之南的皇帝专用之御道。

宫城位于中南海东岸，又称紫禁城，坐落于整个北京城的中心。何以叫紫禁城，其取名于唐代诗人王维诗句"芙蓉阙下令千官，紫禁朱樱出上阑"之语。因上天的紫微星垣，高居中天，永恒不移，众星环绕，是天帝之所居，叫作紫宫。皇帝既然是上天元子，便以上天的紫宫来象征皇帝的居所，而皇帝所居又属禁地，故将皇帝的宫城称为紫禁城。宫城四面各设一门，南为午门，北为玄武门，东为东华门，西为西华门。午门与玄武门均为面阔九间，进深五间，符合帝王的"九五之尊"。皇帝的三朝大殿正建在紫禁城的中心至高处，突出了皇帝所居"建中立极"的地位。由大城正南门进入宫城有五层门，即大明门、承天门、端门、午门、奉天门。进奉天门之后便是前朝三大殿：皇极殿、中极殿、建极殿，是皇帝与官员们举行各种典礼和政治活动的场所。此正为礼制中的天子都城"五门三朝"之制。前朝三大殿之后有内朝后三殿：乾清宫、交泰殿、坤宁宫，是皇帝与皇后居住的地方。此也是传统的"前朝后寝"之布局。后三殿两侧是东、西六宫，是后妃所居之处；东、西六所，是皇子所居之处。此也是遵循《周礼》中天子"六寝"之制。

在宫城南午门外东、西两侧分别是太庙和社稷坛，正符合《考工记》所载"左祖右社"之制。太庙大殿内供奉有皇帝的历代祖先神主，定时进行合祭。社稷坛是用汉白玉筑成的三层方石台以表示"地方"，坛内放置五色土——中黄、东青、西白、南红、北黑，以表示"普天之下，莫非王土"，并象征金、木、水、火、土是万物之本。坛中央埋有方形石柱、木柱，以象征土地神和五谷神的"社主"和"稷主"。每年二月、八月的"上戌日"，皇帝率领文武群臣亲往祭祀。

为遵古制祭天于南郊，在正阳门南延伸的中轴线东、西两侧分别建有天坛和先农坛。天坛主要有三组建筑，最南部是圜丘坛，是祭天的场所。因昊天凌空，故不建屋宇，实行露祭。此坛是用汉白玉筑成的三层露天圆形建筑。主要祭祀昊天上帝，并配祭明帝祖先，从祭风云雷雨诸神。圜丘坛之北是皇穹宇，是供奉昊天上帝及明帝祖先神版的场所，祭天大典时，将神牌取出置于圜丘坛上进行祭祀。再北是大享殿，是祈祷风调雨顺、五谷丰登的场所。大享殿建在三层圆形汉白玉台基上，殿顶覆盖三色琉璃瓦——上为蓝，以示昊天；中为黄，以表皇帝；下为绿，以代庶民。

先农坛是祭祀先农的场所，其垣墙特点是北圆南方，表示"天圆地方"。每年仲春之日，皇帝率群臣在此行耕籍之礼。皇帝先耕籍，右手执耒，左手执鞭，完成"三推三返之礼"。然后观看王公大臣们"六推"或"九推"之礼，直至将五谷播种完毕。在先农坛范围内还建有天神地祇二坛及观耕台等礼制性建筑。

明嘉靖时期又在城的东郊、西郊、北郊建朝日坛、夕月坛、方泽坛。

方泽坛亦称地坛，建于安定门外的北郊，与天坛南北对称。主要祭祀五岳、五镇、四海、四渎之神。

朝日坛又称日坛，建于朝阳门外的东郊，每年定于春分之卯时（日出时刻）祭祀大明（太阳）之神。

夕月坛又称月坛，建于阜城门外的西郊，每年定于秋分之酉时（入夜时刻）祭祀夜明（月亮）之神。

在皇城内西苑建有先蚕坛，以体现"天子亲耕，皇后亲蚕"之礼，劝天下勤奋农桑。在宫城内建有高禖坛，后宫嫔妃在此祭祀生子之神以求子。

中央官署是按唐宋及南京的格局设置，在承天门至大明门设千步廊，两侧建中央官署，以适应大朝会的需要。由于皇城正南门承天门只有皇帝大朝会时才开启，平时关闭，参与常朝的官员皆需走东安门和东华门，所以东城勋贵宅第多于西城。

全城分为五区管理，设有五城兵马司机构，其地址都设在各区内适中的位置，便于管理本区事务。

明嘉靖年间，由于不断遭到来自北方蒙古骑兵的袭扰，为了增强北京城的防御功能，于嘉靖四十三年（1564）增筑外郭城。原计划环绕北京内城四面一律加筑外城墙，后因财力、物力的不足，只将环绕南郊的城墙建成，也就形成了所谓的"南城"，南城墙也辟三门，正中永定门，其东为左安门，西为右安门。此也是以《考工记》都城规划的"旁三门"之制，只是其他三面城垣没有修成。

总之,明代北京城,是以"君权神授""象天立宫"的思想和礼制进行规划设计的。皇宫"建中立极",政权所在的三大殿故称皇极、中极、建极。以此为中轴线的极点,其他宗庙、社稷、坛、观、衙署及民居等,左右对称,均匀排列。皇宫在皇城、内外城的护卫之中,"天、地、日、月"四坛四面相拱卫。这一都城布局,集中体现了政权、族权、神权三为一体的意识形态,充分表现出了封建时代"普天之下,唯我独尊"皇权统治的威严。可以说,明代的北京城汇集了历代王朝都城建筑之精华,成为一座最为典型的礼制文化之城市。

学术简介

高崇文,北京大学考古文博学院教授,曾先后任北京大学考古学系主任、考古文博学院院长等职。从事周秦汉考古的教学与研究工作,讲授战国秦汉考古学、考古学礼制文化研究、"三礼"文献研读、楚文化研究等课程,发表学术论文90余篇,合著学术著作3部。

中国古代大型墓葬墓主人判定的理论与实践
——以曹操墓等汉代王侯陵墓为例

中国社会科学院考古研究所副所长　白云翔

内容提要：考古学作为根据实物资料和信息研究古代社会历史的一门科学，古代墓葬是近代考古学的主要资料来源之一和重要研究对象之一，而墓主人的判定又是古代墓葬研究的基本作业之一。2009年曹操墓的发现引发了学术界的激烈争论和社会上的广泛关注，其主要原因之一就在于对古代大型墓葬墓主人判定的理论和方法的理解和运用问题。古代大型墓葬墓主人的判定，大致有三种情形，而墓主人判定的基本方法是根据考古发现并结合文献记载，通过时间要素、空间要素和特定要素的分析以及这三个要素的互补互证。就汉代王侯陵墓墓主人判定的考古学实践来看，河北满城汉墓、徐州龟山汉墓、广州象岗山汉墓、徐州狮子山楚王墓和北京大葆台汉墓等，无一不是采用这样的方法。从安阳西高穴大墓的实际出发，科学运用这种方法进行分析，可以推定该墓的墓主人就是东汉末年的魏武王曹操。任何科学研究，首先必须有科学的方法，但同时还必须从实际出发科学地应用这些方法，古代大型墓葬墓主人的判定亦然。

一、引言：从曹操墓的发现及其争论说起

当在某一地方发现一座古代大墓的时候，无论考古发掘者还是旁观者都往往首先要问："什么朝代的？"接着就会问："谁的墓？"

众所周知，考古学是根据实物资料和信息研究古代社会历史的一门科学，

而墓葬是古代人们丧葬活动的物质遗留，并且历代都有，数量巨大，遍布各地，因此成为田野考古的主要对象之一，也是考古学研究的主要资料来源之一。于是有人戏称，"考古考古，挖墓掘土"。这种说法当然是片面的，是错误的，但从一个侧面反映了墓葬的发掘和研究在考古学中的重要地位和作用。历代墓葬之中，以帝陵、王侯陵墓等为代表的大型墓葬，因其规模大、规格高，埋藏物丰富，内涵复杂而成为墓葬发掘和研究的重点，也格外受到人们的关注。大型墓葬的研究是多层次、多方面的，其中，墓主人的判定就是重要的内容之一，也是备受关注的问题之一。曹操墓的发现及其争论就是典型的一例。

曹操墓发现的信息于2009年年底公诸于众，随即引起了世人前所未有的关注，并且引起了广泛而激烈的争论。虽然两年过去了，并且今年以来曹操墓已经逐渐淡出人们的话题，但当时的争论之声似乎仍然飘在空中。回顾曹操墓发现后的争论，大致经历了三个阶段。

第一阶段：2009年12月–2010年5月

2009年12月27日，河南省文物局在北京举行新闻发布会宣布：曹操高陵被发现并进行发掘，即"河南省安阳市的西高穴村东汉大墓（即西高穴2号墓、西高穴大墓），经专家研究基本认定，此墓即为文献中记载的魏武王曹操高陵"[1]。此消息一经发表，旋即引发了西高穴大墓是否曹操墓的议论。尤其是在互联网的推动下，是否曹操墓的争论迅速升温。

2010年1月13日，"中国社会科学院考古学论坛——2009年中国考古新发现"在北京举行，"西高穴曹魏高陵"入选2009年度六大考古新发现[2]。此项活动之后，曹操墓的发现更加受到世人关注，西高穴大墓是否曹操墓的争论进一步升温，曹操墓问题迅速演变成为一个"文化事件"。

2010年1月26日，《光明日报·理论周刊（史学）》发表署名文章《安

---

[1] 李韵：《中国社会科学院等方面专家基本认定：西高穴大墓是曹操的陵墓》，《光明日报》2009年12月28日第5版。

[2] 桂娟：《虽遭质疑，"曹陵"仍入选年度考古新发现》，《新华每日电讯》2010年1月14日第7版。

阳西高穴大墓是否为曹操高陵之争的考古学思考》，根据古代大型墓葬墓主人考古学判定的方法，从理论和实际材料的结合上论证了西高穴大墓最大的可能就是曹操高陵，并就社会上出现的争论乃至质疑及其原因进行了分析①。

在一片质疑和争论声中，至2010年1月27日，在短短的一个月时间内，已有20多位考古学者和历史学者在有关报刊上先后发表20多篇学术性文章，就西高穴大墓是否曹操墓的问题进行研究、论证和讨论，考古学者和历史学者的主流观点是：西高穴大墓应当是曹操墓。

2010年4月2—3日，中国秦汉史研究会、中国魏晋南北朝史学会会长联席会议在安阳举行并形成会议纪要，达成了共识："考古工作者关于该墓（西高穴大墓）为曹操高陵的判断是正确的，其定性是准确的。"②

此后，关于曹操墓的争论仍在继续，是与否的两种观点针锋相对，并且在2010年5月和6月间先后出版了两种关于曹操墓的图书，成为当时是与否双方的代表性言论。一部是科学出版社出版的唐际根撰写的《曹操墓真相》③；另一部是东方出版社出版的张国安的《颠覆曹操墓》④。与此同时，于涛以在中央电视台《百家讲坛》的讲演稿为基础整理而成的《走进曹操》⑤，也在2010年6月出版，为曹操墓的争论平添了不少色彩。总起来看，这一阶段关于曹操墓的争论总体上还处在是与否的讨论上，尤其是考古界公开发表的意见几乎一致，即西高穴大墓应当是曹操高陵。

第二阶段：2010年6—8月

2010年6月11日，"2009年全国十大考古新发现"评选结果揭晓，备

---

① 白云翔：《安阳西高穴大墓是否为曹操高陵之争的考古学思考》，《光明日报》2010年1月26日《理论周刊》。
② 《中国秦汉史研究会、中国魏晋南北朝史学会会长联席会议"曹操高陵考古发现学术研讨会会议纪要"》2010年4月3日，《中国社会科学报》2010年4月22日第7版。
③ 湖南省文物考古研究所编著：《曹操墓真相》，科学出版社，2010年5月。按：该书虽然署名为"河南省文物考古研究所编著"，但总撰稿实际上是中国社会科学院考古研究所安阳工作站站长唐际根博士。
④ 张国安：《颠覆曹操墓》，东方出版社，2010年版。
⑤ 于涛：《走进曹操》，中华书局，2010年版。

受关注的曹操高陵入选①；6月12日，中央电视台科教频道等对曹操高陵发掘现场进行了直播。也正是在这个时候，考古学家首次发表了西高穴大墓不是曹操高陵的意见，并且被各种媒体广为传播。不少媒体引述中国考古学会原理事长徐苹芳先生的话说："安阳西高穴大墓根本不是曹操墓，和我岁数差不多的老考古学家都认为不是曹操墓，考古最重要的是讲证据——"②。

由此，曹操墓的争论再起波澜。

2010年8月26日，新华网的《全国23名专家质疑曹操墓蓄意造假》称：倪方六发起的"三国文化全国高层论坛"8月21日在苏州召开。全国各地的23位专家学者，从各个方面对曹操墓的真实性进行了反驳，最终达成共识：安阳"曹操墓"在发现和发掘过程中，存在人为策划、蓄意造假的行为。凭现有的考古发现资料，无法证明安阳古墓葬的主人就是东汉魏王曹操，真实的墓主人而是另有其人③。

至此，关于曹操墓已经不再仅仅是与否的争论，而是迅速演化成"真与假"的争论，成为一个"社会性事件"，由此也引起了政府有关部门的高度关注。

第三阶段：2010年9月以后

2010年9月18日，"曹操高陵考古发现专家座谈会"在河南内黄召开，19位来自全国以及韩国的秦汉魏晋考古和史学工作者就曹操墓的发现及相关问题进行了讨论。会后，《中国文物报》用2个整版的篇幅发表了座谈会上专家们的发言，正面回应了西高穴大墓"非曹操墓说"和"曹操墓造假说"④。

---

① A.《2009全国十大考古新发现》，《中国文物报》2010年6月11日第7版特刊。
B. 李韵：《十大考古发现献给"文化遗产日"》，《光明日报》2010年6月12日第2版。
②《东南快报》6月14日；《广州日报》6月15日；《东方今报》6月16日等。
③《中国新闻网》2010年8月26日；《京华时报》2010年8月24日等。
④《加强基础研究，回归学术探讨——曹操高陵考古发现专家座谈会发言摘要》，《中国文物报》2010年10月1日第6版和第7版。

2010年11月，由河南省文物考古研究所编的《曹操高陵考古发现与研究》一书由文物出版社出版。该书收录了曹操墓的发掘简报、2010年10月之前考古学和史学工作者在学术刊物和主流报章上发表的51篇文章，以及9月18日座谈会的发言，比较系统地展示了曹操墓的发掘成果和10个月间学术界的研究成果。

自此之后，曹操墓的争论趋于平静。

上面之所以要简要而系统地介绍近两年来曹操墓争论的过程，主要是想指出以下两个值得注意的现象。

其一，曹操墓是与否的争论过程中，相当长一段时间尤其是2010年6月之前，是与否的争论主要发生在考古工作者与非考古工作者之间，或者说主要发生在秦汉魏晋考古学和历史学家与非秦汉魏晋考古学与历史学家之间。时至今日，除新闻媒体的采访报道中转述的个别考古学家有关否定曹操墓的言论外，秦汉魏晋考古学和历史学工作者公开发表的否定曹操墓的学术性论述几乎不见。

其二，争论的双方都强调要讲证据。譬如，2009年12月27日曹操墓发现的新闻发布会上，公布了专家学者将西高穴大墓认定为曹操墓的六大证据；唐际根在2010年1月10日《南方都市报》的《曹操墓不是周老虎》一文中提出了"证明曹操墓的10个知识点"，也就是十大证据；发掘者潘伟斌在2010年1月13日"中国社会科学院考古学论坛"上，列举了认定为曹操墓的九大证据；刘庆柱先生在2010年1月19日《中国社会科学报》的《曹操墓的考古学证明》中指出，认定西高穴大墓是曹操墓的"所有证据是一个完整而又相互佐证的证据链"。同时，2010年6月中旬多家媒体引述徐苹芳先生的话说："考古最重要的是讲证据……"

上述两种现象给我们提出了两个值得思考的问题：面对的是同一座西高穴大墓，为什么专业人员与某些非专业人员的判断和认识会截然不同？同样强调讲证据，为什么专业人员之间也出现了截然不同的声音？这其中当然有复杂的、多种多样的社会背景和社会原因，对此这里不做讨论。至于"造假"之说，更是鱼目混珠的无稽之谈，不值得一驳，并且考古学和历史学工作者早已对其全面驳斥①。这里仅就学术层面来说,重要的原因是关于古代大型墓葬墓主人判定的理论和方法及其应用的问题。

二、大型墓葬墓主人判定的基本理论和方法

(一) 大型墓葬墓主人判定的三种情形

就历代大型墓葬墓主人的判定而言,情况不同,采用的方法也不同。总的说来,大致有三种情形。

第一种情况是,年代不太久远、文献上有明确记载的帝王陵墓,一般来说,根据文献记载并结合地面建筑和碑刻等,就可以清楚地知道其陵墓的主人。譬如,位于南京市城东紫金山南麓独龙阜上的陵墓是朱元璋的明孝陵;位于北京昌平天寿山下的明十三陵及其各陵的主人可以确知;分布于关中西部渭河北岸的唐代十八陵(埋葬19位皇帝,因为唐高宗与武则天合葬于乾陵),各陵的主人根据文献记载也是清楚的。

第二种情况是,年代比较久远,历史文献上有一定的记载但不完整、不明确的帝王陵墓,依据文献记载可以就墓主人做出部分地判断。譬如,根据文献记载可知,西汉11位皇帝的陵墓,汉宣帝杜陵和汉文帝霸陵在西安市东南郊外,其余九陵分布于咸阳市渭河北岸的咸阳塬上②。但是,渭北九陵之中,学界对西汉晚期的汉元帝渭陵、汉成帝延陵、汉哀帝义陵、汉平帝康陵的地望排序有不同看法③。这就需要根据文献记载并结合考古调查和发掘加以判定。

第三种情况是,年代比较久远,文献上又没有记载,或者虽有所记述但过于简略或模糊的帝王陵墓、贵族墓等大型墓葬,则只能根据考古发现并结合文献记载对其墓主人进行判定,尤其是史书上有记载的历史人物的墓葬更

---

① 《加强基础研究,回归学术探讨——曹操高陵考古发现专家座谈会发言摘要》,《中国文物报》2010年10月1日第6版和第7版。

② 刘庆柱、李毓芳:《西汉十一陵》,陕西人民出版社,1987年版。

③ 王建新:《西汉后四陵名位考察》,《古代文明》第2卷,第304页,文物出版社,2003年版。

是如此。魏晋以后的大型墓葬，随着墓志的逐步流行，一般可以根据墓志铭准确判定其墓主人，如唐乾陵陪葬墓的章怀太子墓、永泰公主墓等都是根据墓志判定的。但魏晋以前的大型墓葬，则只能根据考古发现并结合文献记载进行推定。这种情形，就是今天我要讲的主要内容。

（二）大型墓葬墓主人判定的理论和方法

大型墓葬墓主人判定的科学方法是：根据考古发现并与文献记载有机结合。这里主要涉及两个大的方面的问题：一个是如何分析和运用考古资料问题；另一个是如何跟文献记载有机结合的问题。

1. 关于考古资料的分析和运用问题

从理论上讲，任何一座古代墓葬，都有其墓主人。任何一座墓葬的墓主人生前都是在一定的时间和空间里生存的，都是在一定的时间点上死亡并以一定的方式被葬于一定地点的（一般说来，埋葬的时间点晚于死亡的时间点，但两者的时间差往往因人而异），都存在着有别于其他人的若干个性特征，譬如种族、性别、体质特征、死亡年龄、身份、地位等。那么，任何一个人的墓葬，都处于一定的时间和空间框架之内，都存在着有别于其他人墓葬的个性特征，并且这三者是紧密联系在一起的。

上述理论依据，就产生了从考古学上判定墓葬墓主人的"三要素"：时间要素、空间要素、特定要素，以及这三个要素的互补互证，即所谓"证据链"。

时间要素：指时间的判定，又称之为断代，是考古学研究的基本作业之一，也是墓主人判定的基础之一。墓葬年代的物质标识，根据其在断代中的价值和作用，大致可以分为六类，其依次为：（1）绝对纪年材料，即明确记述墓葬建造或下葬、墓主人卒年等的纪年材料，如秦汉时期墓葬出土简牍中有关墓主人下葬时间的记述、汉代画像石墓中有关墓葬建造时间的纪年题记、墓志铭中关于死者的卒年等。（2）相对纪年材料，即与死者卒年或墓葬建造相关的纪年材料，如有些战国秦汉墓葬出土简牍中与墓葬年代有关的纪年，铜器、漆器、铁器等遗物上的纪年文字等。（3）出现年代明确的遗物，如秦汉时期的半两钱、五铢钱、新莽钱币等。（4）具有时代特征的一群遗物，如秦汉墓葬中的铜镜、仓灶井等模型明器、陶器皿等。(5) 墓葬本身的时代特征，包括墓葬形制、结构、建筑材料、建筑方式等。(6) 其他，如棺椁、葬式等。

需要说明的是，上述六大类材料中，除第 (1) 类属于"直接断代资料"外，其他都属于"间接断代资料"，据此只能断定墓葬的大致年代，难以准确断定其具体年代。譬如，四川青川郝家坪50号战国墓出土一件《更田律》木牍，记述了秦武王二年至四年（公元前309－公元前307）更修田律的内容及其过程等①。这个木牍上的纪年对于墓葬断代来说属于相对纪年材料，说明该墓的下葬年代不会早于公元前307年，而是在公元前307年之后的某年，但具体哪一年则无法据此断定。又如，1959年发掘的河北定县北庄汉墓，墓中出土的一件铜弩机上有"建武三十二年二月——"刻铭，可知该墓的下葬年代不早于汉光武帝建武三十二年（公元56），据此再结合其他资料推定该墓是卒于东汉和帝永元二年（公元90）的中山简王刘焉夫妇墓②。再如，如果一座墓葬中出土了西汉时期的五铢钱，而五铢钱的始铸年代是汉武帝元狩五年（公元前118年），属于出现年代明确的遗物，那么只能说明该墓的埋葬年代在公元前118年及其之后，或者说该墓的年代上限不早于公元前118年，至于是公元前118年之后的哪一年，同样是无法据此准确断定，可能是公元前118年的当年，也可能是之后的数年或数十年，甚至是上百年。当然，上述第 (4) 至 (6) 类材料，所反映的年代不是一个时间点，而是一个时间段——无论这个时间段是数年还是数十年。同时，随着考古发现和研究的不断进展，对于其年代的认识也会逐步深化、不断修正。因此，在研究的实践中，特别强调各类材料的综合分析和相互印证，以及必要的文献对照，以尽可能地缩短其年代跨度。

空间要素：即传统史学和考古学研究中的"地望"问题。考古发现的任何一座墓葬以及其他任何一种遗迹和遗物，在空间上是明确的，尤其是在地

---

① 四川省博物馆等：《青川县出土秦更修田律木牍——四川青川县战国墓发掘简报》，《文物》1982年第1期。

② 河北省文化局文物工作队：《河北定县北庄汉墓发掘报告》，《考古学报》1964年第2期。

理信息技术高度发达的今天，无论在什么地方都可以进行准确的空间定位，似乎不存在空间判定问题。但是，空间对于认识和把握有关考古发现的内涵、特征、性质和价值等至为关键，也是判定大型墓葬墓主人的关键性要素之一。

在空间要素问题上，这里强调的是空间观察，即在年代判定的基础上，跟历史文献相对照，尤其是跟历史地理学及其研究成果相结合，以确定某一地点在不同历史时期的行政、人文等地理所属。以北京地区为例，战国时期属于燕国，西汉时期先后分封有燕国和广阳国。空间要素，对于大型墓葬墓主人的判定，特别是对于史书有载的历史人物的墓葬的墓主人判定，尤其重要。

特定要素：指墓葬的个性特征，即有别于其他墓葬的整体特征，在墓主人的判定上又称之为"内证"。关于标识墓主人的特定要素，主要包括以下六类：（1）明确标识墓主人的直接的文字资料，如墓葬中的买地券、墓志铭，墓主人的玺印等。（2）标识墓主人的种族、性别、年龄、体质特征，以及某些生理和疾病特征的人骨资料。（3）间接标识墓主人的相关文字资料，如汉代诸侯王墓葬中有关诸侯国名称的铭刻等。（4）标识墓主人性别、身份、地位、身世等的丧葬器具、随葬品等。（5）标识墓主人身份、地位、身世等的墓葬形制、结构、规模等。（6）反映墓主人个性特征的其他资料，如壁画及其榜题等。

需要说明的是，上述关于墓主人特定要素的六类资料中，第（1）类属于直接证据，可以据此准确判定其墓主人，对于史书有载的历史人物，可结合文献记载进行验证；史书无载的人物，可结合墓葬的年代、空间位置以及个性特征进行综合的分析和说明。但问题在于，由于古代的大型墓葬大多被盗扰，明确标识墓主人的直接的文字资料大多没有被保留下来，因此，只能通过上述第（2）至（6）类资料的综合分析加以推定。在研究的实践中，特别强调以时间和空间为基础、各类材料的综合分析和相互印证，即所谓的"证据链"。

2. 关于考古资料与文献记载的有机结合问题

通过考古资料与文献记载的结合判定墓主人，也主要表现在时间、空间和墓主人个性特征的分析以及这三个要素的互补互证上。

时间要素：主要表现在以下几个方面。（1）绝对纪年材料的历年校订。（2）以考古学断代为基础的相对纪年材料的历年校订。（3）出现年代明确的考古遗物的年代上限界定，如根据《汉书·食货志》记载，汉武帝元狩五年（公元前118），始铸五铢钱；《汉书·王莽传》记载，居摄二年（公元7年）铸行大泉五十，天凤元年（公元14）铸行货泉和货布。

空间要素：主要是在断代的基础上，对照历史文献记载，以确定墓葬所在地点在不同历史时期的行政、人文等地理所属。仍以北京地区为例，战国时期属于燕国，西汉时期先后分封为燕国和广阳国。

特定要素：在时间和空间要素分析的基础上，根据墓葬结构、葬具、出土的相关遗物等，分析判断墓主人身份、地位、身世等。尤其是对于史书有载的历史人物，更是可以通过对照分析以确定墓主人，并且了解其生平。例如，《汉书·霍光传》等文献记载表明，黄肠题凑葬制和金缕玉衣敛服是西汉皇帝及诸侯王专用的葬具和敛具，但经过皇帝恩赐，朝中重臣也可使用[1]。这已经为诸多考古发现所证实，也是许多西汉诸侯王墓之所以被判定为诸侯王墓的主要根据之一。

这里需要说明的是，在考古资料与文献记载的结合上，一是强调以考古资料为基础；二是强调考古资料与文献资料的综合分析，而不是简单的对照，更要坚持"孤证不立"的原则，坚持考古资料与文献资料构成的"证据链"。

三、汉代王侯陵墓墓主人判定的实践

迄今考古发现的历代大型墓葬中，以汉代的王侯陵墓（含王后墓和列侯夫人墓，下同）的数量为最多。据统计[2]（截至2011），经过发掘或调查的汉

---

[1] 《汉书》卷六十八《霍光传》："光薨，上及皇太后亲临光丧。——赐金钱、缯絮，绣被百领，衣五十箧，璧珠玑玉衣、梓宫、便房、黄肠题凑各一具，枞木外藏椁十五具。"中华书局，1962年版，第2948页。

[2] 中国社会科学院考古研究所：《中国考古学·秦汉卷》，第339－379页，中国社会科学出版社，2010年版。按：除该书统计之外，新发现的汉代王侯大墓有，山东定陶灵圣湖西汉黄肠题凑墓、江苏盱眙大云山西汉江都王陵、西安凤栖塬张安世墓，以及安阳西高穴曹操墓等。

代王侯陵墓已有 101 座，其中西汉诸侯王墓 58 座，分属 20 个诸侯国；西汉列侯墓 19 座；东汉诸侯王墓 9 座，分属于 7 个诸侯国；东汉列侯墓 15 座。这 102 座汉代王侯陵墓的墓主人已经准确判定者仅 20 余座，不足总数的 1/4。其余大部分墓葬的墓主人或不能确定，或存在争论。举例说明如下。

1. 满城汉墓

满城汉墓位于河北省满城县西南郊外的陵山，1968 年发掘。满城汉墓共 2 座，均系凿山为藏的崖洞墓。墓向东，两墓南北并列，其中 1 号墓在南、2 号墓在北。其中 1 号墓由墓道、甬道、南耳室、北耳室、中室、主室、后侧室、回廊等构成。墓洞全长 51.7 米、最宽处 37.5 米、最高处 6.8 米；墓主人为男性，葬于主室北侧，身穿金缕玉衣，葬具为一棺一椁；出土遗物 5000 余件。2 号墓在 1 号墓之北约 120 米处，结构相近，墓主人为女性，同样是身穿金缕玉衣，葬于中室一侧的南侧室内，出土遗物 4000 余件。这是当时全国首次发现的保存完整的汉代诸侯王墓葬，也是首次明确判定其墓主人的汉代诸侯王墓。这两座墓中，均未出土直接标识墓主人的文字资料等直接证据，但经过综合分析，其墓主人得以明确判定①。

首先来看满城 1 号墓墓主人的判定。

在时间要素中，并没有直接标识墓葬年代的绝对纪年材料，或者说"直接断代资料"，但是，（1）墓葬中出土有五铢钱，而五铢钱的铸行年代为汉武帝元狩五年（公元前 118），据此可知该墓的年代不早于公元前 118 年。（2）墓葬出土的铜器、陶器等大多具有西汉中期的特征，如具有西汉中期特点的四乳草叶纹镜等，有的甚至具有西汉早期的特征，但没有见到具有西汉晚期特征的器物，据此判断该墓的年代为西汉中期的汉武帝时期。

在空间要素中，（1）根据《汉书·地理志》等文献记载，今天的满城在汉代为北平县地，而汉北平县地当西汉中山国的北部，即国都卢奴县的东北，可知满城汉墓所在之地为西汉中山国属地；（2）出土铜器中，多见"中山府""中山内府""中山宦者"等铭文，并且出土有"中山御丞"等封泥，据此可知，该墓为西汉中山国的王室墓葬。

---

① 中国社会科学院考古研究所等：《满城汉墓发掘报告》，文物出版社，1980 年版。

在特定要素中，(1) 上述"中山内府"等铜器铭文表明墓葬为中山国的王室墓葬。(2) 大型崖洞墓，在西汉属于诸侯王一级的墓葬类型。(3) 墓主人身旁出土有铁长刀、长剑等兵器，而随身携带兵器埋葬一般是男性墓的特征，同时出土有银祖等男性墓特有的遗物，可知墓主人为男性。(4) 根据文献记载，金缕玉衣为汉代皇帝和诸侯王专用的殓服，而1号墓的墓主人身着金缕玉衣，并且其样式为男式，可知该墓为中山王墓。(5) 据《汉书·诸侯王表》，西汉中山国始封于汉景帝三年（公元前154），至中山王刘成都于公元8年王莽称帝后被贬，前后共十王，死于汉武帝时期的有靖王刘胜（死于公元前113年，在位42年）、哀王刘昌（死于公元前111年，在位2年）、穆王刘昆侈（死于公元前90年，在位21年）、顷王刘辅（死于公元前87年，在位3年），可知1号墓的墓主人是上述4王中的一位。(6) 1号墓出土铜器和漆器的纪年中，有"三十二年"至"三十九年"的纪年，而《汉书·诸侯王表》等文献记载中，在位超过30年的只有始封中山靖王刘胜在位42年（公元前154－前113年），只有中山靖王刘胜符合上述纪年条件。据此判定1号墓的墓主人非中山靖王刘胜莫属。

根据上述时间、空间和特定要素的分析及其互证，满城1号墓的墓主人为中山靖王刘胜。尽管没有发现任何带"中山靖王""刘胜"等字样的文物，但墓主人为刘胜无疑，已经成为学术界的共识。据《汉书·景十三王传》等记载，刘胜是汉景帝刘启之子，汉武帝刘彻的庶兄。

满城2号墓，与1号墓东西并列，结构大致相同，出土遗物的年代大致相同，同样发现带有"中山内府"铭文的铜器，"中山祠祀"的封泥，墓主人同样身着金缕玉衣，但是，金缕玉衣的样式为女式，随葬品中也多见梳妆用品等，可知墓主人为女性。由此推定墓主人为刘胜之妻。据出土"窦绾""君须"等铜印章可知，其姓名为"窦绾"，字"君须"，但史书无载，其生平不详。

2. 徐州龟山汉墓

龟山汉墓位于徐州市西北7公里处的拾屯镇孤山村龟山西坡，发现2座墓，坐东朝西，南北并列，两墓之间有通道相连；1号墓居北，2号墓居南，两墓间距5米左右。1972年发掘1号墓，1981－1992年发掘2号墓。两墓均为大型多室横穴式崖洞墓，多次被盗扰，出土文物较少。1号墓出土有五铢钱,"楚私官""御食官""文后家官""丙长翁主"等铭刻铜器等①。2号墓出土有瓦当、陶俑、五铢钱、铜兵器、车马器、玉器残片,以及"刘注"龟钮银印等②。

关于龟山汉墓墓主人的判定,由于两座墓相距仅5米并由通道相连,墓中出土遗物表明,1号墓为女性,2号墓为男性,由此判断两墓为夫妻并列合葬墓。据此,进行墓主人判定。

在时间要素中,(1)两墓都出土有五铢钱,并且1号墓出土的五铢钱中有元鼎四年(公元前113年)铸行的三官五铢钱,可知两墓年代早不过公元前118年,1号墓的年代不早于公元前113年。(2)墓中未见西汉晚期的遗物。据此判断,墓葬的年代为汉武帝时期或稍后。

在空间要素中,(1)根据文献记载,西汉楚国都彭城,即今徐州。(2)1号墓出土有"楚私官"等铭文的铜器,证明其为楚国的王室墓葬。

在特定要素中,(1)上述1号墓的"楚私官""御食官""文后家官""丙长翁主"等刻铭铜器等,表明其为王室墓葬。(2)大型崖洞墓,在西汉时期属于诸侯王一级的墓葬类型,尤其是两墓建造规整,2号墓由10个墓室构成,墓内面积达500平方米以上。(3)2号墓发掘结束并发表报告后,征集到一枚阴文篆刻的"刘注"龟钮银印,据称,该银印系捡自2号墓第六墓室内。

据《史记·汉兴以来诸侯王年表》《汉书·诸侯王表》等文献记载,自公元前201年高祖之弟楚元王刘交始封同姓楚国,至公元前1年楚王刘纡被王莽贬废,前后计十二王。墓葬出土遗物表明,其年代为汉武帝时期或者稍后的西汉中期,因此,发掘者最初认为2号墓墓主人应当是楚襄王刘注(死于公元前117年)、节王刘纯(死于公元前101年)、楚王刘延寿(死于公元前69年)这三个楚王中的某一位。同时认为,"刘延寿在位32年,但他是谋反被诛并国除,难以营造规模如此宏大的墓。因此,墓主人属于襄王刘注或节王刘纯的可能性最大。——两者相比较,似以节王刘纯的可能性更大"。但

---

① 南京博物院:《铜山小龟山西汉崖洞墓》,《文物》1973年第4期。
② A. 南京博物院等:《铜山龟山二号西汉崖洞墓》,《考古学报》1985年第1期。
B. 南京博物院:《铜山龟山西汉崖洞墓一文的重要补充》,《考古学报》1985年第3期。

是,"刘注"银印被发现之后,学术界公认龟山2号墓的墓主人为楚襄王刘注(公元前128—公元前117年,在位12年);1号墓是刘注之妻,葬于公元前113年或稍后。这并非仅仅因为"刘注"银印的发现,而且是完全符合墓葬年代的考古学推论。

3. 广州象岗山汉墓(西汉南越王墓)

广州象岗山汉墓1983年发现于广州市象岗山,现在建有博物馆。该墓南向,是一座凿山为藏并用大石块砌筑的石室墓,由墓道、外藏椁和7个墓室构成,竖穴与洞室相结合;墓室竖穴东西10.85米、南北12.5米,建筑面积100平方米,出土遗物1000多件。墓主人葬于主棺室内,葬具一棺一椁,身穿丝缕玉衣;4个夫人葬于东侧室。另外,西侧室有殉人7个,墓道、外藏椁、前室、东耳室内各有殉人1个。这是岭南地区迄今所见规模最大、级别最高的一座汉代墓葬。

关于其墓主人的判定,同样是根据时间、空间和特定要素这个三要素并相互印证进行的①。

在时间要素中,根据墓葬结构和出土遗物,可知其年代属于西汉南越国时期的后段。据文献记载,西汉南越国系南越武帝赵佗于公元前203年称帝后所立,历经武帝赵佗、文帝赵胡(即赵眜)、明王婴齐、婴齐次子赵兴,至婴齐长子赵建生二年(公元前111)国灭,前后计93年。西汉南越国时期的后段,即文帝赵胡至南越国灭亡的时期(公元前137—前111)。

在空间要素中,今广州市区的象岗山,地处当时的番禺城西北郊外。番禺乃西汉南越国的都城,其宫城位于今广州市中心的北京路一带,宫署遗址已经被确认并发掘。据此可知,象岗山汉墓为西汉南越国的王室墓葬。

在特定要素中,(1)墓葬的规格属于王一级,并且出土大量精美遗物。(2)主棺室内出土铜弩机和铁剑、矛、戟等实用兵器,说明墓主人为男性。(3)主棺室内出土丝缕玉衣,尤其是"文帝行玺"金印、"泰子"金印、"泰子"玉印、"赵眜"玉印等9枚玺印,可知墓主人为某一代称帝的南越王。

据文献记载,西汉南越国时期后段先后在位的有文帝赵胡(在位16年)、

---

① 广州市文物管理委员会等:《西汉南越王墓》,文物出版社,1991年版。

明王婴齐（在位10年）、婴齐次子赵兴（在位1年）和婴齐长子赵建生（在位2年）。据此并结合主棺室出土的"文帝行玺"金印等，判定该墓墓主为西汉南越国第二代王赵眜（即文献所载之赵胡）。赵眜系第一代南越王赵佗之孙，公元前137年即位，死于汉武帝元朔末元狩初年，即公元前122年前后。

4. 徐州狮子山楚王墓

狮子山楚王墓位于徐州一座名叫狮子山的山包的南坡，坐北朝南。1984年，狮子山西麓发现一处西汉兵马俑坑，主墓于1994－1995年发掘。该墓为大型横穴式崖洞墓，由墓道、甬道、天井、侧室、棺室和后室等12个墓室组成，全长117米，面积851平方米。该墓严重被盗，但仍出土有金缕玉衣残片、镶玉漆木棺、精美的玉器、铜铁兵器、金银器、半两钱18万枚、印章200余枚、封泥80余枚以及陶俑、陶器等。

关于其墓主人的判定，自考古发掘以来学术界一直在进行讨论，迄今仍然是众说不一。

在时间要素中，（1）墓中出土的18万枚钱币中，有榆荚钱、四铢半两、秦半两及八铢半两，但是没有五铢钱。据此可知，墓葬的年代上限不超过公元前175年，因为钱币中有汉文帝时期的四铢半两钱，而据《汉书·食货志》记载："孝文五年（公元前175），——乃更铸四铢钱，其文为'半两'"；其年代下限不晚于汉武帝元狩五年铸行五铢钱的公元前118年，因为没有五铢钱。（2）墓中出土的菱格缠枝变形夔龙纹镜等文物，明显具有西汉早期的特征。据此可知，墓葬的年代为西汉早期。

在空间要素中，徐州为西汉楚国国都彭城，出土的铜印中有20余枚带有"楚"字，该墓为楚国王室墓葬没有争议。

在特定要素中，大型横穴式洞室墓、金缕玉衣、大量铜铁兵器以及铁甲胄等，可证其为一座楚王墓也无疑义。

但是，由于在时间要素和特定要素的分析和认识上的不一致，于是墓主人的判定也出现了多种观点。根据文献记载，西汉楚国的12个楚王中，公元前175年至公元前118年间在位并去世的楚王有5位，即第二代至第六代楚王，具体是楚夷王刘郢客（公元前178－前175）、楚王刘戊（公元前174－前154）、楚文王刘礼（公元前153－前151）、楚安王刘道（公元前150－前

129)、楚襄王刘注（公元前 128 – 前 117）。如前所述，楚襄王刘注墓已确定为龟山 2 号墓，那么，狮子山楚王墓的墓主人应当是第二代、三代、四代、五代楚王中的某一位。

观点之一：有的发掘者认为，墓葬出土的钱币中 85% 以上是榆荚钱，同时还有汉文帝前元五年（公元前 175）铸行的四铢半两钱，而这两种钱均为汉文帝时期流行的货币，因此墓葬的年代为汉文帝时期或稍后，墓主人应为第二代楚王刘郢客或第三代楚王刘戊①。

观点之二：有学者认为是第二代楚夷王刘郢客，其主要论据是：榆荚钱主要流行于汉文帝时期，四铢半两钱铸行于汉文帝前元五年（公元前 175），榆荚钱大量而共存少量四铢半两，说明其年代正处于两者交替时期，因此，墓主人只能是死于公元前 175 年的楚夷王刘郢客。推定为刘郢客，也与墓葬营建过程中因墓主人的突然死亡相吻合（刘郢客在位四年而突然死亡)②。有多位学者持此种观点。

观点之三：有的发掘者认为，狮子山楚王陵规模宏大，但建造不完善，附属的兵马俑坑掩埋仓促，"表明狮子山楚王陵的营建活动因突然事件而中止"，结合文献记载刘戊于汉景帝三年（公元前 154）参与吴楚七国之乱而兵败自戕并绝嗣的史事判断，墓主人为刘戊的可能性最大③。

观点之四：有学者认为，狮子山楚王墓出土有"楚祠祀印"封泥，而将"太祝"更名为"祠祀"是在汉景帝中元六年（公元前 144），因此墓葬的年代在公元前 144 年之后，那么，墓主人应当是第五代楚安王刘道（公元前 150 – 前 129)④。

上述关于狮子山楚王墓墓主人的争论，至今依然。上述争论产生的主要原因，在于对墓葬年代的推断，同时也涉及特定要素的分析和认识。

5. 北京大葆台汉墓

北京大葆台汉墓，地处北京南郊的丰台区郭公庄一带，包括东西并列的 1

---

① 狮子山楚王陵考古发掘队：《徐州狮子山西汉楚王陵发掘简报》，《文物》1998 年第 8 期。
② 刘瑞：《狮子山楚王陵墓主考略》，《文博》2002 年第 6 期。
③ 韦正等：《江苏徐州市狮子山西汉墓的发掘与收获》，《考古》1998 年第 8 期。
④ 黄盛璋：《徐州狮子山楚王墓墓主与出土印章问题》，《考古》2000 年第 9 期。

号墓和 2 号墓，1974 年进行发掘。两墓结构大致相同，均被盗扰。其结构均为大型土圹黄肠题凑墓，木构建筑的平面呈"凸"字形，由封土、墓道、甬道和墓室等部分组成；坐北朝南，方向 186°；墓坑内均有用枋木垒砌"黄肠题凑"结构，墓室的后部为后室，放置棺椁。2 号墓被严重焚毁，而 1 号墓保存较为完整，结构基本清楚①。人骨鉴定及随葬品表明，1 号墓为男性，2 号墓为女性，两墓为同茔异穴夫妻合葬墓。这也是全国首次发现的保存比较完整、结构比较清楚的黄肠题凑葬制的墓葬。

大葆台 1 号墓，墓坑口大底小，墓底南北长 23.2 米、东西宽 18 米，距墓口深 4.7 米。墓上有圆形夯筑封土，封土高约 7 米，底部东西 50.7 米、南北约 90 米。竖穴土圹平面呈"中"字形，墓坑南、北壁居中各有一条墓道。地下木构墓室建筑，平面呈"凸"字形，由车马库、甬道、外回廊、中回廊、黄肠题凑、内回廊、便房以及前堂和后室（棺房）等部分组成。墓主人男性，年龄为 45－55 岁，葬于后室，葬具为三棺两椁，人骨附近出土有铜镜、玉佩饰、玉衣残片、五铢钱等。出土遗物有铜装饰品、漆器、兵器、陶日用器皿、铜马具、陶俑、铁工具等。

关于其墓主人的判定，经历了一个不断深化的过程。

在时间要素中，根据墓葬结构和出土遗物，可以判定墓葬的年代为西汉时期。但是，由于被盗而留存遗物有限，只能断定其年代为西汉中晚期，至于具体是中期还是晚期，学者之间曾出现不同的认识，直接影响到墓主人的判定。

在空间要素中，北京地区西汉时期先后分封有燕国（公元前 206－前 80 年）和广阳国（公元前 73－公元 9），可知墓葬属于西汉燕国或广阳国。

在特定要素中，（1）以黄肠题凑所代表的墓葬规格以及残留的随葬品等都证明该墓属于诸侯王一级，没有疑问；（2）1 号墓墓主人骨经鉴定为一名年龄在 45－55 岁的男性。据此，可以确定大葆台 1 号墓的墓主人为诸侯王；2 号墓为女性，应为 1 号墓墓主人的夫人。但是，1 号墓究竟属于哪一代燕王或是广阳王，则由于对墓葬年代的断代有不同认识，于是学术界先后出现了三种观点。

第一种观点：发掘者最初将墓葬断代为西汉中期晚段的汉昭帝时期，于

---

① 大葆台汉墓发掘组：《北京大葆台汉墓》，文物出版社，1989 年版。

是认为，1号墓的墓主人是死于汉昭帝元凤八年（公元前80年）的燕刺王刘旦，2号墓可能是刘旦之妻华容夫人之墓①。

第二种观点：1989年出版的发掘报告，发掘者将墓葬年代改定为西汉晚期之初，于是判定，1号墓的墓主人为死于汉元帝初元四年（公元前45）的广阳顷王刘建，2号墓为广阳顷王王后之墓，埋葬年代稍晚。

第三种观点：在2008年北京汉代文明国际学术研讨会上，吴荣曾教授将1号墓断代为西汉末年，于是判定，1号墓的墓主人是死于汉哀帝建平四年（公元前3年）的广阳思王刘璜②。

现在，学术界和社会上一般采信第二种观点，即大葆台汉墓为西汉广阳顷王刘建夫妇墓。但是，由于墓葬中没有出土明确标识其年代和墓主人的资料，关于大葆台汉墓墓主人的争论将会长期存在。

上述汉代诸侯王墓墓主人判定的实践告诉我们，墓主人的考古学判定必须从时间要素、空间要素、特定要素这三个方面分析，并且必须是三者综合分析，相互为证，形成"证据链"；同时，考古材料必须与文献记载有机结合。满城汉墓、广州西汉南越王墓、龟山汉墓墓主人的判定就是如此。同时，徐州狮子山楚王墓、大葆台汉墓墓主人的争论，则主要是对墓葬年代以及特定要素的看法不同而导致了墓主人判定的不同。

四、关于曹操墓墓主人的判定

为了便于讨论曹操墓的墓主人判定问题，这里首先简要介绍曹操墓发现的有关情况。按照考古学上古代墓葬的命名方法，曹操墓被称之为"西高穴2号墓"或"西高穴大墓"。

西高穴大墓位于河南安阳市西北约15公里的安阳县安丰乡西高穴村。西高穴村向东7公里为西门豹祠遗址，向东14公里余为邺城遗址。

---

① 北京市古墓发掘办公室：《大葆台西汉木椁墓发掘简报》，《文物》1977年第4期。
② 吴荣曾：《北京大葆台汉墓墓主考》，《汉代文明国际学术研讨会论文集》，北京燕山出版社，2009年版，第25页。

西高穴大墓引起人们的注意，最早是 12 年前的事情。1998 年 4 月，西高穴村村民在村西北取土时偶然发现一方青石墓志（实际上，1992 年前后西高穴村西北一带就发现多座古墓，系后赵时期的一处墓地，其中一座距墓志出土地点 8 米左右）。据墓志记载，墓主人为鲁潜，后赵时期（319－351）人，官至"太仆卿驸马都尉"，死于后赵建武十一年（345），享年 75 岁①。值得注意的是，鲁潜墓志在记述该墓方位时提到："故魏武帝陵西北角西行四十三步，北迥至墓明堂二百五十步。"也就是说，从魏武帝陵西北角往西四十三步，再往北二百五十步即可到达鲁潜墓的明堂。由此可知，曹操高陵在鲁潜墓明堂东南约二百五十步（折合今 300 余米）的范围内。这是地下出土文物首次涉及曹操高陵，并且比较明确地记述了曹操高陵的具体位置②。而恰恰是在鲁潜墓志出土地点的东南不远处，即今西高穴村的村西发现了西高穴大墓。2005 年以后，这一带陆续发现有人在进行盗墓。2008 年 12 月初，经国家文物局批准，河南省文物考古研究所派员对该墓进行抢救性发掘。这次发掘共清理了两座墓葬，分别编号为 1 号墓、2 号墓。两座墓大致南北并列，1 号墓在北，2 号墓在南。西高穴 2 号墓，即后来判定的曹操高陵，又称之为"西高穴大墓"。

西高穴大墓，开口于地表下 2 米处，经发掘，墓上未见封土。墓室西部有 2 处盗洞，盗洞出有大量画像石残块。前室的部分铺地石被揭去，特别是其北侧室的铺地石，破坏严重。后室中部靠近甬道的一块铺地石也被揭取并砸碎，还向下挖了一个深坑。墓葬平面呈"甲"字形，为多室砖室墓。坐西向东，方向 110 度。墓圹平面呈前宽后窄的梯形，东面最宽 22 米、西面较窄处 19.5 米，东西长 18 米，面积近 400 平方米。整个墓葬占地面积约 740 平方米，由墓道、砖砌护墙、墓门、封门墙、甬道、墓室和侧室等部分组成，全长近 60 米。墓室、甬道和侧室均用长 48 厘米、宽 24 厘米、厚 12 厘米的大砖垒砌而成，并用青石铺地。

墓道呈斜坡状，长 39.5 米，最深处距地表约 15 米，宽 9.8－4.1 米。墓

---

① 邓叶君、杨春富：《安阳出土十六国后赵鲁潜墓志——具体标示曹操陵墓位置》，《中国文物报》1998 年 6 月 28 日。

② 龙振山：《鲁潜墓志及其相关问题》，《华夏考古》2003 年第 2 期。

道两壁分别有七个台级，逐级内收。墓门为双券拱形门，甬道为圆券形顶。前室平面近方形，东西长3.85米、南北宽3.87米，四角攒尖顶，前室南北两侧各有一个平面为长方形的侧室。连接前后室的甬道为圆券形顶。后室为四角攒尖顶，东西长3.82米、南北宽3.85米。在后室中央靠后部发现六个石葬具痕迹，推测应有石棺床一具，其上应放置木棺。发现头骨两个以及部分骨骼，散落于整个后室内。后室亦有南、北两个平面为长方形的侧室，券形顶，南、北侧室各发现木棺一具，四周有铁质帐构件。

由于墓室多次被盗，发掘时里面有厚约3米的扰土和淤积土，先清掉上面的现代扰土，再分层清理下面的淤积土，并对墓室内所有土进行了网筛和淘洗。遗物主要出于下部最底层淤土中，但由于被盗，多数遗物已被挪动了位置。其中在前室内出有鎏金铜盖弓帽、铁铠甲、镞、剑，大量陶器残块，以及刻有"魏武王常所用挌虎大戟"和"魏武王常所用挌虎短矛"等圭形石牌7块。在前室南侧室内发现2件陶俑。后室内多处发现有漆木器，但已朽蚀或被破坏，仅留局部，器形不明。后室内还出有石圭、璧和金丝、金纽扣、玉饰件、云母片、铜泡钉、铁镜、画像石残块等，以及数量较多的棺钉，有的长达20厘米。另外，在后室南侧室的门道部位集中出土了50余块六边形刻铭石牌。

人的遗骨发现有头骨、肢骨、下颌骨、肋骨等残块。经初步整理，发现的人骨包括3个个体。经鉴定，男性1人，年龄约60岁左右；女性2人，年龄分别为50岁左右和20岁左右。其中，2个头骨以及部分骨骼，散落于整个后室内；其余人骨发现于其他墓室，均散乱。

墓葬虽被多次盗掘，破坏严重，但仍出土了一批遗物。计有金器、银器、铜器、铁器、玉器、骨器、漆器、瓷器、釉陶器、陶器、石器等。据初步统计，出土可复原的遗物约250余件。其中，有能够反映墓主人身份的刻铭石牌和铁甲、剑、镞以及具有时代特征的铁帐架构件等。另外，还有铜带钩、鎏金盖弓冒和大量的云母片以及陶器残片等。

关于其墓主人的判定，这里仍然从时间、空间和特定要素这三个方面进行分析。

1. 时间要素分析——墓葬的断代

西高穴大墓中，没有出土明确的纪年材料，但根据墓葬结构和出土遗物，还是可以大致断定其年代。

从出土遗物来看，（1）钱币，出土的3枚五铢钱均为东汉五铢，并且其中的1枚"剪轮五铢"钱则明显是东汉末期。（2）铁镜，虽然严重锈蚀而镜背花纹不清，但其扁平大圆钮等特点，表现出东汉晚期鲜明的时代特征。（3）黄釉和酱釉四系陶罐、四系灰陶罐、四系青瓷罐，都具有汉末三国时期的时代特征。（4）画像石的内容及其雕刻风格，具有汉末三国时期的特征。

从墓葬形制结构来看，西高穴大墓虽经过多次盗扰，但其墓葬建筑本身保存基本完好，其形制和结构是清楚的。该墓是一座带斜坡墓道、由前后室和四个侧室构成的大型砖室墓，具有东汉晚期的特征。在我国，汉代是一个墓葬结构的大转折时期，经历了由竖穴式土圹结构向横穴式砖石结构的演变。用条形砖砌筑的砖室墓自西汉中期出现于关中和中原地区，此后迅速流行开来，并且因其墓主人身份、地位的不同而在结构上形成多种类型。其中，由多个墓室构成的大型砖室墓是东汉晚期高等级墓葬的一个突出的时代特征，在全国不少地区都有发现，尤其是"四角攒尖"式墓室顶部结构，更是东汉中期以后才出现的。如陕西华阴发现的汉顺帝（126－144）时的司徒（太尉、司徒、司空"三公"之一，主管教化）刘崎之墓，就是这种多墓室、四角攒尖顶的大型砖室墓①；河北定县北陵头43号墓作为东汉中山穆王刘畅及其夫人墓（葬于174年），也是这种多墓室大型砖室墓②。总之，砖砌多个墓室、墓道长且宽大、四角攒尖的方形主墓室等，都表现出墓葬结构由"汉制"向"晋制"转变的时代特征。

总之，无论从墓葬的形制结构还是从出土遗物来说，将其断代为东汉末年是没有问题的。

2. 空间要素分析——地望的考察

从空间上来看，西高穴大墓位于今安阳县安丰乡西高穴村西南，地处今漳河南岸，东距邺城约14公里处，同时东距西门豹祠遗址约7公里，地当汉

---

① 杜葆仁等：《东汉司徒刘崎及其家族墓的清理》，《考古与文物》1986年第5期。
② 定县博物馆：《河北定县43号汉墓发掘简报》，《文物》1973年第11期。

末三国时期曹魏邺城之西郊。西高穴村一带,是一处平缓的高地,地势高出3公里之外约10米左右。

(1)《三国志·魏书·武帝纪》载:建安二十三年(218),"六月,令曰:'古之葬者,必居瘠薄之地。其规西门豹祠西原上为寿陵,因高为基,不封不树'"。此记载说明,曹操之寿陵,建在邺城西郊的原上,并且地势略高。无论从地理方位还是地势上说,今西高穴村一带都与文献记载曹操之寿陵的地望吻合。

(2)《全三国文》曹操遗令:"殓以时服,葬于邺之西冈,上与西门豹祠相近。——汝等(婢妾与伎人)时时登铜雀台,望吾西陵墓田。"

(3)更值得注意的是,前面谈到的1998年西高穴村西北0.5公里处出土的后赵建武十一年(345)鲁潜墓志,志文称:"墓在高决桥陌西行一千四百二十步,南下去陌一百七十步,故魏武帝陵西北角西行四十三步,北回至墓明堂二百五十步。"也就是说,从魏武帝陵西北角往西四十三步、再往北二百五十步即可到达鲁潜墓的明堂。由此可知,曹操高陵在鲁潜墓明堂东南300余米的范围内①,而西高穴大墓正是鲁潜墓志所称魏武帝陵的位置。

另外,据调查,西高穴村西北一带曾发现有汉魏时期的钱币、砖瓦和大型瓦当等建筑构件,说明这一带在汉魏时期曾有大型建筑②。但是,史书及有关的地方志中,未见这一带建有东汉三国时期其他王侯陵墓或其他大型建筑的记载。直到北宋时期,曹操高陵在邺城西郊的位置都是明确的,并且北宋政府还设置有守冢户。

(4)从古代帝王选择陵地的做法上看,一般把帝陵建在都城附近。曹魏邺城,其遗址在今临漳县西南20公里,南距安阳市不足20公里,建安九年(204)曹操平袁绍后,开始营建邺城;建安十八年(213)曹操封为魏公后,在邺城建立宗庙,成为魏之都城;后来成为曹魏的五都之一,著名的铜雀台、金虎台、冰井台就建在城的西北隅。东汉都城在雒阳,但雒阳毕竟是汉朝都城,

---

① 据西晋前后的尺度,一步为五尺,而一尺约当24.5厘米;四十三步,约合52.67米;二百五十步,约合300余米。

② 龙振山:《鲁潜墓志及其相关问题》,《华夏考古》2003年第2期。

对于曹操来说，邺城比雒阳更重要，邺城才是魏的真正的都城。

总之，从空间上看，无论文献记载、地下出土的墓志还是古代帝王选择陵地的做法都表明，西高穴村一带正是曹操高陵之所在。

3. 特定要素分析——墓葬及其出土物所包含的墓主人信息

关于西高穴大墓有关墓主人的特定要素，大致可以从墓葬结构和规模的等级、出土遗物、人骨等方面进行分析。

（1）就墓葬形制结构来看，根据迄今已经发现的东汉晚期王侯大墓及其认识判断，西高穴大墓无论其形制、结构还是规模大小，都属于王一级无疑，并且规格最高。西高穴大墓长近40米、宽近10米的墓道，两个主室、四个侧室的墓葬形制，中轴线左右大致对称的墓室布局，380平方米的墓室面积，砖砌墓壁厚达1米以上，长40余厘米、宽20余厘米的大型条砖等，尤其是前室、后室和左前侧室为四角攒尖顶，墓底全部用长95厘米、宽90厘米的大石板铺地等，在迄今发现的东汉晚期同类墓葬中所不见，反映出其规格之高。

这里需要说明的是，2010年4月在洛阳东郊发掘的曹魏时期的曹休墓（44号墓），也是一座由墓道、甬道、耳室、前室、后室、北侧室、南双侧室等组成的长斜坡墓道砖券多室墓。根据该墓后室出土的"曹休"铜印，对照《三国志·魏书·诸夏侯曹传》的记载，可以确认该墓的墓主人是曹休。曹休者，字文烈，太祖族子；三国名将，官至大司马；魏明帝即位（227）后，进封长平侯；太和二年（228）卒，谥曰壮侯。最近，有人将西高穴大墓与曹休墓比较，否定西高穴大墓不是曹操墓。但实际上，曹休墓虽然在墓葬结构上也是长斜坡墓道砖券多室墓，但其结构、规模和建造水平等，均明显低于西高穴大墓，恰恰证明西高穴大墓在等级上要高于曹休墓。

（2）就出土遗物而论，铁甲、铁剑等表明墓主人为男性；车马器的发现，说明当时随葬有车马，而汉代的车马随葬主要见于王侯大墓；后室残留的水晶珠、玛瑙珠、玉佩等装饰品虽然数量不多，但异常精美，说明死者生前服饰华丽，生活奢华；铁镜的直径达21厘米，而东汉时期直径20厘米以上的大型铁镜均发现于王侯墓葬之中，如河北定县中山简王刘焉墓、中山穆王刘畅墓等均有出土，安徽亳县曹侯墓（即"亳县元宝坑1号墓"，葬于公元164

年）也出土 2 件①；石璧直径达 28 厘米，并且与高近 29 厘米的石圭伴出，而圭、璧配套使用又是帝王陵墓的一个突出特征。它们都反映出墓主人具有王一级的身份和地位。

（3）墓中出土有"魏武王常所用——"的刻铭石牌 7 件。据史书记载：曹操于建安十八年（213）被封为魏公，建安二十一年（216）进爵为魏王②。两者相符。历史上的魏武王，只有曹操一人，是曹操在公元 220 年正月死后的谥号。《三国志·魏书·武帝纪》：建安"二十五年（220）春正月，至洛阳。——庚子，王崩于洛阳，年六十六岁。——谥曰武王。二月丁卯，葬高陵"。

（4）慰项石所包含的墓主人信息。在西高穴大墓的发掘过程中，从当地村民中收缴一件石枕，石枕上刻有"魏武王常所用慰项石"九个字，其意思是说，魏武王日常使用的理疗头疾的石枕。该石枕被当地村民指认出自西高穴大墓，其字体与西高穴大墓所出圭形石牌上的字如出一辙，大致可以断定为西高穴大墓的遗物。在汉魏时期的大型墓葬中，以往发现的多为玉枕、漆木枕、铜枕，而石枕是首次见到，并且标明"慰项石"，从一个侧面反映出死者生前有头疾，而曹操正是患有头疾，并且是导致其死亡的病因。

（5）墓内出土人骨有 3 个个体，其中 1 个为男性，初步鉴定其年龄为 60 岁左右。如果说墓中出土的男性人骨系墓主人的遗骨的话，其年龄与曹操死时 66 岁大致吻合。

总之，尽管西高穴大墓多次被盗而遗留的信息凌乱而不完整，尽管墓中没有具体的纪年资料，尽管墓中也没有发现标识其墓主人的确凿证据，但综合上述关于西高穴大墓之时间——年代、空间——地望、墓葬中有关墓主人

---

① 安徽省亳县博物馆：《亳县曹操宗族墓葬》，《文物》1978 年第 8 期。
② 《三国志·魏书·武帝纪》："太祖武皇帝，沛国谯人也，姓曹，讳操，字孟德。（建安）十三年（208），汉罢三公官，置丞相、御史大夫。夏六月，以公为丞相。（建安）十七年（212）春正月，公还邺。天子命公赞拜不名，入朝不趋，剑履上殿，如萧何故事。（建安）十八年（公元213年）五月丙申，天子使御史大夫郗虑持节策命公为魏公，曰：'今以冀州之河东、河内、魏郡、赵国、中山、常山、钜鹿、安平、甘陵、平原凡十郡，封君为魏公。'（建魏国，都于邺）。（建安）十九年（214）三月，天子使魏公位在诸侯王上，改授金玺、赤绂、远游冠。（建安）二十一年（216）春二月，公还邺。——夏五月，天子进公爵为魏王。"

的特定信息并结合有关的文献记载,将西高穴大墓推定为曹操高陵,是最佳的结论。

五、结语:回到曹操墓的争论

如上所述,根据大型墓葬墓主人判定的理论和方法,从考古资料和文献记载的结合上对西高穴大墓进行分析,得出的结论是:安阳西高穴大墓的墓主人是曹操。既然如此,为什么还会产生是与否的争论并且如此激烈呢?其原因相当复杂!仅就学术的层面看,主要有以下几个方面。

1. 曹操墓留存的信息不完整。由于墓葬多次被盗,关于墓葬之年代、墓主人证据等方面的信息严重缺失。譬如,缺乏纪年材料,墓内人骨、随葬品的放置状态等被严重扰乱,随葬品凌乱不全等。由此带来的是,关于墓主人判定所依据的信息是片段的、凌乱的和不完整的,因此就容易产生不同的看法。

2. 有些疑问尚无法做出科学的解释。譬如,关于墓中出土的两个女性人骨身份的解释问题;墓内和盗洞内出土的画像石究竟是屏风还是石椁,有没有地上建筑的问题等。另外,卞夫人合葬高陵也是尚难以解释的问题之一。《三国志·魏书·武宣卞皇后传》太和四年7月条:"合葬高陵";同书《明帝纪》:太和四年(230)六月戊子条:"太皇太后(卞氏)崩";秋七月条:"武宣卞后祔葬高陵"。据此可知,卞夫人死时是71岁,并且合葬于高陵。但是,曹操墓中虽发现两个个体的女性人骨,并且有可能是分别埋葬在后室左右两侧的侧室,但经鉴定其年龄分别为20岁左右和50岁左右,显然与卞夫人的享年71岁相去甚远;同时,曹操墓北侧的西高穴1号墓,经发掘证实是一座空墓,未发现人骨遗骸,也难以解释为卞夫人墓。诸如此类问题,也是产生不同看法的重要原因。

3. 有些材料的认识上存在着差异。由于曹操墓的有些现象和出土文物是首次见到,如"魏武王常所用——"刻铭石牌、慰项石、精美珍贵之物与简单粗陋之物共存等,对它们的解释往往会因学者不同而有所差异。

4. 关于古代大型墓葬墓主人判定的理论和方法,有的并不真正了解,有的虽有所了解但在研究的实践中往往不能科学地理解和运用,尤其是没有与客观实际有机地结合，于是导致了各种认识的产生。

任何科学研究，首先必须有科学的方法，但同时还必须从实际出发科学地应用这些方法，古代大型墓葬墓主人的判定亦然。这也正是我今天讲演的主要意义之所在。

紫禁城中的佛教世界
——清代宫廷藏传佛教文化观察

故宫博物院研究员　王家鹏

各位早上好,我今天主要是从文化的角度对清代宫廷中的藏传佛教作一个概述。

今天讲座的题目稍带了些文学色彩,叫作《紫禁城中的佛教世界》,副标题是清代宫廷藏传佛教的文化观察。因为今天这个题目不是讲佛像或是某一类文物的专题讲座,而是从一个历史的宏观角度来谈故宫藏传佛教的问题。

北京历史上就是中华民族多元文化交流的地区。北面丛山环绕背依长城,南面是辽阔的华北大平原。历史上是农耕民族与游牧民族经济文化的交接处。在3000年历史中,北京一直是多元文化冲突、交流、融合的大舞台。其中的宗教文化是历史最为久远、分布最为普遍、影响最为深广的文化现象之一,它的影响从未间断过,不论民间还是宫廷,都存在着各种各样宗教文化。

宫廷历来是宫闱禁地,宫廷生活对老百姓说来总是充满神秘的。这就是描写清宫故事的电视剧久演不衰的原因。清宫中的宗教活动,就更鲜为人知,神秘莫测了。清代宫廷中种种宗教活动频繁,汉地佛教、藏传佛教、道教、萨满教,形形色色,弥漫着浓重的宗教气氛,在庄严肃穆的朝堂后面,还有一个多种宗教文化构建的神佛世界。

我今天不是从一个社会的角度来谈宗教,而是从皇宫的角度,从皇家文化的角度来探讨,主要说说藏传佛教文化在清代宫廷中的影响。大家知道故宫是中国封建文化最重要的一个载体。有人说中国封建社会有四分之一的时光都是在故宫中度过的。因为故宫是明清两代的皇宫,经历了将近600年的历史,有24位皇帝在这个舞台上登场、退场,扮演了各种各样的历史活剧。故宫是皇宫重地,一般老百姓是不可能踏入的,虽然保存了大量的文化典籍,但对于皇家的生活,尤其是他们的宗教生活,外人很难了解。实际上,清代宫廷佛教的影响是极为深刻强烈的。但长期以来极"左"思想指导下对宗教是持排斥态度的,宗教及其文物一般是被当作糟粕来对待的。所以故宫的宗教文物长期以来处于封存状态。真正对开展宗教文物的研究是在1985年以后。

今天我主要从三个方面给大家做一个简述:第一谈谈历史的大背景,即元明清宫廷与藏传佛教的历史回顾;第二重点介绍皇宫中的佛堂;第三讲讲故宫收藏的藏传佛教文物精华。希望通过短暂的时间向大家展示清代宫廷藏传佛教的概貌。

首先,回顾一下元明清宫廷与藏传佛教的关系。

大家知道藏传佛教是西藏文化的一个核心的组成部分,它起源于西藏,与北京远隔千山万水。在我们眼里西藏是非常遥远的,但就是这看似天荒地远的西藏却诞生了辉煌灿烂的藏文化,这是中华民族多元文化中一个特殊的文化现象。藏传佛教的影响不单在青藏高原,而且广泛传播到中原内地,所以我们现在有一个准确的名称"藏传佛教"。这个"传"是传播的意思。过去关于其名称,学术界说法不一,民间比较通俗的说法是"喇嘛教"或是"西藏佛教",但都不是十分的准确,现今学术界比较公认的名字是"藏传佛教",这是从宗教文化的传播的角度来谈的,是比较科学的。藏传佛教真正进入中原是在元代。从唐开始,也就是约从7世纪佛教开始从印度、尼泊尔、汉地传入西藏,经过了吐蕃王国100多年的发展,到了9世纪末,随着吐蕃末代赞普朗达玛灭佛,吐蕃王国的崩溃,佛教在西藏沉寂了100多年,10世纪末重又复兴,佛教史称后弘期,吐蕃时期佛教称前弘期。佛教在藏族人民生活中逐步取得重要地位,藏传佛教的众多教派也同时形成,地域性封建集团和佛教各派逐步结合成为新的分散的割据力量。各自为政不相统属。吐蕃王朝之后有400多年的时间是属于群雄争斗的阶段,这个阶段西藏就几乎和中原断了来往,有些历史记载也缺失了,这种封建割据局面一直持续到13世纪西藏归入元朝版图才结束。

真正西藏与中央王朝建立联系是在 13 世纪初，蒙古国崛起，致力于统一全国的事业，1244 年驻扎凉州的蒙古国王子阔端派人了解乌思藏各派政教实力割据的形势后，派人招请"学富五车"的西藏佛教界的代表萨迦班智达贡噶坚赞，"班智达"就是通达佛教"五明"的大学问家的意思，他是萨迦教派的第四代祖师。在当时的西藏佛教界享有极高的威望。1247 年作为西藏佛教界与地方政治势力的代表，萨班与阔端就统一乌思藏问题在凉州进行了会晤达成协议。并由萨班写信劝谕乌思藏各地首领呈献图册，交纳贡品，接受蒙古派官设置，归入蒙古国管辖，这是一次有重大历史意义的会晤。后来元代中央在西藏地方建立行政体制，奠定西藏地方直辖中央的基础，就与此次会晤有关。一般把这个时间作为西藏正式归入中国版图的一个起点，其历史意义重大。西藏的"政教合一"制度开始很早，佛教与政治有着密切的联系，这种形态在中国其他民族当中是较少的。元朝在中国建立统一事业之后，也奉行崇奉西藏佛教的政策，利用宗教领袖来控制西藏地方。当时的萨迦派就受到元朝的推崇，由八思巴国师负责成立了"总制院"，它的责任一方面是管理全国的佛教，另一方面就是统领西藏地区，是一个权力很大的机构。八思巴很受忽必烈的推崇，被封为帝师，还受其委托创造了蒙古新字（即八思巴文），定为国书，下诏颁行，封八思巴为"大宝法王"。派员进藏区调查户口，确定贡赋，设立驿站。在元中央政府的支持下，建立了以萨迦僧人为首的地方行政机构，在藏区划分了 13 个万户，万户长由中央政府直接任命。八思巴在元朝的社会起了非常大的作用，跟元朝的皇室关系也非常密切。从那个时候起，藏传佛教就传入元朝的宫廷当中，为皇室所信仰，帝师也就成为皇室的精神支柱，皇帝继位前都要从帝师那里接受灌顶与戒条。宫廷中还经常举行藏传佛教法事，一年达数百次。元代在大都修建了大护国仁王寺、大圣寿万安寺等众多寺院。西藏僧人享受特权优待。八思巴的徒弟还传来尼泊尔的佛教艺术。所以藏传佛教从元朝开始就有非常大的影响力。但有些僧人把一些糟粕的东西也传了进来。所以在很多正史当中对于藏传佛教都是负面的介绍。甚至有人认为元朝的灭亡就是过分推崇喇嘛教的结果。当时喇嘛教的势力之所以极为强盛，就是因为朝廷给了它过高的地位，普通百姓伸手骂僧人，就要把手指头剁下，王妃出行若是挡了大喇嘛的道，也把王妃从车上拽下来殴打。

大量的元代文物现在仍保存在西藏,这是"统领释教大元国师"玉印。这样的大印现在还存有两方,元代的印章还有很多。西藏对中央王朝的向心力从元朝开始就产生了,所以他们对元朝皇帝的奏书、圣旨一直保存得很好,历史档案的保存也比内地好得多。这主要是因为西藏的寺院是很封闭的,它的历史传统是一代一代延续下去的。萨迦派在西藏维持了约100年的地方统治,后来帕木竹巴派崛兴于前藏山南,取代了萨迦的权威。

到明代之后宫廷和西藏的关系仍然非常密切。明朝中央实际上也继承了元朝的治藏方针,从洪武开始就派员到甘青康藏各地招抚元朝旧官,缴回元朝印信,只要那些官员把元朝的印信缴回来,承认大明王朝,就重新封受官职,级别不变。还设立乌思藏、朵干、河州三卫管理西藏地区。特别是到了永乐时期,永乐皇帝本人对于西藏佛教也非常推崇,多次派人请西藏高僧来内地传法。永乐四年,西藏的一个佛教教派领袖五世噶玛巴到访南京。西藏现在还完好地保存着如来大宝法王到内地传法的大长卷,长49.68米。这是非常重要的历史文物。这个长卷上按照噶玛巴传法的时间地点按日画下来,并用汉文、藏文、梵文等多种文字分别作了介绍。此幅画上画的是噶玛巴说法时,天上出现五彩祥云的景像。永乐皇帝封噶玛巴为"大宝法王",这个称号在元朝的时候曾经封予八思巴。

明朝的宗教政策基本继承了元朝,但有一个特点,元朝是专门推崇萨迦一派,明朝改变了元朝独尊萨迦地政策,而是采取"多封众建尚用僧徒"的办法,对各教派领袖人物,只要拥戴朝廷朝贡并且请封,就给予封号。先后封"大宝法王""大乘法王""大慈法王"三大法王,"阐化、阐教、辅教、护教、赞善"五王,法王之下的封号还有"西天佛子、大国师、禅师"等,凡国师以上有资格定期进京朝贡,朝廷给予优厚的赏赐。发给朝贡者"茶引"。允许他们按照"茶引"数量买茶叶驮回去贩卖。因为牧业地区生活离不开茶叶,中原军队、农耕、交通离不开马匹,"茶马互市"是古代牧业地区和中原农耕地区经济往来的重要内容。中原王朝往往通过"茶马互市"来控制游牧民族。明廷的这种较元朝松散的策略,使藏族上层留恋贡市之利,尊重中央的封职,无不共尊明朝,明中央对藏族地区各地方各教派势力接触广泛,联系密切，这对藏族地区封建制度的巩固，藏汉联合的加强起了重要作用，因此明代西藏与内地联系紧密，既促进了茶马互市贸易往来，也促进了藏汉文化的交流。明王朝的治藏政策是成功的。明王朝对西藏没有用过兵，西藏地方积极拥戴明王朝，西藏地区形势安定，使得西藏的佛教文化发展在明代达到了一个高峰。

当时的西藏文化在内地的影响也很大。元朝虽然被明朝推翻了，但元朝的蒙古势力并为消失，一直在草原上继续发展，相当于从城市退回到草原。整个明朝历史当中，蒙古人跟明朝关系一直是时好时坏，边疆战事不断，与此同时经济文化往来从未停止。藏传佛教文化也没有因为元朝的灭亡而消失，相反它受到新的统治阶级——明王朝的喜爱。所以在北京遗留的藏传佛教的东西仍然很多。动物园边上的"五塔寺"，成化年间修建的，是一个典型的藏传佛寺。现在大家还能看到的石景山模式口的法海寺，是建于明代的古庙，它保留的壁画极为精彩，是卓越的明代壁画代表作，出自宫廷画师之手。院里有两重碑，记录了修庙的捐助人，其中就有大慈法王以及其他很多西藏僧人。当时的北京寺院中，就有五塔寺、护国寺、西域双林寺、白塔寺等很多藏传寺院。从永乐到成化、正德明代多位皇帝都热心藏传佛教，宫廷内佛事活动频繁。西藏僧人地位极高。明朝前期留住北京的藏僧常在两千人以上。

从宗教传播的角度来说，藏传佛教的传播是通过自上而下的传播方式。在整个汉族地区的影响不是很大，主要在北方地区，例如辽宁、内蒙、山西一带，但最受推崇的地方是在宫廷，宫廷中保留的藏传佛教的物品是最丰富的。永乐帝派中官入藏取来藏经，永乐六年（1441）在南京刊出藏译佛经两大丛书之一的甘珠尔全部，这就是著名的永乐版大藏经，印刷后送往藏区，这对于藏区的佛教文化和雕版印刷业的发展起了很大的推动作用。西藏保存了很多明代皇帝赏赐的文物，如著名的永乐宣德金铜佛像，缂丝大慈法王像。这些文物上有藏文、汉文题记，还有皇帝的封印。大量文物充分说明了当时西藏与明朝宫廷的密切联系。

到清代，通过扶植藏传佛教治理西藏的政策一直延续下来。元、明、清三朝对西藏的基本策略没有变。清代把这个政策推到了最高点，运用得最为成功，成功地解决了蒙古问题和西藏问题。明代没能解决的蒙古问题，到清朝才真正把蒙古人制伏了。清朝的边疆政策、民族政策有其高明之处，超过了历代汉族统治者。它虽然也是继承了元明以来的政策，但运用得更为得心应手。

在清王朝没入关之前，皇太极时期，崇德七年（1642）西藏各教派代表到了盛京，朝见满族统治者，皇太极对西藏的代表团给予了隆重的接待。西藏的僧人有一个很大的特点，就是他们有很强的政治嗅觉，政治敏感性。西藏佛教历来跟政治是密不可分的。这些喇嘛考虑到将来的天下是满洲人的，并且看到大明王朝气数已尽，未等满族统治者登基就来加强联络，这是很有政治远见的。顺治皇帝进北京之后，正式和清朝建立联系的西藏佛教领袖是五世达赖。五世达赖喇嘛在顺治九年（1652）来到了北京。这幅壁画，是布达拉宫白殿上的一幅50厘米见方的小画。画出了顺治皇帝接见五世达赖的历史场面。而后顺治皇帝按照国家的典制，正式封五世达赖为"西天大善自在佛所领天下释教普通瓦赤喇怛喇达赖喇嘛"，"所领天下释教"，将他的宗教权力范围限制在蒙藏地区，由清中央政府确立他在西藏宗教界的统治地位，因为当时黄教还是一个新兴的教派，它是借着蒙古骑兵的支持才在西藏站稳了脚步。五世达赖的贡献是很大的。由于他的努力建立了和清王朝的政治关系，在清王朝的支持下，确立了黄教的统治地位，使得黄教一下超越了各教派。"达赖喇嘛"封号真正的确立是在五世达赖。有清一代，西藏黄教领袖有三个人到了北京，一个是五世达赖，再一个就是六世班禅，乾隆四十五年（1780）参加乾隆70大寿盛典，从西藏日喀则不远万里来到了承德。六世班禅因出痘不幸圆寂于北京，未能返回家乡，对于中华各民族友好关系做出了重大贡献。在宫廷中留下了大量他进献的文物，这幅唐卡画是在他圆寂之后，皇帝派人给他画的像。这是一把印度腰刀，皮条上写着"西天竺腰刀"，是六世班禅给皇帝献的礼物之一，一直摆放在故宫梵宗楼的箱子里，刀锋至今极其锋利。这是给宫廷给六世班禅铸造的银像。铸造了多尊，长期供奉在宫内佛堂中，乾隆皇帝特意在雨花阁西配楼为他建立了影堂，以表尊崇与追思。最后一个到北京的是十三世达赖喇嘛，在光绪三十四年（1908）慈禧太后接见了他，并开复了他一度割去的达赖喇嘛封号。

清代宫廷宗教管理制度是从康熙年间建立的。据史料记载，在康熙三十六年，宫廷设立了一个专门管理宗教活动机构，叫"中正殿念经处"，"中正殿"是清宫的一个佛堂，它的管理机构就设在中正殿，所以称"中正殿念经处"，简称"中正殿"。后在乾隆时期又设立了"雍和宫念经处"。雍和宫原来是雍正当皇帝前的府邸，按清朝规定，皇帝曾经居住过的府邸后人就不能再用了，叫"潜龙之邸"，雍正去世之后，乾隆皇帝就把雍和宫改为皇家御用喇嘛庙了。这是现在北京市内最大的一座藏传佛教寺院。

从康熙三十六年开始，在宫廷当中专门设立了专门机构管理藏传佛教，表示了对它的认可。我认为这不仅是一种认同，更是一种制度化，因为它被载入了《大清会典》。"中正殿"归掌仪司管理，掌仪司是负责宫廷礼仪活动的，但作为一个特殊机构，中正殿管理大臣都是由亲王担任，可见皇帝极为重视。说明藏传佛教在宫廷中的影响已经占据了首要地位。清代宫廷的宗教有多种形态，一个是其本民族从关外带进来的萨满教，在坤宁宫的西暖阁，保持着他们在关外的祭祀活动，萨满是原始的宗教。再就是道教，道教在宫廷里有两处道殿，一处是钦安殿，一处是玄穹宝殿，这两个殿现在都完好地保存着。里面全堂供着道教神像、法器以及道教经典，清宫道教活动也十分频繁。我曾经在一篇论文里引了一则清宫档案，记录了宫里一天的宗教活动。

乾隆十二年二十九日，查得喇嘛经八十众，张家胡图克图、噶尔旦希勒图胡图克图，掌坛念药师经、威罗瓦经、毗卢经、十六罗汉经，每日早膳、晚膳后张家胡图克图、噶尔旦希勒图胡图克图带入念弥勒愿不动佛咒。

僧道对坛，音乐僧四十八众，僧录司明鼎率领僧官八人掌坛唪金刚经，拜梁皇忏，每日进供早膳，明鼎等带入唪心经、往生咒。

道士经四十八众，道录司娄近垣率领道官八人掌坛唪玉皇经，每日进供晚膳，娄近垣等带入念升天经、碧霄宝唬。

禅僧经四十八众，超盛超成率领住持僧八人掌坛，唪法华经，拜千佛忏，每日进早晚膳，超盛等带入唪心经、往生咒，具奏奉旨：知道了，钦此。（中国第一历史档案馆《内务府奏销档》216号）

从这简略的记载中，我们可以想见喇嘛、道士、和尚齐聚宫中，钟鼓齐奏梵呗合鸣的场面。其中以章嘉率领的念经喇嘛位居首位，人数最众。再据紫禁城中宗教活动殿堂作一比较可知，萨满教是满族信仰的传统宗教，萨满祭祀是宫廷中重要的祭祀活动。祭祀场所只有坤宁宫西暖阁一处。道教也是宫中频繁举行的宗教活动，殿堂也只有钦安殿、玄穹宝殿二处。汉地佛教殿堂只有位于中南海内的万善殿，紫禁城内的慈宁宫大佛堂。而供奉藏传佛教诸神的大小佛堂则遍布宫中达几十处。紫禁城外的皇家御苑，三海、三山五园等处也修建了大量的藏传佛教建筑，如北海中的永安寺、阐福寺、万佛楼。颐和园中的大报恩延寿寺、香岩宗印。香山的昭庙、圆明园中的清净地、舍卫城、普福宫、功德寺、梵香楼等。可说是梵刹林立，成为清代皇家园林中一大特点。

根据《大清会典》卷一二一九的记录，清朝宫廷里每天都有藏传佛教活动。按人数算，总计参加的喇嘛有2675人次，也就是说每天都有身着袈裟的喇嘛在宫内各佛堂念经，举办佛事。但清宫不让喇嘛常驻宫里，专门有设有"太监喇嘛"管理佛堂上香打扫。"太监喇嘛"这是以前朝廷没有的。参加完佛事活动的僧人原路退回，不允许在宫里过夜。清朝对宗教的管理是很严格的。

下面重点介绍一下皇宫的佛堂。故宫是中国现存最大的古建筑群，72万平方米。在众多的殿堂之中有几十座的佛殿。因为处于未开放地区，所以非常遗憾大家看不到。经过我的初步统计，故宫中独立的佛殿就有30多处，其中有20多处至今完好地保存着它的历史原貌。这个区域在故宫的西北角，前面搭脚手架的这一片就是中正殿的遗址，再往后就是建福宫花园。这一片是因为1923年失火，不慎毁掉了。从中间高起的"延春阁"往前集中了12座佛堂，这一区域完全是佛殿。当时主要的宗教活动是在这一区域举行的。这个殿叫"宝华殿"，前面是一个小广场，每年的腊月二十八要在这里举行一个叫"跳布扎"的宗教活动，就是跳宗教神舞，要有108个喇嘛跳舞，还要举行一个仪式叫"送祟"。每年皇帝都要亲自到场观看"跳布扎"活动。连续举行三天时间。根据记载，这些神舞都是跟西藏学的，跳舞的人就是雍和宫的喇嘛。清代宫廷的佛殿这么多，它的分布是有规律的，基本上是按照使用人的身份来划分的。这个区域只能是皇帝来观看，偶尔太后来过。清朝皇帝对宗教活动是很重视的，最典型的是乾隆皇帝，所以故宫中最精华的宗教文物80%以上全是乾隆一朝的。

这是故宫的一座大佛殿，慈宁宫大佛堂，可惜在"文革"时期被破坏了。

1972年,西哈努克提出要去号称中国最早的寺院——洛阳白马寺参观,可是"文化大革命"把佛像拆没了,有寺无佛不行,文物局就批示故宫将大佛殿里的全部佛像,包括佛龛、佛像全都拆过去,安置在白马寺。把好端端的一座大佛殿毁了。大佛堂是从顺治、康熙时期一直保存下来的重要建筑,是孝庄皇太后拜佛的地方,保存着大量珍贵的佛像供器。殿内的佛像是干漆夹苎像,也叫脱沙像,是先做一个佛像泥壳,然后用纱布、绸缎缠裹以后刷上漆,如此反复刷漆直至一定的硬度和厚度,画彩描金,最后把塑佛的泥沙倒出来,就剩一个漆壳子,这在佛像工艺里是最豪华、最贵重的。一个大佛像一个人就可以轻易搬起,非常珍贵,现有23尊一级品文物干漆夹苎佛像,及大量文物全都在白马寺。

这是故宫目前最大的佛殿——雨花阁,这个名字非常有诗意,"雨花"源于佛经典故。佛讲经的时候天上飘下纷飞的花瓣雨,这是一幅多美丽的画面。雨花阁是一个典型的藏传佛殿,在乾隆十五年建成,外观上看是三层,实际上是四层。代表了西藏佛教密宗修行的四个部分。一层事部、二层行部、三层瑜伽部,到了顶层就是无上瑜伽部。据史料记载,雨花阁的修建是章嘉国师指导的。章嘉国师是清代著名的大喇嘛。清代藏传佛教有四大活佛系统,一是达赖喇嘛,在西藏拉萨。一是班禅喇嘛在后藏日喀则。再就是章嘉喇嘛、哲布尊丹巴喇嘛。哲布尊丹巴在外蒙古的库伦现在的乌兰巴托。章嘉国师的势力范围是在北京、内蒙、山西,他跟皇帝有特殊的关系。他是皇帝的上师,皇帝拜他为师。西藏佛教是讲佛、法、僧、师四皈依的,因为是密教修行,必须要有老师指点,言传身教才能学佛,所以视师如佛是西藏佛教的传统。据藏文章嘉传记载有一个令人不可思议的情节,乾隆皇帝曾经亲自给章嘉国师跪下,顶礼佛足,拿他的头去触大师的脚,这是佛教最高的礼节。可见乾隆皇帝对章嘉这个人是极为尊重,极为推崇的。这是雨花阁内景,这是阁内的珐琅大曼陀罗,也叫坛城,造价极其昂贵。雨花阁里面供满了西藏的佛像、唐卡、供器,基本保持了清代的原状。清代皇宫管理严格,定期要清点物品,记录殿内陈设物品的数量、存放位置,所作记录叫《陈设档》,根据清代《陈设档》与现存的器物对比,东西基本都在,包括位置都没有大改变,基本保留了清代的历史旧貌,包括香炉里的灰都是满的。这个佛堂只允许皇帝本人进来,所以对于皇帝在里头的活动记录得很少,我们现在只能通过对文物的研究对其有所了解。这是三世章嘉的画像,他是青海的活佛,在雍正时期,青海发生叛乱,清军进青海平叛,雍正皇帝特别指示要保护三世章嘉,因为二世章嘉在北京已经圆寂了,清军把当时才八岁的三世章嘉送到北京,雍正亲自接见这个孩子,当时就把他抱起来,放在宝座上。因为雍正本身对二世章嘉非常尊崇,对这小孩特别喜欢,就让这小孩跟乾隆皇帝一块儿念书,章嘉三世实际上是乾隆皇帝的同窗学友,具有特殊的身份,皇帝对他特别地尊崇。章嘉三世是清代非常著名的佛教大师。虽然有很高的身份,但从来不目中无人,佛教修行非常高。他会藏文、蒙文、满文、汉文,会四种文字的佛经翻译。汉人对他也有一些神话色彩的记载,说他的晚年瞎了,看不见了,拿经一摸就能知道是那部经,能倒背如流。他的车从京都街上一过,众人都纷纷从家里跑出来,拿手绢、围巾扔在地上,让他的车压过,以求福气。他26岁的时候就代表朝廷到西藏处理西藏问题。当时西藏的一些喇嘛不清楚他的佛学造诣不服他。西藏喇嘛佛学水平的评定是需要当众辩论的,叫"辩经"。他辩胜了当时西藏学问最好的喇嘛,此后在西藏名声大振,威望极高。他既是佛教的一代宗师,同时代表朝廷处理西藏问题,有着钦差的崇高地位。西藏活佛是西藏文化的一个集中的代表,大活佛有至高无上的威望。这尊银像是他圆寂之后乾隆皇帝给他特制的,并且为他建了一个纪念堂,在雨花阁的东配殿。雨花阁根据文献记载是仿照密宗的四部仪轨修建,仿照西藏阿里的托林寺。这是西藏故格的壁画,画得非常精美。带有浓厚的印度色彩。这是托林寺佛殿遗址。据章嘉传记载雨花阁是仿照托林寺的坛城殿修建的。现在托林寺坛城殿已经塌了。西藏的密宗四部神殿在西藏找不到了,历史上曾经记载的已经成为废墟了。所以故宫的雨花阁有特殊的意义,它代表了西藏佛教密教修行的最高佛殿,而且保存了全堂的佛像、法器。雨花阁是藏传佛教密宗义理与建筑的完美结合。1997年,国家文物局召开论证会研究《阿里地区文物抢救保护工程方案》(其中有托林寺遗址保护),特意请我参加,对于研究藏传佛教建筑的历史,故宫雨花阁文物建筑无疑是一个重要参考对象。

皇宫的每座佛堂供奉的主神不同,均有宗教崇拜的不同功能,其内的陈设布局依据格鲁派(黄教)教义,模拟西藏寺庙神殿,所以清宫佛堂内几乎囊括了西藏神殿中各类神像、神器。以中正殿区为例。中正殿、宝华殿主供佛祖释迦牟尼、教祖宗喀巴及各显宗佛像。香云亭供大小金塔七座。梵宗楼供文殊菩萨、大威德神像、雨花阁供密宗四部神像。雨花阁东西配殿为影堂，分别供奉六世班禅、三世章嘉银像。宫内佛堂因紫禁城环境所限，无法建过多的崇楼高阁，如承德外八庙高大宏伟的殿堂，但它在内部装修和陈设上多有变化，做到小而精，小而全，以满足皇室成员宗教信仰的需要。这些殿堂因为处于皇宫禁城的特殊环境中，许多殿堂至今保持了乾隆时代的原始状态，从建筑到文物完整地展现了清代历史空间原貌，这不仅在内地没有，即使是西藏也难以找到清代的原状佛堂，是极其珍贵的文化遗存，是罕见的藏传佛教艺术宝库。这是世界独有的藏传佛教文化遗存，是皇宫特殊的历史条件与环境的产物，可做地上考古。雨花阁、梵华楼是中国现存最完整的密宗四部神殿。

紫禁城佛堂建于帝后起居之出，属于私生活范围，是绝不容外人踏入窥测的禁地。清帝没有必要在自己寝居之处作崇奉黄教俺赴藏蒙德政治姿态。它最真实地反映出清帝对藏传佛教的信仰实况。从佛堂的时代特点分析，藏传佛教在宫廷中的影响是一个逐渐加强的变化过程，各朝的情况均不同，总的来说，从顺治算起，经过康熙乾隆两朝至乾隆时期达到高峰，以后随着清朝国势的衰落，其影响也逐渐下落。乾隆时代是藏传佛教影响的全盛期，这与当时的历史条件、政治需要以及乾隆本人的宗教观都有直接的关系。乾隆时期藏传佛教在宫中的影响，是最具有典型性、代表性的。

接下来，是今天的第三部分，藏传佛教的文物宝库。故宫是明、清两代的皇宫，是我国保存最完整的古代宫殿建筑群，收藏文物100多万件，其中与西藏有关的文物就有几万件，是中国内地保存最完好、最丰富的西藏文物宝库。由于皇宫的特殊地位，文物的特殊来源，使得故宫保存的西藏文物，豪华精美，历史价值和艺术价值极高，是任何民间收藏都难以相比的。宫廷是封建王朝的中枢所在，牵一发而动全身。文物是历史的载体，故宫的西藏文物比之文献更直观，更真实地反映着西藏与中央王朝紧密的政治关系。

故宫丰富的佛教文物典藏，并非购自民间，或是私人捐赠，数以万计的藏传佛教文物，基本都是宫中旧藏，原来供奉在宫廷佛殿中，会聚了藏蒙等地区进献朝廷的礼品，这是元代以来的历史传统。西藏等地区佛教上层为了取得朝廷的封赐，提高自身地位，频繁入贡，朝廷给予丰厚的回赏，历经几百年漫长岁月，西藏的佛教艺术精品荟萃紫禁城，是600多年的历史积淀。

故宫文物本身具有独特的优势和特点。首先是品类丰富、包罗万象，从佛堂建筑到佛经、佛像、佛塔、法器、贡器一应俱全，珍品荟萃。从铜佛来看，早期印度、尼泊尔、克什米尔的古佛像以及西藏各个历史时期的佛像都可以在故宫见到，品相完好，并有清代的黄条记录，有高僧的鉴定，记录了佛像的名称、来源、进宫时间等。故宫藏的唐卡有上千幅，佛经有几千部。

藏传佛教在宫廷的影响是清代各民族文化交流的结果，具有多民族文化交融的特色。乾隆时期最为典型。在建筑匾额，器物的题记上，乾隆都强调用汉满蒙藏四种文字，也反映了清代多民族统一的历史。故宫的佛教文物反映以宫廷为代表的汉文化与藏族文化的交流。每件藏传佛教文物进入皇宫的过程都凝固了一段历史，数万件文物组合成一幅多姿多彩的历史图景，引领人们走进历史深处，感受中华民族相依相存共同发展的光辉历程。

藏传佛教文化在清宫中的影响不仅与清帝后的个人信仰爱好有直接的关系，更重要的是社会历史环境使然，有着文化历史多方面的更为深层的原因。藏传佛教不仅在西藏成为全民信仰的唯一宗教，而且能够对宫廷，对皇室产生巨大影响，绝非偶然。藏传佛教文化博大精深，发展到清代已有1000多年的历史，是藏族文化的重要部分。藏族人民以其丰富的文化为中华民族文化的发展作出了贡献。从唐代开始，西藏与中原的文化交流就一直没有间断过，特别是元代以后，更为密切。清宫中的藏传佛教的影响是元明以来藏汉文化交流的继续和发展，是历史长链中的一环，有力地说明了藏汉文化之间血肉相连的密切关系，二者之间不仅仅是政治经济关系，而且是文化上精神上的密切联系。

清朝的统治者以少数民族的身份入主中原，入关后全面学习掌握了汉文化，继续奉行以儒治国，以佛治心的一套政策，特别是把崇奉藏传佛教作为治理蒙藏的政策基石，是十分明智之举。同时他们自己也接受了藏传佛教作为本民族的宗教信仰，这是一种宗教文化上的认同，决不仅仅是权宜之计。对于联络民族感情，提高蒙藏民族对中央的衷心拥戴起了很大作用。以乾隆为代表的清朝皇室广建喇嘛寺院，大造佛像供器，大办佛事，花费了巨额的财力物力，虽有消极的一面；但从保存藏传佛教艺术精华，促进各民族文化艺术交流，为今天留下宝贵的文化遗产来看，无疑是巨大的文化贡献，今天就讲到这儿。

谢谢大家！

附录：清代皇家佛事表

日期	喇嘛人数	地点	佛事内容	全年天数
每日	20	中正殿前殿	唪吉祥天母经	365
每日	9	中正殿后殿	唪无量寿佛经	365
每日	3	中正殿后殿	唪龙王水经	365
每月初一、十五日	10	中正殿前殿	唪无量寿佛经	24
每月初一、十五日	5	中正殿前殿	放乌卜藏	24
每月初一、初八、十五、三十日	10	中正殿西配殿	唪大游戏经	48
八月初九至十一日	108	中正殿前殿	唪喇嘛贡献经、尊胜佛母经	3
十二月二十九日	184	中正殿前殿	跳布扎、唪护法经	1
十二月二十八、二十九、三十日	36	中正殿前殿	唪迎新年喜经	3
每月初一、十五日	10	养心殿佛堂	放乌卜藏	24
每月初一、十五日	20	圆明园清净地	放乌卜藏、唪无量寿佛经	24
每月初一、十五日	20	恩佑寺	放乌卜藏、唪无量寿佛经	24
每月初一、十五日	15	永安寺前殿	放乌卜藏、唪大游戏经	24
每月初一、十五日	15	报恩延寿寺	唪长寿佛坛城经、清净经、斗母经	24
每月十三、二十三日	20	圆明园清净地	放乌卜藏、唪药师经、沐浴经	24
每月初一、初七、初八、十三、十五、二十三、二十五日	7	慈宁宫花园	放乌卜藏、唪无量寿佛经	84
每月初一、初八、十三、十五、三十日	10	正觉寺	放乌卜藏	60

（续表）

日期	喇嘛人数	地点	佛事内容	全年天数
每月初一、初八、十三、十五、三十日	13	昭庙	唪金刚经、药师经、长寿经、宝匣经	60
每月初六日	7	慈宁宫西廊	放乌卜藏、唪金刚经	12
每月十三日	50	雨花阁德行层	唪尊胜佛母坛城经	12
每月十五日	7	大汤山	放乌卜藏、唪龙王水经	12
正月初一至初八日	400	宏仁寺	跳布扎、唪吉祥经	8
二月十二至十八日	108	宏仁寺	唪藏经	8
惊蛰节	21	大汤山	唪龙王水经	1
三月初七至十三日	10	雍和宫	唪时轮王佛经	7
三月十四至十五日	100	雍和宫	唪时轮王佛经	2
四月初二至初十日	100	圆明园清净地	唪上乐王佛经	9
四月初七至初九日	54	嵩祝寺、法渊寺	唪无量寿佛经	3
四月初八日	108	圆明园清净地	放乌卜藏、唪十六罗汉经	1
四月初八日	12	圆明园清净地后殿	唪龙王水经	1
四月初八日	5	雨花阁无上层	唪大怖畏坛城经	1
四月初八日	54	报恩延寿寺	唪无量寿佛经	1
七月十五日	7	畅春园	唪药师经	1
七月十五日	4	西花园	唪药师经	1
十月二十四至二十六日	108	阐福寺	唪藏经	3
十月二十五日	343	阐福寺	唪喇嘛贡献经	1
十二月初七至初九日	200	宝华殿东西配殿	唪救度佛母经	3
十二月初十日	100	宝华殿	跳布扎、唪财宝天王经	1
十二月十四至十六日	108	大慈真如宝殿	唪十六罗汉经、无量寿佛经、大怖畏经	3
十二月十四至十六日	54	大圆镜智宝殿	护法经	3
十二月二十一至二十九日	120	阐福寺	唪秘密佛经	9
二月初八日	10	雨花阁瑜伽层	唪毗卢佛坛城经	1
八月初八日	10	雨花阁瑜伽层	唪毗卢佛坛城经	1

（续表）

日期	喇嘛人数	地点	佛事内容	全年天数
三月初八日	15	雨花阁智行层	唪释迦佛坛城经	1
六月初八日	15	雨花阁智行层	唪释迦佛坛城经	1
九月十五日	15	雨花阁智行层	唪释迦佛坛城经	1
十二月十五日	15	雨花阁智行层	唪释迦佛坛城经	1
万寿圣节			唪无量寿佛经、吉祥天母经	1
列圣列后忌辰			唪金刚经	
日食			放乌卜藏、唪救护经	
总计喇嘛人次	2675			

注：据光绪朝《大清会典》卷1219制表。

王家鹏，故宫博物院研究员，国家非物质遗产保护专家委员会委员。长期从事故宫宗教文物保管、陈列、研究工作。学术研究方向：明清藏汉文化交流，藏传佛教文化在清代宫廷的影响；宫廷藏传佛教建筑源流考证；藏传佛教文物鉴定研究。出版著作：《清宫藏传佛教文物》《藏传佛教金铜佛像图典》《中国藏传佛教雕塑全集·金铜佛上卷》《故宫文物珍品全集·藏传佛教造像卷》《故宫文物珍品全集·唐卡卷》《梵华楼》等多部；发表学术论文：《故宫雨花阁探源》《明成化对音写经浅探》《中正殿与清宫藏传佛教》《乾隆与满族喇嘛寺院——兼论满族宗教信仰的演变》《故宫六品佛楼——梵华楼考》《梵华楼护法神唐卡辨析》《清宫藏有关金瓶掣签文物析》《土尔扈特东归与万法归一图》《藏传金铜佛像传统分类例证——故宫藏传佛像题记解读》《清皇家雅曼达噶神坛丛考》等多篇。

北京古都历史文化讲座［第二辑］

北京琉璃厂的历史文化内涵

中国书店出版社　马建农

北京琉璃厂文化街——北京南城一个蜚声海内外的文化街区，在这里，聚集着众多以经营古旧书刊、文献典籍和传统字画、文房四宝、碑帖尺牍、古玩珠宝等经营中国传统文化用品的店铺。琉璃厂有"中国博物馆街"的美誉，被文人学士视为安身立命之所，甚至有的学者将这里经营古旧书刊的书店和销售文房四宝的店铺称为"开架的图书馆""免费的博物馆"。

北京琉璃厂之所以能成为传统文化商品的集散地和展示窗口，而且今天被视为北京城重要的传统文化展示街区，不仅仅是这里经营的琳琅满目的传统文化商品，更在于它所拥有的丰厚的文化内涵。琉璃厂作为清代以来北京文化经营的重要街区，其历史文化影响和所汇集的文化内容，是北京文化发展历程中重要的标志之一，并且成为清康熙年以来北京文化活动的重要地域之一。

琉璃厂地区见之于文字记载最早可追溯到辽代，这里曾是辽南京城东的燕下乡海王村。清乾隆年间曾在这里发现辽代御使大夫李内贞墓志，记载其"保宁十年（978）……葬于京东燕下乡海王村。"今天琉璃厂中国书店所在地的"海王村公园"就是由此得名，这是我们今天可以看到有关琉璃厂地区最早的文字记录。元代建都北京，海王村成为大都城的南郊。由于构筑大都城的需要，元朝开始在这里建立琉璃窑，烧制琉璃瓦。明代永乐年间，成祖皇帝开始重新营造北京城，官府先后建立了琉璃厂、神木厂、台基厂、大木厂和黑窑厂。其中琉城南的海王村一带因元朝时建立有琉璃窑，便将琉璃厂衙设立在这里，"琉璃厂"一词由此而来。明嘉靖四十年（1561）以后，修建北京外罗城，琉璃厂被围在外罗城内。但当时由于这里有一些水洼和土丘，便成为一些文人雅士的游玩之地。琉璃厂一带发生巨大的变化，还源于清代施行的旗民分城而居的管理政策。

清顺治元年（1644），清军入关占领了北京。有清一代满族统治者实行"旗民分城而居"的管理政策，要求"凡汉官及商民人等尽徙南城"。由此，琉璃厂附近的宣南一带，开始集中居住大量的汉族官员和文人学士，许多著名的学者文人，像龚鼎孳、吴伟业、孙承泽、朱彝尊、王士禛、李笠翁、纪晓岚、戴震、钱大昕等都在这里留下了历史的痕迹。明末清初的著名学者孙承泽，住在琉璃厂附近，其住宅和花园被称为孙公园。现在的琉璃厂南侧还有前、后孙公园胡同，就是孙承泽宅地的遗址。王士禛在北京居住期间，住在琉璃厂的火神庙夹道。著名学者孙星衍居于琉璃厂南夹道（今天的琉璃厂万源夹道），"海内三布衣"之一的朱彝尊寓居于海波寺街。

这些文人学士在这里的居住和交往，让琉璃厂一带的社会文化氛围极为浓厚。而专门为文人学士服务的会馆集中在这里，使它客观上成为各地的文化养分在北京融合和升华会聚区域。以琉璃厂东西两侧为例，东起前门、西至宣武门，就有大大小小会馆数十家。居住在这些会馆的或为应试的举子，或为进京述职、候补的官员。文人士绅的聚集和各地学子、官员在宣南一带的流动，使得这里形成了北京的主要文化集散地，众多的文人士子相互走动，吟诗唱和，结诗社、兴诗会，构成了全新的士乡社会文化氛围，也就是我们所说的"宣南文化"。

正是由于宣南文化的形成和兴盛，使得这里逐渐的营造出一个宣南文化圈，这为琉璃厂文化街的兴起提供了客观的成长环境。琉璃厂文化街的兴起，首先是从书肆业的集中而带动起来的。

清代初年，北京书肆多集中于慈仁寺一带，即今北京广安门大街北侧。到康熙年间，随着慈仁寺集市的衰落，书肆逐渐东移，集中到琉璃厂一带，并快速发展。当时，由于汉族官员以及文人学士多居住于琉璃厂一带，成为最常光顾琉璃厂书肆的顾客，这对于琉璃厂书肆的兴起有着直接的作用。乾嘉时期，诸多文人雅士及清朝官员"无不往游琉璃厂，盖收集善本，罔不求厂肆也"。而居住在琉璃厂附近会馆的客人，或为应试的举子，或为进京述职、候补的官员，他们成为琉璃厂书肆的忠实顾客，时常以此为消遣、消费的场所。像撰写《琉璃厂书肆记》的李文藻就是在乾隆三十四年（1769）在京候补时琉璃厂书肆的常客。离京后，途中闲闷，便将在京时逛琉璃厂书肆的情景一一记述，为后人研究琉璃厂书肆之发展留下了极其珍贵的资料。

清代的《四库全书》等编纂活动，给琉璃厂的发展提供了强大的动力和更为优越的外部环境。清乾隆三十八年（1773）开"四库馆"，广征天下藏书，编修《四库全书》。书贾们借此良机涌入京城，设店开肆，图书交易异常活跃，琉璃厂的书肆发展得到极大地促进，同时也带动和刺激了琉璃厂其他文化经营类别的发展。翁方纲曾记述，参加编撰《四库全书》的编修官们"……午后归宿，各以所校阅某书应考某典，详列书目，至琉璃厂书肆访之。是时，江浙书贾奔辏辇下。书坊以五柳居、文粹堂为最。"四库馆的开设，成为琉璃厂书肆繁荣的重要契机，琉璃厂的书肆发展出现了第一次高潮。很多书肆从小小的书摊或书铺发展成为十分讲究的大店，经营上也形成一定的规模。

琉璃厂地区的书肆繁荣发展，带动了这个街区的文化经营氛围的兴盛，使这里成为文人雅士"安身立命"之所。在这条街衢上，书肆的大规模出现，大量图书典籍聚集于此，伴之而起的是其他为文人服务的行业如文房四宝、书画碑帖以及装裱、古玩珠宝等随之发展，诸多与文化消费有关联的店肆也纷纷落户于此。除了书肆、南纸店以及古董铺之外，裱字画、雕印章、包写书禀、刻板镌碑等与文人学士有关的行当莫不纷集。并奠定了琉璃厂文化街的特殊地位，成为京城重要的文化活动区域。

纵观琉璃厂文化街的形成和发展，我们可以看到这条具有丰富传统文化内涵的街区，在清朝以来北京文化的发展上表现出极为鲜明的文化特色和历史内涵。

首先，琉璃厂文化街成为传统文化的集散地和荟萃中心，展示着丰富的中国传统文化的载体，并且涌现了许多具有鲜明的特色的传统老字号。

琉璃厂文化街形成和发展的近三百余年中，已经成为以经营古代典籍图书、碑帖字画、文房四宝、金石古玩等方面的集中经营区域。这里的店肆，或经营善本古籍、珍稀碑帖，或买卖名家书法、历代字画，或荟萃珍奇珠宝、文物古玩，即有被誉为"免费博物馆"的荣宝斋、庆云堂，也有被称作"开架图书馆"的来熏阁、邃雅斋。这些店铺所经营的是记载着中华传统文化的各种载体，并且在长期的经营活动中逐步形成自己的风格和特点。当然，伴随着时间的流逝，琉璃厂的老字号也不断地出现更迭和改变，琉璃厂形成之初的字号，早已是历史的痕迹。但是，还有部分老字号保留了百余年，一直流传到今天。

其次，琉璃厂文化街成为文人学士流连徜徉、安身立命之所，也是学者贤达的交流聚会场所。

琉璃厂文化街特有的文化功能和文化氛围，使得它成为各个时期文人雅士流连忘返的"安身立命之所"。琉璃厂的各个店铺十分注重与文人学士的交往，"以书会友""以珍奇揽人"成为琉璃厂各个店肆良好风尚和经营传统。历代文人学士也把逛琉璃厂视为一种高雅的文化享受。许多文人称书肆店员为"书友"，称古玩行的经营者为"年兄"。清前期，孙承泽、王士桢、孙星衍、朱彝尊、李渔、纪晓岚等人都是古旧书肆的常客。而参加编修《四库全书》的编修官们几乎每日都到琉璃厂书肆搜购书籍。许多官员下朝后不是直接回家，而是直奔琉璃厂来。近代著名学者翁同龢、潘祖荫、李文田、王懿荣等常以书肆为聚会场所，看书赏画、吸烟品茶、闲聊杂谈，成为一种风气。高兴之余，便为书肆题诗写匾，很多古旧书店的牌匾都是名人学士所题。近现代以来，有的文人学者甚至出资委托行业中人开办书店，如孙殿起的通学斋是由版本学家伦明出资，琉璃厂的长兴书局是由康有为出资。鲁迅先生寓居北京十四年中，也与古旧书肆结下不解之缘，从他的日记中统计，在琉璃厂访书购物达480次之多，先后购买3800多册（部）图书、碑帖，当时的来熏阁、通学斋、有正书局、直隶书局、商务印书馆、神州国光社等都留下了鲁迅先生的足迹。至于现代、当代的文人学者，盘桓于琉璃厂，并以此为乐。

其三，琉璃厂文化街的发展造就了一大批"亦文亦商"的经营者，并在他们的经营活动中客观的保护、发掘和传承了祖国的文化遗产。

琉璃厂诸店肆的经营项目和业务范围与文化发展密切相关，这些店铺的店主或伙计终日接触古旧书刊、碑帖字画、金石篆刻、文房四宝、古玩珍宝，又常年与文人学者或显贵贤达交往，耳濡目染，深受熏陶，年深日久对历朝各代的古旧书刊版本、源流、内容、作者以及学术思想等方面的知识日趋熟识并逐步提高，或者对文物真假的鉴定、珠宝翠钻的品赏有独到之处，渐渐地造就出一批具有较高水平和高超的专业技能的"专家式"文化商人。他们或是古旧书刊的版本专家，或为古玩书画的内行，或具有高超的古书装订修补技能或文物鉴定水平，成为经营的权威和骨干。在古旧书业中，乾隆年间琉璃厂鉴古堂的店主老韦，20世纪古书业中文禄堂的王晋卿、通学斋的孙殿起、来熏阁的陈济川以及当代中国书店的雷梦水、张宗序等便是其中的代表人物。古玩行中有孙虞臣、赵佩斋、袁厚民已经近现代的赵汝珍、邱震生等人。这些"专家式"的文化商人，对琉璃厂的发展、对北京文化的交流、传播和发展，给予了积极的推动作用，产生了积极的影响。有的人甚至著书立说，像通学斋掌柜孙殿起著有《琉璃厂小志》《贩书偶记》、王晋卿著有《明版书录》、雷梦水著有《书林琐记》、赵汝珍著有《古玩指南》等等。这些专著，或为研究北京历史的重要的参考文献，或为某一专业领域的必读之书。

琉璃厂文化街不仅仅造就了一批批对传统文化的传播和流通具有显著贡献的"专家式"商人，而且还在它的经营活动中使琉璃厂成为记载传统文化的各种载体的聚散之地，对我国传统文化遗产有着发掘、抢救和保护的作用，为祖国的文化遗产的继承和发扬作出了无法替代的贡献。明崇祯年刊刻的《金瓶梅》就是1934年琉璃厂的一家古旧书店从山西收到的。著名的毛公鼎，是德宝斋刘振卿等人在清咸丰二年（1852）最先发现的，经过陈介祺鉴定，为西周初年成王时期所铸的铜鼎，为我国最早的青铜器之一。

清代后期，北京曾数次遭到外国侵略者的劫掠，饱受创伤。在这种情形下，琉璃厂以其独有的方式，以客观的保护结局对祖国传统文化典籍起到了保护和抢救的作用。1860年，英法联军侵占北京，在城内大肆劫掠，许多官藏、私藏古籍遭到劫难，大量散失于民间。据戴钧记载："咸丰庚申以后，人家旧书多散出市上……宋椠亦多。"1900年，八国联军再侵北京，疯狂劫掠，不论宫廷、官府还是私家所藏书籍均遭劫难。当时有人记述说："庚子间，四库藏书残佚过半。都人传言，英、法德等国运去者不少。人言洋兵入城时，曾取该书……以代砖，支垫军用器物。"这次浩劫，使圆明园文源阁的《四库全书》、御河桥翰林院藏书以及王府名宦所藏书籍，除少量被劫走外，更多的散失于民间。在这种情况下，一些专门收购流散书籍的行商小贩便走街串巷，收购古书、旧书，再到东、西晓市旧货市场出售。很多熟识借此时机，前往搜购，同时也派人到各地搜求，得到很多善本古籍。著名版本目录学家伦明记述说："壬寅（1902）初至京师，值庚子之乱后，王府贵家，储书大出。余日游海王村隆福寺间，目不暇给，每暮必载书满车回寓"。可见当时古旧书肆搜求古籍之多，这从客观上对祖国文化遗产的保护和继承发挥了作用。

其四，琉璃厂特有的文化环境，使之成为北京重要的文化活动的中心。

琉璃厂文化街的整体氛围和它的文化聚集性，使得琉璃厂成为北京城文化活动的中心地带，许许多多的重大文化事件或主要的文化活动就发生在这里。

我国最为著名的文学巨著《红楼梦》的传播，就与琉璃厂有着直接的关系。《红楼梦》最早流传于世间，是由抄本的形式传播的。程伟元在甲戌本的序言中曾经写道："好事者每传抄一部，置庙市中，昂其值得数十金，可谓不胫而走者矣。"程伟元所说的"庙市"就是指的琉璃厂火神庙的书肆。清乾隆五十六年（1791），程伟元以"萃文书屋"的名义，出版了一百二十回本《红楼梦》"程甲本"，次年又刊行了"程乙本"。程甲本、程乙本的刊行充分显示出琉璃厂在《红楼梦》一书的传播和红学发展上所起到的突出的促进作用。在以后的《红楼梦》的版本流传过程中，琉璃厂依然是《红楼梦》一书的整理和刊刻的主要地域，这种状况一直延续至今。

琉璃厂不仅仅在典籍方面、文物古玩的流通方面独具特色，在其他方面，如徽班入京即以后的京剧发展，也与琉璃厂有着千丝万缕的联系。当初徽班进京，由于清朝规定不得在内城建造戏园、会馆，地处南方各省进京必经之路的宣南地区就成为梨园子弟的落脚之地。像喜连成、富连成、斌庆社这些著名的京剧科班都是坐落在琉璃厂四周。而正乙祠戏楼、安徽会馆、湖广会馆这些京剧大师经常献艺的舞台，也与琉璃厂遥相呼应，形成一个文化区域。

当然，谈到北京城的重大文化活动，琉璃厂地区的新春逛厂甸就更为著名了。琉璃厂一年一度的新春厂甸盛会是北京城的一次重要的民俗活动，每年正月初四至十六，琉璃厂"一市人如海"，红男绿女、老叟幼童，纷纷到此观赏游玩，选购中意物品，俗称之为"逛厂甸"。新春厂甸期间，琉璃厂的海王村公园（今中国书店总店所在的）人头攒动，风车、空竹、风筝、琉璃喇叭等玩具摊杂陈于此，应春的小吃，如艾窝窝、豌豆黄等诱馋着人们停下脚步。熙熙攘攘的人群，商贩们高声的吆喝，伴随着风车的鸣响，构成了一幅生动的市井图画。游动的人群中，时常看到孩子们手中举着一串串几尺长的大糖葫芦，招人眼目，至今这种场景甚至被视为老北京的一种标志。

总结琉璃厂的形成和发展，给我们以极大的启示。特别是在我们今天，建设一个新的北京城，构筑起一个全新时代的北京文化体系，积极发展北京的文化创意产业，客观地认识和探讨琉璃厂文化街的沿革，有着直接的借鉴作用和现实意义。

应该看到，琉璃厂乃至宣南地区的城市文化功能为传统文化载体的传承和流通提供了良好的生存环境和发展空间。清代初期琉璃厂附近地区居住的大批的文化名流、宣南地区的众多会馆使得这里成为北京重要的文化区域。寓居此处的文人雅士、不断流动的各地学子和进京官员成为琉璃厂文化街的主要文化消费群体。而琉璃厂鳞次栉比的店肆成为流通、传播的传统文化载体的基本渠道。这一切为历朝各代的图书典籍、文房四宝、金石碑帖乃至古玩珠宝等的流通以及迅速地向全国各地传播，提供了良好的物质环境。如果琉璃厂地区没有这样的物质条件，很难想象这里能够成为北京文化的流通中心和重要的活动区域。今天的宣南地区，虽然已经与清代的情况有很大的改变。但是，琉璃厂的声誉已经伴随着它的历史而广为扩散，以至于很多人，特别是要了解和研究中国传统文化人士，认为到北京没有逛琉璃厂，枉来北京一次。琉璃厂文化街的这种历史名望的积淀应该得到高度的重视和格外地珍惜。这是它在今后的生存、发展和再度兴盛的关键所在。

另外，琉璃厂各个店铺丰富经营内容和鲜明的行业文化特征，成为文化街发展繁荣的优质土壤。琉璃厂文化街以其经营的文化商品的丰富和文化氛围的多元化而在北京文化发展史上留下了浓重的一笔。在这一地域形成和不断发生的文化经营和文化活动中，既有显示中国传统文化凝重的经典文化成分，也同时包含着轻松活泼的世俗文化内容，在文化结构上的显示出多层次的特点，并且具有极大的包容性、融合力和辐射性。这样的文化结构和文化组成自然对琉璃厂的发展有着至关重要的影响。但是这一切都是建立在一个

第二篇　北京历史文化

个具体的店肆鲜明的经营特色和丰富的经营品种之上。同时，灵活的经营方式、传统的经营风格和具有亲和力的服务给人们带以一种高雅的享受。正是由于有这样的丰富的经营品种、多样的经营内容和殷勤周到的服务，才会不断地吸引人们流连于此。

北京古都历史文化讲座［第二辑］

从角科斗拱演变看北京明清官式建筑变迁

北京大学考古文博学院　徐怡涛

一、角科斗拱的定义及其历史渊源

斗拱：中国传统木构建筑中，以短横木（栱）、小方木（斗）为基本组件，或包括斜向长枋（昂），以榫卯结构拼合而成的起承接作用的组合构件，称为斗拱。主要用于建筑柱头、檐下、樽梁交接等处。

转角铺作、角科

所有古建筑都有转角铺作（角科）吗？

二、北京明清官式建筑角科形制分期

本人以文物建筑形制类型学研究方法，从明清官式建筑角科做法上，提炼出可用于形制分期的三组共15个形制类型及其组合关系，结合相关文献，系统梳理了43座明清时期北京官式建筑标尺的角科形制类型和共存年代，通过角科斗拱的形制演变，勾勒出北京官式建筑在五百余年间所经历的六个演变历程，计为：元明交替期、明制转变期、明制成熟期、明清交替期、清制定型期和清末微变期。

本文利用角科形制分期结论，并结合相关文献，对故宫现存奉先殿、午门等建筑的年代问题提出了自己的见解。

明世宗实录，嘉靖十七年十一月（1538），"武定侯郭勋以奉先殿等各宫殿工缺官督视"①，嘉靖十八年正月（1539），"奉先殿成，升赏效劳诸臣……於是工科给事中……各疏言：诸臣升赏太滥……又如郭文英、李良贵者，徒以匠作蒙被恩遇，不二三年致身卿佐……上以工完加恩亦系常典……郭文英、李文贵实有劳绩，准升赏……"②

奉先殿与太庙功能相近，在嘉靖朝兴工的日期亦非常接近，且从役大匠同为嘉靖帝所倚重的郭文英③，从这些迹象可知，奉先殿工程应是嘉靖"庙工"的重要组成部分，以往学者多关注嘉靖十五年（1536）太庙的改建④以及奉先殿周围崇先、观德、奉慈等殿的兴废沿革，而忽略了嘉靖对奉先殿的动作⑤。嘉靖十五年（1536）罢奉慈殿祭，十七年（1538）罢崇先殿祭，其神主如嘉靖父母等并入奉先殿祭祀。嘉靖十八年（1539）年初完工的奉先殿，建筑营造的时间与奉先殿大规模扩充祭祀对象的时间正相吻合。奉先殿工成后，嘉靖帝力排言官上疏，坚持封赏大批相关官员和工匠，由此可知，奉先殿工程规模浩大且皇帝给予了高度重关注。因此，此次奉先殿工程为重建的可能性很大。自嘉靖十八年（1539）年初奉先殿告成以后，直至明末，未见奉先殿毁灭或重建的记载。

从现存建筑形制和清初各种"重建"文献分析，本文认为奉先殿现状的合理解释是：嘉靖重建之奉先殿，在李自成焚烧故宫时遭到了的破坏，后殿已毁而前殿独存。顺治、康熙朝"重建"工程的内容是：修理前殿，重建后

---

① 《明实录北京史料（三）》P300．817。
② 《明实录北京史料（三）》P302．826。
③ 《明实录北京史料（三）》P364．1139，嘉靖二十四年（1545）七月丁丑"初，工部匠作官郭文英，积功劳升至工部右侍郎，荫其子文思院副使，至是以庙功加恩，再升俸级，因上疏辞俸，乞升荫其子。……於是给事中张元冲劾奏……疏入，上不悦，曰：名器不可不重，工役亦须得人……再论者罪之"。
④ 《明实录北京史料（三）》P283．717。
⑤ 诸葛净：《嘉靖朝之制礼作乐》一文对奉先殿及周边观德、崇先、奉慈等殿的格局复原，与于倬云（《紫禁城始建经略与明代建筑考》）、许以林（《奉先殿》）、刘鸿武（《紫禁城内奉先殿修建概略》）及杨新成（《明代奉慈殿兴废考》《故宫博物院院刊》2011年第3期）的研究观点相左，诸葛净认为明代北京故宫奉先殿始终为五间。本文认为，依据形制和文献分析，至迟到明嘉靖十八年（1539），故宫奉先殿已为九开间建筑。

殿。虽然现奉先殿前殿的小木作门窗、彩画等已是清制，斗拱上也可见一些清代重修时留下的扰动构件，但前殿斗拱仍多为嘉靖原构。据上表的形制分期结论可知，午门现存正殿的角科形制为第三期，同时，明天启和清顺治的重修①，在午门正殿上留下了第四至第五期形制扰动的痕迹。午门周边四座角阁的角科斗拱形制存在较大差异，其中，西北角阁的角科形制最早，为第一期、西南角阁为第三期、东北和东南角阁同为第四期，其上限为明晚期，下限为清初，此二阁存在清顺治重建的可能。但据《午门建筑艺术》记载，曾在午门东北角阁内发现"极类明代手法"的彩画②，如彩画确为明代，则可证明形制较晚的东北角阁亦不晚于明朝末年。清顺治时期对午门建筑施加的影响，应主要体现在砖瓦、油漆彩画和小木作之上，《国朝宫史》中"午门顺治四年建"的记载，与不同时期作法混杂的现状不相吻合，难免虚张之嫌。

检诸史料，明嘉靖三十六年（1557）四月，午门被焚③，嘉靖三十六年八月兴工重建午门④，三十七年（1558）六月完工⑤。这次重修恰与午门正殿和西南角阁的角科形制分期相吻合。由文献和形制的互证可知，现存午门大殿和西南角阁的角科斗拱仍为明嘉靖三十六年重建之物，而东北、东南角阁之角科已经明末清初的重修，非嘉靖原构，同时，嘉靖重建午门时，西北角阁时，至少保留了角科斗拱等明初构件。又，万历四十五年（1617）正月，"东朝房失火，户科等衙门朝房被焚，自午门延及公生门，尽为烧毁"⑥，这条文献所技述的万历年间午门东侧的火灾，似可印证今午门东侧角阁建筑形制晚于西侧角阁的原因。

---

① 王璞子：《午门建筑艺术》，《紫禁城》1983年第1期。
② 同上。
③ 《钦定续文献通考》卷210 物异考，火灾"（嘉靖）三十六年（1557）四月丙申奉天华盖谨身三殿文武二楼午门奉天门俱灾"。
④ 《明实录北京史料（三）》P491.1700，嘉靖三十六年"八月丁未 重建午门兴工"。
⑤ 《明实录北京史料（三）》P498.1731。
⑥ 《明实录北京史料（四）》P445.2480。

三、结语

通过对角科斗拱的形制分期研究，我们可以获得两个层面的认识。

一是"物"，即通过对建筑形制的研究，细化了明清官式角科斗拱的演变历程，明确了一些形制及形制组合的时代性，其结论可用于明清北京官式建筑的年代鉴定，例如，故宫集福门（B2 + A Ⅱ L2）、太庙井亭（B2 + B2 Ⅱ L2）和故宫南熏殿（B1 Ⅱ L2），按其角科形制分析，集福门和太庙井亭皆属第一期，即明永乐至正统年间。南熏殿的形制跨越第一、二期，上限为永乐晚期，下限不晚于正德，佐以南熏殿在明代延续的史料①，则现存南熏殿很可能是一处永乐十八年至景泰元年之间（1420-1450）的遗构。文物建筑价值体系的核心是其历史价值，而历史价值的基础是建筑的建造年代和修缮沿革。对于北京明清官式建筑而言，目前仍有许多建筑的建造年代和修缮沿革需做进一步梳理，乃至重新认知。

二是"由物见人"，从物质的变化而见历史的变化、精神的变化，从而使古代建筑的研究纳入历史研究之中。在中国建筑史上，"明清"常被视为一个整体，但从本文分期则显现出明清之间在形制演变频率上存在着巨大差异。明代官式建筑在角科斜跳搭角这一形制点上，前后有十余种形制类型，而清代自康熙二十年（1681）至清亡的200多年间，斜跳搭角上竟始终仅用一种形制，而且这种仅有的形制也继承自明代。换言之，在角科斗拱形制上，明继承宋元，有所发展变化，而清裁剪明制，罕有创造。

---

① 南熏殿在明代的史料见于：（清）万经《分隶偶存》卷下"张端将乐人少有才名景泰间（1450-1456）以荐授铸印局使直南熏殿"、（明）黄佐《翰林记》卷6"天顺四年（1460）四月十六辰刻上御南熏殿召尚书王翱李贤马昂学士彭时吕原五人入侍"、（明）陆深《俨山集》卷80 嘉靖十五年（1536）"八月南熏殿书太祖成祖睿宗三圣王册宝赐银币"。现存南熏殿形制早于嘉靖时期，未见明天顺至正德年间有重建南熏殿的记载。

刘秉忠与元大都

北京市社会科学院历史研究所所长、研究员　王岗

在元朝初年,中国的政治局势变化十分激烈,发生了一系列重大历史事件:蒙古国建立与大规模西征,蒙、宋联手攻灭金朝,元朝立国与攻灭南宋,统一天下。在这一系列的重大事件中,汉族大臣们的历史作用是非常明显的,前者有耶律楚材发挥了重要作用,后者则以刘秉忠的作用最为重要。在此拟对刘秉忠的生平以及他对元大都建设的贡献略加梳理及评价。

一、刘秉忠所处的历史时代

刘秉忠(1216-1274)生于乱世,这个历史时期正是蒙、金、宋三方在中原地区争斗不休的时期,许多人对于应该投身哪方都有着迷茫的忧虑,而这个政治抉择将会决定一个人终生的成败。在这个抉择中,刘秉忠做出了明智的选择,从而成就了他一生的丰功伟业。

(一) 金朝的衰落

金朝系由女真族统治者建立的少数民族政权,建立之初,是为了反抗辽朝的压迫与剥削。经过逐渐发展,在反抗辽朝的斗争中日益强盛,才产生了与宋朝联手灭辽的计划。经过与宋朝的使臣来往,确定了联合灭辽的大计,史称"海上之盟"。而在双方共同出兵攻灭辽朝的过程中,金朝统治者发现宋朝貌似强大,实际上不堪一击,于是,在攻灭辽朝后不久,又挥师南下,攻灭北宋,俘虏了宋徽宗与宋钦宗,史称"靖康之耻"。此后,双方在江淮一线

展开多次大规模军事对抗，金朝试图攻灭南宋，统一天下，没有成功，遂成南北对峙的政治格局。

在金海陵王南伐失败被弑之后，金世宗与金章宗的统治使金朝发展到达最鼎盛时期。此后卫绍王即位，昏庸无能，使得金朝的统治日益衰落。特别是金朝对草原上大批游牧部落的控制越来越弱，使得这些长期处于分裂状态的部落经过兼并战争而日渐强大，逐渐形成了几个大的部落联盟，有了强大的军事力量可以和中原王朝对抗。这一盛一衰的变化，也就扭转了中国政治形势的发展格局，最终导致了金朝的灭亡。

（二）蒙古族的崛起与蒙古国的建立

在金朝中期，为了防止草原地区游牧部落对中原王朝构成威胁，金世宗采取了"减丁"的野蛮政策。史称："鞑人在本国时，金虏大定间，燕京及契丹地有谣言云：'鞑靼去，赶得官家没去处。'葛酋雍宛转闻之，惊曰：'必是鞑人为我国患。'乃下令极于穷荒，出兵剿之，每三岁遣兵向北剿杀，谓之'减丁'。迄今中原人尽能记之曰：'二十年前，山东河北谁家不买鞑人为小奴婢，皆诸军掠来者。'今鞑人大臣，当时多有虏掠住于金国者，且其国每岁朝贡，则于塞外受其礼币而遣之，亦不令入境。鞑人逃遁沙漠，怨入骨髓。"① 到金章宗时，把这种野蛮的政策取消了，使得草原上的各个部落的力量迅速得到恢复。

这时的草原大致可以分为五大部落联盟，其中又以草原中部的王罕及西部的太阳罕力量最为强大。但是，生长在草原东部的蒙古部落首领铁木真却是雄才大略，政治眼界十分敏锐，通过多年的激战，最终统一了草原上的各个部落，并在1206年被众多部落共同推举为整个草原的共同首领，号成吉思汗，建立了蒙古国。由于建立了较为完备的、兵民合一的万户、千户制度，使得蒙古国拥有了一支强大的骑兵部队，在当时的冷兵器时代，这支强大的军队几乎所向披靡，战无不胜。为了报"减丁"之世仇，成吉思汗（即元太祖）把进攻的目标直指草原南面的金朝。

---

① 南宋·赵珙：《蒙鞑备录》。

(三) 蒙古国南侵与攻占金中都

成吉思汗指挥蒙古军队向金朝进攻的首要目标就是位于居庸关长城里面的金中都城。对于草原上这股强大势力的崛起，金朝统治者是有所了解的，也是做了充分准备的。金朝把防御蒙古军队的战线设在了张家口外的野狐岭一带，驻扎了40万重兵。但是，在1211年蒙古骑兵第一次进攻金中都的激战中，这40万金朝的精锐部队竟然没有能够抵挡住对方的进攻，一败涂地。蒙古军队的前锋大将哲别居然率军进入没有设防的居庸关，直抵中都城下。

两年以后，成吉思汗再次率军进攻金中都城，而金朝的防守已经退到了居庸关一线。面对固若金汤的居庸关，成吉思汗没有采取强攻的办法，而是率军从金中都西面尚未设防的紫荆关攻入，再从居庸关内反攻守关的金朝重兵，"是岁，我师至居庸关，壁坚不得入。以阇别统兵趋紫荆口，金左监军术虎高琪来拒，不胜，遂溃，进逼中都，围之。"① 然后成吉思汗兵分三路，大掠于中原各地，烧杀抢掠之后回师金中都城。金朝统治者在与成吉思汗议和后，蒙古军队回师大草原，而金朝统治者放弃中都城，南迁汴京（今河南开封）。到元太祖十年（1215），蒙古军队第三次南伐，遂攻占中都城。就在金中都陷落的第二年，刘秉忠来到了这个纷乱的世界。

(四) 蒙古国内部的矛盾斗争

蒙古国在建立之后，虽然势力扩张十分迅速，但是有许多重要的举措却没有相应的加以建立，如国都的设置，皇位的继承，政、军、司法的三权分立等等。这些重要制度的缺失，直接影响了帝国的发展。汉族大臣耶律楚材（有人说耶律楚材是契丹人，不能算汉人，但是到了元代，契丹与女真族皆被列为汉人）在元太宗时大致解决了国都设置和三权分立的问题，而皇位继承这个关键的问题却一直没有得到解决。因此，在元太宗死后，在皇位的继承问题上，就一直争夺非常激烈，蒙古皇族（被称为黄金家族）之间动辄兵戎

---

① 元·苏天爵：《元朝名臣事略》卷一之一《太师鲁国忠武王》。

相见。

元定宗贵由死后,睿宗托雷之子蒙哥发动政变,夺得皇权,史称元宪宗。他在夺得皇权后,命皇弟忽必烈主持中原地区的军政事务,而忽必烈在中原地区大行"汉法",并招募了一批中原地区的文士作为幕僚,来为他解决各种棘手的问题。刘秉忠就是在这个时期成为忽必烈的重要谋臣之一。在刘秉忠等人的辅佐之下,忽必烈渡过了一道又一道难关,最终夺得皇权,建立元朝,确立两都,统一天下,成为中国历史上最伟大的帝王之一。

二、刘秉忠的生平

(一) 初为小吏与入山修道

刘秉忠原名刘侃,字仲晦,为河北邢州(今河北邢台)人,其父刘润在国王木华黎经营中原地区时,出任蒙古国官吏。史称,刘秉忠"年十三,为质子于帅府。十七,为邢台节度使府令史,以养其亲"。但是,刘秉忠有着远大的政治抱负,不甘心只做一个下层小吏,"居常郁郁不乐,一日投笔叹曰:'吾家累世衣冠,乃汩没为刀笔吏乎!丈夫不遇于世,当隐居以求志耳。'即弃去,隐武安山中。"① 文中所云"隐武安山中",当是进入道家之门,或是在山中参修道家的学说。

对于刘秉忠入武安山中究竟去干什么,史无明文。但是,从他在道教方面所显示出来的重要影响来看,只有这段时间是可以用来研修道教学说的。时人称:"灵应万寿宫:元自开国始创建于西山,赐上名额,实自太保刘文正公之主也。其祖坛在上都南屏山,即太保读书处,有碑文纪事。而此坛天下有二焉,因著其开坛阐教之名氏次第于后:第一代宗师刘秉忠太保父正公,第二代李,第三代张,……"② 而以刘秉忠为祖师的这派道教,最后归入了北方三大教派之一的太一教。

---

① 明·宋濂等:《元史》卷一百五十七《刘秉忠传》。
② 元·熊梦祥:《析津志辑佚·祠庙仪祭》(北图善本部辑佚本)。

(二) 出山为僧与拜见忽必烈

在武安山中居住了很长一段时间后，刘秉忠又毅然归入佛教，先是是天宁寺中参研佛法，此后又云游各地，并留居云中（今山西大同）南堂寺。这时，他人生的转折点出现了，燕地高僧海云去漠北拜见宗王忽必烈，路过云中，在南堂寺见到了刘秉忠，于是，就偕同他一起到漠北都城和林。而在到了和林城之后，刘秉忠受到忽必烈的赏识，从此被留在忽必烈身边，开始展示他的政治才干。

刘秉忠曾经给忽必烈上议时政书，所议数十事。其一曰："君之所任，在内莫大乎相，相以领百官，化万民；在外莫大乎将，将以统三军，安四域。内外相济，国之急务，必先之也。然天下之大，非一人之可及；万事之细，非一心之可察。当择开国功臣之子孙，分为京府州郡监守，督责旧官，以遵王法；仍差按察官守，治者升，否者黜。天下不劳力而定也。"① 他所议之事，大多数都被忽必烈采纳。

(三) 营建上都城

忽必烈在受命主持中原地区军政事务之时，需要选择一处地方作为统治中心，这处地方非常重要，既要便于对中原地区的管理，又要便于与漠北都城和林的联系，这个选择统治中心的重任，就交给了刘秉忠。"丙辰，上始建城市而修宫室，乃命公相宅。公以桓州东、滦水北之龙冈，卜云其吉，厥既得卜，则经营，不三年而毕务，命曰开平，寻升为上都。"② 这处开平府（位于今内蒙古正蓝旗境内），在忽必烈没有夺得皇权之前，只是一座藩府，蒙古国的都城仍然是在和林。文中"丙辰"，指得是元宪宗六年（1256），开平府的营建是从这一年开始的。

及元宪宗蒙哥在率军伐宋的战役中，被守蜀中钓鱼城的宋军重创而阵亡之后，忽必烈即在开平府即位，定开平府为京师，是为元世祖。此后不久，

---

① 明·宋濂等：《元史》卷一百五十七《刘秉忠传》。
② 元·苏天爵：《元朝名臣事略》卷七之一《太保刘文正公》。

忽必烈的弟弟阿里不哥在蒙古国都城和林亦称帝，兄弟双方遂展开争夺皇权的战争。忽必烈在一部分蒙古军队和大批中原军队的支持下，最终战胜阿里不哥，巩固了自己的统治。忽必烈在战胜阿里不哥之后，取消了和林的都城地位，改置行省，并驻守重兵。

（四）营建大都城

元世祖忽必烈在与阿里不哥争夺皇位的同时，并没有放弃攻灭南宋、一统天下的宏伟抱负。为了实现这一目标，显然要建造一座规模更加宏大的都城。而这次的建造任务，又落到了刘秉忠的身上。史称："初，帝命秉忠相地于桓州东滦水北，建城郭于龙冈，三年而毕，名曰开平。继升为上都，而以燕为中都。四年，又命秉忠筑中都城，始建宗庙宫室。八年，奏建国号曰大元，而以中都为大都。"① 这次的都城建造，与建上都城是一样的，只是位置选在了华北平原的北端。

这里所说的"筑中都城"，即是指元大都城。因为蒙古国在攻占金中都城之后，改称之为燕京，一直沿用到忽必烈夺得皇权之后。及忽必烈要在此建造新都城时，先是将开平府的京师改称上都，并把燕京改称中都。及在这座新都城建造的过程中，又改中都为大都，同时将国号蒙古改称为大元，也就是人们通称的元朝。致此，元朝的两都之制得以确立。对于元大都城的建造，刘秉忠的作用依然非常重要，是其他任何人皆无法与之相比的。

（五）定国号、行礼乐等政治举措

刘秉忠在辅佐忽必烈的时候，特别重视用中原文化来融合忽必烈这位少数民族帝王。早在忽必烈即位前，刘秉忠在上议政书时就强调："孔子为百王师，立万世法，今庙堂虽废，存者尚多，宜令州郡祭祀，释奠如旧仪。近代礼乐器具靡散，宜令刷会，征太常旧人教引后学，使器备人存，渐以修之，实太平之基，王道之本。"② 而在忽必烈即位后，刘秉忠则开始陆续落实各项

---

① 明·宋濂等：《元史》卷一百五十七《刘秉忠传》。
② 同上。

政治举措。

对于国号的更定,忽必烈曾经颁布诏书称:"我太祖圣武皇帝,握乾符而起朔土,以神武而膺帝图,四震天声,大恢土宇,舆图之广,历古所无。顷者耆宿诣庭,奏章申请,谓既成于大业,宜早定于鸿名。在古制以当然,于朕心乎何有。可建国号曰大元,盖取《易经》'乾元'之义。"① 这种用《易经》的含义以确定国家的名称,显然是听从刘秉忠等谋臣建议的结果,而这种做法,堪称前无古人。

礼乐制度的实行,表明了一个朝代的文明发展程度,而在元朝礼乐制度的建设方面,刘秉忠的功劳是最大的。史称"世祖至元八年,命刘秉忠、许衡始制朝仪。自是,皇帝即位、元正、天寿节,及诸王、外国来朝,册立皇后、皇太子,群臣上尊号,进太皇太后、皇太后册宝,暨郊庙礼成、群臣朝贺,皆如朝会之仪;而大飨宗亲、锡宴大臣,犹用本俗之礼为多。"② 由此可见,元朝大多数重要的政治活动,都要用到刘秉忠等人制定的礼仪。

(六) 坐化上都城

因为刘秉忠在辅佐忽必烈的漫长岁月中屡建功勋,故而文臣王鹗等人在至元元年(1264)提议,要加封仍为僧人之身的刘秉忠以官爵。这个提议得到了忽必烈的赞同,于是命刘秉忠为太保,参与中书省的政务。刘秉忠在归入佛门之后,法号子聪,这时由忽必烈赐名秉忠,并命其还俗。但是刘秉忠仍然"斋居蔬食,终日淡然",过着俭朴的生活。

元世祖忽必烈在刘秉忠的辅佐下确立两都之制以后,每年的春天都要从大都城到上都城度夏,秋天再从上都城回大都城过冬,而每当忽必烈巡幸两都之时,刘秉忠皆随同往还。至元十一年(1274),刘秉忠按照惯例随同忽必烈来到上都,"居南屏山精舍,俨然端坐,无疾而薨。讣闻,上嗟悼不已,谓群臣曰:'秉忠事朕三十余年,小心慎密,不避险艰,事有可否,言无隐情。又其阴阳术数之精,占事知来,若合符契,惟朕知之,他人不

---

① 明·宋濂等:《元史》卷七《世祖纪》。
② 明·宋濂等:《元史》卷六十七《礼乐志》。

得与闻也'。"①

三、大都城的设计与建造

（一）都城城址的选择

刘秉忠在元朝初年的主要政绩之一，就是对元大都城的设计与规划。对于这座都城的建造，如果没有刘秉忠的参预是不可想象的。从城址的选定到城门的设置，从坊里数量的确定到中央衙署的分布等等，皆有着刘秉忠设计思想的体现。换言之，一座拔地而起的宏伟都城，正是刘秉忠对宇宙观念的充分表达。首先，是这座宏伟都城的城址选择，没有在旧金中都城的基础上加以重建或是扩建，而是在一处空旷的地方加以新建，就显示出刘秉忠对于改朝换代的政治变革所给予的足够重视。

时人称："世皇建都之时，问于刘太保秉忠定大内方向。秉忠以今丽正门外第三桥南一树为向以对，上制可，遂封为独树将军，赐以金牌。"② 文中所云"定大内方向"，实际上就是确定新大都城的中轴线位置，因此也是"大内"（即皇宫）的建造位置。由此可见，整座都城的位置，即都城城址的确定，是以刘秉忠的判断为依据的。

（二）都城城门的设置

对于一座新建的都城，必有开辟的城门以通出入。对于城门的数量，多一些便于出入，却难于管理。少一些便于管理，却使人们出入困难。按照古代《周礼·考工记》的设计，都城应为每面三门，四面合计十二门。但是，大多数的古代都城都不是完全按照每面三门设置的。据元朝时代较近的北宋都城开封府的城门为十三门，东、西、南三面各为三门，而北面是四门。金中都城的城门是仿照北宋都城的模式，也是十三门。

---

① 元·苏天爵：《元朝名臣事略》卷七一《太保刘文正公》。
② 元·熊梦祥：《析津志辑佚·风俗》。

而刘秉忠在设计大都城时,却没有按照宋、金都城的模式,而是设置了十一座城门。时人称:大都城"城方六十里,里二百四十步。分十一门,正南曰丽正,南之右曰顺承,南之左曰文明;北之东曰安贞,北之西曰健德;正东曰崇仁,东之右曰齐化,东之左曰光熙;正西曰和义,西之右曰肃清,西之左曰平则。"① 刘秉忠的这种设计方案,在当时就引起了人们的关注。

在一些诗人吟咏大都的诗作中,皆提到了十一门的特点。如著名诗人宋本作诗曰:"泸沟晓月堕苍烟,十一门开日色鲜。海上神山无弱水,人间平地有钧天。宝幢珠珞瞿昙寺,豪竹哀丝玳瑁筵。春雨如膏三万里,尽将嵩呼祝尧年。"② 又如诗人张昱也曾作诗曰:"大都周遭十一门,草苫土筑那吒城。谶言若以砖石裹,长似天王衣甲兵。"③ 在这里提出了"那吒城"的观念,认为十一门代表的是三头(南面三门)、六臂(东西六门)、两足(北面两门)。同时指出,大都城的城墙不用砖石包裹,是为了避免战乱的灾难。这些观念是否表达了刘秉忠设计十一门的初衷,已经不得而知了。

(三) 都城坊里的确定

在元大都城建造之前,旧燕京城里有六十二个坊,这些坊,有些是金中都城里面的旧坊,沿用到元代。有些则是金朝旧宫殿、苑囿荒废之后,城中百姓占用其地,又新设置的坊。而在大都城建造之后,旧城的大部分居民都迁居到了新都城,为了便于管理,必须在新都城设置坊里,而这些新设置的坊里,也必须有一个总体的数量,这个数量的确定,则是以儒家经典《易经》为依据的。

时人称:"坊名元五十,以'大衍'之数成之,名皆切近。乃翰林院侍书学士虞集伯生所立。外有数坊,为大都路教授时所立。"(《析津志辑佚·城池

---

① 元·陶宗仪:《南村辍耕录》卷二十一《宫阙制度》。
② 元·苏天爵:《元朝文类》卷七载宋本《大都杂诗》。
③ 元·张昱:《张光弼诗集》卷二《辇下曲》。

街市》）这些坊里的坊名，在《元一统志》里面有着详细的记载，有些也是取《易经》的词语而命名的，如明时坊，"地近太史院，取《周易·革卦》君子治历明时之义以名"。又如乾宁坊，"地在西北乾位，取《周易·乾卦》万国咸宁之义以名"。① 其他坊名，也大多取名于儒家经典如《尚书》《左传》《论语》《孟子》等书。

（四）都城衙署的分布

在元大都城里，除了安置居民的坊里之外，中央机构衙署的分布，也是刘秉忠在规划中必须考虑的主要问题。这时的中央机构，主要有主持全国政务的中书省，主持全国军事的枢密院，以及主持监察工作的御史台。这些重要的衙署是在大内皇城位置设定之后才最终确定的。例如中书省，时人称："至元四年，世祖皇帝筑新城，命太保刘秉忠辨方位，得省基，在今凤池坊之北。以城制地，分纪于紫微垣之次。"② 在古人眼里，紫薇垣是天上极为重要的星座，所以才把中书省安置在了这个位置上。

又如枢密院与御史台的设置，时人称："枢密院在武曲星之次。""御史台在左右执法天门上。"③ 在刘秉忠安排的枢密院衙署，是在皇城东华门之东、御河东岸的保大坊，这个位置对应的是天上武曲星的位置。而御史台所对应的"左右执法天门"，则是在大都城西北的肃清门里，而肃清门之得名，亦与御史台有联系。此后，因为御史台的衙署离皇城太远，办公十分不便，才又把衙署迁移到皇城东南的澄清坊。

（五）都城皇宫的建造

在中国古代，任何一座都城的建造皆是以皇城为中心的，元大都城的建造也是如此。早在忽必烈夺得皇位之前，他来到燕京的时候，常常住在都城北郊的旧金行宫北苑（今北海公园），因为这里有太液池与琼华岛，自然风光

---

① 皆见《元一统志》卷一（赵万里辑佚本）。
② 元·熊梦祥：《析津志辑佚·朝堂公宇》。
③ 同上。

很美。在决定建造新都城之后,皇城的建造也就选择以太液池为中心。整个皇城把太液池围在中间,太液池东岸建造的是大明殿与延春阁两组主要建筑,以供帝王及皇后居住。而太液池西岸建造的则是皇太子的东宫。这种环水而建造的宫殿模式,体现了游牧文化"逐水草而居"的情怀。

但是,元大都的皇城又不完全是游牧文化的体现,而仍然表现出更多的以儒家学说为核心的农耕文化。因为皇城中的主体建筑大明殿和延春阁都是坐落在整个大都城的中轴线上,如果从全城的角度,而不仅仅是从皇城的角度来看,中轴线应该是全城最突出的文化主题。而这个主题,在此前的汉唐时期的长安、洛阳,宋朝的东京、金朝的中都等古代都城中,都是最突出的主题。因此可以说,元大都的皇城是农耕文化与游牧文化的有机结合。

(六)元大都与元上都的关系

在刘秉忠的一生中,建造了两座都城,即元上都与元大都。元上都城建造之时,忽必烈尚未夺得皇权,因此,它的建造只能是以藩府的规模。及忽必烈夺得皇权,这里成为元世祖的第一个统治中心。因为忽必烈这时的统治尚未稳固,有漠北的阿里不哥和一部分支持他的蒙古贵族在与忽必烈对抗,从而以漠南草原的上都城作为统治中心是非常必要的,它是与漠北和林城对抗的政治标志。因此,当忽必烈战胜阿里不哥之后,立即取消了和林城的都城地位。

大都城的建造,是忽必烈的统治基本得到巩固之后的重要政治举措。这个举措的必要性是当时许多人皆意识到的,但是却有诸多权势显赫的蒙古贵族们无法认同,并且有些蒙古贵族公开起兵反抗。因此,在大都城建成之后,忽必烈并没有用大都城取代上都城的位置,而是实行两都并存的制度。这个制度,是在特定历史条件下的特殊产物,在此前的辽金时期和此后的明清时期皆没有出现这种情况。这也正好表明,元朝的建立,乃是农耕文明与游牧文明这两大文明交相融合的产物,是中国多民族国家兴旺发达的历史见证。

四、简要的结语

（一）刘秉忠的身份——亦官亦僚

刘秉忠生活的时代，是一个从乱世走向治世的时代。就全国范围而言，从蒙古国的势力进入中原地区，到蒙、宋联手灭金，再到元朝攻灭宋朝，一统天下，整个过程历时70年，而刘秉忠正好生活在其中的60年里。就蒙古国到元朝的变化范围而言，从成吉思汗作为蒙古草原各部落的共同首领，到窝阔台、贵由和蒙哥等被"忽里台"大会推举为大汗，再到忽必烈夺得皇位，在蒙古黄金家族内部的激烈斗争，最终完成了皇权的确立。

在这个极为动荡的时代，刘秉忠跨入政界，得到忽必烈的信任，并为其出谋划策，屡建奇功，并且最终完成了统一天下的大业。因为受到特殊时代的巨大影响，刘秉忠在辅佐忽必烈成就一番伟业的时候并没有担任高官，也没有获得显爵，而仅仅是忽必烈的一个幕僚，而且是以一个特殊的僧人身份出现在十分复杂的政治斗争中。只是在忽必烈的霸业基本完成之时，刘秉忠才受封为"太保"这样一个虚衔，有官之权，却没有官之职，而实际所产生的巨大作用则是任何一位高官都无法与之相比的。

（二）刘秉忠的影响——三教皆有

刘秉忠之所以在元朝初年能够取得丰功伟绩，是与他在学术上的刻苦钻研密切相关的。时人称："公自幼好学，至老不衰，通晓音律，精算数，善推步，仰观占候，六壬遁甲，易经象数，邵氏皇极之书，靡不周知。"[①] 刘秉忠不仅对于儒家的经典著作深有研究，并且在社会实践中加以应用（如定国号、兴礼乐、建都城等等）。此外，他又对于佛教和道教的相关学说有深入研究，而这些"三教"的丰富文化内涵，使得他真正成为一代伟人。

刘秉忠能够获得成功的另一个重要原因，是他善于识别人才，并推荐给

---

① 元·苏天爵：《元朝名臣事略》卷七一《太保刘文正公》。

忽必烈加以任用。时人称："闲燕之际，每承顾问，輒推荐南州人物可备器使者，宜见录用，由是弓旌之招，蒲轮所迓，耆儒硕德，奇才异能之士，茅拔茹连，致无虚月。逮今三十年间，扬历朝省，班市郡县，赞维新之化，成治安之功者，皆公平昔推荐之余也。"（引文同上）成就一代伟业，必有一代奇人，刘秉忠就是从蒙古国发展为元朝这段历史时期中的奇人，他对于北京城市的发展也有着极为巨大的贡献。

影响世界的北京皇家园林

中国佛教文化保护中心 冯广平

一、皇家园林发展简史

北京地区的皇家园林可以远溯至战国时期,燕昭王曾在蓟丘建崇台高阁。燕国灭亡后,今北京地区长期为边防重镇,直到辽朝开始经营南京,其作为国家首都的地位逐步奠定;皇家园林也随之逐渐兴盛[1]。根据文献记载,辽代宫殿和禁苑主要分布在今北京城西南隅,引古莲花池水造园,今白纸坊桥西鸭子桥北发现的鱼藻池为其瑶池遗迹[2]。此外,辽代离宫分布于在今通州、顺义,皆无存。金代贞元元年(1153),海陵王以燕京为中都,因辽代宫殿、禁苑旧址建宫室。朝廷正殿——大安殿遗址在今西城区白纸坊西街与滨河西路交叉点处以西,因辽代鱼藻池,复辟浮碧池、游龙池两池与其相连为太液池,池中有瑶光台、琼华岛[3]。大定十九年(1179),金世宗于城北辟建太宁宫为离宫,堆筑琼华岛。金代的禁苑建设显然继承了汉代以来的"一池三山"模式[4],着力描摹海中三仙山景观。"至玉华门,曰同乐园,若瑶池、蓬瀛、柳

---

[1] 冯广平,包琰,赵建成,赵志军等:《北京皇家园林树木文化图考》,科学出版社,2012年版。

[2] 李建平:《北京最早的皇家园林遗址——鱼藻池》,北京社会科学,2006,(1):52-56。

[3] 冯广平,包琰,赵建成,赵志军等:《北京皇家园林树木文化图考》,科学出版社,2012年版。

[4] 汪菊渊:《中国古代园林史》,中国建筑工业出版社,2006年版。

庄、杏村，尽在于是"（清·震钧《天咫偶闻》）。除了都城内的宫苑和离宫外，金章宗还在西山修建了八座山、林、泉俱佳的山水园，号"西山八院"①②。西山八园开辟了利用自然山林营建皇家园林的先例，其潭水院、泉水院是清代静宜园、静明园的前身③。元灭金后，中统五年（1264）改燕京为中都，同时开始依托北海水系修建宫殿禁苑。元代的宫殿按照前朝后寝、左祖右社礼制规定，在各条轴线上进行布局，前朝正殿为大明殿④。禁苑依旧是"一池三山"造园手法，北海和中海为太液池，万岁山（今琼华岛）象征蓬莱岛，瀛洲（今北海团城）象征瀛洲岛。西山园林建设的突出成就表现为元文宗对西湖（今昆明湖）的开发，主要建筑群有湖北岸的敕建大承天护圣寺，寺东有行宫，湖中岛上建双琉璃阁；水畔植柳，山上植松⑤。

明清时期，在继承"一池三山"造园手法的基础上，发展了集合天下名园精华的集锦式园林⑥⑦。永乐十八年（1420），南海开挖成功，湖中堆岛为"瀛洲"⑧，至此皇宫西苑中太液池北、中、南三海及海中的蓬莱、方丈、瀛洲三岛最终形成。清代，依托西山低山水网建造了"三山五园"，包括香山、玉泉山、万寿山、静宜园、静明园、清漪园（颐和园）、畅春园、圆明园，形成了史无前例的庞大皇家园林集群⑨⑩。其中，清漪园和圆明园的主体景观依然是"一池三山"。

---

① 苗天娥，景爱：《金章宗西山八大山水院考（上）》，《文物春秋》2010，(4)：28-34。
② 苗天娥，景爱：《金章宗西山八大山水院考（下）》，《文物春秋》2010，(5)：21-27。
③ 冯广平，包琰，赵建成，赵志军等：《北京皇家园林树木文化图考》，科学出版社，2012年版。
④ 冯广平，包琰，赵建成，赵志军等：《北京皇家园林树木文化图考》，科学出版社，2012年版。
⑤ 汪菊渊：《中国古代园林史》，中国建筑工业出版社，2006年版。
⑥ 同上。
⑦ 韩晶：《集纳天下园林之大成——浅谈中国皇家园林的历史源流》，《现代园艺》2013，(9)：64-66。
⑧ 乔梁：《清宫档案中的皇家园林中南海》，《华夏地理》2007，(10)：140-157。
⑨ 冯广平，包琰，赵建成，赵志军等：《北京皇家园林树木文化图考》，科学出版社，2012年版。
⑩ 汪菊渊：《中国古代园林史》，中国建筑工业出版社，2006年版。

北京地区的皇家园林在造园艺术上突出表现为以下几个特点。

（1）造园思想体现对仙境的向往和对礼制的追求。西苑、圆明园、颐和园都以秦山上林苑"一池三山"为蓝本，追摹海中三仙山景观。如北海的琼华岛、圆明园福海的蓬岛瑶台、颐和园东湖的南湖岛等，均是模仿海中蓬莱岛。园内造景虽然随形就势，力求自然，但重要的朝会活动场所仍然轴线清晰，建筑主次分明，体现了对礼制等级的追求。例如西苑的仪鸾殿和紫光阁、圆明园的正大光明殿、颐和园的排云殿。

（2）造园手法博采众长、移天缩地。三山五园大量借鉴江南园林的精华景观。颐和园西堤仿西湖而建。圆明园四十景，许多是嫁接自江南园林，如曲院风荷、武陵春色、濂溪乐处、碧桐书院、杏花春馆、洞天深处、方壶胜境、平湖秋月等。此外，圆明园还吸收了欧洲造园艺术，创造了西洋楼景区。

（3）相地选址严谨而科学。金代开始依托积水潭水系和西山自然山水建造宫苑和离宫，至明清时期的三山五园，无不是在按照堪舆学原理，选择背山面水、负阴抱阳的自然基底，在此基础上提炼和升华自然景观而成的。

（4）掇山理水形制磅礴、用料考究。昆明湖面积3000亩，面积是大明湖的4倍多，相当于西湖的1/3，后两者都是著名的公共园林。掇山所用石材多为太湖山，其中琼华岛太湖山来自北宋的艮岳，是经过宋徽宗君臣精选过的石料，艺术价值极高。汉白玉也大量使用。形制和用料充分体现富有四海的气魄。

（5）植物造景以油松、侧柏、桧柏为骨架，以创造四季常青的景象；林下层以北方常见灌木和草本花卉点缀，主要类型有蜡梅、玉兰、杏、杏梅、牡丹、芍药、桃、李、月季花、野蔷薇、槐、石榴、红叶、菊花、木芙蓉等[①]。

（6）建筑形态规整、色彩华丽。三山五园中的亭台楼阁，大多结构对称，体现中庸、庄重；屋顶形态各异，灰瓦、琉璃瓦兼用，檐下画栋明艳，廊柱

---

① 冯广平、包琰、赵建成、赵志军等：《北京皇家园林树木文化图考》，科学出版社，2012年版。

多用红色,与绿树相配,大多华丽夺目。

二、造园艺术的外传

(一) 对日本的外传与再引进

日本对中国园林的学习可上溯至飞鸟时代(552-644),圣德太子(574-622)模仿中国的"一池三山"造园手法,在奈良定林寺创作有蓬莱岛的池泉园①②。平安时代(794-1192),池泉园大盛,宫苑、民宅、寺庙造园均于主体建筑前开池筑岛③。随着唐朝的灭亡,日本学习中国园林的活动逐渐停止,开始走上独立发展的道路。同时,日本在引进中国造园艺术的同时,重视理论的总结,藤原时代(894-1185)出现了《作庭记》,成为世界最早的园林理论著作之一。江户时代(1603-1867),日本开始形成缩景园,与中国的集锦式园林相似,中国的西湖、庐山景观也被微缩其中④。8世纪中叶,中国的菊花传入日本。平安时代,菊花受到日本皇室和庶民的推崇,形成了"菊风尚"。之后,日本在菊花的新品种培育和菊花文化的开拓方面有长足进步。清代乾隆时期,日本菊花新品种已开始被引入中国⑤。

(二) 对越南的外传

1802年(清嘉庆七年),越南阮福映统一全国,建立阮朝,定都顺化。顺化城的规划几乎照搬了北京城,宫殿设计体现严格的轴线布局和礼制建筑

---

① 南谷恵敬,冲宏治. 聖徳太子の寺を歩く 楽学ブックス [M]. 東京:JTBキャンブックス,2007。

② 舍人親王:《日本書紀》,東京:小学館,2007。

③ 胡桂林、胡长龙:《中日古典园林样式发生与发展的比较研究》,《中国科技博览》,2009,(34):199-201。

④ 同上。

⑤ 冯广平:《重阳九月菊花新》,《科技智囊》,2009,(6):80-83。

序列；宫城称紫禁城，大朝正殿称太和殿。皇城北、都城中心开挖静心湖，湖中堆叠蓬莱、方丈、瀛洲三岛，完全按照"一池三山"模式创建①。稍有不同的是中国皇家园林的太液池多为不规则形，水面较大，而静心湖为长方形，水面较小。

（三）对欧洲的影响和吸纳

中国皇家园林为欧洲人所了解最早始于明末清初，葡萄人平托在其《远游记》中记述了中国风物。1685 年（康熙二十四年），英国人坦普尔据此创作散文《论伊壁鸠鲁花园》，最早记述中国园林。"（中国人）将超凡的想象力用在要素设计上，要表达得美轮美奂、引人入胜，但任何设计和要素配置又不能显而易见。尽管我们对这种美几乎没有任何见解，然而他们见到这让人眼前一亮的景致时会说：sharawadgi 是美好的、令人尊敬的，或诸如此类的评价。"② 1687 - 1688 年（康熙二十六至二十七年），沈福宗随比利时传教士柏应理访问伦敦。坦普尔对中国园林的描述可能受沈福宗的启发③。康熙五十一年（1712），宫廷画师、意大利人马国贤奉诏制作《避暑山庄三十六景图》铜版画。1724 年（雍正二年），马国贤回到欧洲，曾送一套版画给英国伯灵顿勋爵④，肯特借鉴了部分内容，参与了肯辛顿公园的设计。1734 年（雍正十二年），肯特最早提出"自然风景式园林"的概念，随后参与斯陀园、斯托海德风景园的设计建造⑤。

1742 - 1744 年（乾隆七年至九年），瑞典东印度公司职员钱伯斯三次来华，在广州学习中国建筑，并曾向中国画家李嘉（Lepqua）请教中国造园艺术。1757 年（乾隆二十二年），出版《中国房屋、家具、服饰、机械和家庭

---

① 阮玉英、陆琦：《越南顺化城的皇家园林艺术研究》，南方建筑，2013，(6)：91 - 97。
② Temple W. Upon the Gardens of Epicurus [M]. Pallas Athene Publ, 2004.
③ 李晓丹、武斌、成光晓：《英国自然风景园林与中国的渊源》，《华中建筑》，2011，29 (8)：17 - 20。
④ 李晓丹、武斌、成光晓：《英国自然风景园林与中国的渊源》，《华中建筑》，2011，29 (8)：17 - 20。
⑤ Clifford D. A History of Garden Design (2nd ed.) [M]. New York：Praeger, 1967.

用具设计图册》,书中称"整个园林按照移步换景的思路设计"。1772 年(乾隆三十七年),出版《论东方园林》,完全领会了中国园林的精髓,"中国的园林设计者以大自然为师,他们的目的是模仿大自然的不规则之美"。1759 年(乾隆二十四年),威尔士王妃奥古斯塔创建邱园;钱伯斯曾参与公园设计建造,并于 1762 年(乾隆二十七年)设计了具有典型中国风格的邱园宝塔以纪念奥古斯塔王妃①。显然,18 世纪英国自然风景园林兴起与对中国园林的借鉴是分不开的,因此自然风景园林又称"英中式园林"。

北京的皇家园林在乾隆间开始介绍到欧洲。1752 年(乾隆十七年),宫廷画师、法国人王志诚发表《北京附近的中国皇家园林特写》,推崇中国园林为以人工来模仿自然的典范,是一门关于不规则性和自然形态的至高艺术②。1760 年(乾隆二十五年),英国造园家斯彭斯翻译此文,以英文发表③。

北京的皇家园林对欧洲造园艺术的借鉴突出表现为圆明园西洋楼景区的建造上。1747 – 1759 年(乾隆十二年至二十四年),乾隆皇帝命宫廷画师郎世宁设计宫殿图纸,蒋友仁(字德翊)设计监造水法(喷泉);从而创建了一组以巴洛克风格为主、中西合璧的建筑群,成为圆明园的标志之一。

三、园林植物的外流

清初,中国的园林植物开始被介绍到欧洲。1655 年(清顺治十二年),波兰人卜弥格首次将《本草纲目》的植物部分译成拉丁文,以《中国植物

---

① 刘亚轩:《清初来华传教士马国贤研究》,浙江大学博士学位论文,2009。

② Attiret Jean Denis (1702 – 1768). A particular account of the Emperor of China's gardens near Pekin: in a letter from F. Attiret, a French missionary, now employ'd by that emperor to paint the apartments in those gardens, to his friend at Paris. Translated from the French by Sir Harry Beaumont [M]. London: printed for R. Dodsley; and sold by M. Cooper, 1752.

③ Craig Clunas. Nature and ideology in Western descriptions of the Chinese gardens [J]. Extrême – Orient, Extrême – Occident, 2000, 22 (22): 153 – 166.

志》为名在维也纳出版①。乾隆初年,外国人开始在北京地区采集植物标本②。1745年(乾隆十年),在乾隆帝御花园供职的法国人汤执中在北京地区采集植物标本149种寄给老朱西厄。汤执中曾收集了许多中国特有植物种苗,包括苏铁、侧柏、莲、槐树、合欢、皂荚、角蒿、臭椿、翠菊等③。1760年(乾隆二十五年),法国人西波特来华传教,受乾隆帝聘任布置御花园。此间,他收集植物标本,并撰写大量的植物报告,涉及牡丹、杏、桃、合欢、紫薇等。此后,直至清朝灭亡,法、英、德、俄、美、日等国人,相继来北京采集植物标本④,大量园林植物流失到国外。

四、皇家园林的劫难

集合了东方园林艺术精华的北京皇家园林,却毁于晚清时期的异族入侵。咸丰十年(1860),英法联军攻入北京,抢掠并焚毁圆明园⑤,意在对清帝及清政府进行最严厉的精神打击,并留下报复的痕迹⑥。与圆明园同期被抢掠焚毁的还有静宜园、静明园、清漪园⑦。事实上,英法联军的恶劣行径是毁灭人类文明和文化遗产的野蛮犯罪⑧。法国作家雨果在其《就英法联军远征中国给巴特勒上尉的信》愤怒地写道:"有一天,两个强盗闯进了圆明园。一个强盗大肆掠劫,另一个强盗纵火焚烧……这两个强盗一个叫法国,另一个叫英国。"

---

① 冯广平、赵建成、王青:《北京植物学史图鉴》,北京:北京科学技术出版社,2011年版。
② 同上。
③ 同上。
④ 陈德懋:《中国植物分类学史》,武汉:华中师范大学出版社,1993年版。
⑤ 王莲英:《火烧圆明园时间小考》,北京社会科学,2008,(2):107-108。
⑥ 王开玺:《英军焚毁圆明园原因辨析》,北京师范大学学报(社会科学版),2003,(3):26-33。
⑦ 冯广平、包琰、赵建成、赵志军等:《北京皇家园林树木文化图考》,北京:科学出版社,2012年版。
⑧ 王开玺:《英军焚毁圆明园事件与"国际法"》,《北京师范大学学报》(社会科学版),2012(2):55-65。

圆明园经过英法联军破坏，大部被毁，仅剩十三处园林建筑幸存。同治十二年（1873），清帝诏令重修，但遭到大臣的反对，且建园材料采办困难、资金短缺严重。同治十三年（1874），修复工作被迫停止①。光绪十四年（1888），慈禧挪用海军经费复修清漪园，并改名为颐和园②。经清廷修复的园林已经无法重现昔日的辉煌了。然而劫难并没有就此停止，光绪二十六年（1900），八国联军攻破北京，再次洗劫三山五园。旷世杰作的北京皇家园林经历此劫精华尽毁③。光绪朝晚期，慈禧太后再次动用巨款修复颐和园④。颐和园也因此成为明清离宫园林仅存的标本。

---

① 许吉敏：《清朝同治年间重修圆明园研究》，《辽宁师范大学硕士学位论文》，2011。
② 杨天姿：《慈禧重修颐和园挪用海军经费考证》，《教育教学论坛》，2014，(13)：134－135。
③ 冯广平、包琰、赵建成、赵志军等：《北京皇家园林树木文化图考》，北京：科学出版社，2012年版。
④ 杨天姿：《慈禧重修颐和园挪用海军经费考证》，《教育教学论坛》，2014，(13)：134－135。

纵览北京皇家园林

范贻光

北京作为五朝帝都的世界历史文化名城,丰富的皇家园林是其重要的组成部分。皇家园林与古都北京紧紧系在一起,不仅经受了历史上的兴衰浮沉,也积淀了丰厚的物质与精神财富,深刻地反映着各个历史时期的政治、经济和科学文化特征,宫殿和园林成为各时代引领京都风骚的文化龙首。

北京具备优越的地理条件,她背枕燕山,怀抱平原,西接太行,东临渤海,山川俊秀,景象万千。丰富秀美的自然景观资源,为历代城市的建设和修苑造园提供了极佳的自然山水条件。

北京自周代成为方国都城开始,至今已有3000多年历史,曾是辽、金、元、明、清五朝帝都。北京古典园林与北京城市的发展一脉相承,距今有2300多年历史。古代园林一直是以皇家宫苑建设为主线不断发展,与其相随的是坛庙园林、陵墓园林、宅院、寺观园林以及名胜风景区的出现。

战国时期,燕昭王在燕都蓟城西郊营建园林风景区。秦代出现北京最早的行道树,魏晋时期的莲花池、什刹海等地区,成为士大夫举行活动和宴集的优美风景区。随着佛教的兴起,开始出现寺庙园林,从此,北京地区园林形成帝王宫苑、寺观和邑郊风景园林发展的局面。

金代的中都,是有史以来第一个在北京地区建立的国都,形成了北京皇家园林史上第一次造园高峰,是北京地区园林发展奠定基础的时代。香山、玉泉山、莲花池以及金中都皇城西部宫城内园林建设,金章宗"燕山八景"的择定,元大都是以大宁宫(今北海琼岛)为中心,在皇城内形成宏大的园林景区。在郊区辟有四大放飞泊(今南苑等)猎区。私人园林、寺庙园林蓬勃发展，已具备中国风景式园林的主要特点。

清代康乾时期是北京皇家园林建设的第二次高潮，持续近150余年。其规模之大、内容之丰，在中国历史上是罕见的。经过这一阶段的园林建设，北京优质的山水资源都得到了合理系统的开发。

中国在"康乾盛世"产生的"三山五园"代表了东方自然式园林的最高水平。

然而百年后的1860年，英法联军燃起的侵略战火将圆明园连同其他四园一起化为灰烬。所幸"三山五园"中的清漪园则浴火重生，成为今天举世闻名的颐和园。其他几座园林的遗址仍较为完好地保存至今，成为人们凭吊追忆历史的重要场所。

俯视鼎盛的明清皇家园林

明成祖朱棣，在元大都的基础上建设了新的都城——北京。城市规划沿袭传统的三套城垣，即大城、皇城和宫城的都城模式，皇家园林建设的重点放在大内御苑。

清王朝入关定都北京，最初是完全沿用明代的皇城、宫城和坛庙。来自关外的满族统治者很不习惯北京城内的炎夏溽暑之苦，曾打算在郊野择地另建"避暑宫城"。康熙中叶政局稳定，国力复苏后，选择北京西北郊风景优美、泉水丰沛的地带，陆续建成香山行宫、玉泉山行宫以及清代第一座离宫御苑畅春园。稍后，在承德营建了规模更大的第二座离宫御苑——避暑山庄。到了雍正朝，北京的西北郊建成了另一座离宫御苑——圆明园。1764年，以乾隆皇帝亲自主持完成的清漪园为标志，至此明清北京的皇家园林体系完全形成。

丰富的皇家园林类型

北京的皇家园林的类型可分为：大内御苑、行宫御苑和离宫御苑。大内御苑建置在皇城或都城以内。有紫禁城内的御花园、慈宁宫花园、建福宫花园和宁寿宫花园，景山和西苑是人工山水园，模拟天然山水情趣而成"城市山林"。行宫御苑和离宫御苑建制在都城的近郊、远郊的风景地带，如静明园、静宜园、南苑、钓鱼台行宫和汤山行宫等；如康熙时期的畅春园、乾隆时期的圆明园和光绪时期的颐和园。

完善的皇家园林体系

北京皇家园林体系包括御苑、王府园林和坛庙。紫禁城内有宫廷园林四座；皇城内太庙和社稷坛位于紫禁城左右，景山居其后，北海、中海、南海和前海、后海、西海贯穿南北，形成大片园林水系，与严谨对称的宫殿建筑群互相借景，交相辉映。王府园林众星捧月，天、地、日、月四坛分布城市南北东西。城外西山一带规模宏大的"三山五园"风景名胜区和南苑团河行宫等与北京城遥相瞩望。稍远一些的郊外有明十三陵和清东陵、西陵相环卫。更远处有承德避暑山庄与之呼应。北京皇家园林体系的建设被成功地组合到城市总体规划中，经历了一个由内到外、由点到面的扩张和完善过程。今天的"北京皇家园林"就是明清皇家园林体系的遗存。

溯源皇家园林的历史文脉

中国传统园林艺术的发展历程漫长而跌宕起伏，大约有 3000 多年历史，历经生成期、转折期、全盛期、成熟期四个重要阶段。帝王宫苑有初期的"沙丘苑台"、秦汉"仙苑式"建筑宫苑，到魏晋南北朝成为初具山水建筑宫苑特色的皇家园林，至隋唐进入一个全盛的发展阶段，最后成熟于明清皇家园林。整个的皇家园林建设终止于 19 世纪末慈禧太后重建的颐和园。

在造园过程中，帝王首先要体现"普天之下，莫非王土"皇权至高无上的宗旨。通常帝王宫苑占地面积较大，无论是人工堆砌或自然山水，规模宏伟，内容丰富是其主要特点，并且汲取历代造园之精华。据史料载，历史上著名的帝王宫苑有秦汉"上林苑"、隋代的"西苑"、唐代的"南苑"、宋代"艮岳"。北京的皇家园林正是在继承和借鉴这些宫苑的基础上，融合多元文化而发展起来的。

北京地处中国中原、华北与东北各族人民生活的交结地带,自古以来,就是多民族融合、斗争的交汇点,是个多民族融合、兼容并蓄的都城。使北京皇家园林呈现出多民族文化特色。辽金都城的园林体现了游牧文化的特征,在郊外建设大量离宫及寺庙,为北京增添了许多风景名胜。在元大都宫阙园囿布局上,以太液池为中心,环水修筑宫殿,形成苑主宫客的格局;清代信奉萨满教,并在文化中大量吸收藏传佛教因素;园林规划建设以前几代经营为基础,增建南苑,习武打猎;既在京郊建"三山五园",又于塞外建木兰围场,并大量兴修汉、藏佛寺建筑作为主景的寺庙园林。

皇家园林千年的发展脉络

中国古典园林经历了漫长的演进过程。生成期是园林产生的幼年期,相当于先秦、两汉。以小农经济为基础的封建大帝国初步形成,追求规模宏大,气势雄伟,成为皇家造园活动的主流。转折期相当于两晋南北朝,园林艺术兼融儒、道、玄诸家的美学思想而向更高水平跃进,奠定了中国风景式园林大发展的基础。全盛期相当于隋、唐。帝国复归统一,进入充满活力的全盛时代,中国园林体系的独特风格基本形成。成熟前期相当于两宋到清初,园林的发展由盛年期升华为富于创造进取精神的完全成熟的境地。成熟后期相当于清中叶到清末。皇家园林的发展,一方面表现出中国古典园林的最高成就,另一方面逐渐流于烦琐、僵化,暴露出了某些颓废的倾向,预示了中国古典园林时期的结束。

多元文化融贯的皇家园林

北京的皇家园林凝聚了中国多民族的文化智慧,是在多元文化的相互借鉴和补充的过程中逐渐完善和发展起来的。著名的"燕京八景"产生于金代明昌年间,后来,历代文人纷纷题诗,从不同的文化角度来抒发审美感受,金代的八景指:太液秋风、琼岛春阴、金台(道陵)夕照、蓟门飞雨、西山积雪、玉泉垂虹、卢沟晓月、居庸叠翠。元、明两代及清康熙燕京八景名目均与此八景大同小异。这些景名所代指的风景资源成为历代园林开发的重点。太液秋风、琼岛春阴被元朝皇帝收入园囿，成为西苑三海的造景基础，西山积雪、玉泉垂虹被清朝皇帝纳入三山五园，成为静宜园和静明园的得景之源。乾隆十六年（1751），清帝弘历又御定八景，将蓟门飞雨、西山积雪、玉泉垂虹改为蓟门烟树、西山晴雪、玉泉趵突，并将八景刻石立碑，配以小序、诗文，进一步升华了风景审美意境。

赏析皇家园林的雍容恢宏

清代皇家园林是北京皇家园林发展的最后一个高潮。这一高潮肇始于康熙年间（1662-1722），在乾隆、嘉庆年间（1736-1820）达到全盛局面。因此把握康乾二帝的治世思想、艺术取向和造园风格，是赏析北京皇家园林的关键。

康熙从崇奉的儒学观点出发，在造园中强化了尊重自然的理念，达到相互和谐的儒家思想境界。他所经营的畅春园，围绕着治世、宽仁、孝悌、俭素、格物等要求进行规划，一度成为北京的文化、科学、政治等活动的中心，其中寄托着康熙对和平的强烈愿望。

乾隆时代，尽管分别代表着汉、蒙、藏、西洋文化的汉族士大夫、少数民族上层和西洋传教士之间存在着一定的对立与抗争，但乾隆帝以君临天下的博大胸怀，将所有这一切矛盾都纳入他的园林建设中，凭借皇家园林先天具备的优越条件，前所未有地实现了各种文化背景下不同园林类型的并置，极大程度地实现了皇家园林中的多元共生，在政治被艺术化的同时，艺术也被政治化。

康熙与乾隆多次巡游江南，饱赏了江南的秀丽山川和苏杭等地湖山景色及园林，皇家园林多仿建江南景色，皇家园囿规模宏大兼容并蓄移景缩天，不断发展成集景式园林。

皇家造园艺术总结了几千年的造园经验，向精深完美发展，达到造园艺术的高峰，皇家园林的密度以及假山花木的密集程度都大大超过以往任何朝代。阴阳平衡的叠山理水，巧夺天工的园林建筑，生机盎然的花木配置及华美典雅的装修陈设等园林要素都发展到高峰。

皇家园林造园艺术充分体现"天人合一"这一哲学思想，讲的是人与自然的和谐关系。黄老学派的神仙境界和儒家学派的观点理论有其异曲同工之妙，皇家园林的造园意境和手法都受到其影响。从佛塔的传入到后来建园置景和借景的重要对象，佛教的"禅执悟道""隐性止欲"等理论和佛教经典的"极乐世界"都影响到皇家园林的发展。以后对外来文化因素的不断吸收，其中圆明园西洋楼景区是皇家园林对外来文化吸收的重视。

乾隆作为最高君主，将皇家园林创作与山水城市建设融为一体的规划理念，将治水、扶农和造园统筹于山川再造的气势，对大规模移植仿写创作的动机和评判，协调造园要素的互妙相生创作原则和方法，在园林的选址、规划、布局的经营上起到了至关重要的作用，使北京的皇家园林最终深深打上了"乾隆风格"的印记。

壮丽恢宏的帝王气度

中国封建时代，号称"天子"的皇帝奉天承运，统治寰宇，凡与皇帝有关的起居规制、生活环境都要显示皇权至尊、君临天下雍容华贵的气派。清代中期，皇权扩大到历史上空前的程度。乾隆皇帝认为园林的最高境界是：崇山峻岭，秀水林壑，鹤鹿群游，莺歌燕舞；加之岩崖溪涧，芳草古木。景物追求天然谐趣，使人忘却尘世烦恼，这样的园林境界要远远超过汉唐的离宫别苑。皇家园林力求把传统风景名胜区的那种自然之美及人文景观融入到园林中。还创造出了良好的生态环境。北京西北郊的三山五园和承德的"避暑山庄"的营造莫不如此。

当时的著名建筑设计世家"样式雷""山石张"和"算房高"都参与了园林的营建。皇家园林内的建筑与环境相协调，各种建筑体量高大且气势雄伟，并在全园布局上和景区构图上采取中轴对称和局部对应的形式。在建筑的色彩运用上则追求金碧辉煌和富丽凝重，以显示出帝王豪华、赫赫无比的气派。形成了北京皇家园林独特的风格和气度。

移天缩地的帝王思维

"大一统"是封建帝王的理想政治,历来被视为"天地之常经,古今之通义"。避暑山庄实际上就是大中国的一个缩影:西北多山而东南多水,北部为开阔的草地。湖泊是对江南园林风光的摹写;平原区是对蒙古草原的模拟(万树园、驯鹿坡)。山区则是对三山五岳的仿写;宫墙外的诸寺更令人联想到西北边陲的新疆和西藏。他们与外八庙一起,概括了国家的形象,突出了宇内一统的含义。

烘云托月的艺术表现

皇家园林由于范围大、占地广,吸收了风景名胜区的成景理念,运用突出重点、烘云托月的手法,结合自然地形的变化,在园内选择突出的高地,集中设置建筑群或风景点。西苑三海中最高的白塔布置于琼岛山顶,除中央建筑群体量较大外,四周的建筑退晕般地向四面分散开去,与山林融为一体,构成北海主景中心。环绕琼岛白塔在沿岸通过景观序列组织,形成一条漫长的螺旋形"景观环带"。这个环带上的景点都与琼岛保持几百米甚至上千米的相互观赏视距,它们或疏或密,依山傍水,各抱地势,人工匠意与天成山水浑然一体,犹如一幅其长无比的山水画卷展现在人们眼前。

皇权秩序的不懈追求

为充分体现皇权的至高无上,皇家园林将礼乐制度延伸到园林之中。皇家园林运用建筑和建筑所驾驭的巨大院落空间,创造出强烈浓重的威严气氛。在封建宗法制度下的中国皇家园林建筑,由造型到色彩、从室外铺陈设置到室内装饰摆设,都被赋予了秩序感,包含了社会的、伦理的、宗教的以及技术内容的秩序美,大大加深了园林建筑美的深度和广度。

交相辉映的园林要素

山、水、植物、建筑是构成中国古典园林的四个基本要素,前三者属于自然物的范畴,后者提供园林以实用价值。建筑作为人工要素,是造景的积极手段,它的特征在很大程度上代表着园林的风格。

景观、景区和景点的营构,是皇家园林造园艺术的精彩之笔。各景区与景点都有各自的观赏景面和观赏角度,"移步换景"是通过游动方式处理好景区与景点的关系。"山重水复""柳暗花明"是采取多种分离、联系的手法使景色抑扬顿挫的节奏感。山是园林的骨架,水是园林的灵魂,皇家园林中的叠山理水更有自己的特色,是自然山水之美与巧夺天工艺术之美的高度融合。

皇家园林的内容极为丰富,它集建筑、山石、水泉、林木花草、室内外装修与陈设为一体,包含了体形环境艺术和文化传统的丰富内涵,是皇家最为理想,能满足其各种功能需求的居住环境。皇家园林的建筑包括总体规划和各种功能、各种类型的建筑物移缩园中,可以说集各种建筑类型之大成。是造园艺术的重点,各种造园的艺术手法都在这一部分体现。园林植物生态环境的艺术处理,是构成植物配置的基调,丰富景观的空间层次,起到烘托主题,创造意境的作用。总之,皇家园林四大造园要素,将天工人巧相融会,达到"虽由人作,宛自天开"的效果,实现"天人合一"的理念。

负阴抱阳的叠山理水

"山嵌水抱"在天然风景中是具备较优越的成景条件的地貌结构,也是中国古代哲学的最高哲理——阴阳对立统一,在自然界的形象反映。所以历来的堪舆家相地都把它视为上乘的风水。北京皇家园林的叠山理水,也包含着这方面的用意。清漪园的规划从调整自然生态环境入手,拓展昆明湖直抵万寿山东麓,消除了原西湖与瓮山"左田右湖"的尴尬局面,开凿后溪河,并连接于前湖。利用后湖土方堆筑于前山的东端,以及后湖北岸,改造局部的山形,堆叠山石丰富景观层次,最终形成了堪称上乘"风水"的负阴抱阳的地貌结构。为了更好地展现大自然的生态景观，这个地貌不仅创作出了天然山水的主要形态：冈、岭、峰、峦、岫、岩、谷、洞、峡、壁、屏、湖、河、溪、泉、渚、涧、瀑等，而且遵循生态规律组合诸多自然成景要素，构成了具有序列的完整的山形水系。

巧夺天工的园林建筑

北京皇家园林内的建筑物，是从皇家的紫禁城到民居的普通四合院的最富浪漫的变体。纵长延伸的尺度、拔高紧缩的比例、倚山就坡的布局，随心所欲的组合，即使桥梁、堤路等带有公用性的建筑，也变得丰富多彩和变化莫测。园林建筑包罗了中国古典建筑个体的全部形式，如楼、阁、殿、堂、馆、斋、室、榭、舫、亭、廊、塔、桥、牌楼、台、城关等。它们当中除少数砖石结构外，绝大多数均为北方传统的叠梁式木框架结构，按官式建筑规则分为"大式"和"小式"两个等级的做法。在平面布局和竖向组合上极富变化，但并不排除轴线的有序贯串，使灵活寓于规整之中。

楼与阁

楼与阁是最引人注目的园林建筑物。体量大、造型复杂，在园林中占有比较重要的地位，往往起到控制全园的作用。如颐和园的佛香阁，就是整个园林的风景构图中心。41米高，八面三层四重檐，雄踞于万寿山中部20余米高的石台基上，俯瞰昆明湖，金瓦朱阁，气势恢宏大气，彰显了皇家气韵。楼与阁比较相似，相比更轻盈、灵巧，一般多为二至三层，重檐，四面开窗，平面多方形或多边形，歇山顶或攒尖顶，构造与亭类似。如画中游建筑是万寿山前山西部的视景中心。德和园戏楼为中国现存最大的古戏楼。

塔

塔是中国寺庙的标志性建筑。开始时是移借模仿印度佛教建筑中的塔的形制，原形意味十分浓烈，上细下粗，是非中空的石坊，后来才分出外壳和核心，变成了塔。佛教完成中国化改造以后，中国寺庙的塔在结构、用材、配置及装饰上都带上了浓重的中国色彩。塔的形制多样，可登临的空心塔、楼阁式木塔以及密檐式、金刚宝座式、花式、过街式、门式、多顶式、圆桶式、钟式、球式、高台式塔等相继出现。随着寺庙建筑在皇家园林中的大规模建设，塔这种独特的建筑形式便大量地出现在园林中，成为表达佛教思想的重要景观建筑。塔往往建造于曲水转折处或山之峰顶，成为一园或一区的主景，也暗含镇守一方保平安的吉祥寓意。

亭

亭是北京皇家园林中极具表现力的园林建筑，形式特别丰富，有方亭、角亭、圆亭、扇形亭等，也可分半亭、独立亭、桥亭等。或筑于高处，或叠于山脚，或依山而建，或临水而兴，或藏于林木深处，随处可取，各具特色。景山五亭颇含佛教曼佗罗之意，既是仰观景山的重要景点，又是统览紫禁城全景的绝佳场所。景山还被视为北京的"镇山"，紫禁城的"屏扆"。北海五龙亭曲折蜿蜒于水中，倒影成趣，成为北海北岸的观景中心。颐和园的廓如亭是北京皇家园林中最大的亭式建筑。

廊

廊在园林中起穿插、联系的作用，是园林景色的导游线。有曲廊、直廊、波形廊、复廊，或沿墙而走，或顺山爬行，或环水而绕，或桥上设廊。最著名的莫过于颐和园的长廊，长廊总长 728 米，廊身随万寿山南麓地势高低起伏，四座八角重檐亭是高低和变换的连接点，利用左右的结景转移人们的视线，长廊上绘苏式彩画 14000 多幅，堪称世界上最长的古建画廊。

舫

舫俗称旱船，是一种船形的皇家园林专有建筑，寓意天下太平、江山稳固。多建于水边，前半部多是三面临水，使人在其中，犹如置身舟楫之感。颐和园"清晏舫"位置选得很巧妙，恰像正从后湖开来的一条大船，为后湖景区的展开起着景露意藏的作用。香山的绿云舫是一座真正的旱船，建在山脊高处，行于云海之中。现未名湖的石舫就是和珅被杀头的罪状之一——违制的见证物。

榭

榭又称水阁，是临水的园林建筑。建于池畔，形式随着环境的不同而变化很大。四周通透开敞，平台挑出水面，实际上是观览园林风景的建筑。

桥

桥是人类跨越山河天堑的技术创造，能引起人们无限美好的联想，固有人间彩虹的美称。北京的皇家园林多是自然山水园林，地形变化与水路相隔，非常需要桥来联系交通，沟通景区，组织游览路线。园林中的桥更以造型优美、形式多样见长，一般采用拱桥、平桥、廊桥、曲桥等类型，有石制的、有木制的，与园林的山水环境融为一体，渲染出江河的豪迈、水乡的恬静。它不但有增添景色的作用，而且用以隔景和框景，在视觉上产生扩大空间的作用。

中轴线和建筑组合

云辉玉宇牌楼——排云殿——佛香阁建筑组群是颐和园万寿山的前山的中轴线，集中了佛香阁、万寿山昆明湖碑、宝云阁铜殿等三座颐和园中最重要的功能景观建筑。各建筑运用了阁、殿、楼、堂、亭、廊等多种建筑形式的排列、组合，南起昆明湖北岸的云辉玉宇牌楼，爬经大宫门、二宫门、排云殿、德辉殿、佛香阁，直至众香界、智慧海，东西两侧有汉藏佛教式样的寺庙组群转轮藏与五方阁，层层叠叠，逐级上升，恢宏有序，磅礴大气，严谨的秩序蕴含了旧中国的封建伦理理念，控制着颐和园的视觉景观。

万寿山后山的轴线建筑群组合

颐和园后山中轴线建筑组群是一组临摹青藏高原风貌的佛教寺庙式风景轴线。建筑形式多采用藏式符号，如普遍利用的盲窗和四大部洲、四小部洲极具典型的西藏风情特征。从北宫门开始，经松堂、虚弥灵镜、香岩宗印之阁、四大部洲依次南进，逐级抬高，以殿、堂、庙组成了万寿山后山的轴线景观。

颐和园政治功能区的轴线

涵虚罨秀牌楼——东宫门——仁寿殿建筑组群是颐和园政治功能区的建筑轴线。从东往西，由涵虚罨秀牌楼、大影背、东宫门、仁寿门、仁寿殿组成四进院落，严格遵循左右对称原则，如南北朝房、南北九卿房、仁寿南北殿、南北国花台，建筑形状、间数以及栽植树木完全一样，规矩严整，庄严肃穆，满足了皇家园林中的政治活动需要。

生机盎然的花木配置

北京皇家园林的植物配置，与私家园林侧重一花一木的姿态色香有所不同，它更富于天然植被的形象。其配置原则大体是：按不同的山水环境而采取不同的植物素材，大片栽植以突出各地段的景观特色，渲染各自的意境；在时间上注重季相的变化，又保持终年常青。松、柏是北方的乡土树种，四季常青，岁寒不凋。被比拟于人的品格，作为"高风亮节"和"长寿永固"的象征。这些都符合帝王的统治思想，因而松、柏成为了皇家园林的主要基调树种。在平地和庭院中，多栽植具有吉祥寓意的花木品种，如用玉兰、海棠和牡丹象征"玉堂富贵"。在一些小园林当中为表现江南园林的婉约多姿，甚至直接引种南方的梧桐、翠竹。湖畔堤旁多栽植桃柳，形成桃红柳绿的传统景观。湖中多植以荷花为主的水生植物，形成宛若江南的水乡风貌。

华美典雅的装修陈设

园林中各处殿宇的装修陈设，都具有各自的功能，以满足帝王园居生活的多种需要，同时也是殿宇内部的重要装饰物，往往利用它们来烘托内部空间的主次，弥补内部空间的单调，丰富建筑物内部的艺术表现力。皇家的气派，皇家建筑等级森严的情况，在家具的款式、配列、布置方面也都有明显的反映。

和谐一统的园林形态

中华民族自秦汉以来两千多年的发展至康乾盛世，皇家园林接受并把握了传统园林文化的精髓，尤其是通过巡幸出游，深谙"江南之秀丽""北国之雄奇""西土之殚陈"，积累了丰富的园林体验和知识。

在这样的背景下，以清漪园建成为标志，北京西北郊的"三山五园"初告落成。它绵延20余华里，占地千余顷，是当时世界上规模最大的皇家园林，它汇集中国南北造园技术，吸收欧洲造园艺术成果。

在"三山五园"中出现了各种性格迥异的园林类型，除传统皇家园林独有的内容和形式外，还大量兼容了私家文人园及书院园林、公共风景园林、汉地道观和佛教寺庙园林、藏传佛教寺庙园林以及由传教士带来的西洋园林等内容和形式。从文化意义上看，丰富的园林建筑形态，其实是儒释道文化、萨满教文化、藏传佛教文化和西洋文化的不同反映。将它们兼容并蓄，在园林中成功地集中展示，也体现了乾隆皇帝在园林艺术和政治艺术领域中协和万方的卓越才能。

千古积淀汇造园精华

清代皇家园林凝集千古之智，创作出许多融会古今的园林艺术珍品。"一池三山"在皇家山水园林规划中被反复运用就是一例。按照我国古代神话传说，在东海中有蓬莱、方丈、瀛洲三座仙山，为神仙居所。具有浓厚求仙思想的秦始皇曾在离宫兰池宫中开凿兰池，在池中堆筑蓬莱山。受此启发，汉武帝在长安建造建章宫时，在宫中开挖太液池，在池中堆筑三座岛屿，并取名为"蓬莱""方丈""瀛洲"，以模仿仙境。此后这种布局成为帝王营建宫苑时常用的布局方式。

南北西东集园林文化

康乾盛世时期是世界文化与经济的重要转折和碰撞时期,东西方文化通过贸易和宗教的交流相互传输,国内南北文化的交流也随着国家的统一和经济的发展更加紧密。反映在皇家园林的创作上,就是将西方园林和江南园林中那些长期以来形成的景物原形,加以总结、概括和抽象,从中提炼出园林造景的模型法则,并结合北方的自然环境、地域特质、人文因素、建筑要素等具体条件,因地制宜地将那些适于北方皇家园林的类型进行模拟整和,丰富了北京皇家园林的文化内涵,将北京的皇家园林创作推向了成熟和繁荣的境地。

儒释道教融自然平和

北京皇家园林是物化了的中国传统文化思想的总汇。儒、道、佛三家所构成的三位一体的文化基本框架,支撑着整个中国传统文化的大厦,又深深地烙印在皇家园林中。其艺术创作手法是把宗教美学的内涵,通过对原形的艺术再创作,并赋予其审美意义,运用于园林景观建设。如伽篮七堂的佛庙格局本身就是儒家伦理等级的秩序和佛教思想的完美结合,移挪到皇家园林中,又融合了儒道孔庄对自然审美境界的认识,将山壑泉流和苍松古木与庙堂台殿共同组合,创造了禅境殊胜的园林景象,置身这样的环境,使人自然会有空无,寂灭的境悟,伴着古寺林泉,月亮仿佛法论圆满,水面犹如天镜幻化出宇宙大千世界。

论中华民族

首都博物馆副馆长、研究员　高凯军

关键词：中华民族、内向发展、先多效应

中华民族是在亚洲大陆中东部这块相对独立的地理区域内，历经近五千年的风风雨雨，由众多族群逐渐融合而形成的一个从封闭走向开放的伟大民族。在今天看来，她是一个以汉族为核心、团结55个少数民族而形成的具有广泛民族认同意识，拥有约13亿人口的多族群统一体。[①]中华民族起源和发展的主要特征、内在规律和未来前景是人们共同关心的问题，本文试从地域特点、气候波动和长城兴废的角度分析一下这几个问题，帮助读者建立起中华民族的完整观念。

一、地域特点与中华民族发展的内向特征

中华民族内向发展、互补依存和逐渐走向融合的历史趋势与所处地理环

---

① 根据中国政府2010年第六次全国人口普查，大陆人口：1339724852口（不含港、澳、台地区），其中汉族占91.51%，55个少数民族人口合计113792641口，占8.49%，总称为中华民族。（参见国家统计局《2010年第六次全国人口普查主要数据公报》第1号，《光明日报》2011年4月29日，第7版）从历史发展和民族认同的角度看，今天的中华民族不仅应该包括已经回归祖国的港、澳同胞，还应该包括台湾同胞和具有民族认同感的海外华侨、华裔。（据统计，截止到2006年中期，香港总人口：485.7万人；澳门总人口：49.9万人；台湾总人口：2287.7万人。参见《中国统计年鉴》，统计出版社，2007年版，第925、977、1002页；另据国务院侨办政策研究室估计，目前全球华侨大约有4000多万人）

境密切相关。早在石器时代,中华民族的远古先民就繁衍生息在亚洲大陆中、东部这块相对独立的地理环境之中。由于中生代燕山运动和新生代喜马拉雅运动等大陆板块运动,造就了自"世界屋脊"青藏高原向东南沿海呈阶梯式倾斜的地貌特征。这里东滨大海即世界上最大的海域太平洋,近海包括今天的鄂霍次克海、鞑靼海峡、日本海、渤海、黄海、东海和南海。总体说来,在近代航海业兴起以前,大海成了中华民族同外界交往的天然阻隔。①

　　陆地的情况更复杂一些。东北的外兴安岭和大兴安岭、小兴安岭一带,山峦重叠,遍布原始森林,地处北纬50°－55°的寒带和寒温带,古代人迹罕至,直到金代,女真人才将东北部边疆延伸至外兴安岭。北方是呈荒漠、戈壁和草原景观的蒙古高原,萨彦岭、唐努乌梁山、贝加尔湖一带属北纬55°上下的高寒区,不具备农业甚至牧业的发展条件,因此,这里成了中华先民向北发展的极限。西北耸立着帕米尔高原、阿尔泰山、天山、昆仑山等连绵巨大、常年积雪的山脉,阿尔泰山和昆仑山之间有古尔班通古特沙漠和塔克拉玛干沙漠,沙漠和山地之间有少量的绿洲和草地,历史上被内地人视为畏途。西南与今天的尼泊尔和印度之间横着拥有世界最高峰的青藏高原,从西北向西南耸立着喀喇昆仑山、喜马拉雅山、冈底斯山、唐古拉山、巴颜喀拉山等巨大山系,这些至今也是陆路通往西方的巨大障碍。与青藏高原相衔接的云贵高原分布着横断山、高黎贡山、怒山、乌蒙山以及怒江、澜沧江、金沙江等流速湍急的江河,呈山川纵横态势,同样构成了东西陆路交通难以逾越的障碍。

　　这一地理单元地域广大,内部阻隔较小,给中华各族发展提供了广阔的回旋余地。就面积而言,这一区域有1000多万平方公里,南北跨纬度约50°,东西跨经度近70°,比整个欧洲还要大。这里地势多变,资源丰富,在古代,人口和资源压力较小的情况下,生存环境的选择具有较大的空间。就交通条件而言,这里虽然呈阶梯地势,也有众多的山河阻隔,如祁连山、贺兰山、阴山、黄河、长江、秦岭、淮河、巴山、蜀水等等,但是,跨越这些障碍比

---

① 任美锷主编:《中国自然地理纲要》(修订第三版),商务印书馆,1992年版,第8－13页;周立三主编:《中国农业地理》,科学出版社,2000年版,第20－21页。

起向蒙古高原以北、帕米尔高原和青藏高原以西、云贵高原以南以及烟波浩淼的太平洋以东发展的困难要小得多。所以，相对来说，给各地区、各民族之间的经济、文化交流带来了便利。这些构成了中华各族做出内向发展选择的重要依据。从历史上看，除了北匈奴、西突厥、契丹的一部分（西辽）迫于汉、唐和金朝的强大军事压力以及蒙古早期的四大汗国出于对外扩张的目的而通过漫长、艰难的西北和中亚通道走出了这一区域之外，绝大多数部落或民族都选择了内向发展的方式，很少再有民族或部落，集团式地离开这片故土。

地处这一区域中、东部的黄河与长江的中、下游流域，分布着低山、丘陵和面积辽阔、土壤肥沃的平原。这里江河、湖泊密布，降雨充沛，气候温暖，资源丰富，有利于古代农业的起源和发展。所以，中华远古祖先都十分向往这里，石器时代特别是新石器时代的主要文化遗存如河姆渡文化、良渚文化、青莲岗文化、屈家岭文化、仰韶文化、大汶口文化、龙山文化、裴里岗文化、磁山文化等都集中分布在这一区域，使这里形成了史前两大交相辉映的农耕文化圈，即长江中下游流域的稻作文化圈和黄河中下游流域的旱作文化圈，构成了华夏—汉族起源、发展的摇篮和中华民族政治、经济、文化的中心地区，形成了以汉族农耕文化为中心，以周边少数民族的游牧、渔猎和原始农业文化为边缘的民族分布格局。

这种分布格局导致了汉族和周边少数民族经济、文化交流与融合的必然性。边疆少数民族进一步外向发展有难以逾越的天然障碍，所以，通过互市贸易、朝贡赏赐、战争掠夺等多种途径从汉族地区获取农业和手工业产品以弥补自身经济生活的不足几乎成了他们唯一的选择。特别是当北方少数民族面临因周期性气候波动以及由此产生的严重生存危机的时候，向内地寻求生存之路的愿望就更加强烈。历史上多次发生的北方少数民族如东汉魏晋南北朝时期的所谓"五胡"，辽金元时期的契丹、女真、蒙古和明代的满洲等突破长城防线内迁或入主中原就说明了这一点。这些都从不同的侧面反映了中华民族强大的向心力和凝聚力。中华民族正是靠这种向心力和凝聚力，逐渐形成和发展起来的以华夏—汉族为核心的多族群统一体。

二、气候转寒推动了中华各族群的交错迁徙与融合

从全球角度看,史前时期和历史时期的气候都是处于不断变动中的。地质时期最近的三次大冰期即震旦纪大冰期,石炭一、二叠纪大冰期和第四纪大冰期以及各冰期内的间冰期气候波动已为科学家所公认。近200万年来全球气候的冷暖变化应该是导致中华先民自南而北迁徙的重要原因之一。这可从我国已发现的旧石器遗址和古人类化石呈南早北晚的分布状况中得到解释。如云南元谋猿人和四川巫山猿人,距今约180万年;贵州黔西观音洞遗址早期文化层和陕西蓝田遗址距今约80万年;山西芮城匼河遗址和北京周口店遗址距今约60多万年;而晚于这些的旧石器时代遗址则比较密集地分布在黄河中下游流域。东北地区最早的旧石器遗址(哈尔滨附近的闫家岗)距今只有两万年,蒙古和西北地区旧石器时代遗址的年代也大体是这个样子。旧石器时代遗址的这种分布状况所反映的应该是史前物候变化和古人类由南而北的迁徙过程,说明中国古代北方的渔猎、游牧民族并非当地土生土长的,而是早在旧石器时代来自于中国的南方。

在太阳辐射和大气环流异常等因素的影响下,近5000年来的全球气候也呈冷暖交替的波动状态,总的趋势是暖湿期越来越短,干冷期的温度下降幅度和持续时间都呈加剧态势。这可从我国历史时期野象活动北界的迁移、挪威冰川雪线和中国物候资料演变情况中看得出来。①

具体来说,这种暖冷交替状况大体如次:第一个温暖期从公元前3000年到公元前1100年,即从仰韶文化到商后期,持续1900年;第一个寒冷期从公元前1100年到公元前771年,即西周时期,持续300年;第二个温暖期从公元前770年到公元初年,即从春秋战国到西汉末,持续700多年;第二个寒冷期从公元初年到南北朝末,持续600年;第三个温暖期从600年到1000

---

① 龚高法等:《历史时期气候变化研究方法》,科学出版社,1983年版,第186页"九千年来中国野象活动北界迁移"曲线;《竺可桢文集》,科学出版社,1979年版,第494页"中国五千年气候变化和挪威雪线变化对比"曲线。

年，即唐至北宋前期的400年；从1000年到1200年，大体相当两宋时期，是第三个寒冷期；从1200年到元朝中期的200年为第四个温暖期；明、清两朝的500多年是第四个寒冷期，其中明清交替之际达到了历史时期全球性气温的最低点，此后逐渐有所回升。①据研究，中国历史上的温暖期也是降水较多的湿润期，寒冷期则是降水很少的干旱期②，干旱期也往往是蝗、旱、虫等自然灾害多发期。

　　这种寒冷期的延长和自然灾害的频发，给高纬度的北方地区以渔猎和游牧为生的少数民族以致命的威胁，迫使他们不得不南下寻求生存之路。第一个寒冷期，北方的犬戎联合申侯南下攻杀周幽王，迫使周平王东迁洛邑，开启了春秋战国"百家争鸣"的动荡时代，为秦汉的统一和经济文化的繁荣埋下了伏笔；第二个寒冷期，出现了"五胡乱华""晋室播迁"和南北朝分裂的民族大迁徙、大融合的动乱局面，为隋唐的统一和早期中华民族的形成创造了条件；第三个寒冷期的特点是，虽然持续时间较短，但降温幅度较大，不像前两次那样平缓，而是陡然下降，所以野象才急转直下，从北纬30°退到了北纬23°以南的地带。气温的急剧下降，使北方少数民族的生存条件迅速恶化，生存压力骤然加大，南迁运动也以前所未有的一波压一波的激烈方式进行。先是党项羌的东进建立西夏和契丹南下并占领华北建立辽朝，接下来是女真灭辽和北宋，建立金朝并迁都北京统一北方，最后是蒙古南下灭西夏、金和南宋，建立起疆域空前辽阔的元朝；第四个寒冷期，也是历史上全球气温最低的时期，特别是明清交替之际，挪威雪线创下了1万年来的最低点。崇祯元年至崇祯十六年（1628 – 1643），黄河流域及其以北地区发生了连续16年的大旱③，因此加剧了明朝的阶级矛盾和民族矛盾。东北地区的女真—满洲正是在这种情况下，为了摆脱气候的压力和反抗明朝的统治，而乘机南下推

---

　　①　竺可桢：《中国近五千年来气候变迁的初步研究》，《考古学报》1972年第1期；又收入《竺可桢文集》，第494页。

　　②　王铮、黎华群、孔祥德、张正远：《气候变暖对中国农业影响历史借鉴》，《自然科学进展》2005年第6期。

　　③　张德二主编：《中国三千年气象记录总集》第2册，凤凰出版社、江苏教育出版社，2004年版，第1507 – 1639页。

翻明朝，建立起中国历史上最后一个封建王朝——清朝。

一般说来，只有当若干个族群经过交错迁徙、密切接触和交流时，才可能发生族群间的融合或同化现象，从而以先进多数的族群为核心形成新的族体。东汉以来，陆续内迁的边疆少数民族原来大都以游牧、渔猎或原始农业为主要生计，经济文化相对落后一些，所以内迁后，都不可避免地入乡随俗，逐渐改变了原来的生产和生活方式，学会了汉语汉文，认同了中华传统文化，并带着他们本民族优秀的因素融入到中华民族中来。这也是东汉以来的"五胡"、蛮、僚、俚和辽金以来的契丹、女真等古代民族今天已经消失以及元明清时期内迁的蒙古、色目、满族等部分同化于汉族的主要原因。

东汉至清末内迁并与汉族相融合的少数民族人口及其占各朝总人口的比例

民族	内迁人口（万）	各朝总人口（万）	占总人口比例（%）
北方：匈奴、羯、氐、羌、鲜卑等	540	南北朝人口峰值 4000	16
南方：蛮、僚、俚等	100		
契丹	90	辽朝 900	10
女真	146	金朝 631	14
蒙古	750	元朝 10000	7.5
色目			
满洲	400	清朝 40000	1

说明：南方的蛮、僚、俚等少数民族与汉族的融合，主要是靠东晋以来汉人南迁并对其施加影响来实现的。

三、长城在中华民族发展中的积极作用和消极影响

由于中华各族经济文化发展的不平衡性和历史时期气候逐渐转寒等因素的交互作用，以渔猎、游牧为主的北方少数民族更倾向于南向交流与发展，所以自古以来，中原王朝的北部边患就十分频繁，迫使历代中原王朝不得不修筑城墙加以防御。这种防御工事最早始建于西周早期。《诗经·小雅·出车》有"天

子命我城彼朔方。赫赫南仲，狁狁于襄"的记载。据考证，这是商周之际，周文王派南仲到周原的北方即朔方筑城以防御北方的猃狁南下侵扰。

战国时期，北方列国中的燕、赵、秦常常遭到西北、蒙古和东北地区的渔猎、游牧民族的侵扰，故而也纷纷修筑了以"拒胡"为目的长城。秦统一后，为了防御匈奴南下，派蒙恬率 30 万大军把北方列国修筑的拒胡长城连接起来，形成了东起辽东，西至临洮的万里长城。西汉时期，由于控制了河西走廊和西域，又把秦长城延伸到甘肃玉门关以西一带，全长约两万多华里，以此为界，一度形成了"南有大汉，北有强胡"的政治格局和民族分野。

此后的北魏、北齐、隋、明等朝代为了同样的目的也都修缮或新筑过长城。其中明长城今天保存得最完好，它较秦汉长城向东南方向大幅度收缩，东起辽宁丹东市鸭绿江边的虎山，沿燕山经山西大同北侧，西南向斜穿黄河河套，再向西延伸，经贺兰山绕过腾格里沙漠进入河西走廊，抵达甘肃嘉峪关，全长 16600 多华里。①

长城的南移是气候变化和民族移动双重因素作用的结果。秦汉时期是中国历史上的第二个温暖期，黄河河套地区尚属于农耕区，所以秦汉王朝都成功地在这里实现了移民、屯田和设置郡县。东汉以后，由于气候开始逐渐变得寒冷、干燥，400 毫米降水线逐渐向东南方向退缩，使这一地区失去了农耕意义。所以明长城退到了 400 毫米降水线一带，形成了一道不同于秦汉时期的农、牧之间天然和人工相结合的分界线。

长城在中华民族发展中既有积极作用也有消极影响。从积极方面看，秦汉的统一和疆域的确立，长城的防御功能延续了近 500 年之久，把农耕文明维护了起来，给华夏民族发展经济、文化并顺利地完成向汉族的过渡，形成人口众多、经济文化发达、具有强大生命力的中华核心族群创造了必不可少的条件。如果没有这道屏障，处于雏形状态的华夏农耕文明的早期历史很可能被改写，即使不被毁于域内外野蛮民族的铁蹄之下，也可能由于他们的反

---

① 据国家文物局和国家测绘局 2009 年 4 月 18 日公布的调查数据，明长城东起辽宁丹东虎山，西至甘肃嘉峪关，途经辽宁、河北、天津、北京、山西、内蒙、陕西、宁夏、甘肃、青海十个省区和直辖市，全长 8851.8 千米。参见《明长城总长 8851.8 公里》，《北京青年报》2009 年 4 月 19 日 A4 版。

复冲击而改变了发展方向。

作为参照系的古埃及文明、两河文明和印度文明没有这道屏障，其命运就大不一样了。今天，古埃及的民族构成和古老文化早已面目全非。从公元前1600年开始，喜克索斯人、亚述人、波斯人、马其顿人、罗马人、阿拉伯人先后征服这里，原来创造尼罗文明的古埃及人及其语言、文化早已同化在众多的征服民族当中了。两河文明和印度文明也是这样，其民族和文化构成也因屡次被征服而实现了大换血，创造这两种文明的苏美尔人、达毗罗人在后来的历史中也已经消失得无影无踪。从中可以看出，华夏农耕文明得以经久不衰的延续下来，与长城这道防御工事以及前面提到的中华大地西部和西南边疆的相对于域外的天然屏障的保护作用密不可分。

就消极影响而言，历史上的长城大都是中原王朝，主要是汉族王朝所为，它的修筑和驻防不仅给内地人民造成了沉重的负担，也违背了在历史时期全球性气温呈下降趋势的背景下，北方少数民族寻求内向交流和发展的规律，延缓了中华民族多元一体化的进程。中国历史上民族政策搞得比较好朝代如唐朝、清朝都没有修筑或利用过长城。唐太宗对北方和西北少数民族"爱之如一"，故被尊为"天可汗"，造就了"贞观之治"和当时举世瞩目的盛唐气象；清朝统治者致力于团结蒙、藏等边疆少数民族，搞"众志成城"，由各族人民共同守卫边疆，从而开创了"康乾盛世"。这些都反衬出秦、汉和明朝在民族政策方面的无奈和笨拙。所以，我们在肯定长城进步作用的同时，也应该看到它的历史局限性，正像鲁迅先生所评论的那样：长城的修筑"不过徒然役死许多工人而已，胡人何尝挡得住。现在不过一种古迹了，但一时也不会灭尽，或者还要保留它。……何时才不给长城添新砖呢？这伟大而可诅咒的长城！"①

说它伟大，是因为它的雄伟、壮观和漫长凝结了历代劳动人民的血汗和智慧，保护了初起阶段的华夏农耕文明，使华夏—汉族发展成了具有强大生命力和凝聚力的中华主体族群；说它"可诅咒"，是因为它的修筑和驻防不但给人民造成了沉重的负担和痛苦，而且从长远的观点看，阻碍了中华各族交流与融合的历史趋势。因此，长城的屡次被突破是符合自然和历

---

① 鲁迅：《长城》，《鲁迅全集》第3卷，人民文学出版社，1982年版，第58页。

史规律的必然现象，明长城的被突破和废弃标志着中华民族多元一体格局的最终确立。

四、中华民族演进的阶段性及其规律

中华民族的发展经历了华夏—汉族—中华—中华民族的几个重要阶段。华夏在先秦史籍中有时也被称为夏、诸夏。夏来自于夏朝的国名，诸夏是指受西周册封的中原列国。大约在战国晚期定名为华夏，是指由夏、商、周三个分别来自不同地区的不同族群在黄河中下游流域融合而成的拥有先进农耕文化的人类共同体。春秋战国时期又有楚、吴、越和秦等被视为非诸夏的族群融合进来，人口也从西周末年的1000万增加至战国末期的4000万。① 由于华夏族首先占据了当时自然条件最优越也最适合农耕的黄河、长江的中下游流域地区，因此，以农为主的经济、文化也就率先发展起来，对周边以渔猎、游牧为主要生计的少数民族产生了巨大的吸引力，从而构成了中华民族最初的核心。

秦和两汉长达400年的统一和疆域的扩大为华夏族向汉族的发展和过渡

---

① 这两个数据是根据前人的研究成果推算出来的。宋镇豪先生依据历史文献以及夏、商考古遗址统计和甲骨文关于商代方国、方伯的记录，对夏、商时期人口总数作出如下估计："夏初约为240万-270万人，商初约为400万-450万人，至晚商即商、周交替之际，大致增至780万人左右"。同时他还根据这些数据和《古本竹书纪年》所记载夏、商积年，算出了夏、商时期人口平均年增长率为1‰-1.2‰。（参见宋镇豪：《夏商社会生活史》上册，中国社会科学出版社，2005年版，第196页）将上述780万人和1.2‰以及西周积年329年三个数据引入公式 $Sn = p(1 + x‰)$，这里的 Sn 为终值，p 为现值即780万，n 为年数即329年，得出的最终结果是：1157.3147万人。

葛剑雄先生根据秦、汉县数及所辖人口推算出来的，属于秦初郡县体制内的人口，周边少数民族人口不在统计之列，可以看作是华夏族的人口。（参见葛剑雄：《中国人口史》，第1卷，复旦大学出版社，2005年版，第300-312页）据笔者推算，这个数据比较接近于事实。理由有二：其一，这里头包括前述西周末年的1157万人口经过春秋、战国549年的自然增长因素（1078万人口），达到2235万口，其余的1765万人口则是原来非华夏范围的秦、楚（含吴、越）的人口加入进来。战国末期秦、楚是两个最大的诸侯国，其人口总数占秦代总人的1/2弱是完全可能的。其二，从秦以后人口发展的观点看，这个数字也是可信的。《汉书·地理志下》记载了西汉平帝元始二年（公元2年）全国在籍人口数，即59594978口。从秦初的4000万口，经历222年发展到这个数字，其年均自然增长率为1.7975‰。比较接近中国古代社会人口年平均增长率1.4‰的平均值。

创造了条件。秦朝打开了华夏族从黄河流域向长江中下游流域、东南沿海、珠江流域发展的空间；两汉在此基础上又进一步打通了河西走廊，控制了西域和长城以南的广大地区。在这个过程中，秦汉王朝通过推行郡县制和华夏传统的文字、文化和儒家等主流意识形态的方式，同化了相当数量的当地少数民族，从而使华夏族的人口迅速增加，两汉时期达到了5000多万的规模①，并因汉朝的强盛而易名为汉人，也就是今天汉族的前身，其凝聚力也因华夏传统的经济文化的大发展及其影响力的不断提升而进一步增强了。

传统的观点认为中华民族是在近百年来反抗帝国主义列强侵略的斗争中形成的。我认为，中华民族的雏形早在隋、唐时期就已逐渐形成。因为历经魏晋南北朝的民族大融合，使汉族又融合了北方的"五胡"即匈奴、羯、鲜卑、氐、羌和南方的蛮、僚、俚等少数民族成分，已不同于传统意义上的汉族，人口也恢复到两汉时期的水平。②因此，唐太宗称这个由"胡""汉"融合形成的新族体为"中华"，他说"自古皆贵中华，贱夷狄，朕独爱之如一，云云"。③这里的"中华"指的就是早期的中华民族。

隋、唐皇室都出自经过魏晋南北朝民族大融合而形成的关陇集团，因而和宇文鲜卑、拓拔鲜卑有着密切的婚姻关系。杨坚是北周隋国公杨忠的长子，袭父爵并娶鲜卑贵族独孤信第七女为妻；独孤信的长女是北周明帝宇文毓的皇后，四女是八柱国之一李虎的儿子李昞之妻，即后来唐高祖李渊的母亲。后来，唐太宗的皇后长孙氏也是汉化了的鲜卑人。

除了皇室之外，隋、唐两朝朝野上下，汉化了的鲜卑达官显宦、文人学士、能工巧匠更是比比皆是，位至宰相的就有20多人。比较著名的如隋代建筑家宇文恺、音韵学家陆法言、唐初权相长孙无忌、中唐诗人元稹等等。故而胡三省在为《资治通鉴》作注时说："自隋以后，名称扬于时者，代北之子

---

① 如上所述，西汉时期的人口峰值为西汉平帝元始二年，全国在籍人口数为59594978口；东汉时期的人口峰值出现在桓帝永寿元年（157年），为56486856口。参见作者《论中华民族：从地域特点和长城的兴废看中华民族的起源、形成与发展》，文物出版社，2010年版，第102页。

② 唐朝人杜佑所著《通典》卷七，《食货》记载，唐代的人口峰值出现在天宝十四年（755年）即52919309口。参见王玉民《中国人口史》，江苏人民出版社1995年版，第204页。

③ 《资治通鉴》卷198，中华书局，1956年版，第6247页。

孙（指关陇集团的后裔）十居六七矣，氏族之辩，果何益哉！"意思是说，代北胡人的子孙已经与汉族融为一体，很多人作出了足以名垂千古的业绩，再去计较胡、汉之别，讲究出身来历，还有什么意义呢！

虽然唐代还没有现代意义的民族概念，但被唐太宗当作民族概念使用的"中华"一词已涵盖了共同地域、经济生活、语言、文化和民族认同意识等构成民族的基本要素，标志着早期的中华民族已经形成。所以，此后历经五代、辽、宋、金、元、明、清又有突厥、契丹、女真、蒙古、满洲等少数民族融合进来以及1840年鸦片战争以来在抵抗外国列强的斗争中中华民族多元一体格局的形成，都应该看作是中华民族的发展与巩固，而并非是中华民族刚刚形成。

华夏、汉族、少数民族和中华、中华民族概念的演变

族称	时代	主体民族及其成分	少数民族
华夏	东周	夏、商、周三族	周边的蛮、夷、戎、狄
汉族	两汉	华夏＋秦、楚、吴、越等	北方的五胡和南方的蛮夷等
中华	唐代	汉＋北方的五胡和南方的蛮夷	突厥、契丹、靺鞨、室韦、南蛮等
中华民族	近现代	由多民族融合而形成的汉族	55个少数民族

中华民族起源、形成和发展的动力包括内在规律和外在原因两个方面。内在规律是"先多效应"的作用，即在中华各族内向发展和交往中，居于先进、多数的核心族群必然对处于少数、落后的族群产生影响。无论他们是作为被统治民族如先秦时期华夏族周围的所谓蛮、夷、戎、狄；还是作为统治民族如魏晋以来在中华大地建立过局部政权的匈奴、羯、鲜卑、氐、羌、突厥、契丹、女真以及建立过统一王朝的蒙古和满洲等；最终都无一例外地认同了中华文化，与华夏—汉族相融合，从而壮大了中华民族。所以，"先多效应"是不以人们乃至皇帝的意志为转移的客观规律。

外在原因则来自从1840年鸦片战争以来帝国主义列强对中国不断入侵的刺激。一般说来，当若干个关系密切的族群遇到共同的外部敌人时，就更容易求同存异，一致对外，从而结成统一的民族。中华各族人民面对域外共同

敌人的侵略和晚清政府、北洋政府、汪伪政府和伪满洲国的投降卖国，都表现出了极大的愤怒和坚决与侵略者抗争到底的英雄气概。大家同仇敌忾，共赴国难，团结御辱，展示了不屈不挠的伟大民族精神。在共同抵抗帝国主义列强入侵的不懈斗争中，全国各族人民日益清醒地认识到求同存异、同舟共济和结为一体的重要意义，因此进一步强化了历史上形成的内在凝聚力，形成了对外来侵略者无所畏惧，对卖国求荣的民族败类无比痛恨，对国家民族无限忠诚的共同品格和对中华民族的广泛认同。

1840年以来晚清政府的投降卖国与各族人民抵抗列强入侵的斗争

时间	入侵列强	侵略战争	抵抗列强的边疆各族	不平等条约
1840	英、法	第一次鸦片战争	东南沿海地区的汉、满、蒙、土家等族	《广州条约》《南京条约》《虎门条约》
1856-1860	英、法、俄、美	第二次鸦片战争	东部沿海地区的汉、满、蒙等族	《天津条约》《北京条约》
1858-1860	沙俄	割占黑龙江以北、乌苏里江以东	东北地区的鄂伦春、鄂温克、赫哲等族	《中俄瑷珲条约》《中俄北京条约》
1860-1881	沙俄	割占新疆部分领土	新疆的满、汉、蒙、锡伯、达斡尔、维吾尔等族	《中俄勘分西北界约记》《伊犁条约》
1863-1876	法国	中法战争	西南边疆的汉、景颇、傣、阿昌等族	《中法简明条约》《中法会订越南条约》
1879-1888	英、法、俄	西藏人民抗英斗争	西藏的藏、门巴、洛巴等族	《中英藏印条约》《中英藏印续约》
1884-1895	日本	中日甲午战争	台湾的汉、满、高山等族	《台湾专约》《马关条约》

五、现状与未来：全球化背景下的中华民族

晚清以来，中华民族又进行了百余年的艰苦探索，付出了巨大的代价，终于在中国共产党的领导下，推翻了三座大山，建立了新中国，实现了民族平等，真正把传统的"天下国家"改造成了现代民族国家，并依靠历史上形成的自发的凝聚力把分散的中华各族整合成了自觉的多族群统一体，实现了中华各族的国家认同、文化认同、民族认同和社会主义道路认同，把中华民族推向了一个崭新的历史阶段，为中华民族的独立、尊严、发展和伟大的复兴奠定了坚实的基础。

新中国成立60年来，经中华各族人民共同努力，在政治、经济等领域都取得了举世瞩目的成就，为世界政治稳定、经济发展作出了巨大贡献。新中国成立初期就提出并积极奉行了和平共处五项原则，得到了全世界绝大多数国家和民族的普遍赞同，至今仍对维护世界和平起着重要作用；中国用占世界不足6%的陆地面积养活了占世界约20%的人口[1]，对维护世界的政治稳定具有重大意义。在经济上，60年前，我们还"一穷二白"，占世界经济总量不到1%，2008年跃居6.4%，成为排在日本之后的世界第三大经济体。据日本2010年第二季度的数据推算，中国的GDP已超过日本，尽管我国人均GDP水平还很低，但毕竟在总量方面成了仅次于美国的世界第二大经济体。[2]之所以取得如此巨大的成就，究其原因当然是多方面的，但归根结底靠的就是党的正确领导和中华民族团结一致的民族主义和爱国主义精神。

在经济和信息全球化的今天，虽然局部的小规模的战争或摩擦不可避免，但由于西方发达国家核垄断地位已被打破，谁也不敢贸然出手发动大规模的足以毁灭地球的核战争，因此世界反倒相对安全了，于是和平与发展就成了当今世界的主流。这就给我们提供了难得的和平发展的机遇。

---

[1] 据美国中央情报局（Central Intelligence Agency, CIA）的《THE WORD FACT BOOK》统计，截止2007年7月，全世界241个政治单位的人口已达6602224175人，中国总人口1321851154人，占世界人口的20%。

[2] 冯蕾、李慧：《世界第二，看起来很美》，《光明日报》2010年8月20日第6版。

但与此同时,挑战仍然是十分严峻的。全球化的重要表现形式之一是西方发达国家利用其经济、科技和军事等方面的优势,组织起各种政治、军事和经济组织如北约、欧盟、美日联盟、世贸组织等,并利用这些超越民族国家的国际组织,以联合的形式竭力输出他们的政治观、经济观、价值观、民族观、文化观和生活方式等,企图主导世界政治格局和经济全球化的进程,从而加大了我们和平崛起的难度。与此同时,有些国家或组织为了遏制或破坏我们的发展,以隐蔽甚至公开的形式支持我们内部极少数的民族分裂分子,挑唆他们不断进行分裂活动。对此,更需要我们大力弘扬爱国主义和民族主义精神,旗帜鲜明地反对和抵制一切民族分裂势力的图谋,坚定不移地维护国家的统一和民族的团结。

展望未来,中华民族在和平崛起的同时仍然具有为人类历史的进步作出更大的贡献的巨大潜力。在改善国际关系和民族关系方面,中华民族的中庸观念和对异族的宽容精神以及倡导人际间、民族间和谐发展的思想,对于维护世界和平具有重要的启发意义。中华文化中"民胞物与"及"和谐共生"的观念主张"夷狄亦人耳,其情与中夏不殊"①,讲究宽容,对异民族具有巨大的包容性和宽广的胸襟,因此可以作为调节世界民族矛盾的具有普遍意义的思想方法。

在改善天人关系和促进全球经济可持续发展方面,中华文化历经几千年积淀下来一些具有普遍意义的观念可以济西方狭隘观念之穷。西方社会秉承浮士德式征服自然的观念,率先进入了工业化、现代化时代。特别是20世纪以来,全球工业化的进程呈加速发展态势,人类耗费资源的总量已经超过以往几十万年的总和,由此所造成的环境污染和破坏也日趋严重。因此我们的祖先所倡导的"天人合一"的观念对于克服西方的征服自然和竭泽而渔的观念,不失为一剂良方。这种观念主张在尊重自然规律的基础上适度、合理地利用自然资源,讲究"数罟不入洿池,斧斤以时入山林",从而就可以保持生态平衡,就能实现可持续发展。如果包括中国在内的世界各国都能按照这个观念行事,将有利于遏制对资源的掠夺性开发和缓解目前天人关系的恶化。

---

① 《资治通鉴》卷197,第6215页。

总之，中华民族是在特定的地理区域内，由内向发展的众多族群，在"先多效应"支配下，逐渐形成和发展起来的伟大民族。历史上的华夏—汉族—少数民族—中华—中华民族都曾在不同的历史阶段为人类的文明作出过卓越的贡献，将来我们还要为人类的和平与进步作出更伟大的贡献！

北京寺庙文化

北京市文物保护协会会员
茅以升教育基金会北京古桥研究会会员　王同祯

一、概述

　　宇宙之"神"的纤指向地球北半部轻轻一点，一块山水相间的宝地从古渤海湾怦然而出。生命的种子披着雨露、迎着骄阳灵鲜而动，万千生灵从此光鲜问世，也分不清植物和动物哪个最先占领这块领地，它们在阳光雨露滋润下，以强盛的蓬勃之势回馈宇宙之"神'的再造之恩，这就是北京古陆地的诞生之始。

　　经过亿万年大自然的洗礼，北京大地呈现出美丽壮观的地形地貌，在青山绿水和广袤的平原上，娇艳的花丛碧叶喷芳吐绿，各种娇小的菌落虫鸟争相而动，我们的祖先——北京人就诞生在这万物生灵萌动的温暖潮湿的土地上，自从有了人类，这块古老的土地上勃机蓬发、日新月异，呈现出生态繁茂、万物和谐的景象。但大自然并不总是那么温顺可爱，狂风暴雨、山崩地裂的打击不时考验着这里的草木鱼虫和最初的先民，反复发作的雷电风雨和地动山摇让人们臆想出一个威猛神灵的存在，由恐吓、信服到崇礼膜拜，又经过一些"先知先觉"的术士们的渲染和"智者"的编造加工，一套神鬼理论流传问世，迎合了人们避灾求安的心理，伴随种种迷信和似是而非理论学说的发展，宗教信仰应运而生，随着人类的进步和建筑业的发展，被崇拜的偶像从山洞土窑中被请进了与人类居室同等的建筑物中,这就是最初的寺庙建筑。

北京不是凡城俗地和浮华之都,是苍天赐予的风水宝地,是紫气恒晟的千年帝王之都,因此也是宗教活动和宗教建筑极其丰富的历史名城,北京已有3000多年的灿烂史,历代统治者为了江山永固,充分利用了已经深入人心的宗教学说。东汉时佛教传入北京,与土生土长的道教互存共容,寺院道观遍布城乡大地。世界上所有的主要宗教活动和团体几乎北京都有,早在唐代时,西方洋教就拍打中国大门,元代时宗教政策非常开放,基督教进入大都后,与当地宗教和早期进入的伊斯兰等宗教和睦共处,明朝时仍呈现繁盛景象,寺庙建筑丰富多彩,寺庙规模更加雄伟庞大,寺庙数量达到历史最高峰,寺庙与皇家关系之密切是任何一个城市无法与之比拟的,所以北京不仅是政治、经济和文化中心,也是宗教之都。

二、北京各宗教发展简史

(一)北京道观的历史和发展

在我国现存的宗教组织中,只有道教是中国土生土长的教派。道教来源于古老的巫教,而巫教的历史渊源则可追朔到原始社会晚期,北京的房山周口店是最老的"北京人"的发祥地,这些先祖们经常为遭到狮虎猛兽的侵袭而烦恼,但他们发现猛兽遇到自然火灾时会四散逃窜,后来他们学会制造火种,一遇猛兽攻击就点火驱散它们,又发现火烧过的食物比生冷食品更香甜可口,由对火的珍爱发展到对所有红颜色的崇拜,先辈或同伴死后,活着的人就会在死人四周撒上红颜色的赤铁矿粉末,以求得尸体安全和灵魂的安宁,这就是最原始的灵魂信仰和对先祖的崇拜。后来的许多寺庙外墙被刷成红颜色,也是企图将象征火焰的红色用来驱邪消灾。

先祖们为了长久求得安宁生活和精神抚慰,古代的智者们就想象编造出一些灵招妙法解释和应付自然界里发生的现象,在无法验证灵验与否的情况下逐渐被大众接受下来,这些招术就是原始的巫术,后来这些巫术被程序化和固定化，随之便产生了专业巫师，形成了原始宗教。

在由原始社会向奴隶制过渡的商周时期，生产力有了较大发展，社会阶层发生了明显区分，这时的巫教巫术更加活跃和盛行，为了牢牢控制奴隶们的所有行动，以氏族奴隶主为巫首的宗教势力编造出天上、地下和人间三界之言，并利用占卜、祭祀等活动蒙骗奴隶们相信自己的命运就该如此，这个时期的占卜术非常盛行。考古工作者几十年来在房山琉璃河畔的董家林村西周燕都遗址陆续挖掘出土了大量祭祀用的青铜器、牛骨架、龟甲骨等珍贵文物，甲骨上并刻有文字，说明最早的北京城祭祀占卜术已经十分盛行和活跃，它也为后来的北京道教发展打下了坚实的基础。

从周武王伐纣灭商到幽王被犬戎部队杀害，以巫首与奴隶主结合经营了257年的西周王朝宣布结束，公元前770年周平王东迁洛阳，中国开始由奴隶制向封建制过渡，这也是历史上春秋时期的开始，北京地区在挖掘出土春秋时期的墓葬中仍发现许多青铜礼器和其他祭祀用品，说明奴隶制衰落，但占卜、巫术和祭祀活动等文化活动有增无减。周王朝政治中心的转移，也是诸侯国强盛并逐步加速周王朝分崩离析的开始。在中国历史上将公元前475年到公元前221年称为战国时期，这个时期燕国开始由弱转强，与秦、楚、韩、魏、齐、赵并称为战国七雄，北京属燕国辖区。春秋战国时期奴隶制迅速瓦解，由于生产力不断提高和科学技术的不断进步，出现了一大批有远见的思想家、军事家和优秀的医学专家，诸如孔子、墨子、老子、孙子、扁鹊等，他们的学说和理论实践大大冲击了奴隶制遗传下来的的巫教余毒，巫师和巫术曾一度受到社会的摒弃。公元前221年，秦始皇灭掉其他六国实现了大一统，他的确做了许多重要而具有历史意义的事情，但他的焚书坑儒和求仙不死的行为又给巫教打了一针强心剂，代表大地主利益的秦汉统治阶级为了长期残酷剥夺劳动人民的血汗，极力推行包括巫术在内的愚民政策，使得社会矛盾急剧升级，聪明的民众领袖学会了"以其人之道还治其人之身"的战术，向封建统治阶级发动了一次次的进攻，他们利用原始的宗教信仰组织民众结社，建立宗教组织的条件已经成熟。

北京真正建立专门的道观是在唐代的开元年间。黄巾起义和历史上所有的农民起义一样，由于缺乏远见卓识的政治领导和有力的物质保障，被强大的国家机器碰得头破血流，最后以失败告终，没有被杀害的人从悲惨的失败中得到了可悲的教训，认为要想成功必须取得统治阶级的支持，所以有些人便迎合统治阶级口味对道教教义进行改造，例如道教理论家葛洪、寇谦之、陆修静、陶宏景等人，将道教理论进行修改，把神仙信仰和儒家思想融合在一起，主张道徒也要忠效仁信，从根本上改变了道教的性质，葛洪并亲自参加了镇压起义军的行动。受到起义军冲击的封建统治阶级从中也总结出经验，要想民众顺服单靠残酷镇压是不行的，于是收买上层道教人士，不时给一些小恩小惠，逐渐把道教改变成了统治阶级的御用工具。汉代时佛教已经传入中国，寇谦之主张模仿佛教仪规建立坛庙，注重仪式和教规，同时他还强调初入道的人可以在家里设坛修道，不必出门聚众。佛教传入中国后，以迅猛之势覆盖了大江南北的城乡土地，在帮助统治阶级愚弄百姓的同时，也给统治阶级带来许多麻烦，佛教教义不仅与中国传统敬祖等儒家理念相悖，而且聚敛大量土地山林，让失地农民更加贫困，造成社会极不稳定，南北朝时北魏太武帝、北周武帝及后来的唐武宗和后周世宗都执行灭佛兴道政策，对已经改造过的本土道教大力扶持，以期缓和社会矛盾稳定统治阶级的统治地位。隋唐时期道教得到很大发展，道观数量增加，规模渐大。盛唐时期的睿宗和玄宗父子俩对道教尊祖仰圣很是欣赏，他对道教的吹捧和痴迷程度超过了唐太宗李世民，在李隆基的妹妹出嫁时，睿宗强行拆除民房为出嫁的两个公主修建道观，他极力推崇玄元皇帝，把一个真人李耳加以神化，陆续加封他为"大圣祖玄元皇帝""大圣高上大道金阙玄元皇帝"等尊号，命令各州都要修建玄元皇帝庙，唐幽州城于开元十年（722）在幽州城北部（西便门内今白云观西侧）修建了一座玄元皇帝庙，后来改名为天长观，在此之前北京虽然也有道教活动场所，但大都只是一个活动的聚会点而已，算不上什么庙和观，可能这座天长观是北京乃至北方地区最早最大的一座正规的道观。历经唐、辽金几代风云更迭，天长观数次翻修改建，金泰和三年（1203）被无情的大火烧尽，元代又在旧地重建，因长春真人邱处机曾在此居住，遂将天长观改名为长春宫，成为北方地区最大的道教中心，邱处机死后弟子们又将长春宫改名为白云观。

北京位于华北平原北端，是中原地区通往塞北的必然通道，这里也是历代东北和北部少数民族长期进攻中原地区的桥头堡和前沿阵地。唐代修建的天长观和元宫能很好保持下来,有些道士被派遣到上京传道,但辽燕京城内见于文字记载的道观却十分有限。在北京郊区有些道观不常被人重视,通州的潞县镇辽代时是皇家休闲渔猎场所,曾建有供奉关羽的大兴寺,昌平的沙河镇建有药王庙,延庆的香营寺乡有缙阳观,房山的史家营乡有瑞云观,密云古北口建有道教性质的杨令公祠堂等。

东北的另一个少数民族女真人打败契丹辽朝,于1153年将首都从上京迁来燕京,并定名为中都。女真人当初以信奉萨满教为主,来到燕京后,受到中原文化影响,逐步接受了佛教、道教及儒学文化,统治阶级对各宗教派别一般不过多干涉,所以汉人的道教继续得以发展,道观及具有道教性质的建筑比辽代有了明显增长,金大定七年(1167)世宗下令修复破损的十方天长观,整整用了八年时间,耗费大量人力和财力将天长观扩建成一座犹如宫城的道观。金都城内的另一座规模不小的玉虚观位于城东北部的仙露坊(今广安门大街路北),朝廷拨专款立碑撰文,重视程度由此可见一般。中都城内除天长观和玉虚观外,还有弘阳观、灵虚观、广福观、宁真观、东阳观、真常观、玄真观、崇元观、紫虚观、魏家道院十座道教建筑,郊区的道教建筑更是数不胜数。

蒙古人建立的大元政权入主燕京城后,最高统治集团对各种宗教基本上是采取兼收并蓄的态度,因为无论哪种教派都可以用来笼络和麻醉人民大众,在重视佛教的同时,对道教也给以足够的关心,在燕京,道教的势力仅次于佛教。早在成吉思汗西征时,全真教道首邱处机就被召唤到中亚为蒙古首领传道,并受到最高统治者的安抚和接待,邱处机回到燕京后,被安排在太极宫主事,不久太极宫就改名为长春宫,之后这里就成了全真道的中心。全真道因为有了蒙古统治者的庇护,势力得到极大扩张,正因如此,与佛教势力不断产生摩擦,甚至上升为大规模械斗,在矛盾和斗争中虽然权势受到限制,但道观有增无减,道教本为乡土教派,民间信奉者众多,大大小小的道观庙宇不计其数。蒙古军队占领燕京后,原来的中都城被废弃,南城除了原有的道观外,很少修建新的道观,大都新城内又添了不少道教建筑,如东直门内的五岳观、宽街的崇真万寿宫、北小街的圣姑寺、朝阳门内的十方洞真观、光录寺内的杜康庙、东四南大街的五显财神庙、西城阜成门内的护国关帝庙、成方街的都城隍庙、西什库的天庆寺、西直门内的西太乙宫、广济寺之西的静真观等著名道教建筑。宣武区牛街附近的道士观和崇文门外的真元观是元代新建还是辽金留存尚无明确记载。在大都城外，也有不少道教建筑，修建于元中期至治二年（1322）的朝外东岳庙是华北地区玄教正一派的第一大道观，主祭东岳大帝泰山神。平谷丫髻山上唐代修建的娘娘庙经元代修葺后，香火旺盛。还有西门外的昭应宫、八宝山附近的娘娘庙、昌平的玉虚观等，民间许多较小的道教建筑更是星罗棋布。

汉人朱氏明王朝替代了勇猛剽悍的蒙古军政势力领主北京城，同样重视对各宗教势力的利用和支持，希望以军事镇压、经济控制加宗教迷惑的方式永固明王朝的统治地位，嘉靖皇帝朱厚熜尤其迷恋道教，相信修炼到家的人可以长生不老，他命道士为他炼制金丹，到处寻找长生不老的灵丹妙药，不幸中毒而死。后金建立的清王朝基本上也延续了这一老套套，由于满人入关前普遍信奉萨满教，道教与萨满教在对天地神方面有许多相似之处，所以清代统治集团初期在一定程度上更偏好于道教，在佛教寺院大力发展的同时，道观庙宇规模和数量也得以迅速扩大。明太祖朱元璋自己就是和尚出身，他先是在庙里当了一个月卖苦力的小沙弥，后又做了三年云游四方的苦行僧，最后加入了刘福通、徐寿辉的白莲教起义军，他亲眼见到教徒在摧毁元朝势力方面的巨大威力，他对佛教、道教和出家人也非常了解，但他发现元末留下的许多出家人不遵守教规，不仅酒肉当餐，有的道士设外宅娶妻生子，寺院宫观管理也十分混乱，时有乱占土地山林的现象，百姓十分厌恶，他预感到发展势头不妙，如果任其堕落下去，不仅会加剧社会矛盾，而且宗教在人们心中的形象受到严重影响，宗教不但帮不了明王朝的忙，还会毁掉这来之不易的大明江山，于是他开始严厉整顿各宗教势力，尤其对佛道两教更是煞费苦心，他以朝廷谕旨形式规定：1. 设立玄教院、道纪司等专门管理机构，负责道教和道士的宗教活动，建立档案，定期举行类似今天的审核考试，合格者方发给度牒，没有度牒的人不予承认道士身份。2. 责令各州县设立一个大型道观，规定道士们集体居住在道观里，禁止饮酒食肉，禁止道士买卖土地。3. 为了防止为逃避徭役而出家及减轻道观负担，规定男不满40、女不满

50岁的人不准出家,并对各县、州、府出家人数进行限制,出家的人必须经家长批准,凡有家室的人一律还俗。清王朝因为极度相信萨满教,表面上并不反对道教,但对道教支持力度大大不如从前。经过明清两朝的治理整顿,不法道士似乎有所收敛,皇帝身边和较大道观数量也有所控制,但道教早已深入人心,民间不仅相信道教始祖,更相信与老百姓密切相关的各种神灵,京城内外的关帝庙、真武庙、娘娘庙、火神庙、三官庙、城隍庙、三圣到九圣庙、龙王庙、财神庙、文昌庙等数十种庙宇如雨后春笋般出现在大街小巷和山野村头,袅袅青烟装点着京城大地。由于封建王朝的彻底垮台和反帝反封建浪潮的兴起,迷信难抵科学的进攻,民国和日伪期间政府无力修复庙宇坛观,道教和其他宗教建筑日渐衰减。新中国成立前夕,北京只剩59座道观庙宇。新中国成立后,全国掀起经济建设高潮,人们不再把命运拴在偶像神灵身上,道教及其他宗教呈逐渐萎缩局面,近30年来,为了继承祖国传统文化遗产,逐步恢复和重建了部分道教建筑,与此同时,迷信之风也随之刮起,以旅游和发展经济为目的的乱建庙宇的状况越来越盛,一些不伦不类的庙宇迷惑了一些善良人的眼睛,不管什么教、不问什么神就燃香扔钱,可是收钱的不是神,而是打着宗教幌子以神之手敛活人之财的人。

(二) 北京佛寺的起源和发展

佛教约在西汉时期佛教传入中国,有最早史证可查的传入时间是东汉年间(公元58-75),东汉永平七年(公元64),汉明帝因梦到佛入殿堂,就派12个人到印度求佛取经,竺法兰和摄摩腾两位印度高僧被汉使者的诚意感动,于公元67年用白马驮着佛像和大量佛经随汉朝使团来到东汉首都洛阳城,汉帝在雍门外修建了一座白马寺,有史可查的证据这是我国第一座佛寺。

佛教传入中国的时间为与我国原始道教不期而遇,由于新兴的封建制度需要思想理论的填充和配合,所以佛教和道教一起进入封建王朝的理论殿堂。佛教和道教虽源自不同的地域和国家,名称、组织结构、信奉对象等各不相同,但就其核心内容讲又有许多相同之处,都是崇信偶像、积德行善、追求美好未来,对促进社会和谐起着润滑剂的作用,因此统治阶级和普通百姓都需要它,佛教一传入中国就受到关注和欢迎。早期佛教以洛阳为中心向四周扩散传播，北京位于中原地区最北端，接受佛教可能稍微晚一些，过去传统的说法是"先有潭柘寺、后有幽州城"，因此推断北京最早的佛寺当属晋代在西南郊马鞍山之西的潭柘寺，但史实并非如此。虽然史料没有详细记载，但北京周边地区存在的汉代寺庙是无法推翻的铁证，易县紫荆关南门外有东汉修建的蟠道寺，蓟县城北有东汉的香林寺，涞源县城北街有东汉的阁院禅林，北京郊区的昌平旧城西南也有东汉修建的香林寺，怀柔县东40公里有东汉修建的昙云寺，密云云峰山上有东汉修建的超胜庵，门头沟区灵水村有东汉修建的灵水寺，房山西南六聘山有东汉修建的天开寺，海淀后山妙高峰下有东汉修建的法云寺，平谷丫髻山有东汉修建的云泉寺（明改硎堂寺），平谷渔子山有东汉修建的轩辕庙，以上寺庙大都为佛教寺院，虽大都无存，但《顺天府志》《日下旧闻考》及许多地方志等都有明明白白的记载。这说明早在东汉时期佛教不仅传入北京地区，而且已经修建了不少寺庙，相比之下，西晋（265－316）修建的潭柘寺要比东汉（25－220）修建的寺庙晚百年左右，如果说潭柘寺是保存最好最古老的寺庙勉强可信，要说它是北京最早的寺庙不免有"人云亦云"和"以讹传讹"之嫌了。在我们掌握的大量资料文献中，北京城区中心地带找不到汉代的寺庙记载，在现在的北京城区寺庙中大都是明清及元代的建筑，这是因为今天的北京旧城是元代之后修建的，所谓的幽州城大都指唐幽州城，唐代时今天的北京城还是空旷之野，所以大部分早期寺庙都建在郊区山上或古老的居住点上。唐幽州城基本与辽金大城为同一位置，我们推测在唐、辽、金城内外应该有汉代寺庙，13世纪初不幸遭蒙古军大火，使这座古城几乎成为一座死城和废城，即使有汉代佛教建筑遗存，元代人也不会去修复，至明代时地上连残迹都找不到，可能是文化差异的原因，辽、金史对北京的记载又非常简单，所以明清文献史料也无从转载，我们今天能查阅的唐、辽、金时期的北京资料，大都是明清文献零星的转抄本，所以千年后的子孙们在史料中很难找到汉代寺庙的影子。

汉之后，经过40多年短暂的三国鼎立和150多年的东西晋、十六国，中国进入了近170年的南北朝阶段。420年，鲜卑拓跋氏消灭了黄河流域的大大小小的北方诸国，结束了混乱的十六国局面，建立了统一的北魏政权，后来北魏分裂为东魏和西魏，东魏被北齐取代，西魏被北周取代，历史上把当时南北两个对立的时期称为南北朝，这个时期的北京先后归属北魏、东魏和齐的管辖之下。北魏拓跋氏也属长城以北的少数民族，其文化功力显然不如汉地，为了牢牢拴住汉地之汉人，接受其封建统治，怀柔政策是不可缺的，于是便借助佛道功法，除维护汉代遗存的部分寺庙外，还修建了不少佛教庙宇，虽然太武帝曾大张旗鼓灭过佛，数量有所减少，但太武帝死后，文成帝即位又复兴佛教，佛寺又开始增加，因历史久远，没有留下一座完整的寺庙，广安门外的天宁寺初建于北魏，隋称宏业寺，唐代改名天王寺，明代时定名天宁寺，历千年风雨，屡毁屡修，经历代维修有幸留下部分建筑让我们一睹当年风采。北魏太和十三年（489）（也有二十三之说），孝文帝时在海淀车儿营村砌建了一座8米高的花岗岩石室，室内雕琢了一尊佛像二尊菩萨像，这样特殊的寺庙在北京是为数不多的。除以上著名佛寺外，北魏时期还在广安门外修建了奉福寺，在西南郊房山旧城西南修建过一座木严寺。东魏时期在悯忠寺东侧修建过尉使君寺，后周时毁坏，隋代修复后改名为普觉寺，唐代先称龙兴寺，后又改称延寿寺。在密云东北50里有一座大安寺，修建于北齐时期，以上所述佛寺除天宁寺外，都已毁之无存。

唐代时是佛教兴盛之始，由于唐太宗李世民对佛教的极度崇信，让佛教传播更为广泛。这时的北京佛教信徒迅速增加，佛教寺院越建越多，规模也越大，唐太宗为了纪念东征高丽阵亡的将士，于贞观十九年（645）在幽州城东南隅东门外修建了一座悯忠寺，明正统年改名崇福寺，清雍正十一年（1735）改建后更名为今天的法源寺。虽经历代改建，但基本格局和位置未动，为我们留下一座北京城历史最悠久完整的佛教寺院。房山周口店西南的云居寺也是北京最为悠久的佛教寺院之一，唐初因泉水丰盛起名智泉寺，明清之后改名为云居寺。在北京的明清及辽金大城内外和四郊到处可以见到唐代遗留下的佛教寺庙。

辽金两朝北京的佛教寺院有了更大的发展。位于东北地区的契丹族本来信奉萨满教，辽初太祖耶律阿保机征战中原北部地区，将俘虏的汉人带回东北，这些汉人中许多都是虔诚的佛教徒，于是契丹辽朝无意识地也接受了佛教，为了表示对佛教的尊重，太祖在上京也修建了一座佛教寺庙天雄寺，将携来的僧侣安排在庙里，不仅减少了他们的反抗情绪，也让更多的契丹人领

略到佛教的教义教规。辽代实行五京制,契丹政权入主燕京后,太宗仍十分重视对佛教和道教的保护和利用,景宗、圣宗、兴宗三代皇帝尤其崇信佛教,他们都亲自参加佛事活动,至道宗时达"一岁饭僧三十六万,一日而祝发三千"的盛况,这些僧人还经常受到皇家的特殊待遇。在北京参观旅游时,经常遇到面向东的寺庙,这些大都是辽代所建,例如海淀旸台山的大觉寺、海淀普惠寺村的普会寺、广安门的报国寺、外城西部的报先寺、天宁寺处的天王寺、外城西部的仰山寺和竹林寺、大开泰寺、三学寺等,京郊通州于家务的七佛寺、顺义南门外的大云寺、丰台菜户营的广恩寺、昌平城内的九圣寺和南口的佛寿寺等。13世纪中期,女真族建立的金王朝把首都从黑龙江阿城迁来燕京,女真人没有像辽代那样迷恋佛教,虽然适当予以限制,但没有镇压和取缔,所以中都城仍有许多佛教寺院,大都分布在北京外城西部一带,著名寺院有大安寺、寿圣寺、大永安寺、弘法寺、大觉寺、庆寿寺等,密布在金中都城附近的佛寺大都为唐、辽等朝代修建,真正金代修建的为数不多。终辽金两朝,虽然佛寺总数量不如后来的明清那么多,但小小的辽金城内的寺庙密度是任何朝代无法与之比拟的。

  北京佛教寺院的迅速发展固然与当时的经济和社会文化状况有密切关系,同时也得益于中原王朝"三武一宗"的四次灭佛运动。第一次灭佛发生在北魏太武帝太平真君五年(444),第二次发生在北周武帝建德六年(577),第三次灭佛发生在唐武宗会昌元年(841),最后一次灭佛运动是在后周世宗年间。这四次灭佛的时间、原因和做法尽管有所不同,其后果是相同的,犹如尘土搬家一样,扫把落地处尘土减少了,其他地方的尘土却增加了。就其打击程度及危害方面论,当属唐武宗灭佛最为严重。北周武帝与北魏武帝有相似之处,为了表示对汉文化的认同,他们有意偏袒道教和儒教,对佛教虽采取否定态度,但做法温和,没有大批杀人。后周世宗虽然行动较大,但也没有大批杀僧和焚毁佛经,而是采取整顿性质的行动,一些僧尼仍可留在寺院里。唐武宗灭佛与上述三次不同,他自己信道不信佛,听信道士蛊惑,于会昌五年(845)下昭拆毁寺庙44000多所,令还俗尼僧20多万人,并用砸毁的钟磬铸造铜钱,收缴寺院良田千万亩,这次灭佛运动使黄河以北的佛教受到严重摧残,被迫还俗的几十万僧尼逃亡他乡。当时的幽州位于中原北疆,天高皇帝远的幽州地区没有认真履行灭佛诏令，受灭佛连累较轻，大量寺庙有幸保存，从南方和西部地区逃出的僧尼都到幽州避难。后周再度灭佛时，幽州地区已经被分割到契丹人管辖之下，僧尼和佛教徒又躲过一劫。连续四次的灭佛，使幽州地区聚集了大量僧尼和佛教徒，促使北京地区佛教和佛寺有了很大发展。

元、明、清三代北京城的中心位置发生了东北偏移，各宗教建筑中心也明显随之发生了偏移。蒙古人建立的大元朝政权将辽金南城几乎弃之不顾，不仅不修建新的寺庙，由于各种原因毁坏的寺庙也很少修缮，所以南城元代佛教寺庙很少，在我们掌握的现有寺庙资料中，外城东部只在后河沿建有崇恩寺一座较大的寺庙，在辽金旧城中心所处的外城西部地区也只找到龙泉寺和慈悲庵两座佛寺为元代修建。蒙古铁骑踏平了中国的山山水水，结束了长期分割混乱的局面，最后定都燕京，东西南北各派宗教势力也迅速向大都聚集，元朝统治者崇信佛教和道教，尤其重视佛教，蒙古军队占领燕京城尚未建立大元朝时，临时负责燕京政务的断事官元奴就派人修善位于玉渊潭西侧的辽建驻跸寺，并在庙旁立陀罗尼经幢，明嘉靖年后该寺改名为普会寺。元初修筑大都南城垣时，在今电报大楼处有金代留下的庆寿寺，寺西南有住持海云大和尚的藏骨双塔，当请示忽必烈如何处理这样的拆迁户时，忽必烈立即下令"远三十步，环而筑之"，威严的皇家大城不得不在此处向南转了一个弯后再与西段城墙相接，于是南城墙西段出现了一个圆形鼓肚，为方正平直的元大都城留下了一个历史性的纪念物，可见元代对佛教之重视程度。皇家大举兴建寺院的同时，蒙古的贵族官僚和富商也积极捐资建寺，使得大都成为全国佛教中心，有数字统计，至元年间全国有寺庙42300多座，僧尼达21万之众，大都仅敕建12所大型寺院就养僧尼3000多人，大都城内外的大大小小寺庙星罗棋布、不可胜数。阜成门内的白塔寺、西直门外的极乐寺和广通寺、西城区的护国寺，交道口南的圆恩寺、平安里的宝禅寺、西城兵马司的大能仁寺、雍和宫东侧的柏林寺、地安门西大街的保安寺、后海的广化寺等，这些著名寺院规模都很大，元朝政府为兴建寺庙花费了巨额资金，也为地方和百姓大兴施建佛寺带了个坏头。

汉人朱氏明王朝占领北京后，为了笼络和奴役百姓，同样重视佛道等精

神鸦片的作用，敕建、共建、私建、募建了许多寺庙，除了明代宦官积极出资建寺这一特殊现象外，明清两朝在理论和建筑方面没有什么创新和突破，但寺庙数量远远超过历史上任何一个朝代。清末、民国和日伪期间社会震荡、经济下滑，新建寺庙很少，原有寺庙毁损严重，至新中国成立前期保存完好的寺庙已屈指可数。

（三）北京西方洋教堂的传入和发展

我们所称的北京"洋教"系指天主教和基督教。天主教（公教）、新教（耶稣教）和正教（东正教）三大教派合称为基督教，是全世界流传最广、信徒最多、影响力最大的一股教派。北京的天主教即公教，北京的基督教实指新教，这两个教派原出一家之门。国际公称的基督教是由古老的犹太教分离出来的一个分支。

随着历史的发展和形势的变化，基督教后来也分裂成以希腊语系为主的东派和以拉丁语系为主的西派，至1504年前后，两派教会头头为了争夺教会的领导权和利益攸关的势力范围，展开了激烈的理论口水战和行动争夺战，双方不分输赢，最终彻底分裂成两个不同名称的教会，西派叫天主教，又称公教，东派叫正教，又称东正教，一个"公"一个"正"，都希望成为"正统"派，事情远没有那么简单。到了16世纪中叶，公教（天主教）内部又分裂出了不满罗马教皇封建统治的新教，这个新教派又称抗罗派。13世纪的元朝时期，天主教传入中国，元末天主教中断了在中国的传播，到了16世纪末的明朝时，天主教再次传入中国，中国人又根据自己的理解派生了两个教会名字，把新教称为基督教，又称耶稣教，把新教对立面那个派别称为天主教。但在国际上将天主教、东正教和新教统称为基督教。

国际公称的基督教（含新教和东正教），以往一直确认唐贞观九年（635）由叙利亚人阿罗本传入中国，几乎没有任何争论，但21世纪初的一则新闻报道打破了百年平静，专家在江苏徐州的东汉石造像中发现了《圣经》故事中的人物和场景，这让基督教进入中国的时间整整提前了半个世纪，是传教士把基督教带到中国？是中国人在西方见习过基督教？没有原始文献，也没有更多的考古佐证，一时很难断言，既然西方洋教的内容出现在中国东汉时期的画像作品中，起码是一种文化交流，说明东汉时期中国人知道有基督教，而且对基督教内容有了一定的了解，甚至已经接受了基督教的教义精神，尽管找不到教堂等文物古迹的证据，说基督教已经到了中国毫不过分和夸张。如果能有更多的证据确证基督教、佛教都在东汉时期挤进中国与道教会合，那么"汉人""汉字""汉文化"的深切含义远非词典上的字面释义所能包含得了的。

唐贞观九年（635）正值大唐初盛，长安城为万国景仰之地，阿罗本到长安城译经传教，并开始修建教堂，唐代时把新来的洋教称为景教，又称波斯寺，后来改称大秦寺，短短几十年工夫，就呈现"法流十道"和"寺满百城"的盛况。西方初期的教堂并不像今天我见到的那么正规华丽，早期的基督活动点就是简单的一方或几方石刻像，教徒门围在石像前做些简单的诵念仪式，唐代传入中国后，也只是仿照中国建筑稍带点洋式装饰，屋顶的十字架不高也不规整。后来的唐武宗灭佛运动也波及到这些洋教，历经210多年风雨的景教未能幸免，教堂拆除、教徒遣返或改从道教，除西北边境地区外，这些洋教几近绝迹。13世纪初，成吉思汗统一了北疆各部后即刻挥师西征南下，很快又拿下了中国大部领土，许多边疆景教徒被裹挟到中原，景教又得以喘息复兴，1215年忽必烈攻下金中都城，景教和洋教徒也跟随到了北京，很快北京就发展成了景教的主教区。当时有位叫拉班·扫马的大主教，生前看中了京郊周口店西北处一块风水宝地，环境幽雅，清静无扰，拟选为静修之地，1276年被派往叙利亚朝拜圣地，以后再也没有回到北京。据碑石记载，辽代时这里曾有佛教崇圣院，元至正二十五年（1365）已改为基督教的十字寺，这是北京发现最早的基督教堂，据此分析，应该是后来拉班·扫马的弟子们修建的。元朝初期，为了统治阶级的需要，对各宗教基本上采取容忍广纳的政策，元世祖忽必烈死后，成宗皇帝对待外来洋教同样采取宽容态度，至元三十一年（1294），意大利传教士若望·孟高维诺来到北京，成宗皇帝允许他在北京修建教堂，并通过拉拢亲属手段发展了许多上层教徒，因年代久远，这些教堂已踪影全无。因这些洋教势力发展迅速，与原有教派不断发生冲突，为了平衡矛盾，后来元朝政府又不得不对洋教加以限制，元末随着若望·孟高维诺的去世，这些洋教几乎烟消云散，所以洋教堂保留也很少。

明后期另一位意大利传教士利玛窦再次挤进中国大门,他先是在广东肇庆住了一段时间,后来到了明都北京,因为他传播洋教的同时,也带来了西方科学技术,受到中国人们的欢迎,明朝政府不仅欢迎他来传教和传播文化,也允许他修建教堂,明万历三十三年(1605),在明朝政府的支持下修建了北京城内第一座洋教堂——宣武门天主教堂,为天主教在中国的传播铺平了道路。

明末朱氏王朝在后金和农民军两股军事势力的威逼下惶惶不可终日,非常希望得到外界的帮助,妄图苟延残喘。天启三年(1623),葡萄牙的16名耶稣教徒和几个传教士来到北京,这些另有所图的外国人也希望得到中国政府的支持,两者不谋而合,摇摇欲坠的明王朝统治集团一心想借用洋教挽救垮台的命运,不仅支持这些洋人传教,而且皇宫大院的官员贵戚也开始信奉洋教,并允许他们建教堂,于是天主教热再度升温。与此同时,德国传教士汤若望和比利时传教士南怀仁也先后来到北京。历史是公正的、无情的,无论明王朝借用洋教还是土教,都不能挽救它垮台的命运,1644年,李自成攻进北京城,有些外国传教士为了躲避灾难纷纷离开中国,而汤若望却坚持守护在教堂里继续修撰历法,这对维护洋教堂安全起到很好的作用。清兵进关入主北京城,汤若望又为新的清王朝服务,在南怀仁的帮助下,一方面编纂历法,一方面向满人灌输基督精神,巩固了耶稣在中国的精神地位,不仅让北京的洋教堂得到安全保护,还修了一些新的教堂,查阅北京现存的17座教堂,大部分教堂都是清代之后修建的。利玛窦当年修建的宣武门南堂只是一座简单的中式平房,他死后,汤若望于清顺治七年(1650),将那座小教堂扩建成了尖顶洋式教堂。1775年,惨遭火灾,乾隆皇帝拨款重修。1900年,在义和团运动中再度被焚,后来又修,今天我们见到的南堂基本上保持了清末规模和样式。明万历三十八年(1610),利玛窦病逝北京,葬于西直门外马尾沟,经明神宗批准,在利玛窦墓前还修建了一座天主教堂,南怀仁和汤若望死后都埋葬在这座教堂旁边。清顺治十二年(1655),在王府井北口修建了一座圣若瑟天主堂(东堂),1710年,经康熙皇帝批准将东直门内路北一座关帝庙改建为东正教教堂(北馆),雍正七年(1729),根据《中俄恰克图界约》在东交民巷修建了东正教堂(南馆),同治九年(1870),修建了崇文门基督教堂，光绪十四年（1888）修建了北堂（西什库），1901年修建了东交民巷天主堂，1904年修建了珠市口基督教堂。北京郊区当地居民民国期间也修建了一些较小的教堂。

1840年的鸦片战争失败之后，腐败无能的清政府与帝国主义列强签订许多丧权辱国的条约，各种不怀好意的宗教组织随着这些条约纷纷涌进中国，进入北京的时间比沿海城市稍晚一些，一些基督教大都以公理会、圣公堂、福音会等名义出现在北京的大街小巷里，有的占据原有平房，有的修建专门的会所，一方面向北京人灌输麻醉汤，有的在北京发展反华特务组织，刺探中国的政治、经济情报，日伪和民国期间，国事混乱，当时的各派政治势力精心于政治角斗，使得披着宗教外衣的特务组织更加猖狂，新中国成立前夕，这些反华特务组织已经发展到相当规模，当然受到有良知的北京人的抵制，新中国成立军进城后，驱散了一些反动教会和封建迷信组织，打击了帝国主义妄图用软子弹侵占中国的阴谋，在这个急风暴雨的历史变革过程中，部分洋教堂当然也会和其他寺庙一样受到损坏而未能及时修缮的情况。解放后各级政府积极宣传党的宗教政策，逐步恢复修缮了部分教堂，现在北京城区有8座教堂，郊区有9座教堂，信教群众的宗教自由受到法律的保护。

（四）伊斯兰教的传入和发展

伊斯兰教在中国又称回回教、清真教等名称，"伊斯兰"三个字是阿拉伯文 alislam 的音意合译名称，它的原意为"顺从""和平""纯洁"，指要顺从唯一的主神"安拉"的旨意行事就会拥有和平和安宁。在阿拉伯凡顺从"主"的旨意的人都称为穆斯林，"穆斯林"三个字是阿拉伯文 Mu'minde 的音译文，汉语中就是教徒或信仰之意。穆斯林的主要活动场所是清真寺，在阿拉伯语中即"聚会礼拜之所"，中国又称礼拜寺、回回寺、清修寺等，"清真寺"是阿拉伯文 Masjid 的意译文，在我国对"清真"又有"清静无染""真乃独一""至清至真"等中国式的释义。

关于伊斯兰教传入中国的时间因缺乏足够的文字和实物证据，各家说法不一，早之隋初，晚至唐代宗时期。伊斯兰教创建于630年前后，时值我国的唐贞观年间，隋代来华之说显然不妥，综合考订，以陈垣先生的"唐永徽二年（651）传入"之说更为可信。伊斯兰教向中国的传播不是当初的"征战"和入侵，而是以行商等和平演进的方式引入，当初分别以海上的"香料之路"和陆路的"丝绸之路"进入中国大路，发展的教徒多集中在沿水港镇和西北各省，所以港澳、广东、福建和新疆、甘肃、宁夏、青海等地有成片的回民聚集地，后来扩散到中原各地，随着伊斯兰教徒的逐渐增加，他们的活动中心——清真寺也一座座建立起来，为我国的多元文化图版又增添了一抹亮丽的色彩。

北京现存最早的清真寺是牛街清真寺，关于它的创建时间直接牵扯到伊斯兰教进入北京的时间，所以备受学术界重视。伊斯兰教传入北京的时间，亦如传进中国的时间一样模糊不不清，究其原因，伊斯兰教是以和平渐进的方式进入中国，而非"征战"，也不像佛教那样受到朝廷重视，基本上与朝廷纠葛较少，他的传播方式和教徒发展基本上是在血统家族内进行，不与早期进入中国的佛教和基督教争夺势力范围，与本地道教也少纠纷，很少发生激烈的教派矛盾，一般不会引人关注，也很难载入官方文献，为后世留下些许难解之题。牛街清真寺创建的时间尽管"宋至道之说"和"辽统和之说"及数位专家"佐证"都言之凿凿，但也都经不起认真地推敲。首先，宋至道年北京为辽统治时期，即使换算为辽代年份，翻遍辽史，找不到一丝文字记载为证。其次，关于北京与宋、辽、金的关系，1118年宋和金订立"海上盟约"，密谋共同攻辽，议定攻辽成功之后，以长城为界，长城之北归金，之南归宋。1122-1123年，金兵攻占燕云地区，此时宋要求金守履约将北京地区交给宋朝。1123年11月，金把一个几乎废掉的燕京城交还宋，此时北京称燕山府。可是1125年11月19日金兵又攻占了燕山府，12月10日北京又归属金。北京名义上归宋只有两年多时间，在那个战乱的年代，宋根本没在北京投资进行过任何建设，说牛街的清真寺首建宋代与历史不符。第三，我国历史上城市和工程建设基本都是继承了《周礼·考工记》原则，虽然各代都有创新和发展，包括宋代的《营造法式》也都是在《考工记》的基础上发展而成，各代工程做法有类同之处实为正常，仅凭一星半点儿建筑做法判断年代只可讲"似"不能说"是"。

唐代以商业活动为主要内容的伊斯兰教民是分散而缓慢进入中国的，他们首先选择的居住地是码头驿站附近地区，而后是首都等大城市，当时的北京仅只是东北部的一个军事要塞，所以大批进入伊斯兰的可能性很小。契丹辽军也是东北的一支少数民族军事势力，辽初太祖南伐曾挟掳部分汉地人到东北，其中有否回民未见史载，后来占领燕京为陪都，南疆仅至白沟河，也不可能有大批伊斯兰进入。继之东北的另一支军事势力女真金军占领燕京，其势力范围较之辽无大异，即或有少量回民在北京从事商业活动，修建清真寺的可能性较小，所以辽金统治期间未曾有清真寺的记载。

勇猛彪悍的蒙古大军比过去任何一支军事势力都更具扩张性和兼容性。13世纪初，在荡平漠北各军事势力后，蒙古贵族铁木真又统一了蒙古各部，建立了大汗国，继而大举进攻中原，经过成吉思汗、窝阔台、蒙哥、忽必烈等头领的数十年讨伐征战，完成了中国空前的大一统霸国地位，极盛时期的疆土东起朝鲜半岛、西达阿富汗、东北至西伯利亚、西南接印度、巴基斯坦、缅甸、越南等国，西北远至欧洲、东南濒临大海，蒙古大军的铁骑所到之处尽皆降服，当然诸多伊斯兰教区也囊括在内，大批阿拉伯、波斯、中亚的穆斯林随着蒙古元代政权的建立，以各种原因迁徙来华的极为普遍，他们与当地的汉人、维吾尔人、蒙古人通婚，其后代人数成几何倍数增长，故有"元时回回遍天下"之说，这些后代就是今天回民兄弟的先祖。元朝政府为了更好地管理各族各地方的归降者，建立了各种官职，其中就有专门管理回民的机构和官员，在12名中书省断事官中必有一名回民人选，六部也特设一名回民令史，大都留守司和大都路总管府也都有一名回民掾史，在各专门机构中也设回民官员，说明回民在大都的数量之多、对政府事物的影响之大绝非一般，有如此众多回民聚集大都，肯定也会修建不少的清真寺，有文撰述说"据中统四年（1259）的统计，中都地区有2953户，平均每户以5口人计算，当时的回民就有15000多人""当年大都城内有清真寺30多座"。但有资料可查的元代修建的清真寺却很少，在我们掌握的资料中，仅西城锦什坊街的普寿寺和东直门重庄（今察慈小区）清真寺和通州城里及牛作坊两座清真寺为元代修建，四大官寺之一的东四清真寺一说为明代修建，一说元代初建，明代重修，总之与上述"30多座"相去甚远。

这些清真寺的消失可能与明代改造北京城有关。明代占领北京后，对大

都城进行过四次大的改造,一次是 1368 年,徐达攻进大都后,为了便于防守,将北城墙向南移五里到今北二环东西一线,将北部城区舍弃,遂烟为旷野。第二次改造发生在永乐初年,出于迷信心理,明成祖朱棣将元皇宫全部拆除重建,并将宫城位置南移。由于宫城南移,皇城南面显得过于狭窄,不得不又于永乐十七年(1419)将大城南城墙南移二里至今正阳门前东西一线。第四次改造是嘉靖四十三年(1564),为了明王朝的安全,企图在大城外再加一道包裹内城的外城,后因财力不足只修建了南墙一面即缩口收工,为北京留下一个帽形,即所谓的外城。除以上这些重大改造工程外,明朝还在四城进行历代帝王庙、天坛、地坛、日坛、月坛、先农坛等重大工程建设,在朝阳门、东直门附近修建了许多仓储库房,这些工程都占地很大,有些需要拆迁大量旧城房屋,或许一些较小的清真寺就毁于这些重点工程中。尽管一座座清真寺在消失,但北京的首都地位仍有大量外地移民迁入,这些北迁的移民中就有许多是伊斯兰教民,据地方志介绍,北京的回民,大多从江南和山东迁入,也有些从山西迁入,众多回民聚集在北京,为了方便他们的宗教和文化生活,在明朝政府的支持下,许多清真寺在城区胡同里和郊区乡间矗立起来,例如德外马甸、花市、安内大街、朝外常营、通州东关、通州张家湾、大兴薛营、海淀火器营西、昌平五街、昌平阳坊贯市等著名清真寺。

　　清代基本上继承了明代的一整套城市格局和建筑,他们笃信原始的萨满教,在对待异族政策上基本也是恩威并行,对斯兰教既怀柔又施压,由于清朝的歧视政策,西北地区不断发生以伊斯兰教为主力的民众起义斗争,让清政府非常慎重地对待伊斯兰教民,对伊斯兰教民及回教建筑既不敢强力限制,也不积极支持鼓励,穆斯林为了维护教民利益变得非常团结,因此也有效保护了清真寺建筑,使北京成为伊斯兰文化的学术中心。清初满族人进京后,他的嫡系旗人大都拥挤在内城,迫使没有社会地位的回民大量迁往外城,因此外城穆斯林人数剧增,清真寺数量也有所上升,呈现出明显的地域特点,至乾隆年间内城的清真寺才有所增加,最明显的一例就是关于香妃(容妃)与宝月楼的故事传说,乾隆皇帝平定了新疆的准噶尔叛乱后,将从新疆带回的一个美丽的维吾尔女人纳为妃子,为她在今中南海新华门处盖了一座宝月楼,容妃站在楼上因时常想念远方的亲人伤心落泪,乾隆皇帝得知后,为了让容妃高兴，就在宝月楼对面的安福胡同修建了一座具有西域风格的清真寺，借以慰藉思乡之情，逐渐这一带也便成为回民的聚集地，所以这里也称回民营清真寺或回人礼拜寺。此后内城清真寺也逐步有所增加，陆续修建了苏州胡同清真寺、南豆芽菜胡同清真寺、南小街清真寺、西直门北沟沿清真寺、手帕胡同清真寺、西单牛肉湾清真寺、阜成门粉子胡同清真寺、王府井清真寺等。城区原有清真寺也得以彻底修葺。城外四郊也陆续修建了许多清真寺，虽然规模都不大，但对安抚穆斯林和活跃他们的宗教文化生活起了很大作用。

1911年宣告了几千年封建制度的彻底灭亡，在民权、民主、民生理念深入人心的同时，伊斯兰教也得到了一定程度的解放，长期以来以男性为主体的清真寺已经不能满足广大穆斯林的需求，为了方便女性穆斯林群众的礼拜活动，北京开始兴建清真女寺，选拔女性教务管理人员。牛街寿留胡同的女寺是北京最早的一座清真女寺，以后阜外三里河、崇外雷家胡同、朝外观音寺街、德外关厢、马甸等处也相继修建了女寺，这不仅方便了女性穆斯林的宗教活动，更是提高妇女地位的一大体现。民国期间，还新建了天桥、米市胡同、鼓楼等几座清真寺。新中国成立后，党和政府在大力恢复国民经济的同时，也特别重视各信教群众的宗教活动，逐步修复已经毁损的清真寺建筑，重视宗教政策的落实，让广大穆斯林群众信仰受到尊重，宗教活动有固定场所。

（五）北京儒教及其他类宗教建筑的兴起和发展

儒教建筑是儒学文化发展的产物，是儒教的外在表现形式。儒学的创始人是春秋时期的鲁国学者孔丘，他和他的诸多追随者组成了庞大的儒家队伍，而儒教却并不是孔子的发明创造，儒教是在孔丘死后若干年后才有产生的一个名词，在长达两千多年的儒学发展中，在长期的儒教活动历练中，历代儒家无疑在云烟蜂起的儒教活动中起到推波助澜的作用。

尽管儒教已经声扬海内外，尤其在东亚和南亚地区已深深扎入官民心底，但在儒教诞生地中国，对有无儒教问题却长期论战不休，坚持者认为无形理论和有形事实都存在，而且具备全部宗教特征，否定者认为都是人为的虚构、概念的模糊。到底儒教存在与否，是唯物史观与唯心史观斗争的长期任务，显然不是本书讨论的重点，我们只对事实存在的有关儒教建筑的某些浅显问题加以讨论。儒学是以孔子及其弟子为代表的一批儒学家对当时社会认识及主张的学术理论，是刚刚从奴隶社会脱胎出来的中国急需填补的理论学说，他们批驳原始道教见鬼不见人的迷信思想，主张对现实社会中的人进行教化，无疑是一种理论的创新，真正把人类从荒蛮无知带到了一个文明新时代，是推动社会进步的一种巨大动力和武器。但它又极力主张"忠孝礼义仁"和"君君臣臣、父父子子"的封建伦理，正好适合了已经进步到封建社会统治者的需要，因此受到封建统治阶级的极力吹捧和利用。在孔子死后的千余年间，一代代追随者又丰富和发展了孔子学说，变得更圆满、更系统、更方便封建统治者的利用，因此孔教学说已经站到了广大群众的对立面。孔丘死后，人们为了纪念他，家乡亲朋好友修建简单的堂舍以示祭奠纯属正常，但后来的发展完全超出了单纯的祭奠性质，房子越修越高大，由简单的堂舍变成庙宇，尤其是封建统治者一参与，普通的庙宇又变成高大华丽的宫殿，祭奠仪式越来越烦琐，一个普通死者变成了高高在上的万人敬仰的偶像，一个客观世界里的"人"又变成了虚无缥缈的"神"，最后侍奉圣人的人也成了神，与孔圣人并坐在辉煌的庙堂里，由祭祀的报功报恩功能转化为企福求荣功能，这种神化活动是从哲学到宗教的反叛和倒退，是对历史的反动，对人类的背叛，这种人性与神性的反复较量和转化体现了人类社会前进的曲折性和复杂性。

所谓的儒教并非孔子的发明创造，是孔子死后封建统治阶级的卫道士假借孔子之名制造出的一种统治术。有史可查的记录是西汉武帝时哲学家董仲书最早提出"废黜百家、独尊儒术"的口号，树儒学为正统，以儒家宗法思想为中心，杂以阴阳五行学说，将神权、君权、父权、夫权串通在一起，形成封建神学体系，于是汉代时儒家独尊独大，孔庙渐多渐大。但到了唐代时儒术却独尊不起来，先是道家、释家争风立尊，皇朝开始两家并重，之后灭佛尊道，到了唐中期，武则天又打碎了腐朽的夫权枷锁，使儒家学说受到直接冲击。也许是"物极必反"的道理，到了宋朝儒学又上升为国家级的正统理论观念，孔子不仅是中国的"万人师表"，并且远传到朝鲜、日本和越南等国，极大地影响了这些邻国的理论观念和文化传统，宋代的儒学和儒教是中国儒学史上的巅峰时期。

由于历史和地理的原因，北宋名义上管辖北京只有两年多的时间，南宋小朝廷离北京更远，所以宋代儒学对北京的直接影响并不大。从塞外草原来到北京的辽金政权非常羡慕中原繁荣的经济和先进的文化，他们见识了儒教文化在政权统治中的巨大威力，所以他们十分重视儒教文化的学习和运用，在重视佛教的同时，尤其重视道教及儒家文化的推广，不仅号召本族官吏学习汉文化，也大量吸纳汉族知识分子参与国家和各级政权的管理，当时的北京地区肯定会建有许多孔庙，因历史更迭频繁，只查寻到顺义的文庙修建于金代。蒙古人建立的大元朝虽也来自漠北草原，它比辽金政权的胃口更大，它们侵占中原仅只是建立一个根据地而已，凡蒙古铁蹄所踏之处都是他们的占领目标，世界之大、民族之广、信仰之众，对一个只具有简单草原文化的游牧民族是何等艰难，但他们的既有雄浑胆魄又有远见卓识的领袖似乎早已预见到这一点，广泛吸纳有知识的汉族人才参加政权管理，学习推广汉文化，尤其儒教文化备受尊崇，在定都大都城后，陆续修建了许多儒教寺庙，通州、密云、平谷、延庆、房山等县城内的文庙都是元代修建的，大都城内最大的儒教建筑当属东城区国子监的孔庙，大德六年（1302）始建，四年后的大德十年（1306）年竣工，其规模、等级仅次于孔子老家曲阜的孔庙，以后明、清两代又陆续增建修葺，成为全国除曲阜孔庙外最有名气的儒教建筑群。明代是汉人朱氏建立的封建统治政权，当然更明白儒家文化的巨大作用，不仅修缮元代留下的孔庙等儒家建筑，也新建了一些孔家庙宇，门头沟、昌平、延庆永宁镇（原永宁县）、怀柔、良乡等地的文庙都是明代修建的，东城区府学胡同元末曾有座报恩寺，明朝大军即将攻陷北京城，庙里的僧人为了保护这座佛教庙宇，就连忙在庙里临时简单树起一座孔子像，谎称这是一座文庙，果然寺庙得以保存，后来僧人真把这座庙宇当成孔庙，说明元、明两朝对儒教的绝对重视。清代虽也重视儒家文化，只是维持了前朝的儒教建筑，基本没有修建新的孔庙。1011年，封建王朝宣布彻底结束，但旧的文化传统和道德观念并没有的得到彻底清算，以五四运动为代表的新文化运动高呼"要科学和民主""打倒孔家店"等口号，使儒教文化受到从没有过的强力冲击，一些孔庙被迫关闭，破损了的儒教建筑无人修葺，儒教地位处于从有过的低峰期，20世纪六七十年代的"砸四旧"和"批林批孔"为奄奄一息的儒教文化又加一层厚厚的冰霜，除国子监的孔庙得以保护外，其他地方的孔庙都已残破不堪，有的早就不见踪影。21世纪初，在继承传统文化和保护文物的新浪潮中，一些区县对尚存残疾的文庙加以修缮，虽然儒教地位不可能恢复到元明时期的盛况，但让后人终能在见证物中了解曾经有过的儒教辉煌。

北京位于华北平原与北部游牧民族的分界线上，历来为各族军事势力的必争之地，盘踞北京的五代封建王朝中就有四个朝代为不同少数民族贵族所统制，由于特殊的地理和历史背景形成了北京多元文化，使得北京呈现出多宗教、多信仰、多种习俗的特性，除了上述的佛教、道教、伊斯兰教、基督教、天主教和所谓的儒教外，还曾经活跃着东正教、萨满教及许许多多类宗教习俗和组织。

随着满清入关，流行在东北地区的一种原始萨满教也进入北京地区，"萨满"是由通古斯语音译而来，即汉语中"巫"的意思，曾盛行于全亚洲，后流传于北欧和美洲印第安人地区。在科学技术尚不发达的古代，人们不清楚自然界发生的诸如生死和风雨雷电等自然现象的原因，听信一些懂得巫术的人的蛊惑，于是巫师盛行，逐步形成一种宗教，萨满教认为人世间分为天堂上界、人间中界、地狱下界三个层次。一般巫师多由女性扮演，男性较少，他们自称是人与神之间的经纪人，可以代表天神为人驱邪治病，巫师们玩弄符咒，口中念念有词，以特殊的舞姿装神弄鬼，民间经常看到的"跳大神"就是来源于这些原始宗教活动。萨满教的活动场所称堂子，一般可分公共和私家两种，公共堂子以屯（村）或氏族为单位建立一个，大家都到这个堂子祭祀，建筑简单，规模也不大，还有一种堂子是私人家庭的祭祀场所，即流动萨满，北京、沈阳等地都有萨满教的堂子。以满人为主的清朝入主北京后，也把萨满教带到北京及关内其他地区。北京城内有两处堂子，一处位于台基厂北口，另一处在故宫的坤宁宫内。故宫外的堂子修建于清初顺治元年（1644），堂子里除供奉神灵外，还供奉着入关前四位祖先的牌位和遗物，凡遇重大政治活动或出征前，满族官员要到这里进行祭祀和誓师等重大活动，称为"谒庙"或"谒堂子"，按照古代俗例，这相当于公共堂子，后来这里规划为外国使馆区，光绪二十七年（1901），将堂子移到南河沿南口路东，即今北京饭店西部区域，现在堂子踪迹全无。故宫里的坤宁宫位于中路御花园南侧，初建于明永乐十八年（1420），是皇后的寝宫。满族人的居住习俗与汉人不同，正房分为西中东三间，汉族以左（东）为上，而他们以西屋为上房，西上房设西、北、南三面炕，西炕墙上供奉神灵和祖宗牌位，所以西炕不住人，南炕住长辈，北炕住晚辈，顺治十二年（1655），将坤宁宫西端改为供奉神灵的地方，从此坤宁宫变成了皇家专门的祭祀场所，每月要进行多次萨满教活动，其仪式如同公共堂子的祭祀内容，因此坤宁宫真正住过的皇后并不多。近年来在恭王府的嘉乐堂也发现了萨满教的祭祀设施，说明萨满教的祭祀场所并非只有坤宁宫和南河沿两处。

世界范围内有许许多多宗教组织，我国幅员辽阔，民族信仰繁杂，是一个多信仰多宗教的国家，北方地区除道教、佛教、伊斯兰教、基督教、天主教、东正教、萨满教外，也曾有过许多类宗教组织。正式的宗教组织信仰具体，教义单纯，信徒稳定，场所固定，民众认可，政府支持，也有些习俗和组织并不具备宗教特性，他们的信仰大多是原始的宗教习俗，有些是道教形成前的雏形，他们不分什么宗教类别，具有极强的功利性，不问来历和身世，认为什么显灵就信仰什么，毫不搭界的"神灵"供奉在一起，形成了杂乱的多元化信仰体系，崇拜的偶像具有各种教派属性，例如圣德道、九功道、老师道、普济佛教、背粮道，还有香功之类的临时散乱组织等。新中国成立前北京地区也有许多会道门，对社会危害最大的一贯道就是这样一种反动的迷信组织，一贯道是一个古老的杂乱无章的类宗教组织，尊称达摩为初祖，清初把"释、道、儒"三教捏合在一起，又以全真教和其他新兴宗教为辅助成立了"先天道"，清光绪十二年（1886），第十六代宗师刘清虚将"先天道"正式改名为"一贯道"。道徒们训道听法的场所叫"佛堂"，又称"法航"或"法船"，像萨满教一样有公众佛堂和私家佛堂两种，公众佛堂设坛主，大众可以自由进出，家庭佛堂置于屋内最高处或隐秘处。一贯道原本也是一个民间原始类宗教组织，由于它过强的功利性，信仰不专一，组织涣散，在少数人的操纵下逐步演变为一个骗人的反动迷信组织，从他们供奉的偶像看，似乎什么都信，其实什么都不信，坛主们除了贪图钱财女色外，还特别关心政权，有的与外国反动势力相勾结，破坏国家的政治和经济建设，新中国成立后当然要受到人民的审判和镇压。自19世纪50年代初至20世纪中期，一贯道之类的封建迷信组织几乎已经绝迹。近30年来，由于对信仰和宗教管理的放松，一些迷信甚至反动组织沉渣泛起，出现了打着宗教外衣的新的迷信组织，以给人医病和强身健体为名，蒙骗不懂科学知识的人走入邪教大门，有了病不去医院治疗，而去求仙拜神，孩子因病夜间啼哭，仍有人到处张贴"天皇皇，地皇皇，我家有个夜哭郎，过路的君子念三遍，一觉睡到大天亮"之类的迷信帖子，农村和城近郊区的巫婆、神汉、风水先生、算命先生等纷纷走向街头，有的竟登上大雅之堂，还有以电脑算命的现代骗子，竟在现代化的城市里大行其道，一些地方修建不伦不类的所谓庙堂，大如牛棚，小似鸡舍，也有的私设密室。凡此种种，与传统文化根本不沾边，是我们的宗教政策所不容许的倒退行为。

三、京城寺庙知多少

日常生活中及各种媒体上经常会有人问道："北京有多少寺庙？"也有热情的作者会作出精确的解答，其实这所有的答案都是不准确的。因为问题的提出概念是含混不清的，首先你指的"北京"是仅指城内还是包含郊区？如果是指城内，是明清时期的大城内还是现在的城区概念？其次，你所称的寺庙是问的寺还是庙？因为寺和庙是有区别的。第三，你是问现在北京有多少寺庙还是问历史上有多少寺庙？如果是问历史上曾有过的寺或庙，是哪一个朝代或哪一个历史段落？本书的回答是：即使明确了以上所有提问也还是得不出"北京到底有多少寺庙"的正确答案，因为任何物体和事物都会经历由兴始到衰亡的历史过程，随着历史风云的变幻，一切人间事物都会随之变化，寺和庙是人工建筑，几乎每天都有新的宗教建筑诞生，同样由于人为和自然的原因，几乎每天都有寺和庙垮塌或彻底消亡，历史上不可能有这种瞬间的记录，就是科技发达的今天，也不会有人做出这样精确的统计。如果有人问北京现存多少寺庙？这也是一个难以回答的问题，是指有宗教活动的还是凡有建筑存在的？是指完整存在的还是包括局部存在或仅存遗迹的？是指独立保护的还是包括改做他用的？北京的宗教建筑有着千差万别的现状特征，所以这是一个没有答案的考题。

虽然准确回答这一简单问题十分困难，但历史上也曾有不少有志之士做过大量统计，为我们了解北京寺庙的数量提供了宝贵的线索和捷径。元末文人熊梦祥编写的大型志书《析津志》曾将大都元及以前的寺观、祠堂、庙宇等做过统计，可惜原著早已湮入历史尘霭而无从查找，今天我们见到的《析津志辑佚》，是 20 世纪 30 年代的有识之士从浩繁的史书中节录而成，书中所列寺庙类建筑不过 200 多座。在这之前的辽金史志中的寺庙数量也不会超过这一规模。明代的《帝京景物略》、清代的《日下旧闻考》《天府广记》《宸垣识略》都对京城的寺观庙宇进行过统计叙述，尤其晚清的进士陈宗蕃，1910 年从日本留学回国后，对北京的历史沿革、坛庙寺观、胡同街巷等城市地理等进行了大量研究考证，于民国期间出版的《燕都丛考》对寺庙、坛观及其他宗教建筑的地理位置和规模及民众习俗等进行了大量考证记载，可惜他的研究范围仅限于内外四城，大城之外的郊区毫无涉及。

北平史学研究会的许道龄于民国二十五年出版的《北平庙宇通检》是清之后的一本权威著作，分别对内城、外城和东南郊、西北郊的庙宇坛观进行了详尽的统计整理，根据《北平庙宇通检》的统计，北京内城有庙宇 303 座，外城 258 座，东南郊 33 座，西北郊 348 座，总计 942 座。之前晚报曾有文章评论说这只是北京寺庙数量的一半，做个简单的计算，北京寺庙应有 1000 多座。

日伪时期的 1937 年，由周肇祥主编的《北京地方维持会第五组报告》文件中，佛教寺庙 509 所，道教寺庙 93 所，天主教堂 94 所，耶稣教会 63 所，回教团体 33 所，其他宗教团体 6 所，合计 798 所，显然没有超过 942 座的数量。

根据 1997 年北京市档案馆整理的《北京寺庙历史资料》记载，1928 年北平市特别政府登记的寺庙总数为 1631 座，1936 年北平市政府登记的寺庙为 1213 座，1947 年北平市政府登记的寺庙为 727 座，这逐渐递减的数量，如果没有人为工作方面的疏忽，说明寺庙建筑自然毁坏严重，短短 20 年时间寺庙数量如此锐减，这也从另一个侧面反映了这个时期不稳定的社会状况。

1949 年新中国成立后，社会形态发生了天翻地覆的巨大变化，广大劳动人民急于政治和经济的翻身，尚处在经济恢复时期的北京无暇顾及这些本该重视的文化和文物事业，再加上认识偏差，使得寺庙数量越发减少，几乎没有人认真对北京曾经有过及现存的寺庙进行清理登记。20世纪90年代，北京市社科院组织编写的《今日北京》下卷对北京城区及四郊的坛庙寺观进行了调查梳理，合计270座，佛教、道教、伊斯兰教、东正教、天主教、基督教、儒教等建筑皆尽囊括其中，这是当代最权威的统计数字。

在多年的学习和研究中发现，北京的宗教活动和宗教建筑用"浩如烟海"形容绝非过分，一山十数寺、一条胡同三五个庙的情况比比皆是，北京到底有多少座寺庙类建筑？是每一个北京市民常提及的话题，为了满足大家这个不高的要求，本人决心花几年工夫，翻百本书籍资料，跑遍18区县，一定要弄清楚这个准确数字，昭告我的市民朋友。在数年的阅读和考察实践中，没有找到这个准确数字，却找到了一个犹如非要计算无解题目的可笑之人，这个人就是我自己。北京建城3000多年，建都800多年，宗教活动自始至今就伴随有宗教建筑出现，当然这些建筑走过了由简单到复杂的数千年旅程。在风雨雷电的冲击和人为作用下，一些寺庙被毁坏，另一批建筑又矗立起来，这是一个流水似的历史过程，不可能有一个真正准确数字。郊区农村每村起码有一座庙，有的大村有两三座庙，根据20世纪90年代初的统计，北京有6309个自然村，这是一个大大缩水的数字，如果按每村一座庙计算，郊区农村就有6300多座庙，若连同市区和山野庙宇一起计算，保守的估计北京应该有近8000座庙宇。经过几年的文献摘录整理，梳理出了4315座宗教建筑的历史记录，这只能算是我的一份学习笔记，决不是人们想得到的那个理想答案，仅此而已。

四、汉传与藏传寺庙

源于古印度的佛教于6、7世纪向东北方逐步蔓延传播，进而从西南边陲渗入中国内陆，传入中国的佛教基本分为两大派，即南传佛教和北传佛教，南传佛教传播地区较小，仅在云南部分地区有些影响，北传佛教因所路经地区不同，所融合不同地区的文化因素也有所区别，因而北传佛教又分为汉传佛教和藏传佛教。两种不同教派具有许多相同和不同特点，两者同属大乘教，都承认四法印,皈依三宝,四众弟子都按律受戒等,所不同之处例如汉传佛教是大乘显教派,藏传佛教为显教菩萨乘与密教金刚乘合二为一,两教派由于所处的历史文化背景、自然环境、信众生活条件和习俗不同,因此形成了不同的日常规范、佛教造型、信仰习俗等。藏传佛教明显特征为大小乘兼学,显宗密宗双修,并吸纳本教某些特点,其仪规复杂、神像繁多,传承方式既有师徒方式,又有家族方式,最为明显的是有活佛转世和政教合一的制度,这是汉传佛教所不具有的特点。藏传佛教的寺院与汉传佛教的寺院规模都是大小不等,僧众数量多少不等,藏传佛教的寺院一般由经堂、神殿、辩经林苑、印经院、活佛拉章、僧舍、仓库、执事办公室、客房等组成 其殿堂房舍建筑因所处地区不同,建筑风格也有所不同,在保持藏区建筑特点的同时,也极大融合了汉族地区的建筑特色。

  北京位于中原地区的北部边陲,最初佛教传入速度和修建佛寺的数量,都不及中原地区和长安一带,据有史可查的记载,佛教在东汉时期不仅传入北京地区,而且修建了一些寺庙,因为这些寺庙经过历史风雨的涤荡,也大都几经改头换面或荡然无存,文献记载又极其简单,已经很难分辨得清哪些是汉传哪些是藏传。

  因为北京位居汉地北部边缘,历史上一直是汉传佛教占统治地位,无论从建筑外形、寺庙布局还是寺庙活动都带有明显的汉人汉地风格,其殿舍结构和外饰特点也都承袭了中国古代建筑的风韵。随着蒙古大军铁蹄的迅速南越,蒙古人很快接触到西南藏区的藏传佛教,至元定宗贵由时,藏传佛教中的部分教派开始靠拢蒙古势力,忽必烈定都北京,也把藏传佛教带入北京,之后的元代各帝为了笼络藏区军民,都极力推崇藏传佛教,为了方便藏僧的佛事活动,藏僧来到大都后立即修建藏寺、藏塔,至元九年(1272)修建的大圣寿万安寺(阜成门内白塔寺)、元成宗修建的大天寿万宁寺(今鼓楼附近)及许多的藏式白塔都是在这种政治背景下修建的。大都城内修建帝师塔、藏式佛塔,皇城内外的大小寺院都举办藏僧佛事活动,京城藏僧数量迅速扩大,其风之盛已与汉传佛教不相上下,藏传佛教开始改变北京的佛教领地的数量结构。随着元末政治衰败,喇嘛势力也失去往日辉煌,明成祖定都北京后,希望重兴各种宗教活动,派使臣入藏联络高僧来京,对来京的藏僧不仅给予很高的宗教礼遇，把藏僧安排在条件较好的寺庙里，极大地方便了他们的佛事活动，永乐十一年（1413），板的达喇嘛向皇帝进献五座金佛像，永乐皇帝不仅昭封其为大国师，还下诏专为他在西直门外高梁河北岸修建真觉寺（五塔寺），后来为了减轻朝廷财政负担，明英宗时不得不将大批藏僧迁回藏乡，后来又有皇帝也曾兴发过藏佛，明朝期间基本上藏僧和汉僧各领半边天下。

藏传佛教的真正兴旺发达乃属清代，这些金人后裔们除了信奉原始的萨满教外，就是大力宏扬藏传佛教，清初修建了永安寺、普胜寺、察罕喇嘛庙、慈度寺等，黄寺大街东端原有一座普静禅林，为了迎接藏僧来京，顺治八年（1651），将其重新修葺，殿顶改为最高级的黄琉璃瓦，故名黄寺，第二年藏传佛教领袖五世达赖喇嘛来京朝见，就安排在这座新建成的喇嘛庙里，随之又拨专款在西侧又修建了一座喇嘛庙，为达赖喇嘛专用，这东西、近邻的两座藏佛寺院后来称为东、西黄寺。南海子（南苑）的德寿寺、永慕寺，皇城东侧的玛哈噶喇庙、嵩祝寺、智珠寺、法渊寺，皇城西侧的福佑寺，西郊的实胜寺、召庙，还有长泰寺、圣化寺、宏仁寺、圆通寺、福寿寺等都是清代修建的。京城最为著名的藏传佛寺当属内城东北部的雍和宫，这里原本是雍正皇帝即位前的贝勒府，后改为雍亲王府，雍正即位后三年又改为雍和宫。雍正皇帝去世后，乾隆九年（1744），正式改为喇嘛庙，按规格王府殿顶只能覆绿琉璃瓦，因为这里是雍正皇帝曾居住过的地方，在雍正去世后仅半个月就全部改覆黄琉璃瓦，这里不仅仅是一座喇嘛庙，它还管理着华北和内蒙一带的喇嘛教寺院，有权向那里派遣住持喇嘛，黄琉璃瓦既体现了它的皇族历史，也显示了它作为全国喇嘛教事物管理中心的尊贵地位。这座庙宇当初总占地66400平方米，建筑规模宏大，从整体建筑布局上看，将皇家王府、汉人寺庙建筑、藏式风格融为一体，成为一处极具特色的宗教建筑群，现存建筑由东、中、西三部分组成，主体建筑为南向布局，南北中轴线依次排列着牌楼、昭泰门、雍和门、四体御碑亭、雍和宫（大雄宝殿）、永佑殿、法轮殿、万福阁等建筑，东西两侧有讲经殿、密宗殿、数学殿、药石殿、戒坛楼、班禅楼、永康阁、延绥阁等配殿。乾隆皇帝为了拉拢蒙藏地区上层组织，在许多建筑体的设计上尽量采取汉藏结合的做法，例如喇嘛们举行法事活动的大经堂，在中国传统的歇山顶上设计了五个中间高、四角低的阁楼式天窗，每个阁楼上都有一个镏金藏式喇嘛小塔，殿内正中供奉着喇嘛黄教领袖宗喀巴镏金铜像。最为显眼的是中轴线南部的御碑亭里刻写着《喇嘛说》全文，用满、汉、蒙、藏四种文字书写，这充分显示出清代皇帝对藏传佛教的高度重视。

历史上的北京为地道的汉人集聚地，虽然因地缘关系和政治原因多次进入了一些少数民族，但汉文化始终占据主导地位。汉代佛教传入北京，除部分藏传佛教外，应该说大部分为汉传佛教，所谓汉传，是指以汉语方式讲解和传播佛法的教派，它基本上没有改变原始印度佛教的内容，总的理论基础和修持方法与世界传统佛教思想是一致的。也有一部分根据汉地生活习惯、地域特征不同等原因，对原始佛教部分戒律进行了修改，还有就是由于翻译和传播者的水平原因，使得同一佛教内容做出不同解释，产生了不应有的教义歧化。自元至清的600多年间，北京的宗教社会教发生了重大变化，佛教寺庙种类和数量也发生了很多改型和演进，尤其到了清代，汉传佛教在藏传佛教的挤压下勉强维系，一般情况下，大型寺庙因多多少少与皇家有着千丝万缕的联系，又由于汉传和藏传本来就没有很大矛盾和区别，较多保持了汉传佛教特点，一些小型的尤其民间寺庙，由于条件和水平限制，寺庙性质变得五花八门，不仅发生了汉化，有的到底属于道教还是佛教都分不清，所以要想搞清北京有多少藏传、多少汉传是根本不可能的事情。北京现存的教著名寺庙中，中国佛学院所在地的法源寺、中国佛教协会所在地的广济寺、北京佛教协会所在地的广化寺、佛教音乐诞生地的智化寺等都基本保持了汉传佛教的传统，寺内殿宇及配套都保持中国传统建筑特色，为我们留下了珍贵的佛教文化遗产。

五、北京寺庙的历史年代分布

北京建城3000多年，建都800多年，北京的原始宗教要比建城时间早得多，北京的人文宗教虽然没有3000多年，但比建都时间要早很多年。北京始自东汉的修庙造神运动，1000多年以来始终没有间断过，直到21世纪的今天仍有人借保护文物之风不遗余力地修假庙、造假神，当然其目的比历史上的修庙造神更具赤裸裸的功利性。

过去曾有许多书籍和文章，认为北京最早的寺庙是修建于晋代的潭柘寺。其实早在它100多年前的东汉时期北京就已经有了寺庙，例如密云云峰山上的超胜庵，就是初建于东汉时期的一座佛教寺庙，庙里除供佛外，还供奉着关帝，平谷丫髻山上的砳堂寺（又名宝泉寺或云泉寺）也是初建于汉代，平谷渔子山的轩辕庙，据专家考证，始建年代不会晚于汉代，怀柔喇叭沟门乡北辛店有座佛道儒共存的昙云寺是东汉时期修建的，昌平城西南的香水寺也是汉代修建的，另有资料介绍，海淀西北部的法云寺也是初建于汉代，以上列举的北京几座初建于汉代的寺庙，有的明确记载为东汉时期，有的没有明确记载，我们只能笼统叙述为汉代。这些寺庙有的早已当然无存，有的仅存遗迹。在北京周边地区也有一些初建于汉代的庙宇，距北京较近的易县蟠道寺和蓟县的香林寺都是汉代修建的，这些古老寺庙的存在，起码使北京的寺庙历史又上推了百多年。

据统计到的4000多座"寺庙"中，建庙最多的历史时期是明代，内外城及四郊共有1045座，这些寺庙修建于明代的各个历史时期，数量尤以明中期为甚。按照寺庙数量排序，其次为清代908座，元代177座，辽金117座，隋唐为78座，民国时期40座，汉代6座，魏晋时期4座，后梁和北齐各1座。按历史纵轴排列，北京修建寺庙的数量呈一个立着的枣核形，明代是枣核的最大直径处，向上向下的直径渐小。从以上排序数据可以看出，北京的宗教旺盛期为辽金至清代这900多年间。从这里我们可以看出，这与北京都城的政治地位有直接的关系。由契丹人建立的辽政权，主要控制着白沟河以北的地区，他们把北京做为陪都只经营了100多年，女真人建立的中都城也只有几十年，他们初入中原，对汉人汉地习俗了解不够，丰盛的物资、优美的自然环境深深吸引着他们，希望永远也不离开这方宝地，急需一剂掌控汉人汉地的灵丹妙药，这就是利用宗教麻醉人民群众，于是大力鼓励修寺建庙，所以寺庙数量比国力和文化发达的隋唐时期还要多。

蒙古人用武力占领燕京城后，遇到同样的问题，这个时期不仅道教佛教盛行，外域的基督教、伊斯兰教和东北的萨满教也都纷纷表示要在大都成建庙宇，但忽必烈眼中，佛教作用最大，于是出资鼓励兴建佛教寺院，道教、儒教和其他洋教虽不阻挡，与佛教相比数量上有较大差距，所以在元代修建的177座庙宇中佛教所占比重较大。

明代是统治北京的唯一个汉人封建王朝，不仅时间最长达276年，而且这个时期文化最繁荣、经济最发达，朱氏王朝比以前几个来自草原的民族更懂得汉人，以汉制汉，百灵百验，在封建王朝的宣传鼓动下，官家、民间都修建寺庙，这个历史时期修建的寺庙达到1045座。在官方修建的庙宇中，佛教数量较大，但这个时期民间合村及行业或家族修建的庙宇数量大增，民间庙宇的特点是基本不太注重何种教派，哪路神仙与人们的生产生活有帮助，就修建什么庙宇，供奉什么神，所以民间庙宇以道教为主，致使道教庙宇总数量略高于佛教庙宇。

中前期的清王朝虽然国力仍很强盛，无奈封建王朝的命运快要走到了终点，无情的历史像一把锋利的镰刀，再旺盛的庄稼、再长的地垄，终有一天要被镰刀割倒放平，到了清晚期，朝政腐败，外敌赤裸裸入侵的同时，大量基督洋教堂在京城矗立起来，在我们统计到的71座基督、天主和东正教堂或教会中，不清楚年代的有45座，清楚年代的有26座，其中清楚年代的26座教堂中清代20座，占清楚年代的80%，明代修建的3座，民国期间修建的只有海淀泄水湖一座基督教堂。清末国力衰败，民怨四起，腐朽的封建统治者已经自身难保，北京城就像乱了营的蜂箱，清王朝虽然统治北京也长达200多年，但后期已经无力关注宗教这只软武器了，清代修建的"寺庙"只有908座。

封建皇帝倒台退位后，各种政治和军事势力竞相登台亮相，企图瓜分中国政权，这个时期西方的科学思想也进入中国，反帝反封建的浪潮一浪高过一浪，旧势力没有精力关心什么宗教，新的科学思想反对迷信和唯心主义，宗教势力成了荒草田里的几棵霜打的稼秧，民国期间只修建40座寺庙，旧有的寺庙也无人修葺而逐渐荒圮，这个时期是北京有史以来修建寺庙最少的阶段。

北京的清真寺与其他宗教有着明显的区别，教徒成分单纯，人数稳定，与官家牵扯较少，相对社会矛盾也少，民国时立法承认并保护伊斯兰教，封建时代不被重视的伊斯兰教团体取得了应有的社会地位，使北京的伊斯兰教会逐步发展成为全国的伊斯兰教中心。这个时期北京新建的教堂有鼓楼清真寺、天桥清真寺、米市胡同清真寺等。最为特殊的贡献就是始建了清真女寺，这不仅为女性伊斯兰教徒进出教堂提供了方便，也是女性地位提高的显著象征。

六、宗教和寺庙

（一）寺和庙

在我国浩瀚灿烂的文化百花园中，有一种历史悠久的文化叫宗教文化；在我国博大浩繁的建筑群中，有一种建筑叫寺庙。寺庙与宗教是一对天生的鸳鸯神。何为寺？何为庙？在最权威的典籍解释中也很难找到满意的答案。古代指官吏办公场所为寺，在影视中常见大理寺这一官署，它是北齐始置的九寺之一，负责中央级的刑事审判，明初将大理寺与刑部和都察院合称三法司，有点像今天的公检法机关。《辞海》（上海辞书出版社1979年缩印版）对与宗教有关的"寺"条目中解释为：僧众供佛的场所，僧人所居称寺，道士所居称观。佛僧所居或从事佛事活动之地称为寺，也是来源于官署这一概念，汉代时佛教传入中国，为了表示朝廷对佛教及僧人的尊重，将远方来的传教士安排在官署居住，之后演变为凡僧教供佛及从事佛事活动的地方都称为寺。东汉永平十年（公元99）汉明帝邀请印度高僧摄摩腾和竺法兰来中国传法，在官署鸿胪寺热情接待，并安排暂住。第二年，又在洛阳雍门西面修建了几座专供印度高僧居住的房屋，这些房屋也称为寺，可见佛教地位之高，因为从印度带来的经书是用白马驮来的，所以这座寺院称白马寺。后来，寺又衍生或翻译出香刹、寺院、禅林、香院等佛教建筑名称。

但在现实生活中寺的概念并非如上一种解释，例如清真寺既不是道士居住地，又不是僧人供佛的场所，也称为寺。清真寺由阿拉伯文 Masjid（麦斯吉德）翻译而来，意为聚会礼拜的地方，在我国也称为礼拜寺、礼拜堂、真教寺、清修寺、回回寺、回回堂等名称。伊斯兰教是穆罕默德创建的，清真寺是穆斯林教民从事庆祝宗教节日、供教民参谒祈福之地。虽然也是从境外传入，但与佛教的寺有着完全的区别。

在中国庙的历史比寺更早，在词典中虽然对与宗教与有关的"庙"解释为：旧时奉祀祖宗、神佛或前贤的地方。起初的庙是专供祖宗神灵之所，故又称宗庙。而庙堂专指朝廷。习惯上皇家的祖庙称为太庙，百姓家庙又称祠堂，有些名人或先贤的庙也称祠堂。在原始意义上寺是纯宗教性质的产物，庙本与宗教无关，但词典上的解释又把"神佛"混在一起，神是纯中国道教概念，佛是外来文化产物，这样就把庙的概念又与宗教扯到了一块儿。在所有的字典和辞典中都没有"寺庙"这一条目，这说明寺和庙不是一种事物，不属于同一类建筑。但在现实生活中，人们只要见到与神灵、僧佛、宗祖、先贤等有关的房屋都称为庙。孔庙是祭祀孔子及其弟子的祠堂，它与宗教毫无关联，通常生众也把它与所有供神佛的寺或庙视为同类事物，虽然我国还没有承认儒教这一教派，但也有部分著作强烈地将其列为儒教论述。道教建筑多数称为观，但在中国的道观中常有佛出现，佛寺中也常见到道神，外来佛教和本土道教已经深深融合在一起，在百姓眼中，佛即道，道即佛，所以道教建筑也可以称为庙。这第一可以认为生众百姓缺乏宗教常识，也说明世界上没有绝对"纯粹"的事物，任何事物总是发展变化着的，既有个性区别又有共性关联，两者互为渗透。至于像天主教、基督教、东正教等这些因传入较晚，被称作洋教的宗教建筑叫教堂，也有时被叫作庙。民国18年，北平特别市政府发布的《监督寺庙条例》第一条定义："凡有僧道住持之宗教建筑物，不论用何名称均为寺庙。"这就给我们的理论和文字专家们提出一个严格问题，究竟何为寺、何为庙尚需进一步斟酌定义。根据现实生活中寺和庙说得清又道不明的实际情况，本书所称的寺庙为广泛意义上的概念，或者称为类宗教性建筑，而不是原始严格意义上的寺和庙。

（二）宗教

在《现代汉语词典》（商务印书馆，1988年版）对宗教的解释为："一种社会意识形态，是对客观世界的一种虚幻的、歪曲的反映，要求人们相信上帝、神道、精灵、因果报应等，把希望寄托于所谓天国或来世，从精神上解除人们的武装。""上帝"是西方洋教（基督教等）推崇的偶像，"神道"是中国道教等向人们灌输的主要精神大餐，"精灵"是鬼怪的再身，基本属于道教的概念，"因果报应"是佛教教义的精髓。宗教既然是虚幻和歪曲客观世界的一种意识形态，它涵盖的社会精神意识绝不只是佛、道、基督几种教派的教义精神，在北京4000多座类宗教的建筑中供奉的神灵偶像和宣扬灌输的精神意识远远大于以上解释，这些观念历史渊源既悠久又繁杂，也绝不是用唯心和唯物两种理论诠释得了、解决得了的。

宗教是个世界性文化现象和社会现象，没有哪个国家不存在宗教问题，没有哪个民族不与宗教相关联，全世界60亿人口中信教群众过半，他们分布在数百个宗教组织中，部分人相信已经进化了的人文宗教，部分人相信自然宗教，少数偏远落后地区信徒仍停留在原始状态下的宗教习俗。在中国这块古老的土地上曾经并正在流行佛教、道教、伊斯兰教、基督教、天主教等教派，来源于更加古老的巫教的萨满教虽然作为一种教派组织已不存在，但它的习俗和影响仍在农村和边远地区深深扎下根。有统计数字说，中国信教群众高达1亿之众，其中信仰伊斯兰教1700多万人，信仰基督新教100多万人，信仰藏传佛教800多万人，信仰天主教400多万人，信仰南派汉传佛教150多万人（1996年统计资料），北派汉传佛教因信众广范无法统计具体数字，另有些虽不具备完整宗教形态，但有某种信仰及不去寺庙的信众数量也很庞大。凡中国曾经有过的宗教北京几乎样样都有，北京的信教群众有就其数量、密度、规模及与历朝历代统治阶级关系密切程度讲，是任何地区无法与之比拟的。

宗教既然是一种意识形态，当然也是人类文化的一部分，是社会万象中的一枝耀眼的花朵，它和任何一种文化现象一样，都是客观世界在主观世界中的一次"再版"，只是每次再版由于时间不同，或者因民族不同、地域差异而显现出不同的影像，尽管是扭曲或颠倒了的影像，它也是一种事物的两种"版本"不同而已。

宗教来源于原始的巫教，巫教的产生与地球及宇宙空间当时的自然状况有着极其密切的关系，许多例如生死、昼夜、冷热、风雨雷电等自然现象不可能作出科学合理的解释，于是各式巫师应运而生，他们编造出种种预言咒语，进而施展阴招巫术，笼络获取人们的信任，从而稳定他们氏族的经济和政治权利。由于生产力的进步和发展，逐步形成了有系统的理论和组织活动，这就是有多神信仰的原始宗教。经过数千甚至上万年的蹉跎岁月，许多宗教组织也逐渐成熟起来，他们有了明晰的教义和严格的规定，他们的活动场所及其标识也逐渐趋于正规，他们的活动也更加完善有序，一枝枝宗教文化之花盛开在世界各地，北京的宗教文化也经历了蹉跎岁月的考验，生生不息地根植、繁衍在这块古老的土地上。

根据我国的实际情况，我国宗教管理事业目前只有佛教、道教、伊斯兰教、基督教、天主教五种教派组织，新中国成立后曾有过东正教组织，后来因人数锐减而几近消失。也有些类宗教性质的有形或无形的事物，例如由儒家理论学说形成的组织和活动、对某些特殊人物或人群的祭奠和崇拜，民间对某些认为会对人形成影响的生物、自然现象等的信奉活动等，有些信奉既不属佛教也不属道教，或二者兼有之，其规模和活动范围尚形不成宗教派别，当然也不归属宗教管理机构管辖，我们暂把这些现象、活动和有形建筑都纳入类宗教性事物讨论。

（三）宗教与寺庙

宗教与寺庙在形态上是完全不同的两件事物。初期的宗教信仰并没有任何专门的处所，更没有后来那么辉煌复杂的建筑物，大都在其居住或生活地议事，或搞些简单活动。例如早期的道教在教义和仪制方面还很不成熟，也没有道观和其他专门活动场所，一些不定期的活动则在家里进行，后来有了专门的处所也很简单，称为庐和静室，南北朝时称为仙馆，北周时已有了观的称呼。产生于巫教的萨满教是部分民族信仰的宗教，没有创始人，没有严密的组织形式，也没有脱产的巫师，活动场所很随便。在佛教的诞生地印度，早期的佛教建筑也并不是今天我们在北京所见到的寺庙那么复杂，一般是在石壁上开凿石洞供奉佛祖，简单的石窟只有一间方形小洞，洞的正面开一个门，洞内三面凿刻佛像，洞内面积仅能容纳僧人打坐。还有一种面积较大的支提窟，洞中正面后部立有石塔，前面可供僧众从事佛事活动。佛教刚刚传入中国时，寺庙也没有那么复杂正规，中国为礼仪之邦，为了表示对传教徒的友好与尊重，把接待高僧居住的地方称为寺，因为在秦代时官吏治所称为寺，后来凡是和尚居住及从事佛事活动的地方都称为寺，随着封建制度的巩固和发展，佛教受到封建统治阶级重视，佛教建筑规模越来越大，建筑形式越来越复杂，豪华程度越来越高级，逐步与中国文化融合，出现了中国化的佛教建筑。五大宗教之一的伊斯兰教堂在中国称为清真寺，在创教初期，也没有专门的礼拜场所，穆罕默德迁徙麦加后的礼拜场所就是一座有围墙的院子，院子四周有先知妻室及其他人居住的棚屋，教徒门在这个院子里作礼拜，商讨本教和其他社会方面的重大事项，后来随着穆斯林军对外征战的不断胜利和所占领土的不断扩大，凡有穆斯林教民居住的地方都建有礼拜寺。伊斯兰教传入中国后，渗透着中国元素的清真寺逐步在南北各地建立起来。在五大宗教中，尽管伊斯兰教教民数量占首位（1996年为1700万人），但因为伊斯兰教对入教身份要求严格，而且始终没能与统治阶级取得有效结合，所以清真寺教堂规模一直没有像佛教寺院及道观那样大的规模，基本样式也没有太大的变化。惯指"西方洋教"的基督教和天主教本出一家之门，自7世纪开始就拍打中国大门，宋、元、明、清时期又几次锲而不舍地挤进中国领土，传播基督精神，并修建西方式教堂。基督洋教创建于1世纪中叶的巴勒斯坦，起初也没有什么像样的教堂，只有简单的石刻像和临时聚会点，后来又有了尖顶的石雕纪念亭。唐初基督教战战惊惊闯入中国时，不敢公开承认自己的真实目的，披着佛法的外衣进行小组织活动，当然也不敢修建什么洋式教堂，只好修建一些类似佛寺的小型所谓教堂。元代时出现的天主教堂和东正教堂基本上还是采用中国古典建筑形势。明末基督教第三次来华，澳门出现了大三八教堂，利玛窦在北京宣武门外也建起了具有中国传统样式的礼拜堂，一座座尖顶欧式洋教堂大模大样矗立在中国城乡土地上。肩负重任的利玛窦当初来华时，小心谨慎地研究了中国的历史和文化，采取了"传道必先获华人之心"的战术，不敢擅自修建洋式教堂，在民宅和旧有寺庙里向北京人传教，后来才敢把中国传统建筑稍加洋式改造，作为简单教堂使用，到了18世纪初的清前期则大大方方将十字架立在完全欧式教堂尖顶上。

人间社会由客观和主观两个世界组成，每个人都游弋于这两个有形和无形的世界之间，而且要受这两个世界的支配和影响。五彩缤纷的客观世界里的万物生灵都离不开阳光、空气和水这三大基本要素，阳光和空气是人们无法选择和掌控的,只有水和人是可以互动和相互影响的,水是万物生灵的根本源泉,有了水才有动植物和人类,才会有后来的建筑和衣食,没有了水就不会有灵动鲜活的生命,所以说水是支撑客观世界唯一人类可掌控的要素,北京城傍水而建、依水而生,每一个北京人无时无刻都不能离开水。而支撑主观世界存在和发展的是信仰,如果人们失去了信仰就失去了灵魂。宗教的推崇者们为了让人们永远相信那个摸不着的"神"的存在,于是就修建了各式各样的宗教建筑,寺和庙(广义)。所以我们抓住了水就抓住了客观世界的根本,抓住了寺庙就找到了寻找主观世界源头的捷径。我们有了这两件法宝就会明了如何应对人世间的万象万物。

不管是本地道教还是外来的洋教,或者是类宗教式祭奠活动和组织,教义、教徒和宗教建筑是体现宗教存在的三大要素,我们泛称的"寺庙"(宗教建筑)是进行宗教活动的必备场所,任何宗教建筑都是由无到有、由小到大、由简单到复杂,这种发展变化不仅大大丰富了中国传统建筑宝库,也留下了一大笔宗教文化遗产。

七、寺庙是什么

寺庙是寺和庙的组合概念,寺和庙同根非同源。寺庙是有形建筑体,寺庙是人为修建之宗教活动场所。

宗教是一种意识形态,当然也是人类文化的一部分,是社会万象中的一支耀眼的花朵,它和任何一种文化现象一样,都是客观世界在主观世界中的一次"再版",只是每次再版由于时间不同,或者因民族不同、地域差异而显现出不同的影像,尽管是扭曲或颠倒了的影像,它也是一种事物的两种"版本"不同而已。

信仰是主观世界里极其重要部分,如果人们失去了信仰就失去了灵魂,就会混同于猪狗牛羊,社会就不会有发展和进步。信仰是什么?是灵魂深处那挥之不去的追求和精神依靠,客观世界里有许多人类未知的万象万物,而在主观世界里又一时找不到答案,于是最原始的宗教信仰应运而生,它可以安抚人们的灵魂,给人们信心和继续生活下去的力量,它可以使得周围世界

和谐安宁,当然除了宗教信仰外,后来又出现了许许多多科学或似是而非的信仰和理论。宗教的推崇者们为了让人们永远相信那个摸不着的"神"的存在,于是就修建了各式各样的宗教建筑,寺庙里的神可以游走于阴阳两界间,将天地人串通为一体。寺庙就是天地两界的分界线,是天上的神在人间的宿营地,是人与神的联谊站,在这里神可以了解人间万象,人的灵魂可以得到升华,可以求得精神抚慰和心灵的安宁。

宗教与寺庙在形态上是完全不同的两件事物,宗教是无形的抽象概念,而寺庙是有形的具体建筑物,两者都有一个共同的主宰对象,这个主宰对象就是客观世界里的人。人即是信仰和意识的宣扬者和践行者,又是宗教建筑的修建者和信奉者。人与神只差"鬼门关"一步之遥,生者为人,死后为神。活人修建寺庙、制造神鬼,死后变成神鬼藏在寺庙里愚弄活人,这种轮回战术催生了生生不息的宗教文化。当然也有"活神仙"的个例。无论是"活神仙",还"死神仙",他们在人间都享有一份"家产",这份产业就是我们统称的寺庙建筑。无论这些宗教建筑规模多大、构造形式如何、供奉什么神灵、管辖部门有何不同,他们都是宗教信仰的承载体和外在表现形式。

寺庙的主人名义为各种"神仙",进庙的人都要磕头膜拜、焚香纳贡,但神仙是收不到任何礼品的,所以寺庙的真正主人是活着的人。

大众常见主人之一为寺庙里的僧人、道士、神职人员等日常管理者,他们是寺庙的日常维护管理者,又是宗教精神的直接传播者,他们的部分生活及管理费用即取自这些香火费。第二种主人是和尚道士等的上级管理单位,他们代表政府行使对宗教场所的管理处置权和宗教事物的管辖权。第三种主人是大众难以知晓和见面的股份投资人,他们不懂也不关心何为道教、佛教,也不想明白天主教和基督教有什么区别,只关心游客的数量和门票的多少,这些人与博大精深的宗教精神毫不沾边,他们像幽灵似的神出鬼没,像神仙般不劳而获。还有一种神秘"主人"就是那些超级香客,他们中有大腹便便、腰满肠肥的"上等人",他们一掷千金,在庙里刻碑流芳,他们调动和尚道士为他们全家的功名利禄康寿作道场佛事、为他们祈祷。另有一种"主人"因为拿了黑钱或做了恶事,企图恳请神灵为他们消灾赎罪,前不久媒体报道,有一位高贪不断有黑钱进账,每进一笔黑钱就在家向金佛爷谢恩一次,这些披着革命干部外衣的佛门贼臣逆子真的信佛吗?

在向庙里捐钱的香客中,人数最多、累计金额最多的是那些善良的平民百姓,他们中不乏低薪甚至吃低保者,有的不远千万里携老牵幼向神灵效忠,那些泥胎木雕能保佑他们吗?连他们自己也不清楚。还有一些单纯可怜的年轻学子,把考学、前途的宝也押在这些泥塑雕像上。真正出于为了保护文物、宏扬传统文化,资助宗教事业的人恐怕微之又微、少之又少,可怜天下穷人心,可怕愚昧加无知!宗教信仰有个人自由,我们的宣传机构和能写出几篇文章的智者,多多宣传科学人生观,千万不要成为金钱的买办和吹鼓手,忽悠欺骗善良的人们。

那么,是不是不要向寺庙送钱呢?否也。寺庙是极其宝贵的文物,它承载着悠悠五千年灿烂文化,寺庙建筑有辉煌的人类智慧结晶,体现了中华文明的博大精深,在走向现代化的征途上尤其需要大力继承这一笔历史遗产,宏扬传统民族文化,认清中华文明之根、之魂,大力保护所剩无几的珍贵宗教建筑,让历史为现代和未来服务、导航,动员所有社会力量出谋划策、捐资出力,在正确的舆论指导下,取得保护文物和思想建设的双赢。

明代北京营建中的烧造

首都师范大学历史学院　王毓蔺

内容提要：本讲座依据现有研究成果，初步对明代北京营建中的烧办供应范围和烧造构件分类、前后烧造地域的空间变化、烧办方式之变迁、烧办过程、烧造规模、经费筹措等诸问题进行了考察，并对烧造对明代社会的影响进行了初步讨论。

明代北京城的营建，是中国近古以来最大规模的都城营造范例，在中国城市发展史上，具有重要的历史意义和研究价值，留下了众多值得关注的城市形态、城市演进等涉及城市历史地理和城市史研究的相关问题。有关明代北京营建中的物料采办和供应，即是以上众多问题中饶有意趣的一个研究方向。有明一代的北京营建，曾征办了巨量的砖、瓦、琉璃等烧造物料，其规模之大，历代罕匹。本次讲座即关注于物料采办中的烧造一项。

明代北京营建中的烧办，主要系指供应北京营建中官式建筑（宫殿、苑囿、城垣、坛庙、仓场、中央官署、营房、山陵等建筑）所需之砖、瓦、琉璃等建筑材料构件的烧造、征调、贮用等系列过程，这一过程贯穿了北京作为明代都城之确立、营建、展拓、巩固、维护等一系列进程，从永乐初年一直延续至明亡，甚至在清朝建立后仍基本循明制烧造不已，其影响可谓深矣。中间经历了永乐至天顺朝前期烧造时期、成弘间小规模烧造时期、正德至万历间大规模烧造时期、启祯间小规模烧造时期四个烧造时期。

其烧造地域，以明代地域划分，大约涉及山东、河南、江西等布政司和南、北直隶以及河南、山东都司、中军、右军都督府直隶诸卫、南京亲军诸卫、南京五军都督府诸卫等处；以今行政区划相对照，大致涉及今山东、河南、河北、江苏、安徽五省之大部、北京、上海、天津三市部分地区及江西省个别地区。其前后烧造地域的调整，随烧办方式的变迁，逐渐由永宣时期遍及黄淮海平原、太湖流域及长江下游江南丘陵的河南、山东、南、北直隶、江西等上述布政司、都司卫所等沿水道便利烧造地方，到嘉靖中期以后烧造基本上集中在以临清为中心的城砖烧造、以苏州为中心的金砖烧造、以京师琉璃厂为中心的琉璃烧造等数处烧造中心。

其烧办方式，约略可划分为官办烧造（军卫、地方、官窑、抽分）与商办烧造（召办、召买）两大系统。随着中后期地方烧造银征收的固定，召办烧办渐成为最重要的烧办方式。

其烧办过程大致分为烧造、勘验、运解、贮用等环节。烧造是整个营建烧办过程中最重要的环节，即把各种坯料经过制坯、烧制等系列工序，制成砖、瓦、琉璃之过程。勘验即验收烧造出窑之砖、瓦、琉璃等构件之过程，勘验在不同烧办方式下其处理方法不尽相同，但最终目的都一样，即为营建选出合格之烧造材料。运解即将烧造料件从各烧造处输运之京师或营造工所之过程。不同时期和不同烧造料件，其运输方式和运解形式亦间有调整或差异。大体而言，以运输方式言之，则分为水运及陆运两种方式，水运以舟船为之，陆运以车输或人负为主；以运解形式言之，则分为顺带、雇运及罪囚运解等数种。贮用即将各地输京之砖料及在京烧造之砖瓦、琉璃等料件收贮于在京砖厂并发运至营建工所使用之过程。在京诸砖厂主要有通州砖厂、张家湾料砖厂、大通桥砖厂及城内之方砖、铸钟等厂。

其烧造规模及经费筹措，据现有资料粗略估计，有明营建北京以来的烧造规模，砖料当在3亿块以上，仅明北京内、外城用砖量之估计当在4200万块以上。其年例料砖经费当在白银240万两以上，主要由河南、山东、南北直隶等各地方以年例烧造银的方式逐渐固定并摊入地方田亩或门丁银中题派缴部，由临清等烧砖地方赴部领给。明中后期以来的赋役制度变革，直接导致了烧造经费筹措方式和渠道的变化。

以之审视明代北京营建烧造在中国古建史上之地位，当为中国古代都城营建史上最大规模的烧造。如此大规模、长时段的烧造，客观上促进了地方官府及民间建筑使用砖瓦料的趋势，掀起了中国近古以来地面建筑材料变革的序幕，从某种程度上或可视为社会经济发展的一个标志。在砖料输运至京的过程中，强制无偿沿河顺带砖料之法，对明代漕运制度破坏甚大。同时，明代中后期以来的临清烧造及顺带砖料制度，亦是除运河区位优势之外，临清城市及商业贸易得以迅速发展的重要因素之一。

宣南值得纪念的地方

北京市文物保护协会理事　王克昌

　　世界上最大、人数最多的马列主义政党——伟大、光荣、正确的中国共产党走过90年艰苦的道路。学习和考证党在京城秘密从事革命活动的地点和壮大组织的过程，从而宣传党的历史，教育广大群众，维护重点文物保护单位，增强文物保护意识，是件十分有意义的工作。本人作为原中国文物学会会馆研究委员会理事、市文保协会理事，经过40余年的收集、整理、学习宣南党史资料，积极开展爱国主义和革命传统教育取得可喜的成绩。中央电视台、北京电视台、北京电台及报刊数十次报道笔者开展的活动，荣获公安部消防局颁发的锦旗、全国十佳少先队志愿辅导员候选人称号。担任宣南文化博物馆顾问等多项职务，参与编写三十余册书籍。下面简述宣南一带革命遗址、名人故居、伟人事迹、名胜古迹以纪念建党90周年。

　　1. 慈悲庵。京城南城一带曾是风景秀丽的郊区，自然风光十分幽美。早在春秋战国时期就聚集着人群。从出土的井圈、唐壁画（首都博物馆藏品）、铜器可以得到证实。尤其清初大臣江藻在此主办烧窑，进起江亭，后改称陶然亭，许多诗人、骚客、作家、画家在此晏请，赋诗填词作画，成为南城一大胜地。这些名士没资格闯进皇家园林游玩休闲，陶然亭、什刹海就成为他们经常涉足的地方。在众多诗人、官员之中尤其以林则徐、龚自珍、秋瑾、康有为、梁启超、鲁迅最为显著。林则徐还在此处留下著名的对联："似闻陶令开三径，来与弥陀共一龛。"清末，此处杂草丛生、坟茔成堆、污水汇积，十分荒凉，常常成为人们自杀的场所。从另一方面看，荒野深处远离闹市是革命者相聚、接头的好场所。近代重要的改革举动——戊戌变法，康有为等人在此秘密相聚。1920年1月8日上午，毛泽东与邓中夏、罗章龙、王复生就在此研究驱逐湖南张敬尧军阀的会议。1920年8月16日9:00-12:00，李大钊、周恩来、邓颖超、瞿秋白、邓中夏、张申府等23人在此商讨大联合事宜。1918-1920年，毛泽东和地委书记赵世炎长谈于此。赵世炎烈士生前诗中写道："相识不为久，相知肝胆披，犹记陶然亭，对坐从谈诗，令人争自由，摆脱古人羁，成功在尝试，推陈出新奇。……抒情且达意，感人心脾。列宁论文艺，时将党情提，反帝反封建，认明作主题，展开阶级斗，拔白树红旗……写诗寄润之……"这首题为《怀润之》的长诗，记录了赵世炎和毛泽东一段友情，描绘了他们在陶然亭促膝谈心，议论学习马列主义理论的体会，商谈建党的情形，是极为珍贵的诗作，是烈士遗作中的珍品。1921-1923年，李大钊长时间居住在慈悲庵西南角两间普通房子里，接待邓中夏、高君宇、恽代英、秦德君诸人商讨少年中国学会和建党后的支部工作。

为了弄清毛泽东在陶然亭慈悲庵商讨驱张运动，笔者几次拜访在陶然亭松树下合影的罗章龙，他具体介绍开会的情形和出席会上的名单。为弄清1920年8月18日上午在慈悲庵召开大会的情况，笔者走访大会会场拍摄者谌小岑先生，以便搞清楚重要会议的史料，准确地为听众表述珍贵史实。

2. 高石之墓。在北京的公园里唯一安葬中共建党初期的优秀党员、党的创始人遗骨的地方，那就是陶然亭公园中心岛上的高君宇烈士墓。笔者在现场向中小学生、成人宣讲至少150场，五六万名听众。这里的高君宇、石评梅之墓是北京重点文物保护单位、北京市重点爱国主义基地。由于长时间接触一大时期党员高君宇事迹，对于这位见过列宁、听过列宁讲演的孙中山秘书、毛泽东在北大学习新闻学的同学，周恩来、邓颖超结婚的牵线人，彭真同志入党的介绍人、山西省第一位党员、北京社会主义青年团第一任书记、李大钊的得力助手、中共著名的理论家高君宇（1896.10.22-1925.3.6）烈士有较深的了解。同时发现社会上媒体上不实的说法，现场上也看到不妥的做法。下面简述如下。

（1）高君宇于1925年3月6日凌晨0:25去世，终年不到29岁，在协和医院有病历为证。但是，这里大型碑文中却镌刻着3月5日病逝。尽管修改过碑文，但截至2013年，在陶然亭公园管理处公开的文字介绍中仍写5日。

（2）高君宇的夫人称李梅心。不应称在他身边安葬的"五四"时期著名的诗人、作家、高君宇的女友、北大马克思学说研究会成员石评梅（1902.9.20 - 1928.9.30.2：15）为夫人。

（3）在献花圈、花篮的缎带上不应称石评梅为烈士。称烈士应需有关部门的证件。

（4）缎带上的右侧不应书写献花圈花篮的名称。

（5）两座墓碑并非原物，原物安放在慈悲庵。

（6）墓碑上有"我是宝剑，我是火花，我愿生如闪电之耀亮，我愿死如彗星之迅忽。"彗星即扫帚星，许多讲稿上、媒体上、书籍上书写"慧星"。

（7）一些媒体上称，此诗为德国海涅的名诗。笔者细查海涅的原文，证明此诗是高君宇生前书写的，并写在一张珍贵的照片背面。前两句是引用海涅的诗句。

（8）高石之墓自 1925 - 1928 年在此安葬，并不是一直在此安葬。1952 年，曾移至北京南郊。在彭真市长的督促下移回原处。

（9）高石的棺木在此安放。"文革"时遭破坏，两位情人遗体被火化后，高的骨灰在此安放，石的骨灰在此并没有。

还有种种不实的传闻。

在料理高君宇丧事中，这位烈士的战友张叔平（1897 - 1928）。他不仅参与高的追悼会，还执烈士遗物、挽联在烈士家乡太原主持追悼会。后来，党组织把他调到杭州工作，因叛徒出卖不幸被捕。他和七位战友押赴刑场。七人倒在血泊之中。敌人狞笑："张先生，这就是你们共产党人的下场，此时有何感想？"他大义凛然："野火烧不尽，春风吹又生，共产党人是杀不完的……"敌人用铁钉把他的臂钉在墙上，又穿过脚心钉在地上，他高呼口号。在纪念高君宇的现场，讲述曾留下张叔平烈士足迹的优秀事迹，打动不少人的心弦，在听众中树立共产党员的崇高形象。

3. 鹞儿胡同 5 号侦缉队所在地。前门大街南路西的鹞儿胡同 5 号在光绪年间是中城正指挥署所在地。民国时期改为公安局侦缉队公署，是临时关押政治犯的魔窟。五四运动以来关押过许多爱国学生、优秀的共产党员，并在此受刑、受残。革命者吃尽了苦头。这里的马汝麟队长是杀人不眨眼的魔鬼。

许多人不敢得罪他,常常被他打得死去活来!但是,坚强的革命者不听他一套,与他面对面地斗争。在这里受过刑的有毛泽东、周恩来的战友黄爱,周恩来、邓颖超的战友马骏,中共重要的创始人、朱德、周恩来的入党介绍人张申府,中共第二位女党员刘清扬,以及韩幽桐、张国焘、杨子烈诸人。还有传奇式人物燕子李三。笔者多次带领中小学生来到新中国成立后成为公安局宿舍的5号院,当场讲述老一辈无产阶级革命家在这里的斗争,使人们身临其境,深刻体会先烈们的崇高品质。

4. 纪晓岚故居。珠市口西街241号路北的故居是北京市文物保护单位。保护的起因是清代乾隆年间一位重要的大臣、《四库全书》总纂官纪晓岚(1724-1805)数十年在此居住。为保护它,扩修两广道路时在这里向南有个弯度,多使用经费7000多万元。现在正在修筑地铁7号线,也多使用众多经费,以保护这座宋代岳飞后人遗留下来的房产。在数百万人参观这座故居时,很少有人知晓这里曾经是中国共产党优秀领导者会聚过的地方。在北京中共党史上团史上很值得大书特书的地方。为了巩固统一战线,扩大政治影响,团结各阶层人民,中共提出国民会议运动,得到孙中山的支持。1925年1月,国民会议促成会在京成立。大会的报名地点、北京促成会筹备地点设在纪晓岚的阅微草堂。在这里留下足迹的有李大钊、赵世炎、张国焘、王尽美、苏兆征、邓培、高君宇、李立三、项英、恽代英、黄日葵、何孟雄、胡鄂公、向警予、邓颖超、夏之翙、石道璿、张锡瑗、陈毅、刘清扬、于方舟、邓中夏、郭亮等,以上均为共产党员、共青团员。人们看,这是否党团员汇集的地方?当然,这里也有国民党人士,如路有于、汪精卫、李石曾、于右任、林森诸人。这里成了国共合作的大本营!以李大钊为代表的共产党人,团结国民党人士顺利地召开了促成会,迎接革命运动高潮的到来。

特别值得提及的是受毛泽东表彰过的刘少白先生于1928.9-1931.9在此秘密居住。他的子女、亲属优秀的共产党人刘亚雄、刘竞雄、陈原道、安子文在此留下过足迹。这里曾是在上海的中共中央寄给河北省委经费的转运站。1931年,由于叛徒赖德等人出卖,刘少白家遭搜查,并设下特务"蹲坑"。到这里联系工作的杨献珍、刘锡五不幸被拘捕,在门口放哨的陈赓免遭不幸。两人被捕后,押往鼓楼东帽儿胡同警备司令部遭到非人的待遇,许多革命者致残。在纪晓岚故居发生的惊心动魄的地下斗争,常常使听众深感中国共产党创立后的艰难和伟大。

5. 天宁寺塔下的烈士遗骨。雄伟壮观的天宁寺塔屹立在广安门外,护城河畔。它兴建前这里耸立着坚固的木制塔刹。由于天灾等原因,广安门一带木塔林立的寺院多次起火,许多木塔不复存在。在1119年农历五月二十三日辽代皇帝(南边为北宋徽宗执政)命人兴建,它至今已有895年了!它为全国重点文物保护单位,是北京城里最老最高的砖塔,最新测量高度为55米了。本文要讲述的是优秀的共产党员、《京报》主笔、资助过毛泽东的邵飘萍烈士(1886.10.11－1926.4.26.4:20)的遗骨曾在此浮厝几十年!轰轰烈烈的五四运动中学生为什么群情激昂?《京报》主笔邵先生得到第一次世界大战德国在山东的权益转让给日本的噩耗,1919年5月3日晚上,在十几所学校联合召开的大会上,他措词严厉的讲话,激起爱国学生的悲愤,有人当场书写血书,有人抢先发言,纷纷要求上街游行,不满中国在外交上的失败,五四运动爆发了!1926年"三一八"惨案发生了,死伤200多人。追悼会上开头一度冷场,是谁第一个走向讲台抨击卖国的段祺瑞政府?在一片白色恐怖之中,陈毅主持追悼会,发言后请求大家声讨,会场一度寂静,一些特务在会场四周。是邵飘萍昂首第一个走向讲台发表激烈地演说,揭露反动军阀的暴行。青年毛泽东怎么能主编《湘江评论》?这也是邵先生亲自指导。他在北大讲述新闻学,毛泽东是热心的听众,为日后主编湖南报纸打下理论基础。毛泽东1918年首次来北京,在北大的收入8元大洋。是邵飘萍多次资助他,使他在京能从事革命活动,为办理湖南青年赴法留学提供办公经费。这位由李大钊、罗章龙秘密发展入党的报社社长,于1926年4月26日在天桥被反动军阀杀害,终年40岁。他的遗骨长时间在天宁寺塔下安放。他的战友、亲属是塔下的常客,留下共产党员共青团员的悼念的足迹。"文革"时棺木遭破坏,遗骨在八宝山火化。故,天宁寺塔下曾是一代报业伟人长眠的地方!

宣南,是中共创始人秘密工作的地方,是老一辈无产阶级革浴血奋斗过的红色战场,这里有党的创始人陈独秀亲自撒过传单的街巷,有他被拘捕的新世界大商场地,有李大钊故居,有另一位重要的创始人张申府上学和被关押的地方,有毛泽东主持驱张运动大会会场,有白区工作的模范刘少奇下榻的惠中饭店，有周恩来多处足迹和在西河沿两次居住过的旅社，有陈毅书写小说并居住过的四川会馆，有邓中夏、恽代英、刘伯坚秘密开会的陶然亭，有罗荣桓工作过的湖南会馆……在纪念中共建党90周年之际，重走这些遗址和旧址，重见全国和市级重点文物保护石碑石牌，开展爱国主义和革命传统教育，践行社会主义价值观，努力创新，是对中国共产党最好的礼物和纪念！

燕国疆域的地理构成及其对幽燕地区政治地理的影响[①]

首都师范大学 教授 马保春

自西周至战国 800 余年的燕国，其疆域所达，如果暂不考虑是否为同时期拥有，则具有极其广阔的地域范围。燕国地理范围内或周边地区（指历史时期燕国曾经到达过、拥有过的所有区域，下同）不同时期考古学文化的地理分布特征极其规律，对研究和分析燕国疆域范围内的地理结构具有极其重要的参考价值。我们将现依据自然地理状况，并结合各相关考古学文化分布，对燕国疆域的地理构成试作分析。从而总结燕国疆域地理构成的特点以及这些特点对后世的影响。

一、燕国疆域范围的自然地理分区

燕国疆域内的自然地理分区，主要是依据自然地貌的不同和山形地理的分布状况来划分的，可以有三个层次。

（一）第一层次分区

第一个层次是山区与平原地区之间的划分，大体上山区在北部、西部，平原地区位于中南部。需要指出的是，其中平原地区还包括山前丘陵、台地

---

① 基金项目资助：2013 年国家社科基金重点项目（13AZS003）；北京市社科基金项目（12LSB004）。

部分。

(二) 第二层次分区

第二个层次就是在河流流域面积的尺度上，以平原、山区为两大地貌单元进行划分，可以在平原及浅山丘陵地区作如下分区：南部的大清河流域、海河及蓟运河流域、滦河下游流域、大小凌河下游流域、下辽河流域、辽东半岛周缘冲积平原及丘陵地带等。第二个层次的山区自西向东，北部山区为永定河上源的桑干河、洋河、妫水河流域，潮河、白河上游流域、滦河中游流域，滦河上游闪电河流域，老哈河、教来河上游流域，辽东半岛千山山区。

(三) 第三层次分区

第三个层次是在第二个层次的基础上进一步细分的。我们先从平原地区来看，根据流域的分布及其相互间的关系，对它们试作如下划分。

1. 大清河流域的划分：(1) 唐河以北易水流域：包括今易县、徐水、容城、保定等市县。(2) 拒马河流域：包括今涞水、涿县、固安、定兴、永清等县市。(3) 大清河下游地区：包括今文安、霸县、静海、天津南部等。

2. 海河及蓟运河流域：(1) 北京小平原"五角星"格局的五区分法：即大致以蓟城为中心的五角星核心区、以昌平为中心的西北区、以密云怀柔为中心的东北区、以平谷盆地为中心包括河北三河、天津蓟县的东区、以房山山前地带为中心的西南区、以通县、河北香河、廊坊为中心的东南区。(2) 除了五角星格局的五区外，还有以天津中北部、武清、宁河为主体的沿海区。

3. 滦河下游地区：(1) 以今唐山市为主体的近海区域，包括今唐山、乐亭、滦南、滦县、丰润、玉田等县市。(2) 滦河东部支流青龙河流域下游地区，包括昌黎、卢龙、抚宁、迁安、秦皇岛、山海关、青龙等县市。(3) 滦河出山的山前地带，包括迁西、遵化、喜峰口、蓟县等。

4. 大小凌河流域：(1) 大凌河上游地区：包括今喀左、建昌、凌源、建平、朝阳、北票等县市。(2) 大凌河下游地区：包括今义县、阜新、锦州、锦县等市县。(3) 小凌河流域及临海沿线地区：包括今锦西、南票、兴城、绥中等市县。

5. 下辽河流域地区：暂分为两个区域（1）以铁岭、开元、昌图、法库、铁法、考哪公平、彰武、西丰等为主的浅山丘陵地区。（2）北起自沈阳南至营口、西到新民、黑山、北镇的下辽河冲积平原区。

6. 辽东半岛周缘冲积平原及丘陵地带：（1）以大连、复县、旅顺、五岛、老虎屯、金县为主体的辽东半岛前缘浅山丘陵区。（2）以丹东、龙王庙、孤山、庄河、城子坦、长海、皮口为主体的千山南麓近海地区。（3）自鸭绿江到今朝鲜浿河口的山前近海区域。

第三个层次的山区划分：

1. 北部山区为永定河上源的桑干河、洋河、妫水河流域：（1）桑干河及壶流河流域地区，此区属燕为时不长，亦不是全部占有：包括今涿鹿、阳原、蔚县等。（2）洋河流域：包括今怀来、宣化、张家口、张北、万全、怀安等市县。（3）妫水流域的延庆盆地：包括延庆、怀来等。

2. 潮河、白河上游流域：此区在南部军都山和北部大马群山之间，大致可以云雾山为界分为白河上游流域和潮河上游流域两区：（1）云雾山以西白河上游流域，包括白河支流黑河流域：包括今赤城、崇礼及北京怀柔、密云及延庆北部山区。（2）潮河上游流域，包括白河支流汤河流域：包括今丰宁、滦平及北京密云北部一带等县地。

3. 滦河中游地区，该区东界于七老图山，西至于云雾山、燕山南北一线。大体上可分为两区：（1）以承德、宽城、兴隆、平泉为主体的滦河侵蚀山地。（2）以隆化、围场、郭家屯、御道口为主体的地区。

4. 滦河上游闪电河流域及其附近地区，此区是北上越过侵蚀山地，进入内蒙古高原地区的一个区域，闪电河在大马群山的北麓蜿蜒盘行。（1）以多伦、元上都遗址、正蓝旗为中心的区域。（2）以太仆寺旗、康保、张北、沽源为主体的闪电河上源以西区域。

5. 老哈河、教来河上游流域，这是七老图山以东、努鲁儿虎山以北西辽河流域的南部支流地区，与他区不同的是该区地势大致自南向北降低。（1）老哈河上游流域：包括今内蒙古的赤峰、宁城、翁牛特旗等，这里有辽中京遗址。（2）教来河上游地区：包括今内蒙古敖汉旗、高国土、奈曼旗、库伦旗等。

6. 辽东半岛千山及中朝边界山区：（1）千山山区：包括今本溪、青城子、凤城、岫岩、万福等地。（2）中朝边界鸭绿江流域山地区：包括今丹东、宽甸及朝鲜的新义州等地。

二、由考古学文化分布看燕国疆域的区域特征

燕国疆域范围内早期考古学文化的分布状况及其特征在后来燕国疆域在形成和发展巩固过程中是有所重现的，前后具有很强的相似性，所以从考古学的角度探索燕国疆域的地理构成特征，有助于研究燕国建立后其疆域的拓展及其特征。

第一阶段旧石器时代

旧石器时代，北京及周边地区的考古学文化分布比较零散，只是一些零星的地点。由于旧石器时代不是本课题的重点，所以我们不再分旧石器时代早、中、晚三期，而是总体统计这个时期的考古遗存。结合燕国疆域范围来考察，本区域内旧石器时代考古学文化的地理分布，大致可以分为四个地区：永定河与拒马河流域地区、潮白河与滦河流域地区、辽河上源及大小凌河地区、辽东半岛地区。现将截至目前有正式发表资料的旧石器地点按照四大分布区域介绍如下。

1. 永定河与拒马河流域地区

周口店古人类遗址①、王府井东方广场②、北京饭店工地德永象臼齿化石、西城区阜成门地铁工地披毛犀下颌骨化石、西城区西直门地铁工地古生物化石披毛犀牙齿化石、西城区中银大厦、崇文区永外安乐林人防工程工地原始牛头

---

① Zdanskg, O.：" Preliminary notice on two teeth of a homind from a cave in Chihli（China）"，*Bull. Geol. soc. China*，5：281－284，1927；裴文中：《周口店中国猿人成年头盖骨发现之经过》，《中国地质学会志》第8卷第3期，1929年，203－205页；裴文中：《周口店洞穴层之时代及与其他近古期地层之比较》，《中国地质学会志》第10卷，1931年，第165－178页。Anderson, J. G.："Children of the Yellow Farth"，94－97，London，1934；李传夔：《中国古人类学的研究与回顾》，《人类学学报》1990年第9卷第4期。

贾兰坡、黄蔚文：《周口店发掘记》，天津科学技术出版社，1984年版。

② 岳升阳：《王府井东方东方广场古人类遗址的发现经过》，《北京考古集成》。

骨化石、朝阳区建国门地铁工程赤鹿和象门齿化石、朝阳区南湖渠砖厂扁角肿骨鹿头骨化石、海淀区羊坊店北蜂窝人防工程原始牛头骨化石、海淀区羊坊店北柳林馆永定河引水工程原始牛头骨、海淀区黑山扈安河桥挖井所出象臼齿化石、海淀区白家疃獾化石、门头沟区珠窝34号隧洞丰沙线施工处原始牛头骨化石、门头沟西胡林门头沟齐家庄、房山区张坊青羊化石、房山区云水洞燕山雉岩羊等化石①、房山区河北乡半壁店②昌平小汤山东北肖家村象臼齿化石、昌平崔家乡八家村羊鹿化石、昌平采石场鼠鹿化石、顺义牛栏山下坡屯原始牛头骨化石、平谷大华山李家峪驼鸟蛋化石、延庆县城东小营原始牛头骨化石、丰台区永定河诺氏古菱齿象左门齿化石③、河北阳原大田洼乡官厅村小长梁④、泥河湾盆地虎头梁⑤、河北阳原东谷坨村⑥、阳原岑家湾⑦、阳原板井子⑧、大同青瓷窑遗址⑨、阳原油坊遗址⑩、籍箕滩遗址⑪、阳原西白马营遗址⑫、阳原大

---

① 黄万波、侯连海：《北京云水洞的脊椎动物化石》，《古脊椎动物化石》，1984年第22卷第2期。

② 袁振新：《房山区又发现一处古文化遗址》，《北京文物报》试刊，1988年第1期。

③ 据赵福生《北京地区解放以来出土古生物化石统计表》，见北京市文物研究所编《北京考古四十年》，北京燕山出版社，1990年版，第9—11页。未注出处者，均据此。

④ 尤玉柱、汤英俊、李毅：《泥河湾组旧石器的发现》，《中国第四纪研究》1980年第5期。

⑤ 盖培、卫奇：《虎头梁旧石器时代晚期遗迹的发现》，《故脊椎动物与古人类》1977年第15卷第4期。

⑥ 卫奇：《东谷坨旧石器初步观察》，《人类学学报》1985年第4卷第4期；侯亚梅、卫奇等：《泥河湾盆地东谷坨遗址再发掘》，《第四纪研究》1999年第2期。

⑦ 谢飞、成胜泉：《河北阳原岑家湾发现的旧石器》，《人类学学报》1990年第9卷第3期；谢飞、凯西·石、克·屠尼克、柯德曼：《岑家湾遗址1986年出土石制品的拼合研究》，《文物季刊》1994年第3期；谢飞、李君：《岑家湾旧石器时代早期文化遗物及地点性质的研究》，《人类学学报》1993年第12卷第3期。

⑧ 李炎贤、谢飞等：《河北阳原板井子石制品的初步发展》，《参加第十三届国际第四纪大会论文选》，北京科学技术出版社，1991年版，第77—93页。

⑨ 李超荣等：《大同青瓷窑旧石器遗址的发掘》，《人类学学报》1983年第2卷第3期；刘景芝：《山西大同青瓷窑旧石器遗址的新发现》，《考古》1990年第9期。

⑩ 谢飞、成胜泉：《河北阳原油坊旧石器发掘报告》，《人类学学报》1989年第8卷第1期。

⑪ 河北省文物研究所：《籍箕滩旧石器时代晚期细石器遗址》，《文物春秋》1993年第2期。

⑫ 河北省文物研究所：《马圈沟旧石器时代早期遗址发掘报告》，《河北省考古文集》第一集，东方出版社，1998年版。

田洼乡马圈沟遗址①、阳原半山遗址②、阳原飞梁遗址③、阳原霍家地遗址④、泥河湾遗址群、河北涞水罗古台乡北边桥村⑤。

2. 潮白河与滦河流域地区

河北玉田孟家泉⑥、河北迁安爪村⑦、河北滦县东灰山⑧、河北昌黎亭泗涧⑨、密云北庄乡韦子峪原始牛腿骨青羊鹿骨化石、密云县汽车运输十三厂象臼齿下颌骨化石、密云城关纳马古象下颌骨化石、密云北李各庄原始牛、密云溪翁庄黄坨子狗獾马犀肿骨鹿等化石、密云上甸子乡黄土梁砖厂⑩、密云蔡家洼原始牛头骨角化石、怀柔县城北东流水青羊化石⑪、怀柔喇叭沟门乡帽山小学西⑫、怀柔宝山寺、怀柔杨树下、平谷红石坎泉水河右岸上堡子⑬。

3. 辽河上源及大小凌河地区

辽宁凌源县西八间房⑭、喀左县水家乡瓦房村附近大凌河右岸鸽子洞遗址⑮。

---

① 河北省文物研究所：《马圈沟旧石器时代早期遗址发掘报告》，《河北省考古文集》第一集，东方出版社，1998年版；谢飞、李君：《泥河湾马圈沟遗址考古发掘又获新进展》，《中国文物报》2002年版。

② 卫奇：《泥河湾盆地半山更新世旧石器遗址初探》，《人类学学报》1994年第13卷第3期。

③ 中美泥河湾考古队：《飞梁遗址发掘报告》，《河北省考古文集》第一集，东方出版社，1998年版。

④ 冯兴无、侯亚梅：《泥河湾盆地霍家地发现的旧石器》，《人类学学报》1998年第17卷第4期。

⑤ 《北京日报》1988年9月5日第2版相关报道。

⑥ 河北省文物研究所等：《河北玉田县孟家泉旧石器遗址发掘简报》，《文物春秋》1992年增刊。

⑦ 张森水：《河北迁安县爪村地点发现的旧石器》，《人类学学报》1989年第8卷第2期。

⑧ 河北省文物研究所：《燕山南麓发现细石器遗址》，《考古》1989年第11期。

⑨ 河北省文物研究所等：《河北昌黎亭泗涧细石器地点》，《文物春秋》1992年增刊。

⑩ 北京市文物研究所、中国科学院古脊椎动物与古人类研究所：《北京地区旧石器的发现》，《北京文物与考古》第三辑，1992年。

⑪ 赵福生：《北京地区解放以来出土古生物化石统计表》，见北京市文物研究所编《北京考古四十年》，北京燕山出版社，1990年版，第9—11页。以下未注出处者，均据此。

⑫ 李超荣、郁金城：《北京怀柔发现旧石器》，《北京文物与考古》第四辑，1994年。

⑬ 北京市文物研究所、中国科学院古脊椎动物与古人类研究所：《北京地区旧石器的发现》《北京文物与考古》第三辑，1992年版。

⑭ 辽宁省博物馆：《凌源西八间房旧石器时代文化地点》，《古脊椎动物与古人类》第11卷第2期，1973年版。

⑮ 鸽子洞联合发掘队：《辽宁鸽子洞旧石器遗址发掘报告》，《古脊椎动物与古人类》1975年第13卷第2期。

4. 辽东半岛地区

辽宁营口永安乡西天屯村金牛山遗址①、本溪市山城子乡山城子村东庙后山②、辽宁海城市东南约30公里处小孤山村附近的仙人洞遗址③、辽宁丹东市东沟县前阳村遗址④。

5. 泥河湾盆地一带的旧石器时代遗存

泥河湾盆地旧石器时代早期遗存：小长梁。

泥河湾盆地旧石器时代中期遗存：阳高许家窑存北两叉沟、侯家窑。

泥河湾盆地旧石器时代晚期遗存：阳原虎头梁。

暂时不知早、中、晚的遗址：东谷坨、麻地沟A、西沟、马梁、山神庙咀、麻地沟B、麻地沟C、益堵泉、岑家湾、板井子、杨家沟、漫流堡、油房、新庙庄、曹村、平顶山、马鞍山、大底园、红崖、飞梁、西白马营、豹峪、响水沟、新庙庄北沟、新庙庄西沟、东防城堡、苇地坡、籍箕滩T1、籍箕滩T2、籍箕滩T3、保伸关、马家窑、洞沟、黑土坡、老官沟、头马坊、泉家湾、扬水站、火石沟。

皮裤裆、广梁、霍家地、东坡、大长梁、马圈沟、白土梁、摩天岭、王家梁、张井沟、柳沟、后湾、东白马营、八马坊、南沟、王蜜沟、蜜沟、马圈沟第Ⅱ文化层、马圈沟第Ⅲ文化层、二道梁、和尧庄、侯家窑1-8、漫流堡B、C山兑A-D、井沟、飞梁B、三节沟等遗址⑤。

第二阶段 新石器时代

（一）新石器时代早期（约距今1.2万年至距今8000年，即公元前9000年至前6000年）

新石器时代早期偏早阶段燕国疆域范围内的考古学文化遗存，主要有北

---

① 金牛山联合发掘队：《辽宁营口金牛山旧石器文化的研究》，《故脊椎动物与古人类》1978年第16卷第2期；吕遵谔：《金牛山遗址1993、1994年发掘的收获和时代探讨》，《东北区旧石器文化国际学术讨论会论文集》，1996年；吕遵谔：《金牛山猿人的发现及意义》，《北京大学学报（哲社版）》，1985年第2期。

② 辽宁省博物馆、本溪市博物馆：《庙后山——辽宁本溪市旧石器文化遗址》，文物出版社，1986年版。

③ 张镇洪：《辽宁海城小孤山遗址发掘简报》，《人类学学报》1985年第4卷第1期。

④ 王连春：《鸭绿江口发现晚更新世人类化石》，《中国文物报》1988年3月31日。

⑤ 谢飞、李珺、刘连强：《泥河湾旧石器文化》，花山文艺出版社，2006年版，第10-14页。

京门头沟东胡林遗址①、怀柔转年遗址②、河北满城曹仙洞遗址③、徐水南庄头遗址④、阳原于家沟遗址⑤。

在新石器时代早期偏晚阶段，本区最主要的考古学文化是兴隆洼文化⑥。兴隆洼文化的年代大约在距今 8000－7000 年之间，早期还可略早于距今 8000 年⑦。据有关学者研究，兴隆洼文化可分为兴隆洼、查海、白音长汗三个地方类型⑧。兴隆洼类型主要分布在内蒙古赤峰市一带，相当于老哈河流域的地区；查海类型主要分布在达、小凌河流域地区；而白音长汗主要分布在西拉木伦河流域地区。兴隆洼文化的考古学渊源，由于目前年代上早于它、地域上接近它的新石器早期文化遗存资料的匮乏，因此对其渊源还无从谈及。而关于兴隆洼文化的去向比较明确，它后来应当演变成了该地区时代略晚的赵宝沟文化、红山文化和富河文化⑨。如果从分布地域上看，以老哈河、教来河流域为中心区域的兴隆洼类型发展为赵宝沟文化；以大凌河、小凌河为主要分布区域的查海类型发展成了红山文化；而分布在西拉木伦河流域的白音长汗类型则是后来富河文化的源头。

---

① 周国兴、尤玉柱：《北京东胡林村的新石器时代墓葬》，《考古》1972 年第 6 期；宋大川：《今年来北京考古新成果》，《北京文物与考古》第 5 辑，北京燕山出版社，2002 年版；郁金城：《东胡林人及其遗址》，《北京文物与考古》第 6 辑，民族出版社，2004 年版。

② 郁金城、李超荣等：《北京转年新石器时代早期遗址的发现》，《北京文博》1998 年第 3 期；郁金城：《从北京转年遗址的发现看我国华北地区新石器时代早期文化的特征》《北京文物与考古》第 5 辑，北京燕山出版社，2002 年版。

③ 《满城发现古人类遗址》，《北京日报》1992 年 2 月 27 日第 1 版。

④ 保定地区文物管理所、徐水县文物管理所、北京大学考古系、河北大学历史系：《河北徐水县南庄头遗址拭掘简报》，《考古》1992 年第 11 期；金家广、徐浩生：《浅议徐水南庄头新石器时代早期遗存》，《考古》1992 年第 11 期；《徐水南庄头遗址又有重要发现》，《中国文物报》1998 年 2 月 11 日第 1 版。

⑤ 泥河湾联合考古队：《泥河湾盆地考古发掘获重大成果》，《中国文物报》1998 年 11 月 15 日第 1 版。

⑥ 任式楠：《兴隆洼文化的发现及其意义——兼与华北同时期的考古学文化相比较》，《考古》1994 年第 8 期；杨虎：《试论兴隆洼文化及相关问题》，《中国考古学研究——夏鼐先生考古五十年纪念论文集》，文物出版社，1986 年版。

⑦ 陈平：《北方幽燕文化研究》，群言出版社，2006 年，第 78 页。

⑧ 中国社会科学院考古研究所内蒙古工作队：《内蒙古敖汉旗兴隆洼聚落遗址 1992 年发掘简报》，《考古》1997 年第 1 期。

⑨ 陈平：《北方幽燕文化研究》，群言出版社，2006 年版，第 81 页。

兴隆洼文化的地理分布，北至西辽河上游的西拉木伦河流域，南到燕山南麓，西至内蒙古林西县、河北围场县、滦平县和北京平谷一线，东达辽宁阜新县、朝阳县与河北迁安县一带。重要遗址有内蒙古赤峰市敖汉旗宝国吐的兴隆洼遗址①、敖汉旗东部敖音勿苏乡北城子遗址②、赤峰市敖汉旗兴隆沟遗址③、内蒙古东南林西县白音长汗遗址④、辽宁阜新查海遗址⑤、北京平谷上宅一期文化遗址⑥、河北三河孟各庄遗址⑦、迁西县罗屯乡东寨遗址⑧、迁安杨家坡遗址⑨、迁安青山院乡万军村万军山、迁安彭店子乡王孟村簸箕柳行、八里塔村东八里塔遗址⑩和承德岔沟门遗址⑪，克什克腾期南台子⑫等。

新石器时代早期偏晚阶段，燕国疆域范围内还有分布在今北京西南拒马河流域的镇江营一期文化⑬。据发掘者推算，镇江营一期文化的年代最早距今

---

① 中国社会科学院考古研究所：《兴隆洼聚落遗址发掘获硕果》，《中国文物报》1992年12月13日第1版；中国社会科学院考古研究所内蒙古工作队：《内蒙古敖汉旗兴隆洼聚落遗址1992年发掘简报》，《考古》1997年第1期。

② 杨虎等：《敖汉旗发现——大型兴隆洼文化环壕聚落》，《中国文物报》1998年7月26日第1版。

③ 武自然等：《兴隆沟遗址发掘揭示8000年中华文明新亮点》，《红山晚报》2001年9月27日，第1版；刘国祥：《赤峰兴隆沟遗址渴望解决多项学术课题——发现兴隆洼文化中期聚落与红山文化晚期长方形环壕聚落各一处》，《中国文物报》2001年11月16日第1版；《兴隆沟遗址发掘又有重要发现》，《中国文物报》2003年1月3日。

④ 内蒙古自治区文物考古所：《内蒙古林西县白音长汗新石器时代遗址发掘简报》，《考古》1993年第7期。

⑤ 辽宁省文物考古研究所：《阜新查海新石器时代遗址试掘简报》，《辽海文物学刊》1988年第1期；辽宁省文物考古研究所：《辽宁阜新县查海遗址1987－1990年三次发掘》，《文物》1994年第11期；辛岩：《查海遗址发掘又获新成果》，《中国文物报》1994年5月1日第1版；《查海遗址发掘再获重大成果》，《中国文物报》1995年3月19日第1版。

⑥ 北京市文物研究所、北京市平谷县文物管理所上宅考古队：《北京平谷上宅新石器时代遗址发掘简报》，《文物》1989年第8期。

⑦ 河北省文物管理处廊坊地区文化局：《河北三河县孟各庄遗址》，《考古》1983年第5期。

⑧ 河北省文物研究所：《河北省迁西县东寨遗址发掘简报》，《文物春秋》1992年增刊。

⑨ 北京大学考古实习队：《河北唐山地区史前遗址调查》，《考古》1990年第8期。

⑩ 河北省文物研究所：《迁西县古遗址调查》，《文物春秋》1991年第3期。

⑪ 承德县文物保护管理所：《河北省承德县新石器时代遗址调查》，《考古》1992年第6期。

⑫ 内蒙古文物考古研究所：《克什克腾旗南台子遗址发掘报告》，《内蒙古文物考古文集》，第一辑，中国大百科全书出版社，1994年版，第87－95页。

⑬ 北京市文物研究所：《镇江营与塔照——拒马河流域先秦考古文化的类型与谱系（上）》，中国大百科全书出版社，1999年版，第49－100页。

9000多年,最晚距今不到7000年①。与距今约8000－7000年的兴隆洼文化相当且更早一些。从文化内涵上看,镇江营一期文化是一个既区别于其北边的兴隆洼文化,同时又区别于其南边中原系的磁山文化、易县福地一期文化的独立考古学文化。它的源头可能与其地域相邻近的河北徐水南庄头遗存有关②,而其去向主要应当就是后岗一期文化③。

（二）新石器时代中期（约距今7000年至距今5000年）

新石器时代中期,燕国疆域范围内的考古学文化遗存,重要有西辽河流域的赵宝沟文化、辽北地区的新乐下层文化、辽南地区的小珠山下层文化和燕南地区的上宅文化等。

1. 赵宝沟文化

（1）赵宝沟文化的年代与地理分布

赵宝沟文化在年代上稍晚于兴隆洼文化,大约在距今6900－6500年之间④。其早段,大体要早于中原仰韶文化的半坡类型300－400年,中段也比半坡类型略早,晚段大体相当于半坡类型早期。总体来说,赵宝沟文化是一个既稍早于中原仰韶文化半坡类型又略晚于中原磁山文化和北方幽燕地区兴隆洼文化的北方考古文化类型⑤。

赵宝沟文化的分布范围大致北至内蒙古、河北、辽宁交界的西辽河流域,南达燕山以南的京津冀平原北缘。经过正式发掘的赵宝沟文化遗址有：内蒙古敖汉旗高家窝棚（高家窝铺）乡赵宝沟⑥、敖汉旗宝国吐小山⑦、敖汉旗南

---

① 陈平：《北方幽燕文化研究》,群言出版社,2006年版,第82页。
② 保定地区文物管理所、徐水县文物管理所、北京大学考古系、河北大学历史系：《河北徐水南庄头遗址拭掘报告》,《考古》1992年第11期。
③ 陈平：《北方幽燕文化研究》,群言出版社,2006年版,第85页。
④ 中国社会科学院考古研究所：《敖汉旗赵宝沟——新石器时代聚落》,中国大百科全书出版社,1997年版,第206－207页。
⑤ 陈平：《北方幽燕文化研究》,群言出版社,2006年版,第87页。
⑥ 苏秉琦：《燕山南北长城地带考古工作的新进展——1984年8月在内蒙古西部地区原始文化座谈会上的报告提纲》,《内蒙古文物考古》第4期；中国社会科学院考古研究所内蒙古工作队：《内蒙古敖汉旗赵宝沟一号遗址发掘简报》,《考古》1988年第1期；刘晋祥：《赵宝沟文化初论》,《庆祝苏秉琦先生考古五十五年论文集》,文物出版社,1989年版,第198－202页。
⑦ 中国社会科学院考古研究所内蒙古工作队：《内蒙古敖汉旗小山遗址》,《考古》1987年第6期。

台地①、内蒙古翁牛特旗广德公镇小善德沟②、林西县新城子镇（赵家湾）白音长汗③、水泉④、克什克腾旗南台子⑤、上店⑥、通辽市奈曼旗大沁他拉⑦、河北迁安县安新庄⑧、迁西县东寨、迁西县西寨⑨、滦平县后台子⑩等。

（2）赵宝沟文化的渊源与去向

陈平先生认为，赵宝沟文化的主要渊源，应是与之所处地域大致相同而在年代上要早于它的兴隆洼文化。因为筒形罐、勾连回字纹、压印"之"字纹文化因素在二者遗存中都有发现。而赵宝沟文化中的红顶碗，与自身其他文化因素差距较大，可能是拒马河以南华北地区镇江营一期文化中红顶碗影响的结果，因此，镇江营一期文化是赵宝沟文化的又一个渊源⑪。如从地域分布上看，赵宝沟文化的主要渊源应当是兴隆洼文化中的兴隆洼类型。在赵宝沟文化和镇江营一期文化中均发现了风格类似的红顶碗，说明在新石器时代

---

① 敖汉旗博物馆：《敖汉旗南台地赵宝沟文化遗址调查》，《内蒙古文物考古》1991年第1期。

② 刘晋祥：《翁牛特旗小善德沟新石器时代遗址》，《中国考古年鉴·1989》，文物出版社，1990年版，第130－131页。田广林书以为见于1988年的考古学年鉴，待查。

③ 内蒙古自治区文物考古研究所：《内蒙古林西县白音长汗新石器时代遗址发掘简报》，《考古》1993年第7期。

④ 索秀芬、李少兵：《林西水泉新石器时代遗址》，《中国考古学年鉴》，1992年，文物出版社，1994年版。内蒙古文物考古研究所：《林西县水泉遗址发掘述要》，《内蒙古文物考古文集》第二辑，中国大百科全书出版社，1997年版。

⑤ 内蒙古文物考古研究所：《克什克腾旗南台子遗址》，《内蒙古文物考古论文集》第二辑，中国大百科全书出版社，1977年版。

⑥ 克什克腾旗博物馆：《克什克腾旗上店小河沿文化墓地及遗址调查报告》，《内蒙古文物考古》，1992年1、2合期。（该遗址中的B地点为赵宝沟文艺遗址）。

⑦ 朱凤瀚：《吉林奈曼旗大沁他拉新石器时代遗址调查》，《考古》1979年第3期。

⑧ 河北省文物管理处：《河北迁安安新庄新石器遗址调查和发掘》，《考古学集刊》第1集，1981年。

⑨ 河北省文物研究所：《河北迁安安新庄新石器遗址调查和拭掘》，《考古学集刊》第4辑，中国社会科学出版社，1984年版，第96－110页；河北省文物研究所：《河北省迁西县东寨遗址发掘简报》，《文物春秋》1992年增刊；河北省文物研究所、唐山市文物管理处、迁西县文物管理所：《迁西西寨遗址1988年发掘报告》，《文物春秋》1992年增刊。

⑩ 承德地区文物保管所、滦平县博物馆：《河北滦平县后台子遗址发掘简报》，《文物》1993年第3期。

⑪ 陈平：《北方幽燕文化研究》，群言出版社，2006年版，第92页。

中期，燕山南北的先民已经和太行山北段东麓的先民之间有了文化的交流。

赵宝沟文化的主要去向应当是与其晚期有过一段短暂并存的红山文化①。赵宝沟文化晚期与红山文化早期在西拉木伦河以南的分布范围大体相当，在这个区域内，二者并存是呈交错分布状态，它们的文化聚落往往是相邻对峙的。对于这种现象，考古界有不同的认识，有的专家认为，这是两种聚落的居民在定居时间上互有交错，你来我往，二者其实并不重合。两种分属于不同文化群体的村落所存在的时间虽同处于一个大的历史阶段，但它们从开始形成到废弃的时间并不很长，两者在具体时间经历上其实并无真正重合的部分，只是留下的遗物还不足以反映如此短暂的变化，从而留下二者曾经并存过的"假象"或"错觉"而已。从遗址分布规律看，在辽西中心地区赵宝沟文化与红山文化基本不共存，它们的发展—繁荣阶段更不可能同时同地并存②。有点学者则认为，两种聚落确实曾经有过一段时间的平行发展、相邻并存的阶段③。

不管是相邻并存还是只是一种并存之"假象"或"错觉"，不可否认的一点是，两种不同的文化在这里发生了碰撞、交流和融合。赵宝沟文化是原来的土著，而红山文化很可能就是从他地迁西而来，或者是作为土著的赵宝沟文化受到相邻其他文化的强烈影响而逐渐发生了质的变化。这种文化间的取代和相互影响表现在地理上就是区域之间的文化交流。

2. 新乐下层文化

（1）新乐下层文化的年代分期与分布

新乐下层文化④的年代，据沈阳市北郊北陵新乐工厂宿舍院内文化遗址 T1 下层火膛的木炭所作的 $C^{⑤}$ 测定，为距今 6800（145 年，如加上树木年轮

---

① 陈平：《北方幽燕文化研究》，群言出版社，2006 年版，第 93 页。
② 杨虎：《辽西地区新石器——铜石并用时代考古文化序列与分期》，《文物》1994 年第 5 期。
③ 刘晋祥：《赵宝沟文化初论》，《庆祝苏秉琦先生考古五十五年论文集》，文物出版社，1989 年版，第 198 – 202 页。
④ 沈阳市文物管理办公室：《沈阳新乐遗址拭掘报告》，《考古学报》1978 年第 4 期；沈阳市文物管理办公室、沈阳故宫博物馆：《沈阳新乐遗址第二次发掘报告》，《考古学报》1985 年第 2 期；李晓钟：《沈阳新乐遗址 1982 – 1988 年发掘报告》，《辽海文物学刊》1990 年第 1 期。
⑤ 李晓丹，武斌，成光晓：《英国自然风景园林与中国的渊源》，《华中建筑》，2011，29（8）：17 – 20。

校正的近600年，已超过距今7000年，与赵宝沟文化约略同时而稍早。新乐下层文化可粗略分为早晚两期，新民高台山遗址的下层属于早期，新乐遗址下层为其晚期遗存①。该文化是下辽河流域所知年代最早的新石器时代文化遗存。新乐下层文化的地理分布大体上在沈阳至新民一带的辽北下辽河流域地区，其典型遗址主要有沈阳北部新乐遗址、辽宁新民高台山遗址下层。

（2）新乐下层文化的渊源与去向

下辽河流域地区比新乐下层文化更早的其他新石器时代文化尚未发现，因此还难以确指其文化的渊源。关于新乐下层文化的去向，有的学者认为同处于下辽河流域（其外围可扩展到辽东半岛）、以新民偏堡遗址为代表的新石器时代晚期的偏堡文化可能是新乐下层文化的去向。但陈平先生认为，二者在时间上相距二千余年，似失之太远。偏堡文化至多只能是新乐下层文化的远端、间接的再传去向，而不可能是直接近端的承续去向。有关新乐下层的直接去向，还有待新的发现和深入探讨②。

3．小珠山下层文化（辽南地区）

（1）小珠山下层文化的年代与分布与类型

小珠山下层文化的大约在距今6800－6500年之间③，与西辽河流域的赵宝沟文化约略同时。小珠山下层文化分布在辽南辽东半岛南端的沿海岛屿地区与大连沿海地带。主要遗址有：长海县广鹿岛中部小珠山遗址、辽宁庄河市北吴屯遗址下层、东沟县后洼遗址下层、长海县柳条沟东山遗址下层、上马石遗址下层。小珠山下层文化可分为小珠山下层和后洼下层两个类型。

（2）小珠山下层文化的去向

小珠山下层文化的去向似乎只有小珠山中层文化。但是小珠山中层文化比小珠山下层文化晚一千余年，而且小珠山中层文化受山东大汶口文化的影响不少，与小珠山下层文化面貌有较大差距，中间可能还有缺环。因此小珠

---

① 陈平：《北方幽燕文化研究》，群言出版社，2006年版，第97页。
② 陈平：《北方幽燕文化研究》，群言出版社，2006年版，第97页。
③ 辽宁省文物考古研究所、大连市文物管理委员会、庄河市文物管理办公室：《大连市北吴屯新石器时代遗址》，《考古学报》1994年第3期；许玉林、傅仁义、王传普：《辽宁东沟县后洼遗址发掘概要》，《文物》1989年第12期。

山下层文化的直接去向还有待于将来。

4. 上宅文化（燕南地区）

（1）上宅文化的年代与分布

上宅文化是由上宅遗址而得名的。上宅遗址的地层共分为八层，第一层为耕土层，第二层为唐宋时期的文化，第三层为上宅遗址第三期，第四层至第七层上宅遗址第二期，第八层为上宅遗址第一期。通常所说的上宅文化，是指上宅遗址第二期遗存。上宅文化年代经树木年轮校正后大约为距今7100－6700年。属于新石器时代的中期偏早阶段，比兴隆洼文化、磁山文化、裴李岗文化都要晚，但比红山文化要早，而与赵宝沟文化的年代大体相当。

上宅文化的地理分布大体上处于北京东部京津之间的沟河流域。和上宅文化遗址内涵相同的遗存在上宅遗址周围及北京以东沟河流域成片状分布。主要遗址有：平谷上宅遗址①、平谷北埝头遗址②、河北三河刘白塔遗址③、三河孟各庄④和燕山山地河北滦平的后台子遗址⑤等。上宅文化具有北方特色的压印汶深腹罐与具有中原风格的红顶碗并存，反映了该文化南北兼容的特点⑥。从地理位置看，上宅文化正好处于中原北部地区与燕山及其以北地区的国都地带，这样的地理条件和文化上所反映出的内涵特征恰相一致。

（2）上宅文化的分期、渊源与去向

发掘者将上宅遗址第二期遗存，也就是上宅文化，分成了早、晚两个阶段。实际上就是上宅文化的早晚两期。早晚两期都有从兴隆洼文化那里一直

---

① 北京市文物研究所、北京市平谷县文物管理所：《北京平谷上宅新石器时代遗址发掘简报》，《文物》1989年第8期。

② 北京市文物研究所、北京市平谷县文物管理所：《北京平谷北埝头新石器时代遗址调查与发掘》，《文物》1989年第8期。

③ 廊坊市文物管理所、三河县文物管理所：《河北三河县刘白塔新石器时代遗址拭掘》，《考古》1995年第8期。

④ 河北省文物管理处、廊坊地区文化局：《河北三河县孟各庄遗址》，《考古》1983年第5期；金家广：《孟各庄新石器时代遗存初探》，《考古》1983年第5期。

⑤ 承德地区文物管理所、滦平县博物馆：《河北滦平县后台子遗址发掘简报》，《文物》1994年第3期。

⑥ 陈平：《北方幽燕文化研究》，群言出版社，2006年版，第103页。

传承下来的"之"字纹,到了晚期,出现了受南边镇江营一期文化因素影响产生的红顶碗,反映了其与南北文化的交流。

陈平先生认为,在上宅遗址中,发现了上宅文化遗存叠压在兴隆洼文化遗存之上的层位关系,上宅文化的面貌总体也与兴隆洼文化及西辽河流域继兴隆洼文化而兴起的赵宝沟文化的面貌相当接近,即以饰压印纹的筒形瓘(即深腹罐)为主要特征因素。这不仅反映了在新石器时代早、中期燕山南麓与辽西地区古文化具有较强的同一性,也说明兴隆洼文化是上宅文化的一个主要渊源。上宅文化较早出现镇江营一期文化所特有的红顶碗等因素,说明来自中原的镇江营一期文化也曾施与上宅文化以较大的影响,也是其渊源之一。

上宅遗址中位于上宅文化遗存之上的第三期文化是面貌与后岗一期文化相近的遗存。且时间上基本首尾相连,也有红顶碗等因素上下承续。因此上宅文化比较可能的一个去向,就是也曾分布于京津冀地带的后岗一期文化①。

5. 红山文化(西辽河与大凌河流域)

(1) 红山文化的年代与地理分布

通过 $C^{②}$ 测定和树木年轮校正,红山文化应该在距今 6000－5000 年之间,考虑到其早期曾与赵宝沟文化的晚期并存,则其上限可以上推至距今 6400－6200 年③。其绝对年代,据杨虎先生研究,约为公元前 4710－公元前 2920 年④。则前后经历了近 1800 年。目前发现的红山文化的遗址 500 余处,其分布的范围,北边已跨过西拉木伦河而有向内蒙古草原深入的趋势,东向越过医巫闾山,到达了下辽河流域的西缘,南边东部到达渤海沿岸,西段跨燕山山脉到达冀西北的壶流河流域及内蒙古的乌兰察布盟地区。红山文化的中心区域在老哈河中上游至大凌河中上游之间。田广林先生的表述是,红山文化的分布,以西拉木伦河、老哈河和大凌河流域为中心地带,东逾阜新、西至张家口、北过奈曼、南至锦承铁路沿线⑤。

---

① 陈平:《北方幽燕文化研究》,群言出版社,2006 年版,第 103－104 页。

② 李晓丹,武斌,成光晓:《英国自然风景园林与中国的渊源》,《华中建筑》,2011,29(8):17－20。

③ 陈平:《北方幽燕文化研究》,群言出版社,2006 年,第 104－105 页。

④ 杨虎:《辽西地区新石器——铜石并用时代考古学文化序列分期》,《文物》1994 年,第 5 期。

⑤ 田广林:《中国东北西辽河地区的文明起源》,中华书局,2004 年版,第 32 页。

另据田广林先生考察,半个多世纪以来,见于公开报道的红山文化的遗址和墓葬约有百余处,实际上存在的红山文化遗址远远不至这个数字①。在上个世纪末的文物普查中,仅内蒙古赤峰市敖汉旗境内,就发现了红山文化遗址502处②。

据有关研究表明,红山文化的发展大体上可以划分为兴隆洼F133、西水泉和东山嘴三个类型,这三个类型分别代表了红山文化的早、中、晚三个不同的发展阶段③。其中兴隆洼F133类型的遗存至今只在兴隆洼遗址有少量发现。西水泉类型的遗存较多,如赤峰红山后④、赤峰蜘蛛山⑤、赤峰西水泉⑥、敖汉旗三道湾⑦、敖汉旗西台⑧、巴林左旗纳斯台⑨等。东山嘴类型也称城子

---

① 田广林:《中国东北西辽河地区的文明起源》,中华书局,2004年版,第31—32页。

② 邵国田:《概述敖汉旗的红山文化遗址分布》,《中国北方古代文化国际学术研讨会论文集》,中国文史出版社,1995年版。

③ 郭大顺、马莎:《以辽河流域为中心的新石器文化》,《考古学报》1985年第4期;高美璇、李恭笃:《辽宁凌源三官甸子城子山红山文化遗存分期探索》,《考古》1986年第6期;张星德:《红山文化分期初探》,《考古》1991年第8期;张忠培:《辽宁古文化的分期、编年及其他》,《辽海文物学刊》1991年第1期;杨虎:《关于红山文化的几个问题》,《庆祝苏秉琦考古五十五年论文集》,文物出版社,1989年版;杨虎:《辽西地区新石器——铜石并用时代考古学文化序列与分期》,《文物》1994年第5期;朱延平:《辽西区新石器时代考古学文化纵横》,《内蒙古东部区考古学文化研究文集》,海洋出版社,1991年版;朱延平:《东北地区南部公元前三千年初以远的新石器考古学文化编年、谱系及相关问题》,苏秉琦主编:《考古学文化论集》第4辑,文物出版社,1997年版;郭治中:《内蒙古东部地区新石器——青铜时代的考古发现与研究》,《内蒙古文物考古文集》第二辑,中国大百科全书出版社,1997年版;徐光冀、朱延平:《辽西区古文化(新石器—青铜时代)宗论》,高延青主编:《北方民族文化新论》,哈尔滨出版社,2001年版。

④ 滨田耕作、水野清一:《赤峰红山后》,《东方考古学丛刊》甲种第六册,1938年。

⑤ 中国社会科学院考古研究所内蒙古工作队:《赤峰蜘蛛山遗址的发掘》,《考古学报》1979年第2期。

⑥ 中国社会科学院考古研究所内蒙古工作队:《赤峰西水泉红山文化遗址》,《考古学报》1982年第2期。

⑦ 辽宁省博物馆、昭乌达盟文物工作站、敖汉旗文化馆:《辽宁敖汉旗小河沿三种原始文化的发现》,《文物》1977年第12期。

⑧ 杨虎:《敖汉旗西台新石器时代及青铜时代遗址》,《中国考古学年鉴1988年》,文物出版社,1989年。

⑨ 巴林右旗博物馆:《内蒙古巴林右旗纳斯台遗址调查》,《考古》1987年第6期。

山类型,目前发现的遗址主要有辽宁喀左东山嘴①、凌源三官甸子城子山②、建平凌源交界的牛河梁③、阜新胡头沟④等及祭祀性遗址和敖汉旗兴隆沟第二地点聚落遗址⑤等。另外,类型分类不确定的遗址如四棱山⑥、克什克腾旗南台子⑦、巴林左旗友好村二道梁⑧、巴林左旗二道梁⑨、巴林左旗南杨家营子、内蒙古林西白音长汗⑩。

(2) 红山文化的分期与类型

考古学界目前将红山文化一般分为前后两大阶段,每一阶段又分为前后两期。苏秉琦先生把老哈河和大凌河流域的红山文化分为南北两个地方类型,又将它们各自划分为对应的早晚两期,即红山文化的前期和后期⑪。张星德先生则把红山文化分为早晚相次的早、中、晚三期。早期钵和壶的形制与后岗一期文化的同类器物近似;中期陶器的图案有涡纹、菱纹、平行斜线纹与弧边三角纹,此则与仰韶文化庙底沟类型接近;晚期陶器的图案仍然和庙底沟类型近似,但是同时有的图案也包含有其西部内蒙古的海生不浪文化的因素⑫。

---

① 郭大顺、张克举:《辽宁省喀左县东山嘴文山文化建筑群址发掘简报》,《文物》1984年第11期。

② 李恭笃:《辽宁凌源三官甸子城子山遗址试掘报告》,《考古》1986年第6期。

③ 辽宁省文物考古研究所:《辽宁牛河梁红山文化"女神庙"与积石冢群发掘简报》,《文物》1986年第8期。

④ 方殿春、刘葆华:《辽宁阜新县胡头沟红山文化玉器墓的发现》,《文物》1984年第6期。

⑤ 中国社会科学院考古研究所内蒙古第一工作队:《内蒙古赤峰市兴隆沟聚落遗址2002 - 2003年的发掘》,《考古》2004年第7期。

⑥ 辽宁省博物馆、昭乌达盟文物工作站、敖汉旗文化馆:《辽宁敖汉旗小河沿三种原始文化的发展》,《文物》1977年第12期。

⑦ 内蒙古文物考古研究所:《克什克腾旗南台子遗址发掘简报》,《内蒙古文物考古文集》第一辑,中国大百科全书出版社,1994年版。

⑧ 内蒙古文物考古研究所:《巴林左旗友好村二道梁红山文化遗址发掘简报》,《内蒙古文物考古文集》第一辑,中国大百科全书出版社,1994年版。

⑨ 内蒙古文物考古研究所:《巴林左旗友好村二道梁红山文化遗址发掘简报》,《内蒙古文物考古文集》第一辑,中国大百科全书出版社,1997年版。

⑩ 内蒙古自治区文物考古研究所:《内蒙古林西县白音长汗新石器时代遗址发掘简报》,《考古》1993年第7期。

⑪ 苏秉琦:《华人·龙的传人·中国人——考古寻根记》,辽宁大学出版社,1994年版,第77页。

⑫ 张星德:《红山文化分期初探》,《考古》1991年第8期。

（3）红山文化的渊源与发展去向

兴隆洼文化应是红山文化的主要渊源，而与红山文化在分布地域上重叠、交错、相邻，在时代上又略早于红山文化，并在其晚期与红山文化有过短暂共存的赵宝沟文化，应当是红山文化的近期渊源。起源于中原陕豫地区的仰韶文化庙底沟类型，后经汾河—桑干河河谷传播到壶流河流域，便与红山文化西南前沿发生接触、交流，因此庙底沟类型也是促成红山文化形成的因素之一。发源与山东地区的北辛文化、拒马河流域的镇江营一期文化，也对红山文化有一定程度的影响。后岗一期文化自豫、冀腹地传播到壶流河流域，也和红山文化西南前沿发生接触和交流。内蒙古中南部的海生不浪文化也对红山文化有影响，是红山文化的源头之一。

关于红山文化的去向，主要是分布地域上与之有较大重叠，在时间上又前后相承的小河沿文化。但是在红山文化分布地域及周边地区受红山文化影响的考古学文化较多，如与之相邻的今河北、山西、山东、河南、内蒙地区的一些新石器时代晚期的考古学文化，都受其影响，而西拉沐伦河两岸的富河文化就在其近旁，受红山文化影响就更不用说了。红山文化更远的去向则主要是夏家店下层文化。另外，赵宾福先生指出，关于小河沿文化一般认为其晚于红山文化或是介于红山文化和夏家店下层文化之间的一种文化类型。但通过与大汶口文化刘林期陶器、庙子沟文化陶器的比较，发现小河沿文化与红山文化在时间上并不是截然分开的，至少在相当于仰韶晚期的半坡四期文化阶段，它们便已独立存在，并行发展。两者之间并非直接的承袭关系[①]。

6. 富河文化（西拉木伦河两岸）

（1）富河文化的年代与分布

富河文化的 $C^{②}$ 测年为 4735（110 年），树木年轮校正后为距今 5300（145 年左右）。大体上与红杉文化晚期相当，但富河文化的上限似乎还可以再提前。红山文化和富河文化在年代和文化内涵上的关系，很可能与赵宝沟文化与红山文化的关系近似。及红山文化的早期及中期的前段都可能要早于

---

① 赵宾福：《关于小河沿文化的几点认识》，《文物》2005 年第 7 期。
② 李晓丹，武斌，成光晓：《英国自然风景园林与中国的渊源》，《华中建筑》，2011，29（8）：17-20。

富河文化，富河文化的前半程很可能与红山文化的后半程共存，而富河文化的后半程都要晚于红山文化的[①]。富河文化是继兴隆洼文化之后，生存于本区北部的一支考古学文化，其分布范围，集中于西拉木伦河以北地区[②]。

富河文化分布于西辽河上游的西拉木伦河两岸，典型遗址有内蒙古巴林左旗富河沟门村遗址[③]、金龟山遗址、杨家营子遗址[④]、林西县白音长汗[⑤]等，都在西拉沐伦河北岸，河南岸典型遗址很少见。

（2）富河文化的来源和去向

富河文化的居址为灰土圈，呈有规律排列，分布密集，代表性器物为饰压印"之"字纹的深腹筒形罐，这和赵宝沟文化以及更早的兴隆洼文化在内涵上有一定的传承性。赵宝沟文化是富河文化的主要渊源之一。红山文化与富河文化是西辽河地区距今五六千年时期分别分布于西拉沐伦河南、北两岸的在经济类型上有所不同的两支考古学文化类型。但前者早于后者，且有共存时期。红山文化在富河文化的发展过程中期受前期渊源和同期外来推动影响的重要作用。富河文化的去向目前还不清楚[⑥]。

7 小珠山中层文化（辽南地区）

（1）小珠山中层文化的年代分布

小珠山中层文化的年代比红山文化首尾都要略晚，大体上与富河文化相当。其分布与小珠山下层文化一致，即辽宁省南部辽南半岛近海的大连沿海地区和沿海纵深的庄河等市县境内。较大的遗址有小珠山中层[⑦]、北吴屯[⑧]、

---

① 陈平：《北方幽燕文化研究》，群言出版社，2006年版，第131页。

② 田广林：《中国东北西辽河地区的文明起源》，中华书局，2004年版，第31页。

③ 中国科学院考古研究所内蒙古队：《内蒙古巴林左旗富河沟门遗址发掘简报》，《考古》1964年第1期。

④ 中国社会科学院考古研究所：《新中国的考古发现和研究》，文物出版社，1984年版。

⑤ 郭治中等：《林西县白音长汗遗址发掘述要》，《内蒙古东部区考古学文化研究文集》，海洋出版社，1991年版。

⑥ 陈平：《北方幽燕文化研究》，群言出版社，2006年版，第132页。

⑦ 辽宁省博物馆、律师博物馆、长海县文化馆：《长海县广鹿岛大长山贝丘遗址》，《考古学报》1981年第1期。

⑧ 辽宁省文物考古研究所、大连市文物管理委员会、庄河市文物管理办公室：《大连市北吴屯新石器时代遗址》，《考古学报》1994年第3期。

郭家村等。小珠山中层文化可分为小珠山中层和北吴屯上层两个类型,前者晚于后者。

(2) 小珠山中层文化的渊源与去向

小珠山中层文化的主要渊源就是小珠山下层文化。小珠山中层文化还和山东大汶口文化有一定的联系,大汶口文化对其有较大影响。小珠山中层文化的去向是与之分布地域重合,时间晚于它的小珠山上层文化。

8. 后洼上层文化(辽南地区)

(1) 后洼上层文化的年代和分布

据 C14 测年为距今 4980 年,大体与小珠山中层文化相当。后洼上层文化主要分布在丹东、本溪、鞍山等地,遗址如东沟县马家店镇三家子村后洼屯遗址①、宽甸县永甸乡的幸福村遗址、牛毛坞洞遗址、海城县的小孤山洞穴遗址和本溪的某些洞穴遗址。

(2) 后洼上层文化的渊源

后洼上层文化的渊源是后洼下层文化。

9. 后岗一期文化

(1) 后岗一期文化的年代和分布

后岗一期文化的年代大约是距今 6500－6000 年,与红山文化大体同时②。后岗一期文化分布在太行山以东的黄河下游地区,南到河南安阳、濮阳一带,然后向北经冀南、冀中一直到达拒马河流域的河北省易县、北京房山区,再溯永定河而上,到达冀西北的桑干河、壶流河流域。重要遗址有河南安阳后岗③、高井台子、陵县大贲店、河北磁县下潘汪、界段营、武安赵窑、正定南阳庄等,这是 20 世纪 80 年代以前发现的,主要集中的卫河和漳河流域。之后,在拒马河流域河冀西北桑干河支流壶流河流域,又发现了重要的一部分遗址,如房山镇江营④、蔚县三关、庄窠、筛子绫罗遗址⑤等。

---

① 许玉林、傅仁义、王传普:《辽宁东沟县后洼遗址发掘概要》,《文物》1989 年第 12 期。
② 《1971 年安阳后岗发掘报告》,《考古》1972 年第 3 期。
③ 同上。
④ 北京市文物研究所:《镇江营与塔照(上)》,中国大百科全书出版社,1999 年版。
⑤ 张家口考古队:《一九七九年蔚县新石器时代考古的主要收获》,《考古》1981 年第 2 期。

壶流河流域的后岗一期文化分布地区特殊，壶流河是桑干河的一条支流，它与桑干河一起成为周围考古学文化传播的枢纽地区。这里是源于渭河流域的仰韶文化进入山西溯汾河而上后继续进入冀西北怀来盆地的必经之地；同时也是源于山东海岱地区的大汶口文化和豫、冀境内卫河、漳河流域的后岗一期文化进入冀西北怀来盆地的咽喉要道。壶流河流域的后岗一期文化，就是沿太行山东麓北上，再沿桑干河西山口向西北而上，经阪泉、涿鹿等地而到达壶流河流域的①。

（2）后岗一期文化的渊源与族属

后岗一期文化的主要渊源，可能是时代上早于它、地域上又与其豫东北诸遗址相邻的鲁西南地区的北辛文化。后岗一期文化可能是北辛文化中离开山东故地向西北方向传播、迁徙的，在进入豫东北、冀南后与当地文化因素（磁山、裴李岗文化及其后续者）融合后，产生的新文化类型。后岗一期文化在初步形成后，又沿太行山东麓、华北平原的西缘向北传播，由冀南经冀中，最终到达冀西北桑干河中游的支点洋河、壶流河流域的。在向北传播的过程中，自冀中和京南地区，还受到易县北福地一期文化和镇江营一期文化及其后续因素的较大影响。后岗一期文化，追根溯源，它不应当从属于中原的仰韶文化系统，而应从属于以山东地区为中心、以北辛文化和大汶口文化为代表的东夷古文化系列。它是在新石器时代中期后段，与大汶口文化并列的古东夷两大考古文化类型之一②。

后岗一期文化是与以中原为中心的仰韶文化庙底沟类型、以内蒙东南和辽西为中心的红山文化约略同时的考古文化。如果源于渭水流域的仰韶文化庙底沟类型的族属是炎帝族，红山文化的族属是黄帝族的话，作为东夷文化的大汶口文化和后岗一期文化的族属，就应当是以蚩尤族为代表的少昊族团和以颛顼族为代表的太昊族团。最早的太昊族团似可与北辛文化相对应，少昊族团可能是从太昊族团里分离出来的。

《史记·五帝本纪》记载说颛顼高阳氏为"黄帝之孙而昌意之子"，但陈

---

① 陈平：《北方幽燕文化研究》，群言出版社，2006年版，第138－139页。
② 陈平：《北方幽燕文化研究》，群言出版社，2006年版，第139页。

平先生提出了颛顼族应属于东夷的多条理由。

第一，皋陶是典型的出身东夷族系的国族，《左传》文十八年载颛顼有庭坚等八个支族，《左传》文五年记载楚灭六、蓼时，曾有"皋陶、庭坚不祀"之句，将出于颛顼的庭坚之族和皋陶并祀，说明颛顼和皋陶都源自东夷族。

第二，据《国语·郑语》和《史记·楚世家》，颛顼的后裔为祝融，祝融的后裔有八支或六支，成为祝融八姓或祝融六姓，而八姓或六姓中均有芈（mǐ）姓，此为楚人姓。楚人和祝融八姓或六姓均源于东夷，那么颛顼也源于东夷。

第三，陈平《从"丁公陶文"谈古东夷族的西迁》①一文认为"颛臾"和"须句"二国族本为太昊之后，"颛顼"是采用上述两国族之前一字而合成的国族名。所以，"颛顼"应是太昊之后，属于东夷之族。

第四，据《盐铁论》之《结和》篇，东夷集团内部有太昊和少昊。"黄帝战涿鹿，杀两曎（yi）、蚩尤而为帝"。"曎""皞""昊"同音，"两曎"即"两昊"，也就是少昊蚩尤与太昊，这个太昊并非通常意义上的太昊，而是作为太昊之后，在黄帝、蚩尤之世继续统领太昊集团的酋长帝颛顼。二昊同率领东夷军民与黄帝战于涿鹿，故作为二昊之一的太昊帝颛顼及其族众，必定属于东夷集团。

陈平先生认为，在太昊于少昊两大东夷集团中，少昊族的中心活动区域偏东，大致与大汶口文化的分布区域相当；而太昊颛顼族的中心活动区域偏西，大致与后岗一期文的分布区域相当。《左传》定公四年："故周公相王室以尹天下，于周为睦。……是使之职事于鲁。以昭周公之明德。……命以伯禽，而封于少昊之墟。"《史记·周本纪》"封弟周公旦于曲阜曰鲁"，今山东省中部的曲阜市一带正是大汶口文化的中心区。又据《左传》昭公十七年"陈、太昊之虚也"，则知太昊之虚在陈，陈在今河南东部的淮阳市。作为太昊后裔中坚的颛顼族的中心所在，据《左传》昭公十七年"卫，颛顼之虚也"的记载，位于今河南濮阳一带的卫地。这一带正是大量发现后岗一期文化的河南安阳附近，也正处于后岗一期文化密集分布的卫河流域。

---

① 陈平：《从"丁公陶文"谈古东夷族的西迁》，《中国史研究》，1998年第1期。

(三) 新石器时代晚期（约距今 5000 – 4000 年）

10. 小河沿文化

（1）小河沿文化的年代与分布

在红山文化分布区一带，继红山文化之后，兴起了一支具有赵宝沟文化、红山文化等传统文化因素的，并含有黄河中、下游一带的大量文化因素的考古学文化，即小河沿文化。其分布大致与红山文化分布区相当，并稍有异同。年代大约在公元前 2900 – 前 2400 年。其典型遗址如敖汉旗小河沿乡白斯朗营子南台地遗址①、敖汉旗石羊石虎山②、翁牛特旗大南沟③、克什克腾旗上店④等。

（2）小河沿文化的来源与去向

小河沿文化的唯一渊源应当是红山文化。它的去向当是夏家店下层文化。但是，小河沿文化受到同时期的大汶口文化的影响。这里需要指出的是，在红山文化时期，在各种文化交汇（如后来炎黄蚩三大族团发生冲突）的枢纽地带——壶流河流域，只发现了来自东夷集团的、族属可能是颛顼族的后岗一期文化遗存，却未见有族属可能属于少昊蚩尤族的大汶口文化遗存，也还没有发现大汶口文化从山东腹地到壶流河流域的传播路线（就像仰韶文化庙底沟类型从关中经汾河、桑干河流域来到壶流河流域那样），但是小河沿文化中大量的大汶口文化因素却似乎弥补了这方面的缺憾。而后岗一期文化也给予小河沿文化以影响⑤。

赵宝沟文化和小河沿文化均以尊为典型陶器，且演变趋势十分明显，这是它们区别于同时期其他考古学文化的个性。小河沿文化的彩陶图案和刻画

---

① 辽宁省博物馆等：《辽宁敖汉旗小河沿三种原始文化的发现》，《文物》1977 年第 121 期。

② 内蒙古昭乌达盟文物工作站：《内蒙古昭乌达盟石羊石虎山新石器时代墓葬》，《考古》1963 年第 10 期。

③ 辽宁省文物考古研究所、赤峰市博物馆：《大南沟——后红山文化墓地发掘报告》，科学出版社，1998 年版。

④ 克什克腾旗博物馆：《克什克腾旗上店小河沿文化墓地及遗址调查报告》，《内蒙古文物考古》，1992 年 1、2 期合刊。

⑤ 陈平：《北方幽燕文化研究》，群言出版社，2006 年版，第 149 页。

纹，与赵宝沟文化的刻画几何纹十分相似，存在一定的渊源关系。作者认为小河文化是从赵宝沟文化发展而来的，其发展去向很可能是夏家店下层文化。小河沿文化大南沟墓地具有墓地分区、区内分行、行内墓葬从头至尾排列的布局特点。这种布局特点与西辽河地区自公元前6000年起便流行的房屋分区、区内分排的聚落形式相似，两者之间应存在密切的联系。

第三阶段青铜时代（距今4000至秦统一）

（一）青铜时代早期（距今4000至商代早期二里岗上下层之际的约距今3400年）

1. 夏家店下层文化

（1）夏家店下层文化的年代与分布

截至目前，夏家店下层文化的分布范围，西起西拉沐伦河以南，南至永定河以北，东及下辽河以西，西到桑干河上游一带。夏家店下层文化可分为三个不同的地方类型，即分布于西辽河流域的燕北类型（或称辽西类型、药王庙类型）、分布于海河水系的燕南类型（或称燕山类型）和分布于桑干河上游一带的壶流河类型①。其中药王庙类型集中分布于老哈河和大凌河流域，目前经过发掘的地点主要有：赤峰市红山区红山后、药王庙、夏家店、蜘蛛山②，赤峰松山区新店、香炉山、四分地东山嘴、西山根、西道点将台，喀喇沁旗大山前，宁城县南山根、榆树林子、三座店，敖汉旗大甸子③、范杖子④、小河沿，辽宁北票市丰下⑤、白石水库、康家屯，建平县水泉，喀左县小转山子，凌源市

---

① 李伯谦：《论夏家店下层文化》，《纪念北京大学考古专业三十周年论文集》，文物出版社，1990年版；张忠培：《夏家店下层文化研究》，苏秉琦主编《考古学文化论集》第1集，文物出版社，1987年版。
② 中国社会科学院考古研究所实验室：《放射性碳素测定年代报告（二）》，《考古》1974年第5期。
③ 中国社会科学院考古研究所实验室：《放射性碳素测定年代报告（五）》，《考古》1978年第5期。中国社会科学院考古研究所实验室：《放射性碳素测定年代报告（六）》，《考古》1979年第1期。
④ 中国社会科学院考古研究所实验室：《放射性碳素测定年代报告（——）》，《考古》1984年第7期。
⑤ 中国社会科学院考古研究所实验室：《放射性碳素测定年代报告（四）》，《考古》1977年第3期。

三官甸子城子山等。

2. 辽北地区的高台山文化

（1）高台山文化的地理分布

高台山文化主要分布于辽北地区、年代和夏家店下层文化大体平行而又曾给予后来的魏营子文化及夏家店上层文化以巨大影响的我国北方又一支重要的早期青铜文化。具体来看，高台山文化的主要分布区域，应该在以辽河的支流柳河流域为中心的辽北地区。它的东界不过辽河，西不过医巫闾山，东北可到法库县，西北达阜新附近，南可到辽河口以东的渤海北岸。西北在敖汉旗一带与夏家店下层文化交错分布，东北与康平顺山屯类型接壤，东南与本溪庙后山类型毗邻，西部和西南皆与夏家店下层文化接境，东部与沈阳新乐上层文化邻近。高台山文化的主要遗址有：新民高台山、新民公主屯后山[1]、彰武平安堡、阜新平顶山遗址[2]、法库湾柳[3]、法库叶茅台[4]。另外，在敖汉旗大甸子、范仗子夏家店下层文化墓地中，也有属于高台山文化的墓葬并存[5]。

（2）高台山文化的区域类型和族属

有学者研究指出：高台山文化由于受不同地理环境的影响和周围考古文化的渗透，各地的文化面貌表现了一定的地域性差异。这样的区域大体可以分为三个：以新民和彰武为中心的柳河区、法库县左近的秀水河区和阜新、敖汉旗的牤牛河区。其中柳河区以新民高台山遗址和彰武平安堡遗址为代表，

---

[1] 沈阳市文物管理办公室：《新民公主屯后山遗址试掘报告》，《辽海文物学刊》1987年第2期。

[2] 辽宁省文物考古研究所、吉林大学考古学系：《辽宁省阜新平顶山石城址发掘报告》，《考古》1992年第5期。

[3] 曹桂林：《法库县青铜遗址的考古发现》，《辽海文物学刊》1988年第1期；曹桂林、许志国：《辽宁法库县湾柳街遗址发掘》，《北方文物》1988年第2期；辽宁大学历史系考古教研室、铁岭市博物馆：《辽宁法库湾柳街遗址发掘》，《考古》1989年第12期；铁岭博物馆：《法库县湾柳街遗址试掘报告》，《辽海文物学刊》1990年第1期。

[4] 铁岭地区艺术馆：《辽北地区原始文化遗址调查》，《考古》1982年第2期。

[5] 刘晋祥：《大甸子墓地乙群陶器分析》，《中国考古学研究——夏鼐先生考古50年纪念论文集》，文物出版社，1986年版；内蒙古文物工作队：《敖汉旗范仗子古墓群发掘简报》，《内蒙古文物考古》1986年第3期。

是典型高台山文化的中心分布区，文化面貌比较单纯；秀水河区以法库湾柳遗址为代表，含有顺山屯类型、新乐上层文化的某些因素；牤牛河区以阜新平顶山墓地为代表，高台山文化墓葬中随葬有夏家店下层文化典型器物，构成了该地区独有的文化面貌①。

田耘《顺山屯类型及其相关问题的讨论》一文认为，中国较早的文献记载中有"发人"，他与山戎相邻，且在息慎之南，与中原发生关系较早，且是夏商时期东北较重要的一支部族。"发人"似又与朝鲜相邻，推测其居地大约在今沈阳一带。与此相应，恰好高台山文化及当地后来的新乐上层文化，其鼎盛时期亦在夏商时期，后来西迁形成魏营子类型，部分为后来之新乐上层文化，已呈衰败之兆。所以高台山文化即应该就是古史上的"发人"遗存②。而《东北文化与幽燕文明》一书中，又提出了高台山文化族属为古肃慎族的意见③。

（3）高台山文化的渊源与去向

①高台山文化的渊源

目前关于高台山文化的渊源主要有四种意见。

第一，新乐文化和偏堡子类型与高台山文化想去甚远，目前尚未发现二者为高台山文化渊源的线索。近年虽然在阜新平顶山发现了魏营子类型高台山文化夏家店下层文化的三叠层，不过若因此以为高台山文化是夏家店下层文化的分支也是难以令人信服的，尽管下辽河流域鬲的始源只能来自西南部强大的夏家店下层文化筒腹鬲。下辽河流域青铜文化之源目前还是一个疑问，有待于更多的工作和研究④。

第二，平安堡遗址的发掘，发现了早于高台山文化、年代大约在距今4110－4600年的平安堡二期类型遗存。该类型筒形罐与袋足三足器两类陶器共存，还有不少具有高台山文化特征的双耳罐、施红陶衣折腹台底钵等陶器发现，这就填补了辽北地区由新石器向青铜文化过渡阶段考古文化的空白，

---

① 董新林：《高台山文化研究》，《考古》1996年第6期。
② 田耘：《顺山屯类型及其相关问题的讨论》，《辽海文物学刊》1988年第2期。
③ 郭大顺、张星德：《东北文化与幽燕文明》，江苏教育出版社，2005年版，第372－377页。
④ 李晓钟、蔺新建：《下辽河流域早期青铜文化谱系研究》，《辽海文物学刊》1991年第1期。

而且为探索高台山文化的来源提供了线索①。

第三，董新林提出高台山文化的渊源不是偏堡子内力而是平安堡二期类型。认为在高台山文化分布区内及其周邻现知早于该文化的考古学文化主要有偏堡子类型和平安堡二期类型。偏堡子类型晚于新乐下层而又常为高台山文化所迭压，年代稍早于高台山文化，在时空上有成为该文化渊源的条件，但二者在陶色、制作工艺、文饰、形制上差别较大，难以用文化缺环来解释，二者应该属于不同谱系的考古学文化、自然不会有渊源关系。而平安堡二期类型在陶系、施红陶衣和桥耳的风格，连同折腹钵、双耳罐、三袋足器的形制都说明平安堡二期类型对后来高台山文化的形成产生了及其重要的影响，应该施高台山文化的重要源头之一。当然高台山文化的形成也不可能是单源的②。

第四，偏卜（堡）子类型某些因素可能为高台山文化所继承但过程目前却无法明示、平安堡二期类型为探索高台山文化的来源提供了重要线索③。

陈平先生认为第四种意见较为妥当，并提出要多加主义偏堡子类型和平安堡二期类型的关系问题④。

②高台山文化西迁后的继承者和去向

大约在商代晚期，高台山文化的先民曾大规模向西迁徙，其所迁至的地区，有的学者以为仅仅至于辽西的大凌河、小凌河流域，其去向均是当地商代至西周时期的魏营子类型文化遗存；田耘先生进一步指出，既然魏营子类型在辽西地区找不到源头，那么很显然与高台山文化的西进有极大的联系。也就是说，在商初，高台山文化之一部分越过医巫闾山，进入大小凌河流域，形成了魏营子类型⑤。李晓钟、蔺新建也指出高台山文化一部分部落从阜新、

---

① 辽宁省文物考古研究所、吉林大学考古系：《辽宁彰武平安堡遗址》，《考古学报》1992年第3期。

② 董新林：《高台山文化研究》，《考古》1996年第6期。

③ 朱永刚：《论高台山文化及其与辽西青铜文化的关系》，《中国考古学会第八次年会论文集（1991）》，文物出版社1996年版。

④ 陈平：《北方幽燕文化研究》，群言出版社，2006年版，第218页。

⑤ 田耘：《顺山屯类型及其相关问题的讨论》，《辽海文物学刊》1988年第2期。

库伦一带绕过医巫闾山,到达了大小凌河流域,与那里的土著相融合,创造了魏营子文化①。另外的研究表明,魏营子类型不仅有自东西迁的高台山文化因素,还有由内蒙古中南部自西东迁的朱开沟文化因素,及留当地的土著夏家店下层文化因素等②。后来,随着考古新材料的出现和研究的逐步深入,学者们对魏营子文化内部文化因素的构成以及高台山文化因素在其中的地位有了较深入的分析和认识,并将高台山文化西迁的行踪扩大到了比魏营子文化所在的大小凌河更在西北的西拉沐伦河流域的夏家店上层文化的范围。还指出,在夏家店上层文化的形成中,高台山文化是其主要来源③。也就是说,夏家店上层文化是高台山文化的主要继承者,即去向④。

朱永刚认为,魏营子类型大致可分为甲、乙两组文化因素,甲组为朱开沟文化,乙组为高台山文化,二者共同形成了统一的魏营子类型文化⑤。

关于高台山文化与夏家店上层文化的传播关系,朱永刚认为,下辽河青铜文化(即高台山文化)中富有特征的筒腹鬲从形式上看与夏家店上层文化的同类型鬲非常相似。作为夏家店上层多特征之一的筒腹鬲,在下辽河流域高台山文化中是一种传统的使用炊器,并且存在着自身发展演变的序列,出现的年代可以早到夏纪年,联系到筒形陶鬲在下辽河以北的地区也有广泛分布,但在那里却极少见到鼓腹形式的陶鬲。所以,推测夏家店上层文化筒腹鬲的原生地可能在下辽河流域的高台山文化区,是受东部文化因素影响而产生的⑥。

夏家店上层与高台山文化的陶器有许多共同的特点,夏家店上层文化早期的铜刀与高台山文化铜刀形态也十分相近,居址、墓葬方面也多有相同,反映了这两种文化存在着亲缘关系。商末,高台山文化西迁,其中抵达西拉沐伦河流域的族众又汲取了包括含北方系青铜文化在内的各种文化因素,形

---

① 李晓钟、蔺新建:《下辽河流域青铜文化谱系研究》,《辽海文物学刊》1991年第1期。
② 董新林:《魏营子文化初步研究》,《考古学报》2001年第1期。
③ 董新林:《高台山文化研究》,《考古》1996年第6期。
④ 陈平:《北方幽燕文化研究》,群言出版社,2006年版,第220页。
⑤ 朱永刚:《论高台山文化及其与辽西青铜文化的关系》,《中国考古学会第八次年会论文集(1991)》,文物出版社,1996年版。
⑥ 朱永刚:《夏家店上层文化的初步研究》,《考古学文化论集(1)》,文物出版社,1987年版。

成了夏家店上层文化。高台山文化应是夏家店上层文化其中一种重要的源头①。反过来,夏家店上层文化则是高台山文化西迁后的主要继承者和去向②。

③流在原地的高台山文化继承者与归宿

有学者认为,高台山文化和顺山屯类型是属于同一个部落集团的两支,或统一考古学文化中的两个不同地方类型,因而将顺山屯类型看成是高台山文化的一个类型。高台山文化一部分西迁至大小凌河流域,形成魏营子类型;留下的部分,后来演变成为新乐上层文化③。又有学者以为,高台山文化与顺山屯类型在年代上是连续递进的承继关系。也就是顺山屯类型继承了高台山文化,是高台山文化留在原地一部分的文化归宿,顺山屯类型的发展直接演变为新乐上层文化④。朱永刚将高台山文化与夏家店上层文化视作东北地区夏至早商初期阶段并存的青铜文化,认为顺山屯类型和新乐上层文化是继高台山文化之后存在于下辽河地区商末周初的青铜文化⑤。

对以上各观点,有学者提出了异议。辛占山以高台山文化与顺山屯类型二者文化面貌的诸多不同因素为由,认为将顺山屯类型纳入高台山文化的说法不能成立⑥。朱永刚⑦、董新林⑧均有类似的观点。董新林指出,大约在商末周初,因以双房类型老虎冲遗存为代表的考古学文化的侵入,高台山文化主体已基本推出柳河流域,沿西拉沐伦河流域继续进入到赤峰左近地区,成为夏家店上层文化的主要构成因素;余留者或许为当地的后继文化所吸收。董文所说的留在原地继承者的当地后继文化,似乎有可能就是他在这里所提到的以双房类型老虎冲遗存为代表的考古文化。陈平先生赞同辛占山、董新

---

① 朱永刚:《论高台山文化及其与辽西青铜文化的关系》,《中国考古学会第八次年会论文集(1991)》,文物出版社,1996年版。

② 朱永刚:《东北青铜文化的发展阶段与文化区系》,《考古学报》1998年第2期。

③ 田耘:《顺山屯类型及其相关问题的讨论》,《辽海文物学刊》1988年第2期。

④ 李晓钟、蔺新建:《下辽河流域青铜文化谱系研究》,《辽海文物学刊》1991年第1期。

⑤ 朱永刚:《东北青铜文化的发展阶段与文化区系》,《考古学报》1998年第2期。

⑥ 辛占山:《康平顺山屯青铜时代遗址试掘报告》,《辽海文物学刊》1988年第1期。

⑦ 朱永刚:《论高台山文化及其与辽西青铜文化的关系》,《中国考古学会第八次年会论文集(1991)》,文物出版社,1996年版。

⑧ 董新林:《高台山文化研究》,《考古》1996年第6期。

林的意见，认为顺山屯类型和新乐上层文化在起始时间上均略晚于高台山文化，但是在讫至时间上却与高台山文化大致相同，约在商代末晚。顺山屯类型、新乐上层文化中那些与高台山文化相近的因素，与其当作是对高台山文化的继承，还不如看成是同期所受高台山文化的外来影响来得更切合实际一些。高台山文化留在原地的继承文化，双房类型老虎冲遗存是很值得注意的一个考虑对象①。

④夏家店下层文化、朱开沟文化、高台山文化、顺山屯类型、新乐上层文化、双房类型老虎冲遗存之间的关系。

经过学者的研究，大约在商末周初，伴随着北方系青铜文化（可能是高台山文化②）的入侵，夏家店下层文化像潮水一样退至燕山以南。高台山文化的部分因素，在大小凌河流域被以花边口沿鬲谱系线索为代表的文化所吸收，与之融合为具有地域特点的魏营子类型。与此同时，已抵西拉沐伦河流域的高台山文化，在发展中除保持原有文化的传统外，又汲取了包含北方系青铜文化在内的多种文化因素，最后演变成夏家店上层文化③。但在夏家店下层文化南移的时间上和原因（哪支考古学文化迫使它南迁）方面，还有不同的意见。

高台山文化的下限，在夏代早、中期，其下限则在商代晚期，在时间上符合南侵。而夏家店下层文化的下限学术界一般认为在二里岗上层之初，再晚也不能晚至殷墟一期的武丁时期，所以，把夏家店下层文化南移的时间定在商末周初是不能成立的④。由此陈平先生指出：第一，夏家店下层文化像潮水般退到燕山以南的时间，不在商末周初，最晚只能在二里岗上层之初。它与高台山文化西进的时间不应完全等同，二高台山文化西进的起始时间和高台山文化在下辽河流域消失的时间也不应完全等同起来。第二，高台山文化西进是夏家店下层文化南徙的动因之一。此外，可能还有别的动因。地处夏家店下层文化西边、内蒙古中南部的朱开沟文化的东进，这可以从位于夏家店

---

① 陈平：《北方幽燕文化研究》，群言出版社，2006年版，第222-223页。
② 董新林：《高台山文化研究》，《考古》1996年第6期。
③ 朱永刚：《论高台山文化及其与辽西青铜文化的关系》，《中国考古学会第八次年会论文集（1991）》，文物出版社，1996年版。
④ 陈平：《北方幽燕文化研究》，群言出版社，2006年版，第224页。

下层文化中心区的后继文化——魏营子文化的文化因素中找到明确的答案。这些时候，董新林先生将魏营子文化因素分成甲乙丙丁四种。其中，甲组是承袭当地的夏家店下层文化因素，乙组是来自东部的高台山文化因素，丙组是来自南部的张家园上层文化和中原商文化因素，丁组是来自西部的朱开沟文化因素融合甲、乙组的某些特征二形成的具有自身特点的新因素①。联想到朱开沟文化因素在原夏家店下层文化大坨头类型分布区中的后继文化张家园上层文化中占据主导地位的情况，陈平先生认为朱开沟文化因素不仅是夏家店下层文化南退的另一个主要动因之一，而且在两大动因中居主导地位，它的东进是夏家店下层文化南退大主要原因。夏家店下层文化的南退与消亡，很可能是朱开沟文化群族和高台山文化群族联合起来实施东西夹击的结果，朱开沟文化群族是主体，高台山文化群族是配角。而且二东西夹击的时间可能也不是同时的，朱开沟文化东进稍早于高台山文化西进，可能在二里岗下层期末晚②。

陈平先生还用历史的相似性举了一个例子，北宋末年，北宋、金联合灭辽之事，朱开沟文化族群就像灭辽战争中起主导作用的金，而高台山文化群族就是起辅助作用的北宋。朱开沟、高台山两个文化族群联合攻击并进占夏家店下层文化中心区的大小凌河流域，迫使那里的夏家店下层文化族群南退至燕山以南。继之朱开沟文化族群乘胜追击，进一步打垮了退至燕山以南地区的夏家店下层文化族民，并与之融合。这样，商代后期，在北部的凌河流域演化成了魏营子文化，于南部的燕山以南地区演化成了张家园上层文化。另外，高台山文化西迁恐怕并非因为南来的新金双房类型族民北上压迫的被动行为。而是在既占夏家店下层文化中心区、大部分族民已西进、原地只有少数族民留守的情势下，又遭受辽南新金双房类型族民的乘虚北上而放弃故地，迫使大部分留守民也相继西迁，与早期西进本族民会合，或在西拉沐伦和流域另辟新居。与当地土著融合，在商末周初演化成了夏家店上层文化。

3. 辽南地区的双砣子一至二期文化

双砣子文化是辽南地区青铜时代早、中期文化。其中一至二期是青铜时

---

① 董新林：《魏营子文化初步研究》，《考古学报》2001 年第 1 期。
② 陈平：《北方幽燕文化研究》，群言出版社，2006 年版，第 224 - 226 页。

代早期文化，或称为双砣子下层、中层文化；双砣子三期或称上层文化当是青铜时代中期文化，又叫羊头洼文化。这里至讨论下层河中层文化。

（1）双砣子一至二期文化的地理分布

双砣子一至二期文化主要分布在辽东半岛南部的大连沿海地区。目前见于发现的遗址有：辽宁新金貔子窝高丽山城、单砣子、旅顺羊头洼①、大连市甘井子区后牧城驿村双砣子②、大连市大嘴子③、旅顺于家砣头④、庙山遗址。

（2）双砣子一至二期文化的年代

双砣子一至三期文化的年代，大约介于距今 4700－2500 年之间。其中一期即下层文化的上限比夏家店下层文化早期的上限还要略早，比通常所说的新石器时代晚期后段典型的龙山文化期也略早，双砣子三期文化中，下层延续时间最长，从前 2700－2000 年，中层文化只有 150 年左右，上层文化约 100 年。陈平先生认为如果将双砣子一期文化的年代修订在距今 4300－3900 之间，其早期或前段已经进入到龙山时期，其晚期或后段，已进入到了夏代。因此，将它向上归入新石器时代晚期或向下划到青铜时代早期都是可以的。

（3）双砣子一至二其文化的外来影响

双砣子一期文化曾经受到山东龙山文化的影响，而双砣子二期文化又受到山东岳石文化的影响。

（二）青铜时代中期（自商代早期二里岗上层后期或殷墟一期至西周晚期）

1. 围坊—张家园上层文化

（1）围坊—张家园上层文化的分布

张家园（围坊）上层文化遗址，主要分布在燕山南麓与太行山北段东麓的

---

① 【日】滨田耕作：《貔子窝》，《东亚考古学丛刊》第 1 册，1929 年；【日】金关丈夫、三宅宗悦、水野清一：《羊头洼》，《东方考古学丛刊》乙种第 3 册，1942 年。

② 中国社会科学院考古研究所：《双砣子与岗上——辽东史前文化的发现和研究》，科学出版社，1996 年版。

③ 许明纲、刘俊勇：《大嘴子青铜时代遗址发掘纪要略》，《辽海文物学刊》1992 年第 1 期；大连市文物考古研究所：《大嘴子——青铜时代遗址 1987 年发掘报告》，大连出版社，2000 年版；辽宁省文物考古研究所：《辽宁大连市大嘴子青铜时代遗址的发掘》，《考古》1996 年第 2 期。

④ 旅顺博物馆、辽宁省博物馆：《旅顺于家村遗址发掘报告》：《考古学集刊（1）》，中国社会科学出版社，1981 年版，第 88－103 页。

京、津、唐地区。分布范围的南界跨过了北易水，东到大海，在河北西北部的壶流河、桑干河北区也有少量发现。陈平先生认为其地域和夏家店下层文化燕南的大坨头类型大体重合而小有变动①。目前所知的遗址有：北京房山塔照、镇江营②、昌平雪山③、房山焦庄、平谷韩庄水库、昌平小北邬、房山琉璃河董家林古城西④、平谷刘家河⑤、房山琉璃河刘李店⑥、昌平张营⑦、天津蓟县张家园⑧、围坊⑨、西山北头、南向阳、许家台、看花楼、秦城⑩、宝坻牛道口⑪、蓟县邦均⑫、宝坻歇马台⑬、蓟县西门外⑭、常州⑮、河北省唐山市古冶⑯、大

---

① 陈平：《北方幽燕文化研究》，群言出版社，2006年版，第235页。

② 北京市文物研究所：《镇江营与塔照——拒马河流域先秦考古文化的类型与谱系》，科学出版社，1979年版，第175-282页。

③ 北京大学历史系考古专业1958级学术实习报告，现藏北京大学考古文博学院资料室。

④ 北京市文物局考古队：《建国以来北京市考古与文物保护工作》，《文物考古工作三十年》，文物出版社，1979年版，第1-12页。

⑤ 北京市文物考古研究所：《十年来北京考古的新成果》，《文物考古工作十年》，文物出版社，1991年版，第3-4页；北京市文物工作队：《北京平谷刘家河遗址调查》，《北京文物与考古》第3辑，北京市文物研究所1992年印行，第56-61页。

⑥ 北京市文物研究所：《北京房山琉璃河遗址发现的商代遗迹》，《文物》1997年第4期。

⑦ 望武钰、郁金城：《北京昌平张营遗址发掘喜获硕果》，《中国文物报》1990年1月11日；《昌平张营商代遗址》，《中国考古学年鉴（1990）》，文物出版社，1991年版。

⑧ 天津市文化管理处：《天津蓟县张家园遗址试掘报告》，《文物资料丛刊》第1集，文物出版社，1977年版，第163-171页；天津市历史博物馆考古部：《天津蓟县张家园遗址第三次发掘》，《考古》1993年第4期；韩嘉谷、纪列敏：《蓟县张家园遗址青铜文化遗存综述》，《考古》1993年第4期。

⑨ 天津市文物管理处考古队：《天津蓟县围坊遗址发掘报告》，《考古》1983年第10期。

⑩ 天津市文管处考古队调查资料。

⑪ 天津市历史博物馆考古队、宝坻县文化馆：《天津宝坻县牛道口遗址调查发掘简报》，《考古》1983年第10期。

⑫ 韩嘉谷等：《蓟县邦均西周时期遗址和墓葬》，《中国考古学年鉴（1987）》，文物出版社，1988年版。

⑬ 天津市历史博物馆考古部：《1979-1989年天津文物考古新收获》，《文物考古工作十年（1979-1989）》，文物出版社，1991年版，第14-24页。

⑭ 赵文刚：《蓟县西门外青铜时代遗址》，《中国考古学年鉴（1990）》，文物出版社，1991年版。

⑮ 梁宝玲：《蓟县常州古遗址》，《中国考古学年鉴（1991）》，文物出版社，1992年版。

⑯ 河北省文物研究所：《唐山市古冶商代遗址》，《考古》1984年第9期。

城山①、玉田县东蒙各庄、五里桥②、三河县河冯家府③、易县北福地、涞水炭山、东赤土④、张家洼、北封村⑤、东洛平、西明义、墩台⑥、渐村⑦、周家庄⑧、卢龙县东阚各庄⑨、双望⑩、蓟县前向阳、刘家坟⑪、宣化李大人庄⑫、滦南东庄店⑬、沧县倪杨屯⑭、遵化西三里⑮、迁安马哨村⑯等。张家园（围坊）上层文化遗址大多坐落在浅山、丘陵的向阳坡地或山前水滨，规模不大，堆积不算厚，且往往叠压在夏家店下层文化层上面。

（2）围坊—张家园上层文化的性质和族属

围坊－张家园上层文化中包含有商文化因素，但是不同的学者有不同的看法。以李伯谦先生为代表的学者认为：该文化所含的商文化因素只占很小比例，除铜礼器具有明显的商文化特征外，陶器中商文化因素较少，因此很难作出它是夏家店下层文化和商文化融合的产物的结论，该文化很可能主要是当地土著的夏家店下层大坨头类型与外来的朱开沟文化融合的

---

① 河北省文物管理委员会：《河北唐山市大城山遗址发掘报告》，《考古学报》1959 年第 3 期。
② 马洪路：《河北玉田县发现新石器和青铜时代遗址》，《考古》1983 年第 5 期。
③ 韩嘉谷：《京津地区商周时期古文化发展的一点线索》，《中国考古学会第三次年会论文集（1981）》，文物出版社，1984 年版，第 220－229 页。
④ 拒马河考古队：《河北易县涞水古遗址试掘报告》，《考古学报》1988 年第 4 期。
⑤ 合军等：《涞水古遗址发掘取得重大收获》，《保定日报》1987 年 7 月 18 日；河北省文物研究所等：《河北涞水北封村遗址试掘简报》，《考古》1992 年第 10 期。
⑥ 沈勇：《围坊三期文化初论》，《北方文物》1993 年第 3 期。
⑦ 河北省文物研究所：《河北涞水渐村遗址发掘报告》，《文物春秋》1992 年增刊。
⑧ 张立东：《试论张家园文化》，《北京建城 3040 年暨燕文明国际学术研讨会会议专辑》，北京燕山出版社，1997 年版，第 226－233 页。
⑨ 河北省文物研究所：《河北卢龙县东阚各庄遗址》，《考古》1985 年第 11 期。
⑩ 李捷民、孟昭林：《河北卢龙双望乡发现细石器合陶器》，《考古通讯》1958 年第 6 期。
⑪ 韩嘉谷、纪列敏：《蓟县张家园遗址青铜文化遗存综述》，《考古》1993 年第 4 期。
⑫ 张家口市文物事业管理所：《河北宣化李大人庄遗址试掘报告》，《考古》1990 年第 5 期。
⑬ 河北省文物研究所：《河北滦南县东庄店遗址调查》，《考古》1983 年第 9 期。
⑭ 沧州市文物保护管理所等：《河北沧县倪杨屯商代遗址调查简报》，《考古》1993 年第 2 期。
⑮ 刘震：《河北遵化县发现一座商代墓葬》，《考古》1995 年第 5 期。
⑯ 李宗山、尹晓燕：《河北省迁安出土两件商代铜器》，《文物》1995 年第 6 期；尹小燕：《迁安县发现商代器物》，《文物春秋》1996 年第 1 期；蔡胜和：《箕子嫁女孤竹国》，《中国文物报》1993 年 5 月 30 日。

结果①。另一种观点认为，该文化是集北方高领堆纹鬲、本地的小口鬲与瓮、商文化的假腹豆为一体的具有特色的文化遗存②。

关于该文化的族属，部分学者认为是山戎，天津一带则是无终戎③；或认为是与古文献记载中的商代燕族即燕亳族，黄帝之后的蓟族，居北海之滨的孤竹、令支、无终、山戎诸族，商代金文中的㪔、_㝬等族，写作_㝬而释作屠的屠胡族，甲骨文中的㠯即文献中的发族，文献中的貊族，金文中的㝬族④等有关。而也有的学者认为该文化可能是肃慎、燕亳系统⑤；还有的学者认为甲骨文、金文、古文献中的㪔、妟（燕亳）、大幽、发、孤竹、㝬、㝬（㝬）不令支、不屠何、山戎、无终、且等国族均可能是该文化的先民，它是包含许多具有亲象关系、习俗相近的方国，部族在内的庞大族系集团的考古文化集合体⑥。另外一些学者认为该文化首先应是商代燕亳即金文中㝬国族文化，此外还应该是孤竹等国族的文化。

李学勤先生很早就把喀左北洞一号坑铜罍铭文"㝬㝬"释为先燕古国"孤竹"，指出商周金文中的㝬就是文献中的微箕的箕，商代己侯的封地应在河北沙河县附近⑦。吴荣曾先生认为孤竹、空同、代、解虞是商周时期邻近燕的子姓古国。杨升南以为甲骨文中的国族"妟"就是商代的燕国⑧。葛英会

---

① 李伯谦：《张家园上层类型若干问题研究》，《考古学研究（二）》，北京大学出版社，1994年版，第143–157页。

② 北京市文物研究所：《镇江营与塔照——拒马河流域先秦考古文化的类型与谱系》，科学出版社，1999年版，第175–282页。

③ 天津市历史博物馆考古部：《1979–1989年天津文物考古新收获》，《文物考古工作十年（1979–1989）》，文物出版社，1991年版，第14–24页。

④ 韩嘉谷：《燕史源流的考古学考察》，《北京文物与考古》第二辑，北京燕山出版社，1997年版，第1–24页。

⑤ 沈勇：《围坊三期文化初论》，《北方文物》1993年第3期。

⑥ 李伯谦：《张家园上层类型若干问题研究》，《考古学研究（二）》，北京大学出版社，1994年版，第143–157页。

⑦ 李学勤（晏琬）：《北京、辽宁出土青铜器与周初的燕》，《考古》1975年第5期；《试论孤竹》，《社会科学战线》1983年第2期。

⑧ 杨升南：《殷墟甲骨文中的燕和召公封燕》，《北京建城3040年暨燕文明国际学术研讨会会议专辑》，北京燕山出版社，1997年版。

认为金文"䑞侯亚㠯"等铭文中的㠯就是燕字,是商代燕国的族徽,商代在京、津、冀、辽地区存在着一个包括䑞(蓟)、共、孤等国族在内的庞大的燕国部族联合体①。金岳先生认为先燕古国有䑞、蓟、㠯(燕)、䰻(翼)、马方、祁方、天、丌(姬)、启方、郭方、方方、北方、唐、有易、𫀉方、逆方、孤竹、令支、无终、北终、山戎、屠河、䍹(幽)、庸令、子渔、土方等20多个②。陈平还在《"先燕文化"与"周初燕文化"刍议》中增加了平谷刘家河商墓所在的某国,固安县境的韩国、荣成县境内的荣成国等国族。

陈平先生指出了与先燕国族相关的三个问题:第一,金文中的"㠯"是否就是商代燕国的国名"燕",商末在燕山南北是否存在一个包括燕亳、䑞(蓟)、孤竹、共等共同以为㠯族徽的大燕国集团?第二,在围坊(张家园)上层文化分布的燕山以南地区,有无商人的诸侯方国,存不存在与北方土著文化融合的"北土商文化"?第三,围坊(张家园)上层文化的性质应该怎样描述,商文化因素在该文化中的比重如何估计?

对于如上几个问题,陈平先生认为,首先,㠯应该隶定为䑞,它不是商代燕国的国名"燕",从商末金文实际看,䑞、孤竹、共等国族确有互见㠯族徽的情况存在,但燕亳并不包括在内;商末燕山地区有可能存在一个以㠯族徽为共有族源纽带、包括䑞、孤竹、共等国族在内、以䑞国为首的国族联合集团,但它决不是燕国集团。当时燕国即燕亳只是附属于䑞的二流、三流小国,它决无次等张力。第二,在商末围坊(张家园)上层文化分布的燕南地区,是有商人的诸侯方国的,也是有与北方土著文化融合的"北土商文化"存在的。这些商人的诸侯方国,主要是燕亳、䑞与孤竹。"䑞"诚如李学勤先生所言,当即殷三仁之一的箕子之"箕"。商末其封国都城,从北京地区数出㠯侯亚铭

---

① 葛英会:《燕国的部族及部族联合》,《北京文物与考古》第一辑,1983年北京历史考古丛书编辑组编印,第1—18页;《关于燕国历史上的几个问题》,《北京史苑》第三辑,北京出版社,1985年版。

② 金岳:《亚微䁆考释——兼论商代孤竹国》,《社会科学战线》1983年第2期;《燕山方国考(上)》《燕国方国考(下)》,《辽海文物学刊》1986年第2期;《孤竹族探源》,《辽海文物学刊》1992年第1期;《易水天方国考——论"先燕"民族文化(续)》,《文物春秋》1992年第3期。

文铜器看，应即位于今北京城区的古蓟城。金岳先生据山东烟台出土姜姓鼌器认为殷周鼌方非箕子之箕①。陈平先生以为然烟台地区的鼌器很肯能是商代箕子国族成员的旧封地之一②。孤竹，其君是子姓商契之后目夷氏③，是商王室族裔封国。第三，围坊（张家园）上层的性质、内涵，应当是北方朱开沟系文化、本地土著文化和商文化三者融合的新型文化。燕山以南地区在商代既有商人的诸侯方国燕亳、鼌、孤竹等存在，在该地区也一定有商文化，只不过这种商文化因为长期和当地土著文化杂处共存，互相渗透，而与中原商文化相异罢了。陈平先生认为这种商文化有肯能就是学者专家们所称的围坊（张家园）上层文化。为和严格意义上的中原文化相区别，似乎可以称为"北土商文化"。部分学者所主张的商文化不到燕山以南的观点似乎也应该重新考虑。考古资料表明，在夏家店下层文化燕北类型中，来自东夷太昊颛顼族的后岗二期文化因素有很大比重④。东夷海岱族的岳石文化因素在夏家店下层文化中也有许多发现⑤，先商文化在该地区则分布有保北类型，早商也曾有一支商文化沿永定河北上到壶流河流域⑥。

文献上，商人的祖先契、王亥均曾在燕山以南的易水流域活动过，金景方、黄中业、郭大顺、曹定云、干志耿等认为围坊（张家园）上层文化所在的我国北方幽燕地区是商族与商文化的发源地之一。到商代时，幽燕地区更是商人重要方国、鼌、孤竹、燕亳的所在。因此，围坊（张家园）上层文化中占有相当比重的商文化因素，是可以理解的。因此陈平先生认为围坊（张家园）上层文化是夏家店下层文化的大坨头类型、朱开沟文化与商文化三种因素融合而成的新文化类型。

2. 燕南的西周燕文化

召公封于燕，燕南地区从此出现西周燕文化，此时的西周燕文化呈现了

---

① 金岳：《殷周鼌方非箕子辨》，《文物季刊》1993 年第 1 期。
② 陈平：《北方幽燕文化研究》，群言出版社，2006 年版，第 242 页。
③ 司马迁：《史记·殷本纪》，中华书局，1959 年版。
④ 王立新、齐晓光、夏保国：《夏家店下层文化渊源刍论》，《北方文物》1993 年第 2 期。
⑤ 张翠莲：《先商文化、岳石文化与夏家店下层文化关系考辨》，《文物季刊》1997 年第 2 期。
⑥ 李伯谦：《张家园上层类型若干问题研究》，《考古学研究（二）》，北京大学出版社，1994 年版，第 143–157 页。

以北京房山琉璃河西周古燕都遗址为核心向四周辐射的形势。

(1) 琉璃河西周燕都遗址

琉璃河遗址琉璃河西周燕都遗址位于今北京市房山区琉璃河镇东北2.5公里。包括董家林、刘李店、黄土坡、洄城、立教、庄头等几个自然村。1945年，吴金鼎胞弟吴良才路过捡到陶片于苏秉琦，这一遗址才被发现。从城墙、居址、墓葬的诸多考古发现综合分析，琉璃河遗址居址中西周早期遗存分布广，堆积厚，内涵丰富，筒瓦和陶范等重要发现年代也均属西周早期，中晚期遗存较少；墓葬也以西周早期为数最多，等级较高的青铜礼器墓大多属于西周早期，只有个别墓可以晚到中期前半；打破城垣的灰坑大多属于西周晚期，西周早期的很少，因此，刘绪、赵福生认为，琉璃河遗址作为都城主要属于西周早期，其废止年代当在早中期之交或稍晚①。陈平先生认为，这和燕并蓟为都城之年代或许在西周中期或晚期的推测基本相合。且是燕人主动放弃而迁居蓟城的结果②。当然也有可能是突遇洪水或战乱一类的天灾人祸严重破坏了董家林古城，迫使燕人迁离③。

(2) 传世可知出土地点的西周燕国青铜器（山东梁山、北京房山琉璃河、北京西郊卢沟桥）

①山东梁山西周燕器道光、咸丰年间，山东寿张县梁山下出土时代属于西周的"梁山七器"，鼎三、彝一、盉一、尊一、甗一④。除"鲁公鼎"外，其余六件中有太保、召公、召白父辛一类的铭文，均和西周被燕国始封的太保召公奭有关，当西周时期燕国的器物。曾见于《捃古》《颂续》《尊古》《周汉》等有著录。"梁山七器"的具体情况如下：

《太保方鼎》，图像在《断代·（二）》图版拾叁，铭文："太保铸"。铭文著录于《捃古》12·5·3，《缀遗》4·2·2，《三代》2·32·4

《太史友甗》。图像在《泉屋》1∶11，《商周》183，铭文："太史友乍召公保尊彝"。《捃古》21·42·1，《三代》3·5·4

---

① 刘绪、赵福生：《琉璃河遗址西周燕文化的新认识》，《文物》1997年第4期。
② 陈平：《燕史纪事编年会按》下册，北京大学出版社，1995年版，第218页。
③ 陈平：《燕都兴废、迁徙谈》，《北京社会科学》1998年第1期。
④ 《涵清阁金石记》卷二。

《白盉》，图像在《颂续》56，《商周》477。铭文："白乍召白父辛宝尊彝"。铭文著录于《捃古》21·55·1－2，《三代》14·9·7－8。

《鼎》，图像在《断代（三）》图版贰（右）。铭曰："唯九月既生霸辛酉，在匽。侯易贝、金。扬侯休，用乍召白父辛宝尊彝。万年子子孙孙宝。光用太保。"铭文著录于《捃古》23·50·1，《缀续》4·7，《小校》3·4。

《太保簋》图像铭文均在《尊古》2·7。铭文："王伐录子䚄。叔厥反，王降征令于太保，太保克敬亡遣。王辰太保易休余土，用作兹彝对令。"

《太保鸮卣》，著录于《遗宝》附24，《遗宝》36，铭文："太保铸"。

《鲁公鼎》，铭文："周公作文王鼎。"清人多误释"周"为"鲁"。

②据传北京琉璃河西周燕器

20世纪30年代，在琉璃河镇黄土坡村出土两件鼎，专家推测就是著名的匽侯旨二鼎。《匽侯旨鼎》一，著录于《泉屋》1·1·2，铭文："匽侯旨初见事于宗周，王赏旨贝廿朋，用乍有姒宝障彝。"《匽侯旨鼎》二，著录于《恒轩》16。铭文："匽侯旨作父辛障。"二鼎藏于法国和日本。

③传说处于北京西郊卢沟桥西周燕器

潘祖荫《攀古楼彝器款识》1·15跋语提到了同治年间于京师城外出土的数器，有二爵、一盉、一觚、一卣，陈梦家以为处于北京近郊，或说处于卢沟桥①。陈平先生以为它们十有八九出于房山琉璃河黄土坡，因为卢沟桥正处于房山琉璃河通往北京城内的交通咽喉要道上，商家含糊为辞。五器中唯《冀侯亚疑盉》，或称《亚盉》，著录于《缀遗》14·26、《三代》14·10·5等，铭文："冀侯亚疑盉，匽侯易亚贝，作父乙宝障彝。《劫掠》A523、R142之青铜觯铭文："冀侯亚疑匕辛"可能与北京近郊出土的《亚盉》为同一组器物②。

(3) 辽西地区西周燕文化的发现

①1941年辽宁喀左小城村曾出土一件铜鼎，陈梦家《西周铜器断代（二）》以为成王时器。1947年陈梦家在纽约见到过一对《燕侯作旅盂》，不知是否亦处于喀左③。

----

① 陈梦家：《西周铜器断代（二）》，《考古学报》第十册，1995年。
② 陈平：《北方幽燕文化研究》，群言出版社，2006年版，第283－284页。
③ 陈平：《北方幽燕文化研究》，群言出版社，2006年版，第294页。

②1955年在原热河省凌源县（今辽宁凌源）海岛营子村发现了西周燕国窖藏青铜器16件。其中12件保存完好，五件带有铭文，是《鱼父癸殷》《蔡殷》《匽侯作饎盂》《史伐作父壬卣》《戈父庚卣》等①。其中《匽侯作饎盂》显然为西周初年燕侯所作，《鱼父癸殷》也和后来在北京房山琉璃河西周燕墓中发现较多的鱼父癸组青铜器为一人所作，其他没有铭文的龙凤纹鼎、饕餮纹甗、弦纹甗、饕餮纹殷、兽首罍、贯耳壶、鸭形尊、蝉纹盘等，与上述两期作风相近，大体也可以认为是西周燕器。

③喀左北洞村笔架山窖藏青铜器1973年3月，在笔架山山顶出土了商代窖藏青铜器6件，虽为商代，但是和周初燕器有某种联系。其中有商代孤竹国的器物，如《父丁孤竹亚微罍》②。1973年5月，在北洞村笔架山发现了另一处窖藏青铜器6件，年代属于商末周初。有圆鼎2、方鼎1、罍1、簋1、钵1。其中簋为典型的周初方座双耳型，铭文为"作宝尊彝"，可知其为周初器，当是西周燕文化。另外有铭文的《荣方鼎》和《㝵父辛鼎》以及无铭的龙凤纹罍、寿面纹鼎也均为商末周初作风③。

④喀左山湾子窖藏青铜器1974年12月喀左山湾子村民发现青铜器窖藏一处，共出土22件。其中15件有铭文：《叔尹方鼎》《子荷戈甗》《伯矩甗》《鱼尊》《舟父甲卣》《史方罍》《亚□殷》《父乙殷》《父甲殷》《庚父戊簋》《父丁簋》《尹簋》《乍宝尊簋》《偁万簋》《覃伯簋》等。其中《伯矩甗》和北京房山琉璃河所出土的伯矩组青铜器显然一人所作，《鱼尊》和琉璃河"鱼父癸"组青铜器可能存在某种联系。总统看，虽然有几件存在商末遗风，大多数应是周初燕文化的范畴④。

⑤喀左小波汰沟出土商周青铜器1978年9月，出土于喀左小波汰沟⑤。

----

① 热河省博物馆筹备组：《热河凌源海岛营子村发现的古代青铜器》，《文物》1955年第8期。

② 辽宁省博物馆、朝阳地区博物馆：《辽宁喀左县北洞村发现殷代青铜器》，《考古》1973年第4期。

③ 喀左县文化馆、朝阳地区博物馆、辽宁省博物馆北洞文物发掘组：《辽宁喀左县北洞村出土的殷周青铜器》，《考古》1974年第6期。

④ 喀左县文化馆、朝阳地区博物馆、辽宁省博物馆：《辽宁喀左县山湾子出土殷周青铜器》，《文物》1977年第12期。

⑤ 辽宁省文物考古研究所：《辽宁喀左县高家洞商周墓》，《考古》1998年第4期；朝阳市博物馆、喀左县博物馆：《介绍辽宁朝阳出土的几件文物》，《北方文物》1986年第2期；王世民：《西周时代诸侯方国青铜器概述》，《中国青铜器全集》第6集西周2前言，文物出版社，1997年版。

⑥喀左和尚沟出土青铜器，1978年10月出土过两件，其中有一件为商周之际的提梁卣，另外一件不详①。

⑦1991年，辽宁省文物考古研究所在喀左高家洞发掘商周墓两座，其中M1属于商周之际，出一铜瓿，该墓所出陶钵，属于魏营子文化，这是在出土众多商周青铜器窖藏的喀左地区首次发现同期的墓葬；M2属西周晚期，出土有与周燕文化相似的拍肩绳纹罐②。

⑧辽宁义县花儿楼出土商周青铜器③。

⑨辽宁朝阳木头城、大庙商周青铜器④。

（4）京、津、冀地区其他西周燕文化的发现与分布

围坊（张家园）上层文化延续到西周时期的遗存当是广义西周燕文化。

①昌平白浮西周木椁墓 1975年在北京昌平白浮村龙山下，发现了西周木椁墓3座，呈倒"品"字形排列⑤。出土了鼎、簋、壶等青铜礼器，戈、戟、矛、盾饰等青铜兵器，多与琉璃河周燕文化近似。部分兵器上还有"兀""屰"的铭文，M2出土了带有浓厚北方草原文化气息的銎戈、铃首匕首、鹰首短剑、马首短剑等器物。在M2、M3棺内发现了卜甲残片100多片，其中4片有刻辞，M2两片刻有"贞""不止"，M3有两片刻有"其祀""其上下韦驭"。卜甲的钻凿形态和卜辞体例和中原商周甲骨属于一个系统，这是北京地区首次发现甲骨。原简报认为这三座墓的年代为西周早期，当是燕国墓，"兀""屰"等戈戟铭文是否是周初燕侯在昌平一带活动的氏族族徽尚待研究⑥。齐

---

① 辽宁省文物考古研究所：《辽宁喀左县高家洞商周墓》，《考古》1998年第4期；朝阳市博物馆、喀左县博物馆：《介绍辽宁朝阳出土的几件文物》，《北方文物》1986年第2期。

② 辽宁省文物考古研究所：《辽宁喀左县高家洞商周墓》，《考古》1998年第4期。

③ 辽宁义县文物保管所：《辽宁义县发现商周青铜器窖藏》，《文物》1982年第2期。

④ 辽宁省博物馆、朝阳地区博物馆：《辽宁喀左县北洞村发现殷代青铜器》，《考古》1973年第4期。

⑤ 北京市文物管理处：《北京地区的又一重要考古收获——昌平白浮西周木椁墓的新启示》，《考古》1976年第4期。

⑥ 北京市文物管理处：《北京地区的又一重要考古收获——昌平白浮西周木椁墓的新启示》，《考古》1976年第4期。

心先生曾对昌平白浮墓所出兵器做过研究①。张长寿先生认为白浮 M2、M3 出土的仿铜陶鬲，形制与山西长安普渡村西周中期长由墓一致②，M3 圆鼎、M2 带盖簋、贯耳壶也和长由墓同类器物相似③，所以白浮墓的年代应该为西周中期。陈平先生认为这一意见无疑是正确的④。关于三墓的族属，有的学者据出土鹰首、马首等短剑判定为北方草原文化⑤；或以为只有部分青铜器带有北方草原文化色彩，其他方面和中原地区的西周墓完全没有区别，与宁城南山根石椁墓的情形完全不同⑥；还有的学者认为三墓是张家园上层文化⑦。最近李维明先生认为，白浮青铜器早可至商末周初，晚可至西周中期，墓葬年代可定为西周中期。文化内涵包括中原商周文化、北方青铜文化和南方青铜文化诸因素，而以中原周燕文化为主要特征，其为姬周族遗存的可能性远大于其他族属⑧。

②顺义牛栏山西周墓 1982 年 6 月，北京顺义牛栏山供销社收购到当地金牛村农民掘地所得的 6 件青铜器，后有到金牛村收到 2 件⑨。这 8 件青铜器有鼎 1、卣 1、尊 1、觯 1、觚 2、爵 2，其中鼎腹部有铭文两行，曰"🅧作比辛䵼彝䵼亚🅧"，两件爵均在鋬内铸阳纹族徽"䵼亚🅧"，其余各件也都铸有"䵼亚🅧"族徽和"父已"铭文。原简报以为这组青铜器的组合、形制、文饰和铭文都与房山琉璃河周初燕器有密切关系，年代比白浮墓早，约为西周早期，并推断当出自墓葬。陈平先生认为带"䵼亚🅧"铭文的铜器过去在北京卢沟

---

① 齐心：《北京出土西周兵器研究》，《北京文博》1998 年第 4 期。
② 张长寿：《西周墓葬的分区研究》，《新中国的考古发现与研究》，文物出版社，1984 年版，第 261 页。
③ 柴晓明：《论西周时期的燕国文化遗存》，《北京建城 3040 年暨燕文明国际学术研讨会会议专辑》，北京燕山出版社，1997 年版，第 276 页。
④ 陈平：《北方幽燕文化研究》，群言出版社，2006 年版，第 301 页。
⑤ 邹衡：《商周考古》，文物出版社，1979 年版，第 155 - 158 页。
⑥ 张长寿：《西周墓葬的分区研究》，《新中国的考古发现与研究》，文物出版社，1984 年版，第 261 页。
⑦ 董新林：《魏营子文化初步研究》，《考古学报》2000 年第 1 期。
⑧ 李维明：《北京昌平白浮墓地分析》，《北京文博》2000 年第 3 期。
⑨ 程长新：《北京市顺义县牛栏山出土一组周初带铭青铜器》，《文物》1983 年第 11 期。

桥，房山琉璃河、辽宁喀左北燕国地域内出土过，这次又在顺义牛栏山发现，说明㠱侯亚矣一族应是商末周初北燕境内的大族，学者专家据此推定箕子之箕过原应在北京地区，似不无道理①。

③1986年以来，北京市文物研究所发掘了北京房山北拒马河畔的镇江营与塔照遗址，遗存包括新石器和商周两大时期，新石器时代遗存分4期；商周时期遗存分为5期，其中西周时期遗存主要是房址和灰坑。简报认为第三期第二段的年代相当于西周早期，第三期第三段的年代相当于西周中期，第四期第一段年代相当于西周中期末段，商周第四期第二段年代相当于西周晚期②。其中陶器在商周第三期和第四期之间有很大不同，第三期有鬲甗联体的甗，而第四期不见这样的甗，只有各自分离的鬲和甗；第三期的高领、口沿附件堆纹的筒腹鬲，而第四期决不见这种筒腹鬲，这种筒腹鬲被大家认为是张家园上层文化（即所谓土著燕文化）的典型器物。第四期占统治地位的是中原商周文化典型器物的袋足鬲。因此，报告的左传将商周第三期归之于属于土著燕文化的张家园上层文化的范畴，而将第四期归之于中原系的西周燕文化范畴。陈平先生认为这种划分是符合实际情况的③。另外在第四期遗存中还发现一刻字卜骨，正面有两行刻辞："六六六六七七"和"七六八六五八"。

④1979年，在北京市延庆县西拨子村古河滩下的沙土中出土了一批具有北方草原文化特色的西周晚期窖藏青铜器。这些器物均放在一件青铜鍑内，其中鼎11、斧7、锛2、凿4、匙1、刀7、锥1、戈1、猎钩1、耳环1、小铜泡8，凡50件。铜鼎为浅盘式样，见于山西楼石地区。鍑也具有浓厚的北方草原文化特色。但出土器物中有带有中原作风的重环纹铜鼎残片，说明这是一批与中原燕文化有着密切关系的北方少数民族文化遗物。

⑤1965年，河北唐县南伏城农民取土时发现了西周窖藏铜器一处。铜器埋藏在断崖下3米处，共5件，即凤纹双贯耳圆壶、三足弦纹带盖簋、双附

---

① 陈平：《北方幽燕文化研究》，群言出版社，2006年版，第303页。

② 北京市文物研究所：《镇江营与塔照拒马河流域先秦考古文化的类型与谱系》，中国大百科全书出版社，1999年版。

③ 陈平：《北方幽燕文化研究》，群言出版社，2006年版，第305页。

耳圆盘、兽首柄铜匜、铜鬲。在城内征集到早年当地出土的一件蝉纹三足鼎。原简报推定这批铜器的年代属西周中晚期，推测其窖藏或与某种祭仪有关①。

⑥1984年以来，保定地区文管所对唐县洪城遗址作过多次调查，其中A群遗物出土有张家园上层文化的典型器高领附加堆纹筒腹鬲，是河北商周时期土著燕文化张家园上层文化一处遗存②。

⑦1984年4月，河北兴隆县小东区小河南村农民在挖石取土时发现了一处青铜器窖藏，凡10件，以青铜兵器为主，有蘑菇首青铜短剑1、铃首刀1、牛首刀1、矛1、戈4、钺1、刻"才"形和铭文"且乙"的器盖1，其中刀剑均有北方草原文化特色，与白浮墓出土相似，简报以为时代当在西周早期③。

⑧1983年11月到1984年8月，河北迁安县小山东庄村民在修路时，先后两次发现了古铜器与陶器，系出于一墓葬，标号为QXM1，有鼎3、簋1、戈2、斧4、扣124、金臂钏2、金耳环1。其中金臂钏和金耳环为夏家店下层文化和张家园上层文化所常见，原简报以为其年代自晚商至西周中期④，陈平先生认为这个时间范围太宽泛，还需要再研究⑤。

3. 辽西地区的魏营子文化

魏营子文化以最早于1970年秋发现于辽宁省朝阳县南70公里的前魏营子村北"龙湾"而得名。

（1）魏营子文化的地理分布

1979-1982年，辽宁省在文物普查工作中，在朝阳地区的20多戈地点发现了具有魏营子文化的特征的陶片，在锦州地区的义县、锦西、兴城、绥中等县也发现了多处魏营子文化的遗址。特别时喀左和尚沟、道虎沟、高家洞等地点还发现了魏营子文化的墓葬。魏营子文化的核心分布区大体在辽西的大、小凌河流域，直到辽西走廊的渤海沿岸地区，东边可到达医巫闾山东麓，在桑干河中游的河北宣化地区和大凌河流域北部及老哈河、西拉沐伦河流域，也有一些

---

① 郑绍宗：《唐县南伏城及北城子出土周代青铜器》，《文物春秋》1991年第1期。
② 保定地区文管所：《河北唐县洪城遗址的调查》，《考古》1996年第5期。
③ 兴隆县文物管理所：《河北兴隆县发现商周青铜器窖藏》，《文物》1990年第11期。
④ 《迁安发现西周青铜器》，《中国文物报》1988年9月23日第2版；唐山市文物管理处、迁安县文物管理所：《河北迁安县小山东庄西周时期墓葬》，《考古》1997年第4期。
⑤ 陈平：《北方幽燕文化研究》，群言出版社，2006年版，第307页。

时代与之相近、文化内涵与之相似的文化遗存发现。目前,比较有代表性的魏营子文化遗址主要有:义县县城西北 20 公里大凌河畔向阳岭①、阜新平顶山屯西北约 1 公里的平顶山②、喀左后坟③、朝阳魏营子④、建平水泉⑤、喀左大城子镇东南 8 公里大凌河东岸南沟门⑥、兴城县西南仙灵寺⑦、锦州市西 9 公里处北靠小凌河台地上的山河营子⑧等,墓地主要有喀左道虎沟⑨、喀左大城子镇南 15 公里东距大凌河 4 公里的和尚沟⑩、喀左县城北约 15 公里大凌河与此折而东流的高家洞墓地⑪等,商周时期墓葬或窖藏铜器遗存有凌源马厂沟小转子山⑫、喀左北洞村⑬、山湾子⑭、小波汰沟⑮、义县花儿楼⑯、朝阳县木头

---

① 辽宁省文物考古研究所:《辽宁省义县向阳岭青铜时代遗址发掘报告》,《考古学集刊》第 13 辑,中国大百科全书出版社,2000 年版,第 41—82 页。

② 辽宁省文物考古研究所、吉林大学考古系:《辽宁阜新平顶山石城址发掘报告》,《考古》1992 年第 5 期。

③ 喀左县文化馆:《记辽宁喀左县后坟村发现的一组陶器》,《考古》1982 年第 1 期。

④ 辽宁省博物馆文物工作队:《辽宁朝阳县魏营子西周墓和古遗址》,《考古》1977 年第 5 期。

⑤ 辽宁省博物馆、朝阳市博物馆:《建平水泉遗址发掘简报》,《辽海文物学刊》1986 年第 2 期。

⑥ 辽宁省博物馆文物工作队:《辽宁朝阳县魏营子西周墓和古遗址》,《考古》1977 年第 5 期;郭大顺:《试论魏营子类型》,《考古学文化论集》第一辑,文物出版社,1987 年版。

⑦ 高美璇:《兴城县仙灵寺商周时期古遗址发掘收获》,《锦州文物通讯》总第 2 期,1985 年;高美璇:《兴城县仙灵寺夏家店下层文化遗址》,《中国考古学年鉴(1985)》,文物出版社,1985 年版。

⑧ 刘谦:《锦州山河营子遗址发掘报告》,《考古》1986 年第 10 期。

⑨ 辽宁省博物馆文物工作队:《辽宁朝阳县魏营子西周墓和古遗址》,《考古》1977 年第 5 期;郭大顺:《试论魏营子类型》,《考古学文化论集》第一辑,文物出版社,1987 年版。

⑩ 辽宁省文物考古研究所、喀左县博物馆:《喀左和尚沟墓地》,《辽海文物学刊》1992 年第 5 期。

⑪ 辽宁省文物考古研究所:《辽宁喀左县高家洞商周墓》,《考古》1998 年第 4 期。

⑫ 热河省博物馆筹备组:《热河凌源县海岛营子村发现的古代青铜器》,《文物参考资料》1955 年第 8 期。

⑬ 辽宁省博物馆、朝阳地区博物馆:《辽宁喀左县北洞村发现殷代青铜器》,《考古》1973 年第 4 期;喀左县文化馆、朝阳地区博物馆、辽宁省博物馆:《辽宁喀左县北洞村出土的殷周青铜器》,《考古》1974 年第 6 期。

⑭ 喀左县博物馆、朝阳地区博物馆、辽宁省博物馆:《辽宁省喀左县山湾子出土殷周青铜器》,《文物》1977 年第 12 期。

⑮ 郭大顺:《辽西窖藏商周青铜器发现和研究的新进展》,《青铜文化研究》第一辑,黄山书社,1999 年。

⑯ 孙思贤、邵福玉:《辽宁义县发现商周铜器窖藏》,《文物》1982 年第 2 期。

城子①、新民大红旗出土 3 件青铜管銎斧②、兴城杨河出土管銎斧、啄戈、环首刀、钩形器等青铜器③、辽宁绥中县冯家村发现包括斧 13 件、啄戈 13、管銎斧和钺各 1、环首刀 18 的窖藏青铜器④、朝阳县波罗赤出土柄饰几何纹的弯背铜刀一件⑤、朝阳地区还出土铃首或人首匕、马首镳形器、管銎斧等青铜器⑥、内蒙古翁牛特旗头牌子出土鼎 2 甗 1、克什克腾旗天宝洞出土青铜甗、赤峰市西波罗出土青铜甗⑦等也可归入魏营子文化的范畴。

　　据吴恩岳斯图先生的研究，目前经正式发掘的魏营子文化的遗址资料有限，给魏营子文化的研究带来困难，一些因素还部确定，例如有关魏营子文化的分布范围问题，大家一般公认的是限定在努鲁儿虎山和医巫闾山之间的狭长地带，即大凌河、小凌河流域，南可到渤海之滨。但有迹象表明在努鲁儿虎山以西确实分布有魏营子文化的遗存，主要有：

　　①内蒙古哲里木盟（今通辽市）小库伦出土了两件具有魏营子文化特征的陶鬲⑧；赤峰市克什克腾旗天宝同商代铜甗出土地点附近发现口饰附加堆纹花边、领饰绳纹的红陶鬲、甗⑨。

　　②老哈河流域及以北地区发现相当于殷至周初的北方草原青铜器，如赤峰市巴林左旗塔子沟出土一件羊首铜刀，柄首饰盘角羊头，柄与刀身之间有突齿，柄饰精美图案，这是 1 件商代晚期颇为流行的铜刀，铜出有 1 件铜泡⑩；赤峰市

---

　　① 郭大顺：《辽西窖藏商周青铜器发现和研究的新进展》，《青铜文化研究》第一辑，黄山书社，1999 年。

　　② 喀左县博物馆、朝阳地区博物馆、辽宁省博物馆：《辽宁省喀左县山湾子出土殷周青铜器》，《文物》1977 年第 12 期。

　　③ 锦州市博物馆：《辽宁兴城杨河发现青铜器》，《考古》1978 年第 6 期。

　　④ 王云刚、王国荣、李飞龙：《绥中冯家发现商代窖藏青铜器》，《辽海文物学刊》1996 年第 1 期。

　　⑤ 靳枫毅：《大凌河流域出土的青铜时代遗物》，《文物》1988 年第 11 期。

　　⑥ 郭大顺：《辽河流域"北方式青铜器"的发现与研究》图三：7、8、10、12、14，《内蒙古文物考古》1993 年 1、2 期。

　　⑦ 苏赫：《从昭盟发现的大型青铜器试论北方的早期青铜文明》《内蒙古文物考古》第 2 期，1982 年。

　　⑧ 滨田耕作：《魏子窝》第二二图：1、8，《东方考古学丛刊》第一册，1929 年。

　　⑨ 克什克腾旗文化馆：《辽宁克什克腾旗天宝同发现商代铜甗》，《考古》1977 年第 5 期。

　　⑩ 王未想：《内蒙古林东塔子沟出土的羊首铜刀》，《北方文物》1994 年第 4 期。

敖汉旗水泉村出土1件铃首曲柄青铜短剑，也是商代晚期流行的典型器物①；建平县烧锅营子大荒1号墓出土1件直刃匕首式青铜短剑②；建平县二十家子朝阳山出土件鹿首青铜刀③；奈曼旗东犁出土1件马首铜刀④；赤峰市附近收集到1件晚商时期流行的铃首铜刀⑤，敖汉旗李家营子村出土铸造管銎斧的一套石范⑥。上述青铜器都是殷至西周早期在长城地带广为流行的器类，和魏营子文化的典型器物属于统一个系统，而他们都分布在努鲁儿虎山以西的老哈河流域。

③老哈河流域多次发现中原式商周青铜器，如赤峰克什克腾旗天宝同和赤峰县西牛波罗各出一件晚商铜甗，翁牛特旗头牌子出土殷墟早期甗1、鼎2⑦。尽管这些窖藏青铜器缺乏地层和共存关系，但是其年代明确，和大小凌河流域商周铜器窖藏的性质是一样的。因此，据以上三点，吴恩岳斯图先生认为，上述殷至周初的北方青铜器和青铜窖藏的分布，与夏家店下层文化在努鲁儿虎山以西的分布地域是相吻合的，这说明在夏家店下层文化的基础上形成了魏营子文化，其分布的西界可达到努鲁儿虎山以西老哈河流域是完全可能的。特别是商代污纳起这一段，作为夏家店下层文化中心地区的老哈河流域应该纳入魏营子文化分布的版图。商周之际由于夏家店上层文化在西拉沐伦河流域兴起并逐渐向南扩展，到了周初时魏营子文化被排挤至努鲁儿虎山以东。西周中期以后老哈河流域成为夏家店上层文化分布的中心，与承接

---

① 邵国田：《内蒙古敖汉旗发现的青铜器及有关遗物》图八：5，《北方文物》1993年第1期。

② 建平县文化馆、朝阳地区博物馆：《辽宁建平县的青铜时代墓葬及相关遗物》，《考古》1983年第8期。

③ 同上。

④ 李殿福：《库伦、奈曼两旗夏家店下层文化遗址分布与内涵》图版柒：4，《文物资料丛刊》第7辑，文物出版社，1983年版。

⑤ 郭大顺：《辽河流域"北方式青铜器"的发现与研究》图一：11，《内蒙古文物考古》1993年第1、2期。

⑥ 邵国田：《内蒙古昭乌达盟敖汉旗李家营子出土的石范》图一：1、2；图二：2，《考古》1983年第11期。

⑦ 苏赫：《从昭盟发现的大型青铜器试论北方的早期青铜文明》《内蒙古文物考古》1982年第2期。

魏营子文化的十二台营子文化，以努鲁儿虎山为界形成对峙的局面①。

(2) 魏营子文化的年代、分期与类型

魏营子文化式长城以北地区一支重要的北方草原考古学文化，郭大顺先生认为魏营子类型是晚于当地夏家店下层文化、早于夏家店上层文化，文化内涵也有界乎其间的特征②。后来，郭大顺先生较具体地指出"魏营子类型的时代跨越商晚期到西周早期这一阶段"③。朱永刚赞同，但又认为"最后时限可能有一个由南至北渐远的过程，即南面大小凌河流域结束早，北面靠近下辽河流域结束的晚"④，董新林先生认为"魏营子文化年代上限为殷墟二期左右，下限大体上不晚于两周之际"⑤。吴恩岳斯图先生从南沟门、向阳岭、兴城仙灵寺等遗址的地层关系和和尚沟墓地、锦州杨河、绥中冯家、新民大红旗等遗存的出土遗物为据，认为魏营子文化的年代大体商相当于殷至西周早期（公元前13－10世纪）⑥。在魏营子文化的研究中，分歧较多的一个问题是对和尚沟墓地 B、C、D 三个地点出有短茎式曲刃青铜短剑的三座墓葬的形制与归属。以和尚沟简报和郭大顺等学者为代表的一派意见认为，和尚沟 A、B、C、D 四个地点的墓葬中，只有时代最早的、处于商周之际的 A 点的墓葬才属于魏营子文化；其余 B、C、D 三个地点，出有短茎式曲刃青铜短剑的三座墓葬均不属于魏营子文化，而应属于"曲刃短剑墓的和尚沟类型"，因此，他们认为魏营子文化的文化特征中不存在短茎式曲刃青铜短剑，这一文化的下限不会晚于和尚沟 A 点墓葬所代表的西周早期⑦。以董新林为代表的另一派

---

① 吴恩岳斯图：《北方草原考古学文化研究——青铜时代至早期铁器时代》，科学出版社，2007年版，第96－97页。

② 郭大顺：《西辽河流域青铜文化研究的新近展》，《中国考古学会第四次年会论文集》，文物出版社，1983年版。

③ 郭大顺：《试论魏营子类型》，《考古学文化论集》第一辑，文物出版社，1987年版。

④ 朱永刚：《东北青铜文化的发展阶段与文化区系》，《考古学报》1998年第2期。

⑤ 董新林：《魏营子文化初步研究》，《考古学报》2000年第1期。

⑥ 吴恩岳斯图：《北方草原考古学文化研究——青铜时代至早期铁器时代》，科学出版社，2007年版，第97页。

⑦ 辽宁省文物考古研究所、喀左县博物馆：《喀左和尚沟墓地》，《辽海文物学刊》1999年第5期；郭大顺：《试论魏营子文化》，《考古学文化论集（1）》，文物出版社，1987年版；郭大顺、张星得：《东北文化与幽燕文明》第四章第三节，江苏教育出版社，2005年版，第421－423页。

意见认为：和尚沟B、C、D三地点的墓葬和A点一样，亦应属于魏营子文化范畴，因此，魏营子文化的文化特征中应当包含短茎式曲刃青铜短剑，魏营子文化的年代下限可延续到和尚沟墓地B、C、D三地点出有短茎式曲刃青铜短剑三座墓葬所代表的西周晚期至两周之际①。关于这一问题，目前仍然在讨论之中。

关于魏营子文化的分期，董新林《魏营子文化初步研究》将魏营子文化划分成两期四段，第一期含1、2两段，1段时代在殷墟二期至三期左右，2段在殷墟四起至西周早期。按照郭大顺的遇见，只有这第一期的1、2两段才属于魏营子文化。第二期含3、4两段，3段的年代大约在西周中期左右或略晚，4段在西周晚期至两周之际。第二期3、4两段大体就是郭大顺等学者认为的不属于魏营子文化的和尚沟墓地B、C、D三地点出有短茎式曲刃青铜短剑三座墓葬所代表的文化遗存。两起之间既有共性，也有差异，共性是主要的。吴恩岳斯图先生魏营子文化划分为早晚两起比较妥当，早期以董新林所指向阳岭遗址早期单位H21、平顶山遗址早期单位H1120、喀左后坟陶器群等遗存为代表，年代相当于殷墟早、中期（约公元前13-前12世纪）；晚期以向阳岭遗址晚段及平顶山遗址、魏营子遗址和墓地、和尚沟墓地等为代表，年代相当于殷墟晚期指西周早期（公元前11-前10世纪）②。

在魏营子文化的分布范围内，不同地域存在着差异，位于大凌河的牤牛河流域的阜新平顶山遗址河位于大凌河中游地区义县向阳岭遗址便各据特色。前者流行器耳，有錾耳和横桥耳等；后者少见器耳，仅见极少盲瘤耳。前者的筒腹双錾鬲、中口鼓腹罐、钳锅、陶勺、铜刀等器物不见于后，后者的领饰附件堆纹弧腹鬲或罐、大口尊、三翼铜镞亦不见于前者。着说明可以对魏营子文化进行类型的划分。

(3) 魏营子文化的渊源、影响与族属

在南沟门遗址，发现了魏营子文化层叠压在夏家店下层文化层之上的地

---

① 董新林：《魏营子文化初步研究》，《考古学报》2000年第1期。
② 吴恩岳斯图：《北方草原考古学文化研究——青铜时代至早期铁器时代》，科学出版社，2007年版，第98页。

层关系,在魏营子文化中存在着夏家店下层文化药王庙类型的遗留因素,着说明夏家店下层文化的药王庙类型应是魏营子文化的重要渊源之一[①]。

魏营子文化分布区的东边,是下辽河流域的略早于它的高台山文化,而魏营子文化的陶器中,包含有高台山文化的因素,如陶器多素面,鬲、盆、罐、钵等器的口沿多呈叠唇,多饰横桥耳、錾饿耳等现象。因此,高台山文化可能也是魏营子文化的重要渊源之一。

魏营子文化的西边,是内蒙古中南部与夏家店下层文化约略同时的朱开沟文化。而魏营子文化中也含有一些朱开沟文化的因素,如夏代与早商时期内蒙古中南部朱开沟文化的鼓腹鬲、罐多在口沿或领部饰附加堆纹,而这种现象在魏营子文化中也不难找到。由此,朱开沟文化也应当是魏营子文化的渊源之一。

以上三种不同的文化因素中,夏家店下层文化因素主要见于第一期。高台山文化因素在一、二期都有,其陶器的风格对魏营子文化的陶器影响很大,但不见稳定的器物组合贯穿魏营子文化的始终,说明它并非决定性的因素。朱开沟文化因素在魏营子文化中与夏家店下层文化、高台山文化因素融合,生成了一套独特的陶器、铜器群,由此可知,朱开沟文化是魏营子文化的形成的主要因素。很可能是朱开沟文化的一支,在商代前期末的二里岗上层晚期或殷墟一期前后沿燕山北麓东进,到达夏家店下层文化药王庙类型的南部地区——大凌、小凌河流域,与同时西进到该地区的高台山文化的一支相碰撞,三者相互吸收融合,才形成的独特的魏营子文化[②]。

在魏营子文化形成后,与魏营子文化同时并存的周围其他考古学文化,对魏营子文化也产生或或多或少的影响。

①中原地区北上的商、周文化,在魏营子文化中心地区的大、小凌河流域发现多处中原商、周文化风格的青铜器窖藏,特别是喀左地区,已发现69件[③]这类青铜器,说明中原商周文化对魏营子文化确实有过不小的影响,两者

---

① 陈平:《北方幽燕文化研究》,群言出版社,2006年版,第321页。
② 陈平:《北方幽燕文化研究》,群言出版社,2006年版,第322页。
③ 陈平:《北方幽燕文化研究》,群言出版社,2006年版,第322页。

有过甚密切的文化交流关系。有的学者指出:"喀左集中出土了这么多西周早期的铜器,说明它是燕山以北与琉璃河遥相呼应的一个据点,'晜侯'与'孤竹'铭文以及商式青铜器、说明这里和琉璃河一样有殷商文化的存在"。① 即是北上商文化的岛区;一些学者认为这类青铜器同夏家店下层文化有关②;以郭大顺为代表的部分学者则以为这些青铜器窖藏与作为土著的魏营子文化关系密切③。吴恩岳斯图先生认为"与魏营子文化关系密切"的观点比较可靠④。因为从这些青铜器群和魏营子文化的分布地域相合、时间同期、有共存关系等方面足以说明此论,主要依据就是和尚沟墓地 A 点 M1 随葬有中原式铜卣、壶,而与魏营子文化典型的夹砂红褐陶钵、瓿、金臂钏共存;高家洞墓地 M1 出土的铜瓿与魏营子文化典型器物夹砂红褐陶钵、碗同出。由此可知魏营子文化的土著居民拥有这些中原式青铜礼器是有可能的。喀左一带是魏营子文化的分布的中心所在,应该是国之都城所在地。这些青铜器窖藏的拥有者当是魏营子文化居民中的上层贵族,他们与中原王朝关系甚密,接受来自中原王朝所赠与的重器。他们之所以将这些青铜埋在地下,很可能与当时的某种政治事件有关。因为这些窖藏铜器中晚商铜器多与西周早期铜器同出,表明窖藏掩埋的时间不早于西周早期。这恰恰和魏营子文化衰亡的时间相吻合,由此可推测,在魏营子文化末,辽西地区可能发生了重大的事变,或许是外族的侵犯,或是统治阶层内部的动乱,迫使贵族阶层在逃离时将这些不变携带的重器埋于地下⑤。

②同时,燕南地区的围坊—张家园上层文化,由于在地域上与魏营子文化有相邻的关系,所以对魏营子文化也有不小的影响。当然魏营子文化对围坊—张家园上层文化也有过影响。魏营子文化出土的青铜容器和车马器,也

---

① 杨建华:《燕山南北商周之际青铜器遗存的分群研究》,《考古学报》2002 年第 2 期。
② 苏赫:《从昭盟发现的大型青铜器试论北方的早期青铜文明》《内蒙古文物考古》1982 年第 2 期。
③ 郭大顺:《试论魏营子类型》,《考古学文化论集》第一辑,文物出版社,1987 年版。
④ 吴恩岳斯图:《北方草原考古学文化研究——青铜时代至早期铁器时代》,科学出版社,2007 年版,第 109 – 110 页。
⑤ 吴恩岳斯图:《北方草原考古学文化研究——青铜时代至早期铁器时代》,科学出版社,2007 年版,第 110 页。

见于围坊—张家园上层文化之中,魏营子文化的大口尊陶器,在围坊—张家园上层文化中也存在,而在更南的河北藁城二里岗上层文化遗存中,有这类器物的更早形态。鬲或盆上唇饰绳纹的作风,是魏营子文化和围坊—张家园上层文化之间文化交流的最好见证。

③魏营子文化的年代下限,可以到两周之际。过去一般认为年代上限在东周春秋时期的夏家店上层文化,由于该文化龙头山遗址的发掘,已将其年代上限提前到西周早期。在魏营子文化西北边,即努鲁儿虎山以西的夏家店上层文化就与魏营子文化有过一段时间的并存关系,所以二者之间也发生过互相影响的文化交流。特别是在两种文化的相邻和交错地带,这种关系表现得更为突出。

④魏营子文化的东边下辽河地区存在商周之际的新乐上层文化。它是高台山文化在其原分布地区的后续类型。新乐上层文化的素面鼎、甗等红色陶器也见于魏营子文化,可见魏营子文化也受到新乐上层文化的影响。

年代上限与夏家店上层文化同时始于西周时期的辽东双房类型和沈阳老虎冲类型在地域上都与魏营子文化相邻,他们之间的互相影响表现在都发现了短茎式曲刃青铜短剑方面。

魏营子文化的去向,在春秋时期占据魏营子文化分布地区的考古学文化,是以朝阳十二台营子为代表的一类考古学文化遗存。鉴于十二台营子类型在陶器、青铜器、埋葬习俗等方面与魏营子文化有较多的相似之处,因此二者可能存在继承关系①。但仍然需要再探讨②。

关于魏营子文化的族属,由于期分布范围内多发现商周铜器窖藏,所以备受学界关注。有学者认为该区商周窖藏青铜器的发现表明商朝的政治势力早已越过长城地区③;也有人认为"商人的铜器在辽宁出土,表明商朝在我国北方有强大的势力",马厂沟、北洞等铜器群的发现说明燕国从一开始势力就延展到这样北的地方④;另一些学者认为这些窖藏青铜器群同魏营子文化关系

---

① 朱贵:《辽宁朝阳十二营子青铜短剑墓》,《考古学报》1960 年第 1 期。
② 吴恩岳斯图:《北方草原考古学文化研究——青铜时代至早期铁器时代》,科学出版社,2007 年版,第 113 页。
③ 唐兰:《从河南郑州出土的商代前期青铜器谈起》,《文物》1973 年第 3 期。
④ 晏琬:《北京、辽宁出土铜器与周初的燕》,《考古》1975 年第 5 期。

密切①。目前学者多以喀左出土孤竹铜罍为依据，认为魏营子文化可能就是文献上的孤竹国。

4. 下辽河地区的新乐上层文化

（1）新乐上层文化的年代与地理分布

新乐上层文化是分布于下辽河流域、处于商周之际、以素面红陶鼎鬲甗三足器为主体的一种青铜文化。沈阳市北郊新乐村旁新开河两岸的东西向土岗上，有新石器时代至青铜时代的古文化遗址。文化层分上、下两层，下层属于新石器时代中期前段的文化类型，距今约7000年甚至更早，定名为新乐下层文化；上层属于青铜时代文化，年代大致在商代晚期或商周之际，定名为新乐上层文化②。新乐上层文化的分布范围主要在辽河下游的浑河及其支流的苏子河、东洲河及太子河两岸。典型遗址有沈阳新乐上层、抚顺地区的望花遗址③。

（2）新乐上层文化的渊源与去向

一种意见认为它可能是高台山文化在原分布区内的一种后续文化，即新乐上层文化的渊源是高台山文化④。另一种意见认为，新乐上层文化虽然从起始时间上要大大晚于高台山文化，但是新乐上层文化的存在时间却基本上相当于高台山文化的第二期，即商代后期至商末周初⑤。因此，新乐上层文化中那些与高台山文化相近的因素，与其当作它对高台山文化的继续，还不如看成是同期所受高台山文化的影响⑥。或许，新乐上层文化在产生之初继承了高台山文化的较多因素，而其中后期则受到高台山文化较多的影响。还有一种意见认为，是辽北康平的顺山屯类型继承了高台山文化，而顺山屯类型的发展直接演变为新乐上层文化，也就是说新乐上层文化的直接来源应当是顺山

---

① 郭大顺：《试论魏营子类型》，《考古学文化论集》第一辑，文物出版社，1987年版。
② 沈阳市文物管理办公室：《沈阳新乐遗址试掘报告》，《考古学报》1978年第4期。
③ 抚顺市博物馆考古队：《抚顺地区早晚两类青铜文化遗存》，《文物》1983年第9期。
④ 田耘：《顺山屯类型及其相关问题》，《辽海文物学刊》1988年第2期。
⑤ 董新林：《高台山文化研究》，《考古》1996年第6期。
⑥ 陈平：《高台山文化研究综述》，《北京文物与考古》第6辑，北京市文物研究所编，民族出版社，2004年版。

屯类型①。不同意这种观点的学者认为，新乐上层文化与顺山屯类型是年代大体平行的两种考古文化，他们之间的关系是互相影响而不是继承②。

关于新乐上层文化与同期周边文化的关系与相互影响，文明要先后涉及高台山文化的法库柳湾类型、魏营子文化和辽河以东吉林地区的西团山文化。有人认为，柳湾类型是新乐上层文化的北面近邻，它既与新乐上层文化有不少共同特点，同时也有不少高台山文化因素，二者时代又很接近。这表明在高台山文化退出后，医巫闾山以东下辽河流域内青铜文化的多样性③。另一种意见认为，法库柳湾类型的年代上限要大大早于新乐上层文化，大约与高台山文化同时，处于夏代；其年代下限则在中晚商，也与高台山文化同时，与新乐上层文化有过一段共存期。而且不少学者将法库柳湾类型直接归入高台山文化，因此，法库柳湾类型与新乐上层文化的关系，其实也就是相当于高台山文化与新乐上层的文化的关系④。新乐上层文化与魏营子文化虽分属东、西两大区域，但共同之处也不少，如均有红陶素面的鼎、鬲等三足器。因此，有的学者认为，新乐上层文化曾从东面给魏营子文化施加过主要影响。但与同魏营子文化的关系相比，新乐上层文化可能与辽河以东地区，尤其是吉林地区的西团山文化的关系可能更为密切一些。新乐上层文化很可能是青铜时代从辽河流域到吉林黑龙江地区文化传播的一个中间环节⑤。

5. 下辽河流域的顺山屯类型

（1）顺山屯类型的地理分布与年代

顺山屯类型是以辽宁铁岭市康平县以西顺山屯西泡子水库岸边的一个台地上的遗址命名的。它既有与高台山类型相似的一面，也有不同，与新乐上

---

① 李晓钟、蔺新建：《下辽河流域早期青铜文化谱系研究》，《辽海文物学刊》1991年第1期。
② 朱永刚：《东北青铜文化的发展与文化区系》，《考古学报》1998年第2期。
③ 辽宁大学历史系考古教研室、铁岭市博物馆：《辽宁法库县柳湾遗址发掘》，《考古》1989年第12期。
④ 陈平：《高台山文化研究综述》，《北京文物与考古》第6辑，北京市文物研究所编，民族出版社，2004年版。
⑤ 郭大顺、张星德：《东北文化与幽燕文明》第四章第三节之四、下辽河流域商周之际的青铜文化之1、新乐上层文化，第428页，江苏教育出版社，2005年版。

层也有很多不同，所以可能是一种相对独立的文化类型。这一类型的遗址多分布于辽宁北部的康平县境内。其中康平县城关附近分布最为密集，如马莲屯、刀兰套海、哈拉呼硕、黑鸦屯、李家窝棚等，在康平镇内的防疫站、食品公司也有发现。

顺山屯类型第一期，大致为距今3600－3400年。其上限可能相当于商代二里岗上层期或稍早，其下限可能相当于殷墟一期或稍晚。第二期大致为距今3300－3000年。其上限可能相当于殷墟二期或稍早，其下限可能相当于商周之际或稍晚。第三期估计在西周早期或西周晚期[①]。

（2）顺山屯类型的渊源和去向

顺山屯类型与高台山文化有相同的地方，但二者的不同点也很明显。而且顺山屯类型虽然早期与高台山文化曾有过一段时间的共存关系，但其主要发展阶段晚于高台山文化。高台山文化的年代大约是从夏代晚期到商代晚期。因此顺山屯类型不是高台山文化的一个地方类型，不属于高台山文化。顺山屯类型与高台山文化的关系，可能和新乐上层文化与高台山文化的关系相仿。其产生之初，继承高台山文化的因素较多，中期以后，接受来自西南边高台山文化因素影响的成分可能较多。高台山文化应该是顺山屯类型最主要的渊源和施与其影响的一种考古学文化。

顺山屯类型晚期有的陶器侈口高领、鼓腹矮裆，足尖较平，有的鬲口沿下饰有附加堆纹的花边，与魏营子文化鬲的作风有些相似。这种作风饰魏营子文化受到西部朱开沟文化后再向东方传播给顺山屯类型的。

顺山屯文化和新乐上层文化基本上在时间上是并行的，它们都有一些高台山文化的因素，二者之间基本是一种互相影响的关系。新乐上层文化不可能是顺山屯类型的继承者，顺山屯类型也不可能是新乐上层文化的渊源。

顺山屯类型与辽西的夏家店上层文化之间也有不少相同因素，如多夹砂陶、陶器多素面、磨光、罕见文饰。可能是二者都曾共同受到高台山文化的影响所致，而且顺山屯类型的起始年代要大大早于夏家店上层文化，因此也不排除夏家店上层文化早期曾从顺山屯类型继承过一些文化因素的可能。

---

① 陈平：《北方幽燕文化研究》，群言出版社，2006年版，第333页。

6. 辽南地区的羊头洼文化

（1）羊头洼文化的分布与年代

羊头洼文化以最初发现于辽南大连市旅顺的羊头洼而得名①。羊头洼文化也就是双砣子文化上层或三期文化。羊头洼文化的地域分布，基本上与较早的双砣子一、二期文化重叠，也是在辽东半岛南部的大连沿海地区。重要遗址有大连市旅顺的羊头洼、大连甘井子区后牧城驿村的双砣子、甘井子区李家村的大嘴子、旅顺于家村的于家砣头等遗址。

据有关专家研究，羊头洼文化，即双砣子三期文化，可以分为早晚两期，其上限应在商代前期的二里岗上层时期，其下限在商周之际。但由于羊头洼文化本身的延续时间较长，大约从距今 3600 - 3000 年。所以有的专家将羊头洼文化看作早期青铜文化；但也有专家根据整个陶器群面貌和其主要存在于殷墟期至商周之际的实事，将其定为中期青铜文化②。后一种意见较为可取。

（2）羊头洼文化的分期

羊头洼文化可以分为早晚两起③。与双砣子一、二期文化均受到山东半岛同期文化强烈影响的特点不同，羊头洼文化的面貌，较之从前发生了很大的变化。此前的双砣子下层文化中较多的山东龙山文化因素和在双砣子中层文化中较多的山东岳石文化因素，在双砣子上层文化中基本不见，也不见有同期山东古文化的因素影响，代之而起的是一种本地特点浓厚的地域文化。这就决定了双砣子一之三期的三个文化不可能合为一个与夏家店下层文化相当的地域性早期青铜文化，每层文化也不可能成为该文化中的一期而存在④。

7. 辽东山区的马城子文化

（1）马城子文化的分布与年代

马城子文化是辽东地区多发现于石灰岩溶洞的一支重要的青铜文化，该文

---

① 【日】滨田耕作：《貔子窝》，《东亚考古学丛刊》第 1 期，1929 年；【日】金关丈夫、三宅宗悦、水野清一：《羊头洼》，《东方考古学丛刊》乙种第 3 册，1942 年。

② 郭大顺、张星得：《东北文化与幽燕文明》，江苏教育出版社，2005 年版；朱永刚：《东北青铜文化的发展阶段与文化区系》，《考古学报》1998 年第 2 期。

③ 华玉冰、陈国庆：《大嘴子上层遗存的分期及相关问题》，《考古》1996 年第 2 期。

④ 陈平：《北方幽燕文化研究》，群言出版社，2006 年版，第 338 页。

化主要分布在辽宁省东部山地的太子河上游地区，即新宾县的西南部、桓仁县的西北部河本溪县、本溪市的大部。另外还向南扩展到黄海沿岸，向东延至延吉地区。本溪马城子洞穴群正处于太子河南北两条河源的交汇处，很可能是该文化分布的一个中心区域，而且这里文化遗存也最为主要和典型，故名。也有一些学者因为该文化较早发现于本溪庙后山，故而又称之为庙后山文化①。

割据碳十四年代测定，马城子文化的年代其上限大约在夏代纪年范围内，下限进入晚商。上限与夏家店下层文化大体相当，下限则较晚，大体与张家园上层文化、魏营子文化等年代相仿佛。该文化延续近千年，有关专家将其作了早、中、晚的三期分法。

（2）马城子文化的去向

马城子文化的陶器既有辽东地区诸考古学文化的一些共同特点，也有辽东山地早期青铜文化独有的地域风格。从马城子文化以洞穴墓、以火葬为俗及陶、石器等所反映的独特文化面貌分析，它代表当时一个独立的考古学文化，族属可能是文献上的古貊族，其先民可能是后世于当地出现的曲刃青铜短剑文化族众的先祖②。

除了马城子文化外，辽东山区太子河上游的本溪、桓仁县境内还有一种以露天石棺墓群为特征的古文化类型。文化面貌与马城子文化基本相同，但也有一些区别③。它是附属于马城子文化还是独立于其外的另一种文化，还需要再讨论。在辽东山地到鸭绿江两岸，还发现了两种与马城子文化有所区别的文化遗存。调查者将他们分别称之为第二类型河第三类型文化遗存。这两类文化遗存的年代大约距今三四千年，但究竟是新石器时代晚期还是青铜时代早期，尚需进一步的研究④。

（三）青铜时代晚期（东周时期）

1. 燕山以南地区

主要是东周燕文化，包括河北易县燕下都遗址、燕上都蓟城遗址、燕中

---

① 朱永刚：《东北青铜文化的发展阶段与文化区系》，《考古学报》1998年第2期。
② 陈平：《北方幽燕文化研究》，群言出版社，2006年版，第342页。
③ 梁志坶：《桓仁大梨树沟青铜时代墓葬调查》，《辽海文物学刊》1991年第2期。
④ 许玉柱、金石柱：《辽宁丹东地区鸭绿江右岸及其支流的新石器时代遗存》，《考古》1986年第10期。

都窦店古城遗址、燕易都临易遗址、河北与天津的其他燕文化遗存、辽宁与内蒙古的其他燕文化遗存。此外，东周燕文化研究的几项重要内容也是需要关注的。

（1）河北易县燕下都遗址

A 燕下都遗址的考古发现与琉璃河西周燕都遗址一样，位于今河北易县城关东南 2.5 公里处五里河与中易水之间。也是一座包括城址、城内外宫殿、墓葬区及其他遗迹的古都大型遗址。北起西菇堡村，南到西魏家庄，西到中北奇村，东达杨威城村。

《水经·易水注》："易水又东历燕之长城，又东迳渐离城南，该太子丹馆高渐离处也。易水又东迳武阳南，盖易自宽，中历武夫关东出，是兼武水之称。故燕都之下都，擅武阳之名。左得濡水支津故渎。武阳大城东南小城，即故（固）安县之故城也。汉文帝封丞相申屠嘉为侯国，城东西二里，南北一里半。高诱云：'易水迳故（固）安城南外，东流即斯水也。'诱是涿人，是明经证。今水破城东南隅，世又谓易水为故（固）安河。武阳，盖燕昭王之所城也。东西二十里，南北十七里，故傅逮《述游赋》曰：'出北蓟，历良乡，等金台，观武阳，两城辽廓，旧迹冥茫'，盖正谓是处也……易水又东与濡水合……濡水又东南迳樊於期馆西，是其授首于荆轲处也。濡水又东南流迳荆轲馆北，昔燕丹纳田光之言，尊轲上卿，馆之于此。二城并广一里许，俱在冈阜之上，上邪而下方。濡水又东迳武阳城西北旧堨，濡水枝流，南入城迳柏冢西。冢垣城侧，即水塘也。四周堃域深广，有若城坟。其水侧有数陵高壮，望若青丘。询之故老，访之史籍，并无文证。以私情求之，当是燕都之前故坟也。或言燕之坟垒，斯不然也。其水之故渎南出，屈而东转又分为而渎，一水东注金台陂，一水迳故安城西侧，城南注易水，来塘崇峻，邃岸高深，左右百步一钓台，参差交峙，迢递相望，更为佳观也。其一水东出金台陂，东西六七十步，南北五十步。侧陂西北有钓台高十余丈，方可四十步。陂北十余步有金台，台上东西八十许步，南北加减，高十余丈。昔慕容垂之为范阳也蜀之，即此台。北有马兰台，并悉高数丈，秀峙相对，翼台左右。水流经通，长庑广宇，周旋浦渚，栋堵咸论，柱础尚存，是其基构可得而寻。意欲图还上京，阻于行旅，造次不获，遂心访诸耆旧。咸言昭王礼宾，广延方士，至如郭隗、乐毅之徒，邹衍、剧辛之俦，宦游历说之民，自远而届者多矣。不欲令诸侯之客，伺隟燕邦，故修建下都，馆之南垂。言燕昭创之于前，子丹踵之于后，故彤墙败馆，尚有镂刻之名。虽无纪可凭，察其古迹，似符传也。"

由此可知，燕下都武阳城乃是因为其位于武水（今中易水）之阳而得名，其地在汉故安城西北，武阳城是燕昭王修建用来处方士宾客谋臣的地方。郦道元此注保留了燕下都遗迹所存之处，为后来的人们探求燕下都提供了重要线索。

双房文化遗址：新金双房石棚和大石盖墓①、新金碧流河大石盖墓②、新金王屯石棺墓③、盖州石棚④、凤城东山大石盖墓⑤、凤城西山大石盖墓⑥、辽阳二道河子石棺墓⑦、辽阳亮甲山土坑墓⑧、辽阳接官厅石棺墓⑨、抚顺大甲邦石棺墓⑩、抚顺大伙房石棺墓⑪、清原夏家卜和土口子中学石棺墓⑫、西丰石棺墓⑬、法库石砬子石棺墓⑭、开原李家台遗址⑮、双阳太平乡石棺墓⑯、沈

---

① 许明纲、许玉林：《辽宁新金县双房石盖石棺墓》，《考古》1983年第4期；许玉林、许明纲：《新金双房石棚和石盖墓》，《文物资料丛刊》，第7辑，文物出版社，1983年版。

② 旅顺博物馆：《辽宁大连新金县碧流河大石盖墓》，《考古》1984年第8期。

③ 刘俊勇、戴廷德：《辽宁新金县王屯石棺墓》，《北方文物》1988年第3期。

④ 辽宁省文物考古研究所编：《辽东半岛石棚》，辽宁科学技术出版社，1994年版。

⑤ 许玉林、崔玉宽：《凤城东山大石盖墓发掘简报》，《辽海学刊》1990年第2期。

⑥ 崔玉宽：《凤城东山、西山大石盖墓1992年发掘简报》，《辽海学刊》1997年第2期。

⑦ 沈阳市文物管理所：《辽阳二道河子石棺墓》，《考古》1977年第5期。

⑧ 孙守道、徐秉琨：《辽宁寺儿堡等地青铜短剑与伙房石棺墓》，《考古》1964年第6期。

⑨ 辽阳市文物管理所：《辽阳市接官厅石棺墓群》，《考古》1983年第1期。

⑩ 徐家国：《辽宁抚顺市甲邦发现石棺墓》，《文物》1983年第5期；抚顺市博物馆考古队：《抚顺地区早晚两类青铜文化遗存》，《文物》1983年第9期。

⑪ 佟达、张正岩：《辽宁抚顺大伙房水库石棺墓》，《考古》1989年第2期。

⑫ 清原县文物局等：《辽宁清原县今年发现一批石棺墓》，《考古》1982年第2期。

⑬ 辽宁省丰西县文物管理所：《辽宁丰西县新发现的几座石棺墓》，《考古》1995年第2期。

⑭ 许志国、庄艳杰、魏春光：《法库石砬子遗址及石棺墓调查》，《辽海文物学刊》，1993年第1期。

⑮ 辽宁铁岭地区文物组：《辽北地区原始文化遗址调查》，《考古》1981年第2期。

⑯ 刘景文：《双阳考古调查记》，《博物馆研究》1982年第1期。

阳郑家洼子青铜短剑墓①、沈阳郑家洼子遗址土坑墓及遗址下层②、长海县上马石青铜短剑墓③、长海县上马石遗址上层遗存④、本溪通江峪和龙头山石棺墓⑤、本溪上堡青铜短剑墓⑥、大连双砣子青铜短剑墓、大连岗上积石墓、大连楼上积石墓、大连尹家村二期遗存⑦、沈阳老虎冲遗址⑧、新民公主屯后山F1⑨等。

三、燕国疆域的地理特征对后世的影响

燕国疆域的地理特征，一方面是由其所处的地理位置决定的，如纬度带、海海拔以及海陆空间关系等因素；另一方面也是受到其内部地理环境各种类型展布状况以及由这种展布状况产生的认为地理环境的影响，如山地、平原、河流展布、植被、土壤、交通、农耕区、军事要塞、重要都邑等要素。

（一）燕国疆域的总体特征

1. 起于平原，广于山地。
2. 地貌类型多样（平原、山地、盆地、高原等）。
3. 气候条件复杂多样，决定了燕国疆域的复杂性。
4. 疆域内民族多样、往来交错、互相影响。
5. 疆域的区位总体上处于中国北方农牧交错带东北段。这里是北方游牧民族与南方农耕民族文化交流的中转站位置。具有南北交流接触地带的特征。

---

① 沈阳故宫博物院等：《沈阳郑家洼子的两座青铜时代墓葬》，《考古学报》1975年第1期。
② 中国社会科学院考古研究所东北工作队：《沈阳肇共街和郑家洼子遗址的发掘》，《考古》1989年第10期。
③ 旅顺博物馆等：《辽宁长海县上马石青铜时代墓葬》，《考古》1982年第6期。
④ 辽宁省博物馆等：《长海县广鹿岛大长山岛贝丘遗址》，《考古学报》1981年第1期。
⑤ 梁志龙：《辽宁本溪多年发现的石棺墓及其遗物》，《北方文物》2003年第1期。
⑥ 魏海波、梁志龙：《辽宁本溪县上堡青铜短剑墓》，《文物》1998年第6期。
⑦ 周阳生：《新民公主屯后山青铜时代遗址调查》，《辽海文物学刊》1990年第2期。
⑧ 赵宾福：《中国东北夏至战国时期的考古学文化研究》，科学出版社，2006年版。
⑨ 河北省文物研究所：《河北易县燕下都第13号遗址第一次发掘》图一〇，12、13，《考古》1987年第5期；安志敏：《河北省唐山市贾各庄发掘报告》，图五，4，《考古学报》第6册，1953年。

燕国疆域的平原部分集华北大平原的北端，包括北京湾，又叫北京小平原；天津西部、河北保定、文安一带。今以最为重要的北京湾为例解析燕国平原地区的政治地理结构。

"子之之乱"后即位的燕昭王，是燕国历史上最有作为的燕王之一。昭王二十九年（公元前238），命大将秦开率兵攻打北方民族东胡，却之进而占有东胡之地千余里。在所扩展的地域设置了上谷（沮阳，今大古城）、渔阳（渔阳，怀柔梨园庄）、右北平（无终，蓟县）、辽西（阳乐，辽宁义县）、辽东（襄平，辽阳）五郡。同时为了防御北方游牧民族南下，沿着北方五郡之北的燕国北疆修筑了西起造阳（张家口地区）、东抵辽东的燕北长城。这样就形成了燕国的北部疆界和山地高原地区的疆域。

（二）燕国疆域的地理结构特征

1. 平原——山地的南北组合

燕国疆域平原与山地南北组合的两大部分，从自然地理看，是截然分开的。并且二者所承载的文化群体不同，为什么燕国晚期会将这两种在地理和文化上都存在较大差异的地区能统一在一个政权之下？这是燕国疆域很重要的一个特点。平原区是其政治核心区，面积却较小；山地是其国力昌盛的拓展区，范围相对广大。

2. 疆域内农耕区与游牧区的交错、拉锯与融合

燕国疆域在自然地理条件差异的前提下，人文环境也存在较大不同。农耕文明和游牧文明南北交错，山地高原游牧区非恒定纯一的游牧，间或分布这农耕；同样，平原区也不是农耕区的铁板一块，不同时期可能存在游牧的经济生产方式。实际上平原区和山地共同组成了由于温度带的不同而决定的不同经济生产方式的过渡区域。这种状况早在石器时代就缓慢形成了，并相沿保持，顺势传承，形成一种惯性。这也是燕国能将两块看似很是不同的区域纳入同一政权的一个重要原因。

3. 不同气候带的过渡与结合地带

燕国晚期主体疆域整体上处于中国暖温带和中温带的过渡地带。气候带的过渡性特点将燕国的南北平原与山地疆域在某种程度上统一到了一起。这种统一的证据可来源于自然地理因素和考古资料。燕国主体疆域与作为气候

过渡带（暖温带与中温带）的燕山南北地带之关系。暖温带适合农耕，中温带适合放牧。

4. 燕国疆域结构特征的地理分析

燕国晚期主体疆域内由于气候因素的控制，自然环境有趋同的倾向。自然环境的趋同，为差异区域合并的人文政治疆域的建立准备了客观基础。这种差异区域合并由来已久，有证据显示至少起于新石器时代中晚期。如红山文化前后，及夏家店下层文化时期都显示的相同的状况。这共同说明了，燕国疆域虽然在南北结构上自然地貌截然不同，但是它们都处于趋同的地理环境之中，即相同的气候过渡带，相同的农牧交错带的经济生产方式。农牧过渡带两侧的势力、政权在适当的情况下都可能统治该区域。（三）燕国疆域对幽燕地区政治地理的影响

1. 疆内有疆的区域政治地理特征

燕国疆域平原与山地高原的组合，使得其政治地理结构上出现了一条沿太行山脉、燕山山脉山出山口及山前地带分布的疆域内分割线。这条分割线是由各个关口连接而成的，如自西而东有紫荆关、居庸关、古北口、喜峰口、山海关等。这条分割线是在政治地理上划分南北经济区域与政治势力的地理界标，谁拥有这条界标线，谁将占据主动，很可能实现对燕国疆域范围地理区域的控制。

2. 农耕文明与游牧文明的互补与融合

燕国疆域跨燕山南北的特点，使得燕山南北的部族、政权在经济上存在交流与互补的同时，在政治上也出现了较为紧密的结合。如秦汉时期韩广北逃、卢绾通匈奴，安禄山对北方胡人的依靠，五代十国时期后晋石敬瑭割让幽云十六州等，都是山南政治对山北势力的一种借助与依赖。山北民族和政权早期则多表现为在物质上对山南的侵夺与依赖，后期转而在政治上有极大的诉求。如秦汉时期北方匈奴对燕山以南地区的侵夺，辽金元清时期从政治上对燕山以南地区的侵入与控制。在这种你来我往的过程中，促进了经济、文化和民族等方面的交流与融合。

3. 南北方文化交流的重要门户

历史上，中原与北方游牧地区的文化交流通道有东中西三条主要渠道。西边一条是从陕西往北经鄂尔多斯高原及贺兰山一带进入河套地区、中部一

条是从山西北部进入内蒙古中南部,东边一条就是幽燕地区。而且东边这条所起的作用更大。是南北方重要的文化交流通道。这条通道的建立,源远流长。燕国时期对燕山南北地区的统一管理,加强了该地区南北文化交流门户的属性,提高了其作用。后世在这里还专门设有市场,如北宋的榷场等。另外,元明清时期还有许多文人描述幽燕地区的游记,也反映了这一特性。

结 语

西周至战国时期的燕国,其疆域在不同时期有所变化。我们这里所说的燕国疆域不是某一时期的疆域,而是将燕国在历史各时期曾经拥有的地域都作为其疆域的一部分,通过组拼、糅合而成的一个多时重叠的疆域概念。所以,我们所说的这个疆域可能不是燕国某一时期的疆域,因为我们的重点不在讨论燕国疆域的具体形成过程,而是把燕国疆域作为一个讨论对象,对其进行整体的更广泛意义上的探讨。

燕国疆域的构成特点:地貌类型多样,具有南北交流接触地带的特征,也具有北方游牧民族与南方农耕民族文化交流的中转站位置。地处中国北方农牧交错带东北段,气候条件复杂多样,决定了燕国疆域的复杂性。燕国疆域范围具有特殊的政治地理区位特征,即处于北方游牧和南方农耕民族的交界地带。从内部结构上看,复杂多样,高原、山地、丘陵、盆地、平原皆有。内部结构的复杂也体现了其高原与平原交界地带的环境特征和大范围的地理区位特征,即在第二阶梯和第三阶梯的过渡地带。这个过渡地带从自然地理上看,是高原与平原两大地貌类型的组合,它们的结合部位就是山前断层和下切侵蚀形成的山地地貌。自然环境和区位的特点,影响了幽燕地区的政治地理。这里成为不同经济生产方式的族群政治争夺的焦点,民族多样。统治该地区民族有属于农耕的和属于游牧的交替拉锯特性;中原农耕汉族统治幽燕地区时长期遭受北方少数民族的侵扰特点;幽燕地区统治者多借助北方骑马民族增强其武装政治势力;大范围的气候变迁对北京地区政治影响极大,北方民受环境的影响南下压迫幽燕地区;北方游牧民族对北京平原地区的政治态度有一个从侵扰掠夺到入住占领的转变过程,辽金时期是这一转变的完成时期。

十二生肖文物漫谈
——从北京出土文物说起

首都师范大学历史学院副教授　后晓荣
首都师范大学历史学院硕士研究生　卜艳明

2013年，北京房山长沟刘济大墓考古成果发布，其中刘济夫人张氏墓志尤为突出，在青石质的志盖表面装饰精美，文吏怀抱十二生肖，造型形象，浮雕色彩鲜艳，栩栩如生。北京文研所专家就认为，此大型彩绘浮雕十二生肖描金墓志，在目前发现的唐代墓志中全国仅此一例，实属罕见。事实上，中国各地的考古活动中，发现了为数不少的十二生肖文物，本文就是有重点地梳理中国古代十二生肖文物种类、特征等，从而基本上了解与文物有关的生肖文化。

一、十二生肖文化起源

众所周知，十二生肖即是十二属相，其名称及顺序为：鼠、牛、虎、兔、龙、蛇、马、羊、猴、鸡、狗、猪。这十二种生肖动物往往与十二地支相配属，用以定人生之年所属动物。十二地支的名称及顺序为：子、丑、寅、卯、辰、巳、午、未、申、酉、戌、亥。而十二种动物与十二地支相结合的纪年则为：子鼠、丑牛、寅虎、卯兔、辰龙、巳蛇、午马、未羊、申猴、酉鸡、戌狗、亥猪。也就是说，古人命定十二生肖是为了配和天干、地支纪年。每一年是某一生肖年，十二年一个轮回，因此根据农历来计算，每个人都有自己的属相,如:鼠年属鼠、牛年属牛等。

关于十二生肖文化起源,目前大多数的学者认为,最早起源于中国,是华夏先民动物崇拜、图腾崇拜以及早期天文学的结晶。此结论在早期文献有所记载,同时也为考古出土材料所证实。

追溯十二生肖的文献历史,早在《诗经》中就有相关的记载。《诗经·小雅》:"吉日庚午,既差我马。"意思是庚午吉日时辰好,是跃马出猎的好日子,这是将午与马相对应的例子。可见在春秋前后,地支与十二种动物的对应关系已经有初步对应和流传。到东汉时,王充在《论衡·物势》中记载:"寅,木也,其禽虎也;戌,土也,其禽犬也;丑,其牛;水禽羊也……亥,水也,其禽猪也;巳,火也,其禽蛇也;子,亦水也,其禽鼠也;午,亦火也,其禽马也……酉,鸡也;卯,兔也;申,猴也"。此外,《论衡·言毒》中也有记载:"辰为龙,巳为蛇,辰巳之位在东南"。及至南朝时,沈炯还作了《十二属诗》:"鼠迹生尘案,牛羊暮下来。虎啸坐空谷,兔月向窗开。龙显远青翠,蛇柳近徘徊。马兰方远摘,羊负始春载。猴栗羞芳果,鸡拓引清杯。狗其怀物外,猪虫窗悠哉。这是文献中最早完整记载十二生肖的材料。

关于十二生肖起源的考古资料中,也有相关的文献出土。如睡虎地秦简《日书·盗者也》中记载: "子,鼠也,盗者兑口……丑,牛也,盗者大鼻……寅,虎也,盗者壮……卯,兔也,盗者大面……辰,盗者男子,青赤色,……巳,虫也,盗者长而黑……午,鹿也,盗者长颈……未,马也,盗者长须耳……申,环也,盗者圜面,酉,水也,盗者而黄色……戌,老羊也,盗者赤色……亥,猪也,盗者大鼻而票行……………"此外,天水放马滩秦简《日书·亡盗》记载:"子,鼠矣,以亡盗者中人取之……丑,牛矣,以亡其盗……寅,虎矣,以亡盗从东方入……卯,兔矣,以亡盗从东方如,复从出,……辰,虫矣……巳,鸡矣……午,马矣……未,羊……申,猴者,盗者从西方……酉,鸡矣,戌,犬矣,尔在贵薪蔡中,亥,猪矣……"

从以上秦简中的十二生肖不难看出,虽然其与今传生肖不尽相同,却已基本完整,由此可见,十二生肖的配属在先秦时期已基本成型了,远比文献记载要早。秦代的典籍虽没能记录十二生肖,但是流传民间的《日书》却已列出较完整和成熟的生肖,同时我们也可看出,秦代的十二生肖文化起点低,基本上是扎根于民间生活，流行于社会底层，用来描素盗者长相或方向的作用，主要是相面占卜的性质。湖北睡虎地和甘肃天水放马滩两处秦简发现地一南一北，相去甚远，说明当时十二生肖已广为流传。

二、十二生肖俑

十二生肖自其起源之时，就被视为是人们祈求安康、寓意永生的象征。伴随着历史的发展，十二生肖也沉淀了深厚的文化内涵，且不断渗透到社会生活中的各个方面。到隋唐时期，十二生肖文化已经有上千年的历史了，此时的十二生肖进入了繁盛期，其文化内涵形式表现在墓葬中的随葬品中尤为突出。在这一时期墓葬中出土的生肖俑、墓志、壁画等形式等文物中都较为常见，可谓五花八门。

从目前考古出土的实物来看，十二生肖俑从北朝时期开始出现，在隋唐时期达到了高峰时期，辽宋之后逐渐衰弱。隋唐时期的十二生肖俑多为陶质，胎质多为灰陶、红陶，也有个别铁质、石质、瓷质的。宋代瓷质的生肖俑增多。其中十二生肖俑以隋唐、宋墓葬中的出土物多见，这在当时是最为常见的随葬品之一。这一时期，无论是帝王将相，还是黎民百姓，都可随葬十二生肖俑，并有着一定的等级丧葬制度。从众多生肖俑的实际情况看，十二生肖俑可分为三大种类：写实动物俑、兽首人身生肖俑（分为坐姿或站姿兽首人身生肖俑）和人物带生肖俑。其中人物带生肖俑又可以分动物足攀在人俑头上和人物手捧生肖俑，其姿态有的是立姿，有的为坐姿。

1. 写实动物俑

写实动物十二生肖俑表现为写实的生肖动物，这是生肖俑最初的形象。早在北朝的山东地区就开始出现，到唐宋时，在河南一带有零星的发现。这些写实动物生肖俑有的带龛台或底座，有的仅手制，形制粗略。目前发现最早的生肖俑则是山东临淄北朝崔氏墓 M10 出土的陶生肖俑，为写实动物，蹲踞于莲瓣形龛台上，有虎蛇马猴狗及生肖已失的龛台各一件，高约 21-23 厘米。

2. 兽首人身生肖俑

兽首人身生肖俑的表现为头部是生肖动物，身体是人像，着交领或圆领长袍，宽袖或窄袖，双手拱手于胸前。主要流行于隋至南宋，尤其在唐代时发现众多，这在当时是生肖俑中最常见的形象。此外，在湖南、湖北、四川、福建、江西、江苏、河南、陕西、辽宁和北京均有发现。兽首人身生肖俑可分为坐姿、站姿两式。

（1）坐姿兽首人身生肖俑流行于隋至初唐，主要发现于湖南、湖北地区，四川、江苏、山西也有发现。质地多样，多为彩绘陶，也有青瓷制成。典型形象为：兽首人身，着交领宽袖长袍，袖长及膝，生肖俑双手拱于胸前，盘坐或跪坐，兽头昂首平视。

（2）站立兽首人身生肖俑以辽宁朝阳黄河路唐墓为早，此后在盛唐至中晚唐时，在陕西、河南、两京地区及江苏一带盛行，到五代宋时仍流行，但流行地区为福建、四川、江西等。

站立兽首人身生肖俑表现为兽首人身，着交领或圆领，宽袖或窄袖长袍，双手拱于胸前，站立姿势。唐开元天宝年间，陕西、河南地区墓中大量使用站立兽首人身生肖俑。盛唐时，陕西地区出现同一墓中高矮形制不一的生肖俑，即贞元十一年（792）西安西昌县令夫人史氏墓，鼠、牛、蛇、鸡生肖俑站立于圆形底座，底座较高，俑的脖领相对粗短，其余几件底座甚矮，衣坠地。此时，帝陵中也发现有生肖俑，陕西礼泉宝应二年（763）唐肃宗建陵中的生肖俑，是目前北方地区最早的持笏生肖俑，也是目前发现唐代帝陵内城门外放置生肖俑的首例。到晚唐五代时，仅江苏、福建地区有少量出土。宋时，以四川地区为多，且服饰多样，均立于台座上。江西地区也有少量出土，如江西德兴县香屯宋绍定庚寅年（1230）夫妻合葬墓墓，生肖俑着大荷叶圆领宽袖，脖短，背稍弓。

3. 人物带生肖俑

人物带生肖俑以文臣形象为主，生肖仅以较小的动物像点缀于人物的不同身体部位，因此，又可按部位的不同分为：人物怀抱生肖俑和人物头顶生肖俑，姿势又有坐姿与站立之分。

（1）人物怀抱生肖俑，即为生肖动物位于人物胸前，作为文官俑怀中捧物。

坐姿人物怀抱生肖俑（人物着宽袖长袍，高冠，盘坐，怀中捧生肖动物）。如湖北武汉周家大湾241号隋墓，生肖俑为盘坐文臣像，双手怀抱生肖动物，生肖动物较大，刻画细致，这是目前所见最早的人物带生肖俑。坐姿人物怀抱生肖俑仅于湖北隋初有发现，此后各地均无发现。

站姿人物怀抱生肖俑：五代时开始出现，流行于宋代，在安徽、江西、四川、湖北等地有所发现。其表现为人物着交领或圆领宽袖长袍，戴冠，人物怀抱生肖动物站立。如：江苏邗江蔡庄五代墓，文臣俑戴襆头，宽袖大袍，怀抱生肖动物，站立于方形板。

（2）人物头顶生肖俑，即为生肖动物位于人物头顶，按姿势可分为坐姿、站姿。也有仅发现生肖俑头。

坐姿人物头顶生肖俑，仅于隋初湖南及南宋陕西有少量发现，有传统的盘坐姿态，如湖南湘阴县隋大业六年（610）出土生肖俑，人物微笑，高冠，着对襟大袖佛服，生肖动物后足踏在俑的双肩，前足攀在俑的帽沿上，人物拱手胸前无持物，盘坐于莲花座上。

站姿人物头顶生肖，流行于辽至南宋，在北京、四川、江西、广东、福建地区均有发现。站姿人物头顶生肖俑的形象均为文臣着大袖宽袍，袍至膝下，露出靴头，人物持笏拱于胸前，生肖动物位于人物高冠上，如四川蒲江五星镇宋墓生肖俑，头戴方冠，站立于方形台座上。

综上所述，十二生肖俑的发展大致呈现出以下特点：北朝时期主要流行写实动物生肖俑。北朝山东地区出现的写实动物生肖俑制作已经较为成熟，说明生肖俑出现时期还可往前追溯。隋至初唐时期主要流行坐姿兽首人身生肖俑，同时出现坐姿人物怀抱生肖俑和坐姿人物头顶生肖俑。这阶段各型生肖俑共性较多，如均为坐姿，发现地区多见于南方地区（两湖地区、四川、江苏），其中以坐姿兽首人身生肖俑最流行，其余较少。盛唐至中晚唐时期，以站立兽首人身生肖俑为主要流行，并有少量坐姿兽首人身生肖俑。这个阶段生肖俑姿势有所改变，由坐姿变为站立，第一阶段盛行的两湖地区已不见生肖俑，而辽宁、北京、陕西、河南开始大量流行。五代至辽、宋时期主要流行站立兽首人身生肖俑和人物带生肖俑。这个阶段生肖俑的形态发生了很大变化，由坐姿变为站立。主要流行于南方地区（江苏、安徽、四川、江西）和北方地区的北京、河北等地。其中服饰也有一些变化，由前两个阶段的交领宽袖为主变为圆领宽袖或圆领窄袖为主。

三、十二生肖墓志

十二生肖墓志是生肖文物另一类较为多见的文物，主要见于隋唐墓葬出土的墓志中。整体来看，生肖作为墓志纹饰表现出丰富的形象，可分为以下三大种类：

1. 写实动物生肖墓志 写实动物生肖墓志的表现为生肖动物的真实形象刻于墓志上。这是生肖墓志的最初表现形式。主要流行于隋至中晚唐，北宋时仍有零星发现。目前见能到的最早的生肖墓志是陕西咸阳底张湾出土的隋开皇十五（595）段威志，志石四侧边阴线刻生肖动物，每边三个，壸门分格子上午下顺时针排列，动物呈奔跑状，线条较简略。写实动物形象通常以壸门、缠枝花环、单（双）线、花朵、圆圈分格置生肖，对每个生肖动物进行分区，动物在其中或站立或行走，充分体现了每种动物的特性。格内常饰以水波纹、云纹、花朵纹等。

2. 兽首人身生肖墓志 兽首人身生肖墓志的表现为生肖动物头部与人像身体相结合，兽首与人身共同组合成半人半兽的神化形象。着交领或圆领长袍，宽袖，双手拱于胸前，坐或站立，一般阴刻于墓志志石四侧或志盖四刹。流行于盛唐至中晚唐，延续到辽。又分为坐姿和站姿。

（1）坐姿兽首人身生肖墓志，其坐姿又包括跪坐和盘坐。本文中将腿部能见双膝靠拢的生肖归于跪坐，其余藏于衣中不见腿者归于盘坐。墓志中兽首人身生肖跪坐、盘坐均有，且不具有年代意义。坐姿兽首人身生肖墓志流行于盛唐至中晚唐，主要发现于陕西地区，典型特点为以壸门分格置生肖，格内饰云气纹，生肖为兽首人身，兽头向左偏，身体亦随头左偏，呈侧视图，着交领宽袖大袍，袖长及地，双手拱于胸前。多刻于志石四侧，志盖饰四神。

（2）站姿兽首人身生肖墓志，多见于北京、四川和河北地区，在盛唐至中晚唐少量出现，后几乎不见，辽代有少量发现。服饰姿态与坐姿兽首人身区别不大，亦为宽袖大袍，由于站立姿势，袖稍短，位于脚以上，露出如意靴头，生肖头偏左，拱手于胸前，最初无持物，后出现持物。双线分格，格内无饰纹，多刻于志盖四刹，四角饰花纹。

3. 人物带生肖墓志 人物带生肖墓志的表现为文官形象，生肖动物点缀于人物身上，又可按生肖动物所在部位分为人物怀抱生肖、人物头顶生肖两个类型，流行于晚唐至辽。人物带生肖墓志首先以坐姿人物怀抱生肖出现于元和九年（814）山东地区，稍后不久在北京出现了人物怀抱生肖的站立姿态。此后坐姿人物怀抱生肖不见，多为站姿，852－878年流行于北京地区。人物怀抱生肖于胸前，多刻于志盖。

（1）人物怀抱生肖墓志 人物为文官像，着交领大袖宽袍，头戴进贤冠，生肖动物位于人物胸前。人物怀抱生肖，姿势有坐姿和站姿之分。坐姿人物怀抱生肖墓志，目前发现较少，如元和九年（814）山东王斌墓志，无分格，无底纹，大袖宽袍，刻于志盖四侧。站姿人物怀抱生肖墓志，以北京地区为主，前文我们所提到房山刘济大墓出土文吏怀抱十二生肖描金墓志就是其中一例，文官像人物着大袖宽袍，袖长至膝下，露出靴头，人物头戴冠，均刻于志盖四侧。

（2）人物头顶生肖墓志 陕西地区较早出现新一类型即人物头顶生肖墓志，也可分为坐姿和站姿，坐姿为早，站姿较晚。坐姿以陕西地区为主，多刻于志石上。人物持笏坐于底板上，这在五代河南地区也有出土。站姿流行于辽代，主要发现于辽代山西、内蒙古、辽宁地区，开泰七年（1018）内蒙古陈国公主墓志。人物为文官像，着大袖宽袍，头戴插笄高冠，双手持笏拱手于胸前，生肖动物位于人物头顶高冠中，作为冠饰。壸门、花纹分格或无分格，多无底饰纹。

从以上墓志可以看出，在晚唐时，站姿怀抱生肖，与坐姿头顶生肖代表两个地区生肖墓志的传统。前者代表北京，当时唐代边塞地区，后者代表陕西京畿地区。后来，辽代北方地区则流行站姿头顶生肖。

纵观十二生肖墓志的发展历程，隋至初唐时期流行写实动物形象墓志。在陕西、湖北、河南、广东、山东均有发现。盛唐时期以兽首人身墓志为主，坐姿与站姿均有，尚存少量写实动物墓志。此时首先在陕西地区出现兽首人身生肖墓志,坐姿。随后北京、四川地区也开始流行兽首人身墓志,但多为站姿。中晚唐至五代时期新出现人物带生肖墓志,与兽首人身墓志并行发展。其中陕西地区的人物头顶生肖墓志(坐),同时大量流行兽首人身墓志(坐),而北京地区则较为流行站姿人物怀抱生肖墓志。辽宋时期则以人物带生肖墓志为主,此时曾大为流行的兽首人身已很少见,只有北京地区有少量兽首人身(站)。

四、十二生肖壁画

在众多十二生肖文物中,生肖壁画也是其中一较为特殊类型。在北朝至辽宋时期的墓室壁画中也能看到数量不少的十二生肖壁画内容。总体来看,十二生肖壁画也可分为写实动物壁画、兽首人身壁画和人物带生肖壁画三大类。

1. 写实动物壁画

生肖作为壁画装饰内容以山西太原北齐武平元年(570)娄叡墓为早,这也是目前所见最早的生肖形象。墓室上栏一周描绘十二生肖动物图,按正北为鼠,正东为兔顺时针排序,高1米,残长4.3米,仅残留鼠牛虎兔,中间各绘二神兽围护,并与四神、雷公等祥瑞与天象图组合。写实动物生肖壁画目前仅发现山西娄叡墓处,可见写实动物生肖壁画在北齐时已较为成熟。

2. 兽首人身壁画

兽首人身生肖壁画唐代时零星发现,如陕西高力士墓,宝应年间(762-763),分屏置之,东西两壁分为六屏,165厘米×60厘米,十二屏内分别绘兽首人身生肖之一,着交领宽袖长袍,持笏,头顶仙鹤、祥云。推测东壁北端为子,向南顺序排列。

3. 人物带生肖壁画

人物带生肖壁画均为站立姿势,按生肖所处人物部位,可分为两种类型:

(1) 人物怀抱生肖

人物身着交领宽袖朝服,手中捧持生肖动物于怀中,头戴冠,多为浮雕壁画,绘于墓室壁,壶门或庑殿顶屋檐边框分格,内置人物,均为顺时针排列。主要流行于五代,河北浙江地区。如五代河北王处直墓,庑殿顶屋檐边框，鼠人物左手持戟，右手捧鼠，鸡人物左手持棍，右手捧鸡。浙江地区生肖壁画后室同出星象图。如浙江杭州临安 M26，浙江临安吴越国康陵均壸门分格。人物戴小冠，露靴。康陵生肖俑人物面部表情各异，且上部有四神，下设生肖，生肖与四神对应位置如下：青龙—子鼠；白虎—午马；朱雀—卯兔；玄武—酉鸡。

（2）人物头顶生肖

人物将生肖动物顶戴于头顶冠上。流行于辽代北京、河北、辽宁等北方地区，宋时流行于福建。辽代常见圆形墓室，穹隆顶，人物带生肖绘于穹隆顶最外层与二十八宿或黄道十二宫相结合。以辽天庆七年（1117）河北宣化 M2 张恭诱墓为例，人物小圆冠，生肖位于头顶。生肖与黄道十二宫、二十八宿相结合，对应如下：子—女、虚、危宿—宝瓶宫；丑—斗、牛宿—摩羯宫；寅—尾、箕宿—人马宫；卯—氐、房、心宿—天蝎宫；辰—角、亢宿—天平宫；巳—翼、轸宿—室女宫；午—柳、星、张宿—狮子宫；未—井、鬼宿—巨蟹宫；申—觜、参宿—双子宫；酉—胃、昴、毕宿—金牛宫；戌—奎、娄宿—白羊宫；亥—室、壁宿—双鱼宫。宋时福建地区有少量发现，如福建尤溪麻洋宋壁画墓，人物交领宽袖端立于云头，持笏，生肖位于冠上，较特别的是人物头上方墨书对应地支文字。生肖形象目前所见在宋代壁画仅见于福建尤溪。

综上所述，生肖壁画发展经历了北齐少量动物生肖壁画，此时生肖作为壁画首先在山西出现，已与天象、祥瑞组合。唐代少量兽首人身生肖壁画，为站立姿态出现于陕西地区。五代流行怀抱生肖壁画，主要发现与河北浙江地区。特点为：壸门或庑殿顶屋檐分格，与出行、四神及天文星象同出。辽宋盛行人物头顶生肖壁画，以北京、河北、辽宁，北方地区为主，宋时福建少量发现。

五、结语

除了以上提到的三大类主要的生肖文物外，唐宋铜镜中也有不少涉及十二生肖文化的内容，因其类别不同于上述三大类生肖文物，故本文暂不涉及。包括十二生肖俑在内的各种类别的生肖文物在隋唐至辽宋墓葬中大量出现，主要是其在墓中扮演镇墓性质。在隋唐墓葬考古中，十二生肖俑的摆放放置，一般会按地支顺序排列于墓室四周，或棺床四周角，东、南、西、北各三个，以鼠为始，以猪为终，按子南午北顺时针方向布置，旨在用它们轮流值班，守护墓主，南方地区常在墓室四壁设壁龛放生肖俑。《论衡·解毒篇》："宅中主神有十二焉，青龙、白虎列十二位。"《太平广记·朝野佥载》："则天如意中，海州进一匠，造十二辰车，回辕正南，则午门开，马头人出。四方回转，不爽毫厘。"宋代买地券："于黄天父，伯土母，十二神边买得前件亩田，周流壹顷，东至青龙，西至白虎，南至朱雀，北至玄武。"这些文献大致交代了十二生肖文物在隋唐辽宋墓葬中大量存在的一些原因。

总之，总结十二肖文物的流行年代，大致呈现出以下发展现象。北朝时出现写实动物生肖俑；隋至初唐主要流行写实动物墓志、坐姿兽首人身生肖俑；盛唐出现站姿兽首人身生肖俑；中晚唐出现人物带生肖俑和墓志；辽宋金多为站姿生肖俑和墓志。

生肖文物的分布范围也并非自始至终处于稳定状态，不同时期会在不同地区有所扩张或收缩。从目前资料看，早期生肖文物并不多见，这一时期生肖文物处于萌芽阶段，仅在山东临淄北朝崔氏墓、山西太原娄睿墓等零星发现。

到了隋唐时期，生肖材料的流行地点发生变化，分布范围迅速扩张，进入生肖文化的高峰期。初唐生肖俑在湖南、湖北迅猛扩张，中唐之后生肖俑的分布范围也大为拓展，由原来集中的两湖地区向周围扩展到江苏、福建、四川等地，向北占据了整个两京地区，甚至波及山西长治、辽宁朝阳等地。

进入五代，生肖文物的分布开始大大收缩，重心也开始转移。根据现有的考古材料表明，两京、两湖地区的生肖俑、生肖墓志已全面衰落。值得注意的是，此时江浙、福建等沿海地区成为生肖文物的一个新的分布区。生肖俑、生肖壁画都有所发现。

至辽、宋时期，在辽统治区，继续沿着晚唐五代的传统前进，生肖的繁荣不减。壁画中生肖的表现空间收到压缩，由墓室四壁被紧紧挤到墓顶天象图周围。此时南方江浙、江西、四川地区继续流行，但数量和质量上都逐步衰落。之后，生肖文物就逐渐消失，淡出人们的视野，这实际也为一种社会文化现象的演变之结果。

北京地名的文化内涵

北京市社会科学院历史所研究员 孙冬虎

地名是人们日常生活中几乎天天接触的一种专有名词。比如,我今天到东城区图书馆来和大家座谈,首先要知道这个图书馆在什么地方,或者找人问一下,或者自己查查北京地图,然后确定在交道口。坐车来的途中,听到沿途的报站声,差不多一个个的都是地名。更不用说我们每天寄信、看新闻等等,基本上离不开地名。从这个意义上讲,地名就是我们工作、交往、生活的地理坐标。只要是必须说明事物所在地点的东西,不论是地图、报纸还是其他媒介,都不能没有地名。比如,除了少量的地质图以外,地图上如果没有地名,这张图就变成了光板图,不论技术手段如何进步,地名总是不可缺少的。除了这些涉及日常生活的方面之外,地名作为一个名词,它本身所具有的语词含义,它所指代的那个地方、地名语词以及它所指的地域范围的变化,都包含着历史时期的某种信息。就像地质学上通过研究化石知道喜马拉雅山在多少万年以前是大海一样,地名也像地质学上的化石一样,记录了它被命名的那个时代的一些自然或人文方面的特征。站在我们今天的角度看,这些地名就或多或少地具备了一定的历史文化价值。对于北京这样一座历史悠久的文化名城而言,地名里面包含的历史文化信息尤其丰富。我们居住在这座城市,就有必要去认识这座城市的方方面面,不仅要了解它的现状,而且要尽可能地了解它的历史文化。认识北京的地名,是我们了解北京悠久历史文化的途径之一。透过地名这个窗口,我们可以看到历史文化的一些情况,地名可以为我们研究分析某些问题提供线索、证据或其他方面的启发。这些方面的内容综合起来,就是北京地名的文化内涵,而每一个地名都是承载北京历史文化的载体。

一、地名的功能及其文化内涵包括哪些方面

我们需要先对地名的性质和功能有所认识。大家知道，地名首先是语言发展到一定阶段的产物。所有的语词可以分为名词、动词、形容词等许多种类，名词又可分为普通名词和专有名词两大类。地名又属于专有名词或词组的一部分。所以，我们可以认为地名是语言的标志。第二个方面，一个地方的命名往往与所在地域的某种地理特征有关系，总能多多少少地反映它命名的那个时期的一两种自然地理或人文地理的特征。这样，地名就成了地理环境的标志。第三个方面，记录地名语音的那个名词或词组，往往能够反映命名时期的社会生活的某个侧面。在这个意义上，地名又是社会生活的写照。第四个方面，一个地方的名称在不同时期往往会发生变化，不同时期积累下来的地名，就成了一个区域的历史变迁的记录。大体看来，地名是语言发展的产物、地理环境的标志、社会生活的写照、历史变迁的记录，这几项内容大致可以看作"北京地名的文化内涵"的基本方面。当然还可以有其他的概括。北京的地名当然也具有这些普遍的性质或功能，而且在许多方面表现得非常典型。

二、历史文化信息是怎样进入地名当中的

一个被人们口头流传、文字记录下来的地名，它命名的时候必定要受到当时所处的环境的影响。这个环境大体包括这样几个方面：一是语言环境，这个地名是被什么人、用哪一种语言命名的？是汉语、满语，还是蒙古语？二是自然环境：地名将要指代的这个地方是什么样的地理特点？是山脉、河流、聚落、街道还是其他类型？三是人文环境：命名时这个区域的社会生活的背景条件——所有非自然的因素——是怎样的？这样，一个地方被命名的过程通常要受到这些方面的影响，当然会以其中某一种因素为主，从而体现在地名的语词当中。换句话说，所有的地名都是有来源的，但并不是所有地

名的来源都可以搞清楚的。其中一部分地名通过口口相传或者被文献记录下来，就把命名时的情况保存在了地名当中，使今天的我们能够反过来认识历史的面貌。

地名的产生过程，初期一般是"约定俗成"，大家都这样叫，久而久之，就形成了某种共识。但到地名发展到一定程度，则逐渐加大了"有意为之"的分量，尤其是比较重要的行政区域方面的地名，如"北京"这样的城市名。也可以说，先是自然淘汰、自生自灭，后来则加大国家管理的程度。地名产生以后，大部分地名要随着时代经历不止一次的变迁。这种变迁，使地名本身所具有的历史文化价值不断丰富起来。

例如，如果您打算到商务印书馆去买书，首先要知道"王府井大街"所指的地域。其次，从地名的语词含义上，我们很容易知道"王府井大街"所指的地方属于街道而不是其他的地理类型，尤其是口语中使用的简称"王府井"，除了指代这条街道外，往往还作为一个地片、一个区域的地理标志，虽然有时它的范围存在着一定的模糊性，却也并不妨碍人们的日常交际。第三，对于文史爱好者和专门的研究人员来说，有时还要进一步探求"王府井大街"的命名原由及其演变过程，甚至试图确定那口"井"的位置并寻找相关的遗迹，这就是地名作为历史记录的体现。文献记载告诉我们：王府井大街一带在元朝称为"丁字街"，看来是根据街道延展的形状命名的。明朝永乐皇帝营建北京城期间，在这条街道的东侧修建"十王邸"（或称"十王府"），作为分散在各地的藩王们进京朝见皇帝时的馆驿。这座府邸成了地标性的建筑，所在街道也据此改称"十王府街"或"王府街"。到了清朝雍正十二年（1734），十王府旧址虽然被改建为贤良寺，但街道名称依然如故。乾隆年间这里称为"王府大街"。清末宣统年间，因为此地有专供王府使用的甜水井，改名为"王府井大街"，也反映了从前北京生活用水状况的一个侧面。这口"王府井"的准确地点已不易查考，有人说位于原来的人民日报社前面，还有人说是在工艺美术服务部对面的便道上。前几年，有关部门在街上设立了一处"王府井"的标志，游人走到这里往往停下来观看，其中既有好奇的成分，也多少满足了追怀历史的愿望。

在1915年的《北京四郊详图》上，今天的"王府井大街"被分为三段：

北段从五四大街到灯市口西街,叫作"王府大街";中段从灯市口西街到东安门大街,称为"八面槽",据说是因为清朝乾隆年间设置了供官员饮马的八个水槽子而得名;由此向南的一段叫作"王府井大街"。还需要说明的是,"王府大街"一段,在1915年曾被改为"莫理循大街",以纪念1912年开始担任袁世凯政治顾问的澳大利亚人George Ernest Morrison,直至1949年春才将英文的"Morrison Street"路牌撤换。1965年北京市整顿地名时,将"八面槽"并入北段的"王府大街"。不过,在民间尤其是熟悉北京掌故的中老年居民中,"八面槽"一直作为地名在口语中使用着,比如您要去中国儿童艺术剧院,向老北京询问"东安门大街"或"王府井大街",或许不如问"八面槽"来得更直接有效。在1966年以后,南北两段合称"人民路",1975年定名为"王府井大街"。

一条大街名称的变迁,显露着北京城市变迁的侧面。清末以来的商业繁荣,今天以北京市百货大楼、东安市场为代表的商业文化,都通过"王府井大街"或"王府井"传布到国内外,地名由此成为区域文化的载体、沟通古今的桥梁。

三、北京地名的文化内涵是如何体现出来的

这也是一个非常宽泛的题目,这里只能列举几个方面。

(一)地名记录了历史时期语言的演变过程,保存了一些地方独有的发音,为我们提供了历史语言学和区域方言研究的材料。

语音是地名的要素之一,地名最初就是靠着口口相传,在人与人之间通过语音发挥着交际作用,用文字记录后才有了它的书写形式。地名在口语中传播时,有的表现出地方语言在发音方面的某种习惯;有的与地名用字的通用读音并不完全相同,从而保留了古代的或地方特有的语音;有些地名通过书写用字的谐音变换,在字面意义上去掉了某些粗俗的成分,增添了一些积极向上、健康文雅的色彩,而普通民众对这个地名的称呼,一部分遵从了新名的字面语音,另一部分则在采用新书写形式的同时,在口语中继续维持旧时的语音,表现了地名语音长久的历史影响。上述情况在北京地名中都不乏

其例，京腔京韵透露着京城的历史文化与乡土风情。

口语中的儿化韵，虽然不是北京一地的独有现象，却也构成了北京地名语音的一大特色。北京的"胡同"，如果按照字面读作"hú tòng"，并不影响彼此交流，但长期居住在胡同里的北京人，通常要把它读作"hú tòngr"，用文字记录下来就是"胡同儿"。还有不少地名用字也要以儿化韵读出来。这就是地名当中的"京味儿"之一。地名的读音一般是在约定俗成中形成的，时过境迁之后，其中的道理未必都能够追寻清楚，只是因为一代代口口相传、习以为常而已。即使是同样的字、在地名中做同样的成分，它们的读音有时也并不相同。

地名中的"京味儿"需要仔细揣摩，在与老北京居民的接触中反复体会。前门大街东侧的"东打磨厂街"与"西打磨厂街"，明清时期称为"打磨厂"，因为这里有不少打磨铜器和石器的作坊而得名，民国年间才分成东、西"打磨厂"两段，1965年改为现在的名称。如果您访问一位长期居住在这里的老北京，他所读出的"打磨厂"肯定不是普通话的"dǎ mó chǎng"，而是与"dǎ mo chǎr"相近的语音，"磨"字读作轻声，"厂"读如"镲"（chǎ）字的儿化韵。西打磨厂街向南，有"鲜鱼口（kǒur）街"，而永定门外一座长途汽车站所在的"赵公口（kǒu）"，却又按照字面形式以普通话来发音了。

有些胡同的专名是单字加"儿"构成的，这时反而需要抛开字面形式表示的儿化韵，按照普通话把每个字逐一拼读，这样才符合现代汉语多用双音词的惯例。这样的胡同在北京有30多条，如前门外珠市口西大街南侧的"阡儿胡同""鹞儿胡同"，地安门东大街北侧的"雨儿胡同""帽儿胡同""菊儿胡同"，都属于这一类"京味儿"浓郁的地名。

清代与民国年间，北京商业最繁盛的地方是前门外的"大栅栏"，今天的"大栅栏"正作为一个历史文化街区而受到文物部门的保护。从地方的命名过程考察，大栅栏的兴起与朝廷对商业的提倡有关。明代永乐初年，为改变城区边缘与城外人口稀少的萧条景象，在各城门以及钟鼓楼等处，建起了一批铺房和店房，以招徕民众居住或商人囤聚货物，这些房屋统称为"廊房"。官府根据廊房所在的不同位置，分三等向租用者征收租佃费用。各处廊房选出一个能力出众的"廊头"，负责铺房的日常管理，把应当交纳的钱钞收齐后交付内府天财库,以备朝廷宴会、赏赐等支出。明代沈榜《宛署杂记》与清代查慎行《人海记》,都记载了上述历史情况。永乐十七年(1419),北京的城墙从今天的长安街一线南移到前三门一线,正阳门外冲要地段的地理优势,带来了巨大的商机,由此形成的街巷以"廊房"为名,乃至出现了廊房头、二条、三条、四条这样的名称系列。其中的"廊房四条",到清代更是成为市场、旅店、商贩、优伶丛集之所。为加强城市治安,清代在京城街巷出口尤其是外城设置防卫性质的栅栏,由五城御使负责管理。

《大清会典》记载:"乾隆二十三年奏准:外城坊巷栅栏,俱责成五城三营管辖,载入交代,不得任其倾圮。""二十九年奏准:外城各街道胡同,设有栅栏,至为严密,交五城不时稽查,务令以时启闭,栅顶仍钉木板,书写街道胡同名色。""三十四年奏:外城栅栏,交五城御使督率坊官,不时查看,如有零星伤损,即令就近商民,随时修补。"乾隆以后仍延续着这项制度。出于安全保险的考虑,廊房四条实力雄厚的各大店铺,筹资在胡同口修建的栅栏坚固高大、与众不同。这样,尽管栅栏顶端的木板上写着街巷胡同的名称,但体现胡同突出特征的称谓"大栅栏"或"大栅阑",在民间约定俗成的使用过程中逐渐取代了原有名称,《乾隆京城全图》已采用了"大栅栏"一名,成为历史上商业发达的标志。从清末大栅栏的照片上,可以清楚地看到大街口安装栅栏的情景。"大栅栏"与防卫性质的"栅栏"之间的关系如此一目了然,但它的读音却与字面应有的普通话读音相差很大,北京人并不读作"dà zhà lán",而是按照口语的一般习惯读作"dà shi làr",这也是外地游客通常感到莫名其妙的地方。它无疑是地名当中保留古音或地方音的一个典型事例。

西四环中路从五棵松向南约3公里,有一处地方名叫"岳各庄",附近的立交桥因此称为"岳各庄桥"。前面冠以居住者的姓氏,后面是"庄""村""屯"一类通名,二者中间加一"各"字构成的聚落名称,在北京郊区乃至整个华北一带是司空见惯的。在明代嘉靖三十九年(1560)的张爵《京师五城坊巷胡同集》里,西郊的村落有"沙窝儿""岳家庄""鲁姑村"等,仍然能够与今天的地名一一对照,并且分别代表了地名语音演变的不同类型:"沙窝儿"在今五棵松以南约700米,只是书面写作"沙窝",但口语中仍然保留了与明代相同的儿化韵;"鲁姑村"在地铁八宝山站正南300米,万历二十一年(1593)刊刻的沈榜《宛署杂记》里称为"鲁国",清末的《光绪顺天府志》作"鲁古村",现在写作"鲁谷村",属于地名用字中的近音替代。鲁谷村逐渐城市化之后,修建的一条马路叫作"鲁谷路",读起来与福建省的"石狮市"一样别扭。张爵记载的"岳家庄",到沈榜笔下称为"要哥庄",就是今天的"岳各庄","要"字标志的是华北民间对"岳"字的俗读,"各"或"哥"字则是对"家"字古音的记录。

语言学家的研究已经证明,大致从东晋到宋金时期再到近现代,"家"字的读音经历了 ga—gia—jia 的演变过程,在"×家庄"这类村名中保留了古音,它的声母是 g 而不是 j,再加上往往要读成轻声,与现代普通话中的 jiā 相差较远,而与"各"字的读音却很接近。这样,人们在使用地名时,口语中保持着"家"字相对稳定的古音,又找了一个语音与其接近且容易书写的"各"字作为地名的书写形式,从而使部分"家"字被"各"或"哥"字替换。从历史上的"岳家庄"到现代的"岳各庄",这类保留了某些古音的地名在北京还有许多。

还有一些地名具有北京或北方语言的特色,诸如取灯(读作 qǔ dengr,火柴)胡同、蚂螂(má lang,蜻蜓)胡同、故衣(亦作"估衣",读作 gù yi,出售的旧衣服或质次的新衣服)胡同、排子(读作 pǎi zi,大板车)胡同、麻刀(读作 má dao,与抹墙的石灰活在一起的碎麻)胡同、胰子(读作 yí zi,肥皂)巷、铺陈(读作 pū chen,或作"补拆""补陈","铺衬",碎布头或旧布)市。还有一些地名是蒙古语或满语的译音,东城区安定门西大街南侧的"纱络胡同",在元代称为"沙剌市",其语源应当是蒙古语,时人熊孟祥《析津志》称:"一巷皆卖金、银、珍珠、宝贝,在钟楼前。"清代作"沙拉胡同",沿袭了元代的语音。东直门北小街东侧的"案板章胡同",清代称为"昂邦章京胡同",朱一新说:"昂邦章京,国语子爵也。"清代的所谓"国语"就是满语。现在的名称是民国年间谐音转换的,但终究不能完全掩盖满语的痕迹。

"胡同"一词作为地名通名,代表着北京老城区街巷的传统风貌,未使用简化字之前通常写作"衚衕"。但是,关于它的起源与含义,却是北京地名文化当中一个需要继续探讨的问题。今人大多认为,"胡同"的历史可以上溯到元朝。《析津志》记载,元大都的街巷"自南以至于北谓之经,自东至西谓之纬。大街二十四步阔,小街十二步阔。三百八十四火巷,二十九衖通。衖通二字本方言"。《析津志》的这段话记载了大都街巷的方格状布局以及大街、小街的不同宽度,所提到的"火巷""衖通",往往使人们与"衚衕"联系在一起,但证实元朝部分街巷叫作"衚衕"的文献,却是贴近底层民众生活、反映世俗文化的元杂剧。曾任南台御使的李好古,在杂剧《沙门岛张生煮海》第一折里写道,东海龙女的侍女梅香,对张羽的家童说:"你去兀那羊市角头砖塔儿衚衕总铺门前来寻我。"这个"砖塔儿衚衕",是迄今所见文献记载最早的北京胡同,其地就是今西城区中部的"砖塔胡同"。表明"衚衕"一词出现于元代的证据,还有关汉卿的杂剧《关大王独赴单刀会》第三折里关平的道白:"你孩儿到那江东,旱路里摆着马军,水路里摆着战舡,直杀一个血衚衕。我想来,先下手的为强。"显然,"直杀一个血衚衕"与通常所谓"杀开一条血路"并无区别,这里的"衚衕"就是"通道"或"道路"的意思。

大概是迄今所见的"衚衕"一词最早出现在元代文献中的缘故,当代语言学者张清常先生等认为,它是汉语从蒙古语借来的词,在蒙古语中的原义是"水井",其基本观点大致是:蒙古语"水井"一词的发音为 xutok,近似于"胡同",而北京城区的许多胡同名称中就带有"井"字,如二眼井、三眼井、四眼井、柳树井、高井、王府井、罗家井等;19世纪初刊行的藏蒙对照工具书《详解月光辞典》中,对"井"(若用汉字标注,近似音是"忽都")除了本义之外还做出了"大街"的解释;明代茅元仪辑录的《武备志》,将蒙古语"井"的汉字译音标注为"苦都四"(即"苦都"的复数形式)和"忽洞"。这些似乎为"胡同水井说"提供了比较有利的证据,但是,明代《京师五城坊巷衚衕集》及清代《京师坊巷志稿》都显示,北京胡同与水井的分布并不具有明显的对应关系,北京郊区的村落中也有以"胡同"为通名的。所谓"一条胡同一口井",包含着较多的想象成分。

关汉卿的杂剧已经证实,"衚衕"在元代除了作为专有名词充当街巷通名之外,还在作为普通名词表示"通道"或"道路"之类的意义。在明代张爵《京师五城坊巷衚衕集》中,根据我们的逐一统计,所载街巷有362条称为

"××衚衕",却没有解释这个语词的来源,可见当时它已是一个司空见惯的街巷通名了。到清末朱一新编纂《京师坊巷志稿》时,才专门对"衚衕"的语源做了训诂学的考释。对于"衚衕"二字的语音、语义以及相关文献记载,作了详尽的罗列,从而使我们知道:作为单字的"衕"见于先秦的《山海经》和东汉许慎的《说文解字》,后者已指出它具有街道的意思;其他文献证实,北方的"衕"与南方的"弄",只是体现了语音的地域差异,二者实质上是表示街巷的同义词;同时记载"衚"与"衕"的字书是《玉篇》,其编纂者顾野王是南朝梁陈之间的人,这个年代比元朝要早700年左右;《元经世大典》所称"火衕"(火巷)"火弄",北方人读来恐怕会把仄声变为平声,在用文字记录时则选用了"衚衕"二字以顺从语音的改变。在古人的论述中,很难看出"衚衕"和蒙古语以及水井有何关联。

事实上,"火巷"并非元代才有,当然更谈不上属于蒙古语。《宋史》卷二百四十七《宗室列传四》记载,早在南宋淳熙十三年(1186),宗室赵善俊知鄂州,"适南市火,善俊亟往视事,弛竹木税,发粟振民,开古沟,创火巷,以绝后患"。这里的"火巷"是房屋之间留出的狭长空地,以充当防火的隔离带而得名,平时也就成了人们出入的通道。可见,《元经世大典》中的"火衕"(火巷)或者"火弄"不是始于元代、更不是来自蒙古语,而是在我国南方"古已有之"的汉语方言词汇。作为"火衕"(火巷)或者"火弄"在北方音转的"衚衕",当然也不是从蒙古语中借来的名词。既然如此,元末《析津志》记载的大都城"三百八十四火巷、二十九衕通",就应该是规格不同的两种"衚衕"。"衕通"与"火衕"虽然都被用来表示街巷,但彼此显然应当有所区别,否则熊梦祥完全不必分开统计。此外,方言是一种语言的地方变体,《析津志》所谓"衕通二字本方言",是就"衕通"这个词通行的地域性特点而言,决不意味着它属于蒙古语。鉴于"火衕"(火巷)与"衕通"都属于街巷范畴,二者在语词上又具有密切的关联,我们大致可以推断:大都"三百八十四火巷、二十九衕通"的街巷布局,包含了384条比较狭窄的"小衚衕",此即所谓"火巷";还有使这些"火巷"相互沟通的29条比较宽阔的"大衚衕",亦即所谓"衕通"。平均起来,每条"衕通"应当与十三四条"火巷"连通,由此构成了元大都早期的街巷系统。

在嘉靖年间的张爵写出《京师五城坊巷衚衕集》30多年之后，万历年间的沈榜《宛署杂记》卷五《街道》对"衚衕"做了正误参半的解释："衚衕本元人语，字中从胡、从同，盖取胡人大同之意"。沈榜说"衚衕"二字"从胡、从同"是正确的，但把原本用来表音的两个偏旁当作表意成分使用，就成为荒诞不经的谬说了。元朝的蒙古族统治者无疑不会自称"胡人"，"衚衕"因此也绝不可能具有"胡人大同"这种显然是在时过境迁之后、完全站在明朝汉族统治者立场上的寓意。沈榜所谓"衚衕本元人语"，往往被今人尤其是主张"衚衕水井说"者作为"衚衕"一词来自蒙古语的论据，但实际上并不能成立。比如，东汉许慎《说文解字》："锯，枪唐也。"段玉裁《说文解字注》第十四篇上"金部"称："枪唐，盖汉人语。"这里所谓"汉人语"，意思是汉朝人讲的话或使用的语词。同样的道理，"元人语"则是后来者称元朝人讲的话或元朝时才有的语词，并不表示它是蒙古语。

"胡同"作为街巷通名，不是北京一地独有，它也存在于长江以北的天津、河北、黑龙江、河南、山东的不少城市。在长江以南，大约只有南京、汕头的一两条街道称为"胡同"。但是，"胡同"的语义并不限于城市街巷，辽宁建平县建平镇东南的"朝力胡同"是一个聚落，此地与内蒙古赤峰市之间的"德力胡同"是一条长达数里的山谷通道，黄土高原上水流冲刷成的沟壑也被当地人叫作"胡同"，北京平谷区一处具有两山夹一水特征的自然风光叫作"湖洞水"，从语音角度看几乎与"胡同"没有多少差别。可见，"胡同"的本义应是泛指狭而长的通道。针对这些问题，我的同事何岩魏博士《"胡同"名称之谜》一文指出："我们必须要考虑的是元代时蒙古人的语言在多大程度上影响到了汉人的生活，甚至深入到汉族人对街巷称呼也会从蒙古语那里借用。更为重要的是，如果说蒙古的统治对城市生活有较大的影响从而影响到了语言，那么，在黄土高原那样的地区，难道人们的语言也受到了蒙古语的影响？假使蒙古语对当时中国北方地区有那么强的影响，乃至于深入到许多偏远地区，为什么'胡同'一词在南方地区几乎不用呢？就算蒙古人在北方地区的统治力量比在南方强大，也不至于在南方的影响如此可怜吧。以上的疑问如何解释呢？显然，南方人称'小街巷'为'弄'而北方人称之为'胡同'的原因，还是要从汉语音韵学的角度来探讨。"作者通过论证

"衙通"与"巷""弄"之间的同源关系，得出的结论是："'胡同'不仅不是蒙古语或者朝鲜语"街区""村落"的音译，而且在某种意义上可以说是它们的语源"。

这样看来，所谓"胡同"借自蒙古语"水井"的音译，未必是一个正确的判断。尤其需要指出的是：蒙古文属于拼音文字类型，汉文则属于表意文字而绌于表音；对音虽然是少数民族语研究中常用的方法，但以蒙古语的语音与不计声调情况下只有 400 多个音节的汉语相对，在选择译音用的汉字（古今汉字有 6 万多个，通用的也不下 5000－8000 左右）时的自由度（亦即随意性）实在太大。这就意味着在属于阿尔泰语系的蒙古语与属于汉藏语系的汉语之间，对音的随意性与局限性之大可想而知。就北京地区而言，沈榜《宛署杂记》中的"孟家胡同"，位于今门头沟区龙泉镇以西的永定河支流门头沟北岸、九龙山东南麓，其命名与水井根本没有关联，这个在当地独一无二的"衚衕"也无法以地名的派生来解释。即使仅就北京城区而言，所谓"一条胡同一口井"也与事实大不相符。诸如此类的情况恰是"胡同水井说"的软肋所在，根源就在于"胡同"的缘起与蒙古语中的"水井"自始就是风马牛不相及。

由此推断，用"衚衕"作为城市里通常比较狭窄的那些街巷的通名，应当是对"狭长通道"这个意义的引申或借用，只是经过明清两代的强化与巩固之后，"衚衕"作为街巷通名的色彩更加突出，直至成为北京街巷乃至北京平民文化的象征。

2. 地名记录了重大历史事件的线索，使我们能够沿着地名变迁的足迹寻找历史发展的轨迹

北京某些地名的渊源，可以上溯到先秦时期。地名产生以后，通常有一个随着时代发生变迁的过程。有的被新名称完全取代，有的保留了早期名称的某些痕迹，而同一地名所指的范围大多伸缩不定，不同时代的同名异地与同地异名，就是包括北京在内的区域地名文化形成与发展过程中的正常现象。让我们选择几个历史悠久的北京地名，看一看它们是如何随着时间演变并对后世产生影响的。

在广安门外立交桥东北侧的滨河公园，可以看到标志宣武区悠久历史的

一座城市雕塑——"蓟城纪念柱"。上面的榜文是:"北京城区,肇始斯地。其时惟周,其名曰蓟。"著名历史地理学家、北京大学侯仁之教授撰写的《北京建城记》,镌刻在柱前石碑上。这个纪念柱,是1995年为纪念北京建城3040周年而做的标志性建筑。这里的"蓟",曾经是西周初年一个封国的名称,也是北京见于文献记载的最早的地名之一。

《史记·周本纪》记载,武王伐纣以后,封"帝尧之后于蓟"。《礼记·乐记》又说:"武王克殷,反商,未及下车而封黄帝之后于蓟。"不论蓟国的宗族血缘究竟如何,国都蓟城与今天北京的关系都确凿无疑。20世纪50年代的考古发现初步证实,蓟城的旧址在今北京宣武区广安门一带。北至宣武门、和平门一线,南至南横街一线,西至广安门外护城河偏西,东至虎坊桥一带,就是东周至汉代的蓟城的范围。北魏时期的地理学家郦道元在《水经注·水》注释"过广阳蓟县北"一句时说:"昔周武王封尧后于蓟,今城内西北隅有蓟丘,因丘以名邑也。"可见,"蓟国"及其都城"蓟城"以及后来设置的"蓟县",都是因"蓟丘"而得名,而这个长满了"蓟"草的土丘,就在西便门外的白云观以西,甚至在半个世纪以前仍有些遗迹。那么,构成"蓟丘"地理特征的"蓟"又是何种植被呢?北宋著名科学家沈括,曾作为使臣到过蓟城,他在《梦溪笔谈》里说:"予使虏至古契丹界,大蓟茇如车盖,中国无此大者。其名蓟,恐其因此也。"大蓟是一种多年生草本植物,沈括描述它的根茎高大、叶片支撑开来与车盖相似,当时的中原地区很少见,因其独特性而成为地方命名的依据。从"大蓟"到"蓟丘",再到"蓟城"与"蓟国",一系列地名由此派生出来。

出西直门向北,西土城路与北三环路交会处,有1984年建成的立交桥——"蓟门桥"。它的名称来源于桥北不远处的"蓟门烟树"碑,而这个碑的树立却是一个地名与历史事实相互脱节的误会。弱小的蓟国虽然后来被燕国所灭,但蓟城的位置却没有变化。到唐代,蓟城是幽州的所在地。金代在辽南京的基础上营建中都城,拓展了东、西、南三面却保留了北墙,因此,蓟城的城门在任何朝代都不曾到达"蓟门桥"一带。

这里需要说到古代地方志的一个陋习,编撰者往往喜欢将一个地方的名胜硬凑成所谓"八景""十景""十六景"加以宣扬,其中很多带有华而不实的文字游戏色彩。金中都时代的"燕京八景"（或称"燕山八景"）之一，叫做"蓟门飞雨"，看起来应是一道微风细雨飘过蓟城城门的图景。"蓟门"有时还作为"蓟城"的代称。但是，蓟城的城门究竟在何处，长期以来却无处追寻。到了明代永乐年间，喜好此道的文人墨客附会民间的传说，把德胜门外土城关看作是古代蓟城的城门所在地。蒋一葵《长安客话》记载，当年这里有两个地势稍高的土丘，周围林木葱郁苍翠。于是，在馆阁诸公相互唱和的诗文中，"蓟门飞雨"被改成"蓟门烟树"，纳入了"京师八景"的范围，实际上这里离"蓟门"还远得很。到了清代，爱好游玩与题咏的乾隆皇帝，不仅作了数首吟咏"蓟门烟树"的诗，还进一步立起石碑作为景点的标志，继续着历史地名的以讹传讹。来到西土城路北段西侧，在元大都城墙遗址上，可以看到乾隆皇帝题写、高约3米的石碑，碑阳为"蓟门烟树"四字，碑阴是乾隆十六年（1751）写的七言诗一首："十里轻扬烟霭浮，蓟门指点认荒邱。青帘贳酒於何少，黄土埋人即渐稠。牵客未能留远别，听鹂谁解作清游。梵钟欲醒红尘梦，断续常飘云外楼。"1985年，在石碑高台四周修建了汉白玉栏杆，南侧整修的一段城墙中开辟一门，上面题写"蓟门"二字，与"蓟门烟树"碑一起构成了人造景点，但与"蓟城"的历史真实越发地南辕北辙了。

与"蓟城"同源的"蓟县"，最早始置于秦朝，治所就在今北京宣武区广安门一带，辽代被更名为"析津县"。金代改为"大兴县"后，虽然治所有所变化，这个名称却一直沿用至今。在这期间，唐开元十八年（730）置"蓟州"，治所在渔阳县（今天津市蓟县）。天宝初，"蓟州"改为"渔阳郡"，但在十五六年以后的乾元初年，又恢复了"蓟州"名号，直至1913年才改为"蓟县"。经过这样一个过程之后，原在北京的"蓟县"逐渐被人们淡忘，位于北京城正东仅80多公里的天津"蓟县"，却完成了同名异地的转换，承袭了这个历史悠久的地名。

3. 地名记录了历史时期的自然环境与人文环境，是我们认识古代地理特征的重要参考

朝阳区北四环东路北侧、首都机场路以西"南湖渠"一带的一群地名，在表现多水环境方面则是直接了当的。这里集中分布着"南湖渠""南湖渠西村""南湖渠西里""南湖渠东村""东湖渠""北湖渠""张家洼子""落田

洼""姜庄湖""黄草湾"等聚落，近年来又随着城市化的进展，派生了"南湖西园""南湖中园""南湖东园"等居民区，"南湖南路""南湖北路""湖光中街""湖光北街"等街道。元朝延祐三年（1316）已有"湖渠村"，位于北小河畔，地势低洼，雨季河水泛滥时往往冲出浅湖或沟渠，因此才以"湖渠"为名。明代河道南北两岸发展成两个独立的村子，依照地理方位称为"南湖渠"与"北湖渠"，并成为后来派生其他地名的基础。这些"渠""湖""洼子""湾"，有些还是名副其实的，有些则成了历史上多水环境的记录。

在明清时期，海淀一带属于人口较少、相对荒凉的京城郊区，稀疏地点缀着一些村落。宁静的旷野与城市的喧嚣形成鲜明对照，再加上秀丽的山水和丰茂的植被，使这里成为帝王与官僚豪富建造园林的休闲胜地。当年的园林有的至今仍然延续下来，有的则早已湮废，但它们的名称却转化为地名得以流传，并由此派生出一些街巷、道路、居民区的名称。集中分布的"园"，甚至成为一种浸润人们思维的因素，使得晚近建立的某些居民区，也随之以"某某园"为名，形成了一个以北京大学为中心的以"园"作为通称的地名群，大有接续传统、闹中取静的文化味道。古典园林的风韵与大学校园的文化气息融会在一起，即使仅从名称上着眼也有相得益彰、珠联璧合的效果。

清代把北京西郊古典园林的建设推到了巅峰，为维护皇家园林的安全，就需要有驻扎在园林外围的军队。另外，朝廷把部分八旗士兵安置在远离繁华都市的西郊军营，也是为了防止他们由于京城生活的舒适安逸而消磨斗志、进而失掉满族入关前金戈铁马的雄风。基于这样的考虑，在颐和园、圆明园等海淀诸园以及香山的外围，有圆明园八旗护军营、负责静宜园（香山）日常守卫的左右翼健锐营。以这些军营为基础发展起来的居民点，在命名上承袭了所属旗籍与军营的称谓，在地图上也就相应地形成了一圈带有八旗或军营痕迹的聚落地名。香山公园东南、西五环路外侧的"厢红旗"，原是清代健锐营右翼镶红旗的营地，成为村落以后，可能是出于简省笔画、便于书写的考虑，以同音字"厢"来代替"镶"，以所属旗名作为村落的名称。"厢红旗"东北有"红旗村"，这里在清代是健锐营右翼正黄旗、正红旗的营房，曾名"正红旗下营"，1949 年以后的命名虽然被赋予了新时代的含义，但与"正红旗"之间的历史联系依然是显而易见的。由这两个村落向北至北京植物园南门一线，在西五环路以西形成了以香山街道办事处为中心、以"旗""营"为通名的聚落地名群，它们或起源于健锐营左翼正白、正蓝、镶白、镶黄旗的军营，或起源于健锐营右翼正黄、正红、镶红、镶蓝旗的军营，依次是：厢蓝旗、厢红旗、红旗村、南正黄旗、北正黄旗、新营、厢黄南营、厢黄北营、厢黄西营、正白旗、厢白旗、正蓝旗。转到北五环路北侧、颐和园与圆明园以北，自西向东则有：厢红旗、正红旗、正黄旗、河北新营、河南新营、哨子营、厢黄旗、正白旗，直至圆明园遗址公园东北角的"厢白旗"；由北五环路上的"厢白旗桥"南折，圆明园东路东侧有"厢白小营"，清华大学南侧有"蓝旗营"。这些地名的语源，都与清代圆明园八旗护军营地相关。此外，在颐和园东南、京密引水渠西侧的蓝靛厂一带，今天的自然村"老营房"，是清代圆明园护军镶蓝旗营房的故地；"火器营"是乾隆三十五年（1770）修建外火器营房的旧址；"厢红旗"曾是外火器营镶红旗营房的所在地。火器营以北的"船营"，是乾隆十五年（1750）在昆明湖指导香山健锐营士兵学习水战的福建水兵的居住地。这几处军营与圆明园周围的护军营及香山健锐营形成犄角之势，东西南北遥相呼应，呈环状拱卫着皇家园林。这些军营虽然早已消失了，由此产生的成群结队的地名，却为我们指示着当年卫戍部队的大致布局。

城外的山野乡村地区毕竟远比北京城里荒凉，许多城里人家的坟墓因此也在郊外，一般还要派人或委托当地村民守护。老舍先生在长篇小说《四世同堂》里写道："北平虽然作了几百年的'帝王之都'，它的四郊却并没有受过多少好处。一出城，都市立刻变成了田野。城外几乎没有什么好的道路，更没有什么工厂，而只有些菜园与不十分肥美的田；田亩中夹着许多没有树木的坟地。……赶到大局已定，皇帝便会把他们（引者按：城外的农民）的田墓用御笔一圈，圈给那开国的元勋；于是，他们丢失了自家的坟墓与产业，而给别人作看守坟陵的奴隶。"小说中的祁老人就是在德胜门外土城西边买了一块坟地，并交给原来的主人常二爷继续耕种，每年多少收纳些杂粮，常二爷则顺便替祁家看守坟茔。豪门大家的墓地自然比祁家大得多，王公贵族的墓地往往有指定的若干守陵民户，其后在此基础上发展成一个个聚落。北京郊区以"×家坟"或"×王坟"为名的村落，据以命名的坟地大都属于明清时期。这类地名在朝阳区北部和西南部有不少，而最典型的区域则是在昔日的城墙与西郊园林区之间、今海淀区的西南一隅。从海淀、石景山、丰台区交界的永定路地区开始，在永定河引水渠以南，有"铁家坟""甄家坟""九家坟""吴家坟""东黄家坟""黄家坟"，渠北有"善家坟""郑王坟""柴家坟""十王坟""杜家坟""佟家坟""马家坟""高家坟"，由此转向西北方的香山一带，有"牛碌坟""瑞王坟""礼王坟""胆家坟""贾家坟""老公坟"。此外，有些聚落的名称已被改变，掩盖了源于看坟人家聚集成村的痕迹。比如，四季青镇的"丰户营"原名"坟户营"；镇政府所在地"东冉村"与西边的"西冉村"，原名"冉家坟"，后来才分解为两个村子并改为现在的名称。在十几平方公里的范围内，上述地名呈现集中连续分布的态势，形成了以某某"坟"为特征的聚落地名群，记录着这里人烟稀疏的从前。这个地名群的出现，除了因为这里四野空旷、地价便宜之外，以清代堪舆家的眼光看来，靠近聚集了京城风水的西山，面对着永定河及其大小支流，也是合乎他们理想的阴宅吉地。这也是古代京城文化的表现形态之一。

　　北京永定门外的南苑地区，曾是元、明、清三朝的皇家御苑，虽然距离北京城较远，但彼此之间联系密切，可以说是国家政策与时世变迁的一面镜子。在今大兴区红星、西红门、金星、瀛海庄、旧宫、亦庄、鹿圈、太和8镇以及团河农场，集中分布着一批地名用字颇为文雅的聚落，与北方通常所见根据姓氏或方位为名的村庄不同，其中有大有庄、积庆庄、隆盛庄、南义盛庄、五福堂、万聚庄、西广德庄、富家庄、玉善庄、有余庄、瀛海庄、四义庄、信义庄、大三槐堂、小三槐堂、笃庆堂、中立堂、同心庄、怡乐庄、大兴庄、忠兴庄、裕德庄、东广德庄、仁义堂、富源庄、宝善庄、清合庄、隆盛场、天恩庄、来顺庄、大生庄、宁海庄、老三余庄、寿宝庄、积德堂、建新庄、新三余庄、振亚庄、志远庄、太和庄、东合盛、宏农庄、千顷堂、瑞合庄、四海庄、海宴庄、四合庄、同义庄、德茂庄、和义庄、西毓顺庄，这些地名或者来源于京城商家买卖铺户的字号，或者表达对发财致富、福寿平安的期望。还有一些聚落以头号村、二号村、五号村、西五号村、下十号村等表示前后顺序的数字为名，隐约显示出命名过程的匆忙。

　　原来，元朝定鼎大都后，长于骑射的蒙古族依然保持着传统的习俗，冬春之交,趁农闲到郊外纵马架鹰、行围射猎,这种活动叫作"飞放"。为此在大都周围设置了多处"飞放泊",也就是由广阔的水面、丰美的草地、众多的动物构成的皇家猎场,其中的"下马飞放泊"就是今天的南苑地区。明代称这里为"南海子",清代称"南苑",一直是皇家专用的园囿。明、清两朝设置专职的"海户"守卫,今"海户屯"就是在他们的居住地基础上发展起来的聚落。虽然不断有人试图将南苑的草地开垦成农田,但在国家政策的保护下始终保持着人烟较少、水泊众多的环境特征。不料,清朝光绪二十六年(1900)七月二十日,八国联军侵入北京,南苑在此期间遭到彻底破坏,行宫、庙宇被毁,鸟兽惨遭屠杀劫掠,其中包括中国特有的珍稀动物麋鹿(俗称"四不像")。当1985年我国在南苑地区试图恢复麋鹿种群时,还要从英国乌邦寺公园引进当年被劫走的那些麋鹿的后代。清政府在付出巨额的庚子赔款之后,再也无力经营、修复南海子,昔日的皇家园囿遂成为荒草离离、狡兔出没之地。为了弥补国库的空虚,内外交困的朝廷在光绪二十八年(1902)六月二十三日,下令设立南苑督办垦务局,出售"龙票"拍卖南海子的荒地。名义上"八旗内务府以及顺直绅商仕民人等"都有资格招佃认垦,实际上宫廷太监、官僚手持龙票蜂拥而至,乘机圈占了大片土地,在南海子相继建起数十座庄园,并雇用了大批河北、山东的贫苦农民为他们耕种。到新中国成立前夕,在短短的50年间,南苑范围内已开出了约20万亩土地,延续了六七百年的昔日皇家园囿,迅速变成了农耕区。南苑行宫、庙宇的命名大都颇具文采,其流风余韵影响着蜂拥而至的新庄园主们的思维,当他们给所在聚落命名时不免竞相效仿,具有比较浓重的附庸风雅的意味。这样的聚落集中分布在旧时的苑墙范围内,构成了一个具有共同语源、共同特征的"文雅"地名群,记录了一个区域环境急剧变迁的时代。

站在"大北京"的角度,我们再看看大兴区另一个特殊的地名群。明朝洪武与永乐年间,为改变因战乱造成的人烟稀少的局面,促进首都周围的恢复和发展,曾多次从当时人口比较稠密的山西省向包括北京在内的华北地区移民,《明实录》等文献记载了移民的数量与大致分布地域。河北、北京一带的民谣说:"问我祖先来何处?山西洪洞大槐树。""问我故乡叫什么?大槐树下老鸹窝"。这些民谣流传了数百年,是明代山西移民在洪洞县集中后再向太行山以东进发的记录。在南海子东南方、大兴区东南隅，密密麻麻地分布着以"营"为通名的聚落群，这就是民间所说的凤河两岸的"七十二连营"。所谓"七十二"只是形容数量之多，并不是确指。它们当中的石州营、孝义营、霍州营、解州营、赵县营、沁水营、长子营、下长子营、河津营、潞城营、上黎城、北蒲州营、南蒲州营、车固营、屯留营、下黎城、大同营、山西营、东潞州、绛县营（后改"周营"）等聚落，其专名都是明代山西省的州县名称；留民营、延寿营等更多的聚落虽然不带山西州县名，但追寻其语源也是明初山西移民来此屯垦的产物。这些聚落集中在凤河沿岸不足15公里长的范围内，被官府强迫背井离乡的移民，以原来所属州县的名称为新聚落命名，寄托了对故土无尽的思念。在同样的背景下，顺义区西北部相互毗邻的张喜庄、赵全营、板桥3乡，有夏县营、河津营、红铜营、忻州营、稷山营、东降州营、西降州营7个以明代山西州县为专名的聚落，"红铜""降州"是"洪洞""绛州"的同音异写。这些聚落初创时期的居民来源，被牢牢地刻在了"地名"这个历史文化的纪念碑上。

4. 地名反映了历史时期的社会生活，从多个侧面展示了北京城乡的发展过程和社会风貌

（1）政治的变动

一般而言，街巷胡同一类的地名产生于人民群众的日常生活中，具有较强的稳定性，有些胡同名称自明代甚至更早些时候开始，经过数百年的岁月洗礼后依然是当代北京地名的组成部分。另一些主要体现某种象征意义的地名，则容易随着政治的波动或朝代的更替而发生变化。明朝在元大都城市布局的基础上营建北京城，在宫廷以南即承天门（清初改为"天安门"）前布置了一个封闭的"T"字形广场：东、西两翼开辟了长安左门、长安右门，形成了东西向的"天街"；向南突出的一端修建"大明门"，大致相当于今天毛主席纪念堂所在的位置。由"大明门"至"天街"直达"承天门"这条城市中轴线上，是被"千步廊"衬托出的狭长的中心御道，"千步廊"两侧对称分布着中央官署。这样，"大明门"就成了名副其实的国门，成为明朝统治的象征。清朝入关定都北京后，继承了明代确立的北京城市格局，理所当然地将"大明门"这个标志前朝的名称改为"大清门"，以此体现改朝换代的历

史巨变。到了中华民国时期,同样不能容忍已被推翻的清朝在民国的首都留下"大清门",于是又延续了历史的惯性,根据国号将其改为"中华门"。从大明门、大清门到中华门,名称的变更成了时代变迁的直接反映。中华人民共和国成立后,随着1958年天安门广场的改造,中华门被拆除,建筑痕迹已渺不可寻,但地名仍然留存在历史文献和人们的记忆中。

(2) 建筑的消失

在一个区域内具有标志意义的建筑,往往成为附近地方命名的依据。以这座建筑的名称为主干,或原封不动或稍加变换,派生出地片、街巷及其类型的名称,这是地名发展过程中常见的现象。北京许多地名的演变同样遵循着这个规律,有些还因为城市格局、城市建筑的独特性,在词语结构、地理分布等方面表现出高度的对称之美。南北中轴线极为突出的北京老城区,不仅城门的命名与分布是东西对称的,某些道路及建筑也是如此。

我们从天安门沿着长安街行进,向东不足2公里,到达"东单",向北穿过"东单北大街""东四南大街"到达"东四",它的北面是"东四北大街",西面是"东四西大街"。这些地名的起源,都是基于明代在这里修建的"牌楼"。牌楼也叫"牌坊",是古代比较常见的一种装饰性的小品建筑,有的安置在一组建筑的前面,作为大门的入口;有的矗立在城市中心或通衢大道的两头,起到显示地名、划分空间地段的标志作用。明代在今"东单北大街"南口,修建了一座四柱三楼式的木牌楼,檐下安装如意斗拱,坊额上题写"景星"二字。嘉靖年间,张爵《京师五城坊巷胡同集》著录的中城"澄清坊"之下,有"单牌楼西",大体上就是今天"东单北大街"以西、协和医院以南一带地方。由此可见,当时这里的地段性标志还只是写实性地称作"单牌楼"。而在张爵记载的"明照坊"之下,有"四牌楼西南",所指的地域即今"东四南大街"以西、首都剧场附近。"四牌楼"屹立在今天的东四十字路口,与"单牌楼"形制相同的东、西、南、北四座木牌楼各占一方,南、北两座坊额上书"大市街",东、西两座分别题写"履仁"与"行义"。"单牌楼"与"四牌楼"扼守着内城东部的繁华街道,不仅作为标志性建筑为人们指示着地理方位,而且成为附近地段的泛称。与上述情况完全对称的是,从天安门沿长安街向西不足2公里,即可到达"西单",向北穿过"西单北大街""西四南大街"到达"西四",北面还有"西四北大街"。"西单"与"西四",同样起源于明代修建的牌楼。在张爵记载的西城"阜财坊"之下有"单牌楼西","咸宜坊"有"四牌楼西南","鸣玉坊"有"四牌楼西北";中城"积庆坊"有"四牌楼东北"。明代西城的"单牌楼"建在今"西单北大街"南口,坊额上书"瞻云",与中城"单牌楼"上的"景星"相对称;"四牌楼"建在今"西四南大街"北口的十字路口处,形制、题额与中城的"四牌楼"完全一样。不过,在大多数依然只称"四牌楼"的同时,西城"安富坊"下有了"西四牌楼东南"这样的地点,看来已经注意到与紫禁城东边的牌楼相区别了。经过后来的不断演化,这四座两两对称的牌楼依照所在的方位,分别称作"东单牌楼"与"西单牌楼","东四牌楼"与"西四牌楼"。随着口语称说和文字书写过程中的自然简化,又变成了"东单""西单""东四""西四",原来据以命名的"牌楼"却被省略了,作为地名只需要取其符号意义,对于长期生活在北京的人来说尤其是这样。

（3）经济活动

永乐十七年（1419），城墙南移到今天的前三门一线,正阳门外冲要地段的地理优势,带来了巨大的商机,由此形成了以"廊房"为名的街巷,并出现了廊房头、二、三、四条这样的名称系列。商业的发达促使附近出现了日常用品生产和交易相对集中的街巷,其中不少街巷还因此而得名。推车卖煤的集市在"煤市口",卖陶器的在"缸市口",还有"羊肉胡同""笤帚胡同""猪市口""车营儿""取灯胡同"等,原来都是相应的市场或作坊所在地;"杨毡胡同""王皮胡同",是胡同里居住过能工巧匠的记录;"税务口"则是官方设立的税收机构所在地。明代的"廊房四条",到清代更是成为人称"市廛、旅店、商贩、优伶丛集之所"的大栅栏商业区;"施家胡同"则在清末民国时期集中了十几家银号,成为北京最重要的金融街。正西坊西端与宣北坊交接地带的"琉璃厂",元代就在这里建立了小型的琉璃瓦窑。自明永乐年间以后,琉璃厂作为建设北京时储备木植砖瓦的"大五厂"之一,专门烧造"内府器用"。自皇城筒子河上的响闸桥向南,有一条沟渠从窑厂中间穿过,成为供应琉璃厂用水、排水的渠道,其位置正在今天的南新华街一线。正西坊的"琉璃厂东门"与宣北坊的"琉璃厂西门",指示着琉璃厂的范围。琉璃窑厂的生产需要相应的配套支持,周围不同类别的供应基地日后也发展成了街巷。明代曾经交易、存放木炭与木柴的"炭胡同"(清代以儿化韵称为"炭儿胡同")"柴胡同"(清代称"柴儿胡同",或称"吴柴儿胡同",民国谐音变为"茶儿胡同"),就属于这种类型。至于琉璃厂成为北京古旧书籍、玉器、古玩的集散地与士人聚集的中心,则主要是随着清代乾隆年间编修《四库全书》而发展起来的,明代这里仍然是一片空旷的窑厂。

黑窑厂北面的"潘家河沿",显然是以水文特点为名。在正西坊和正南坊范围内,响闸桥——章家桥——虎房桥——潘家河沿连成一线,记录了当年皇城护城河泄出的一道河渠自北而南流经的路线。朱彝尊在《日下旧闻》里,已提到清厂潭(宣北坊)、章家桥(正西坊)、虎坊桥、潘家河沿几个地名与河流故道的联系,并指出"计新城未筑时,无地无水"。晚清藏书家李慈铭游历琉璃厂时,根据所见情景做出了进一步的推论,他在《桃花圣解庵日记》中说:吕祖阁"前有小石桥,已陷土中,俗名厂桥。盖明嘉靖以前外城未筑时,此地有水,西流为清厂潭,又西南为章家桥,又南为虎坊桥,又南为潘家河(沿)。而自厂桥南为梁家园,可引凉水河,处处经脉流通,今皆久成平陆,并凉水河亦迷其处矣"。这些带有水文特点的地名相互关联,是历史上环境变迁的可靠证据。

5. 地名变迁反映了社会精神形态、审美趋向的变化

追求字面意义的吉祥健康,是地名应用中普遍存在的一种社会心理。如果不计算声调,汉语普通话一共只有 400 多个音节,由此造成了大量的同音字词。在比较明确的语境中,不论是口语形式还是书面文字,同音字词一般不会引起歧义,但在单独说出一个地名的时候,有时会使人联想到彼此意义相差甚远的另一个同音字词。不同时期、不同立场的使用者对同一个地名的判断见仁见智,有时从语音、含义乃至由此引起的联想去考虑,认为其中的若干称谓不够吉利,甚至有悖于自己所崇尚的某种道德准则,因而形成程度不等的厌恶、忌讳心理。这样,心理的好恶就成为回避、更改某些地名的决定性因素,这在地名应用和地名演变中是由来已久的。《尸子》卷下载:"孔子至于胜母,暮矣而不宿;过于盗泉,渴矣而不饮,恶其名也。"孔子厌恶"胜母""盗泉"这样有违礼义准则的地名,为坚持自己的道德观念而选择了

异于常人的做法。避开语词意义不利于己的地名是正常的心理反应，但某些历史事件的发生，往往被后人与地名联系起来，甚至可能颠倒因果关系，以所谓"犯地名"的巧合证实其必然性。在《三国演义》里，于禁在"罾口"被关羽生擒，是因为"于"（鱼）钻进了"罾"（渔网）口，必无逃脱之理；有"凤雏"之称的庞统，被射死在"落凤坡"，也是势所必然。在古代文学作品中，这种近乎迷信的描写屡见不鲜。北京地区也有一些涉及避讳或更改地名的民间传说。历史上民间通过语音进行的地名传播，远远超过他们利用地名的文字形式所做的交流，地方的命名依据也往往是信手拈来，并不刻意考究相应的字面意义，因而使某些写实性的命名显得过于俚俗化。随着语言的发展与人们审美意识的增强，这类地名用字往往被用同音字或近音字替代。清末、民国时期尤其如此。文革中改地名（东城区"东交民巷"清末民国是外国使馆集中的地方，于是改为"反帝路"之类）影响的时间较短。

我们首先看到，有些地名用字的谐音近音转换没有明显的用意，基本上服从于从众从俗的自然演变。朝阳门内大街南侧的竹杆胡同，明代是思诚坊的"铸锅巷"，清乾隆年间叫作"竹杆巷胡同"，1965 年简化为"竹杆胡同"。民族文化宫西侧的大沙果胡同、小沙果胡同，在明代是金城坊的"砂锅刘胡同"，与"铸锅巷"一样以巷内居民的职业为名，清代分成东、西两巷，称为"大砂锅琉璃胡同"与"小砂锅琉璃胡同"。民国年间，改"砂锅琉璃"为"沙果"。这一类的谐音转换，其间并没有特别的意味。

其次，通过同音或谐音的更名，回避感觉欠雅或不够吉利的用字。"猪""狗""驴""臭""血""粪"等字，在民国年间得到了比较彻底的改变。东城区的梅竹胡同、西城区的智义胡同，在清代分别称为"母猪胡同""猪尾巴胡同"，都是在民国时期改名或于 1965 年定名的。东四南大街东侧的礼士胡同，在明代是思诚坊的"驴市胡同"，宣统改为"礼士胡同"；阜成门外的南礼士路与北礼士路，是从清代的南北"驴市口"谐音转化而来的。阜成门是从城里到西山的必经之地，清代的旅游者通常要在阜成门外的驴市上租用脚驴前往。今天的礼士路与阜成门外大街相交处，在清代泛称"驴市口"，以阜成门外大街为界，分称"南驴市口"与"北驴市口"，民国年间改为"南礼士路"与"北礼士路"。经过这样一番雅化处理之后，略显粗鄙的"驴市"

变成了文质彬彬的"礼士",颇有些礼贤下士的意味。

第三,通过地名用字的谐音转换,去掉旧时痕迹,体现时代特征。民族文化宫北侧的达智胡同,清代称为"臊达子营"或"达子营";宣武门外大街西侧的达智桥胡同,明代是宣北坊的"接待寺",清代称为"鞑子桥",谐音为"炸子桥",有明朝嘉靖年间杨继盛故居松筠庵。这两个地方民国时期分别改为"达智营"与"达智桥",去掉了从前民族歧视的痕迹。经过这样的变换过程,从字面上减少了旧时代的痕迹,在丢失了一些历史信息的同时,增强了地名语词的积极意义。

第四,地名用字的谐音变换,大部分着眼于变俗为雅,提高地名语词的文化色彩,表现出普遍重视地名语义及其象征意义的社会心理。在东城区,北京火车站西侧的治国胡同,明代是明时坊的"姚铸锅胡同",民国时期改称"尧治国胡同",1965简化为"治国胡同",从通俗走向了文雅;王府井大街东侧的甘雨胡同,明代是澄清坊的"干鱼胡同",清末改为"甘雨胡同",显示着吉祥与生机勃勃的兆头。西单北大街西侧的辟才胡同,明代是咸宜坊的大石佛寺,清代以胡同南侧的大木厂堆积劈柴,称为"劈柴胡同"。非常凑巧的是,1905年,从日本留学归来的臧守义,字佑宸,在劈柴胡同开办"西城私立第一两等小学堂",即包括初小与高小的新式学校,取谐音改为"辟才胡同"。他在校歌里写道:"开辟人才,开辟人才,胡同著其名",从谐音更改胡同名称开始,实施兴办学校、培育人才的宗旨。

这里需要强调的是,对于地名含义、沿革过程的追溯,一定要注意区分真词源、俗词源与伪词源。从理论上推测,任何一个地方的命名都不是无缘无故的,只是由于文献失载,许多地名的语源已难于追索。不少地名与重要历史事件的联系并不紧密,载入文献的机会自然寥寥无几,口口相传的东西不免有演义的成分。比如海淀的"六郎庄",是清代民间将颇有传奇色彩的宋朝抗辽名将杨六郎的故事挪移到北京地区的结果,具有一定的民间文学或民俗学价值。还有一些口碑资料却传播着伪词源,再经过记录者的一番描写,有时会使事情陷入真假难辨的境地,但这些东西往往经不起仔细推敲。例如,明朝嘉靖年间成书的张爵《京师五城坊巷胡同集》已明确记载,宣武门外的"魏染胡同""四川营"是宣北坊的两条胡同,但当今有些出版物却依然在说，前者是因为天启年间的宦官魏忠贤居此而得名，原称"魏阉胡同"，后谐音改为"魏染胡同"；后者得名的依据，则是因为崇祯年间四川石砫宣抚使、女将秦良玉奉诏勤王时在此驻兵。试想，天启、崇祯的时代处在嘉靖之后，在它们之前早已有了"魏染胡同"与"四川营"，上述叙述完全是本末倒置，也有些"关公战秦琼"的味道。其次，在魏忠贤一手遮天的年月，谁敢称呼"九千岁"为"魏阉"？在他倒台之后，谁又会把这个丑陋不堪的"阉"字用来命名自己居住的胡同？再如，朝阳门南小街东侧的大、小"羊宜宾胡同"，本是从明代黄华坊的"杨仪宾胡同"谐音演变而来。所谓"仪宾"，是明代对宗室诸王之婿的称呼。这样看来，有位杨某人娶了朱家某位王爷的女儿，因此被人们叫作"杨仪宾"，他所在的胡同也随之称为"杨仪宾胡同"。清乾隆年间同音异写为"杨夷宾胡同"，宣统年间进一步写为"羊宜宾胡同"并分为大小两条街巷。而今却有人写成是从"羊尾巴胡同"雅化成"羊宜宾胡同"，这显然属于不明就里的望文生义。在排除了类似的伪词源以后，北京地名在延续历史文化脉络方面的作用，应当予以充分的肯定。

已故相声大师刘宝瑞先生说过一个单口相声《皇帝选陵》，叙述了永乐皇帝即位之初派风水先生到北京周围为皇陵选址的故事。其中，把昌平的"黄土山"改为"万寿山"，在《明实录》里有确切的记载；关于地名避讳的其他事例，我们姑且以民间传说视之，它们反映了地名应用过程中普遍存在的求吉避凶的社会心理。下面从大众文艺出版社1998年出版的《珍珠翡翠白玉汤》里，抄录几段《皇帝选陵》，让我们欣赏一下人民大众口口相传的智慧与幽默吧：

开始选中京西门头沟的"燕家台"，这地方不错，群山环抱，翠柏成荫。请圣上钦定吧，结果批驳回来了，让另选陵地，后来细一打听才明白，封建时代，皇上死了称为"晏驾"，"燕家"跟"晏驾"谐音，多不吉利呀，只好放弃了。

还选中一处，在昌平西南的"狼儿峪"，此处山清水秀，风景优美。奏明万岁吧，皇上一听：什么地方？狼儿峪——不敢去！怎么？明朝的皇上姓朱。您想啊，朱（猪）旁边挨着狼，那多危险哪！

又选中了长城外边的"屠家营"，这里是山峦起伏，巍峨壮丽。赶紧画成图帖，呈送宫内。皇上接到奏章一看，当时龙颜大怒：屠家营，更不行了！这不明摆着吗？朱（猪）入屠家，是非宰不可呀！合着刚逃出狼窝，又跑这儿挨一刀，皇上能不火儿吗？

最后明成祖亲自巡视，才选定在昌平东边的山区修筑陵园，就是今天的"十三陵"。这里的地势太好了，三面山峰林立，如同护屏，中间平坦豁亮，南端有两座小山，分列左右，好像一龙一虎，守卫大门。明成祖到这儿一看，非常高兴，认为此处乃是"宝地""吉壤"。随即传旨：圈地八十里，定为陵区。可一打听这地名儿，烦了！怎么？四周的山叫"黄土山"，当间儿的地叫"绝龙坡"。——嚄，瞧这倒霉劲儿——后来转念一想，朕贵为天子，金口玉言哪，地名不雅，我不会改吗？于是改"绝龙"为"九龙"，在古代呀，"九"是最大的阳数。刚改完一琢磨，也不好。皇上称为真龙天子，九龙，九个皇上，传九辈儿就完啦，那哪儿成啊！再不然叫"金龙"？还是不合适，"金""禁"同音，"禁龙"，合着把皇上圈起来啦！最后钦定为"卧龙"。"黄土山"，也太俗气啦，改名"万寿山"。

四、北京地名具有怎样的文化特色

说到北京地名的特色，我与我的同事、研究北京历史地理的著名学者尹钧科先生，在2008年完成了一个国家社会科学基金项目《北京地名研究》，随后在2009年出版了同名的最终成果。尹钧科先生在"北京地名的特点"一章里，以八个小节的篇幅，论述了北京地名的大气、皇气、官气、民气、文气、武气、雅气、古气。站在不同的角度，我们自然可以对北京地名的特色做出不同的归纳。尹先生做出的就是一种既有感性认识又有理性思考的概括。

（1）北京地名的"大气"，是指它在地名用字方面的磅礴气势，天、地、乾、坤等字眼进入地名中，这是其他地方无可比拟的。此外，主要体现在"京"字上。《说文解字》："京，人所为绝高丘也。"《春秋公羊传》："京师者何？天子之居也。"

（2）与"大气"互为表里的是它的"皇气"，也就是北京那些与历代皇帝或皇族有关的地名集发出来的历史气息。皇城根、南苑、西苑、大明门、大清门、天安门、公主坟、王府井等等，莫不如此。

（3）北京地名的"官气"，是由那些与官府、官员有关的地名聚结而成的。清末朱一新《京师坊巷志稿》记载的北京城内街道胡同地名中，皇城内有库司胡同、光禄寺东西夹道、钟鼓司胡同、酒醋局胡同、织染局胡同、针工局胡同、巾帽局胡同、惜薪司胡同、内官监胡同。在内城有户部街、京畿道、刑部街、銮仪卫夹道、兵部洼、察院胡同、太仆寺街、兵马司胡同、分司厅胡同等等，个个都有"官府"味道。而像李阁老胡同、石大人胡同、无量大人胡同、遂安伯胡同、广宁伯胡同、武定侯胡同、泰安侯胡同、五王侯胡同、王大人胡同、班大人胡同、昂邦章京胡同等，又个个都有"官员"味儿。这些胡同有不少还存在于今天的地名当中，如太仆寺街、兵马司胡同、京畿道、遂安伯胡同等一直没有改变，还有些多少改变一些用字，如"惜薪司胡同"改为"惜薪胡同""昂邦章京胡同"改为"案板章胡同"等。

（4）与"官气"对应的是北京地名的"民"气。北京的地名，特别是北京城里的街巷胡同地名，大都是居民自己命名的，最贴近百姓的生活。若说它"俗气"，可以说"俗"到家了。明清时北京城里如上的大量胡同名称，主要是当地居民根据地物、街形、人名或其他因素约定俗成而起的，以后流传开来，为社会所认可。在地名语词方面，类似耳鼻眼嘴、锅碗瓢盆、米面鱼肉、蔬菜水果、油盐酱醋、鞋帽裤褂、针线刀剪、鸡鸭鸽雀、马驴牛羊、日用杂物、凡夫俗子等类的字眼比比皆是。这些地名看起来很俗，但充满了生活气息，为老百姓所喜欢所熟悉。不仅说起来上口，听起来顺耳，记起来牢靠，用起来方便，而且与皇城内的一些文雅地名相比，写起来也容易。因此，这些地名便具有强烈的"民气"。

（5）北京地名的"文气"：许多地名的起源，植根于深厚的历史文化沃土，展示出浓浓的文化气韵。元大都建成后，由大都路总管府分定街道坊门，翰林院拟定坊名。《元一统志》对大都坊名的语源做了解释。它们基本上取自《尚书》《周易》《诗经》《左传》《论语》《孟子》等古代文化典籍。在元大都城门的命名方面，丽正门、文明门、健德门、安贞门等都取自《周易》的卦辞，有些地名流传到今天，应当珍惜。明代正统二年（1437）由"文明门"改名的"崇文门"，表现的仍然是北京地名的文气。

（6）北京地名的"武气"是指不少地名与驻军或军事机构相关。除了北京周围的关口要塞之外，城里也有不少这类地名。如兵部街、兵部洼、左府胡同、前府胡同、后府胡同、教场口胡同等。今天东城的"魏家胡同"在明代称作"卫胡同"，是"金吾左卫"的所在地。今天西城的"武功胡同"，明代是武功左卫的驻地；今天的"机织卫胡同"在明代叫作"济州卫胡同"，也是驻军的产物。留存至今的"兵马司胡同"，是明代北京城内"五城兵马司"的遗迹。当然，这个叫作"兵马司"的机构并不掌管用于作战的兵马，而是类似于城市里的警察。永乐二年（1404）置，掌京城"巡捕盗贼，梳理街道、沟渠及囚犯、火禁之事"。

（7）北京地名的"雅气"与"文气"相关联。充满"文气"的元大都坊名及明清紫禁城的宫殿名称，无疑也洋溢着"雅气"。从辽金到明清的城门名称，古代园林的名称也无一不是如此。北京城里的一些街道胡同地名原来很俗气，清末至民国年间多以谐音更改，比如"驴市胡同"改为"礼士胡同"，也增加了雅气。

（8）北京地名中的"古气"，是就其诞生年代的古老而言的。无论是山水、关口等自然类地名，还是政区、聚落等人文类地名，许多地名都有悠久的历史。这方面的例子就不用再举了。

五、今天如何保护北京地名以利于文化的传承

保护北京地名以传承文化，主要是要保护北京的历史地名。北京的历史地名应当作为非物质文化遗产来保护。

历史地名的价值主要体现在三个方面。首先，历史地名是探索和认识已经成为过去的那些历史、地理以及社会发展情况的指南，沟通古今的桥梁和纽带。没有这些历史地名，古代的文献无法进行描述和定位，我们今天也无法借助文字来确定事物的空间分布。其次，历史地名是积聚民族文化、地域文化的载体与传播媒介。依靠这些历史地名包含的信息，我们可以获得国家、民族以及某一特定区域历史发展的线索。在继承发扬民族文化和地域文化的优良传统方面，一个与某种文化现象紧密联系的历史悠久的地名，实际上就

是一个品牌、一种风格、一种类型的象征,地名本身具有的号召力和影响力往往出乎人们的预料。第三,历史地名是汲取前人经验做好当代地名工作和地名研究的教材和样板,其命名原则、语词特色、兴衰过程等,都可以给当代研究者和地名管理者以深刻的启迪和有益的借鉴,在地域命名和更名方面尤其如此。历史地名在发挥上述三种功能的同时,自身也成为一种地域性、社会性、民族性、历史性非常突出的文化形态,具备了某些作为非物质文化遗产的特征,使我们能够按照相应的标准对它们加以审视。在这个意义上,北京的历史地名表现出鲜明的典型性。

联合国教科文组织 2003 年 10 月 17 日在法国巴黎举行的第 32 届大会上,通过了《保护非物质文化遗产公约》。"'非物质文化遗产'包括以下方面:(a)口头传说和表述,包括作为非物质文化遗产媒介的语言。(b)表演艺术。(c)社会风俗、礼仪、节庆。(d)有关自然界和宇宙的知识和实践。(e)传统的手工艺技能"。对照这个定义,历史地名的非物质文化遗产属性,主要体现在"表现形式"和"知识"的范畴。地名作为语言发展的产物、地理环境的标志、社会生活的写照、历史变迁的记录,与"口头传说和表述,包括作为非物质文化遗产媒介的语言"最接近。

在以枪炮为武器的大规模战争和意识形态严重对立的冷战过后,和平与发展固然是当今世界的两大主题,但是,伴随着经济全球化而来的强势文化对发展中国家的冲击,对整个社会在思维、心理、价值取向方面的引导,已经日益明显地影响到国人对于本民族历史文化的看法。地名仅仅是中国历史文化中一个很小的组成部分,它的命运却也有一叶知秋的作用。近年来,不少新开发区把所在区域原有的名称弃置不用,换上了大量能够表示美好意愿的华丽名称。这些名称"放之四海而皆准"的普遍适用性,恰恰反映了它们毫无地域风格与历史特点的缺陷,而那些看起来显得"土气"的原有名称,实际上却是渊源有自的区域历史文化的代表。此外,随着外来语影响的扩大,不少居民小区和建筑群的命名采用了英语谐音的汉字译名,同样暴露了对区域历史地理的隔膜乃至对本民族语言、历史、文化的冷漠。由此看来,加强历史地名的保护和传承,也应成为保护非物质文化遗产的一项重要任务。

把北京的历史地名作为非物质文化遗产加以保护的思想,并不是联合国教科文组织制定了《保护非物质文化遗产公约》之后才在我国萌生的。早在全国地名普查刚刚结束、地名标准化工作正在迅速推进的1981年，北京市地名办公室的张惠歧先生已经撰文指出："北京的一些历史地名也同其他文物古迹一样，是一份宝贵的历史文化遗产，我们应该以历史唯物主义观点正确对待，应该保留的不要随意更换。"（《地名标准化要注意历史地名的存废问题》，《地名知识》1982年1期）。时时处在被"改造"过程中的北京已经失去了大量有形的文化遗产，包括地名在内的无形遗产也在日渐损耗，这个及时的提醒不仅具有突出的现实意义，而且成为把历史地名当作"非物质文化遗产"加以保护的先声。在街巷、道路、居民区的命名中，同样存在着如何对待历史地名的问题，在城市被大面积改造或新开发的区域尤其如此。

我国已经公布的两批国家级非物质文化遗产名录，包括民间文学、民间音乐、民间舞蹈、传统戏剧、曲艺、传统体育游艺与杂技、传统美术、传统手工技艺、传统医药、民俗10个类型，历史地名在某些方面与它们尤其是民间口头文学具有一定的可比性，条件成熟时可以考虑增加一类"历史地名"。对于上述非物质文化遗产的保护而言，一位老人的辞世往往意味着一座活态博物馆的消失。与此相似，一个历史地名的废弃，也在某种意义上象征着一条区域历史文化脉络的中断。北京的首都地位以及北京历史地名的独特性，要求决策者充分认识地名的历史文化价值，通过卓有成效的工作，制止对已有地名的轻易改弃，在调查研究、价值确认、分级分等的基础上，把北京历史地名作为非物质文化遗产保护起来，这将对未来的城市可持续发展与建设丰富多彩的地域文化具有不可估量的作用。

今天我们初步了解了北京地名的文化内涵，让我们共同认识北京、热爱北京、建设北京！

平津战役前后毛泽东对北平文化的倾力保护及其现实意义

市委党史研究室研究员 李自华

摘要：平津战役前后，在毛泽东的高度重视和倾力保护下，北平众多珍贵的文物古迹和教育机关不仅在战火硝烟中奇迹般地得到完整保存，而且在随后的城市接管中又得到了积极稳妥的接收和管理，最终完好无损地回到人民手中，为中国乃至为全人类留下了一座历史文化名城，也为今天挖掘历史文化资源建设中国特色社会主义先进文化之都奠定了坚实的基础。

关键词：毛泽东 北平文化 完整保存

1948年11月底，平津战役打响，由东北野战军、华北军区部队及地方部队100万人，对阵国民党军傅作义集团50余万人（包括北平守敌25万人）。解放军兵力占有绝对优势、士气也正旺，早已胜券在握具，但要解放像北平这样一座闻名中外的历史文化名城，却是新课题、新挑战，给战役的进程增添了许多悬念。毛泽东深知北平的历史文化价值，在平津战役前后为保护北平文化殚精竭虑、倾注大量的心血，最终使北平文化在战争年代奇迹般地得到完整保存，为中国乃至为全人类留下了一座历史文化名城。

一、"注意保护清华、燕京等学校及名胜古迹"

平津战役打响后，远在西柏坡的毛泽东密切地关注着平津战局的发展变化，频频给平津前线部队发来电报，要求注意保护好北平的教育机关和文物古迹。自1948年12月11日始,根据毛泽东关于在两星期内对张家口、新保安"围而不打"及对北平、天津"隔而不围"的作战方针,平津前线部队开始对北平实施战略包围。战斗在北平城郊打响,北平城外的清华大学、燕京大学及颐和园、香山、玉泉山、八大处等重要文化教育机关面临炮火的威胁。

毛泽东胸怀古城安危,于1948年12月13日6时给平津前线司令部发来指示,要求"注意攻城部队及卫戍部队的纪律事项"①。平津前线司令部向各部队传达了毛泽东的指示,又于12月14日提出了六条具体的注意事项和纪律要求,要求认真执行,其中第一条就是"保护学校及文化古迹名胜,如平市各大学、图书馆、公园及故宫博物馆、西山、香山、(中)南海、北海等名胜。"②

1948年12月13日,解放军第四十二军(原东北野战军五纵)奉命由昌平向宛平、丰台进击,协同南苑方向解放军切断北平城内国民党军南逃和东撤的道路。第四十二军第一二四师某团作为先头部队,行进至万寿山与圆明园之间的平川地带时,遭到隐藏在圆明园附近丛林里的国民党军队的猛烈炮击。团作战参谋和炮兵指挥员向团长请示,用炮火压制敌人,否则部队无法前进、无法完成按期抢占丰台的任务。团长在得知前方是圆明园和清华大学后,立即果断下令:"听命令,不准开炮,马上请示上级,快!"平津前线司令部很快传来指示:"部队火速避开圆明园古迹学校区,从万寿山以西打开通路,抢占丰台。"③ 部队遵令避开圆明园绕道前进,于14日攻占丰台。

与此同时,一份谍报引起了毛泽东对北平城郊高校和文物古迹保护工作的高度关注。太原前线野战军徐向前、周士弟等将截获阎锡山北平办事处给阎的一份谍报上报军委。谍报称:"今(元)午北平外围情况急转直下,傅军主力集结,调集城郊。清河、南口镇即有激战。清华大学落有炮弹,人心恐慌,空气极度紧张。"毛泽东见此谍报后深感不安,于1948年12月15日凌晨亲笔批示,急电平津前线司令部:"请你们通知部队注意保护清华、燕京等

---

① 黄瑶主编:《罗荣桓年谱》,人民出版社2002年版,第655页。
② 《罗荣桓年谱》,第657页。
③ 贺美英、王浒主编:《峥嵘岁月——解放战争时期清华校友足迹》,清华大学出版社2008年版,第357、358页。

学校及名胜古迹等。"① 平津前线部队严格执行毛泽东的电令，在北平城郊的大学和古迹区作战时不用炮击，而用步枪、刺刀和手榴弹，同敌人展开近战和肉搏。为保护古城文化，战士们不惜更多地付出鲜血和生命的代价。

至1948年12月17日，北平城郊地区基本解放。当日18时，中央军委给平津前线司令部发去由毛泽东起草的电报，强调对解放后的文化教育机关要派兵严加保护。电报称："沙河、清河、海淀、西山系重要文化古迹区，对一切原来管理人员亦是原封不动，我军只派兵保护，派人联系。尤其注意与清华、燕京等大学教职员学生联系，和他们共同商量如何在作战时减少损失。"② 平津前线部队根据毛泽东的指示，立即将城外的文化教育机关保护起来，防止国民党残兵和特务的破坏。12月18日，解放军第十三兵团（原东北野战军第二兵团）政治部在清华大学西校门张贴布告，宣告要对清华大学严加保护，并希望学校正常进行教学工作。布告写道："查清华大学为中国北方高级学府之一，凡我军政民机关一切人员，均应本我党我军既定爱护与重视文化教育之方针，严加保护，不准滋扰；尚望学校当局及全体学生，照常进行教育，安心求学，维持学校秩序。"③ 在平津前线部队的保护下，解放后的清华大学弦歌不辍，教学秩序未受大的影响。12月29日，第四十一军（原东北野战军四纵队）从平绥线上撤回北平，立即把颐和园、八大处、香山、玉泉山等名胜古迹区保护起来。④

正是在毛泽东的关心下，在前线将士为保护北平文化不惜牺牲生命的决心下，北平城郊的清华大学、燕京大学等高等学府及颐和园、圆明园、卧佛寺、五塔寺、大佛寺等一大批珍贵的文物古迹，在战火硝烟中得到了完整的保存。

---

① 清华大学校史研究室编：《清华大学史料选编》第四卷，清华大学出版社1994年版，第3页。
② 中国人民解放军历史资料丛书编审委员会编：《平津战役》，解放军出版社1991年版，第185页。
③ 《清华大学史料选编》第四卷，第4页。
④ 莫文骅：《回忆解放北平前后》，北京出版社1982年版，第51、52页。

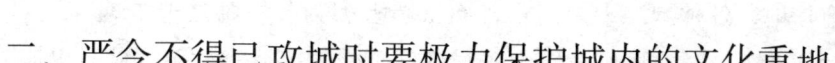

二、严令不得已攻城时要极力保护城内的文化重地

北平城郊地区基本解放后,解放军重重包围北平,攻城大战大有一触即发之势。对于北平城内的国民党军队,中央军委采取了军事打击和政治争取相结合的斗争方针,立足于"打",争取和平解放北平。平津前线部队遵照军委的指示,一面通过各种渠道去争取傅作义走和平道路,一面积极做好不得已攻城时保护北平文化的各项准备。

遵照前述毛泽东关于保护文化教育机关及"尤其注意与清华、燕京等大学教职员学生联系,和他们共同商量如何在作战时减少损失"的指示,前线将士积极与清华大学的师生联系,寻求帮助。1948年12月18日晚,两名解放军干部深夜造访著名建筑学家梁思成在清华大学的寓所。解放军干部说明来意:"假使不得已要攻城时,要极力避免破坏文物建筑。"并请梁思成在地图上标出北平重要文物和古建筑的方位,以防止炮击的损毁。① 正在为古城安危而心急如焚的梁思成,闻讯欣然从命。1949年1月初,清华大学学生朱世玉等十余人,被解放军攻城部队某部请去在北平地图上标注国民党军政机关的位置及应该重点加以保护的古建筑和文化教育设施的方位,并应允在攻城时为突击部队担任向导。②

北平城内的中共地下党员和情报人员为配合攻城作战,积极向城外传递有关国民党军队城防部署情况的情报。北平地下党为攻城部队绘制了详细的地图,标明应该重点保护的文物的位置、攻城时不能打的居民区,及一般要打和要狠狠打的目标。③ 1949年1月10日,一份情报传出城外,详细地报告了城内国民党炮兵部队部署方位。情报称:"北平市内的炮兵阵地,东单机场有野炮阵地,炮7至8,广安门内西北中学操场为十六军山炮阵地,东交民巷

---

① 《在第一届全国人民代表大会第四次会议上的发言》,《人民日报》1957年7月14日第2版。
② 《峥嵘岁月——解放战争时期清华校友足迹》,第341、342页。
③ 中共北京市委党史研究室编:《北京革命史回忆录》第四辑,北京出版社1992年版,第400页。

有重炮阵地,各种炮二十余门,各面城墙上多为各军师之迫击炮阵地。"① 与此同时,地下党员在国民党军中开展策反工作,等待解放军攻城时里应外合,解放北平。

攻城部队在进行攻城演练的同时,积极进行深入的政治动员和思想教育,反复强调攻城时一定要保护好城市居民、学校和文物古迹。时任华北军区第三兵团司令员的杨成武后来回忆说:"为了保护北平的名胜古迹和居民安全,我们决心在攻取这座城市的过程中不惜做出重大的牺牲,规定炮火、攻击的矛头一定要避开需要保护的地方。"② 解放军第四十军(原东北野战军三纵队)将北平城内国民党军队的兵力部署、火力配置及地形地物绘成草图发给攻城部队,使他们明确"哪些地方居民区和文化古迹比较集中,进攻时要加以保护,使之避免意外损失"。③ 在玉泉山下的炮兵阵地上,指战员们对射击目标进行精确计算,力争使炮弹准确地落进敌群里,而不落在文物古迹上。④

1949年1月16日18时,在等待傅作义做出和平抉择的关键时刻,毛泽东再次致电平津前线司令部,明确规定攻城时要精密计划,确保北平城内的文化教育机关不受损失。毛泽东甚至规定,对占据文化机关的敌人要用谈判的办法解决。电报称:"此次攻城必须做出精密计划,力求避免破坏故宫、大学及其他著名而有重大价值的文化古迹。你们务必使各纵队首长明了,并确守这一点。让敌人去占据这些文化机关,但是我们不要攻击它,我们将其他广大城区占领之后,对于占领这些文化机关的敌人再用谈判及瓦解的方法,使其缴械。即使占领北平延长许多时间,也要耐心地这样做。为此,你们对于城区各部分要有精密的调查,要使每一部队的首长完全明了,哪些地方可以攻击,哪些地方不能攻击,绘图立说,人手一份,当作一项纪律去执行。"⑤

攻城部队立即根据毛泽东的指示对攻城方案作进一步的完善。据时任解放军第十二兵团司令员(原东北野战军第一兵团)的萧劲光回忆,攻城部队

---

① 孔祥琇:《耿飚传》上册,解放军出版社2009年版,第407页。
② 《杨成武回忆录》下册,解放军出版社,1990年版,第281页。
③ 《平津战役》,第367页。
④ 《回忆解放北平前后》,第54页。
⑤ 北京市档案馆编:《北平和平解放前后》,北京出版社1988年版,第40页。

根据指示精神,迅速进行补充调查,进一步明确了哪些地可以攻击,哪些地方不能攻击;有的甚至设想,如果华北"剿总"退进故宫固守,为了保护这座建筑,也只能先包围起来,再用强大的政治攻势予以解决。① 全军上下充满了既能攻下北平又能保护好古都文化的壮志和决心。总之,一切攻城的准备工作已经就绪,就等中央军委一声令下。

三、实现北平和平解放,完整保存古都文化

毛泽东深知,对文化古都北平来说,攻城作战时的任何一个意外,都可能造成无法弥补的损失,不战而屈人之兵显然是上上之策。毛泽东也深知,要让手握重兵的华北"剿总"司令傅作义放下武器、接受改编并非易事,首先得在战场上一较高下。从战前的调兵遣将,到战役进行中的决策指示,再到和平谈判时对傅作义的积极争取,毛泽东为争取和平解放北平倾注了大量的心血。

1948年12月11日,毛泽东提出了平津战役的作战方针,规定:"从本日起的两星期内(12月11-25日)基本原则是围而不打(例如对张家口、新保安),有些则是隔而不围(即只作战略包围,隔断诸敌联系,而不作战役包围,例如对平、津、通州),以待部署完成之后各个歼敌。"电报还规定了大致的攻击次序,即"第一塘芦区,第二新保安,第三唐山区,第四天津、张家口两区,最后北平区。"② 这个作战方针首先体现了抑留傅作义集团于华北地区就地解决的原则,同时先打两头、后取中间的攻击顺序又为和平解放北平留足了回旋的余地。

平津前线部队按照毛泽东的指示,至1948年12月20日将傅作义集团分割包围于张家口、新保安、北平、天津、塘沽等地,完全切断其西撤和南逃的退路。根据毛泽东的部署,平津前线部队于12月下旬攻占新保安、解放张家口,将傅系主力基本消灭,又于1949年1月15日、17日先后攻克天津、

---

① 《平津战役》,第330页。
② 《毛泽东选集》第四卷,人民出版社,1991年版,第1363-1366页。

解放塘沽,彻底打掉傅作义讨价还价的筹码。至此,北平成了一座孤城,北平国民党守军已经完全没有退路。

解放军在平津地区占据绝对优势,打下天津不成问题,要打北平也很容易。① 即便如此,自1948年12月中旬完成对北平的战略包围后,毛泽东为了实现北平和平解放,迟迟不下攻击北平的命令,耐心地等待傅作义作出和平的抉择。1948年12月15-19日、1949年1月8-9日及1月14-16日,平津前线司令部与傅作义的代表先后举行三次和平谈判。在此过程中,毛泽东多次致电平津前线司令部,提出争取傅作义走和平道路的具体方针与办法。这些耐心细致的方针和办法,既充分考虑了傅作义的安全,又晓以大义,给傅作义指明了正确的出路。

1949年1月1日,毛泽东致电平津前线司令部,要求"认真进行傅作义的工作",要他们通过北平地下党直接告诉傅作义:"傅氏反共甚久,我方不能不将他和刘峙、白崇禧、阎锡山、胡宗南等一同列为战犯。我们这样一宣布,傅在蒋介石及蒋系军队面前的地位立即加强了,傅可借此做文章,表示只有坚决打下去,除此以外再无出路。但在实际上则和我们谈好,里应外合,和平地解放北平,或经过不很激烈的战斗解放北平。傅氏立此一大功劳,我们就有理由赦免其战犯罪,并保存其部属。北平城内全部傅系直属部队,均可不缴械,并可允许编为一个军。"② 1月9日,毛泽东又致电平津前线司令部,指示说:"为避免平、津遭受破坏起见,人民解放军方面可照傅方代表提议,傅方军队调出平、津两城,遵照人民解放军命令,开赴指定地点,用整编方式,根据人民解放军的制度改编为人民解放军。"③

1949年1月14日,毛泽东发表关于时局的声明,提出了与南京国民党政府及其地方政府和军事集团举行和平谈判的八项条件。④ 1月15日,毛泽东为平津前线司令部起草致傅作义的公函,敦促傅作义尽快接受和平解放北平

---

① 聂荣臻:《聂荣臻回忆录》,解放军出版社,2007年版,第558、559页。
② 《平津战役》,第231、232页。
③ 中央文献研究室编:《毛泽东年谱(一八九三——九四九)》下卷,人民出版社、中央文献出版社,1993年版,第431页。
④ 《毛泽东选集》第四卷,第1389页。

的条件。此时,解放军已经解放天津,攻打北平的各项准备工作已经就绪,而傅作义对和平解放北平仍未下定最后的决心。毛泽东在公函中指出:"贵将军身为战争罪犯,如果尚欲获得人民谅解,减轻由战犯身份所应得之罪责,即应在此最后时机,遵照本军指示,以求自赎。办法如下:(一)自动放下武器,并保证不破坏文化古迹,不杀戮革命人民,不破坏公私财产、武器弹药及公文案卷。……(二)如果贵将军及贵属不愿意自动放下武器,而愿意离城改编,则本军为保全北平不受破坏起见,也可以允许这样做。……如果贵将军及贵属竟敢悍然不顾本军的提议,欲以此文化古城及二百万市民生命财产为牺牲,坚决抵抗到底,则本军为挽救此古城免受贵将军及贵属毁灭起见,将实行攻城。"① 公函规定1月21日24时为最后答复期限。

在毛泽东的正确决策和指挥下,在平津前线部队的军事打击和政治争取下,在中共北平地下组织和民主人士的积极劝说和促进下,傅作义最终同意和平解放北平,决定自1949年1月22日起将北平城内20多万国民党军队开出城外接受改编。1949年1月31日,解放军进驻北平城,古都北平宣告和平解放。北平和平解放的实现,使北平文化以一种最安全的方式得到了完整保存。毛泽东在得知北平和平协议签订后高兴地说:"北平和平解放具有世界意义。这不仅减少了敌我伤亡的损失,更重要的是保护了历史文物古迹免遭战争的破坏,对我们子孙后代大有好处,全世界的友人也都会拥护我们这样做的。"② 2月23日,毛泽东在西柏坡接见傅作义时肯定了傅作义对和平解放北平的贡献。毛泽东说:和平解放北平,宜生(傅作义字宜生)功劳很大!③

四、要求"原封不动"地接管北平的文化教育机关

毛泽东十分重视文化古都的接管工作。早在1948年12月13日,毛泽东就致电聂荣臻、薄一波、叶剑英等,指出"此次接收平、津,影响中外",要

---

① 《毛泽东年谱(一八九三——一九四九)》下卷,第436、437页。

② 阎长林:《在大决战的日子里——毛泽东生活录实》,中国青年出版社,1986年版,第190页。

③ 《傅作义生平》,文史资料出版社,1985年版,第291页。

求一定要做好接管工作①。同日,华北局明确指示平津地下党,要求"必须在各方面有充分的准备,不但要能够完整地接管,而且要能够顺利地发展与建设这些城市和工业区,使之成为全国最好的政治、经济与文化的中心之一。"②在前述12月17日致平津前线司令部的电报中,毛泽东明确提出要"原封不动"地接管北平的文化教育机关,即"对一切原来管理人员亦是原封不动,我军只派兵保护,派人联系"。

平津前线司令部及北平市军管会根据毛泽东的指示,制定了保护和接管北平文化教育机关的政策纪律,要求入城部队和接管干部严格遵守。1948年12月22日,平津前线司令部公布由中央军委起草的"约法八章",其中第四条规定:"保护学校、医院、文化教育机关、体育场所及其他一切公共建筑,任何人不得破坏。学校教职员、文化教育卫生机关及其他社会公益机关供职的人员均照常供职。本军一律保护,不受侵犯。"③ 12月28日,北平市军管会公布"入城纪律守则",要求入城机关和部队"保护自来水、电灯、电话、民教馆、图书馆、文物古迹等公共财产与社会公益机关,不得损坏或搬运其设备,或妨害工作"。④

在争取北平和平解放的过程中,接管干部和入城部队在北平城外进行了充分的政策纪律教育。1948年12月21日,北平市军管会文管会成立,负责接管北平的文化教育机关。钱俊瑞、陈微明(沙可夫)、马彦祥、李伯钊、艾青、光未然、尹达、徐迈进、张宗麟、范长江、侯俊岩11人为委员(1949年2月4日,增加田汉、胡愈之、吴晗、楚图南、翦伯赞、周建人、安娥7人为委员),钱俊瑞任主任,陈微明任副主任,下设教育、文艺、文物、新闻出版4部。⑤ 文管会成立后立即进行接管的准备工作,确定接管对象,拟订接管计

---

① 《平津战役》,第156页。
② 中共北京市委党史研究室、北京市档案馆编:《北平的和平接管》,北京出版社1993年版,第3页。
③ 《北平的和平接管》,第23页。
④ 《北平和平解放前后》,第82页。
⑤ 北京市档案馆、中共北京市委党史研究室编:《北京市重要文献选编·1948.12-1949》,中国档案出版社2001年版,第285页。

划,配备各单位的接管人员,同时进行普遍的城市政策学习和接管纪律教育。

担负警备北平任务的第四十一军,也对全军进行入城政策和纪律教育。军党委明确要求全军:"我全军干部战士,对北平城内的一切工商业市政文化、名胜古迹、国家仓库、财产物资及一切公共设施,只准看管,不得动用;只准保护,不得损坏;空手进,空手出,切实做到秋毫无犯。"全军战士热情高昂,立即开始了多种多样的政策纪律教育。第一二一师采用"政策点名"的办法,即点一个名字,念一条政策纪律,要求被点到的战士对答如流。第一二三师开展"评入城资格"的活动,从师长、政委到炊事员,一个一个评,谁不够条件,就不得入城。①

1949年1月31日,北平和平解放,第四十一军第一二一师首先入城接防。第一二一师共警卫工厂、机关、军事要地、重要街道、名胜古迹、文化单位等237处。在文化单位值勤的战士仔细认真,一丝不苟。在颐和园值勤的第三六七团一连把保护文物的决心书贴到墙上、大门上,请群众监督。在故宫、北海、景山、太庙值勤的第三六三团也一样认真负责。战士们在交接班时检查得十分仔细,甚至多了一个钉子眼也要查清是谁钉的。在故宫值勤的战士对想要参观故宫的人婉言相拒,始终没有随便放一个人进去。②

文管会接管人员于1949年2月2日入城后,迅速展开对北平文化教育机关的接管工作。前期工作主要是,通过派遣军代表的方式对学校和文物机关进行系统接收;至3月由"接"入"管",将工作重心放在已接管对象的人事、生活与业务的管理方面。至3月20日,接管工作基本完成,共接管文化教育机关61个,员工2.3万人。其中,属于教育部门的有清华大学等17个单位,属于文物部门的有北平图书馆等6个单位,属于文艺部门的有中电三厂等17个单位,属于新闻出版的有《华北日报》等21个单位。③ 接管的文物部门有北平图书馆、沈阳博物院迁平部分、国史馆北平办事处、故宫博物院、文物整理委员会、历史博物馆6个单位。根据各单位的清册统计,北平图书

---

① 《回忆解放北平前后》,第59、60、61页。
② 《回忆解放北平前后》,第92、93页。
③ 《北京市重要文献选编·1948.12—1949》,第285页。

馆有图书140万册,故宫博物院有古物约在百万件以上,历史博物馆有陈列及未陈列物品20万余件。① 文管会在接管文物部门时总结出一条重要的经验,即"贮藏文物较多之机关,如故宫博物院与北平图书馆,其清点工作确甚重要,但如无足够人手或不可能有切实负责常驻该机关之代表,切不可部分点收,最好是安顿他们,仍责成他们负完全责任,加以保护。在平这六个机关均系如此作法,文物确能不受损失。"②

解放军对北平文化教育机关的值勤警卫,有力地保护了文化教育机关免受残余国民党军和潜藏特务分子的破坏;而"原封不动"的接管方式,加快了接管的进度,缩短了新旧政权交替过程中无政府状态存在的时间和空间,极大地保护了北平文化不受损失。正是在毛泽东的高度重视和关心下,包括文化教育机关接管在内的整个北平的接管工作取得了举世瞩目的成绩。连当时国民党统治区出版的《新闻天地》也不得不承认:"接管是审慎、周到、仔细、严密的""几乎做到尽善尽美的程度"③。

五、结论

平津战役前后,毛泽东高度重视北平文化的保护工作,并为此作出了巨大的努力,这标志着以他为代表的共产党人对中国文化和文明的认知程度,标志着中国共产党的高度成熟,具有十分重要的历史意义和现实意义。

(一)毛泽东高度重视北平文化的保护工作,并为此付出了异乎寻常的努力。毛泽东十分珍视中国的历史文化,指出:"我们这个民族有数千年的历史,有它的特点,有它的许多珍贵品。"④ 毛泽东在平津战役前后对北平文化的倾力保护,就是最典型的例证。他根据战局的发展频频发来电报要求在战火硝烟中保护北平城郊的文化教育机关,规定不得已攻城时要极力保护城内的文化教育重地,要当作一项纪律去执行;他正确决策,实现北平和平解放,

---

① 《北平的和平接管》,第468、469页。
② 《北京市重要文献选编·1948.12-1949》,第285页。
③ 《叶剑英传》编写组:《叶剑英传》,当代中国出版社,2007年版,第242页。
④ 《毛泽东选集》第二卷,人民出版社,1991年第2版,第533、534页。

使北平文化以一种最安全的方式得到保存;他提出"原封不动"的接管方针,使北平文化在新旧政权更替时期得到了最大程度的保护。正是在毛泽东的高度重视和倾力保护下,北平文化在战争年代得到了奇迹般的完整保存。

(二)完整保存北平文化,标志着以毛泽东为代表的共产党人的高度成熟。对文化和文明的认知程度,是一个政党成熟程度的重要象征。正如张静如先生指出:"完整保留千年文化古都北平城,标志着中共对民族文化遗产的认识程度,标志着这个政党的文明程度以及成熟度。"① 平津战役前后,毛泽东对北平文化的高度重视和倾力保护,前线将士和全体接管人员为保护北平文化所表现出来的高度责任感和使命感,标志着共产党的高度成熟,标志着共产党已经完全具备执政党的水平和觉悟。

(三)完整保存北平文化具有十分重要的历史意义和现实意义。北平拥有众多举世闻名的文物古迹和全国一流的高等学府,是中华民族数千年文化绵延承续的重要物质载体。完整地保存北平文化,有效地保护了珍贵的民族文化遗产,传承了中华民族文化,保存了民族文化认同的重要纽带,而经毛泽东精心保护下来的北京大学、清华大学等教育机关,为新中国的各项建设事业培养了无数的精英人才,为新中国取得辉煌的建设成就发挥了重要的作用。当年完整保存下来的北平文化,为今天首都发掘深厚的历史文化积淀、推动文化大发展大繁荣奠定了坚实的基础。

---

① 张静如:《"上上之役"研究的"上上之策"》,《北京日报》2009年3月23日第20版。

北京古都历史文化讲座［第二辑］

北京皇家坛庙建筑概述

北京市古代建筑研究所 李卫伟

坛庙是古人宇宙观和礼制伦理观的一种反映，它是由自然崇拜和祖先崇拜发展演化而来。北京是世界上保存坛庙建筑数量最多、体系最完整的古代都城，保存了十几座皇家坛庙和数十座先贤祠庙。本文通过北京坛庙的分类、北京皇家坛庙的简要历史、北京的祭坛建筑及其特色、北京的祠庙建筑及其特色、北京坛庙的建筑和艺术成就五个方面，简要地阐述了北京皇家坛庙的发展历史和蕴含的深厚历史文化和科学内涵。

一、北京坛庙的分类

（一）天地神祇坛体系

中国古代为了区分天地诸神，规定在天诸神称为"神"，在地诸神称为"祇"。天神坛包括天坛（圜丘、祈谷坛）、日坛、月坛、太岁坛、天神坛（星辰、云雨风雷）、龙王。地祇坛包括地坛、社稷坛、先农坛、先蚕坛、地祇坛（岳镇海渎、天下名山、京畿名山）、都城隍庙等。在北京，这些自然神祇都是由国家来建造并祭祀，尤其是其中的天坛、地坛、日坛、月坛、社稷坛、先农坛等是皇帝亲自祭祀，先蚕坛由皇后祭祀，因此称其为皇家坛庙。

— 488 —

（二）祠庙体系

1. 皇家祠庙

皇家祠庙包括太庙、历代帝王庙、奉先殿（皇室家庙）、传心殿（皇宫经筵典礼前祭祀之地）、寿皇殿（供奉清代历朝皇帝神像）、孔庙（专指国子监街的孔庙）、堂子（供奉满族神，已拆除）等。

2. 圣贤祠庙

为纪念历史上的先圣先贤北京地区曾建造了大量圣贤庙，目前保存下来的有孔庙、关岳庙、文天祥祠、于谦祠、袁崇焕祠、贤良祠、昭忠祠、僧格林沁祠等数十座祠庙。

3. 一般家祠家庙

在古代这种祠庙建筑数量巨大，从城市到乡村多数都建有家族祠堂或者家庙，难以计数，目前保存下来的较为著名的有钱氏宗祠、鲍氏宗祠、醇亲王家祠等。

从以上的分类我们可以看出两个问题：第一，自然神，一般建坛祭祀，级别较低的神、人格化的神和帝王一级的人建庙，而功臣、名人建祠祭祀。第二，坛庙和寺庙是有区别的，其区别在于坛庙是祭祀自然神和祖先，属于礼制建筑，寺庙是宗教建筑。

由于北京是中国封建社会后期的国都，因此北京的皇家坛庙最为著名，他们被形象的称为"五坛八庙"（或称"九坛八庙"），"五坛"包括天坛、地坛、日坛、月坛、先农坛，而"九坛"则增加社稷坛、先蚕坛、太岁坛、天神地祇坛。"八庙"分别是太庙、奉先殿、传心殿、寿皇殿、历代帝王庙、孔庙、雍和宫和堂子。

二、北京皇家坛庙简史

北京现存坛庙建筑均为明、清两代建造，其发展历史上主要经历了三个重要阶段，从而形成了我们目前所见到的坛庙格局。

（一）明代永乐朝

明代永乐帝朱棣于永乐十八年（1420）营造北京城，其中坛庙建设是重要内容。这一时期建造的坛庙建筑是朱元璋南京坛庙的翻版，只是规模更加宏伟壮丽。这一时期主要建造了以下坛庙：1. 天地坛，即今天坛的前身，用于合祀天地；2. 山川坛，即今先农坛的前身，用于祭祀山川河岳和先农；3. 太庙，今劳动人民文化宫，用于祭祀历代祖宗；4. 社稷坛，今中山公园，用于祭祀太社和太稷；5. 孔庙，即今国子监街孔庙，孔庙是在元代孔庙的基址上建造，祭祀先师孔子。

永乐朝对北京坛庙的建设，奠定了北京明清皇家坛庙体系的基础。

（二）明代嘉靖朝

时隔100多年后，从明嘉靖九年起，嘉靖帝朱厚熜对北京的坛庙进行了一次大规模的改建和增建。这次营建分别进行了如下工程：1. 改天地坛为天坛，单独祭祀天；2. 在北京北郊，增建地坛，用于祭祀地神；3. 在北京东郊，增建日坛，用于祭祀日；4. 在北京西郊，增建月坛，用于祭祀月神；5. 在原山川坛南侧增建天神地祇坛和太岁坛；6. 在阜成门内建造历代帝王庙，用于供奉历代帝王。

经过嘉靖朝的大规模改建和增建使北京皇家坛庙的格局基本形成，换句话说就是北京目前的坛庙体系在嘉靖朝的时候已经基本形成。

（三）清代乾隆朝

乾隆朝在清代前期积累的基础上，国库充盈，乾隆帝也十分喜爱大兴土木。更为重要的是乾隆帝本人对建筑和艺术有着较为深的造诣。于是乾隆一朝对北京皇家坛庙进行了大规模的改建活动。其改建分别为：1. 改造天坛：将圜丘从砖材质改为青白石材质且增大了尺寸；将祈年殿由上青、中黄、下绿三色琉璃瓦改为纯蓝色；将皇穹宇由两层改为一层。2. 对地坛的改造：将地坛坛台原来铺砌的黄色琉璃砖更换为青白石；将皇祇室的绿色琉璃瓦更换为黄色。3. 对日坛的改造：将日坛坛台的红色琉璃砖坛台改为"金砖"铺砌；将具服殿由西南侧迁建到西北侧。4. 对月坛的改造：将月坛的白色琉璃砖坛台改为"金砖"铺砌。5. 对先农坛的改造，将斋宫改为庆成宫，用于庆祝丰收；将观耕台由木质改为砖石质琉璃贴面；拆掉旗纛庙，改建为神仓。6. 对各坛庙大量补植柏树，修葺坛墙（将原土墙加包砖面）。7. 将雍正年间建造的先蚕坛由安定门外迁建到北海内，用于皇后亲蚕礼。

乾隆朝对北京皇家坛庙的改造，基本上形成了我们今天所见到的北京坛庙的面貌。这些改造使得北京坛庙的建筑氛围更加庄重、肃穆和浩远，建筑物之间更加协调，从而更为增强了其艺术感染力。

三、北京皇家坛庙建筑要素及其特色

每一座坛庙建筑都是一组建筑群，其中包括了多组小建筑群和建筑单体，我们称其为祭坛的组成要素。每座祭坛一般都由祭祀场所的坛、安放和神主、牌位的建筑、为祭祀时制作牺牲品而建造的神厨、宰牲亭、井亭和平日里储藏祭祀用具的神库建筑、帝王前往祭祀时斋戒或更换祭祀礼服的斋宫和具服殿建筑以及祭祀时报时用的钟楼等组成。另外，还有些建筑并不是所有坛庙都普遍具有的，而是某座或某两座具有的，如天坛的神乐署、地坛的神马圈、先农坛的神仓、先农坛和社稷坛都有的拜殿。这些建筑要素由于功能不同因而各具特色。它们蕴含的文化内涵共同组成了一座座我国古建筑的艺术宝库。

（一）坛

坛从广义上讲，是指一大组建筑，如天坛、地坛。从狭义上讲，就是指一座坛中的"坛台"或名"拜台"。它是每一座祭坛必须具备的建筑类型，是整座坛中最主要的建筑，一般都位于轴线最主要的位置，是举行祭祀典礼的场所。如天坛内的圜丘、地坛内的方泽坛、日坛拜台、社稷坛拜台（五色土）等。其他建筑都是围绕它和为其提供服务而设立。

由于坛在整座祭坛中无与伦比的重要地位，因此其建筑极富意蕴和特色，而表达这些建筑内涵所使用的建筑手法则主要是象征手法，象征手法的成功运用使得坛台建筑在整组建筑中的特色十分明显，总结其富于特色的象征手法主要有如下几点。

(1)"坛而不屋"说的运用。古人认为天地日月的本性淳朴自然，无须华饰，应依照天地本性用自然的东西表达对其的敬意，于是积土为坛，不加雕饰。北京各个坛的坛台最初都是露天的坛台。后来由于逢风雨不方便祭祀，明代早期有的在坛上建立了建筑，如明代天坛的大祀殿、先农坛太岁殿（又名太岁坛）等。明代中期，嘉靖帝认为这不符合古制，所以在大祀殿南重设了圜丘，而以大祀殿作为祈谷场所，称为祈谷坛。祈年殿下面的三层圆形台基即是原祈谷坛（图8）。

(2)古代阴阳、天青地黄等哲学和宇宙学说体现在建筑术语和色彩中。首先，古人认为天为阳，地为阴，日为阳，月为阴，所以天坛的圜丘和祈年殿等祭祀建筑都为圆形。而地坛的方泽坛等祭祀建筑都为方形。诸如此类也都寓意天圆地方。其次，系统地运用数字这一带有隐喻性或象征性的建筑语言，天坛、日坛建筑用一、三、五、七、九阳数，地坛、月坛建筑用二、四、六、八阴数。而这种隐喻不是从浅层次的外形模仿，而是从古人认为的这些神的性质出发。例如，地球早自元代郭守敬便测量出了子午线长度，那么也就是说那时候已经知道了地球是圆形，月亮外形也是圆形，而明代建立的代表他们的坛庙却用方形表示。原因是古代哲学认为的他们的性质是阴柔和安静的，所以用方形这种带给人沉稳感的外形表示其性质，圆形则表示活跃和生气，所以用以表示天和阳。这种关系好似是我国古代《易经》所说的"天行健"和"地势坤"的关系。

再次，色彩上也力图表现出坛的本性。如祈年殿的琉璃瓦为象征天的蓝色，明代的地坛坛台用黄色象征大地，明代的日坛用红色琉璃转象征日的红色，月坛的坛台用白色琉璃砖代表月的白色。最后，装饰细节上也力图表现出坛的性质。而祈年殿相较于圜丘已经不完全为纯阳，所以其彩画采用了龙凤纹彩画，而祈年殿下祈谷坛的吐水则采用了上层龙、中层凤、下层云三种形式表示其阴阳交合的特性。

(3)"柴燎达天，瘞坎及地"学说的应用。在祭祀过程中，首先是演奏乐舞，祭天用"燔柴"即松枝之类的香木焚烧，因为天神在上面，使烟之气上达于天，因此祭天名燔柴，用燎坛。而地神在下面，所以祭地用"坎"一个土坑,将祭祀"牺牲"的毛血埋入地下。孔颖达在注疏《祭法》中说"天神在上,非燔柴不足以达之;地示在下,非瘗埋不足以达之"。但是至明代不再用燎坛改用燎炉,可能是比露天更容易焚烧,而且天地日月等坛也有瘗坎。

(二)安放坛的神主、牌位的殿宇

天地众神的牌位只有在祭祀时才放在坛台上,平时则供奉在专门的殿宇中。这些殿宇的名称并不一致。如天坛圜丘的"皇天上帝"牌位平时供奉在名皇穹宇的殿内;天坛祈年殿后安放祈年殿内神主牌位的皇乾殿。地坛的"皇地祇"神牌位供奉在皇祇室;日坛和月坛分别供奉在各自坛内的神版库。先农坛、社稷坛等等也都在坛域内建有神版库供奉各自神祇。

这些奉安神主的建筑从外形到细部装修也多用象征手法,如天坛皇穹宇外形为象征天的圆形,皇穹宇和皇乾殿的瓦用蓝色,象征天,装修彩画也以青绿为基调。而地坛皇祇室则外形为象征大地的方形,瓦色用黄色琉璃瓦,彩画也用象征阴柔的双凤彩画。

(三)神厨、神库、宰牲亭和井亭等建筑

各种祭祀典礼在祭祀时除了摆放牌位外,还要有祭品,祭品中最重要的一个品种就是"牺牲"(牛、羊、猪等动物)。此外,还要摆放一些祭器,如鼎、簋等。神厨是制作牺牲的地方。宰牲亭是宰杀牺牲的地方。井亭是置办牺牲时,取水用的水井。神库是平时存放祭器的地方。这些建筑都是每座坛庙必不可少的建筑要素。值得注意的是,天坛内有两组这类建筑。这是因为天坛两处的神厨、神库和宰牲亭建筑群分别附属于圜丘坛和祈谷坛。天坛内为什么会出现两处呢?那是因为天坛中要举行两个祭祀体系——祭天礼和祈谷礼。由于这两个礼仪非同一般,都分别有自己置办祭品和宰杀牺牲的场所。而其他坛庙无论是几个体系则都是一处,这也体现了天坛独一无二的特殊地位。

(四)钟楼

钟楼一方面是报时工具,如北京城的钟鼓楼;另一方面,也是举行祭祀

仪式时重要的乐器。而坛庙的钟楼与寺观中的钟楼有什么区别呢？坛庙的钟楼从建筑形式上与寺观钟楼基本相同，使用功能也大体一致，都是报时和举行仪式时的乐器之一。但是我国古建筑有"晨钟暮鼓"的习惯，钟楼和鼓楼都是成对修建。而坛庙当中却仅建有钟楼，没有鼓楼。至于为什么会是这种做法呢？目前没有权威答案，有待研究解决。

（五）斋宫与具服殿建筑

斋宫是皇帝来祭祀时，斋戒居住的地方。为了表达对神灵的尊重，帝王祭祀前都要吃斋、静修。也就是不能吃荤腥、辛辣、有异味的食物。没有特殊需要不理刑名，要心无杂念的虔诚斋戒。具服殿建筑是等级相对较低的坛庙在帝王祭祀时用于更换祭祀礼服的地方。

斋宫和具服殿建筑一般都不位于主轴线上，多数偏居一角。第一是由于斋宫不属于专为神灵服务的建筑，使用功能上独具一格局。以上的建筑都是为神灵服务的，而他是为人服务的。第二，斋戒时需要安全、安静。因此斋宫建筑也都建有多重围墙防卫。第三，建筑等级上，用绿瓦表示帝王的自谦和对神灵的尊重。而不使用黄琉璃瓦表示帝王的尊严和等级。最后，也使用象征手法。如天坛斋宫门为圆形，地坛为方形。

（六）某些坛庙独有的建筑类型

1. 神仓

神仓位于先农坛内，是盛放皇帝亲耕所收获的粮食的地方，有天下第一仓的美誉。这些粮食主要用于各坛庙祭祀时使用。而且其轴线上的主体建筑采取了前面一座方形亭子和后面一座圆形亭子的布局方式。

2. 神乐署

神乐署位于天坛内，是培养各坛庙祭祀时演奏乐舞的乐舞生的机构。明代时，神乐署名为神乐观，乐舞生由道士充当。清代时，改称神乐署，选拔八旗子弟充当。目前其正殿是明早期遗构。

3. 拜殿

拜殿在先农坛和社稷坛内均有一座，是帝王祭祀时，逢风雨时在其内行礼而建造的建筑。目前，这两座拜殿均为明代遗构。

4．神马圈

神马圈只有地坛建造，是祭祀时喂养御马的地方，又称神马殿。

建于明代，院门为琉璃砖门形式，其主体建筑是一座面阔五开间的悬山建筑。

四、北京皇家祠庙建筑及其建筑特色

北京的祠庙供奉了上至"三皇五帝"下至清季几千年当中的中华帝王、先贤。从皇帝家最高等级的太庙建筑群到平民百姓的自家一半间中的祖宗牌位。祠庙供奉时间之久、数量之多世界首屈一指。它体现了我们中华民族一脉相承的传承关系，也体现了我们中华民族不忘先贤、尊祖重亲的民族特色。本文主要以太庙、历代帝王庙、孔庙等几座皇家祠庙。

1．太庙及其建筑特色

封建王朝历代都要建造太庙供奉本朝历代帝王先祖。现存的太庙是明、清两代的太庙。它位于紫禁城的东南侧，是按照周礼规定的帝王建立皇宫，太庙应该处于的位置的原则建立。明清帝王每当有重大事件，都要到太庙请示或报告给祖先。如皇帝登基、征伐、国家政令的修改等。如乾隆帝登基之前就先到太庙祈求祖先保佑，并许诺如果有幸做到60年皇帝，就让位给子孙不会超过他的祖父。

太庙建筑的特色十分显著。首先，地理位置特殊，位于皇城之内。其次，建筑等级非常之高。三殿全部使用庑殿顶、黄琉璃瓦屋面，汉白玉丹陛台基。与故宫三大殿的级别不相上下。正殿建筑体量仅次于太和殿和长陵。给人以沉浑雄壮之感。使用金水桥这种皇宫才能有的建制。再次，建筑间距缩小，造成压迫和肃穆之感。最后，与坛一样祭祀附属建筑一应俱全。

2．历代帝王庙及其建筑特色

历代帝王庙是供奉中国从"三皇五帝"到明代的历代帝王祠庙。但是，亡国之君和无道被弑之君不在供奉行列。庙中还配祀历代名将贤相。

历代帝王庙的建筑特色也十分显著。首先，它是北京地区建筑等级和规模仅次于太庙的第二高等级祠庙。正殿采用重檐庑殿顶黄琉璃瓦屋面，体量仅次于太庙。其次，出现了祠庙中的一个新建筑——碑亭。这是作为后世帝王的一种优越感和感慨。最后，庙中为何单独建立了一座关帝庙，由于关羽历史上并非真正的帝王，而他又被后世尊为关帝，这似乎是对关羽介乎于帝王和名臣身份的一种特殊情况的产物。

3. 北京孔庙及其建筑特色

北京孔庙是国家祭祀孔子的祠庙，是古代重视教育、注重道德的体现。其建筑特色表现在如下几个方面：首先，他是北京地区现存历史最悠久、规模最大的一座圣贤祠庙。其建筑按照帝王的级别建立，正殿更是使用了级别最高的重檐庑殿顶黄琉璃瓦屋面。其次，庙学结合，又称左庙右学，即孔庙与学校相邻而建，孔庙建造在左侧，学校建造在右侧。这种形式自唐代至清代延续千年，自地方府县至国都均遵从这种制度。再次，北京孔庙拥有大量珍贵的科举石刻，即进士题名碑和十三经碑林。最后，北京孔庙与其他皇家祠庙不同，它在庭院内祭祀空间中种植了大量古柏，而其他皇家祠庙均在祭祀空间营造高度净化的空间环境。考察这些古柏的树龄，有数株800年以上的古柏，这可能与孔庙延续自元代有关。

五、北京坛庙的建筑和艺术成就

这一系列宏大的坛庙建筑使得北京的礼制建筑规模空前，成为世界上唯一一个拥有如此多数量坛庙建筑的古都。这些古老的坛庙是中国古代匠师们千百年来建筑技术和艺术的结晶。

首先，建筑技术上。

北京现存的古代坛庙是各种传统技术完全成熟后建造完成，是中国古代社会最后的巅峰之作的组成部分，可以说是我国古代建筑的最高成就的代表。如天坛皇穹宇的回音壁成功利用了声波反射和利用特殊材质墙壁传递的原理，使人能够在墙壁特定位置能够听到墙壁其他位置的声音；又如圜丘坛也成功的利用了声学反射的原理，使人站在天心石上说话时，声波通过周围的栏板柱子反射回来，使人感觉讲话声音异常洪亮，也是声学原理的成功运用。

其次，建筑艺术上。一方面，成功地将中国古代的宇宙观和古代哲学、科学与建筑相结合，使建筑本身处处体现了出中国古代的哲学观和宇宙观。归纳北京坛庙所采用学说主要有阴阳学说、"天圆地方"说（包括日圆月方说）、"坛而不屋"说、"柴燎达天，瘗坎及地"、"天青地黄说"等；另一方面，成功地运用了象征、隐喻等建筑语言表达建筑主题。象征手法在北京所有的坛庙建筑中的运用主要通过建筑的形状和色彩表达，如天坛圆形象征天、地坛的方形想征地；天坛祈年殿的蓝色琉璃瓦象征天，地坛的黄色琉璃瓦象征地等。而隐喻的建筑语言主要通过建筑的尺寸以及建筑用材的数量（即数字）表达。如天坛圜丘的高度为古尺21尺，取3、7阳数。天坛圜丘的坛庙砖的数目从最内圈的9块直至最后一圈的279块，取最大的阳数"九"，地坛的坛庙砖则取最大的阴数"八"，类似的尺寸和数据在坛庙中比比皆是。

第三方面北京坛庙在建筑意境的营造达到了中国传统建筑的高峰。北京坛庙建筑在营造意境上使用的抑、扬、顿、挫、借等取景方法和建筑的高低搭配、色彩对比等各种手法运用的淋漓尽致，为各座古老的神坛、圣庙创造出了功能上要求的静谧、浩远、肃穆的意境。如各个坛庙内外四周种植的茂密的柏树，四季常青，成功地为坛庙营造出了静谧的环境要求，从坛内高处向四周望去满眼葱绿，顿觉似在天宇，望来天高地迥、宇宙无穷，自然而然从心底生出对天地日月的崇敬之情。太庙建筑则在庭院空间与建筑高度、体量的对比上营造出以凝重和肃穆为主的建筑氛围，而这恰恰是太庙所要的建筑气质。

六、结语

北京这些坛庙的每一砖一瓦都是中国传统文化的蕴含，置身在这些凝聚着历史、科学和艺术结晶的古老神坛圣庙，感受它厚重的历史感和绝伦的建筑，将带给我们无尽的精神享受！

北京古都历史文化讲座［第二辑］

北京的四处醇亲王府

北京市古代建筑研究所　李卫伟

醇亲王这一爵位在清代晚期历史上可谓显赫无比，因为第一代醇亲王与慈禧太后的微妙关系，因为他"一门二帝"的传奇，因为末代摄政醇亲王的开明等等，耐人寻味，从一个侧面反映了当时皇室和晚清的政治情况，而且清王朝在清末财政极其紧张的情况下先后为醇亲王在北京修建了四座"王府"，这四座府邸至今都保存了下来，在北京仅存的十几座王府中占据了很大比例。这些王府多数由机关单位内部使用，且以前的研究往往针对一处王府或者一位王爷。本文对醇亲王这一爵位的兴衰沿革、其所建的四座王府之间的关系以及王府的建筑情况作详细介绍。

一、醇亲王南府之龙脉初兴

醇亲王南府也称醇亲王旧府，偏居于内城西南角的西便门附近的鲍家街。而就是这座王府却掀开了清朝历史的一段传奇和几代殊荣，见证了清末历史的潮起潮涌。

1. 王府溯源

咸丰九年三月（1859），咸丰帝将偏居于内城西南角西便门附近鲍家街太平湖畔的荣亲王府转赐给了他的七弟，即醇郡王奕譞。从而揭开了醇王府的历史。

而据清昭梿的《啸亭续录》记载，此处在清初为"八大铁帽子王之一"

的克勤郡王岳托第三子，贝勒喀尔楚珲的宅第。后来，改为清高宗乾隆皇帝第五子荣亲王永琪的府邸。荣亲王死后，其子绵亿袭荣郡王，仍居此府。绵亿死后，他的儿子奕绘袭贝勒。奕绘是清代有名的宗室才子，他迎娶了清代第一女词人西林春（原名顾太清）。两人的爱情故事至今广为流传。到奕譞分府时，将奕绘的后人搬出，改为醇王府。这座王府就是第一座醇亲王府，称为醇亲王南府或醇亲王旧府。

2. 醇亲王奕譞与南府

奕譞（1840－1891），道光皇帝第七子，光绪皇帝生父。道光三十年（1850），咸丰皇帝登基之后即封为醇郡王，并在九年后分得王府。但是咸丰年间奕譞并不受器重。

3. 潜龙邸与皇帝本生考

慈禧太后掌权后，开始重用奕譞。同治三年（1864），奕譞加亲王衔。同治十年（1871年8月14日）其与正福晋叶赫那拉婉贞的儿子——载湉出生。同治十一年（1875）晋封亲王。1875年，在同治皇帝驾崩后，慈禧太后下旨由载湉入承大统，成为光绪帝。南府也成为继雍和宫后第二座龙兴之地，即潜龙邸。同时，奕譞加封亲王世袭罔替。从而成为清代历史上除了开国八大铁帽子王之外，后世铁帽子王四个中的第三个。前面的两个分别是雍正年间的怡亲王允祥和醇亲王的六哥恭亲王奕訢。后面一位是庆亲王奕劻。1884－1890年间由于恭亲王遭到慈禧太后的猜忌而被罢免，改由醇亲王在慈禧太后的手下主持清朝政局近七年之久。（图，醇亲王与李鸿章巡阅北洋水师）

光绪十六年（1891）奕譞因病去世，享年51岁。醇亲王去世后，赐谥号为"贤"，这个谥号之前只有怡亲王允祥得到过。另外，又特定其称号为"皇帝本生考醇贤亲王"，相当于皇帝的称号。光绪皇帝为之服期年之丧。后来，将醇亲王府前半部改建为醇亲王祠，后半部仍作为"潜龙邸"。光绪十八年（1893），奕譞以亲王礼仪葬于西山妙高峰园寝，庙制和祭祀典礼都都准许用皇帝之礼。这在清朝历史上也是第二位，之前开国元勋多尔衮曾经获得过这样的殊荣。但是，多尔衮在死后百日，就被顺治皇帝下令推倒墓碑，捣毁园寝。而醇亲王却一直享用这种最高荣誉直至清亡。

4. 荣誉和光环的背后

奕譞为什么会有如此殊荣？他又怎么能在风云变幻的清末政局善始善终的呢？这处王府又怎么能再次成为清朝历史上的第二处潜龙邸——光绪皇帝龙兴之地？究其原因，主要有六点。

（1）与慈禧太后的亲属关系。奕譞的嫡福晋是慈禧太后的妹妹，而光绪皇帝载湉就是奕譞与慈禧的妹妹所生，所以才能被选为皇位继承者。

（2）小子易控。载湉年幼无知（4岁），慈禧太后既可以名正言顺的作为皇太后独揽政权，小皇帝又方便控制。

（3）奕譞的处世态度。奕譞为人谨慎谦卑，为人处事可谓三思再三思，自号"九思堂主人"。当其次子载湉入承大统后，更是上疏请罢去一切任职，以避嫌。《清史稿》记载："德宗即位，王奏两太后，言：'臣侍从大行皇帝十有三年，昊天不吊，龙驭上宾。仰瞻遗容，五内崩裂。忽蒙懿旨下降，择定嗣皇帝，仓猝昏迷，罔知所措。独犯旧有肝疾，委顿成废。惟有哀恳矜全，许乞骸骨，为天地容一虚縻爵位之人，为宣宗成皇帝留一庸钝无才之子。'两太后下其奏王大臣集议，以王奏诚恳请罢一切职任。"

（4）对慈禧太后俯首听命，想尽办法解除慈禧太后的猜忌。这正好符合专横的慈禧太后心意，所以他一生都是平平稳稳，未遇到大挫折。溥杰在《醇亲王府的生活》中记载了醇亲王的一件事情：醇亲王在光绪帝登基之初，就秘密给慈禧上了一道本子，大体意思是说，如果有人敢上书要求尊自己为"皇帝本生考"，务必请慈禧太后严厉责罚上书之人，因为他这是在挑拨他和慈禧的关系，自己绝不会有这种想法。果然，多年后有人上书，要求尊奕譞为皇帝本生考，慈禧太后便拿出醇亲王的奏本，并严厉训斥了上书的人。通过这件事情，慈禧太后更加信任醇亲王。

（5）生活俭朴、为官廉洁。费行简在《近代名人小传》中评价醇亲王的操行"为诸王冠"，可见醇亲王在当时的为官口碑还是相当好的。

（6）父以子贵。他的儿子被选为皇位继承人后，他的地位不言而喻。

5. 王府建筑

王府临内城西南角的一个小湖，名太平湖（现在湖已经填平），根据光绪朝绘制的《详细帝京舆图》中可以看到，王府总平面呈不规则长方形，东部和西部均为阶梯状。王府分为东部府邸和西部花园两部分。

府邸部分可以分为中、东、西三路，现存格局不很完整。中路由街门、府门、正殿（银安殿，已经拆除）、内寝门、正寝殿和后罩楼组成，东路有前后三组院落，西路保存两进院落。但是，根据20世纪50年代的平面地形图可以看到，东路由四组院落组成。西路也由四组院落组成。

据史料记载，西部花园被史籍赞为京城王府四大名园之一，可惜目前已经不能看到其面貌了。但是通过陈宗蕃编写的《燕都丛考》记载李鸿章在受醇亲王邀请，游花园时写下《丁亥春日醇邸召游适园诗》其中提及了很多花园中建筑和景观的名字，如宣赞七德殿、东楼、西楼、竹林、修禊亭、问源亭、风月双清楼、抚松草堂、寒香馆、绚春沁秋、梯云揽霞、小幽趣处等。另外，根据《旧都文物略》拍摄的两张照片尚能憋见王府花园昔日的一角和王府保存的光绪皇帝出生后"洗三"的井一口。

二、醇亲王北府之梅开二度

按照清朝的规定，皇帝出生地是"潜龙邸"，要上升为"宫殿"，不得再居住。于是，光绪十四年九月，王奏："太平湖赐第为皇帝发祥地。世宗以潜邸升为宫殿，高宗谕子孙有自藩邸绍承大统者，应用其例。"太后从之，别赐第，将什刹海后海北岸原肃贝子府赐予奕𫍽，后并"发帑十万葺治。十五年正月，大婚礼成，赐金桃皮鞘威服刀，增护治，邸第未竟，复发帑六万。"这座慈禧太后赏赐16万两白银修葺的王府就是醇亲王北府，也就是醇亲王建立的第二座王府。

醇亲王新府位于今后海北沿，这座新的王府也是目前最为人熟知的醇亲王府。

这座王府中梅开二度，出了醇亲王一爵位又一位皇帝，并上演了清末政局的巨变，也见证了中国帝制的结束。

1. 北府兴衰

北府在历史上也是非常有名的。清昭梿《啸亭续录》"京师王公府第"条记载:"成亲王府在净业湖北岸,系明珠宅。"

明珠(1635－1708)是清代康熙年间武英殿大学。明珠的儿子纳兰性德是清代第一才子,据传曾在此府建绿水亭。南府出第一女才子,北府出第一男才子,令人称道。乾隆年间,明珠的孙子成安,因触犯了权臣和珅而被罗织罪名,抄没府第和家产,和珅将此府占为己用,改为别院。嘉庆四年(1799),乾隆帝死,失宠的和珅被嘉庆皇帝赐自尽,抄没家产,并将此府赐给他的哥哥成亲王永瑆,是为成亲王府。成亲王的后代世袭递降,到毓橚时已降为贝子,居住王府已经过格。于是,光绪十四年(1889)将此府赐予奕譞。慈禧太后先拨银十万两重加修缮,自光绪十四年九月始至十五年(1890)正月尚未竣工,光绪皇帝又复增加修葺府邸银六万两,新府修缮基本完工。奕譞即于光绪十五年(1890)迁入,为两府称谓有别,旧府称南府,新府称北府。

奕譞在迁入新府后一年多,于光绪十六年十一月(1891)病逝后,他与侧福晋所生的第五子载沣于光绪十六年继承醇亲王爵,是为第二代醇亲王。

光绪三十四年十月二十一日(1908年11月4日)光绪帝"驾崩",无子。慈禧太后再次垂青了醇亲王,将载沣的长子溥仪(1906－1967)接入宫内继承皇位,是为宣统帝。这样醇亲王一门再次产生了一位皇帝,也成就了醇亲王"一门二帝"的传奇。由于慈禧太后在光绪皇帝去世后的第二天也紧接着死去。新帝年幼(三岁),醇亲王载沣被封为监国摄政王,协助懦弱的隆裕太后主持国家政局,而载沣作为皇帝生父,实际政权的掌控者,地位已至极限。

由于醇亲王北府是溥仪的出生地,成了又一个"潜龙邸",于是决定营建新的摄政王府,也就是我们下文要介绍的醇亲王在北京的第三处府邸摄政王府。但是,摄政王府在没有建成之前,醇亲王仍然居于北府,所以北府在宣统年间也称摄政王府。

然而风雨飘摇的清政府很快被推翻,醇亲王载沣仍居北府,并且在此府中演绎了民国初年的一段醇亲王与其政敌孙中山的特殊会晤。

1912年9月10日，孙中山来到北府，与载沣在宝翰堂内会晤，宣传共和新政。9月13日，载沣在江朝宗陪同下前往石大人胡同行馆，回拜了孙中山，表示拥护共和，并互赠签名像片。推翻与被推翻者能有这种会晤和互赠礼物在中国历史上可谓头一回，由此可见这位王爷是非常开明的。

1924年，溥仪被冯玉祥逐出宫后，曾到北府暂住。次年，由日本使馆接到天津日租界居住。"九一八"日本侵占东北后离津去东北。事前，载沣曾两次劝年轻的溥仪不要轻举妄动，但是溥仪都未听从。1925年，孙中山北上抵京后，下榻铁狮子胡同行馆，载沣曾派人送上燕宴一席和一坛美酒，孙中山派马超俊往载沣住地答谢。是年，王府正院为国民政府所用，载沣移居花园里，之后一度迁居天津。1939年，天津发生水灾后，率家属迁回北京，住在王府花园。1945年日本投降后，国民党来北京接收，因载沣在沦陷期不参与伪政权，市政当局特意派人持函致以慰问。载沣仍居花园部分。

新中国成立后，载沣受到政府的关怀照顾，载沣也对公益事业作出很大的贡献，如将家存图书、文物捐赠给北京大学；响应淮北水灾捐款；带头购买"胜利折实公债"；将王府一部分改为"北京国立高级工业职业学校"等。1951年年初，载沣因年老多病，又受风寒，于2月3日病故。3月，葬于北京西郊福田公墓。此前因醇亲王载沣常住天津，府邸荒于修葺，日益颓败。政府接管后，王府经两次大规模修缮保养得以全面完整地保存下来，是北京保存最完好王府之一。1961年8月上旬，周恩来总理亲自筹划并批准将原醇王府花园改建成宋庆龄住所，责成彭真、齐燕鸣、万里等具体领导，国家计委将其列入国家基建计划，是当时20个保密工程之一。1981年，宋庆龄逝世后，1982年其故居，即醇亲王府的花园部分，被公布为全国重点文物保护单位。府邸部分先由卫生部使用。2001年，改由国家宗教局使用。1984年，醇亲王府被公布为北京市文物保护单位。2006年，被提升为全国重点文物保护单位。

2. 王府建筑

王府分为府邸和东部的花园（花园在新中国成立后改为宋庆龄居所，进行了改造）两大部分。

府邸部分又分为中、东、西三路,中路是其主体殿堂所在,自南而北,街门五间,府门五间,银安殿七间,东西翼楼各五间,寝门三间,正寝（也称神殿）五间,最后是后罩楼九间。东路建筑主要是家祠和佛堂及一些附属建筑。东墙外院落为王府马号。西路有两组并列的院落,是醇亲王府的活动中心,主要建筑为宝翰堂,即大书房。其后的院落,正厅名九思堂,再后名思谦堂,是王妃住所。另有子孙读书的书房"任真堂"及其他从属建筑。

王府的花园相当气派,在京城王府中也属于大而美的,在清末被评为京城四大府邸花园之一,这样四大花园醇亲王府就占了两座。新中国成立后改为宋庆龄住所时曾经进行过改造,但大体上保持了王府花园的原有布局。

花园占地两万多平方米。园内亭台楼榭样样俱全,园林布景构思巧妙。王府花园南、北、西三面为人造山丘环绕,与府邸相接一面没有布置山丘,方便府内观赏花园景色。山丘内侧四面环水,北、东、西三面为渠,南面开挖成一汪较宽阔水面,称为南湖。水源是引用后海水,是京城少数皇帝特许活水进府的王公府邸之一。这是成亲王时期便已经引入的,就是这一渠碧波,就是清代著名的以水换江山的历史传说。

花园平面上大致可以分为南部的游赏区和北部的休憩娱乐区。游赏区以东南角山丘上的箑（扇）亭（寓意风）,西南角山丘上的听雨屋（寓意雨）,两山之间的南楼以及南湖组成。休憩娱乐区由南面的娱乐功能的大戏台（原名濠梁乐趣,现已拆除）、益寿堂（现在悬挂濠梁乐趣匾额）和北面休憩功能的畅襟斋为主组成。两区以一道长廊相连,长廊上建有恩波亭和廊桥做点缀。

三、摄政王府之禁苑殊荣

溥仪登基后,众大臣纷纷上书建新府和随时起居地的事宜,准奏。新府选址在西苑三海集灵囿紫光阁一带（现中南海的中海内,府右街以东、文津街以南）。这里在当时是皇家园囿,皇家禁地,一般人连接近都不能,醇亲王能得到在皇家禁苑内建立王府的殊荣,在整个清朝王府历史上是第二人。（多尔衮睿亲王府建在皇城东苑）

1. 摄政王府沿革

为了便于摄政王载沣出入安全和方便理政，在摄政王府建成之前，为其修建了临时起居的地方，选址在东华门内三所之西。三所工程比较简单，于宣统元年二月初八开工，十一月十一日竣工。建有大门三间，正殿五间，后殿七间等。

宣统元年正月二十六日（1908年2月27日）摄政王府正式动工，工程仿照北府规模，只是用料上更加讲究。而正当这座超豪华的王府接近完工的时候，辛亥革命爆发，宣统皇帝宣告逊位，清王朝结束，新府的修建宣告停工。载沣仍住在原摄政王府。因此，这座王府从而成为清代乃至整个中国封建王朝建造王府的绝唱。

民国期间，袁世凯当政时，将总统府设在中南海居仁堂，国务院设在刚修好的摄政王府，并在王府的西面打通了南北街道，定名为府右街。此后，北洋政府的国务院也曾在这里办公，后为北平市政府所在地。新中国成立后，作为党中央国务院所在地。

2. 王府建筑

摄政王府的建筑分中路、东路、西一路、西二路，最西面叫西花园，南面是马圈，内有马神庙。王府的中路是中心地区，建筑华丽、气派。有府门（宫门）五间，门前一对威武的石狮。进入宫门，有一条甬路直通正殿——银安殿，大殿五间，殿前有月台和抱厦。东西翼楼各五间。银安殿当时计划做摄政王的客厅，为此，在设计、施工、装修上都非常讲究。室内装修有黄花梨木的花罩、硬木隔扇等，而且都装上了当时稀有的电灯。银安殿后面是内寝门三间，内寝门内是神殿（又称寝殿）五间。殿后有后罩楼九间，楼后有垂花门，门内为思谦堂。东路和西一路门前有对称的"八"字影壁。东路是膳房、成衣房及杂役等的住处。再东侧是摄政王府马号。西一路叫"大圆宝镜"，是一片住房。西二路称"十洲尘静"。在这一路院落中，有云片山石假山，山北有平台抱厦，内有几间穿堂小房，后面是一道钩栏，入内即为十洲尘静的正院。十洲尘静的北房有一条穿堂甬道。最后面院落里的正房是一座两卷勾连搭形式的建筑，两个卷棚式屋顶连在一起，这个房屋曾作为国务院会议厅，新中国成立后相当长的一段时期里，周恩来总理在这里主持召开国务会议。西花园的一组建筑有游廊、水池、山石、厅室等。

四、旧时王谢之退潜别墅

北京的海淀区还有一处"醇亲王府"，更准确的说，它是"旧时王谢"，那就是醇亲王奕譞墓地旁建的"阳宅"，是夏天纳凉或拜祖之用，醇亲王奕譞为其取名"退潜别墅"，也算作山间的王府了。更为有趣的是这座"旧时王谢"，亦是建在了前朝的"王谢"之上。

早在唐代此地就是佛家圣地，至金代成为金章宗"西山八院"之一的香水院，是非常有名的金代离宫别苑。清同治七年（1868）九月，醇亲王奕譞看中了此地。同年12月，慈禧太后赏银五万两买山筹建墓和阳宅，进过20多年的营建，至光绪二十六年（1900）竣工。

退潜别墅没有正式的王府的布局和建筑规制，而是一处园林化的住所。退乾别墅坐西朝东，分为南路住房和北路花园两部分。南路最前方是一座大门，面阔三间，硬山顶，过垄脊筒瓦屋面，明间开门，后出廊，抱鼓石一对。大门两侧看面墙，墙上开什锦窗。往后为正房，硬山顶，过垄脊筒瓦屋面。两侧东、西耳房各一间，过垄脊筒瓦屋面。南、北配房各三间，硬山顶，过垄脊筒瓦屋面，前出廊。北侧有小门通花园。再后为后罩房七间，硬山顶，过垄脊筒瓦屋面，南、北厢房各三间，硬山顶，过垄脊筒瓦屋面，前出廊。北厢房后有后楼三间，二层，硬山顶，过垄脊筒瓦屋面，前出廊。后罩房往西，有一座平台，台上有后院，小门一座，正房五间，前出廊，耳房各一间，厢房各三间，此院建筑已经改为机瓦。北路为花园，最主要的建筑为一座水榭，坐东朝西，面阔三间，歇山顶，筒瓦屋面，四周围廊，中间有一块同治七年（1868）的方形石碑，记述了选择此地作为园寝的经过。亭榭周围环绕以水沟。花园其他部分以假山取胜，堆砌出曲径，峰峦，确有几分苏州狮子林的意味，十分幽雅。

清代王府的保护与利用
——以恭王府研究为例

文化部恭王府管理中心研究员 胡一红

随着恭王府府邸于 2008 年奥运会前完成修缮并对外开放,一股王府研究的热潮正在北京兴起,王府文化也成为人们讨论的话题。恭王府作为唯一可以参观游览的"王府",在研究和保护利用方面做了大量工作,并取得了极好的社会反响。通过恭王府这一重要载体,人们可多方位了解到清代王府的历史、文化、建筑风貌等相关知识,对提升历史文化遗产保护意识和研究王府文化起到积极的推动作用。

一、清代王府概况

王府是一类介于皇宫和民宅之间的具有自身独特风格的建筑群,是我国历史文化遗产的重要组成部分。

清初王府的建造,从封王开始。自皇太极崇德元年开始,就有了比较系统的清代封爵制度,爵位分为九等。即:亲王、郡王、贝勒、贝子、镇国公、辅国公、镇国将军、辅国将军、奉国将军。顺治十年(1654),确定了袭封制度。即亲王、郡王一子袭封,其余诸子降封一级,至第九等。奉国将军子,授奉恩将军;奉恩将军子孙,世授奉恩将军。以上九等再加奉恩将军,共为十等。康熙二十三年(1684),根据皇室子弟日盛的情况,又规定亲王一子袭封,其余诸子授为贝勒;郡王一子袭封,其余诸子授为贝子;贝勒、贝子子孙,降封至辅国公者,一子授辅国公罔替。光绪年间《清会典》,将整个清代封爵定为十二等:"凡宗室封爵之等为十二:曰和硕亲王,曰多罗郡王,曰多罗贝勒,曰固山贝子,曰奉恩镇国公,曰奉恩辅国公,曰不入八分镇国公,曰不入八分辅国公,曰镇国将军,曰辅国将军,曰奉国将军,曰奉恩将军,无爵则给以品。嫡子之受封者二:曰世子,曰长子。"所封爵位实行"世袭递降"的爵位世袭原则。纵观以上宗室封爵制度的颁布,可以发现封爵制度的变化,亲王至奉恩将军已从开始的九等变为十二等。根据规定的爵位,其王府的建造又可分为亲王府、郡王府、贝勒府、贝子府……且爵位等级不同,给予的待遇也不同。

关于王公府邸的建造,清初就制定有相关条文。在《清实录》和《大清会典》等文献中,对各级王公府邸的营造规模有着严格规定,并对有关建造规制有详细记载。这一点从以下所述王府规制中可以清楚看出。

崇德年间规定:"亲王府,台基高一丈。正房一座,厢房二座。内门盖于台基之外,绿瓦朱漆。两层楼一座,并其余房屋及门,俱在平地盖造。楼房大门,用平常筒瓦,其余用板瓦。郡王府,台基高八尺。正房一座,厢房二座。内门盖于台基上。两层楼一座。正房及内门,用绿瓦。两厢房,用平常筒瓦,俱硃漆。余俱与亲王同。"① 从珍贵史料《盛京城阙图》中可看到,不仅描绘有城池、城门、城楼、街道、皇宫、衙门,还标注有王府11座。当时王府建造规模较小,一般为二进院落,少数府邸为一进院落,基本符合清初崇德年间的规定。

顺治九年(1652),在原制度的基础上,修订颁布了新的王府规制,内容如下。

亲王府,基高十尺,外周围墙。正门,广五间,启门三。正殿,广七间,前墀周围石栏。左右翼楼,各广九间。后殿,广五间。寝室二重,各广五间。后楼一重,上下各广七间。自后殿至楼,左右均列广庑。正门、殿、寝,均绿色琉璃瓦。后楼、翼楼、旁庑,均本色筒瓦。正殿上安螭吻、压脊仙人,以次,凡七种;余屋,用五种。凡有正屋、正楼门柱,均红青油饰。每门,金钉六十有三。梁栋贴金,绘画五爪云龙及各色花草。正殿中设座,高八尺,

---

① 《八旗通志初集》第23卷,第429-430页,东北师范大学出版社,1985年。

广十有一尺,修九尺,基高尺有五寸,朱髹彩绘五色云龙。座后屏三开,上绘金云龙,均五爪。雕刻龙首有禁。凡旁庑楼屋,均丹楹朱户。其府库、仓廪、厨厩及祇候各执事房屋,随宜建置于左右,门柱黑油,屋均板瓦。

世子府制。基高八尺。正门一重,正屋四重。正楼一重。其间数、修广及正门金钉、正屋压脊,均减亲王七分之二。梁栋贴金,绘画四爪云蟒,各色花卉。正屋不设座,余与亲王府同。

郡王府制,与世子府同。

贝勒府制。基高六尺。正门三间,启门一。堂屋五重,各广五间,均用筒瓦。压脊二,狮子、海马。门柱红青油饰。梁栋贴金,彩画花草。余与郡王府同。

贝子府制。基高二尺。正房三间,启门一。堂屋四重,各广五间。脊安望兽,余与贝勒府同。

镇国公、辅国公府制,均与贝子府同①。

从两次所颁规制来看,顺治九年(1652)所定王府规制更加详尽和完善,较崇德年间规定相比,在王府建筑形制、规模、用料、建筑装饰等方面的要求,更显奢华,等级制度亦更鲜明。

清朝入关后,在京城相继按爵位赐建府邸,其建造规模和数量也在扩大。"在清王朝存续的二百多年里,共册封了一百位宗室,一百位满族贵族,还有一百余位蒙古族贵族及汉族贵族。粗略算来,有清时期,在北京内城,先后应有品级不一的王公府邸二百七十余处"。②

从目前对北京王府的调研情况看,与清代最兴盛的时期相比,留存的王府数量已大大减少。因受不同历史环境、不同使用者等诸方面因素的影响,北京现存王府仅20座左右,以东城区和西城区居多。在恭王府修缮前期,我们有机会对北京地区的部分王府进行了实地勘察。相对保存较好的有孚王府、淳亲王府、郑亲王府、礼亲王府、醇亲王府、恭亲王府、庆亲王府、雍亲王府(已于雍正三年更名雍和宫,乾隆九年改为喇嘛庙)涛贝勒府、宁郡王府

---

① 《(光绪)大清会典事例》卷八百六十九。
② 冯其利:《寻访京城清王府》,文化艺术出版社,2006年版。

等。这些王府大都有较为完整的府墙、府门、正殿、翼楼、配殿等主要建筑，基本保留了王府建造时的建筑格局。

二、恭王府的历史沿革

"恭王府及花园"位于北京市西城区前海西街17号（原柳荫街甲14号），1979年8月列为北京市第二批文物保护单位，1982年2月由北京市文物保护单位提升为第二批全国重点文物保护单位。这是一处府邸和花园均保存比较完整的清代王府建筑，也是目前唯一可以对社会开放的王府建筑，是了解清代王府规制、王府建筑、王府文化的重要载体。

恭王府府邸前身为乾隆权臣和珅宅邸，其后为庆王府、恭王府。我们对1750年的《乾隆京城全图》进行查阅时，发现地图内的此位置处仅标有一些小型宅院，尚无形成气派的三路院落，可见当时这里尚无大型住宅建成。和珅的生卒年为1750－1799年，就他的家庭而言，不可能在其少年时代在此地段拥有大型住宅，因此该座宅第应为和珅执掌权力并拥有大量资财后所建。尽管没有文献记载和珅宅邸初始建成时间及占地面积，但据有关专家推测，和珅宅邸建成"时间应是乾隆四十一年（1776）以后飞黄腾达、炙手可热的极盛时期"①。尤其是乾隆五十四年（1789）十一月，乾隆幼女固伦和孝公主下嫁和珅之子丰绅殷德时，为赢取公主而扩建宅邸，理由也很充分。因此，以和珅当时在朝廷所具有的身份、地位、权势以及和乾隆帝的儿女亲家关系，完全可以拥有这样一座与其身份相符甚至超出其身份的住宅。就和珅宅邸房屋建筑分布和区域形式划分而言，"我们还有两份关于和珅府邸较详细的书面资料……其中陈述了详细情况：中区房间计13所共72间，东区计7所共38间，西区计7所仅33间……中区作为主干路，一般是举行各类重大庆典活动和祭祀祖先的场所和区域；而东西两条线路中的院落多为起居之处"②。从以

---

① 赵迅：《恭王府及花园》，文安主编：《大清王府》，中国文史出版社，2004年版。
② Prince kung's Palace and Its Adjoining Garden in Peking by H. – S. Ch'ên and G. N. kates，译文：辅仁大学《华裔学志》1940年第5期，S. H. 陈，G. N. 凯茨《北京恭王府及其花园》。

上记载可知，和珅宅邸在当时已经具备三条轴线形成的东、中、西三区院落的建筑组合格局。

嘉庆四年，和珅获罪被赐帛自尽，和珅宅邸也被一分为二。

《竹页亭杂记》中载："和珅查钞议罪后，分其府邸之半为和孝公主府，半为庆亲王府。"查《骨董续记》卷二有："和珅宅曾割其半以居丰绅殷德及和孝公主。"《华裔学志》1940 年第 5 期 Prince kung's Palace and Its Adjoining Garden in Peking by H. – S. Ch'ên and G. N. kates 译文中有："将王府分为两部分。东部归公主，西部属亲王。"所以，嘉庆四年后和珅宅邸一分为二由两位主人居住，直至道光三年（1823）九月和孝公主去世，整座宅邸方归庆王府所有。但此时庆亲王永璘（永璘病重时已被进封为亲王）已逝去三年有余。庆亲王逝后由其子绵慜承袭郡王仍居住此府；绵慜卒、奕彩接袭；再后转至永璘五子镇国公绵悌（后降至镇国将军）；绵悌卒后由其子奕勋接袭，此时奕勋已降至辅国将军。整座府邸归庆王后裔居住时间约 28 年之久。

咸丰元年（1851），宣宗六子奕䜣被封为恭亲王。时值庆王后裔奕勋已降至辅国将军，故该府邸被收回转赐给恭亲王奕䜣，从此正式更名恭王府。查咸丰元年内务府档案记载有："将辅国将军奕勋府邸，官为经营，赏给恭亲王居住。"《骨董续记》卷二有"咸丰时，并庆邸改赐恭王"的记载。光绪二十四年（1898）恭亲王奕䜣病故，其孙溥伟承袭爵位和府邸，其弟溥儒也一同居住府中。1921 年时溥伟为筹集复辟清室经费，将府邸抵押给天主教会西什库教堂。十余年后溥伟因经济拮据无力偿还所欠债款，遂将恭王府房产变卖给天主教会学校。1937 年后，恭王府成为辅仁大学教会学校女子学院。

1949 年新中国成立后，辅仁大学被中央教育部接管，与京师大合并为北京师范大学。其中北师大艺术系分离出来后成立北京艺术学院（后改为中国音乐学院），将恭王府作为新院址。中国文联、中国艺术研究院（原中国戏曲研究所）、国管局幼儿园、北京市冷风机厂、天主教爱国会，公安部宿舍和近二百户居民也曾在"恭王府及花园"内办公或居住。

三、恭王府的腾退和搬迁

恭王府的腾退及搬迁，工作过程长达几十年。1962年，周恩来总理在郭沫若、王昆仑等人的陪同下，视察了恭王府，指示要将恭王府保护好，将来有条件时对社会开放。1975年，周总理在病榻上嘱托当时的谷牧副总理，要完成尚未做完的三件事，其中之一就是恭王府的开放问题。自周总理来恭王府之后，至今已有十几位中央政治局常委以上的领导同志到恭王府进行视察，并对腾退和进一步开放恭王府作出过重要批示。在党和国家领导的关注下，1982年2月，国务院将"恭王府及花园"公布为全国重点文物保护单位。原占用花园的单位和住户陆续迁出，国家投资对花园进行整体修缮。1988年7月18日，整修后的恭王府花园率先对社会开放，恭王府也越来越受到各方面的重视。

全面开放恭王府是周总理的遗愿，长期以来一直受到党和政府的高度关注。针对府邸拆迁问题，谷牧、李岚清、李瑞环、刘琪等同志，曾多次亲临恭王府府邸进行视察，就遗留的拆迁问题予以批复，对保护和全面开放恭王府做出重要指示。历届全国政协也十分关注恭王府府邸的拆迁、腾退、全面修复等工作。政协八届五次会议和政协九届一次会议均有提案，就解决府邸搬迁、修复和开放等问题提出建议和意见。文化部、公安部、国家发改委、国家文物局、北京市人民政府、市文物局等政府部门，对府邸搬迁和维修工作给予高度关注和支持。在党的三代领导人、各级领导和有关部门的重视和支持下，经过不懈地努力，2002年时，中国音乐学院、文化部艺术研究院、北京艺术师范学院等多个单位和住户，基本完成了腾退和搬迁，恭王府终于得以整体回归。

四、恭王府府邸的保护和修缮

回归后的恭王府由文化部恭王府管理中心负责管理。但是，历经沧桑的恭王府整体保存状况较差。由于府邸的古建筑长期缺乏必要的管理和维修，损坏程度已较为严重。南部院落基本被毁，东西阿斯门、倒座房等遗址被压在府邸前增建的现代钢筋混凝土结构的办公楼下。室内格局的变动和室外建筑的改扩建，已与原本王府的面貌相去甚远。因此，保护任务十分艰巨。在全面开展调研的基础上，恭王府管理中心请清华大学拟定出恭王府保护方案，上报国家文物局。经批复后，2004年启动恭王府府邸文物保护修缮工程，并于2005年12月5日正式进入修缮施工阶段。

（一）修缮工程的定位及四项原则的确定

恭王府从和珅建宅开始到现在已有230多年历史，按照什么时期的恭王府进行修缮是第一个要解决的问题。经过与专家共同研究，管理中心对修缮工程给予了非常清晰的定位，即按照清代同治、光绪年间，恭亲王府最兴盛、最辉煌时期的历史原貌进行恢复性修缮；在同治、光绪时期之前的，有重要价值的历史信息要保留，以充分反映它的历史价值和文化内涵。根据恭王府修缮工程的特点，提出了"有原始根据的，按照原始根据修缮；没有原始根据的，按最接近的历史根据进行修缮；既无原始根据又无历史根据的，在专家指导下进行修缮；专家拿不准的，按照现状进行保护修缮"的四项古建修缮原则。并根据文物专家提出的："有必要在尊重王府建筑历史原貌和尽力保持文物古迹真实性的前提下，对王府建筑进行保护和复原"的意见，确定了恢复中轴线路原有的银安殿、东西配殿、府邸南部已毁的院落、东西阿斯门、倒座房等附属建筑，使王府建筑更加完整的设计保护方案。同时提出了："先地下、后地上，自北向南，由东至西，安全、环保、经济。"对恭王府文物建筑进行全面保护和修缮的指导性意见。修缮工程的定位和四项原则的确定，成为本次府邸修缮的纲。

（二）历史资料的研究查询工作

为保证修缮工程不留遗憾或少留遗憾，我们启动了对恭王府历史资料的征集、查找、整理、研究工作。我们先后找到的历史资料有：国家图书馆藏"样式雷"所绘恭王府平面图；清华大学藏中国营造学社1937年、1947年勘察府邸绘制的30张府邸实测图；中国建筑历史研究所藏府邸30年代殿堂照片；辅仁大学出版的1940年校刊及其他刊物中的照片资料；北京师范大学藏《华裔学志》1940年第五期刊载的陈鸿舜及美国学者凯茨撰写的《北京恭王府及其花园》等珍贵资料。在出访日本期间，我们还得到日本山中商会捐赠的非常珍贵的恭王府1913年期间的拍卖图集。在我们努力查找资料的同时，还于2004年通过新闻媒体向社会发布了《紧急征集恭王府历史资料》的通知，征集范围涉及恭王府历史图片资料、历史资料信息线索等，并取得较大进展。在我们征集到的照片和资料中，以原燕京大学图书馆馆长陈鸿舜先生后裔捐赠的65张老照片（其中36张为府邸照片）最为珍贵。上述查找和征集的历史照片和资料，涵盖了恭王府的建筑外景和殿堂内部的装修、装饰等，成为研究和指导府邸修缮工程的重要历史依据。

（三）府邸修缮工程的实施及成果

由于恭王府是从和珅宅邸改建而来，鉴于她的特殊性，对恭王府进行修缮保护，其历史信息和文物价值更为独特。在修缮中，我们先后发现和珅、公主、庆王和恭王时期的历史遗存，这些历史信息印证了史料的记载。为最大限度地保存这些文物遗存和由此体现出的历史价值、艺术价值、科学价值，我们在施工中坚持采用传统材料、传统工艺和传统技法，对现存古建筑及附属文物进行修缮，从结构形制、构件质地、制作工艺等方面进行严格控制。对缺失的重要建筑，遵照"原材料、原工艺、原做法、原形制"的保护修缮理念，进行复建，以达到真实、全面地保存和延续历史信息的目的。

府邸修缮工程除了采用古建传统做法，按照文物修缮原则恢复和保存府邸的历史遗迹外，施工过程中采用多项技术相结合的修缮手段，尽可能将保留的文物信息传递给后人，则是此次工程施工的关键处，也是此次修缮工程的精彩亮点。

1. 复建银銮殿，恢复王府完整格局

银銮殿位于中路第一进院落中，是府邸中最主要的一处建筑。

当年一场大火焚毁了银銮殿，使恭王府的主体建筑不再完整，因此，为全面展示恭王府完整的建筑格局，银銮殿院落的复建工作非常重要。为使银銮殿等古建筑的复建设计更具科学性、准确性，2004年11月，中心委托北京市文物研究所，承担了恭王府府邸文物保护修缮工程部分建筑基址的考古发掘工作。在考古发掘现场和修缮施工过程中，先后发现地面洒水、磉墩等基础建筑，以及被火焚烧的遗迹和多块带有"王府足製"印记的灰砖，这些发现说明当时已有专为王府修建而烧制的灰砖。随着发掘工作的进行，中路银銮殿院落建筑基址的柱网结构更加清晰、遗址的位置也更加准确。考古发掘反映的历史信息，为复建设计提供了准确的依据。在北京市文物研究所对银銮殿遗址进行考古发掘的基础上，清华大学建筑设计研究院复建银銮殿的方案得到了专家认可。经国家文物局批准，在此次修缮中对银銮殿院落和前区建筑进行全面复建，恢复了王府建筑的完整格局。修缮开放后的恭王府中，复建的银銮殿矗立在中路前区，向人们展现出一座完整恭王府的建筑形象。

2. 琉璃瓦的复烧和利用

府邸中路建筑按照王府规制，屋顶均覆盖绿色琉璃瓦面。由于长期缺乏修缮，中路建筑的琉璃瓦面剥脱严重。如果直接用新瓦替换釉面剥落的琉璃瓦件，虽然简单易行，但是瓦件的替换量较大，而且也不符合文物修缮保护原则。为尽可能保留旧的琉璃构件，决定对脱釉琉璃瓦进行复烧。复烧琉璃瓦，是一项新技术，曾在故宫古建的修缮中得到应用，目的是保留和利用瓦件的旧胎体。虽然故宫已在琉璃瓦复烧方面取得了一定的经验，但故宫是皇帝的居所，因此琉璃瓦为黄色，象征着皇权。而恭王府作为恭忠亲王的府邸，按照王府规制只能覆盖绿色琉璃瓦，这给复烧带来了一定的困难。经过与厂家共同研究、反复沟通、多次试验，终于成功地把握住适合胎体复釉烧制的温度、延长釉层在胎体上存留的时间及较好的稳定性，解决了绿色脱釉琉璃瓦的复烧挂釉技术。经过复烧的琉璃瓦，最大限度保存了原材料和原形制，使一批脱釉严重的琉璃瓦再次得到了有效保护和利用，也使文物保护原则和复烧技术在此次修缮工程中得到了充分体现。

3. 恭王府邸旧彩画的科学保护和展示

修缮工程中，在府邸内檐发现多处老彩画，尤其是在府邸东路和西路建筑内先后发现的和珅时期和公主时期的彩画，十分珍贵。在修缮中采用多项技术手段保护好这些遗留彩画，使她充分体现出恭王府文物建筑装饰的历史，是本工程的一个工作亮点。从殿内彩画保存的状况看，因年久失修，彩画表面积有大量灰尘、污垢，部分彩画已出现开裂、起翘、剥离、甚至地仗层脱落等问题。保护和修复这些彩画，使其重现历史原貌，并将其展示给后人，是修缮工程中一项相当艰巨的工作。针对现状，我们根据修缮原则与设计方共同探讨修缮方案，决定采用传统技术和现代技术相结合的工艺，对留存的彩画进行科学保护和修复。其中，对殿内彩画所用颜料、地仗进行科学检测，是分析彩画工艺以及制定保护修复彩画技术的重要依据。对彩画表面顽固油烟和坚硬污染物，采用德国进口设备及矿物材质的喷料进行清洁处理，为新彩画绘制提供了历史依据。对已开裂和起翘、剥离的彩画，采用软化技术进行回软，复位粘贴，使已破损的彩画得到保护和加固。在复制地仗和补绘彩绘时，要求施工方遵循《文物法》中保持文物原状的修缮原则，做到远看近似，近看有别。此外，对于具有极高价值的、体现公主身份和地位的凤和玺彩画，在修复后，采用灯光控制技术和特殊材质玻璃防护相结合的新手法，向观众进行全面展示，既保护了文物，又能使观众在殿堂中透过玻璃内设置的灯光，观赏到乾隆女儿下嫁和府时的相关历史信息，取得了很好的保护和展示效果。

4. 坚持古建传统工艺绘制府邸新彩画

中国古建筑尤其是等级较高的古建筑，一般都绘有建筑彩画。"雕梁画栋"的装饰做法，使古建筑更加富丽堂皇、绚丽多姿。不同彩画类型反映出的建筑等级，甚至比木结构形式体现出的等级制度，要更鲜明、更细致、更准确。古建彩画除具有装饰性外，还可对建筑木构件起到防腐和防虫作用。就恭王府来讲，虽然由于历史变迁，主人的更换，府邸建筑的外檐彩画基本不复存在，但是在府邸的内檐却留下了和珅、公主、恭王等不同时期非常精美的彩画。彩画涉及的种类、色彩、构图、题材等均十分丰富，龙、凤、云、草、祥兽、八卦等图案，表达了主人企盼吉祥的寓意和驱邪避灾的心理。此次修缮工程中发现的和珅和公主时期的彩画，不仅是工匠甚至连专家都从未见过。如何在这次府邸古建修缮中，坚持传统营造工艺技术，原汁原味地传承这些历史信息，是这次外檐彩画绘制的关键。彩画的工序很多：起谱子、落墨、沥粉、设色、贴金等，每一道工序都很重要。作为管理者，我们注意从彩画的绘制队伍抓起，在绘制工序、颜色材料、工艺技术等方面下功夫。

我们要求施工方做到：准确把握每一道工序，认真做好每一个步骤。不仅要做到形似，而且要力争做到神似。为保证高水平、高质量，我们请到国内顶级的彩画专家和工匠为府邸工程把关。在专家的指导和设计者的要求下，彩画工从"起谱子"、画"小样"，到一遍遍的修改、调整、完善，终于如期完成了府邸彩画的绘制工作。目前我们看到的府邸外檐彩画，不仅融合了不同时期和不同府主居住时的彩画要素，而且使府邸文物建筑通过不同的彩画反映出不同时代的历史特征。

5. 木构件防腐和防虫

恭王府府邸总体建筑以木结构体系为主，采用梁、架、柱、枋、檩等主要构件，通过榫、卯结合的方式组建而成。在历经200多年沧桑后，府邸现存建筑的木构件已出现多种病害。现场调查时发现，各院落主殿、配殿、耳房、回廊及后罩楼等建筑的木构件，均存在不同程度的腐朽、虫蛀、开裂及扭曲变形现象。其中20世纪八九十年代已维修殿堂的部分木构件，由于在当时缺乏有效的保护处理，也已发生腐朽和虫蛀。为更加科学、准确地查清府邸木构建筑的现存状况，我单位委托中国林业科学院木材研究所，分两次对府邸各殿堂主要木构件进行科学勘查和检测。发现主要病害有三类：①腐朽。府邸中大部分木构件存在腐朽问题，腐朽范围和深度与木构件所处环境和位置有关。木柱一般均存在腐朽状况，尤其在与墙体相接触的部位和柱根处普遍存在腐朽问题，如后罩楼西侧转角处整根木柱发生糟朽，腐朽高达300厘米以上，腐朽深度达25厘米，几乎穿透柱身直径。②虫害。勘查中，共发现有象鼻虫、小蠹虫、粉蠹虫、木蜂四种类型的害虫。二府门、嘉乐堂、锡晋斋、后罩楼等处均有较严重的虫害，仔细观察可发现蛀蚀的木屑、虫眼及害虫的爬行痕迹。在嘉乐堂采集的样本中发现有完整的象鼻虫虫体和典型的小蠹虫蛀道。嘉乐堂迎门的两根木柱，虽经树种鉴定为楠木，但仍有腐朽和虫蛀现象。单就楠木构件来看，发生如此严重的腐朽和虫蛀在以往的勘查中尚不多见。③开裂。府邸木构件多有开裂。细分起来有断裂、扭裂、贯通开裂、断续状贯穿开裂、横向开裂、斜向或纵向开裂、受压劈裂等多种类型。其中木柱纵向和斜向开裂偏多，如后罩楼立柱纵向开裂，深度可达15厘米。有些木构件腐朽与虫蛀并存，如多福轩东、西配房的后檐柱，除严重腐朽外，还伴有蠹虫虫眼。工程实施前的这些调查，使我们较为全面地掌握了府邸木构建筑存在的病害及残损程度。在勘查和检测基础上，根据府邸木构件存在的腐朽、虫蛀等主要问题，有针对性地研究其防护对策，并在工程中将防腐和防虫作为一项重要工作予以实施。施工中，除对一些剔补、墩接、裸露出来的旧木件全部进行防腐处理外，还对修缮中所有新配的木构件进行了全面细致地防腐、防虫处理。根据木构件的腐蚀和虫蛀状况，分别选择了油类防腐剂、油溶性药剂和水溶性药剂等四种不同药剂，采用喷淋、涂刷、扩散法。吊瓶滴注法，分别对不同部位及不同材质的木构件进行防腐、防虫处理。同时根据施工情况，采取加工构件的集中处理和立架后的现场处理等不同方式，保证了充足药量和有效的渗透度。为全面、科学、有效地保护府邸木构建筑打下了坚实的基础。

6. 水法楼的发现及遗址展示

后罩楼坐落在府邸的最北部，约 150 余米之长，长楼东西两边尽头处的建筑各形成一个直角向南折转延伸，犹如一道"凹"字形屏风环绕笼罩住整座府邸内的三路四合院落，是恭王府诸多建筑中面积和体量最大的一处建筑。在后罩楼雄伟壮观的身姿内，曾经有一座室内花园，隐秘其中。这处神秘的园林景观极具艺术特色。"在长楼最西端有一个洞穴，出人意料地藏在墙里，这是一个小迷宫（原注：其名称叫"现法楼"），里面狭长，曲曲弯弯，在其末端，有装饰性的外观，画着这座长长的二层楼。从这里可以进入一个大房间，天花板上画着天空。长楼背后是假山，有二层楼高，看来像是外部的装饰，其实全都是建在内部。整个作品的意图，是给人一种幻觉：空灵的竹林，中间有一座亭子，洞穴在远处。这一切用透视画法画在墙壁上，用半真半画的画廊做衬托。在云天下是竹林，画廊的柱子是真实的，在顶蓬上钻了洞，有一条狭窄的通道可通行至第二层，有一座亭子位居中心。在大房间的西端，装饰用岩石堆成的假山洞穴是完全真实的。我们可以通过朱红色的小旁门爬上去。在黑暗中，一步步踏着粗糙的石面，通过如隧道般的狭长通道，可达画廊第二层。在假山峭壁上，隐蔽着盛满水的大缸，水可以点点滴滴落下来，潺潺入土，水声听来犹如空谷回音。涓涓细流最终流入中心亭前小池中。直到我们最后一次看到它,里面还有金鱼游动"①。文中的这段文字介绍,将隐藏在后罩楼室内的假山、竹林、小亭、水池、墙壁绘画装饰、游动的金鱼等,十分生动、形象地描绘出来,犹如一幅精美、秀丽、迷人的山水画卷展现在人们眼前,令人惊叹、陶醉、神往。在修缮过程中,意外发现了遗留在室内的这处历史遗迹,水槽、石板路、太湖石、石砌的水井以及彩绘遗痕等,印证了文章中所述内容。

经专家论证,决定按原状展示这处室内花园的遗址现状。随着清华大学设计人员后续工作的展开,完成了三维立体效果图的绘制,基本展示了当年水法楼的情景。期望在不久的将来,观众能够身临其境体验到这种真假景观融为一体的巧妙结合,从而形成府邸向花园的自然过渡。

7. 府邸修缮工程成果

2008年奥运会前夕,随着恭王府府邸文物保护修缮工程的圆满完成,府邸与花园终于能够连成一体完整对外开放,使周总理1962年提出的"恭王府要对社会开放"的遗愿得以实现。

在修缮工程中,管理、设计、施工等单位依据科学规划、科学管理、科学施工的理念,经过近5年的共同努力,终于在2008年奥运前夕完成了恭王府府邸修缮工程,使府邸和花园连成一体对外开放。

本次修缮工程总面积约12600平方米,其中古建筑修缮约9800平方米;复建古建筑2200平方米;新建仿古建筑约600平方米。老彩绘保护面积约700余平方米,新绘彩画面积约9300平方米。绿化面积约6000余平方米。府邸修缮时还按照博物馆建设要求建立了新的市政、空调和夜景照明系统;按照博物馆安全设防标准新增了安防、消防等系统设施。其中地下综合管廊146米,地下消防水池700立方米。工程中采用古建传统做法和多项技术相结合的先进科技修缮手段,按照文物修缮原则成功地恢复和保存了府邸历史遗迹。

修缮工程先后被列入国家四大文物保护修缮工程和"十一五"文化基础设施建设工程。在国家财政支持修缮工程资金1.6亿元的基础上,我单位又

---

① *Prince kung's Palace and Its Adjoining Garden in Peking* by H. ‐ S. Ch'ên and G. N. kates,译文:辅仁大学《华裔学志》1940年第5期;S. H. 陈,G. N. 凯茨:《北京恭王府及其花园》。

自筹资金0.4亿元,投资额约为2亿元。这是国家对王府修缮工程投资最多的一次,也是继咸丰和同治年间两次较大的改建以来,恭王府最大的一次修缮工程。罗哲文、杜仙洲、胡继高、崔兆忠、王仲杰、张德才、张克贵、李永革等文物、古建专家在现场考察后认为,恭王府作为全国保存最为完整的王府,修缮措施得力,施工质量好,符合文物保护法和修缮原则,修缮工程是成功的。"中心修缮办公室"的管理工作,已在施工现场形成比较完整的全过程管理体系,科学有效,值得推广。整体工程从收集资料、现场勘察、研究论证,到采用传统工艺和现代科技相结合的办法进行施工,体现出工程维修原则把握得严谨性和工程技术的创新性,是北京地区修缮工程中一个成功范例。其工程修缮保护技术的实施和全新的管理经验和模式,对今后古建筑修缮和王府修复将起到十分重要的借鉴作用。

全面竣工后的府邸既保持了王府建筑原貌,又具备了现代博物馆的展示功能。当恭王府在7月份以整体形象对外开放时,再现了"恭王府及花园"的整体景观。恭王府管理中心对清代王府遗留的文物古迹进行保护研究与开放利用,对观众进一步认识北京的王府和王府文化起到了十分积极的作用。

五、展览与原状陈列相结合的展示效果

恭王府府邸修缮工程圆满完成后,我们在府邸殿堂内举办了"清代王府与王府文化展""恭王府历史沿革展""府邸原状陈列展示""府邸修缮工程成果展"等多个专题展览,对提升中华民族的非物质文化遗产保护意识、普及非物质文化遗产保护知识、丰富人民精神文化生活,起到了强有力的推动作用。在府邸内将展览和原状展陈相结合,突出了展示效果,使观众通过二者的关联,对王府和王府文化有更直观的了解。

(一)银安殿与嘉乐堂

银安殿内的"清代王府与王府文化展",系统介绍了王府和王府文化。展览共分四部分:第一部分"清代的封爵制度",展示了清代封爵制度的确立和世袭罔替的"铁帽子王"。第二部分"王公府邸的建筑和规制",展示了清代

王府在京城的分布和清代王府的建筑规制和特色。第三部分"身系国家的大清王公",展示了清代王公的政治、军事作用和清代王公在外交中所起的作用。第四部分"王府的生活",展示了清代王府的艺术、信仰和日常生活等。

例如,通过展示萨满教祭神所用的神板、手鼓、腰铃等各种乐器以及祭祀时所穿的服饰,使观众对清代历史和满族的宗教祭祀活动过程有所了解,对满洲人的思想崇拜、宗教习俗、表演形式等有所认知。萨满教是在原始基础上逐渐丰富与发展起来的一种宗教信仰。它相信多神,有自然神、祖先、鬼魂等,并将能与鬼神打交道的人称为"萨满"。萨满教曾长期盛行于我国北方各民族,后在满族祭祀中形成一种特殊仪式。"满洲祭神,预于府邸之神殿或住宅之神堂西墙上,悬挂各种乐器,如桦铃、拍板、手鼓、腰铃、三弦、琵琶之类,及带架之大鼓……萨满乃头戴神帽,身系腰铃,手击皮鼓。摇头摆腰,跳舞击鼓,名曰跳神。"① 溥杰在《醇亲王府的生活》中也谈道:"'萨满太太'穿吉服舞刀口念祝词……主人跪击神板,诸护卫官员也群击神板和弹弦子、弹筝以及月琴。'萨满太太'念歌及祝词后,主人向神叩首……"

在恭王府府邸内,用于祭祀的神殿即是嘉乐堂。"这里也是举行萨满仪式的殿堂……这座大殿极像坤宁宫——紫禁城中现存的范例。在这座大殿里,用满族独有的特殊仪式举行祭祀,对参加祭祀人的资格有严格的要求,甚至二房妻妾都不允许参加这个仪式。他们完全是在秘密的状态下举行仪式,汉人被排除在外。……祭祀用的厨房在北墙中部。室内多口大缸大半截埋入地面,精致复杂的屏风上面有方形壁龛。幸运的是它们被部分地保存下来,而且,与坤宁宫的祭祀厨房完全相似。如同紫禁城的大殿一样,这里也有又长又宽的炕,半围绕在房间的北、西、南三面。所有的路都从这里通向门道。整个建筑的东面被一座结实的大墙隔开,只有一道门与一座比较大的房子相通,门后有门屏风,根据传统,这间房子是为新婚夫妇的洞房花烛夜准备的。一个建筑上的细节不该被遗忘:一根萨满旗杆(译者注:神竿,名"唆啦竿子")高高挂起,根据悠久的传统,旗杆上挂着供乌鸦食用的供品。在为人熟知的传说中,皇族祖先在一次战斗中陷入险境,他不得不躲在树上,树上的

---

① 《清末贵族生活》《载涛、恽宝惠,《大清王府》文安主编,中国文史出版社,2004年版。

乌鸦没有响动,因而没有把皇族祖先暴露给敌人,让他逃过一劫。这根杆子在银銮殿后面,而举行萨满仪式的庭院南面,不在轴线上,略偏东。据溥杰记载,只有在举行萨满仪式的时候才能进入庭院,还必须着全套服装,如有哪个仆人不幸穿过该庭院神竿的阴影,就会被解雇。这座庭院平常是封闭的,如果办丧事,那么家族所有人及侍从都必须穿传统的白色服装。①"

关于祭祀和神杆,在溥杰《醇亲王府的生活》中有这样的描述:"在神殿内有几口大铁锅和灶,可以把切成两半的猪放入锅中去煮。"煮好的猪肉,不仅作供品,还"聚集全家人分食祭肉",保持了一种共食古风。在《宁安县志》卷四中有:"祭之次日献牲于杆前,谓之祭天,以猪肠及肝肺生置其中,用以饲鸟,又以猪之喉骨带于杆,再祭时则以新易旧。""满洲对杆子不敢稍有亵渎,甚至日光所照之杆影,移向任何一方,皆不许人践踏。"② 溥杰在《醇亲王府的生活》一文中也写到"一般人都不许踩它印在地上的影子"。可见满族人对神杆的敬畏程度。目前,恭王府的这块用于插立萨满旗杆的柱础石,已被作为遗留文物,安置在府邸嘉乐堂殿东南方向的空地上,供游客进行观赏。

2. 多福轩与乐道堂

"多福轩"与"乐道堂"院落因坐落于东路,而在宅邸内占有重要位置。古代人认为"上方,谓北舆东也……下方,谓南舆西也"③,所以沈阳故宫内"增建的东所,位于崇政殿至清宁宫一段早期建筑的东侧,系供皇帝东巡盛京时皇太后驻跸之处……西所位于崇政殿至清宁宫一路建筑之西,为东巡时皇帝后妃驻跸之处"④。慈安为咸丰帝后被封为东太后,作为正宫始终居住在皇宫内东宫;而慈禧为咸丰帝妃,尽管权大势大但不能违制,只能封为西太后居住在皇宫内西宫。由此强调了东为上、西为下的观念。在和珅时期,身为乾隆幼女的固伦和孝公主,乃帝王之后。鉴于君臣关系,"下嫁"和宅的固伦

---

① Prince kung's Palace and Its Adjoining Garden in Peking by H. - S. Ch'ên and G. N. kates,译文:辅仁大学《华裔学志》1940 年第 5 期;S. H. 陈,G. N. 凯茨:《北京恭王府及其花园》。
② 《清末贵族生活》载涛、恽宝惠,《大清王府》文安主编,中国文史出版社,2004 年版。
③ 《汉书·十传(四)》卷七十五,注引孟康(八)(九),中华书局。
④ 蒋博光:《满族建筑》,《古建园林技术》1998 年第 4 期。

和孝公主，居住于东路院落，即合乎古代传统习俗又体现和珅较强的等级观念。2004年，对东路"多福轩"和"乐道堂"院落进行勘查时，先后在两处殿堂内发现凤纹图案彩绘。其中"多福轩"正殿内的局部凤纹彩绘，是工人在拆除东、西耳房山墙覆盖层时发现的。这些位于随梁枋下皮处的残留彩绘，经专家考证为和玺类凤尾图案，不仅与殿内现存龙锦枋心金线大点金的旋子彩绘风格完全不同，而且彩画等级明显高于现存旋子彩绘。在随后进行的府邸修缮设计勘查中，又在东路"多福轩"之北"乐道堂"殿堂的后卷房脊檩上，发现保留十分完整的和玺金凤纹彩绘。这些彩绘因位于室内白樘篦子顶棚上方，故得到很好的保护。经对东路"多福轩""乐道堂"建筑内发现的彩绘进行分析，发现这两处殿堂中的彩绘遗迹具有以下共同点。

第一，彩绘均为凤纹和玺图案。

第二，均出现于东路建筑之中。

第三，等级较高且具有清中期时代彩绘特征。

由此可以确认，东路两处建筑中发现的高等级凤纹和玺彩绘，是乾隆宠爱的小女儿固伦和孝公主下嫁和珅之子丰绅殷德时期所绘制。这些历史遗存以事实进一步证实："多福轩""乐道堂"等东路建筑确为固伦和孝公主下嫁后的生活居所。同时可推断公主自下嫁后应一直在此居住，直至道光三年九月（1823）去世。其后，才归庆王后裔和恭亲王所使用。

如何对"多福轩""乐道堂"进行恢复，恢复到何年代？是一个关键问题。在我们的努力下，找寻到不少关于"多福轩"和"乐道堂"的文字信息和历史照片。

在恭亲王时期，"多福轩"曾是一处重要殿堂。恭亲王奕䜣于咸丰二年四月乔迁新居，"咸丰二年即1852年，在恭亲王入住王府几个月时，皇帝曾造访王府。皇帝授予恭亲王至少三块匾额，其中有两块是很重要的，它们分别是东部前厅和西部前厅的匾额。内容分别是多福轩和葆光室"①。"据传恭王

---

① Prince kung's Palace and Its Adjoining Garden in Peking by H. – S. Ch'ên and G. N. kates，译文：辅仁大学《华裔学志》1940年第5期；S. H. 陈，G. N. 凯茨：《北京恭王府及其花园》。

曾在此接见过英法联军谈判代表"①，可见，"多福轩"是一处恭亲王接待中外宾客的会客厅。从历史角度来看，此地点具有特殊意义，因此一直受到史学界的关注。"多福轩"作为王府中的重要殿堂，还有以下使用功能："据载澄郡王的日记记载，这座大厅用来存放皇帝送来的礼物。根据惯例，这些礼物由王府的主人在大厅前面的月台上跪迎、接受。这里有一对对巨幅中国书法作品。方形红纸摆成菱形，上有皇帝御笔亲书的字迹'福与寿'。历代皇帝都写同样的内容，成对装在框里，从天花板上悬挂下来。这类书法作品有一大批，足以证明恭亲王家族的地位和荣耀长盛不衰。"②

通过上述描述可知，"多福轩"正殿既是会客大厅，又是存放皇帝赐赠礼物之场所，由此可想象当年在此迎接皇帝亲赐礼品的场景是何等壮观。1937年后，恭王府成为辅仁大学教会学校女子学院，"多福轩"则成为辅仁大学女院图书馆。查阅辅仁大学校友会刊物，可以看到若干张有关女部图书阅览室的照片。室内除悬挂有皇帝亲赐恭亲王的"福、寿"等菱形书法作品外，室内北墙还立有巨大书架、设有借阅处，几位女生正围坐在书桌旁阅读写作。根据查找到的历史资料，对"多福轩"殿堂按照恭亲王时期的原状进行了复原和展示。

"乐道堂"院独立形成一个院落，有围墙和一座精致的垂花门。通过我们找到一些历史照片，可看到"乐道堂"室内原有的家具和装饰等。"在恭亲王时代，他把这里作为日常居所……多宝阁用于陈列瓷器、铜器或其他新奇物品……但是不幸……见不到这些宝物了。多宝阁由珍贵的深色木料制成，做工精湛，各个阁形状各异，大小不一，设有月亮门，通向居室。这座建筑的设计是独一无二的。"这次修缮由于资金有限，室内装饰未能恢复。仅对"乐道堂"内遗留的两处老彩画进行了保护和修复。一处是为赢取公主而绘于脊檩的凤纹和玺彩画；一处是"乐道堂"扩建前原和珅时期外檐遗留的老彩画，并将此彩画复制于现殿堂外檐，以达到延续和传承真实历史信息的目的。

---

① 《恭王府及花园》赵迅，《大清王府》文安主编，中国文史出版社，2004年1月第1版。
② 《Prince kung's Palace and Its Adjoining Garden in Peking by H. – S. Ch'ên and G. N. kates》译文：辅仁大学《华裔学志》1940年第5期 S. H. 陈，G. N. 凯茨《北京恭王府及其花园》。

六、恭王府的大戏楼

在恭王府花园的东北隅，有一座设计十分巧妙的大型建筑。这就是恭王府的大戏楼。戏楼又称为"暖楼"，因恭亲王奕䜣生辰之时为阴历十月下旬，已进入冬季，生日堂会祝寿时必点火取暖，故得此名。

这是一座 5×9 开间的大型砖木混合结构建筑，整体建筑面积约达 685 平方米，为花园内所有建筑之中占地面积最多、建筑规模最大的一处建筑，也是花园中举架最高、跨度最大的一处建筑，三卷勾连搭式的屋顶建筑形式使得戏楼更加宏伟、壮观。戏楼东、南、西、北四个方向均开启有出入门扇，在你迈入戏楼的瞬间，会立即被戏楼内的景观所吸引。合理的戏台布局、宽敞的观赏空间、开阔的眼界视角、巧妙的结构装饰，处处体现出主人的身份、地位以及文化底蕴和内涵。戏楼内部的结构设计可谓独具匠心，戏楼舞台座南向北，因此戏楼的南门专供演员进出使用，南门之内的空间是演员化妆、戏间休息和存放道具的后台。设在南面的戏台基本呈四方形，台宽约 7.5 米、进深 6.9 米，面积约 51.8 平方米。戏台南面正中悬挂有篆书匾额"赏心乐事"，署"戊午正月上浣，澹园主人识"；东、西两侧设有上、下场门，为演员登台出入处；场门上悬挂"始作""以成"篆书匾，以示上、下场之区别。为突出戏台的装饰效果，除在戏台顶部周边悬挂有雕刻的垂饰外，顶部和底部的东、西、北三面还环绕有一圈低矮的雕花木栏做围栏，近观围栏可见其上雕有"蝠形"饰物，充分反映出主人强烈的祈福愿望。戏台四角设有台柱，这些木柱不仅支撑着戏台的顶部，还支撑着沉重的房梁构架，承载着双重重量。看戏的池座设在戏台之北，因此宾客赏戏时面向南方。当观众从设置在戏楼东、西、北三个方向的门扇进入戏楼落座后，会发现在宾客席中没有出现一根阻碍观赏视线的木柱，建筑设计师的巧妙构思不仅以较少的木柱营造了宽敞的舞台空间，而且最大限度地避免了建筑构架对观赏空间的阻碍。

戏楼内部的装饰十分新颖且具有西洋风格，尤其是戏楼内的彩绘和灯饰显得十分高贵和气派，这在其他王府之中也是极为罕见的。在近期获得的若干张 30 年代所摄照片中，可使大家亲眼目睹戏楼当年的芳容。戏楼顶端悬挂的具有西洋特征的罗可可式大吊灯精致典雅熠熠生辉,不仅令宾客刮目相看,给人以华丽富贵之感,同时也反映出清代第一位"外交部长"恭亲王奕䜣掌管外交事务的身份和地位。戏楼内的彩绘装饰也别具特色,不仅与古代传统的彩绘风格不同,而且吸收和借鉴了西洋画派的技法。放眼望去,戏楼内的顶壁、梁架、木柱上绘满了紫色的藤萝,枝叶与花朵相互缠绕,清心淡雅、赏心悦目,有如置身于藤萝架下。这种人造的空间景观,使人在观戏时有一种置身于室外的新奇感受和舒适美感。联想到戏楼南门外种植的一架巨大藤萝,能亲身体会到戏楼内彩绘与戏楼外所植藤架遥相呼应的场景。现在这架藤萝已成为保护树木,每到春暖花开季节,枝繁叶茂、花香四溢,一串串淡紫色的花儿掩映在绿色枝条之中,与戏楼交相辉映,呈现出一派盎然生机。

　　大戏楼是恭亲王的最爱。每年阴历十月下旬恭亲王奕䜣生日时,一般都要唱戏三天,节庆之日唱大戏的习惯也由此形成。逢年过节或寿诞,恭亲王会在这里按中国的民俗风情招待亲朋好友和各方宾客,尽情地享受歌舞升平带来的快乐。当然恭亲王的尊贵地位和当时所具有的特权也在这一次次热闹非凡的堂会中得到了充分的升华和展现。因为"这地方更能显示恭亲王的尊贵地位,这种功能远胜于其娱乐功能,拥有如此之大的私人娱乐场所的确是血统高贵有权有势又富有的人的一项特权,这给恭亲王以额外的享受①"。

　　在恭王府戏楼典卖给辅仁大学之前的最后一次堂会戏,是奕䜣之孙溥心畬先生为其母项太夫人做70大寿。据朱家溍先生回忆,"1937年春夏之交,我曾在这里听过一次堂会戏。……1937年前后,溥心畬先生和溥叔明先生弟兄二人仍住在园内。那一次堂会戏就是弟兄二人为母亲项太夫人七旬大庆祝寿的戏。……这一天的戏,用的富连成班底,……当时富连成在科的著名学生如叶盛章、叶世长、黄元庆李世芳、毛世来、傅世兰、刘元彤等都演了戏。灯晚外串有程继先的《临江会》、尚和玉的《四平山》、孟小冬的《骂曹》,中间还夹着一出票友下海的李香匀演《廉锦枫》"②。据传,一些京剧界的著

---

① Prince kung's Palace and Its Adjoining Garden in Peking by H.‑S. Ch'ên and G. N. kates,译文:辅仁大学《华裔学志》1940年第5期;S. H. 陈,G. N. 凯茨:《北京恭王府及其花园》。
② 朱家溍:《记恭王府堂会戏》,《古都艺海撷英》,北京燕山出版社,1996年版。

名演员如程长庚、谭鑫培、杨小楼、梅兰芳、程继先等都曾在此戏楼登台献艺。

20世纪50年代时，恭王府戏楼成为某工厂车间，所幸破坏不大。1982年恭王府及花园被定为全国重点文物保护单位后，戏楼被收回重新进行修葺，并于1988年对外开放。

目前，恭王府戏楼已成为一处公众欣赏戏剧、杂技等曲艺娱乐节目的活动场所。人们可坐在戏楼内的八仙桌旁，一边喝着盖碗茶，品尝着北京的特色食点，一边观赏戏曲表演。当人们在雕梁画栋的戏楼内享受着绚丽多姿的艺术景观时，可从中想象并体验到当年王爷及家眷们在戏楼内举行庆宴时的欢愉场景。

七、恭王府的福文化

在恭王府游览中，留给观众深刻印象的是恭王府内的各类福。从彩画、砖雕、碑刻、园内建筑形制、池塘造型以及庭院内的各类装饰等，处处都有福的体现。恭王府的福文化，反映出人们的祈福心愿。

在府邸西路葆光室施工中，在建筑后檐井口天花之上，意外发现隐藏于天花内原有建筑的外檐彩画，画上满绘的蝙蝠，引起了大家的关注。细观彩画，色彩鲜艳、寓意吉祥。保留的金线、红蝠、青绿地寿山福海软包袱苏画，在找头处绘红蝠、祥云，包袱边绘夔凤，彩画图案随意但不呆板，将当年居住者的祈福心理表现得淋漓尽致。此处彩画之所以得到很好保护，是因为扩大建筑使用面积后，将葆光室的后檐墙推向了廊部，由于一直被封存在井口天花内，因此得以保留。彩画的绘制时间尚无法确认，但因彩画绘制风格与现在室内保存的恭亲王时代的彩画完全不同，因此有推测是和珅时期所绘。也有认为彩画图案风格与庆王性格颇近，故推测是庆王或其后裔时期所绘。究竟是何时期所绘，还有待进一步深入研究。为了保留此时期的祈福彩画的历史信息，特将葆光室外檐彩画图案，按照红蝠、祥云的软包袱苏画重新进行了绘制，以向观众全面展示福文化的信息。

长长的后罩楼上，福文化的体现，让人过目难忘。在府邸之北，花园以南，矗立有一栋高大壮观的后罩楼，把府邸和后花园巧妙地隔离开来。青砖灰瓦的后檐墙体上开凿有46扇形状各异的什锦砖雕窗，雕工十分精致。其中位于后罩楼正中的倒挂蝙蝠形状的雕窗，匠心的巧妙构思、独特的造型艺术和镌刻工艺，令人叹为观止。倒挂在上方的蝙蝠口衔一磬，磬下悬挂两条鲶鱼，即有"福到之意"，又彰显出"年年有余""福庆有余"的美好寓意。整幅雕饰栩栩如生，将"福"意体现得淋漓尽致，给人留下深刻印象。

花园内的中轴线是主人精心打造的一条重要线路，进入中路最先映入眼帘的是一座具有西洋风格的汉白玉石拱门，其后为独乐峰、蝠池、安善堂、邀月台、蝠厅等建筑景观。而蝠池、福字碑，以及最后一组建筑蝠厅，因为与福有关，给游客留下深刻印象。首先看到的蝠池，是一处人造内湖，从上向下俯瞰，其形状犹如一只巨大的蝙蝠，特取谐音"福池"。其北面有位于王府花园中路滴翠岩下秘云洞内的"福字碑"，碑的上方镌刻有"康熙御笔之宝"印玺，是一方康熙帝御笔亲题的碑刻。将其置于洞内，有"洞天福地"之意。"福字碑"是恭王府内的镇府之宝，亦称"天下第一福"。

中路的最后一组建筑"蝠厅"，掩映在山石之下、绿树丛中。当游览的人们站在花园的制高点邀月台上向北俯视时，可以清晰地看到这栋形态极为特殊的建筑。之所以称为"蝠厅"，皆因其建筑平面极似一只振翅疾飞的蝙蝠。"蝠厅"有正厅五间，前后各有三间歇山抱厦，极似蝙蝠身体；正厅两侧分别接出的三间折曲形耳房，犹如蝙蝠的一对翅膀，遥相呼应。这里特别值得关注的是类似"蝙蝠"形态的房屋建筑格局，以及随着厅堂布局变化而发生改变的屋顶建筑形式。"蝠厅"作为一栋整体建筑，屋顶建筑形式却依据厅房的格局变化出现了硬山卷棚式、庑殿式以及歇山式三种建筑形态，这在一般的建筑中是极为罕见的。从"蝠厅"建筑格局及屋顶形式的多样变化，可以想见创建者极具灵活的创意和丰富的想象力。此外，"蝠厅"檐廊绘制的翠竹图案也十分引人注目，别具一格的青绿色调，使人恍惚置身于竹林之中。尤其在夏季，幽静的环境，满目的翠绿，足以舒缓主人在此时的酷热之感。众所周知，"蝠"与中国文字中幸福的"福"，福气的"福"是谐音，因此"蝠厅"的建造不仅处处体现出主人极强的祈福心态和对"福"的向往与寄托，同时也充分展现出古代工匠的聪明才智和精湛技艺。

"蝠厅"又名"正谊书屋"或"云林书屋",其前檐抱厦处曾悬有"望隆堂璧"之匾额。最后在"蝠厅"内居住的主人,是中国知名的文人画家爱新觉罗·溥儒,恭亲王奕䜣之孙。溥儒又称溥心畬,心畬为其字号。他擅长书画、精通诗文,尤以山水画为上乘,因而具有"南张北溥"之美称。他在恭王府居住期间组织有松风画社,并与夫人共同举办过书画展览。1937年七七事变后,溥儒将花园以10万银圆卖给辅仁大学,结束了在此处的生活。

现在的"蝠厅",已成为游客观赏茶艺表演和品茗茶香之场所。品茗欣赏之余,无一不被这座独特建筑所吸引。传统文化和建筑艺术所散发的魅力,令人神思遐想,流连忘返。

结语

恭王府作为一座拥有200多年历史的王公府邸,从一个侧面记载了北京历史的变迁,正如专家所说:"一座恭王府,半部清朝史。"恭王府拥有独特而丰富的文化内涵,是一处弥足珍贵、不可替代的历史文化遗产。恭王府府邸和园林建筑具有的典型性和独特性,堪称建筑文化和园林文化的杰出代表,具有很高的历史价值、文化价值、艺术价值。几年来,开放的恭王府大力发展以王府文化为核心、以旅游观光为特色的文化产业,积极探索创新博物馆发展的新模式。恭王府管理中心提出的多元化发展、多角度展示,以及对王府文化品牌全方位开发的思路,带动了王府文化研究和历史文化旅游。在科学有效保护文物基础上,注意合理利用与展示,深入挖掘传统建筑文化层次,在文物保护、文物研究、文物展示和相关产业的发展方面,获得双赢,使王府文物保护事业的可持续发展迈上了一个新台阶。随着工作的深入,我们将开拓更大的发展空间,把恭王府建成高水平、有特色的王府博物馆,使恭王府成为全国王府文化的展示中心、科研中心,游览中心,以充分发挥这处珍贵历史文化遗产的巨大潜力,为弘扬中华民族传统文化,为非物质文化遗产的传承和发展作出更大贡献。

明十三陵历史文化

北京十三陵明代帝陵研究会 胡汉生

明十三陵,是我国古代陵区体系较为完备,建筑及遗址、遗物均保存较多又较好的一处帝王陵墓建筑群。现为世界文化遗产、全国重点文物保护单位,并为国家重点风景名胜区八达岭—十三陵风景名胜区的重要组成部分。其恢宏的气势,令人叹为观止。工艺讲究的陵园建筑,及其所反映出的礼仪制度和高超的建筑艺术,沉积着我国古代劳动人民的聪明智慧以及数千年来源远流长的墓葬文化传统。

一、十三陵中的祖陵——长陵

天寿山陵区方圆80公里,其内分布着明成祖朱棣及其子孙后代共计十三位皇帝的陵墓,世称其为"明十三陵"。

在这十三座帝陵中,明成祖朱棣的长陵营建德最早,规模最大,保存得也更好。这座陵园的营建,是因为成祖的皇后徐氏于永乐五年(1407)病故,需要安葬,成祖有早有迁都北京的打算,所以,长陵就建在了北京北部天寿山的中峰之前。陵园东有蟒山,西有虎峪山,前面还有天寿灵山,形成左有青龙、右有白虎、前有朱雀、后有玄武的"四势呈祥"风水格局。陵园的左右两侧还有水流怀抱,在陵园西南交汇后,从东南方向流出陵区。这一天造地设的风水吉地,是当时的著名江西风水术士廖均卿、曾从政等人考察了好多地方才选到的。永乐七年(1409)五月八日,成祖车驾亲临,最终确定了陵址,并将原来被称为黄土山的陵后山脉改名为天寿山。

长陵陵址确定后,武安侯郑亨奉命祭告兴工,武义伯王通率军民工匠动工营建,陵园的设计规划以及工程技术和质量等方面的事宜由工部尚书吴中负责办理。

按成祖之命陵区内的坟茔均应迁到陵区之外,只有康老一坟在长陵宝城东侧未迁。康老葬于元代,系当地土著,当发墓次及康老坟时,成祖忽生善念,说:"安死者,人之同情也。"恩准勿迁。并命每年赐给祭品,春秋两季祀以少牢①。陵园所在地的右后方,旧有黄山宝泉寺,该年六月十二日成祖命"移出山外",迁建在陵区东南的南邵村,即后来的"法云寺"。此后,群山之内遂尽属陵寝兆域。

在陵园的营建过程中,成祖曾于永乐八年(1410)九月驾幸天寿山,亲自察看山陵的修建情况,其后又多次对陵园的建设和工匠等情况给予关注。永乐十一年(1413)正月,工程浩大的玄宫建成,皇后徐氏的棺椁从南京宫殿运来正式安葬,并命陵名为"长陵"。

永乐十四年(1416)三月初一,长陵祾恩殿建成,赵王朱高燧奉命将徐皇后的神位安奉殿内。宣德二年(1427)三月,陵园殿宇工程大体告竣。前后用了近18年的时间陵宫的主体建筑才基本告成。此后,正统初年(1436 – 1438)又陆续修建陵园神道墓仪设施,总计历时近30年的时间,陵园建置才基本完备。但嘉靖年间又增建了神道大石牌楼(石牌坊)及陵宫内的龙趺碑亭。如果算上这两座建筑,长陵的营建跨时已长达130余年。

长陵的陵寝建筑规模宏大,十分有气势。其陵寝制度虽沿袭明太祖朱元璋的孝陵制度,但又进行了改革和完善,因而其陵寝制度更臻完美,且殿宇建筑的规模及华丽程度也毫无不逊色于明孝陵,甚至胜过了孝陵。

(一)曲折幽深的陵园神道

长陵的陵寝建筑和朱元璋孝陵一样,也由神道前导建筑和陵宫建筑两部分组成。

长陵的神道总长约7.3公里,明朝时由南而北(北达于陵门)依次建有

---

① 古称用豕(猪)和羊祭祀为少牢。

石牌坊、三空石桥、大红门、长陵神功圣德碑亭、石像生、龙凤门、南五空桥、七空桥、北五空桥等一系列神道墓仪设施及桥涵建筑。现除三空桥、七空桥已残坏外，其余建筑均保存较好。

石牌坊，位于神道的最南端。建于嘉靖十九年（1540），是目前所见我国营建时间最早和建筑等级最高的大型仿木结构石牌楼。因此坊系明世宗朱厚熜为旌表祖先的丰功伟绩而建造的功德牌坊，故明朝时谒陵官员到此都要下舆改乘马前行，以示对祖先的尊崇。

坊体以白石及青白石料雕琢组装而成。面阔为五间（通阔28.86米。其中明间阔6.46米，次间各阔5.94米，梢间各阔5.26米）。顶部有主楼五座、夹楼四座、边楼两座。支撑楼体的石柱计有六根，均作四角颤的梅花柱形式。柱的下端前后各有夹柱石。夹柱石四面的雕饰图案极为精美：中间两柱夹柱石四面各雕云龙；侧面两柱四面雕草龙，再侧两柱四面分雕双狮滚绣球图案。牌坊的各部位在明朝时曾有油漆彩画，现其凹陷部位仍有残迹遗存。这座牌坊不仅形体高大、雕琢精细、各部位比例协调适度，堪称是我国石构牌坊中的杰作，而且位置经营也极为合理。其北，牌坊的中门门洞正对天寿山的主峰，其东西两侧又有龙虎二山的余脉左右蜿蜒映衬，形成了极佳的景观效果。然而，此牌坊设置的初意，却完全是出于风水上的考虑。所以，清初学者梁份在《帝陵图说》中曾做这样解释："天寿山势层叠环抱，其第一重东西龙砂欲连未连，坊建其中以联络之，以青乌家言，非直壮美也。"

石牌坊北1.25公里处为陵区的总门户——大红门。此门坐落在陵区的南面龙山和虎山之间的一个高岗地上。其制为单檐庑殿顶，黄琉璃瓦，下承石雕冰盘檐。檐下门垛面宽37.85米，进深11.75米，红墙，下辟券门三洞。根据文献的记载，这三个券门各有不同功用：中门为帝后梓宫（棺椁）、神御物等经由之门，左门（东门）为皇帝谒陵所经之门，右门（西门）则为大臣们谒陵时进入陵区所经之门。这是明孝陵及天寿山陵区共同奉行的礼制规定，它体现了我国古代"居中而尊"以及"尚左"的礼制观念。但在明朝，却并非所有人都对这一礼制十分清楚，因此，也曾出现过守陵内臣因此而向皇帝状告谒陵官员的事情。

《明孝宗实录》记载，弘治八年（1495）九月，南京守备司礼监太监陈祖生曾上奏说："魏国公徐俌每承命孝陵致祭，皆由红券门并金门、陵门之右门入殿内行礼，事属僭逾，宜令改正。"而徐俌则据礼上章辩解。他说："入必由红券门者，所以重祖宗之祭，尊皇上之命；出则由旁小门者，所以守臣下之分。循守故事，几及百年，岂敢擅易？"礼都奉命议处，也认为："今长陵等陵及太庙每遣官致祭，所由之门并行礼殿内，与孝陵事体大略相同，宜令俌如礼行之。"孝宗皇帝认为礼部所言有理，遂下旨从礼部所议。

大红门的两侧，明朝时曾设有红墙随岗地的坡度分三次递减高度，并与龙虎二山连成一体。红墙之下设有左右掖门以通人行。

在我国的封建社会，帝王的尊严至高无上，陵区被视为神圣的禁地，不仅老百姓不能随便出入，即使是朝廷命官到此谒陵，也要下马步入陵区。故门前左右至今矗立着明代的"下马碑"。两碑各高5.32米，正反两面刻"官员人等至此下马"八个大字。

明人张循占有诗写道："华表双标白玉栏，红门下马驻银鞍。朝霞照耀青袍色，翠滴松楸碧殿寒。"正是昔日陵区神圣威严的真实写照。明代中期以后，每遇陵园祭祀，还有昌平镇守总兵官身着戎服，率兵12000人在大红门前跪迎神帛、祭物及谒陵官员。大红门之左还设有径约五尺的大锣，敲击时，声震山谷。

大红门内，路东是时陟殿（俗称"拂尘殿"）遗址。《历代陵寝备考》记载，这组建筑有正寝二殿，围房60余间，是帝、后、诸妃谒陵时的更衣之所。围房四周栽有500余棵槐树。

大红门北约0.6公里的地方，有一座重檐歇山顶的碑亭，这就是长陵的"神功圣德碑亭"。此亭平面为正方形，台基边宽23.1米，亭高25.14米，四面各辟券门。明朝时，碑亭的上顶曾是木质梁架结构。乾隆五十年（1785）清廷修缮明十三陵时，督理此项工程的协办大学士吏部尚书刘墉、工部尚书金简等人，鉴于该碑亭"已坍塌不堪，仅有墙基"的情况，初拟"将所存墙框拆去，周围砌石栏"。后来他们发现永陵、定陵二陵明楼为石券顶（实际为砖券顶，其勘查情况有误），"至今并未倾圮"，遂决定将此碑亭的里面上顶部分亦改为石券顶结构，以便持久。现亭内乾隆年间所构石券顶保存完好，的确对碑亭的持久延续起到了良好作用。

碑亭之内树有长陵神功圣德碑。碑为白石雕成，通高 7.91 米。碑首有 6 条高浮雕首尾交盘、头部下垂的蛟龙。碑趺是一个昂首远眺的大龟。龟下有长方形的石台，上刻水波漩流。这种碑式，唐代以后，历代都有遗存。《大明会典》称其形制为"龟趺螭首"。螭，又名螭虎，是传说中的动物。明陆容《菽园杂记》卷二曾有"螭虎，其形似龙，性好文彩，故立碑文上"的说法。但在古代文人著述或营造书籍中还有其他说法。如，明李东阳《怀麓堂集》、谈迁《枣林杂俎》、谢肇淛《五杂俎》又有"龙生九子"之说。认为，龙有九个没有成龙的儿子，分别名为囚牛、睚眦、嘲风、蒲牢、狻猊、霸下、狴犴、赑屃、蟠吻，由于他们各有所好，所以成为不同物品上的偶像。其中，赑屃好文，故碑上两旁的文龙是其像；霸下好负重，故碑座石龟是其像。

但李时珍《本草纲目》、阮葵生《茶余客话》则说碑下的石龟是赑屃。古代的营造书籍又称碑上的龙为赑屃，碑下的龟为鳌。宋李诫《营造法式·石作制度》有"赑屃鳌坐碑之制，其首为赑屃盘龙，下施鳌坐"。鳌是传说中海里的大龟，有翻江倒海的本领，用它驮碑，不成问题。清《营造算例》称刻龙的碑首为屃头，龟形碑座为龟蝠。这些基于神话传说的说法尽管彼此不同，但都显示了这种碑式的高贵等级，同时也为这种石碑增添了神秘的色彩。

碑首的正面，中心部位有篆额天宫，刻"大明长陵神功圣德碑"。碑身刻明仁宗朱高炽为其父成祖朱棣撰写的碑文。文长 3000 余字，记述了永乐皇帝一生的功绩和家庭成员情况。

碑文书丹者，系正统初著名书法家程南云。文献记载，他是江西南城人，"颇读书，精篆、隶、行书"，"四方求其书者无虚日"。因善书，参与《永乐大典》的纂修。授中书舍人，后升吏部稽勋司郎中，兼翰林侍书，供职内阁。历官至太常卿，天顺二年去世。所书此碑，结构严谨，笔力遒劲，确系一件难得的书法佳作。

碑的其余三面原无文字，清代又添刻了一些碑文。背面，刻清高宗御制诗《哀明陵三十韵》。

左侧刻乾隆五十二年（1787）御制诗，右侧刻清仁宗嘉庆九年（1804）御制文。

碑亭前后各有一对高大的白石华表。这四座华表各高 10.81 米，对称而设。它们既是陵墓前的标志之一，又是碑亭前后的石雕装饰物。四华表的形制相同，基座均为平面呈八边形的须弥座。其上下枋、束腰部位均雕有精致的云龙图案。其座上的华表柱亦为八角形，但棱角处较为圆浑，四柱各雕有萦绕柱身盘旋而上的升龙及云朵。柱的上部各穿有一块云形石板，顶部则雕圆盘，盘上各雕一昂首长嘶的神兽——蹲龙。四柱上的蹲龙，朝向分为南北两个方向。其中，南面两柱上的蹲龙朝南，民间称之为"望君出"，其寓意是企盼君王走出深宫，体察民情，关心百姓的疾苦；北面两柱上的蹲龙朝北，民间呼之为"望君归"，意思是希望君王及早回朝理政。民间的这些说法，表达了人们对圣明贤君的渴望。除此而外，华表的蹲龙因呈引颈嘶鸣之态，故而又有人称之为"望天犼"。

四华表的周围。明朝时曾各设有白石栏（石栏望柱顶部雕刻坐狮），后毁坏，1994年修葺神路时始重新配置。

这四座华表在明朝文献中还被称为"擎天柱"。据考这种石雕物的起源可以追溯到传说中的尧舜时代。据说，尧舜时期，曾于交通要道设置"诽谤之木"，让人们在上面写谏言，以供王者采纳。《淮南子·主术训》有"尧置敢谏之鼓，舜立诽谤之木"的说法。《后汉书·杨震传》也记载："臣闻尧舜之时，谏鼓谤木，立之于朝。"而这种"诽谤木"恰是华表造型的雏形。西晋崔豹《古今注问答释义》曾这样描述"诽谤木"的具体样式："程雅问曰：'尧设诽谤之木何也？'答曰：'今之华表木也。以横木交柱头，状如花也，形似桔槔，大路交衢悉施焉。'"这里所说的桔槔，为古代一种原始的提水工具。其样式为一横木支着在一根竖立的木柱上，横木的一端用绳吊水桶，另一端系重物，利用杠杆的原理，通过横木两端的上下运动汲取井水。碑亭四隅的四座华表，虽然已非木制，且无昔日"诽谤之木"的功用，但其样式却与"诽谤之木"十分相似，其中，石柱相当于竖立的木柱，石刻的云板则相当于交于柱头上的横木。

另外，华表的起源还与古代的亭邮饰物——桓表有关。早在唐朝时，颜师古注《汉书》就曾提出古代的"桓表"（简作"桓"）即华表。而华表四柱对称而置恰与古人所说的"四植谓之桓"，"双植谓之桓"，"亭邮立木为表……表双立为桓"的说法相一致。

由此可见，华表实际上就是经过艺术加工、美化了的"诽谤之木"的造型与亭邮桓表分布方式相结合的一种建筑点缀物。如果把它置于宫室之前（如天安门华表），则为宫室建筑的标志物；如果把它置于陵墓之前，则为陵墓的标志物。故放陵墓之前的又有"墓表"之称。

碑亭的北面是排列长达 800 米的石望柱和石人石兽。这些石雕装饰，古代又名之为"石像生"，其设置的目的是用以表饰坟垅，象征死者生前仪卫，同时又有"保护"陵园的象征意义。

陵前置石像生，据说早在秦汉时代已经开始，此后历代帝王、重臣沿用不衰。只是数量和取象不尽相同。据唐人封演《封氏闻见记》记，秦汉时期及其以后，帝王陵前有石麒麟、石辟邪、石象、石马等，大臣墓前有石羊、石虎、石人、石柱等。另外，成书于晋代的《西京杂记》记："玉柞宫西有青梧观，观前有三梧桐，树下有石麒麟二只，头高一丈三尺，刊其胁为文字，是秦始皇骊山墓上物也。"可见，石像生的设置历史十分悠久。明长陵的石像生设置，基本上沿用孝陵制度，但又增置了四尊功臣像。

长陵的石像生，排在最前面的是一对石望柱，其高度为 7.16 米，柱身、基座截面均作六边形。其中，基座作须弥座式，柱身雕云纹，顶部雕云龙纹柱帽。我国自汉代以来，盛行于神道上树立石柱作为标记，故明代帝陵仍沿袭此制。

石望柱之后，依序排列石兽 12 对，石人 6 对。

石兽，共有 6 种。由前而后依次为狮、獬豸、骆驼、象、麒麟、马。每种各为两对，均为前者坐（或卧），后者立，相对排列于神道两侧。其中，石狮，坐者高 1.88 米，身长 2.1 米；立者高 1.93 米，身长 2.5 米，项部各雕有缨、铃、带饰等物。狮为世间猛兽，唐虞世南《狮子赋》有"瞋目电曜，发声雷响"的形容。

石獬豸，坐者高 1.9 米，身长 2.15 米；立者高 1.9 米，长 2.5 米。獬豸，为古传说中象征正义与公平的神兽。古代文献中又作"解廌"。《前汉书·司马相如传》注曾记载："解廌似鹿而一角，人君刑罚得中，则生于朝廷。"王充《论衡》也说："解廌者，一角羊，性知有罪。皋陶治狱，其罪疑者令羊触之。"《异物志》则记载，獬豸为东北荒野之兽，"一角，性忠，触不直者"。

由于獬豸"能别曲直",所以,汉朝时法冠即作獬豸冠。明朝时,都察院御史的常服也作獬豸补。此外,獬豸看在古代还有"独角兽"之称。古时陵前列此石兽,当有取驱除鬼怪护卫陵园之意。

石骆驼,卧者高2.5米,身长3.65米;立者高2.9米,身长3.9米。将骆驼列为神道石像生内容之一,最早见于东汉灵帝时太尉桥玄之墓。但为帝陵所用,则始自洪武年间修建的明孝陵,所以,长陵神道仍列有此兽。

石象,卧者高2.6米,身长4.4米;立者高3.25米,身长4.3米。文献记载,早在东汉时期。石象已是帝陵神道像生内容之一。明朝继续沿用,当是因为它有象征祥瑞之意(可寓意"太平有象""万象更新")。

石麒麟,坐者高1.95米,身长2.2米;立者高2米,身长2.63米。麒麟,为传说中的太平、祥瑞之兽。明金幼孜《麒麟赞》中说:"麒麟,天下之大瑞也。帝王之德上及太清,下及太宁,中及万灵,则麒麟见……是则麒麟之出,必圣人在位,当天下文明之日"陵前置此神兽有粉饰太平,为帝王歌功颂德之意。

石马,卧者高1.9米,身长2.8米;立者高2.2米,身长2.9米。与獬豸、骆驼、象、麒麟一样,均未在身上雕任何其他装饰物。马是古代时主要的坐骑之一。明朝的朝会仪式,专设有"典牧官,陈仗马、犀、象于文武楼南",是皇帝仪卫队伍中的一部分,历代帝陵墓前也多设有此兽,因此,明陵石像生亦设此兽。

石兽之后为石人。

石人,古时又称"翁仲"。相传秦代有位大将,名叫阮翁仲,此人身高力大,曾驻守临洮(今甘肃岷山县),防范匈奴有功,死后,秦始皇为纪念他,在咸阳宫的司马门外,给他铸了铜像。后来,人们便将铜像、石像统称为"翁仲"。

长陵石像生的石人,均作立像,高2.2米。其装束、姿势各不相同。

前面的四尊石人像,均作御前侍卫将军形象。头戴凤翅盔,身着铠甲。其中,前面的两尊,怒目虬须,左手握剑柄,右手执短柄金瓜;后面的两尊则年轻俊秀,佩剑,双手交叉前置,作叉手礼姿势。

再后四尊石人像,均雕作头戴七梁冠,身着上衣下裳式的祭服,双手执笏的恭立姿势。为明朝一品官形象。

最后四尊石人像,也作身着祭服的官员形象,但其七梁冠上雕有笼巾貂蝉(貂蝉为笼巾上的饰物:貂,即貂尾,原笼巾上挂有此物,明朝时均以雉尾代替;蝉,为蝉形饰物),笼巾之上雕有立笔(作二折),左侧雕雉尾(翎毛),则有所不同。

按《大明会典》卷六一记文武官员朝服、祭服制度:"公冠八梁,加笼巾貂蝉,立笔五折,四柱,香草五段,前后用玉为蝉;侯冠七梁,加笼巾貂蝉,立笔四折,四柱,香草四段,前后用金为蝉;伯冠七梁,加笼巾貂蝉,立笔二折,四柱,香草二段,前后玳瑁为蝉。俱左插雉尾。驸马冠与侯同,不用雉尾。"则此四尊石人像按所雕冠服形制当属功臣中"伯"一级"功臣"的形象。

然而,古人对这三组石人的称谓却并不一致。如,顾炎武《昌平山水记》和梁份《帝陵图说》将三者由前而后分别记为武臣、文臣、勋臣,而《大明会典》则又分别记为带刀执瓜将军、朝衣冠文像和朝衣冠武像。

其实,前述的说法都不够准确。从服饰上看,这三组石人像还是分别名之为将军像、品官像、功臣像更为妥帖。

因为石像生队伍在一定程度上是模拟帝王生前仪卫场面设计的。在服用祭服的场合中,只有负责御前侍卫的锦衣卫大汉将军、神枢营红盔将军等才能身着整齐的盔甲,并佩刀、执瓜或斧钺,所以这些身着盔甲的石人应作将军像。当然,这里所说的"将军",并不是那种带兵打仗的高级将领,只是相当于皇帝驾前的侍卫而已。

身着一品官祭服的石像名之为文臣像也不确切。因为在祭祀天地或者宗庙的场合中,无论文臣、武臣,均依品级服用祭服,其服制按《大明会典》所记,与朝服大致相同,亦为上衣、下裳式的服装。不同的是,上衣为青罗衣(朝服上衣、下裳均用赤罗),项部挂有方心曲领(嘉靖八年下令去除)。其中,梁冠只按梁数区别官员等级,无文武之别。其制度是,一品官为七梁冠、二品为六梁冠……他们只有品级的不同,没有文武的区别,故以服饰论,名为品官更为妥当,它们象征着自一品以下所有的文武官员。

冠加笼巾、立笔、雉尾的石人像,名之为勋臣、武臣像则不如名之为功臣像更为贴切。因为在明朝，公、侯、伯三个等级的功臣，虽亦可名之为勋臣，但勋臣只是俗称，非正式名称。另外，功臣中虽然大多是为朝廷立下汗马功劳的武臣，但也有的是文臣（如洪武时的韩国公李善长、诚意伯刘基等），并非全系武臣。故像生中身着功臣衣冠的石人像象征着帝王驾前的所有功臣。

这组石雕群有两个特点。一是体积大。其中最大的石像包括基座，体积近30立方米。如此之大的石料，包括神功圣德碑等石料，根据明英宗时礼部尚书胡濙为内官监太监倪忠墓所作《寿藏记》记载，均为正统元年（1436）至正统三年（1438）由倪忠奉命从房山县独树石场督采而来的。在当时技术落后的条件下，这些石料多是采用"旱船拽运"的方法运输而来。旱船均以木制造，运输前先要通垫道路，沿途以井水浇路，乘严冬结冰时，载石旱船中，然后挽行至陵区。用这种方法运石，虽因冰面光滑，减小了石块运行中的阻力，但毕竟石料巨大，所用人力物力仍十分惊人。如，嘉靖三十六年（1557）修建皇宫三大殿，从房山大石窝运送一块长三丈，宽一丈，厚五尺的中道阶石，就用了顺天等八府民夫2万人，28天方运至京，计用白银11万余两。不难想象，这些石雕物所耗费的人力、物力是难以数计的。

二是雕工精细，具有高超的艺术水平。其中，狮、獬豸、麒麟，张口露齿，肢爪强健有力，颇具威仪；象、骆驼、马则神态安详，雍容驯服；石人也各具姿态，将军顶盔贯甲、持瓜佩剑，一派虎威；品官与功臣，袍笏肃肃，玉佩璀璨，似乎在恭候大行皇帝灵驾的到来。雕刻之精细，乃至须眉脉络，衣纹飘转都一丝不苟。

石像生的尽端是一座玲珑别致的棂星门。棂星门，又作"灵星门"（古代"灵"与"棂"通用）或"乌头门"。建筑形制起源于古代的"乌头染"。《史记》："正门阀阅一丈二尺，二柱相去一丈，柱端安瓦筒，墨染，号乌头染。"后来，这种柱出头式牌坊门被封建统治阶级名为"棂星门"，成为象征王制的尊者之门。《永乐大典》载古赋题句："灵星名门，王者之制也。灵星垂象，王制之本也。欲知王者所法之制，当识灵星所垂之象。"

按《后汉书·祭祀志》载，龙星（二十八宿中的青龙七宿）左角的星名为天田星，"号曰灵星"，则灵星为角星之宿。因"角星为天门之象'，所以，灵星所垂之象就是天门。由于封建统治阶级把皇宫比作天宫，这种以灵星命名的门便被广泛地运用于宫室、坛庙的街衢之中，成为一种象征王制、点缀意义极强的标志性建筑。古人曾说过："圣殿之有棂星门，盖尊圣门如天门也。"毫无疑问，宫室、坛庙、陵寝中的棂星门之设，也是尊天子之门如天门了。

这座棂星门设门三道，每道门有门枕石两块，可安门两扇，又与"灵星垂三门之象"，"设六扉而开阖"的意思相合。又由于三门大额枋的中央部位上端各饰有宝珠火焰的石雕装饰物，所以人们又称之为火焰牌坊。此外，此门又有"龙凤门"之称，这是因为帝后入葬山陵，此门为必经之处。三门之间的短垣在明朝时曾甃黄绿琉璃饰件，清代修葺改成红墙形制，1994年修葺再度建为琉璃照壁形式。

穿过棂星门，北行约0.8公里处有南高北低的大土坡，古代曾名为芦殿坡，是谒陵时搭盖蓆殿，停放帝后神帛、祭物，并栖息谒陵随行百工的地方，又是帝后梓宫入葬山陵前的停放之处。

再北0.8公里处为明朝时陵区内主要的桥梁——七空桥的故址。据《帝陵图说》记载，此桥未毁时，"桥下之水，东北则老君堂口，西北则贤张、灰岭、锥石三口，西则德胜口皆径于桥。天寿诸山水会为一川，东流出东山口，经巩华城合朝宗河入白水，汇为潞河，流于直沽，达于海"。万历三十五年（1607）闰六月，该桥北面两空被大水冲毁，天启六年（1626）七月，桥身再次受到洪水的摧毁，民国十五年（1926）仅存的南面两空又被山洪冲毁。现在，新建七空桥东侧仍有残坏的桥墩保存。

其南不远的地方有明朝时建造的南五空桥。其北约1.6公里处又存有明代所建的北五空桥，再北约1.2公里处就是长陵的陵宫建筑了。

长陵的这条神道，自北五空桥以北，明嘉靖十五年（1536）时曾甃砌石条，路面宽4.7米。至今仍有大部分保存。

神路的两侧，明朝时曾栽植松柏树各六行，明朝灭亡后被砍伐殆尽。

神路的走向，不取笔直形态，而是随着地形的变化呈"曲路"之形。其之所以做如此设计，一方面是地形使然，另一方面也有风水方面的原因。例如，成书于宋元之际的风水著作《大汉原陵秘葬经》就曾记有"四折曲路"

之说。明人蒋平阶所著的《地理古镜歌》也有"路能界气亦能迎,当与零神一样评;大路弯环玄字体,阳神三折穴前萦;直来直去无生意,乙字弯身最有情"的说法。注者谓"路亦大关风水,生旺而弯环则吉,衰死而硬直则凶……如若直死射来,名为土箭。亦当躲避始为全美"。陵寝建筑的设计者,在主观上虽然是为了附会风水之说,但弯转曲折的神道布局,在客观上确实起到了与大自然山川风貌相和谐,收敛视野,避免陵园建筑一览无余,从而造成了"曲径通幽"的艺术效果。

此外,由于陵区内其他各陵的神道都是从长陵的这条神道分出,故此,这条神道在清朝的文献中又记为"总神道"。其中,长陵神功圣德碑亭至龙凤门之间布列的墓仪建筑设施最为集中,且系神道建筑的精华所在。为此,十三陵特区办事处经过绿化美化和环境治理,于1990年9月1日正式开辟为旅游景点。

(二)肃穆庄严的陵宫建筑

长陵的陵宫建筑,占地约12万平方米。其平面布局呈前方后圆形状。

其前面的方形部分,由前后相连的三进院落组成。

第一进院落,前设陵门一座。其制为单檐歇山顶的宫门式建筑,面阔显五间,檐下额枋、飞子、檐椽及单昂三踩式斗栱均系琉琉构件;其下辟有三个红券门。陵门之前建有月台,左右建有随墙式角门(已拆除并封塞)。院内,明朝时建有神厨(居左)、神库(居右)各五间,神厨之前建有碑亭一座。神厨、神库均毁于清代中期,碑亭则保存至今。

这座碑亭落成于嘉靖二十一年(1542)五月,南向,形制为重檐歇山顶,四面各设红券门,内为木构梁架,天花顶。

亭内立有一座造型新颖别致的圣绩碑。石碑的碑首雕有一龙,龙头探出碑外。碑趺造型也作一龙,但形态仿龟趺式作伏卧状。清代文献称之为"龙趺碑"。据《明世宗实录》记载,碑亭落成后,礼部尚书严嵩曾奏请世宗皇帝"亲御宸翰制文"。但当时所建碑亭,除长陵的这座外,还有献、景、裕、茂、泰、康六陵的神功圣德碑亭及东西二井、万贵妃坟等墓碑。这些碑石,除妃坟碑文可由翰林院撰文外,七座帝陵碑碑文,都要由世宗皇帝亲自撰写。这是因为明太祖朱元璋在洪武年间撰写皇陵碑文时就说过:"儒臣粉饰之文,不足为子孙后世戒。"所以,他废掉了洪武二年(1369)翰林学士危素撰写的皇陵碑文,于洪武十一年(1378)四月"亲制文,命江阴侯吴良督工刻之"。此后诸帝以此为定制,成祖朱棣撰写了孝陵神功圣德碑文,仁宗朱高炽撰写了长陵神功圣德碑文,帝陵功德碑文出自嗣帝之笔便成了明朝后世帝王遵守的定则。基于这个原因,世宗将兴献王坟升格为显陵,在显陵陵前建造睿功圣德碑亭,其睿功圣德碑的碑文就是世宗亲自撰写的。

世宗皇帝既然为父陵撰写了睿功圣德碑文,则新建的长、献、景、裕、茂、泰、康七陵碑文自然也应该由世宗撰写了。但奇怪的是,碑文一事却始终不见下文,各碑竟都成了"无字碑"。

有人推测,这是因为世宗认为碑上无字,可以表示祖先功德无量。也有人认为,世宗迷信道教,庄老之学的"无为而治"导致了世宗认为无字之碑较之有字之碑在等级上更高一等,是更高、更伟大的意境表现。

这些推理是站不住脚的。因为世宗如果那样认为,为什么不在显陵前面的睿功圣德碑亭内也立一通无字碑呢?又何必劳心费力撰写碑文,而使父陵石碑降下一等呢?

那么,会不会世宗原来就想在七陵分别立个无字碑,无字碑的竖立,只是取"彰显功德"的象征意义呢?这种可能性也不存在。因为如果是这样,严嵩就不会奏请世宗撰写七陵碑文了。而且,这种"彰显功德"的方式,如果说对长陵以外其余六陵尚可敷衍的话,那么,对长陵来说便是毫无意义了。因为,长陵早已立有神功圣德碑,而且碑上是有文字的。

显然,七陵碑没有文字的结果并不符合世宗立碑的初衷。那么,合理的解释只能是世宗立碑本意是要刻字的,但后因碑文的撰写存在着难以解决的问题,才不得不搁笔不写。

那么,对世宗来说撰写七陵列圣碑文难在哪里呢?

我以为,第一是难在仁宗撰写的长陵神功圣德碑文早已赫然镌刻在长陵神道上的神功圣德碑上。且文长3000余字,将成祖一生的"功德"推崇到了极点。世宗要撰写出在颂词的水平上超出仁宗的碑文来实在是太难了。而且,新立一碑,文字、文意都要有新的创意,否则后世将如何看待这一碑文呢?

世宗要撰写七陵碑文遇到的第二个难题，就是世宗对献、景、裕、茂等陵的墓主情况缺少生动而有感受的资料。无论是朱元璋撰写的皇陵碑文，还是朱棣撰写的孝陵碑文、仁宗撰写的长陵碑文，有一个共同的特点，这就是文字内容并不都是空洞无实的褒扬文字，而是又有概括评价，又有具体过程的描述，有血有肉、内容丰富的生平记录性文字。但对世宗来讲，武宗是其堂兄，属于同一代人，孝宗是其伯父，情况也可通过老臣的追忆进行了解。因此，写出泰、康二陵碑文世宗大概并不难。然而，仁、宣、英、宪诸帝的情况，对于世宗来说就比较陌生了。诚然，宫中有诸帝的《实录》，也有章奏档案材料，但这要在堆积如山的案卷中查阅，皇帝为一国之君，哪有这个时间？

然而，上述的"难题"，都还只是小难题，或者说是可以克服的难题。世宗或者可以打破常规，通过儒臣帮助"润色"加以解决。因为世宗撰写显陵睿功圣德碑的碑文，就是经过大臣的润色的。

据此，世宗没有为列圣撰文，肯定是另有原因的。这个原因就是当时宫廷政治斗争在他的心理上形成了难以抹去的阴影，使他虽然可以为成祖及仁、宣、英、宪诸帝撰写碑文，但却不愿为孝宗和武宗撰写碑文。

详而言之，明武宗去世，因武宗没有儿子，皇太后张氏及大学士杨廷和等让世宗以兴王身份入承大统，其母蒋氏随后入京。但武宗的母亲皇太后张氏却居高临下，以藩王妃之礼相待。当时朝中大臣也大多站在张氏一边，非要世宗称孝宗为皇考，称自己的父母为皇叔父母。世宗由此与张氏及廷臣发生了矛盾，并引发了一场斗争，史称其事为"大议礼"。世宗在"议礼"中虽然获胜，但却因此对孝宗皇后张氏非常憎恶，甚至称她是"宫中久恶之妇"。显然，如果世宗为孝宗写下赞美的碑文，对张氏又应如何评价呢？以世宗的个性，是绝不会对张氏加以赞颂的。但是，从礼制的角度看，又不能在碑文中写皇帝，不写皇后，更不能只写长、献、景、裕、茂五陵碑文，而空下泰、康二陵碑文不写，很可能是这个原因，导致了七陵石碑虽立，世宗却始终未能提笔撰写碑文。这座石碑以及献、景、裕、茂、泰、康六陵陵前的神功圣德碑便因此而都成了"无字碑"。

现在这座石碑上的文字都是清朝时才陆续镌刻的。碑阳用满汉两种文字刻了清世祖顺治十六年（1659）谕旨。碑阴，刻乾隆五十年（1785）清高宗的《谒明陵八韵》诗。碑的左侧刻清仁宗嘉庆九年（1804）御制《谒明陵八韵》诗。

第二进院落，前面设殿门一座，名为祾恩门。据《太常续考》等文献记载，天寿山诸陵陵殿名为"祾恩殿"，殿门名之为"祾恩门"，始于嘉靖十七年（1538），是世宗朱厚熜亲易佳名。其中，"祾"字取"祭而受福"之意，"恩"字取"罔极之恩"意。

长陵祾恩门，为单檐歇山顶形制，面阔五间（通阔31.44米），进深二间（通深14.37米），正脊顶部距地面高14.57米。檐下斗拱为单翘重昂七踩式，其平身科斗拱耍头的后尾作斜起的杆状，与宋、清两朝做法俱不相同。室内明间、次间各设板门一道，稍间封以墙体。其中明间板门之上安有华带式榜额，书"棱恩门"三金字。"棱"字系后世修葺时误写。因为，"棱"字的含意是指物体上呈条状的凸起部分，与"祭而受福"的意思毫不相关。

祾恩门的下面，承以旱白玉栏杆围绕的须弥座式台基。其栏杆形制，为龙凤雕饰的望柱，和宝瓶、三幅云式的栏板。台基四角及各栏杆望柱之下，各设有排水用的石雕螭首（龙头）。台基前后则各设有三出踏跺式台阶。其中路台阶间的御路石上雕刻的浅浮雕图案十分精美：下面是海水江牙云腾浪涌，海水中宝山矗立，两匹海马跃出水面凌波奔驰；上面是两条矫健的巨龙在云海中升降飞腾，呈现出一派波澜壮阔的雄伟景象。

这些精美的石雕究竟出自何人之手现在已无法查考。但北京市大兴县老君堂东曾出土明朝一位工部营缮所所副父亲的墓志。墓志中记载，墓主毛贵二有三个儿子。其第二子名叫毛荣，继承父业，擅长石雕技艺，在兄弟三人中他"尤有能名"，而且其技艺精湛，"超其朋俦。永乐十一年随驾来北京，咸推其琢造精坚，俾之把总众役。十九年擢为工部营缮所丞。洪熙元年承命从事长陵，进授所副"。据墓志文可看出，毛荣不仅是个技艺超群的石雕艺人，而且因从事长陵营建有功而进授为工部营缮所所副。长陵精美的石雕刻或许与他有着直接或间接的关系。

祾恩门两侧各有掖门一座，均作随墙式琉璃花门，门上的斗拱、额枋、门顶的瓦饰、椽飞均为黄绿琉璃件组装，在红墙的映衬下格外分明。

院内，北面正中位置建有高大巍峨的祾恩殿。这座大殿在明清两代，是用于供奉帝后神牌（牌位）和举行上陵祭祀活动的地方。

我国古代的陵园祭祀，西汉时陵中设有寝殿和便殿，陵旁设庙。时有"日祭于寝，月祭于庙，时祭于便殿"之说。唐宋二代，陵园设有上、下二宫。上宫设寝殿（又称献殿），用于举行隆重祭献仪式。下宫，即寝宫，是供奉墓主灵魂日常饮食起居的场所。

明朝从孝陵以后，陵寝祭殿有享殿、陵殿、献殿、寝殿、香殿等不同称呼。殿内日常陈设有神榻（灵座、龛帐）、帝后神牌、册宝、衣冠、御座、香案以及各种乐器。朝廷遣官致祭时，殿内再增置陈设祭品用的正案、从案、三牲案匣等。

这些陈设说明，明朝陵殿具有供上陵祭拜举行大规模祭祀活动，和平时司香火、四时供献、朔望朝陵等日常祭祀的双重功能。它兼有西汉陵寝寝殿、便殿或唐宋陵寝上、下二宫祭祀用殿的功用。

长陵的这座祾恩殿，是明代帝陵中唯一保存至今的陵殿，堪称是我国古代木构建筑中的珍贵遗物，其珍贵之处主要表现在如下三方面。

一是规模大，等级高。此殿制仿明代皇宫金銮殿（明代先后称奉天殿、皇极殿）修建，面阔九间（66.56米），进深五间（29.12米），柱网总面积达1938平方米，是国内罕见的大型殿宇之一。殿顶为古建中等级最高的重檐庑殿式，覆以黄色琉璃瓦饰。正脊至台基地面高25.1米。上檐饰重翘重昂九踩斗拱，下檐饰单翘重昂七踩鎏金斗拱。六排柱前后廊式的柱网排列方式规整大方。殿内"金砖"铺地，殿下有三层汉白玉石栏杆围绕的须弥座式台基和一层小台基，总高3.215米。台基前出三层月台。每层月台前各设三出踏跺，古称"三出陛"。其中，中间一出踏跺的御路石雕由上、中、下三块组成：最下面的一块与祾恩门图案相同，上面的两块分别雕刻升降龙图案。台基上三层汉白玉石栏杆形制也与祾恩门相同。此外，月台两侧还设有祭陵时供执事人员上下的旁出踏跺。台基之后也设有三出踏跺，其形制同月台前踏跺。

二是用材考究，此殿梁、柱、枋、檩、鎏金斗拱等大小木构件，均为名贵的优质楠木加工而成。各构件在殿内部分（除天花外）无油漆彩画，显得质朴无华。支撑殿宇的60根楠木大柱,用材粗壮,是世上不可多得的奇材佳木。特别是林立殿内的32根重檐金柱,高12.58米,底径均在1米上下。其中,明间中间的4根金柱最为粗壮。左一缝前金柱底径达1.124米,两人合抱,不能交手。

文献记载,天寿山各陵及北京宫殿所用楠木,均采自四川、湖广一带的深山密林之中。那里人迹不到,"毒蛇鸷兽出入山中,蜘蛛大如车轮,垂丝如组,冒虎豹食之。采者以天子之命,谕祭山神,纵火焚林,然后敢入"。伐倒的楠木,也往往是"一木初卧,千夫难移"。明万历年间,四川一带有"入山一千(人),出山五百(人)"的谚语。清孙承泽《春明梦余录》卷四十六记明代运图,自蜀运木有"山川险恶""跋跕艰危""蛇虎纵横""采运困顿""飞桥渡险""悬木吊崖""天车越涧""巨浸漂流"等险恶经历。而结筏水运时,每筏运木604根要用竹4405根,此外,还配有运夫40人,自蜀至京,不下万里,其运送周期通常都在三年左右。由此可知,明朝时采伐楠木确实十分艰难。而一木至京,费银竟达万两。

三是重要的历史、文物价值。我国的古建技术,宋代有《营造法式》,清代有《工部工程做法则例》,都是官修的建筑工程用书。但处于宋、清之间的元、明两代却都没有官修建筑用书。因此,元、明二代遗留下来的古建筑,就成为建筑史学界研究元明两代建筑法式、特点的基本素材。特别是像长陵祾恩殿这样的高等级的明代官式建筑,更是不可多得的珍贵实物。

这座大殿从结构上看,属叠梁式构架体系,不推山。宋元时期的叉手、托脚等构件已不采用,宋元时期的襻间斗拱也按照"檩、垫、枋"的组合方式由垫板代替。整体结构更趋简化,节点更趋牢固。由于梁的外端做成巨大的耍头伸出斗口之外,柱头科斗拱的机能发生了变化。但如果挑檐檩因受力向下弯曲,平身科斗拱仍能起到悬挑的作用。平身科斗拱的形制采用了宋元两代都没有的落金式鎏金斗拱。斗拱后尾部分均呈30°角斜向上伸,真假昂并用(上层昂为真昂,下层昂为假昂。假昂的昂头,从交互斗斗口处斜向下伸,没有"假华头子"雕饰,很有特色),下檐斗拱上层昂昂尾等构件挑起的斜杆直伸至博脊枋下,并有三幅云、蔴叶头、菊花头等装饰构件。它既不同于宋式真昂形式的斗拱,也与清《工部工程作法则例》的假昂式鎏金斗拱有别。

此外，斗栱有（组字：幽页）、角科斗拱鸳鸯交首拱的继续采用，以及斗拱比例的减小，平身科斗拱排列的相对丛密，而各间攒挡在尺度上又大小不等等特点，都体现了由宋到清在法式特点上的过渡。

当然，此殿历经500余年的漫长岁月，在此期间，殿宇的彩画及殿内的装饰情况都曾发生过变化。

按《帝陵图说》所记康熙年间长陵祾恩殿的殿内情况是："梁柱雕镂盘交龙，藻井、花鬘、地屏、黼扆，金碧丹漆之制一如宸居。"《昌平山水记》对清初殿内的情况，也有"中四柱饰以金莲，余皆髹漆"的记载。但到了清代中叶，由于多年来陵园看护不力，殿内的神牌、供案等物先后被盗窃一空。彩画脱落情况也十分严重。为此，清高宗于乾隆五十年（1785）下旨修葺明十三陵时，特命为长陵等陵"增设龛位"。工部尚书金简等人在对明陵实地勘查后也上奏说："其各陵暖阁地平、龛案、神牌现俱遗失无存，亦应一体添造，俾臻完备。"

至于殿宇彩画，经钦派督办修理明陵工程协办大学士吏部尚书刘墉及工部尚书金简等人在查勘之后也提出了具体处理意见："内里木植所有油什处所，年久全行脱落，露身俱系楠木，似可毋庸重加油饰，竟露楠木质地，似觉古雅。至外檐上架斗科，拟改用雅五墨。天花见色过色。下架用红土垫光油。"

现在，人们所见到的祾恩殿外檐彩画，是乾隆修缮之后又屡经重新油饰的彩画，故已非乾隆时旧貌。殿内的彩画，由于乾隆时清除的不够彻底，故至今人们仍可在斗拱的凹陷部位及部分挑尖梁梁身上隐约看到明朝彩画的痕迹。清乾隆时增设的雕龙大龛、供案、神牌等物则在尔后动荡的时局中相继被破坏。其中，供案毁于解放战争时期，雕龙大龛则毁于那"史无前例"的"文化大革命"中。党的改革开放政策贯彻以后，为了丰富长陵的旅游内容，长陵的陵园管理部门在殿内安放了一尊高大的永乐皇帝铜像。在长陵营建600周年之际，又布置了"永乐皇帝与明长陵历史陈列"。

祾恩殿的左右两翼，明朝时曾建有左右配殿（又作"廊庑"）各15间，清代中叶毁坏并拆除。

配殿之前各建有神帛炉一座，至今保存完好。其制均由黄、绿琉璃件组装而成，小巧玲珑。炉顶为单檐歇山式，炉身正面为四扇假棂花槅扇，正中辟券门，门内为小室，用于焚烧祭祀所用的神帛和祝板。

第三进院落，前设红券门制如陵门，为陵寝第三重门。院内沿中轴线方向建有两柱牌楼门和石几筵。

两柱牌楼门，为柱出头式牌坊，又称棂星门。其两石柱，截面作方形，顶部各雕蹲麒麟（两者相对），前后戗抱鼓石。柱间木构部分仍为民国二十四年（1935）时仿景陵制增构。其制，单檐一间，黄琉璃瓦顶，两山面各置博缝板，檩枋之下置重翘五踩品字斗拱六攒，其里外拽的拱头、耍头均作三幅云形式。斗拱之下依次安装有平板枋、大额枋、花板、小额枋、门框、上槛（安装门簪四枚）、余塞等构件。

两柱牌楼门后为石几筵。它由石供案和五件雕刻精致的石供器组成。石供案，须弥座形制。案上五供器，中间是石香炉，两边是烛台，再两旁是花瓶。这五件供器属于象征性祭器。

陵园的宝城建筑构成了平面上的"后圆"部分。其前部与第三进院落相接，形成一个整体。

宝城，明代文献中又作"宝山城"，因城内覆盖玄宫（墓室）的封土称为"宝山"而得名。从外观上看，它就像一个封闭的圆形城堡，城高 7.3 米，外侧雉堞（垛口）林立，内侧置宇墙，中为马道，宽 1.9 米。宝城周长约 2 华里。宝城之内是埋葬帝后的玄宫（墓室）建筑，上面堆满封土，中央部分隆起，像一座小山陵，故称"宝山"。我国古代的陵冢，秦、汉以来，多作覆斗形状，其周围的陵墙平面也作方形，而明朝的帝陵，自南京孝陵始，则创制为圆形的陵冢，外护以圆形宝城墙的制度。

宝城的前部，沿轴线方向建有方城和明楼。方城高 12.95 米，下设平面走向呈"T"字形的券洞。该券洞，《大明会典》中又作"灵寝门"，其实际作用相当于进出宝城的城门洞。券洞内原建有随墙式黄琉璃屏和前、左、右三道对开的门扇（现黄琉璃屏和门扇均已不存）。从琉璃屏前东西分驶，可出方城而达于宝城内。

方城之上，建有一座重檐歇山顶的明楼。

这座明楼，明朝及清初时曾是前、后、左、右四面对称设置红券门，不仅楼体外檐斗拱系木结构，内部也都是木质的梁架结构，因此《帝陵图说》有"栋梁楠梗"的记载。但因多年失修，到了清朝中期，明十三陵的明楼凡"搁架木植者皆糟朽坍卸"，所以，乾隆五十年（1785）修缮各陵明楼时，管工的大臣们特向乾隆皇帝上奏说："今若就其形势仍用木植修换，恐难持久。"并提出各陵明楼的修复，应按照永、定二陵明楼的起券方式，"一律改发石券"。长陵明楼在该次修缮中，因此改变了结构。首先，明楼内砌起了石券顶，楼顶因此变成了砖砌的实心顶结构；其次，左右两个红券门亦用砖封死。故此，现在只有前后券门通畅如故，而明楼的外观则形制基本如旧。其中，上下檐四面均各显三间，上檐饰单翘重昂七踩斗拱，下檐饰重昂五踩斗拱，斗拱后尾均砌于砖体内。明楼的上下两檐之间，在南面一侧有华带式木榜额，书"长陵"两金字，亦仍如明朝旧制。

楼内正中立有"圣号碑"。碑制为龙首方趺，篆额"大明"，下刻"成祖文皇帝之陵"七个径尺楷书大字。其中，"成祖"，是朱棣的庙号；"文"，是朱棣的谥号（寓意"经纬天地"），文字旧时泥金，碑身用朱漆阑画云气，故又有"朱石碑"的俗称。

《明实录》记载，长陵的这座明楼和圣号碑，为万历三十三年（1605）重新建立。这是因为朱棣死后，仁宗皇帝定其庙号为"太宗"。嘉靖十七年（1538），世宗对礼部大臣说："我国家之兴，始皇祖高皇帝（朱元璋）也，中定艰难，则我皇祖文皇帝也。二圣同创大业，功德并焉，宜称祖号。"遂改朱棣庙号为"成祖"。但当时明楼内圣号碑上已刻有"太宗文皇帝之陵"数字，世宗不忍琢伤旧号，命制木套刻新庙号嵌于碑上。当时有个武定侯名叫郭勋，上疏建议"尽砻旧字，更书之，可以垂永久"。世宗见疏很不高兴，命礼部及翰林院官复议。于是礼部顺承世宗的意愿上疏说："长陵碑，昭皇帝（仁宗）所建，千万年所当崇宝，皇上追念文皇帝功烈，尊称祖号，不忍琢伤，令今日之鸿号有加，先朝之旧题无改，圣见出寻常万万。"于是，在旧碑上镶嵌了刻有新庙号的木套。万历三十二年（1604）五月二十三日夜，天降大雨，雷火烧毁了明楼和碑石，木石俱毁。大学士沈一贯遂上疏说：过去世宗改庙号而没有更立新碑，今雷神奋威，乃天意示更新之象。于是，根据钦天监所定日期，于次年兴工鼎建，重新建造了这座明楼和碑石。

在这前方后圆的陵宫范围之内，明朝时曾栽植有许多松树、柏树。现在也依然是古木参天，郁郁葱葱。

陵宫之外，明朝时曾建有一些为陵园祭祀服务及陵园管理而建的建筑设施。

陵宫的左前方，曾建有祭陵时宰杀三牲（牛、羊、豕）的宰牲亭，亭内设有放血的血池。

陵宫的右前方，曾建有供帝后谒陵更换服装或临时休息的殿室——具服殿，该殿面阔五间，东向，周围筑有围墙。墙南有五座长方形的白石槽，名为"雀池"，内贮水供麻雀饮用。

宰牲亭东约0.5公里处曾建有守陵内官的居处——神宫监。神宫监的建筑由"回"字形的监墙，及监门（西向）、重门厅室等各式单体建筑组成。

神宫监之左，曾建有祠祭署官的衙署—祠祭署。

此外，陵园附近还曾建有供祭祀官员歇宿的朝房（又作斋宿房）。昌平州城内西北，谯楼之后，还曾设有长陵卫的营房及衙署。

上述附属建筑目前均已不存，其原制除具服殿、宰牲亭和陵宫建筑一样，覆以黄色琉璃瓦顶，其余建筑均为灰色布瓦形制。

二、其余十二陵

天寿山陵区内其余十二陵，除崇祯帝思陵因地面建筑系清代所建，形制差别较大，规模也过小外，其余十一陵都基本套用长陵的布局模式，只是规模都小于长陵，细微之处则各具特点。

其中，献陵、景陵、裕陵、茂陵、泰陵、康陵、昭陵、庆陵、德陵九陵，因为都是墓主去世后，由嗣皇帝组织营建，所以规模明显小于长陵。这九陵的神道均从长陵神道分出，除设有桥涵外，无石像生、华表、棂星门等设置。陵宫，则宝城城台甬道直通前后，照壁建于宝城之内，城内封土较低，顾炎武《昌平山水记》记为"宝城小，冢半填"。宝城前院落均为两进，院内建筑配置大体如长陵，但祾恩殿、左右配殿均各五间，祾恩门各三间。昭、庆、德三陵，规制同前述六陵，但宝城内封土较满，中部有三合土夯筑的圆柱形宝顶。献、庆二陵因风水原因，龙砂环抱在前，而将宝城前的两进院落分别建于陵前龙砂的前后，两院不相连接。

永陵、定陵两座陵园，因为是墓主生前自己建造的，所以，建造得非常豪华，规模也大大超越献、景、裕、茂、泰、康六陵，而仅次于长陵。其神道设置虽与九陵相同，但神道路面均铺砌石条，因此更显精致。其陵宫建筑，祾恩殿均重檐七间，比长陵只各少两间；祾恩门均五间，与长陵规制相同；左右配殿，永陵各九间，定陵各七间，均比长陵间数少，而超过前述六陵的五间之数。永、定二陵的明楼、宝城尤其精美壮丽。明楼，采用砖石结构，砖券顶。上下檐的额枋、斗拱、檐椽、飞子，乃至榜额全部用石雕成，施以油漆彩画，酷似木构建筑。

除此之外，永定二陵还各有其他各陵都没有的外罗城。有关外罗城的来历，《日下旧闻》等书曾经这样记载：永陵建成后，非常壮丽。嘉靖皇帝登上阳翠岭观看。他突然对工部大臣说："我的陵修到这样就完了吗？"工部大臣一时惊慌失措，赶忙回答说："外边还有一圈墙没修呢。"于是，又建造了外罗城。后来，定陵仿效永陵修建，也建造了外罗城。但其实这是来自传闻。真正的原因，按《明世宗实录》的记载是，礼部尚书夏言等奉嘉靖皇帝之命，制定永陵规制。因为嘉靖皇帝让他将皇妃从葬陵园的方式一并考虑，所以，夏言等人设计规划了外罗城，拟将妃子们葬在外罗城内，明楼之前，左右相向，依次而祔。这一规划的到嘉靖皇帝的同意，后来，嘉靖皇帝的妃子们虽然没有按原来的设想葬在外罗城内，但外罗城却按原定规划建造了，并为后来的定陵所仿效。

十三陵的陵寝建筑，最神秘的部分是地下玄宫，即安葬墓主的墓室。截至目前，十三陵中打开地下宫殿的陵只有明神宗朱翊钧的定陵。

这座陵墓是1956年开始发掘的，1957年发掘成功。本来，1955年10月，郭沫若、吴晗等人是倡议发掘长陵的，并且得到了国务院的批准。但是，当时的长陵发掘委员会为了摸索经验，选择定陵作为试掘对象，定陵试掘成功，长陵不再发掘，定陵的试掘也就成了实际的发掘了。

定陵的发掘成功，不仅出土了3000余件珍贵的历史文物，而且使沉睡了数百年之久的地下宫殿展示在世人面前。

这是一座由前、中、后、左、右五座石结构的大殿，和主隧道、左道、右道三个隧道组成的地下墓室。

其中，后室，又称后殿，为玄宫主室（明代文献称之为"皇堂"），平面作横向长方形。室内面宽 30.1 米，进深 9.1 米，顶高 9.5 米。顶部为横向的条石拱券，断面呈尖顶、两弧相交的"锅底券"形制。里侧居中部位设有宝座（棺床），宝座上陈设着帝后的棺椁及随葬器物箱，神宗皇帝的棺椁居中，覆金井之上，孝端、孝靖两后棺椁分置左右。随葬器物箱多置宝座两端，计有 26 只，表面均油饰朱漆。此外，宝座右侧偏后的地方还放有孝靖皇后以皇贵妃礼埋葬时随葬的石圹志及圹志盖，系从东井左侧原葬妃墓迁来。

中室，又称中殿，位于后室之前。它与前、后、左、右四室相通，在五室中处于枢纽地位。室内平面作纵向长方形，面宽 6 米，进深 32 米，室顶高 7.2 米，地面铺砌细料方砖，室内后部陈设着一帝二后的神座、五供和长明灯。神座，白石雕刻而成，制如帝后生前所用的御座。皇帝的神座于靠背之上雕有四个龙头，背后雕一整龙，龙头伸向靠背前作戏珠状，靠背内侧，浮雕的宝珠两侧雕饰龙纹。两侧扶手之上也各雕龙头。扶手内外两侧及靠背的外侧则均雕云纹。皇后的神座式同皇帝神座，但靠背及扶手之上各雕凤头，靠背内侧雕饰凤纹。两扶手内侧雕龙纹，其余部分同皇帝神座。

五供，均为黄色琉璃制品，帝后各一套，分置神座之前。每套各有香炉一个，烛台两个，花瓶两个，分置白石座上。

长明灯，又称"万年灯"，均以高和口径约为 0.7 米的青花云龙大瓷缸为灯具，上有"大明嘉靖年制"的题款。缸内储油，其表面的油脂凝固在一起，厚 5-6 厘米，经粮食部谷物油脂化学研究所鉴定为蜂蜡，其下为植物油。在油脂之中，各置有灯芯（以植物秸秆数根捆扎，内插铁钎，外敷灯心草及棉纸），灯芯的下端连以锡坠，锡坠置于缸底中央。灯芯的上端各置有圆形的鎏金铜油漂，漂浮在凝固的油脂表面。油漂外圈环管部缠丝织物，并系有用线搓成的灯捻儿数根露于油脂表层之外，以供入葬时点燃。当然地宫石门关闭后，随着氧气的耗尽，长明灯会自然熄灭。

前室，又称前殿，平面亦作纵向长方形，顶高、面宽尺度及起券形式、地面铺砖均同中室，不同的是进深为 20 米，且室内无任何陈设。但其地面与后殿、中殿一样,在刚刚打开时铺有一层黄松木板。是安葬帝后梓宫时保护地面用的。木板上留有当年梓宫入葬时龙辒(一种专门用于运送棺椁的车子)车轮压出的车辙(左右两道车辙间距为2.2米)。

左右室,又称左右配殿或侧穴,对称地设于中室两侧。平面均作横向长方形,面宽各26米,进深各7米,顶高各7.4米。室内地面各铺青白石石板,里侧各设宝座(棺床)一座。宝座上部平铺方砖,中部各设一金井。室内无陈设同前室。

上述五室计设有石门七座。其中,前、中、后三室之前位当中轴线之处各一座。这三座石门各于门洞券之前设有石刻的随墙式门楼。门垛下承石刻须弥座(束腰刻玛瑙柱),上承冰盘檐、庑殿式的楼顶。檐下有额而无字。门洞券内设对开石门两扇,每扇门各高3.3米,宽1.7米,重约4吨,均为洁白无瑕的汉白玉石雕成,门扇上雕刻有乳状门钉(大部分与门扇一体雕成,只有个别的是刻好后嵌入门扇内),门钉纵横各九行,计为81枚。此外,门扇上还刻有兽头纹饰的铺首衔环。

石门扇形状的设计十分符合力学原理:门轴的一端较厚,0.4米左右,铺首一端较薄,约当门轴端的一半。由于门轴一端较厚,门轴随之加粗,因而可以承受更大的负荷;铺首一端较薄,则减轻了门扇的重量,门轴一端的受力因之减少,特别是门轴的下端采用半球形状,更使门轴下端的摩擦力减小,开关因之更加省力。其中,前室石门的自来石上有当时人留下的墨笔楷文:"玄宫七座门自来石俱未验。"

左右两室各设石门两座。一座在室前通道内,与中室相通。另一座设于面朝玄宫后部的方向,通达室外。这四座石门,亦属对开门扇形制,但均无门楼装饰,门扇上也无门钉雕饰。各门之内也设有顶门的自来石。

自来石既然在玄宫打开之前是从里面顶住石门的,那么,随之而来的便有两个问题需要加以说明。

其一,在玄宫发掘时,除帝后梓宫安放于后殿棺床之上外,并未发现各殿堂之内有其他人的尸体,这说明帝后安葬时各殿室是没有人留在殿内的。那么,石门关闭后自来石又是如何自行顶住石门呢?

其二,自来石是从门内顶住两个门扇的,这种顶门的方式在明代应不是孤例。那么，明朝时如果帝后不是同时入葬，后者入葬是怎样打开石门的呢？又，定陵考古发掘时打开石门的方法与明朝时一样吗？

我们只要认真分析一下自来石及石门的结构、放置方式，这两个问题就迎刃而解了。

原来，自来石都呈上下两端略宽，中间腰部略窄的长条形状。而与之相应的情况是，对开的两个石门扇的背面又各雕有凸起的石坎，如果将自来石斜靠在两石坎之下，则自来石恰好顶住两扇石门，且自来石的顶端由于两石坎顶在其上，又不会因外力推动石门而上滑。此外，门洞券地面的中部（正对门缝的地方）还开有一个与自来石底面大小相同的石槽。这样，自来石的下端因位处石槽内，也不会滑动。

由此我们可以推定，关闭石门时，人们只要按照如下步骤进行，就可以不在室内留人而顺利将石门关闭，并使自来石从里面将石门顶死。其操作方法是，先在室内预先将其中一扇石门关严，然后将另一扇石门推掩至门洞券地面石槽的内侧（与石门限相对的一侧），再将自来石的下端安放在石槽内，并竖起，使其上端靠在半掩的石门扇背后的石坎上。这时，关门人可以侧身从门缝钻出来，在石门外将未关严的这扇石门扇回拉关严，自来石便可在室内无人操作的情况下，随着半掩石门的关闭而顺势倾斜，其顶端从门扇背后的石坎之上逐渐下滑至石坎之下，将两扇石门全部顶牢。

古时候，人们能够从门外开启石门，也与石门的设计相关。因为对开的两扇石门关闭之后，两扇石门之间有大约3厘米的缝隙。这不是设计上的疏忽，而是为开启石门预留的。当时，人们开启石门用的工具名叫"拐钉钥匙"（《历代陵寝备考》记载，崇祯十七年安葬崇祯皇帝和皇后就是用这种工具打开地宫石门的），现无实物存世，文献也未对其样式做具体描述。但我们认为，这种工具一定是一件可以从门缝伸进去，前端像古代门钥匙那样设有卡钉的金属工具。而两卡钉之间的空隙应该正好能卡住自来石的腰部。这样，人们只要用拐钉钥匙卡住自来石，并将它推起立直，又不使其倾倒，就可以将其中一扇门开至半掩位置。这时，人们可以从门缝进入殿内，移开自来石，两扇石门就可以顺利打开了。据赵其昌、王岩所著《定陵》（即发掘报告）记载，当年考古人员就是受"拐钉钥匙"的启示，打开地宫石门的。（另有一

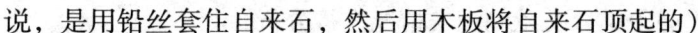

说,是用铅丝套住自来石,然后用木板将自来石顶起的)

以上所述为定陵地宫的"五室"情况,下面再介绍一下"三隧"情况。

"三隧",是指该玄宫共设有三条隧道。与前室相通的是主隧道。据发掘资料记载,这条隧道的起点在隧道门的内侧。

隧道门,由内外两道券洞组成。外券洞设于宝城城墙的下部,位当明楼的右侧,其外侧处于外罗城院内。拆通之前,该券洞的前后两面均像城墙其他部位那样垒砌城砖,不露门洞痕迹。其内部则为砖拱券结构。

隧道门在开始发掘时并未拆开,直到1958年9月修缮玄宫时,为运料方便才拆开。拆开后在外券洞内发现了一座小石碣,碣上刻有文字:"宝城券门内石碣一座,城土衬往里一丈就是隧道,棕绳绳长三十四丈二尺是金刚墙前皮"。显然,这座石碣同样是明朝时工部官员所设,可惜,因发掘时此券门未拆通,所以,石碣上的指示文字没有在发掘中利用。石碣上所说的棕绳则早已腐烂,未留痕迹。

从隧道门内侧延伸至明楼之后是砖隧道,隧道两侧用城砖垒砌成高1.5－2.8米的隧道壁,道宽8－8.6米。砖隧道的尽端终止于一道略呈弧形,由四层城砖砌成的矮墙。

由矮墙往里,对着玄宫不远的地方为石隧道,其两侧墙壁,除接近金刚墙部分用城砖垒砌外,均以花斑石砌成,且随着隧道的逐步加深。石隧道的尽端是金刚墙,上有黄琉璃瓦檐,下有"圭"字形开口(梓宫葬毕即以砖封砌),里面则是一个与玄宫前殿前壁相连的一个砖券室,即隧道券,起着保护玄宫前室石门,并沟通石隧道的作用。

地宫的另外两条隧道是左右配殿的隧道,即宝城墙内侧石条上刻写的"左道"和"右道"。其全程走向虽因未经全面发掘而不能详知,但从已发掘的局部情况看,其与左右两室相接的部分情况与主隧道和前室相接之处的做法却基本相同,都有保护石门的砖券顶的"隧道券",且隧道券的外侧都有横截于隧道之前的"金刚墙"。因此,左右两侧室都设有隧道应是毋庸置疑的事,否则两侧室石门、隧道券、金刚墙之设便无必要。

定陵的地下宫殿为什么要设计成前、中、后、左、右五室?其布局取象是什么?这种布局方式有何深远的历史文化渊源?这是大家十分关心的问题。

要回答这些问题，必须结合文献和现实情况进行分析。

《明世宗实录》卷一八七记，嘉靖十五年（1536）五月，世宗朱厚熜在讨论永陵的营建时，曾对辅臣李时、夏言等说："寿宫规制宜逊避祖陵（指长陵），节省财力……地中宫殿器物等旧仿九重法宫为之，工力甚巨，此皆虚文，且空洞不实，宜一切厘去不用。"但大臣们对世宗皇帝一心要仿照长陵建造寿宫的真正用意是心领神会的。于是，诸臣议奏："皇上亲为卜兆，惓惓以避尊节财为谕，执谦虑远，臣等所当将顺，但恐过于贬损，无以称臣子尊崇之礼。其享殿、明楼、宝城，拟请量依长陵规则，其地中宫殿等项，仍请稍存其制。"大臣们的意见得到了世宗皇帝的同意，传旨"俱如拟，其未尽事宜，俟朕亲往决之"。

从上述文字中不难看出，长陵的地下宫殿是仿照九重法宫建造的。永陵的建造，大臣们的建议虽称"稍存其制"，实则是一种文饰之词，真正的意图却是仍仿九重法宫建造。

那么，什么是九重法宫呢？

"法宫"一词见于《前汉书·晁错传》："臣闻五帝神圣，其臣莫能及，故自亲事，处于法宫之中，明堂之上。"魏人如淳谓："法宫，路寝正殿也。"又，清经学家惠栋在《明堂大道录》中则又称："明堂天法，故曰法宫。"

可见，古代法宫最初所指是帝王日常所居的宫室建筑路寝，或天子朝诸侯、享上帝、临朔布政的礼制性建筑明堂。而明堂或路寝建筑的布局又与古文献所记"太一下行九宫图"相合，这就是"洛书"的"戴九履一，左三右七，二四为肩，六八为足，五居中央"的九宫格局。

明朝时的法宫，指皇帝日常所居的以乾清宫为主体的皇宫内廷建筑。

如，《明臣奏议》卷十三辑正德九年（1541）张原《时政疏》有这样的话："伏望陛下念祖宗付托之重，思天下仰赖之广，体圣贤善治之言，遵皇祖垂世之训，深居法宫，尊严简出……"这里的法宫显然是指皇宫内廷建筑。

而前所述定陵玄宫五室的布局与皇宫内廷建筑布局确实存在一定妙合关系。

其中，定陵玄宫的前、中、后三室尊居中路，与内廷建筑中乾清宫、交泰殿、坤宁宫三座建筑的布局相合；左右配殿对称地分布在中室左右，又与对称于交泰殿东西两侧的东西六宫布局相合。定陵玄宫制度的这一特点无疑是我国古代丧葬制度的核心——"事死如事生"礼制观念的体现。

对定陵地宫的外部形制，人们也颇为关心。我们在现存明代典籍中，还没有发现关于定陵玄宫外部形制的记载，整个玄宫建筑由于全部为封土所覆盖，我们也无法直接目睹其真实形状。但万历年间工科给事中何士晋所撰《工部厂库须知》却如实记录了从长陵到昭陵九陵玄宫所用琉璃黑窑厂烧制的琉璃构件："地宫上伏檐、下伏檐共九座。每一座吻五对，兽头八个。共吻四十五对，兽头七十二个。"

这一记载清楚地告诉了我们，九陵地宫是有上伏檐、下伏檐的。这说明九陵玄宫与董四墓明代妃坟墓室一样，上面都覆有琉璃殿顶。吻为殿顶正脊两端的琉璃构件，无论是单檐或重檐，庑殿顶还是歇山顶，每殿只有一对。每座地宫有五对吻，说明每陵玄宫都由五殿组成。兽头估计是殿与殿之间相接部分琉璃顶脊端的饰物。五殿按前、中、后、左、右井田格局布置，计应有四个相接处，每处两坡一脊、一脊用兽头两个。四个相接处，恰用兽头八个。

由此可见，定陵玄宫的五室布局实际上是沿袭由长陵到昭陵九陵的玄宫制度。那么，定陵玄宫的外部形制自然也应和九陵一样，是装饰有各种琉璃构件的宫殿样式了。

我国古代帝陵建筑，不论是秦汉时期的竖穴式墓室，还是唐宋时期以砖石构筑封顶的墓室，均未见有一如皇家宫殿样式的墓室外部造型。明陵地宫的这一鼎新之举，无疑在中国古代帝陵建筑史上写上了新的一页。而且随着朝代的更替，这种构筑地宫的新方式又继续为清代帝陵所继承。

思陵是十三陵中比较特殊的一陵，安葬着崇祯皇帝朱由检及皇后周氏和皇贵妃田氏。因为崇祯皇帝和皇后周氏都是在李自成农民起义军打进北京城后自缢身亡的，他们生前没有营建寿宫，所以，李自成的大顺政权责成昌平州，将崇祯帝后葬入了崇祯皇帝生前宠妃皇贵妃田氏的墓中，并命名为思陵。

当时，当时的田贵妃墓虽然地面建筑还没有营建，所以，思陵的地上建筑都是清朝顺治初年营建的。

按《清世祖实录》记载，清廷下令以礼改葬崇祯帝后，并营建思陵建筑，时在顺治元年（1644）五月。

然而，由于种种原因，思陵的改葬开隧和营建却是举步维艰。

首先是工程组织不能迅速落实。该工程本应由工部及内官监负责，但工部却因缺员而不能分任。内官监虽已责成总理冉维肇，管理高推、王应聘三员内官专司督理，但大概是由于"故君之事，既无赏可冀，又无罚可畏"，所以，虽经原任明朝司礼监掌印太监曹化淳屡次劝勉，三人却总是置若罔闻，三秋已过，冬至将临，开工仍杳无日期。为此曹化淳不得不在顺治元年（1644）十一月上奏反映情况。顺治皇帝览奏朱批："思陵作速经营，已奉有旨，该监何得玩泄？冉维肇等姑且不究，著即刻期赴工，先开隧道，其余俟来春报竣。如再延诿，定行重治。"

其次是工程所需银两不能及时到位。在顺治帝的严旨切责下，负责思陵营建的冉维肇等人只得尽快趋赴工所，并于十一月二十九日兴工开挖隧道，思陵采石等工也正式开始。十二月初，思陵营建所需石碑、石座，均运至北京城北安门外西步梁桥东，并号有"锦壁山（鹿马山别名）工用"字样。当时，本应同时并举的工程计有三项：一是思陵营建，二是葬张皇后于德陵，三是葬万历妃刘氏于银钱山。三项工程估价为3000两白银。银两的来源，原奉旨赐陵地租银1500两，文武百官及内臣捐助1500两。但事实上，直到该年十二月，陵租虽已征收，但工程所需银两却不知从何处关领。多方劝捐的650两虽早在九月初四日汇交给工部营缮司，但文武大臣捐助之银却差一半有余。所以，工程开始时，工部所掌握的银两只有1000两，而开工时督送至工所的银两又只有110两。为此，曹化淳以及原任秉笔太监车应魁、王德化，随堂太监王之俊、卢维宁等人只得于该年十二月移文内院，催办银两解送事宜。

在曹化淳等人的催促下，顺治二年（1645）九月，思陵改葬等工终于完成。十日，工部尚书兴能上奏，请示以余剩银两，建造香殿。十二日，顺治皇帝批示："知道了，余银修造事宜，工部看议具奏，钦此。"十月二十七日，平西王吴三桂又捐银千两，助建思陵，思陵的工程才暂告一段落。

顺治十一年（1656）八月，清代著名学者谈迁曾赴思陵拜谒，他在《北游录》一书中记述了当时思陵的建筑规制："周垣之南垣博六十步。中门丈有二尺，左右各户而钥其右。……垣以内左右庑三楹，崇不三丈。几案供奉明怀宗端皇帝神位（此处当指享殿内）。循壁而北，又垣。其门、左右庑如前。

中为碑亭，云'怀宗端皇帝陵'，篆首'大明'。……进此垣，除地五丈则石坎，浅五寸、方数尺，焚帛处。坎北炉瓶五事，并琢以石。稍进五尺，横石几，盘果五之，俱石也。蜕龙之藏，涌土曰三四尺，茅塞榛荒，酸枣数本。"同书《纪文·思陵记》又谓，思陵享殿为"三楹"（三间），"奉先帝木主"；碑亭（文中称"内殿"）有额，有金书"思陵"二字。亭内石碑"大明"亦为金字。碑刻"怀宗端皇帝陵"。

顺治十六年（1662），思陵的建筑又稍有变化。该年三月，陵前增碑亭一座。十一月，去崇祯帝"怀宗"庙号。并改谥"庄烈愍皇帝"。陵内石碑、神牌字迹随之而改。十二月，顺治皇帝下《谕修明崇祯帝陵诏》，其具体修建项目不详于文。但从康熙年间谭吉璁《肃松录》所记思陵制度看，思陵虽经顺治十六年的修建，但并无大的变化。该书所记思陵的建筑情况是：

碑亭南北四丈八尺，东西如之。宫门三，距亭十一步，阶三，惟中门有栋宇，广二丈四尺，修三丈。享殿，距门十三步，阶三，无台，殿三楹，广七丈二尺，修四丈二尺，内香案一，青琉璃五，器全设。一神牌，高二尺五寸，石青地，雕龙边，以金泥之，题曰"大明钦天守道敏毅敦俭宏文襄武体仁致孝庄烈愍皇帝"。中楹为暖阁，长楅六扇，中供木主三，中则庄烈愍皇帝，左则周后，右则田妃，外俱用楑冒之。周后神主题曰"大明孝敬贞烈慈惠庄敏承天配圣端皇后"，田妃神主仅存"恭懿"二字，余被人磨去矣。配殿三楹，俱黑瓦。殿前大杏树一株。陵寝门三，距殿址四步，穴墙为门，中广二丈四尺，修一丈二尺，傍则户矣。明楼距门十一步，不起楼，阶四，中开一门，左右夹窗二。碑石广一丈六尺，修六尺，雕龙，方座，高丈许，题曰'庄烈愍皇帝之陵'。石几距楼十步，长五尺，博二尺。几前石器五，俱高八尺，方式雕龙。中一方鼎，与诸陵异，皆列于地。宝城距几甚近，无城，周围用墙，高六尺。中以石灰起冢，高四尺，缭以短垣，左松八株，右松七株。

清乾隆年间，思陵先后两次修缮，陵园建筑规制又发生了新的变化。

乾隆十年（1745）九月，刑部左侍郎钱陈群奉命祭祀思陵，发现思陵因长期失修，风雨剥落，殿庑倾圮严重，遂奏请修葺，并提出：遵世祖章皇帝奢靡不尚之谕旨办理。乾隆帝从其所请，下诏修缮思陵。直隶总督那苏图奉命督办该项工程。昌平州知州胡大化估报，修缮享殿三间，建造配殿六间，加上大门、二门、碑亭、甬路等工程共需工料银及烧造琉璃瓦银13900余两。后又经保定府同知永寿实地复核，认为"享殿三间虽久已倒塌，旧存木植砖块尚敷凑用，似应添补修葺，其余墙垣等项酌量粘补。其配殿六间久经倾圮，且地基窄狭，毋庸重修，以省糜费"。此议于乾隆十一年十一月经那苏图奏请乾隆皇帝同意后遂只将思陵亭殿、垣墙修好，配殿废而未修。

乾隆五十年（1785）三月，修葺十三陵时，思陵是其中之一。因"顺治年间改建思陵，而一切明楼、享殿之制未大备"，特命"重为修葺，悉如别陵。并普立神牌木主供奉，以妥享祀"。

修陵大臣工部尚书金简等人经实地勘察提出，思陵"仅有享殿三间、碑亭一座，规制颇觉狭小。伏思我世祖章皇帝定鼎之初即命以帝礼改葬，兹复仰奉谕旨，不惜帑金修葺诸明陵寝，似应就现在地势加筑月台，将旧碑亭移建月台之上，后墙略为加高，宝顶随墙添土，并将原建享殿三间改造五间，宫门一间改造三间。用彰恩施优渥"。于是，思陵的陵门改建成了硬山顶式的三间门楼，享殿建成了面阔五间（通阔17.3米），进深三间（通深8.5米）的单檐歇山顶式建筑。石雕五供之后也建起了无马道，无宇墙的单面墙式的宝城墙和城台及重檐歇山顶式的明楼。

在陵园的管理上，思陵和其他明陵一样，在清代设置有司香内使（守陵太监）二名、陵夫八名，照役给予香火地亩。每年春秋二季，分由太常寺差官至陵致祭。清廷每年还委派工部堂官一员，赴陵检查陵园建筑，时加修葺。

思陵，虽然终清之世一直是崇祯皇帝的陵名，但在顺治、康熙年间，一些知识分子却不称其为思陵而称之为"攒宫"。

如顾炎武在《昌平山水记》中就直称思陵为"攒宫"，并加以解释说："昔宋之南渡，会稽诸陵皆曰攒宫，实陵而名不以陵。《春秋》之法，'君杀，贼不讨不书葬'，实葬而名未葬。今之言陵者，名也。未葬者，实也。实未葬而名葬，臣子之义所不敢出也。"

《帝陵图说》的作者梁份亦云："烈皇帝殡于田妃墓，国耻未雪，不谓之攒宫不可也！以陵称不可也！以思称尤不可也！"

显然，他们是站在明王朝的立场上，认为明朝的国耻未雪、君父之仇未报，因此，崇祯帝虽葬于田妃墓中，但却不能称"葬"，思陵也不能称

"陵"。他们拒不接受清朝为崇祯帝陵所定的陵名，反映了他们对清朝统治者的不满和对明朝的怀念。

清朝灭亡后，军阀连年混战，日本侵略者的铁蹄又蹂躏了祖国大好河山，思陵屡逢劫难，残毁十分严重。地下墓室曾先后两次被当地土匪盗发。1947年，国民党军队为修炮楼，又大规模地拆毁陵园地面建筑。至新中国成立前夕，思陵已是满目凄凉，只有坟冢、楼殿遗址、石雕五供、碑石作为珍贵文物保存下来。

中华人民共和国成立后，国家十分重视文物保护工作，思陵的珍贵文物得到应有保护。

现在的明思陵，虽然没有金碧辉煌的殿宇楼台，但古陵残碑，松涛阵阵，仍别有一番意境。特别是残存下来的石雕艺术品，构思奇妙，雕工精细，颇引人入胜。

石五供，分为前后两套。前一套，是五个相互独立的供器，正中为香炉，雕为四足两耳的方鼎形，上面浮雕饕餮纹；左右为烛台，台腹四面雕刻人物故事；最两边的是花瓶，瓶腹、瓶项略呈圆形，亦浮雕饕餮纹。五供器各施以石座，与明代其他各陵共用一祭台不同。后面的一套，祭案的案端作翘头式，案面浮雕绳纹，下作闷户橱形状，四腿因项部内收而随势弯曲，足部外翻，还保留着明式家具线脚优美、雄浑大方的特色。案上放有石雕供果五盘，一盘为橘，一盘为柿，一盘为石榴，另外两盘分别为寿桃和佛手，形象十分逼真。

碑石雕刻也别有风趣。碑首作"四螭下垂"式，碑身左右雕升龙，碑座前雕五龙，后雕五麒麟，左右雕母狮背负小狮图案，母狮前还有小狮或作戏球状，或伏于母狮身下作哺乳状，形态极为生动，据说，这是象征古代官爵中"太师、少师"的一种吉祥图案。明楼内的圣号碑碑阳篆额"大明"二字，下刻"庄烈愍皇帝之陵"七个大字。

前面的神道碑碑阳篆额"敕建"，下刻清顺治年间大学士金之俊奉敕撰写的碑文。碑文中对崇祯皇帝的功过进行了总结评价，认为崇祯帝尽管失去江山，其本人还是一位勤政的皇帝，与其他各朝代的亡国之君不能同日而语。崇祯的亡国是因为当时"有君无臣"，是大臣们误国。这种分析，当然是有失偏颇的。因为明朝的灭亡，原因是多方面的。

古刹智化寺与智化寺京音乐

北京文博交流馆馆长　薛　俭

首先，非常感谢北京文保协会给我提供了一个和各位朋友交流的机会，同时也非常感谢各位朋友牺牲休息时间来让我与大家交流。我想刚才我们主持人专门做了一个现场的统计，到过智化寺的朋友占到了将近一半，我想有好多朋友对智化寺的了解可能比我还多，比我了解得还深刻，下面把我所了解的、所掌握的一些知识也好，还是一些故事也罢，在这儿与各位朋友做一个分享。

说起智化寺可能有很多朋友比较熟悉了，在禄米仓胡同。没有去过的朋友找智化寺比较费劲。在这里我先给大家介绍一下，禄米仓胡同在朝阳门与建国门之间，紧邻东二环。如果是您乘坐地铁2号线在朝阳门站下车往南走、在建国门站下车往北走、地铁5号线灯市口站下车往东走，先找金宝街，找到金宝街再往北拐一点就找到禄米仓胡同，到禄米仓胡同的顶东头就找到智化寺了，它的门牌号是禄米仓胡同5号。在网上也能查找到智化寺的地址，欢迎各位朋友到智化寺参观。

有朋友要问，到智化寺看什么呀？那我就告诉您，到智化寺既有看的还有听的。就是我今天要向各位朋友介绍的智化寺"三绝"。智化寺有哪三绝呢？我归纳为："一听、二看。"听，听什么呢？就是欣赏被列入国家首批《非物质文化遗产名录》的智化寺京音乐；二看，一看庄重、典雅、用料独特、素雅清新，具有明代特色的智化寺古建。二看精美古朴、栩栩如生、平和宁静的佛造像。

下面就请各位随我一起来游览古刹智化寺。我们无论是看智化寺从空中俯视图片，还是来到智化寺实地参观，大家一看就能感觉到智化寺的庄严。为什么？你看在一片灰瓦房中间有一片黑瓦红墙，是不是一下就突出了它的地位呀，非常明显，这就是智化寺的特色。

智化寺建成于明英宗正统九年，就是 1444 年，经历了 560 多年的风雨沧桑，至今仍然保存较为完整，当然这中间是经过多次修缮。远的不说，就说新中国成立后，1958 年北京市政府拨出专款对智化寺进行修缮，1961 年与故宫、十三陵、长城等一批重点文物同样列入全国的首批文物重点保护单位。于是人们就要问，它为什么有这么高的地位呢？是因为它是北京地区现存比较完整的明代木质结构建筑群。难道故宫里面就没有明代建筑吗？故宫确是明代朱棣在北京这儿建的，但是故宫随着朝代更迭，逐步建设、逐步修缮、逐步完善，也在逐步改变，它的整体结构已不是完全明代的味道了，只有智化寺还保留着明代木质结构建筑群的整体风格，所以说它被确定为北京市内最大的明代木质结构建筑群，有了这样一个定位，就应当有它的地位了。

来到智化寺，我们从哪几个方面来欣赏智化寺的古建呢？我想还是从三个方面来介绍，一个是从整体的布局来看，第二个是从它的等级规格上来看，第三个是从精美的彩画来看。我们在智化寺鸟瞰图上看它的全景，与周边的民居相比较是有明显区别的，从而体现出了智化寺的特出身份。首先走进山门，进入了第一号院，第一院落正面就是智化门，东侧是钟楼，钟楼上边有一口大钟，高 1.6 米，口径是 1.05 米，万岁牌上铸有"皇图永固，帝道遐昌，佛日增辉，法轮常转"十六个大字，大钟背面铸有"大明正统九年九月九日制"铭文，这就标志这个大钟是在智化寺庙建成的同时铸成的，也记载着智化寺的历史。西侧是鼓楼，东侧钟楼上有一口大钟，西侧鼓楼上应该有一面大鼓呀，而且这面鼓还比较大，这个鼓有多大呢？鼓高 1.45 米，也就是两个鼓面之间的长度 1.45 米，鼓面的直径是 1.07 米，鼓身最大周长是 4.3 米，相当于直径 1.4 米左右。鼓身上有 4 组二龙戏珠的堆金龙纹，鼓面上有两对二龙戏珠龙纹，一共是 6 对 12 条龙，象征着一年 12 个月风调雨顺寓意，这面大鼓历史上经过三次修复，修好后的大鼓再无法放到鼓楼上，只能陈列在智化殿内。现在鼓楼上摆放的鼓是一个仿制的鼓。

说到钟楼鼓楼，不得不说一下明代寺庙建筑的规制。因为在明代寺庙建制都有一定的规制，就是说国家有统一的标准，形成了"伽蓝七堂"的规制。"伽蓝七堂"所谓的七堂它指山门、佛殿、法堂、僧堂、厨库、浴室、西净等基本建筑。那么规格较高的寺院还有讲经堂、禅堂、塔、钟楼、鼓楼，通过钟楼、鼓楼就说明智化寺是规格较高的寺庙了。

我们在走进智化门之前，智化门前面有两通石碑，这两通石碑非常有意义，是建智化寺重要物证，说明为什么要建智化寺。进门右边的一通石碑是《敕赐智化禅寺报恩之碑》，这个碑说的什么意思呢？是为了感恩皇上，是说他是受到明成祖朱棣、明仁宗朱高炽、明宣宗朱瞻基、明英宗朱祁镇等四朝皇帝的宠爱，他死的时候才38岁，大概推算一下，他十来岁就进宫了。碑文是这样记载的："夫天地虽未尝责报于万物，而万物自不忘生成之德；圣人虽未尝责报于臣下，而臣下之心自不能忘恩德之重。"意思是说，"天地让万物生长，没有责成万物回报，而万物不应忘记天地让万物生长的恩德；皇上虽没有让他（王振）回报，但是（王振）不能忘记皇帝对他的重恩"。所以说他要通过建这个寺庙来报恩。左边一通石碑是叫《敕赐智化禅寺之记碑》，《敕赐智化禅寺之记碑》有一段碑文的意思是说："为什么世界上的万物会生长得这么茂盛，是因为根基深；为什么水能够从很远的地方流到海里面，是因为有源源不断的水源；为什么王振他有这么荣华富贵，是得益于他的祖辈积德，他要报答，要报答自己的祖先也好，还是要感谢世界的万物也好，唯以皈依佛门，通过报效佛祖来报效自己的祖先和世界万物。碑文说道："物欲效报于天者，非皈依佛不能，而人欲效报于祖者，舍佛其谁能资其冥福哉。"意思是说，他建寺庙的目的是通过报佛而达到报答祖先和皇恩。这两通石碑就是记载了王振当时为什么要建这个寺庙。

我们了解了这两通石碑，我们再说智化门，智化门其实它不是门，它是一座面阔三间，进深五檩的这样一座建筑。其他一般寺院叫天王殿，里面摆陈的是四大天王，正中间是坐的弥勒佛，后面韦陀。由于历史的原因，这几座佛像已不知下落。现在，智化门作为一个介绍智化寺沿革的展厅。当你走进智化门展厅时可能通过几位与智化寺历史有关的几个关键人物来了解智化寺几百年的历史变迁。一个是智化寺的主人大太监王振，一个是为智化寺赐名的当朝皇帝明英宗，一个是向大清乾隆皇帝上书的山东道御史沈庭芳，一

个是让智化寺起死回生的中国近代古建筑专家刘敦桢。通过这几位关键人物可以了解到智化寺由始建到兴盛，再由兴盛走向衰落，当今又如何被人们所重视的几百年沧桑巨变。

在智化门展厅内了解智化寺历史的同时，还可以了解到与智化寺关键人物有关的两大历史典故，一个叫"土木之变"，一个叫"夺门之变"。首先说"土木之变"。"土木之变"是什么意思呢？就是在正统十四年，也就是1449年7月蒙古瓦剌部，联络其他蒙古族的一些部落率军南下，南犯大明朝，不断在边境制造战事。这个时候王振向英宗皇帝极力进谏要求皇帝率兵亲征，在多数大臣反对的情况下，由于英宗皇帝对王振过分信任，就听了王振的话，率领了50万大军带领着文武百官出城。从北京出城，一直走北上直到大同，前方传来了不好的消息，前方将士已经抵挡不住蒙古瓦剌部蒙古军了，这个时候一看大势不好了，皇帝就率着50万人马沿着出征的路线一路回撤，走到宣化东南，一个叫土木堡的地方在一个山头上安营扎寨，（就是现在怀来城北边的土木堡镇）。说时迟，来时快，蒙古军五千骑兵已追上来了把明军包围严严实实的，切断明军水源，采取围而不打的策略，围了一个星期，明军受不了啦，蒙军用了一计，假撤退，撤退以后埋伏，这个时候明军一见蒙军撤退了，于是明军大乱，开始下山抢水，蒙军趁明军大乱之时，杀了一个回马枪，明军的阵脚大乱，50万明军大败，当时被蒙军杀掉的大臣就有51位，这个时候王振也死在乱军之中，英宗皇帝也被蒙军的俘虏。这个时候蒙军一直打到北京城下，城下好在城内还有一个叫于谦的当时的大将军守了一个月时间，蒙军一看攻不下来京城就回撤了，把英宗皇帝也带回蒙古去了，英宗皇帝被蒙军捉走了以后，朝廷又立了一个皇帝，蒙军一看达不到要挟的条件，过了一年多就把英宗放回来了，他回来也做不成皇帝了，这边有现成的皇帝，英宗皇帝只好委屈自己尊为太上皇被软禁在南小宫，也就是现在的普度寺。这就是历史上著名的"土木之变"。

英宗皇帝被俘虏后，朝廷立英宗皇帝的弟弟朱祁钰为皇帝，立年号为景泰。遗憾的是朱祁钰没有做皇帝的命，朱祁钰在景泰八年的时候身体不行了，还有儿子呀，他的儿子又不争气，两岁多立为太子，皇帝朱祁钰还没有驾崩，太子先夭折了，因此也没有太子继位，也没有后继之人，皇太后一看皇帝不行了,又没有太子,朱家的江山保不住了,在她默许下,有一批大臣又把朱祁镇拥戴为皇帝,就这样朱祁镇第二次做了皇帝,这就是历史上称为"夺门之变"典故。

听完了两个故事,再说说智化寺经历的500多年历史长河中又是怎样起起落落的。在前面提到的关键人物中,一个是向大清乾隆上书奏折的山东道御史沈廷芳,他是决定智化寺由兴盛走向衰落的一个关键人物,为什么呢?沈廷芳他作为山东道御史,从山东回京述职,经过朝阳门,路过智化寺,看到智化寺信男信众出出进进,香火非常旺盛,他进去一看,里面还有明英宗皇帝为王振立的"旌忠祠",还有人给他烧香、磕头,于是沈大人火冒三丈。因为沈廷芳他是修编过明史的,对明朝的历史非常清楚,对于王振这个一个大宦官了如指掌,明朝的宦官摄政就是从王振开始的,明朝的宦官读书、识字也是从王振开始的。大家知道朱元璋当皇帝的时候就立了一条规矩"不准太监识字,不准太监涉入内政",到王振那儿是第一人。沈廷芳就把他所了解的情况向乾隆皇帝奏了一折,皇帝一看这不行,怎么一个祸国殃民的宦官还有这么多人来信奉他,来跪拜他呢,这样对国民是一种误导,然后批了奏折,把王振的"旌忠祠"给捣毁,把有关王振的一些碑刻给拉倒。大家想想,皇帝都说了这事不行,怎么办?民众自然而然也就不去信他了,香火就慢慢也就不旺了,然后就逐渐走向衰落。一直到20世纪30年代,有一位关键人物让智化寺经过很长一段衰落后起死回生。他是和北京古代建筑学家梁思成先生齐名的中国近代古建筑学家刘敦桢先生,当时号称是"北梁南刘"。他来北平调查古物,在梁思成等人的帮助下,他选定了智化寺的如来殿作为他调查明代古建筑的标本,写下了《北平智化寺如来殿调查记》一文,这篇调查记的诞生改变了智化寺命运,从今以后就成为研究智化寺建筑的一个活标本,也是清华大学古建筑系的每一位学生必读范本,所以说是由于刘敦桢先生这个调查重新奠定了智化寺的重要地位,然后这样就确定了智化寺在北京城内建筑历史上的地位,在新中国成立后的1957年北京市政府公布的第一批古建文物保护单位智化寺在名列其中,1961年被全国公布为首批全国重点文物保护单位,直到今天我们智化寺中间也经过50年代的修缮、80年代一次大的修缮,然后对外开放。

我们穿过智化门来到智化寺的第二进院，正面是智化殿、东侧是大智殿，西侧是藏殿，各殿都配有耳房。我们首先来看正面智化殿。智化殿相当于其他寺庙的大雄宝殿，是一个寺院的主殿，参观智化殿会给我们观众留下两大遗憾，为什么有两大遗憾，因为智化寺经历了几百年的历史，智化殿以前供奉的是三尊佛像现在也不在了，这三尊佛像现在在哪儿？在西山大觉寺，大家有同志肯定去过，叫"去无来处殿"供奉的三尊佛像是从智化寺调到那儿去的，一去不复返。现在智化殿内的三尊佛像，是从智化寺大悲堂移过来的，大家看就知道了，这是一大遗憾。

还有一大遗憾就是智化殿里面的顶子，现在是用木板补上去的，它以前是什么样呢？以前上边是藻井，藻井是什么呢？是相当于一个艺术化的、结构非常巧妙的一个房顶，这个房顶做工非常考究，大家可以看一看它的立体感非常强，下面是四方的，收到顶上变成圆形的，里面是一层一层的累积上，第一层上面是佛龛，每一个佛龛里面还有佛像，佛龛上面还有斗拱，我在后面要简单介绍什么是斗拱，斗拱再上面就是一层一层云彩浮雕，浮雕再上面到正中心圆的地方还有一层斗拱，斗拱上面是一个圆形的吊顶，这个顶子上面有一条盘龙，这条盘龙雕刻非常精细。这座藻井现收藏在美国费城艺术博物馆，智化寺在美国有两尊藻井，一个是智化殿的藻井，还有一个是万佛阁的二楼上面有个藻井，这个藻井收藏在美国的纳尔逊博物馆。

再来看藏殿。藏殿里保存有完好的一具转轮藏是智化寺最重要的镇馆之宝。转轮藏其实是用来收藏经书的经柜。就像现在的书柜只不过是把书柜做得比较考究，设计为八面体，八面体每一面外边看横着是五个抽屉，纵向看是九层，每一层是九函，每一函里面可以放一函经书，每一面是九九八十一函，总共是648函。转轮藏在北京地区有三座，智化寺是其中一座，而且智化寺这一座是最老的一座，是明代的。在雍和宫和颐和园各有一座，是清代的，比较晚。转轮藏顶上单坐一尊毗卢遮那佛，佛像的上方是一座小的藻井，智化寺三座藻井就剩这一个小的藻井了，这一座小的藻井做工也是比较考究的，也是经过几次修复的，"藻"字是一种海藻，水里边生长的植物，井也是打水的地方，中国的古建筑大部分都是木质结构，木质结构怕火，需要水来镇火，一般在大殿或是庙堂的顶部会装上一个藻井，主观来讲是用来镇火，客观上来讲是用来装饰殿顶。

看完了藏殿,再来看大智殿,大智殿以前供奉的是观音、文殊、普贤三位菩萨,由于历史的原因,这三位菩萨也不在智化寺了,给我们当今留下很大的遗憾。大智殿现在作为文博交流馆的临时展厅,目前展出的是博物馆开发的文化产品。

再随我一起到三号院,三号院有一座两层的建筑,一层叫如来殿,二层叫万佛阁,这叫一楼二名,在这个两层的建筑内供有大小一万尊佛像,号称万佛阁,万佛阁谐音万福阁。

第四进院有一座殿堂叫大悲堂,大悲堂最早的时候叫极乐殿,极乐世界的意思,在康熙年间着过一次火,这个殿名就改大悲堂,大悲堂不是悲哀的意思,是佛教里面讲的大慈大悲的意思。

大家对整个智化寺的古建筑有了一个初步的了解,再来看一下智化寺的规格,首先从它的占地面积来看,占地面积在它的鼎盛时期占地将近2万平方米,现在占地仅有5000多平方米了,原先的讲法堂和方丈院都不复存在。

第二,从智化寺主体建筑的屋顶用料来看,都是黑色琉璃瓦。琉璃瓦不是一般的寺庙都能用的,肯定是要有相当级别的寺庙,在中国古代建筑中使用琉璃瓦是有相当严格等级制度的,黄色、绿色琉璃瓦皇家用得比较多,黑色琉璃瓦不仅是在北京地区,北京以外的地区也很少用的。黑色琉璃瓦是智化寺古建筑的一大特色。

第三,从建筑的屋顶结构来看,采用了"歇山式风格的屋顶"和"庑殿顶",而普通建筑都是采用"硬山顶"。

第四,从智化寺的屋脊装饰的脊兽来看。智化寺的主体建筑除了正脊上面有正吻,在戗脊上还有走兽,走兽是古建筑里既是装饰,也是等级的象征。走兽个数的多少表示这个建筑规格的大小。这些走兽都是哪些呢?最前面的一个是骑凤仙人,后边的依次叫龙、凤、狮子、天马、海马、狻猊、押鱼、獬豸、斗牛,最后是行什,依次排列,它们是有顺序的。还有垂兽。智化寺的戗脊走兽一共是5个。再看一看故宫的太和殿戗脊上是9个走兽,加前面的骑凤仙人和后边的行什,一共是11个,它是皇宫,代表最高规格。

第五,从智化寺主建筑屋檐下的斗拱结构来看,层数也代表着古建筑的规格。斗拱是中国木质结构古建筑最富有特征的一种构件，既是为了美化，也是为了把檐口往前延伸，这是先民们聪明智慧的结晶，它相当于把各个木质构件像堆积木一样给它搭建起来。万佛阁采用的是"单翘重昂七踩斗拱"，如来殿五踩斗拱，钟鼓楼采用的是"单翘三踩斗拱"，这都是智化寺古建筑的一些特色，在别的寺庙很少。

第三个方面从彩绘上来看，彩绘也是智化寺古建筑的又一大特色，从彩绘上能了解到很多信息，不同的朝代反映当时人们的审美观点，也反映了当时的文化背景。明代的彩画分两大类：一类是云龙包袱彩画，云龙彩画是由云和龙等元素组成的彩画；另一类是旋子彩画。智化寺彩画都是旋子彩画。旋子彩画的整体图案体现了如意纹，过去中国文字含义比较深刻，希望万事如意，一般都是如意纹，旋子画几何图案形成的。藻头是为了旋画图案形成活泼多样，近似于凤的翅膀，因此称为凤翅瓣。旋子彩画是由盒子心、藻头、枋心三大部分组成，还有很多小的部分，结构都比较复杂了，智化寺的旋子彩画有各种形制，万佛阁内的七架梁金线小点金旋子彩画；智化殿外檐的黑线小点金。大悲堂外檐的"雅伍墨"纯粹用彩绘颜色绘制的。

前面欣赏了智化寺的古建筑，接下来让我们一起来欣赏智化寺佛造像。

首先来看如来殿内的佛造像。智化寺与其他寺庙一样都供奉了有如来佛像。它的通体都是用木胎雕刻的，这种坐姿非常镇静，两眼注视着斜下方，好像与他的信众进行交流一样，这个佛像的高度有4米多高，左手放在他的右足上边，五指平伸，表示禅定，右手五指平伸向下表示降魔，他的眼光炯炯有神，虽说经历了500多年，还是显示出一副古朴典雅、泰然若定的样子，给人们一种很安详的画面。如来像后边墙上有许多小佛龛，佛龛里面有小佛像。

再看如来佛像两边供有帝释天与梵王，如来佛的右边的是叫帝释天，左边的叫梵王，大家都知道左文右武，武官手执宝杵，文官手持拂尘，这两尊佛像非做工非常精美，服饰非常华丽。服饰上面是吉祥物、吉祥鸟、吉祥草，它是采用剥金、堆金、贴金等用金手法。看过一楼三尊佛像后再上二楼，二楼叫万佛阁，二楼也有三尊佛像，称为三身佛，叫法身、应身和报身。

前面介绍的智化殿也有三尊佛，叫三世佛，三世佛分为横三世和坚三世，中间的叫释迦牟尼佛，药师佛、阿弥陀佛分裂两边。

最后一尊佛像是前面介绍单坐于转轮藏顶部的毗卢遮那佛。

智化寺的前主人王振虽说是一个大宦官，但是他给我们当今留下了两大遗产，一个是智化寺这一座古建筑群，另一个是国家级非物质文化遗产——智化寺京音乐，这是非常难得的。

通过游览我们欣赏到了"智化寺的恢宏古建筑"和"精美的佛造像"两绝，接下来还有"一绝"就是听来着。每天的上午10点和下午3点你都会聆听到智化寺京音乐的展演，聆听到一首一首的空灵、神秘、古朴、典雅的智化寺京音乐，每天展演是由智化寺的第27代传人现场表演的，都是免费的，其目的就是让广大民众能够亲耳聆听到在500多年以前的中国古乐是什么样子，也了解我们中国文化是博大精深的。

从三个方面来了解智化寺京音乐。

首先是从古老的记谱方法来了解智化寺京音乐。智化寺的京音乐的记谱方法比较独特，这也是传统沿袭下来的，智化寺的京音乐记谱方法既不是采用咱们大家经常看到的简谱，也不是我们有音乐专长了解的五线谱，它是采取一种我们中国传统的记谱方法——"工尺（chě）谱"。工尺谱与简谱简单对照就是"上、尺、工、凡、六、五、一"对应简谱的是"哆哎咪发唆拉西"，通过一组汉字来记录音乐是我们祖先的创造，比简谱和五线谱记谱方式都要早很多年。

可以把简谱与工尺谱作一个对照，比如说"唆、咪、唆、哆、拉、哆、唆"，那么对应的工尺谱是什么呢？"六、工、六、上，五、上、六"，工尺谱在音符之间还有"啊口"，这个"啊口"只能是师傅教徒弟，一句一句教唱才能传承下来，它不是像现在人们拿着简谱就能够唱出来的，这就是朋友们介绍的第二个问题。就是从特殊的传承方式来了解智化寺京音乐。智化寺京音乐从它的记谱方式就可以看出来它的传承难度，它没有课本，都是靠师傅带徒弟这样的口口相传，智化寺京音乐它是集宫廷音乐、佛教音乐和民间音乐于一体的，为什么说它是集宫廷音乐呢？智化寺京音乐它是从宫廷音乐变成智化寺音乐的。

第三个方面是从委婉动听的旋律中了解智化寺京音乐。智化寺京音乐它之所以珍贵，它是与"西安鼓乐""开封大相国寺音乐""五台山青黄庙音乐""福建南音"四支古乐同称为"中国五大古乐"。智化寺京音乐的曲谱记载有200余首，从结构上可分为"只曲"和"套曲"两大类。"只曲"是能够单独演奏的曲牌，不能与别的曲牌进行一起演奏。"套曲"它是好几首单曲联合起来演奏，"只曲"非常简短，"套曲"就不是这样了，"套曲"是由很多单曲编辑在一起的，可以把它形象地比喻为中国古典交响乐，最短的也得40多分钟，长的一个多小时。比如说有《金五山》《好事近》《料峭》等。

我们通过"一听、二看"初步了解到智化寺的历史，如何欲了解详情，还得请您到智化寺来细细欣赏。

后 记

　　为弘扬古都北京的悠久历史、灿烂文化，普及文物知识，北京市文物保护协会自 2003 年以来已举办百余次"北京古都历史文化"系列讲座。听众上万人次，尤其是 2010 年以来固定为每月一次，坚持多年，已形成了品牌项目。此项活动多次被北京市社科联评为"北京市社会科学联普及活动组织奖"，颁发证书和奖牌。2011 年，经北京市文物局和北京市机关工委推荐，被北京建设学习型城市工作领导小组评为"首都市民学习品牌"，颁发证书和奖牌；2012 年协会再次被社科联评为 2012 年度系列科普讲座组织工作先进单位，颁发证书和奖牌，受到广大群众欢迎，为了广泛宣传文物知识，扩大受众面，让更多会员及社会群众进一步了解北京丰富的历史与文化，"协会"已将 2009 年之前的讲座内容汇集成《北京古都历史文化讲座》一书，留住这具有"品牌"效益讲座的珍贵历史记忆，颇受欢迎。为保持连续性，现继续将 2010 年至今的讲座内容出版为《北京古都历史文化讲座》第二辑，奉献给广大的文博工作者、文物爱好者。

　　本书得以面世，除了是北京市社会科学联合会重点资助项目之外，还得到了北京市文物局、北京文物保护基金会领导的关怀与支持。北京燕山出版社社长，编辑马明仁、陈赫男也给予了认真审阅斧正。"协会"驻会工作人员许金和、周正义、王金凤、吴淑明、尤炳霞五位同志做了大量相关具体工作，书中遴选的讲座与论文都是文物系统各位领导、专家学者和文物爱好者在百忙中不辞辛苦、精益求精地对其讲座内容反复斟酌、修改、充实、润色后所提供的学术研究成果，在此一并致谢！

编者
2014 年 8 月 1 日